南京大学人文基金资助

学衡历史与记忆译丛

孙江　主编

Les Lieux de mémoire

记忆之场

法国国民意识的文化社会史

PIERRE NORA

〔法〕皮埃尔·诺拉　主编

黄艳红　等　译

南京大学出版社

南京大学人文基金资助
本书系 2013 年度国家社科基金重大项目
“现代中国公共记忆与民族认同研究”阶段性研究成果
（项目批准号：13&ZD191）

*

中文版序
皮埃尔·诺拉及其《记忆之场》

孙　江

Accélération de l'histoire (历史在加速)。①

法国历史学家皮埃尔·诺拉 (Pierre Nora) 在其主编的《记忆之场》导言中劈头如是说。基于这种当下的紧张感，从20世纪80年代中叶开始，诺拉动员120位作者，穷十年之功，编纂出版了由135篇论文组成的三部七卷、超过5600页的皇皇巨著。与以往强调对过去发生之事进行考索的历史研究不同，与法国"年鉴学派"所倡导的"心性史"研究亦径庭有别，这部巨著乃是要在文化-社会史语境中回溯历史，探讨形塑法国"国民意识"的记忆之场。

一

1931年11月17日，诺拉出生于巴黎一个外科医生的家庭，在

① Pierre Nora, "Entre mémoire et histoire", in *Les Lieux de mémoire*, Ⅰ, *La République*, Paris: Gallimard, 1984, p. XIX, 1997, p. 25.

第二次世界大战的血雨腥风下，作为犹太裔法国人，诺拉家族经历了抵抗运动的惊险。战后，诺拉进入路易勒格朗中学（Lycée Louis-le-Grand）读书，最后在索邦大学（Sorbonne）取得大学学位。1958年，诺拉赴法属殖民地阿尔及利亚的拉莫里西埃高中（Lycée Lamoricière）任教，1960年返回法国，翌年出版《阿尔及利亚的法国人》一书，批判作为“殖民者”的法国人与作为“内地人”（Métropole）的法国人之不同，[①]该书经常被作为学术著作来引用，其实它只是诺拉个人的观察记录，算不上严格意义上的历史学著作。[②]

1965—1977年，诺拉先后在巴黎政治学院（Institut d'études politiques de Paris）和社会科学高等研究院（École des hautes études en sciences sociales）谋得教职。这期间的诺拉，与其说是教授，不如说是编辑，与其说是学者，毋宁说是记者。1964年，他在朱利亚尔（Julliard）出版社创办“档案丛书”。1965年成为伽利玛（Gallimard）出版社编辑，先后创办“人文科学丛书”“证言丛书”“历史学丛书”等。1980年，又与哲学家戈谢（Marcel Gauchet）创办《辩论》（*Le Débat*）杂志，引领法国知识界的前沿话题。在诺拉主编的丛书中，收录了“年鉴学派”第三代代表人物勒高夫（Jacques Le Goff）、拉迪里（Emmanuel Le Roy Ladurie）等人的著作。1974年，热衷于讨论历史研究方法的诺拉与勒高夫合作主编三卷本《创作历史》（*Faire de l'histoire*）。[③]上述学术组织活动为其日后延揽120名作者进行“记忆之场”研究构筑了必不可少的人脉关系。

转机来临。1978年诺拉在堪称“年鉴学派”大本营的法国社会

---

① Pierre Nora，*Les Français d'Algérie*，Paris：Julliard，1961.

② Todd Shepard，*The Invention of Decolonization: The Algerian War and the Remaking of France*，Ithaca and London：Cornell University Press，2006，p. 196.

③ Jacques Le Goff et Pierre Nora，*Faire de l'histoire*，Paris：Gallimard，1974.

科学高等研究院开设讨论课。其时，法国历史学界正经历回归政治史研究、重新评价叙事史的新趋势。2002 年，诺拉在芝加哥大学出版社出版的由其主编的《重新思考法国》第一卷导言中，直言 20 世纪 60—70 年代“年鉴学派”布罗代尔（Fernand Braudel）史学是对“事件史的十字军”，[①]而 20 世纪 70 年代兴起的“心性史”(histoire des mentalités) 不过是那种“科学的”数量统计方法的延伸，量的统计未必反映质的变化。诺拉呼吁关注被历史学者忘却的当下的“历史”——记忆之场。

“记忆之场”——“Lieux de mémoire”是诺拉生造的术语，由“场所”（lieu）和“记忆”（mémoire）两个词构成。叶兹（F. Yates）在《记忆术》一书中曾谈及拉丁语中的“loci memoriae”。[②]“loci”是“locus”的复数，有场所、位置及身份等意思。显然，诺拉的“记忆之场”要比该词的原始意义宽泛得多。1984 年《记忆之场》第一部《共和国》(*La République*) 一卷出版，该卷从第三共和国开始，分象征、纪念性建筑物、教育、纪念活动和反记忆等五个主题，选择的都是人们所熟悉的场所和事例。1986 年第二部《民族》(*La Nation*)[③]三卷出版。第一卷“遗产、史学编纂、风景”(héritage, historiographie, paysages) 偏重于“非物质性”内容；第二卷着力于物质层面——“领土、国家、遗产”(le territoire, l'état, le patrimoine)，既有国境、六边形象征，也有凡尔赛宫等记忆装置，还有历史遗产及其保护运动等；第三卷“荣耀、词语”(la gloire, les mots) 与理念有关，分别考察了军事上的荣耀与市民荣誉、言语与

---

① Pierre Nora, *Rethinking France: Les Lieux de Mémoire*, 1, The State, Chicago: University of Chicago Press, 1999.

② Frances A. Yates, *The Art of Memory*, London: Routeledge & Kegan Paul, 1966, p. 2.

③ “Nation”一般被译作“民族”，其实还有另一层含义：“国民”。

文学以及与政治权力密切相关的事物。1992 年第三部《复数的法兰西》(*Les France*) 三卷出版。在第三部中,“记忆之场”的概念有所扩大。第一卷“冲突与分割”(conflits et partages),围绕政治区隔、宗教少数派、时空分割(海岸线、巴黎与地方、中央与周边等)而展开;第二卷“传统”(traditions) 包括反映“法国传统”的钟楼、宫廷、官僚、职业和《法语史》等,还有地方性文化、法兰西个性等;第三卷“从档案到标志”(de l'archive à l'embléme),涉及记录、名胜和认同等。

《记忆之场》是关于记忆叙事的百货店,既有旁征博引的长篇论文,也有寥寥数页的随笔;既有中国读者所熟悉的勒高夫、拉迪里、夏蒂埃 (Roger Chartier) 等名家,更多的是不知名的作者。1996—1998 年,在诺拉本人的参与下,美国哥伦比亚大学出版社从原著中精选 44 篇,编为 3 大册,以英译名 *Realms of Memory* 出版。①2002 年,日本岩波书店选取其中 31 篇,编译为 3 册出版。②其间,德国、奥地利、意大利等也先后出版了不同节译本,而仿照《记忆之场》的各种研究更是不断出现。

在历史学发达、名家林立的法国,尚未出版过一本专著的诺拉一跃而为众目所瞩。③1993 年,《记忆之场》获得法国最高国家学术奖,同年《罗贝尔法语大词典》(*Grand Dictionnaire Robert de la*

---

① Pierre Nora, *Rethinking the French Past: Realms of Memory*, translated by Arthur Goldhammer, New York: Columbia University Press, 1996.

② ピエール・ノラ编《記憶の場:フランス国民意識の文化＝社会史》,谷川稔监译,东京:岩波书店,2003 年。

③ 近年诺拉相继出版了若干本著作,分别是自传体《公共历史学家》(*Historien Public*, Paris: Gallimard, 2011)、讨论历史认识论的《现在、国民、记忆》(*Présent*, *Nation*, *Mémoire*, Paris: Gallimard, 2011)、研究 1789 年以来法国的记忆和认同问题——“国民”“共和国”“革命”——的《法国研究》(*Recherches de la France*, Paris: Gallimard, 2013)等。

langue française）收入“Lieux de mémoire”。2001年6月7日，诺拉被选为仅有40名定员的法兰西学术院（Académie française）院士（列第27位）。《记忆之场》一书成为诺拉本人的“记忆之场”。

2009年，我在南京大学人文社会科学高级研究院主持跨学科研究计划“南京：现代中国记忆之场”时，即已着手《记忆之场》的翻译。一如美国和日本的译本各取所需，我们根据自身的研究需要，选取了其中29篇论文和版权方伽利玛出版社交涉，很快得到善意的回复。诺拉本人也很高兴在欧亚大陆的另一端《记忆之场》引起了关注。翻译是件苦差事，“所有的翻译，在与原作的意义层面的关系都是片段”①。我们决定一边交涉版权，一边分头翻译。半年后，伽利玛出版社突然来函，先是质疑译者水平，继而又质疑我们计划的可行性，结果我们只得到11篇论文的授权，其间的故事和曲折，业已成为我个人不堪回首的“记忆之场”。不谈。

我们将本书收录的11篇论文分为三组：“记忆与历史”“记忆与象征”和“记忆与叙事”。如此划分完全出于阅读之便。“记忆与象征”收录《七月十四日》《〈马赛曲〉》《埃菲尔铁塔》和《环法自行车赛》。“记忆与叙事”收录《贞德》《自由·平等·博爱》《拉维斯的〈法国史〉》和《马塞尔·普鲁斯特对逝去时光的追录》。“记忆与历史”收录主编诺拉所写的导言或结语，《记忆与历史之间》（1984）系第一部导言，《如何书写法兰西历史》（1992）为第三部第一卷导言，《纪念的时代》（1992）附于第三部第三卷末，相当于全书的结语。鉴于在第二部三卷中，诺拉只留下一篇简短的《民族-记忆》的结语性文字②，这三篇文章应该是理解编者意图的最重要的文字。

---

① Paul de Man, *The Resistance to Theory*, Minneapolis: University of Minnesota Press, 1986.

② Pierre Nora, “La nation-mémoire”, in *Les Lieux de mémoire*, Ⅱ, *La Nation*, Paris: Gallimard, 1986, pp. 647 - 658.

二

"今日无事。"

1789 年 7 月 14 日，法国国王路易十六在日记里写下这句话。这天夜里巴士底狱发生的暴动以及由此引发的革命将其送上了断头台。"伟大的日子唤起伟大的记忆。对某些时刻而言，光辉的记忆理所当然"(维克多 · 雨果)。1880 年，7 月 14 日被确立为法国国庆日。吊诡的是，巴士底狱并非被攻陷，狱中关押的仅七名犯人亦未受到一般意义上的虐待。在《七月十四日》一文中，克里斯蒂安 · 阿马尔维 (Christian Amalvi) 爬梳了 7 月 14 日如何从右翼眼中的"狂暴之日"变成全法国人的"庆典之日"的过程，恰如作者指出的，"法国大革命已不再被视为决定性、关键性的记忆，我们今天经历的国庆节已经没有了历史和政治内涵"。

1792 年 4 月 20 日，革命的法国向波希米亚和匈牙利王国宣战，4 月 25 日到 26 日之间，工兵上尉约瑟夫 · 鲁热 · 德利尔 (Rouget de Lisle) 在斯特拉斯堡谱写了一曲激励战士的《莱茵军团战歌》，这就是 1879 年 2 月 14 日被定为法国国歌的《马赛曲》。和 7 月 14 日一样，关于《马赛曲》的争议亦从未停止，米歇尔 · 伏维尔 (Michel Vovelle)《马赛曲》考察了围绕《马赛曲》的政治博弈史，最后他发问道："今天谁还记得，谁还能唱起过去在学校里学会的那三段歌词中的第一段——且不要说全部三段了"。

围绕 7 月 14 日和《马赛曲》的政治博弈和政治和解似乎应验了尼采 (Friedrich Nietzsche) 对"纪念历史"的断语："纪念的历史永不能拥有完全的真理，它将总是把不和谐的东西放到一起，并使之统一和谐，它将总是削弱动机和时机的差异。其目的就是不讲原因，只讲结果——即,作为效仿的榜样,‘纪念的历史’尽量远离原因。”①相比之下,埃菲尔铁塔和环法自行车赛就没有那么多的历史纠结。1889年,正当法国大革命一百周年之际,巴黎竖起了为迎接博览会而建的高达300米的埃菲尔铁塔。这座让附近的巴黎圣母院钟楼黯然失色的铁塔,在虔敬的教权主义者眼中是“渎神”的象征,而共和主义者则赋予铁塔复仇的意蕴,念念不忘“普法战争”败北屈辱的德莱扬(A. Delayen)有诗道:“屈服吧,德国佬/看看这举世无双的奇迹。”铁塔建成20年后,承包人埃菲尔收回经济效益,将铁塔所有权交付给巴黎市政府,但他的名字和铁塔一起成为巴黎的标志。亨利·卢瓦雷特(Henri Loyrette)的《埃菲尔铁塔》让读者认识了埃菲尔铁塔作为历史见证人的角色。

1903年7月的一个晚上,《汽车报》(*L'Auto*)主编德格朗热(Desgrange)为了与其他体育报一争高下,扩大报纸的发行量,想出了举办环法自行车赛——“一个完全裹着法国的环”。这项普通的体育运动后来演变为法国人生活中的重要节日,成为“国家的财产”和“民族遗产”。乔治·维伽雷罗(Georges Vigarello)的《环法自行车赛》以百年为经,探讨了环法记忆是如何变成一种国家制度,并最后成为每个时代法国人的记忆之场的。了解法国史的读者知道,宣称“朕即国家”的路易十四很少居住在巴黎,而是经年累月地巡行于各地,宣示统治的有效性。让路易十四黯然的是,德格朗热创意之下的环法自行车赛仅用“游戏”即整合了国家,把国土空间(espace-nation)搬上舞台,把领土当作布景,展示了从一个乡土的法兰西到旅游胜地的法兰西,从意志主义教育到消费主义教育的转化。

---

① 尼采,《历史的用途与滥用》,陈涛、周辉荣译,上海:上海人民出版社,2005年,第16页。

上述记忆之场均源于一个偶发事件，事后被分别赋予了社会政治意义。对历史客观性持怀疑态度的保罗·德曼（Paul de Man）在《康德与席勒》(Kant and Schiller）一文中写道，历史没有所谓进步与倒退之分，应该将历史视为一个事件（event）、一次出现（occurrence），“只有当权力（power）和战斗（battle）等词语出现时才会有历史。在那个瞬间，因为发生（happen）各种事情，于是有了出现，有了事件。因此，历史不是时间的概念，与时间毫无关系，仅仅是从认识言语中突然出现的权力语言”①。如果把这里的认识语言置换为米歇尔·德塞托（Michel de Certeau）所说的社会政治事件的“痕迹”的话，似乎可以有保留地加以接受。不是吗？虽然事件不是人们所看到的、所知晓的东西，从事件的因果链中无法说明事件的本质，但通过对事件留下的“痕迹”的爬梳依然可以辨析其语义学（sémantique）价值。②拉维斯（Ernest Lavisse）的《法国史》和普鲁斯特（Marcel Proust）的《追忆似水年华》分别搜集事件“痕迹”，建构起历史学家和文学家心目中的法兰西的“历史”。

法国大革命的急风暴雨催生了欧洲大陆近代民族-国家（nation-state）的形成，而民族-国家的诞生又催生了以“民族史学”为旨归的近代历史学的诞生。19 世纪中叶德国兴起的兰克（Leopold Von Ranke）“实证史学”为民族史学提供了有力的“科学”工具。德国和法国，是两个既互相敌视，又相互学习的邻邦。19 世纪 60 年代，后来成为法国史学泰斗的拉维斯和莫诺（Gabriel Monod）都曾留学德国。可以说，如果没有兰克史学，很难想象会有拉维斯的《法国史》。《记忆之场》主编诺拉亲自执笔写作《拉维斯的〈法国史〉：对

① Paul de Man, *Aesthetic Ideology*, Minneapolis and London: University of Minnesota Press, 1996, p. 133.

② Michel de Certeau, *L'Écriture de l'histoire*, Paris: Gallimard, 1975.

祖国的敬爱》，表面上似乎要解构拉维斯所建构的法国民族史，而从其将米什莱（Jules Michelet）、拉维斯和布罗代尔法国史学三巨匠置于史学史谱系上加以比较可知，他意欲以“记忆之场”建构一个新法国史。因此，诺拉关心的不是拉维斯写了什么，而是他为什么这么写。拉维斯与其前辈米什莱关注民族国家的时间等级——法兰西起源不同，关心的是具有现代性的民族国家的空间等级——路易十四以来的法兰西轮廓，诺拉认为在卷帙浩繁的二十七卷《法国史》中只有《法兰西地理图景》和拉维斯执笔的两卷《路易十四》“代表了民族认同最强烈的时刻”。“拉维斯的二十七卷《法国史》之所以能够区别于其他源源不断出现的法国史书，并成为记忆之场，是因为其将历史研究的实证性和对祖国的崇敬与热爱结合在了一起。这二十七卷《法国史》就像一个大熔炉，两个真理在其中短暂地交融在了一起。这两个真理在今天看来似乎毫无关联，然而在当时却是互相补充、不可分割的，那便是档案的普遍真理性以及民族的特殊真理性”。拉维斯“确立了法兰西鲜明的形象，并最终悬起一面明镜，在这面镜子中，法国不断地重新认识着自己”。

如果将普鲁斯特的长篇小说《追忆似水年华》和拉维斯的《法国史》做比较，看似唐突，但并非没有道理。亚里士多德在《诗学》中写道：“历史家与诗人的差别不在于一用散文，一用韵文；希罗多德的著作可以改写为韵文，但仍是一种历史，有没有韵律都是一样；两者的差别在于一叙述已发生的事，一描述可能发生的事。因此，写诗这种活动比历史更富于哲学意味，更被严肃的对待；因为诗所描述的事带有普遍性，历史则叙述个别的事”。[①]应予指出的是，亚里士多德所谓“历史”（ιστορια）与今日用法不同，是调查研究及其结果

① 亚理斯多德，《诗学》，罗念生译，北京：人民文学出版社，1962 年，第 28—29 页。

之意。确实，拉维斯以严谨的科学方法撰述法兰西民族历史，普鲁斯特以冷静的笔触刻画一个个法兰西人——上流休闲社会的历史，拉维斯的《法国史》作为一个时代的标记业已定格在过去的时空中，而普鲁斯特的《追忆似水年华》仍然活在当代法国人乃至其他国家读者的心中。在法国，上至共和国总统，下到一般国民，“在《追忆似水年华》中人人读到的都是自己的故事，只要有人想要写作，小说就有幸成为指引我们的北极星，或是使我们迷失的捕鸟镜”。现在，关于普鲁斯特的书籍已超过了两千本，普鲁斯特是如此有名，书可以不通读——很少有人通读！ 安托万·孔帕尼翁（Antoine Compagnon）所写的《马塞尔·普鲁斯特对逝去时光的追寻》不妨一读，跟着作者优美的笔触，读者可以追寻法国历史上的似水年华。

过去不在，过去留下的痕迹却无处不在。“自由·平等·博爱”箴言作为法国大革命和法兰西共和国的代名词至今仍然影响着世界。然而，正如莫娜·奥祖夫（Mona Ozouf）在《自由·平等·博爱》一文所指出的，“我们更注重其象征意义而非其内涵的价值”，在法国大革命的一百多年后，“只有通过对这三个疲乏术语的单调诵唱，这句箴言才有机会在我们的记忆中生存下来”。在大革命中，“自由”“平等”“博爱”是依次出现的，其中“博爱”出现最晚，1789年《人权宣言》没有，1791年宪法只隐晦提及。“自由”关乎人的价值，“平等”涉及社会规则，那么，“博爱”是什么呢？网球场宣誓和爱国教会所宣称的“博爱”不是一回事，前者源于共济会的兄弟之爱，后者强调来自上帝的馈赠。细究起来，在中文约定俗成的翻译里，“博爱”是个大误译。与汉语“博爱”相对应的英文“philanthropy”、法语“philanthropie”源于希腊语“φίλὰνθρωπος”，这个词由两个部分组成，一个是“φίλος”——“爱”，另一个是“ὰνθρωπος”——“人类”，合起来即“人类爱”，而被翻译为汉语“博爱”的法文原文是

"fraternité"，即英语"fraternity"，意为"友爱""兄弟爱"，其词根即拉丁文"frater"——"兄弟"。

博爱难，友爱也不易。在鲁昂遭受火刑的巫女（sorcière）——贞德折射了法国内部的分裂与和解。这个目不识丁的农民女儿在完成从奥尔良的城墙下到兰斯大教堂的旅程后，成为"祖国的圣女"——天主教法国与共和主义法国的和解。米歇尔·维诺克（Michel Winock）的《贞德》剖析了时空上的漫长和解旅程。贞德曾是时代的象征，在经历了被遗忘或被忽视的16世纪、17世纪和18世纪后，有关她的记忆在19—20世纪重新活跃起来。贞德曾是地域差异化的象征，15世纪有关她的记忆仅止于地域、家族，虽然1429年法国国王加封贞德家族为贵族，赐姓迪利斯（du Lys）——象征法国王室的百合花。贞德曾是党派博弈的符号，在整个19世纪，有三种贞德记忆：天主教圣徒、爱国者和排他民族主义者。20世纪的政治家和各党派出于法国人的团结以及作为团结之对立面的党派主张之目的利用贞德。

三

上述论文是《记忆之场》135篇论文中的9个片段，要了解主编诺拉是如何统摄这些片段的，读读他写的长篇导言和结语无疑是有益的。

导言《记忆与历史之间》不好读，诺拉使用了很多带有感情色彩的修辞，将其关于记忆之场的思考包藏其中。如在第一段末尾，"正因为没有了记忆，记忆才被谈起"（On ne parle tant de mémoire que parce qu'il n'y en a plus)[①]，诺拉到底要表达什么呢？通读整篇文章可知，诺拉如是说乃是与其对历史与记忆关系的看法有关的。诺拉强调，在历史加速度消失的当下，记忆与历史之间的距离拉大，二者浑然一体的时代业已终结。对于记忆与历史的关系，诺拉有多种表述："这里所说的记忆，是所谓原始而古旧的社会记忆，它表现为一种模式并带有秘密性质，历史则是我们这类社会从过去之中创造出来的，而我们的社会注定要走向遗忘，因为它们处于变迁之中"。"histoire"在法语中意为经验过的历史和让这种历史变得可以理解的思想活动，诺拉用一组排比区分记忆和历史的关系。(1) 记忆是鲜活的，由现实的群体承载；历史是对过去事物不完整的、成问题的重构。(2) 记忆是当下的现象，是经验到的与现在的联系；历史则是对过去的再现。(3) 记忆带有情感色彩，排斥与其自身不容之物；历史是世俗化的思想活动，采用分析方法和批判性话语。(4) 记忆把回忆置于神圣的殿堂中；历史则把回忆驱除出去，让一切去神圣化。(5) 记忆与集体相连，既是集体的、多元的，又是个体的；历史属于所有人，具有普世理想。(6) 记忆积淀在空间、行为、形象和器物等具象中，历史关注时间的连续性和事物间相互关系。(7) 记忆是绝对的，历史只承认相对性。

诺拉把记忆视作当下的、具象的、活着的、情感的现象，而历史是对过去的理性的、批判性的重构，二者是一种不可交合的对立关系。但是，他又自相矛盾地说："我们今天所称的记忆，都不是记忆，已经成为历史。我们所称的记忆之焰，业已消融在历史的炉灶中。记忆的需要就是历史的需要"。为了证实上述分辨，诺拉认为在法国出现了两种历史运动，一种是史学史的兴盛，这是历史学者在

---

① Pierre Nora, "Entre mémoire et histoire", in *Les Lieux de mémoire*, I, p. XIX.1997, p. 25.

通过对自身的反省驱逐记忆的纠缠，“历史”成为他所谓的上述历史。把记忆从历史中剔除出去，这为记忆之场留下了讨论的空间：“另一场运动本质而言是历史运动，即记忆传统的终结”。伴随记忆传统的终结，记忆之场成为记忆残留物的场域，档案、三色旗、图书馆、辞书、博物馆，还有纪念仪式、节日、先贤祠、凯旋门以及《拉鲁斯词典》和巴黎公社墙，均成为人们从历史中寻找记忆的切入点。

诺拉认为，记忆为历史所缠绕（la mémoire saisie par l'histoire），由此而出现作为记录的记忆、作为义务的记忆以及作为距离的记忆。在欧洲，档案有三大来源：大贵族世家、教会和国家。作为一种被记录的记忆，档案的价值曾为历史学家所追捧，虽然其重要性已大不如前，但人们依旧热衷之，一个典型的例子是口述调查的兴盛。在法国，有三百多个调查队致力于搜集“过去传达给我们的声音”。诺拉认为这听起来很不错，但转念想想，口述资料到底有多大利用价值？口述资料代表了谁的记忆意向？受访者的还是采访者的？它是一种“第二记忆”——制作出来的记忆。结果，和从档案中寻找记忆一样，人们将这种来自外部的记忆内在化了。

对每个群体来说，向历史寻找记忆涉及自我身份认同，“记忆的责任来自每个历史学家自身”。历史学家已经放弃了朴素实证主义的文献学历史，专注于以往忽视的问题：历史-记忆一体化的终结催生了各种个体化的记忆，每个个体化的记忆都要求有自己的历史。诺拉认为，这种来自记忆责任的需求催生了记忆从历史学向心理学、从社会向个人、从传承性向主体性、从重复向回想的转移。这是一种新的记忆方式。从此记忆成为私人事务，它让每个人都感到有责任去回忆，从归属感中找回身份认同的源头和秘密。

除去作为记录的记忆和作为义务的记忆外，还有第三种变形的作为距离的记忆，这体现在历史学家的写作中。诺拉指出，在与记忆一体化的历史那里，历史学家认为通过回想可以复活过去，现在和过去之间的裂痕，可以表述为“从前”和“以后”，这反映在历史解释中进步和衰退两大主题上。正是因为与历史的距离感，产生出去除距离的要求，“历史学家就是防止历史仅仅成为历史的人”；正是由于这种距离感，在感知方式的转变下，历史学家开始关注被其放弃的民族记忆中的常见之物：记忆之场。

那么，何谓记忆之场呢？诺拉认为它“既简单又含糊，既是自然的又是人为的，既是最易感知的直接经验中的对象，又是最为抽象的创作”。记忆之场的“场”一词有三种特征：实在的、象征的和功能的。如，档案馆是实在的场，被赋予了一定的象征意义。教科书、遗嘱、老兵协会因成为某种仪式中的对象也进入了记忆之场。一分钟的沉默堪称象征的极端例证。世代观念是抽象的记忆之场，其实在性存在于人口学中，功能性在于承载形塑和传承记忆的职能，象征性在于某个事件或经验只有某些人才有的标志性特征。在这三个层次上，记忆和历史交互影响，彼此决定。与历史存在所指对象不同，记忆之场在现实中没有所指对象，它只是个指向自身符号，纯粹的符号。

本来，记忆有历史的和文学的之分，现在彼此边界模糊，伴随历史传奇的复兴，个性化文献的复兴，文学中历史剧的兴起，还有诺拉并不看好的口述史的成功，他宣称历史是失去深刻性时代的深邃所在，“记忆被置于历史的中心，这是文学之殇”。

《记忆之场》第一部问世后两年，1986 年第二部三卷顺利出版。第二部接续第一部所预设的目标，因此，在结语处诺拉仅附上一篇短文《民族-记忆》。第三部三卷于 1992 年出版，距第二部三卷的出版晚了 6 年，这固然有写作和编辑上的问题，更主要的是发生了令诺拉不得不深思的两个事件：一是长期对垒的东西“冷战”格局瓦解后，民族-国家模式遭遇了新的挑战，另一个是长期拒绝国家/民族叙事的法国史学内部发生了变化，出现了一系列名为《法国史》的著作，著名的“年鉴学派”领袖布罗代尔在 1986 年出版了三卷本《法兰西的特性》。①“记忆之场开始于与这些研究不同的前提，反映了一种不同的激进观点。”②诺拉所追求的记忆之场既然是另一种历史——当下的与过去保持连续的并由现实的集体所传承的历史，而不是对不在之事重构的历史，那么区分与后者的关系便是其所意欲达成的目标。但是，在第一部和第二部出版后，诺拉发现他所生造的“记忆之场”的暧昧性有碍区分二者之间的关系。在第三部导言《如何书写法兰西历史》中，诺拉再次谈到“记忆之场”的内涵，认为这个概念是狭隘的、限定的概念，集中于从纪念碑到博物馆、从档案到口号再到纪念仪式等纪念物，与现实具有可触可感的交叉关系。此外，“记忆之场”还具有比较宽泛的含义，承载着象征化的历史现实。本来，“记忆之场”旨在剥去民族/国民象征和神话的表皮，将其条分缕析，但与编者这种主观意图相反，伴随前两部出版后的成功，“记忆之场”被人们广泛使用，内涵缩小为仅仅指称物质性的纪念场所。诺拉无奈地说：“记忆之场试图无所不包，结果变得一无所指”。

与这种困境相较，《记忆之场》面临的更为深刻的困境是，本欲批判和解构以往的法兰西历史叙述，无意中却重构了一个整体的法兰西史。在法国，关于法国史的叙述均建立在一个假设上，即法兰西的整体性，这一整体性或属于历史范畴（日期、人物、事件），或属于地理范畴，或属于政治范畴，或属于经济和社会范畴，或属于物质和制度范畴，或属于精神和意识形态范畴，史家据此建立了多层次

---

① 中译本参见布罗代尔，《法兰西的特性》，顾良、张泽乾译，北京：商务印书馆，1995 年。

② Pierre Nora, *Rethinking the French Past: Realms of Memory*, p. xvii.

的决定论，用实际发生的过去来解释现在，勾连其历史脉络不断的连续性，这体现为三大历史叙述，即浪漫主义、实证主义及年鉴学派，分别由米什莱、拉维斯和布罗代尔所代表。米什莱把物质和精神统一为一体，是第一个把法国视作“灵魂和人”的人；拉维斯用科学方法爬梳所有民族的传统；布罗代尔试图建构物质地理学、人口地理学和经济地理学的整体世界。以批判这种传统历史学为出发点的“记忆之场”，蓦然回首，发现自身不知不觉地也构筑了一个基于当下情感的法兰西整体的历史——本来想写一部“反纪念”的历史书，最后却成为一部关于纪念的里程碑似的大作。在第三部最后一卷结尾《纪念的时代》一文中，诺拉称之为“纪念变形”所致。

1983年，也即《记忆之场》第一部出版的前一年，法国人早早开始筹备六年后的法国大革命两百周年纪念。人们发现，不要说历史学家和普通公民，即使是法兰西的总统们对于革命意义的理解也不尽一致，“能否纪念法国大革命”成为一个大问题。革命不再。纪念活动既无法也无须唤起人们对革命记忆的激情，结果，“庆祝大革命这一事实本身比我们所庆祝的大革命更为重要”。在此，诺拉注意到纪念活动所内含的其他意义，“在大革命两百周年纪念中，最受期待的，听众最多的，不是大革命的吹捧者，而是大革命的受害者”。这说明不是过去在多大程度上影响当下，而是当下如何看待历史。更意味深长的是纪念内容的“空洞化”，用诺拉的话，“那些无纪念对象的纪念是最成功的，那些从政治和历史角度看最空洞的纪念从记忆价值角度看却是最具深意的”，如卡佩王朝建立一千周年纪念、戴高乐年以及城堡旅游等。

纪念的变形表明纪念的目的正从对民族历史的弘扬转为对历史遗产的强调。1981年1月19日《费加罗报》刊载的一份调查显示，1979年12月，只有12％的法国人知道“遗产”指民族艺术财富，而到1980年12月，这一比例达到了36%，法国社会由下而上，由外省到巴黎，逐渐对“遗产”发生兴趣。诺拉认为，“法国从单一的民族意识过渡到了某种遗产性的自我意识”。“遗产”是与认同、记忆相互关联的近义词。认同意味着一种自我选择、自我承担、自我辨认；记忆意味着回忆、传统、风俗、习惯、习俗和风尚，以及从有意识到半无意识的场域；“遗产”则直接从继承所获财产转向构筑自身的财产。“正是在这个意义上，历史和记忆不过是同一种东西，历史就是被验证了的记忆”。试图解构拉维斯《法国史》的诺拉，不自觉地成为一百年后的拉维斯，他似乎意识到这种悖论，最后为这部大著写下了如下一段话：“纪念的时代终将拉上帷幕。记忆的暴政只会持续一个时代——但恰好是我们的时代。”

四

记忆之场是历史学寻求自身变革的产物。回顾20世纪80年代国际历史学的动向可知，“语言学的转向”（linguistic turn）对史料至上的实证主义史学提出了挑战，作为对过去进行表象（representation）和再表象（re-representation）的历史学，其在追求历史的真实性时，必须回答文本（文字、图像、声音等）是如何被建构起来的问题。在导言《记忆与历史之间》中，诺拉虽然没有言及“语言学的转向”，但明确指出历史学面临着“认识论”的大问题，需要确认自身在“当下”的位置。而记忆之场的实践告诉读者，在诸如档案等第一手史料之外，日记、回忆录、小说、歌曲、图片、建筑物等均可成为话语分析的工具。

诺拉的《记忆之场》唤起了人们重新关注哈布瓦赫（Maurice Halbwachs）的集体记忆。诺拉继承了哈布瓦赫关于历史与记忆二元对立的观点并将其推向极致，所不同的是，对于个体记忆与集体记忆之关系，诺拉持有不同看法，尽管他无奈地承认《记忆之场》重构了法兰西民族史叙事的框架，但在理论上自觉到个体记忆的存在及其作用。①此外，恰如德国文化记忆大家阿斯曼（Aleida Assmann）所说，诺拉把哈布瓦赫视为时空上存在的结合体——集体，改为由超越时空的象征媒介来自我界定的抽象的共同体。②

当人们讨论《记忆之场》给历史学和记忆研究带来了什么的时候，哲学家利科（Paul Ricœur）也加入了讨论，不过他是反其道而行之。利科在《记忆 · 历史 · 忘却》中，将诺拉的导言概括为三点：记忆与历史发生断裂，与记忆一体化的历史的丧失，出现了新的被历史纠缠的记忆形态。利科认为这些主观看法是“奇怪的”（insolites），令人感到不安（inquiétante）。③稍后，利科发表德文论文《记忆与历史之间》——与诺拉导言同名，指出“记忆”和“历史”虽然存在显见不同，但记忆是构成历史的母体，历史是从切断与记忆的关系开始的，因而，记忆得以成为历史研究的对象。④利科导入的问题涉及与哈布瓦赫截然相反的另一种关于历史和记忆关系的看法，在那里，二者关系不是表述为历史与记忆，而是历史即记忆。

南京大学仙林校区圣达楼

2014 年 6 月 20 日完稿

2015 年 8 月 4 日校对

---

① Maurice Halbwachs，*On Collective Memory*，Chicago：University Of Chicago Press，1992，p. 53.

② Aleida Assmann，*Erinnerungsräume: Formen und Wandlungen des kulturellen Gedächtnisses*，C. H. Beck，1999，S. 132－133.

③ Paul Ricœur，*La mémoire*，*l'histoire*，*l'oubli*，Paris：Éditions du Seuil，2000，pp. 522－523.

④ Paul Ricœur，“Zwischen Gedächtnis und Deschichte，” *Transit 22*（Winter 2001/2002），S. 3－17.

Table des matières

*

目录

Mémoire et Histoire

*

I

记忆与历史

Entre Mémoire et Histoire
La problématique des lieux

记忆与历史之间:场所问题

皮埃尔·诺拉 *Pierre Nora*

黄艳红 译

一、历史-记忆的终结

历史的演变在加速。对于这个说法，除了其隐喻意味，还应评估其含义：对象转向最终死亡的过去的速度越来越大，但人们也已普遍意识到对象已经完全消失——这是平衡态的断裂。人们已经摆脱以前尚存于传统的余温、缄默的习俗和对先人的重复（受某种内在历史意识的驱动）中的经验。在已然变化了的环境中，自我意识已经到来，过去周而复始的事情已经走到终点。人们之所以这么多地谈论记忆，是因为记忆已经不存在。

对于记忆所赖以凝结和藏匿的场所的兴趣，是与我们历史的这一独特时刻联系在一起的。这个时刻是个交汇点，与过去断裂的意识，与对被撕裂的记忆的感知融合在一起；不过，当撕裂还能唤起足够多的记忆时，便可提出记忆的具体化身问题。连续性意识成为记忆之场的残留物。之所以有记忆之场，是因为已经不存在记忆的环境。

设想一下农民的终结所造成的不可挽回的残缺。农民的这一典型集体-记忆（collectivité-mémoire）作为风靡一时的历史研究对象，适逢工业增长的高峰期。我们核心记忆的坍塌还仅仅是一个例子而已。由于人所共知的全球化、民主化、大众化和传媒化现象，展现在我们眼前的场景是整个世界都已卷入。在发展中国家，新兴民族的独立，使得那些因殖民入侵而从人类学意义上的昏睡中醒来的社会进入了历史。由于内部的去殖民化运动，所有记忆资本丰厚但历史资本微薄的族群、群体和家族，同样进入了历史。社会-记忆（sociétés-mémoires）已经终结，正如所有曾致力于保证价值观之留存和传承的机构一样，无论这种机构是教会还是学校，是家庭还是国家。意识形态-记忆（idéologies-mémoires）也已终结，正如所有曾保障过去不断传递到未来，或从过去指明为应对未来应保留何物的所有意识形态一样；如今要关注的问题是反动、进步甚至革命。更有甚者，正是历史感知模式本身在媒体协助下被神奇地放大了，这种感知模式以时事的稍纵即逝的胶片取代了记忆，而后者是基于对自身深处的遗产的反思之上的。

加速：这个现象向我们粗暴地揭示的，就是真实的、社会的且未被触碰的记忆和历史之间的巨大鸿沟。这里所说的记忆，是所谓原始、古代社会的记忆，它表现为一种模式，并带有很强的私密性；历史则是我们这类社会从过去之中创造出来的，而我们的社会注定要走向遗忘，因为它们处于变迁之中。这一鸿沟是两种记忆之间的。一种记忆是整体性的，支配性的，缺乏自我意识的，具有组织能力，权力无限，并能自发更新。这是一种没有过去的记忆，它永远陪伴着遗产，把祖先的过去推至英雄、神话和起源混一的时代。另一种记忆则是我们的记忆，它仅仅是历史，或曰经过挑拣过后的痕迹。进入现代以来，人们自认为有变革的权利、权力甚至责任，随着这种意识越来越强烈，记忆和历史之间的距离也在拉伸。今天，这距离已经拉大到让人痉挛的地步。

历史那带有征服和根除色彩的强大推力之下，记忆被连根拔除，这像是具有启示效果：十分古老的一致性联系中断了，我们认为显而易见的观念终结了，这个观念就是历史等同于记忆。法语中，经验过的历史和让这种历史变得可以理解的思想活动，是用同一个词来表示的（德语中用“Geschichte”和“Historie”两个词来区分），人们经常强调这一语言缺陷，不过这缺陷却有它深刻的道理：我们卷入其中的运动，与呈现在我们面前的运动，本质上说是一样的。如果我们仍然身处我们的记忆之中，可能还不需要给记忆找一个场所。可能也没有这样的场所，因为记忆没有被历史裹挟而去。每个举动，哪怕最司空见惯的举动，都可能因具体动作和意识的同一性，而成为始终如一的行为的反复，就像宗教习俗那样。一旦有了印痕、距离、中介，人就不再处于真实的记忆当中，而是在历史之中。让我们想想在日常生活中仍然忠实于传统礼俗的犹太人。他们作为“记忆民族”的构建曾排斥历史，但对现代世界的开放使得他们也需要有历史学家。

记忆和历史远不是同义语，我们应注意到，一切都让它们处于对立状态。记忆是鲜活的，总有现实的群体来承载记忆，正因为如此，它始终处于演变之中，服从记忆和遗忘的辩证法则，对自身连续不断的变形没有意识，容易受到各种利用和操纵，时而长期蛰伏，时而瞬间复活。历史一直是对不再存在的事物的可疑的、不完整的重构。记忆总是当下的现象，是与永恒的现在之间的真实联系；历史则是对过去的再现。记忆具有奇妙的情感色彩，它只与那些能强化它的细节相容；记忆的营养源是朦胧、混杂、笼统、游移、个别或象征性的回忆，它容易受各种移情、屏蔽、压制和投射的影响。历史是世俗化的思想活动，它要求采用分析方法和批判性话语。记忆把回忆（souvenir）放置在神圣的殿堂中，历史则把它驱赶下来，它总是让一切都回归平凡。默不作声的记忆来自跟它紧密相连的群体，或者按哈布瓦赫[①]的说法，有多少个群体就有多少种记忆；从本质上说，记忆既不断繁衍又不断删减，既是集体、多元的，又是个体化的。相反，历史属于所有人，又不属于任何人，这就使得它具有某种普世理想。记忆植根于具象之中，如空间、行为、形象和器物。历史关注的只有时间之流、事物的演变及相互关系。记忆是绝对和纯粹的，历史只承认相对性。

在历史深处，活跃着一种对自发的记忆而言具有毁灭性的批判精神。记忆总是对历史心存犹疑，因为历史的真正使命是摧毁记忆，排斥记忆。历史是对经验过的过去的去合法化行为。在历史社会的前景中，在完全被历史化的世界的尽头，将是彻底的、确定无疑的去神圣化。历史的动力、历史的雄心，都不是颂扬实际发生的过去，而是要消除它。普遍的批判精神或许也会要求保留博物馆、纪念章和纪念物，即保留那些对批判工作而言必不可少的工具体系，但与此同时，在我们看来，批判精神会把这些东西从其记忆之场中清除出去。说到底，一个完全在历史影响下生活的社会，已不再是传统社

---

① 哈布瓦赫(Maurice Halbwachs，1877—1945)，法国哲学家和社会学家，以提出“集体记忆”概念而知名。——译注(本书未标明“译注”的注释皆为原注。)

会，它不认识记忆赖以植根的场域。

这种将历史抽离记忆的做法，其最明显的标志之一或许是史学史的兴起，在最近的法国表现为某种历史编纂学（historiographique）意识的苏醒。历史，更确切地说民族发展的历史，曾是我们的集体传统中最强有力的因素，尤其重要的是，它是我们记忆的环境。从中世纪的纪年作家到当代的“整体史”学者，整个史学传统的发展都表现为对记忆的规范化和自发的深化，表现为对过去的完整无缺的重构。毫无疑问，从傅华萨①以来的伟大历史学家中，没有哪一个意识到，他们再现的只是一种个别化的记忆。科米纳②不知道自己搜集的只是一种王朝记忆，拉波普里尼埃③不知道自己撰写的只是法国人的记忆，博须埃④写的只是基督教和君主制的记忆，伏尔泰（Voltaire）描述的只是关于人类进步的记忆，米什莱（Michelet）的笔下只是关于“人民”的记忆，拉维斯⑤的作品则仅仅是有关民族的记忆。但是，他们都满怀这样的意识：他们的任务是确立一种比前人更确切、更全面、更具解释意义的记忆。在上个世纪，历史学的学术工具体系只是更加有力地强化了对真实记忆的批判性构建。历史学的所有重大修正都旨在扩展集体记忆的基础。

---

① 傅华萨（Froissart，约 1337—约 1405），亦译弗鲁瓦萨尔，中世纪法国最重要的纪年史学家之一，尤以百年战争的记述著称。——译注

② 科米纳（Commynes，1447—1511），法国作家和外交官，他的回忆录是关于路易十一时代的重要史料。——译注

③ 拉波普里尼埃（La Popelinière，1541—1608），法国作家和历史学家，新教徒，其作品《三个世界》讲述了地理大发现的历史。——译注

④ 博须埃（Bossuet，1627—1704），法国主教和神学家，绝对君主制的倡导者，著有《普遍历史谈话录》。——译注

⑤ 拉维斯（Lavisse，1842—1922），法国历史学家，他编写的历史课本对法国民众的历史意识曾产生重大影响。——译注

在法国这样的国家，历史学的历史不可能是纯学术的。它是史学批判从内部颠覆历史-记忆的写照。所有历史本质而言都是批判性的，所有历史学家都宣称要揭发前人的谎言和神话。不过，当历史开始审视自己的历史时，一个根本性的问题便产生了。随着历史编纂学兴趣的到来，历史学以为自己有责任在其内部驱逐非历史的东西，它自认是记忆的受害者，决心努力摆脱记忆。在一个历史不负有指导和教化民族意识之责任的国家，历史学的历史可能不具有论战性的内容。例如，在美国这样一个具有多元记忆和多样化要素的国家，历史学科从来都是实践性的。对独立战争和内战的不同解释，不管其中牵涉的得失多么重大，都没有质疑美国的**传统**，因为从某种意义上，美国并不存在这种传统，或者说，这一传统主要不是由历史来传递的。而在法国，历史著述具有反叛性的大不敬性质。因为法国的历史学是利用传统塑造出的最典型元素——如布汶[①]这样的关键战役，或如小拉维斯课本这样的经典教科书——来揭示传统的构成机制，来尽可能切近地重构传统产生的环境。这就让人产生疑问：批判的锋芒插入记忆之树和历史的表皮之间。研究法国大革命的历史编纂学、重构关于大革命的传说和解释，这意味着我们不再完整地认可它的遗产。当人们质问一种传统，不管它多么令人崇敬，便意味着他不再认为它是唯一的传承者。不过，史学史所要探讨的对象，并不仅限于我们民族传统之中最神圣的东西；追寻传统的物质和概念工具、传统产生的过程及赖以传播的社会媒介、传统自身的构建，这就让整个历史学走进了历史编纂学时代，并会终结历史与记忆的身份

① 布汶(Bouvines)，位于法国北方。1214 年 7 月 27 日，法国国王腓力·奥古斯都在这里击败神圣罗马帝国皇帝奥托四世和佛兰德伯爵斐迪南的联军，这次战役被视为法国君主国家发展史上的关键事件。法国历史学家乔治·迪比(Georges Duby)曾就这次战役写过一本《布汶的主日》(*Le Dimanche de Bouvines*, Paris, 1973)，被学界视为记忆研究的先驱之一。——译注

同一。记忆本身也已成为历史研究的一种可能的对象。

过去有一个时期，记忆传统通过以**民族**为中心的历史似乎凝结在第三共和国的大综合中。从奥古斯丁·梯叶里（Augustin Thierry）的《法国历史通信》（[*Lettres sur l'histoire de France*] 1827）到夏尔·塞尼奥博斯（Charles Seignobos）的《法兰西民族信史》（[*Histoire sincère de la nation française*] 1933），都涉及漫长的年代。当时，历史、记忆和**民族**不仅仅维持一种自然循环：三者构成一种互为补充的循环，一种所有层次上的共生现象，无论是在科研和教育上，还是在理论和实践上。当下的民族认同迫切需要通过阐明过去来获得合法性。革命的精神创伤使得当下的局面变得脆弱，这一创伤要求对君主制的历史作全面的重估；1870 年的溃败同样损害当下的局面，这场溃败使得文献研究和记忆在学校中的传承更显紧迫，特别是与德国的学术研究和德国的教师——萨多瓦真正的胜利者①——比起来。没有什么呼声比强调历史学家的民族责任更强有力的了，历史学家半是教士，半是战士：这声音就回荡在《历史杂志》第一期的社论中，加布里埃尔·莫诺②在文中很有道理地认为，“渐进的、系统的集体研究”将以“隐秘而可靠的方式为祖国的伟大，同时也为人类服务”。看过这段文字及数以百计的其他类似说法之后，我们不禁要问，实证主义史学并非累积性学术研究的观念是怎么传播开的。相反，由于采取民族构建这一目的论视角，政治、军事、人物传记和外交因而成为支撑历史延续的根本。阿赞库尔的溃败③、拉

① 萨多瓦（Sadowa）位于今捷克共和国境内，1866 年，普鲁士军队在这里击溃奥地利军队，赢得德国统一的关键战役。当时有人强调普鲁士出色的教育体制是制胜的关键，故有教师赢得了萨多瓦战役的说法。——译注

② 加布里埃尔·莫诺（Gabriel Monod，1844—1912），法国历史学家，著名史学杂志《历史杂志》（*Revue historique*）的创办者。——译注

③ 阿赞库尔（Azincourt）的溃败：1415 年英军在法国北部市镇阿赞库尔大败法军。——译注

瓦亚克的匕首[①]、愚人之日[②]、威斯特伐利亚（Westphalie）条约的某某附加条款，所有这些都有精心的说明。最精深的学术也会为了民族的利益而有所增减。这一记忆空间具有强大的统一性：从希腊-罗马襁褓到第三共和国的殖民帝国，高层学术研究和学校课本之间已不再有断裂，前者把新成果融入我们的遗产，后者则把这些成果确立为大众信条。历史是神圣的，因为民族是神圣的。正是由于民族，我们的记忆才能立足于神圣的殿堂中。

要理解这一联系何以在去神圣化的新动力下走向解体，可能要揭示国家-**民族**的组合在三十年代的危机中是如何逐步被国家-社会的组合取代的。同样需要说明的是，在同一年代，由于同样的原因，从记忆传统演变而来的历史是如何演变成社会对自身的认识的，这种演变在法国尤其明显。因为这种转变，历史学或许会更多地将注意力转移到个别记忆上，也会将自己转变为有关过去心态的实验室。不过，历史学在摆脱与民族合一的身份之后，便不再有一个支柱性的问题来支撑，与此同时，它也失去了传承价值观的教育使命：学校教育的危机就能说明这一点。民族不再是容纳集体意识的统一构架了。民族的定义不再受到质疑，而和平、繁荣及民族力量的收缩完成了扫尾工作；民族之所以没有受到威胁，仅仅是因为不存在威胁。随着社会取代**民族**的地位，以过去即以历史来寻求合法化，已逐步让位于以未来来寻求合法化。对于过去，人们以前只能认识它，崇敬它，对于**民族**，人们可以为它服务；但对于未来却应该为之做好准备。这三个术语都已获得独立。民族不再是一场战斗，而是一个既定

---

① 拉瓦亚克(Ravaillac)的匕首：拉瓦亚克是个杂役、天主教狂热分子，1610 年他用匕首刺杀了法王亨利四世。——译注

② 愚人之日：1630 年 11 月 10—11 日，法王路易十三重申对黎塞留(Richelieu)的信任，后者的政敌的图谋被挫败。——译注

事实；历史已经成为社会科学；记忆已成为纯粹私人化的现象。民族-记忆也将成为历史-记忆最后的表现形态。

因此，对记忆之场的研究发生于两场运动的交汇点上，在今天的法国，这两场运动赋予这一研究地位和意义：一场运动纯粹是历史编纂学方面的，即历史学开始反省自身，另一场运动就其本质而言是历史运动，即记忆传统的终结。所谓场所的时代就是这样一个时刻：我们曾在记忆深处体验到的深厚资源正在消失，现在它只能通过重构起来的历史学才能体验。一方面是历史研究有了决定性的深化，另一方面是一种被强化的遗产的出现。批判原则具有其内在动力，即我们的政治和心态上的历史背景日益衰弱，眼下这种背景仍然相当强大，以至我们不能对它无动于衷，但它又是如此虚弱，以至只能回顾那些最醒目的标志才能为人接受。这两种趋向都使得我们以同样的热情同时去观照历史研究的基本工具和我们记忆中最具象征意义的对象：如档案，如三色旗，如图书馆，如辞书，如博物馆，同样还有各种纪念仪式、节日、先贤祠和凯旋门，以及《拉鲁斯词典》和巴黎公社墙。

记忆之场首先是些残留物。历史之所以召唤记忆之场，是因为它遗忘了记忆之场，而记忆之场是尚存有纪念意识的一种极端形态。正是当下世界的去仪式化催生了“记忆之场”这一概念。它是由一个从根本上被卷入变迁和更新的集体通过诡计和意志所分泌、设置、确立、建构、决定和维持的。它生来就强调新的好于旧的，青春的好于年迈的，未来高于过去。博物馆、档案馆、墓地和收藏品、节日、周年纪念、契约、会议记录、古迹、庙宇、联想：所有这些就是别的时代和永恒幻觉的见证者。于是各种虔诚的、哀婉的、冷漠的举动之中便有了怀旧的特征。这是无仪式的社会的仪式，是去神圣化社会中的短暂的神圣性，是削平了个体主义的社会中的个体忠诚，是原则上拉平一切的社会里对事实的区别化，是一个倾向于只认可平等一致个体的社会里的群体认可和归属的象征。

记忆之场诞生并维系于这样一种意识：自发的记忆不再存在，应该创建档案，应该维持周年纪念活动、组织庆典、发表葬礼演讲、对文件进行公证，因为这些活动已不再是自然的了。正因为如此，少数派捍卫那种栖居于细心保存的特选场所的记忆，这一做法只会将所有记忆之场的本来目的凸显到极致。如果没有纪念的意识，历史很快就将这些场所扫荡一空。这是人们赖以据守的堡垒。但是，如果不是堡垒所捍卫的事物受到威胁，人们可能也不需要建造堡垒。如果人们还能真切地体会到藏在堡垒中的回忆，那么堡垒也就没有用了。反过来说，如果不是历史控制了记忆并使其发生变形和改造，使其成型并僵化，这种堡垒也不会成为记忆之场。正是下述往复运动构建起了记忆的堡垒：那些脱离历史运动的片段，如今又被送回到历史运动中。它们不再是全然鲜活的，也不是已经完全死亡，就像这些贝壳在活生生的记忆海洋退潮之后栖息在岸边。

所以，《马赛曲》或已经死去的遗物依然具有这种充满矛盾的生命力，而这种生命力是一种夹杂着归属感和疏离感的情绪塑造出来的。1790 年，7 月 14 日已经成为过去了，但还没有成为记忆之场。1880 年，这一天被确定为国庆日则使它成为官方记忆的场所，不过共和国的思想家们也将它当作一个现实的源泉。而今天呢？我们鲜活的民族记忆甚至也已失落，这就要求我们不能再以天真或无所谓的眼光看待这一记忆。令我们苦恼、不再属于我们的记忆正在迅速丧失神圣色彩，但也会被临时返还一些神圣性。本能的眷恋还提醒我们怀恋那些曾塑造我们的事物，但历史疏离感又要求我们冷静地看待遗产，冷静地清点这些遗产。我们不再栖身于其中的幸存的记忆之场是半官方、半制度性的，半情感、半情绪化的；这种并无一致见解的共同场所所表达的不再是斗争信念和热情的参与，但那里依然能感觉到某种象征性生命的悸动。从记忆向历史的转变，从我们祖先的世界向与造就我们的事物存在偶然联系的世界的转向，从图腾历史向批判历史的过渡：这就是记忆之场的时代。人们不再歌颂民族，而是研究民族的庆祝仪式。

二、 为历史所侵占的记忆

因此，我们今天所称的记忆，全都不是记忆，而已经成为历史。我们所称的记忆的火焰，全都已经消失在历史的炉灶中。记忆的需要就是历史的需要。

或许，"记忆"一词无法被摒弃。我们接受它，但抱着这样一种清晰的差别意识，这差异就是真实的记忆和已经转变成历史的记忆之间的差异。前者今天已经隐藏在行为和习惯中，隐藏在传承无声知识的职业中，隐藏在身体的知识中，这是一种以润物无声的方式来维系的记忆，一种本能反射性的学识。而转变成历史的记忆则几乎完全相反：它是自觉的，有意识的，它被视为一项责任来经历，不再具有自发性；它是心理性的，个人化的，主观性的，而不再是社会性的，集体性的，总括性的。从第一种直接记忆到第二种间接记忆，这中间发生了什么？我们可以在当代的转变完成之时来理解这一过程。

不同于另一种，这首先是一种档案化的记忆。它完全依靠尽可能精确的痕迹、最为具体的遗物和记录、最为直观的形象。这场从文字发端的运动最终发展出高保真和录音带。记忆的内在体验越是薄弱，它就越是需要外部支撑和存在的有形标志物，这一存在唯有通过这些标志物才能继续。由此便产生了档案强迫症，这种强迫症影响着当代人，它既想完整地维持当下，又想完整地保存过去。迅速而决定性的流逝意识与对当下确切意义的焦虑、对未来的不确定感结合在一起，并赋予最微不足道的遗迹、最细微的证物潜在纪念物的荣誉。我们不是经常抱怨我们的先人摧毁了那些本来可以让我们去了解的东西，或听任其消失吗？这些抱怨多得让我们不会在后辈那里背负同样的谴责。记忆已经完全转化为最细致入微的重构。这是一种被记录的记忆，它让档案去为它铭记，并删减承载着记忆的符号的数量，就像蛇蜕去死皮一样。从前，收藏家、博学之士和本笃会修士[①]，曾作为边缘人和旁观者，在与社会发展和历史书写无涉的情境下努力积累文献资料。后来，历史-记忆的学术研究就以开发这座宝库为中心内容，并通过数以千计的社会渠道传播和渗透他们的成果。今天，历史学家们已经摆脱了文献崇拜，整个社会都沉浸在保存的执着和档案的生产热之中。我们今天所称的记忆，实际上是由庞大得令人头晕目眩的材料积累和深不可测的资料库构成的，这些资料库储存着我们无法记住的东西，对我们可能需要回忆的东西进行无边无际的编目。莱布尼茨（Leibnitz）所称的“纸面记忆”已经变成了一种独立的体制，它包括博物馆、图书馆、资料室、文献中心和数据库。仅就公共档案馆而言，根据专家们的估计，几十年内发生了数量上的革命，它们增长了上千倍。没有哪个时代像我们这个时代这么自觉地产出档案，这不仅是因为现代社会自动地产生大量档案，也不仅是因为现代社会拥有的复制和保存技术，这同样是因为

---

① 作者这里指的应是近代早期从事古文献编辑修订的一批本笃会修士，这些人当中以17世纪中后期圣摩尔修道团的一批修士尤为著名，其中包括马比荣（Mabillon），他们发展出系统的文献考订方法和规则。有人认为，他们的工作已经具有科学批判精神，为19世纪的历史学奠定了基础，其基本的研究方法至今仍为史学家们所运用。——译注

对痕迹的迷恋和尊重。随着传统记忆的消失，我们甚至还带着宗教般的虔诚去积聚各种过去的遗迹、证据、文献、形象、言语和直观象征物，仿佛这些日益丰富的资料终会在某某历史法庭上成为某种证据。神圣意味被赋予痕迹之中，尽管痕迹本身是对神圣的否定。我们无法事先判定哪些东西应该铭记。于是，人们禁止销毁，将所有东西都立为档案，纪念物的领域被不加区分地扩大，记忆的功能病态地膨胀，这种功能与对记忆失落的焦虑紧密相连，于是各种记忆机构也就相应地强化了。而在专业人士那里发生了一种奇特的倒转现象：从前，人们谴责他们有保存的怪癖，是档案的天然制作者，而今天，私人企业和公共行政机构建议档案学者保管一切，而专业人士早就知道，他们职业的关键其实是一种审慎的销毁艺术。

因此，没多少年，记忆的物态化便极大地膨胀了，波及的范围也更大，而且有去集中化及民主化的特征。在传统时代，档案的三大来源仅仅是大贵族世家、教会和国家。今天谁不认为应保存自己的记忆，应书写自己的**回忆录**呢？——不仅那些最微小的历史角色，而且这些角色的见证者，如他们的妻子和医生都来书写回忆录。这些见证越是没有奇特之处，便越是能够表明普通人的心态。记忆虽被清除，但记载登录的普遍意愿做出了补偿。在一代人的时间内，档案的想象博物馆得到了极大的丰富。1980 年是遗产之年，这一年是个鲜明的范例，它把遗产的概念推向了不确定的边界。而在 10 年前，1970 年版的《拉鲁斯词典》还将“遗产”（patrimoine）的概念局限于“来自父亲或母亲的财产”。1979 年的《小罗贝尔词典》的解释是：“祖先传下来的财产，一个国家的文化遗存”。由于 1972 年关于遗址的协议，一种十分有限的历史遗迹概念突然转向了一种理论上可以统揽一切的概念。

不仅什么都保留，什么都要留下一点记忆标志，即便人们并不确切地知道它们标志的是什么样的记忆，而且档案的生产也已成为我们时代的迫切要求。社会保险档案已经成为一个麻烦的案例——其数量无与伦比，今天若排成直线可达三百公里，如果能用计算机对巨量原始记忆资源进行处理的话，我们的社会将能解读从饮食到生活方式的所有常态和病态的信息，而且可以按地区或按职业进行处理；但与此同时，资料的数量实在太庞大了，无论是保管还是想象中的利用，都需要做出严厉但又无法操作的选择。归档，归档，总得留下点什么！再举一个例子，最近的口述调查可谓非常合理的做法，但事实上它不也导致同样的结果吗？目前，仅在法国就有三百多支调查队致力于搜集“过去传达给我们的声音”（菲利普·茹塔尔［Philippe Joutard］）。听起来很不错。但是我们暂且想一想，如果有一类很专门的资料，经过三十六个小时的搜集才能得到一个小时的录音，而且对它的利用不能是零星的，因为必须听完它才能得出其意义，这样一来，我们不得不问，对这类资料的利用是否有可能。归根结底，这些资料见证的是谁的记忆意向呢？是受访者的还是采访者的？光是因为巨量的资料，档案的意义和地位就发生了变化。它不再是经验过的记忆的多少带有目的性的残留，而是失落的记忆的有意识的、有组织的分泌物。经验通常会根据自己的记录方式自行展开——当下是来以别的方式呈现吗？——但档案则以第二种记忆或曰增补记忆强化了它。漫无边际的档案制作受一种新意识的刺激，这种新意识最为清楚地反映了历史化记忆的恐怖主义。

这种记忆外在于我们，我们试图使之成为内化记忆，就像某种个人强制一样，因为这种外来的记忆已不再具有社会实践性质。

对每个群体来说，从记忆向历史的过渡，使得它们必须通过复兴自己的历史来重新确定自己的身份。记忆的责任使得每个人都成为自己的历史学家。历史的迫切需要因而大大超越了职业历史学家的圈子。应该找回被湮没的过去，这不仅仅涉及被官方历史边缘化的前人。所有有机的团体，无论是不是思想性和学术性的团体，都在仿照族群和社会少数派的榜样，都觉得应该追寻自己的独特构造，回溯到自己的源头。近来，几乎每个家族都有一个成员，在尽可能完整地重构其家族曾经历过的、业已消失的过往。谱系学研究的发展是最近才有的重要现象：1982 年，国家档案馆的年度报告中，谱系学研究占 43％（大学研究的比例为 38％）。但一个引人瞩目的事实是：人们并不把生物学、物理学、医学和音乐学的最重要的历史寄望于职业历史学家，而是寄望于生物学家、物理学家、医学家和音乐家。研究教育史的是教育者们，从物理学教育到哲学教育都是如此。在现有知识系统的震荡中，每个学科都以回溯自己的构建历程来检验自己的根基为己任。开始寻找学科之父的是社会学，而探索自己的过去的是人种志：从 16 世纪的专栏作者到殖民地的管理者都在做这样的工作。甚至文学批评都致力于重塑其范畴和传统的源头。历史学家们已经放弃了的纯然实证主义的乃至文献学的历史，在这种紧迫和必须之中，找到了此前它一直忽视的深层次的扩展和渗透。历史-记忆的终结催生了各种个别化的记忆，它们都要求有自己的历史。

回忆的指令已经下达，但这是由我来回忆，是我在回忆我自己。记忆的历史再造换来的是最终向个人心理学的转变。这两个现象的联系是如此紧密，以至人们不能不注意到它们在时间上的一致性。上个世纪末，当传统的平衡状态发生决定性的动摇——尤其是随着农村世界的瓦解——时，记忆不也是被柏格森（Bergson）带入哲学的中心，被弗洛伊德（Freud）带入个体心理学的中心，被普鲁斯特（Proust）带入传记文学的中心了吗？那个过去对我们而言正是体现于大地的记忆图像本身的东西被打破了，记忆猝然进入个体身份的核心，这两种现象犹如同一破裂过程的两张面孔，这个过程已经在今天启动。我们难道不应该把两个隐秘然而普遍的记忆之场归功于弗洛伊德和普鲁斯特吗？这两个场所就是他们笔下的原风景[①]和小玛德莱娜点心[②]。这是记忆的决定性的位移：从历史学向心理学、从社会向个人、从传承性向主体性、从重复向回想的转移。这就开启了一种新的记忆方式，记忆从此成为私人的事务。当代记忆的完全心理学化导致一种新颖独特的自我身份的结构，一些有关记忆和与过去的关联的机制。

归根结底，记忆的强制力以坚定且不加区分的方式施加的影响作用于个人且仅仅作用于个人，正如记忆的再生建立在个人与自己的过去之间的关系上。普遍记忆原子化为私人记忆，这就赋予回忆的法则强大的内在强制权。它让每个人都觉得有责任去回忆，并从归属感中找回身份的原则和秘密。而这种归属感反过来会牵涉一切。当记忆不再无所不在时，如果个人不以独立决策和个人良知而做出担当记忆职责的决定，记忆就可能无处栖身。记忆的经验越是缺少集体性，它就越需要个人将它转化为记忆人（hommes-mémoire）。这就好像内心之中有个声音在对科西嘉人说“你应该是科西嘉人”，对布列塔尼人说“你应该是布列塔尼人”！要理解这一召唤的力量和魅力，也许应该回过头来看看犹太人的记忆：在很多已经去犹太化的犹太人中间，这一记忆最近开始复苏了。除了自己的记忆，犹太人的传统没有别的历史；在这样的传统之中，作为犹太

① 原风景（scène primitive），精神分析学上的术语，指双亲在子女面前的想象的或真实的性行为。——译注

② 在《追忆逝水年华》中，普鲁斯特借小玛德莱娜点心（petite madeleine）展开自己童年时代的回忆。——译注

人就是记得自己是犹太人，不过，这种不容置疑的回想一旦内在化，就会逐步让你全身心地投入。对什么的记忆？最不得已的情形是对记忆的记忆。记忆的心理化赋予每个人这样的意识：最终的得救取决于偿清一笔几乎无法偿清的债务。

档案中的记忆、记忆-责任，除此之外还应该指出第三种特征以完善这幅关于变形的画卷：这就是记忆-距离。

因为，我们与过去的关系，至少是那些最重要的历史著作所解读的关系，与我们从记忆中期待的关系完全不是一回事。历史著作揭示的不再是回溯性的连续，它阐发的是一种断裂性。对于从前的历史-记忆而言，对过去的真正感知在于认为过去并未真正消逝。通过回想可以复活过去；正在以自己的方式变成过去的现在则通过这种连接和寻根行为而得以更新，得以现实化为当下。或许，要想产生有关过去的意识，现在和过去之间就必须有某种裂痕，必须有“从前”和“以后”之分。不过，这里主要不涉及以截然不同的方式体验的分离，它更多牵涉以前后联系的方式重新连接经历过的间隔。至少从现代以来，历史解释的两大主题，即进步论和衰退论，都很好地表达了对延续性的推崇，以及对于了解我们的现实状况应归因于何人何物的坚定意愿。于是就有了求索“起源”的思想取向，这是已经世俗化的神话叙事，但对于一个走上民族世俗化道路的社会来说，它能带来意义以及必需的神圣性。起源越是伟大，也就越能让我们显得伟大。因为我们通过过去来景仰的正是我们自己。但这种关系今天已经破裂了。就像可感知、可预见、可控制、有方向、作为当前的投影的未来已经变得不可见、无法预测、不可控制一样，我们关于过去的观念也发生了相应的转变，从可感知变得模糊不清，从可直接交流的过去，变成我们正感受着破裂的过去；从在记忆的连续性中摸索的历史，转向投射在历史断裂之上的记忆。人们不再谈论“起源”，而是谈论“诞生”。过去对我们而言是个截然不同的他者，是一个已与我们永远割断联系的世界。我们的记忆正是通过展现与我们的距离之远才表达其真实性的——就像一刀切除的手术一样。

因为已经不能认为断裂感会满足于夜的朦胧和昏暗。说来奇怪，距离感要求靠近以去除距离，同时让它发出自己的颤音。人们从未以这样具体的方式去感知靴子上泥土的分量，去感知公元千年的魔鬼之手和 18 世纪城市里的臭味。但是关于过去的人造幻觉只有在断裂制度下才可以想象。我们与过去的关联的所有动力，都在于不可逾越之物与已消除之物之间的微妙博弈。从“关联”一词的首要意义上说，它涉及的是一种表象，这表象完全不同于从前的复活所寻求的东西。不管复活自认为多么完整，它实际上暗含着一种高明的记忆等级化，即通过明暗安排，从已确定的当下的眼光来确定观察过去的视角。单一解释原则的丧失让我们置身于一个曝光的世界里，与此同时，这又将一切对象——哪怕是最卑微、最不可能、最难以理解的对象——推向历史神秘的尊位。从前我们知道我们是谁的儿子，今天我们知道我们既不是谁的儿子又是所有人的儿子。由于没有人知道过去从何而来，一种不确定的焦虑感将一切都变成历史的痕迹、可能的标记和疑点，是我们让清楚明白的事实染上这种疑点的。我们对过去的感知，就是粗暴地占有我们知道已经不属于我们的事物。它要求对失去的事物做准确的调适。表象排斥巨幅画卷，残卷排斥整体画面，表象的产生依靠的是零星的闪光、有选择的提取物的增值，以及别有意味的抽样。因此这种记忆具有强烈的视觉和观感色彩。最近人们在历史写作中能看到明显的“叙述的回归”，这一现象与现代文化中的电影和形象的强大力量怎能没有关系呢？这里谈的叙述与传统叙述实际上完全不同，因为它完全专注于自身和自己的切分镜头。怎能不把对档案文献（文件就在我们眼前）一丝不苟的尊重和口述的异军突起（角色在讲述，让人听到他们的声音）与我们曾经习惯的直接和真实联系在一起呢？对于这种对过去日常生活的兴趣，怎能不认为它是为我们恢复往日的慢节奏和对事物的品位呢？怎能不认为无名者的传记是让我们懂得大众并非是在集体言说的途径呢？在这么多微观史学研究交付于我们的这些过去的气泡中，怎能看不到把我们重构的历史等同于我们经验的历史的意愿呢？可以有记忆-镜子的说法，如果这镜子反映的不是原来事物的面目，而是我们要从镜子中看出差异的话；在这一差异的场景中，一种无法找寻的身份突然闪现出来。这里已经没有起源一说了，而是我们要通过非我之镜来解读我们的现实处境。

令人困惑的是，正是这种关于本质问题的炼金术推动着历史学的实践，而面向未来的强烈冲动则倾向于让我们摆脱历史这个当下的秘密的寄存所。另外，这一神奇的工作主要是由历史学家而不是由历史来完成的。历史学家的命运真够奇特。在过去，他的角色很简单，他的地位完全处于社会之中：充当过去的代言人和未来的传递者。正因为如此，历史学家个人不如他的功用重要；对他而言，只有一种透明的学术，他只是传承的工具，只是原始文献材料和记忆植入之间再细微不过的连接线。最坏的情形是经常缺乏客观性。历史-记忆的分裂中诞生一种新的角色，与其先辈不同的是，他愿意承认与自己的课题存在紧密的、内在的个人联系。进一步说，他不但承认这种联系，还探索这一联系，不是把它看作障碍，而是看作理解的路径。因为课题研究全都取决于主观意向，取决于课题的创造和再创造。历史学家是新陈代谢的工具，他赋予那些没有他便毫无意义和生命的事物意义和生命。我们可以设想，一个完全沉醉于自身历史性[1]意识的社会是不可能产生历史学家的。由于完全生活在未来的影子中，这样的社会仅仅满足于某种社会自身的记录程序，满足于某种自动记账机器，而把社会的自我理解交给无限期的未来。相反，我们的社会由于广泛的变迁而肯定失去了记忆，但它更执着于以历史的方式来自我理解，因而注定要让历史学家日益成为中心人物，因为社会希望得到且不可缺少的事物正是在他那里产生的：历史学家就是防止历史仅仅成为历史的人。

同样，正是由于这种全景式的距离感，我们才有了眼下的宏大计划，正是由于明确的陌生感，才会人为地再现过去的超真实，而感知方式的转变则将历史学家引向那些他曾经放弃过的传统对象，即我们民族记忆中的常见之物。他又回到了自己出生的房子的门口，但这所老房子已经无人居住，快认不出来了。他面对的是同样的家居摆设，但用不同的眼光来打量。他进入的是同一个工作场，但为的是生产另一种产品。他是在同一个剧目中，但表演的是不同的角色。历史学不可避免地进入了认识论阶段，寻求身份的时代终于到头了，记忆不可抗拒地要为历史所攫取，这不再是记忆人，它就是人本身，是记忆的一个场所。

三、记忆之场，另一种历史

记忆之场属于两个王国，这既是其意义所在，也是其复杂性所在：既简单又含糊，既是自然的又是人为的，既是最易感知的直接经验中的对象，又是最为抽象的创作。

---

① 在这里，历史性(historicité)这个术语强调的是时代的变迁性，即一个人所处的时代不是此前时代的简单重复，它是独一无二的。在一些历史学家看来，这种感知跟现代历史意识是一致的，显然，这种现代历史意识倾向于否定历史本质上的延续和重复。——译注

实际上，从“场所”一词的三种意义上来说，记忆之场是实在的、象征性的和功能性的场所，不过这三层含义同时存在，只是程度不同而已。即便像档案馆这样看起来纯粹实在性的场域，也只是因为象征性的光环赋予其上而成为记忆的场所的。一个纯粹功能性的场域，如一本教科书、一份遗嘱、一个老兵协会，也只是因为它们成为某种仪式中的对象才进入记忆之场。一分钟的沉默堪称象征性意味的极端例证，但它同时又是时间之流中的一次实在的断裂，其用途在于定期集中地唤起回忆。这三个方面总是共存的。还有像代（génération）的观念这样抽象的记忆之场吗？它的实在性在于其人口学内涵，其功能性在于这样一个假设，即它同时担当了记忆的塑造和传承的职责；它的象征性在于它的定义，因为它通过某个事件或某个仅有少数人体验过的经验而描绘了大多数人的特征。

构成这三个层次的是记忆和历史的作用，二者交互影响，彼此决定着对方。一开始必须有记忆的愿望。如果人们抛弃优先选择的原则，那他很快就会从一个狭隘的、最具可能性的定义导出一个可能的但宽泛的概念，它将承认所有东西都可成为记忆的对象。这有点像过去史学批评中区分“直接材料”和“间接材料”的良好法则，前者是一个社会有意制作以便让人原样复制的材料，如一项法律、一件艺术品，后者是当时留下的但没有想到以后会被历史学家利用的大量证据。正是由于没有记忆的意图，记忆之场才成为历史之场。

另外，显而易见的是，如果没有历史、时间和变迁发生的话，人们就应该满足于某种简单的回忆录的历史。因此，场所是混合的场所，是合成的变体，它与生死、与时间和永恒有着内在的联系；它置身于集体与个体、平淡与神圣、静止与变动的螺旋关系中。这螺旋就像自我盘绕的莫比乌斯环①一样。因为很显然，记忆场所存在的根本理由是让时间停滞，是暂时停止遗忘，是让事物的状态固定下来，让死者不朽，让无形的东西有形化（白银的唯一记忆是黄金），将意义的最大值锁定在最小的标记中，显然这是要将这些东西变得引人入胜，记忆之场只能来自它们在持续的意义变动和不可预见的枝蔓衍生中的变形能力。

可在各种记录中举两个例子。比如革命历：它可以说是记忆的场所，因为作为日历，它应为所有可能的记忆提供一个既定框架；还因为它是革命的，从其术语和象征而言，它企图“为历史打开新的篇章”，它的主要设计者当时就是这么雄心勃勃地构想的，而另一个创意者则声称这日历要“将法国人完全交给他们自己”。于是，为了达到这个目的，历史在大革命的那一刻停止了，未来的月、日、世纪和年都按照革命叙事诗的想象来编制。光是这些名称就足够了！在我们看来，革命历之所以更多地成了记忆之场，是因为它没有成为其创设者们想要它成为的东西。实际上，如果我们今天还按它的节奏生活，就像熟悉格里高利历一样熟悉它，那它恐怕是要丧失记忆之场的价值的。它可能与我们的记忆风景融在一起，其作用可能只在于记录其他的意念中的记忆之场。不过，它并没有遭受彻底的失败，从这个日历中产生的一些重大日子、重大事件总是跟它联系在一起，如葡月、热月、雾月。记忆之场的主旨在自我回顾，它被复制到变形的镜子中，这镜子才是它的真实所在。没有哪个记忆之场能逃脱这种命运回环。

我们再来看《两个孩子的环法之旅》（*Tour de la France par*

---

① 莫比乌斯环（anneaux de Moebius），又称莫比乌斯圈。将一个长方形纸条 ABCD 的一端 AB 固定，另一端 DC 扭转半周后，把 AB 和 CD 黏合在一起，得到的曲面就是莫比乌斯圈。因德国数学家莫比乌斯（1790—1868）发现而得名。——译注

deux enfants）这个著名的例子：这也是个无可争辩的记忆之场，因为，像“小拉维斯”课本一样，它也塑造了数百万法国青年人的记忆，当时公共教育部长可以在早上八点零五分掏出挂表宣布：“我们所有的孩子都在穿越阿尔卑斯山。”之所以是记忆之场，还因为它是有关法国的必备知识的大全，是寻求认同的叙述和传授入门学识的旅行。不过事情也就此复杂化：《环法之旅》问世于 1877 年，从那以后，它所刻画的法国已不再存在，而那一年的 5 月 16 日，共和国终于稳固下来，但这本书的迷人之处却来自某种昔日的微妙诱惑力。因此，这部儿童读物实际上来自成人的记忆（这是常有的事），这也是它之所以成功的部分原因。这是记忆的上游，但记忆的下游呢？这本书出版 35 年之后仍盛行于大战前夕的法国，但读者肯定是把它当作回忆，当作已经成为怀旧对象的传统，比如，这部作品虽然也随时代而有所修改，但旧的版本似乎卖得比新的版本还好。后来这本书越来越少见，只有在偏远乡村，在某些停滞的环境中还有人使用；它已经被忘记了。《环法之行》越来越稀罕，对历史学家而言则是文献储藏库。它离开集体记忆而进入历史记忆，随后进入教育学记忆。1977 年，该著问世百年，当时《高傲的马》①发行量已达一百万册，而此刻吉斯卡尔 · 德斯坦治下的工业化的法国受到了经济危机的打击，于是这个法国重新发现了他的口传记忆和自己的农民根基，于是人们重印了《环法之旅》，让它再度进入集体记忆，不过这记忆已是不同的了，因为此间有了新的遗忘和新的体现形式。是什么让这个记忆之场中的明星再次崭露头角呢？是其最初的意图还是对其记忆的不断往复循环？显然二者都有：所有的记忆之场都处在幽暗

---

① 《高傲的马》（*Cheval d'Orgueil*），法国作家皮埃尔-雅克兹 · 埃利亚斯（Pierre-Jakez Hélias）的自传体小说，出版于 1975 年，讲述的是第一次世界大战前夕布列塔尼一个穷苦农民家庭的生活。——译注

之处。

正是这一双重属性原则，场所之中无限的丰富性才存在某种等级、某种领地的划分，以及某种序列层次。

实际上，如果人们仔细观察同一类型中的各种对象——它们都出自对死者的崇敬，都属于遗产，都试图将过去引入当下——很明显会发现有些对象虽然与严格的定义不符，但也可以成为记忆之场，反之，很多甚至大部分原则上构成记忆之场的对象事实上应该被排除。一些史前的地理或考古遗址甚至此类圣地，严格来说通常不构成记忆之场，因为人们对它们完全没有记忆的意愿，不过时间、科学研究、梦想赋予它们的重大影响力可以平衡这一缺憾。而另一方面，没有哪条边境线像莱茵河或“菲尼斯泰尔”①一样重要，后者被称作“大地的边界”，这是米什莱在其著名的文字中赋予的高贵称号。所有宪法、所有外交条约都是记忆之场，但1793年宪法不同于1791年的宪法，后者附带着《人权宣言》，这是奠基性的记忆之场；而《尼曼根和约》②也不同于欧洲历史的两个终点：凡尔登的协议③瓜分和雅尔塔和会。

在记忆与历史的混合关系中，记忆起支配作用而历史是书写者。因此，对于事件和历史著作这两个领域，我们都应做一点思考。因为，它们都不是记忆和历史的合成品，而是历史中的记忆的典型工具，它们可以清晰地划定各自的界限。所有伟大的历史著作和史学作品自身难道不是某种记忆之场吗？所有重大事件和重要观念本

---

① 菲尼斯泰尔(Finistère)，布列塔尼半岛上的一个省，位于法国的最西端，深入大西洋。——译注

② 《尼曼根和约》，1679年法国与荷兰、西班牙等国签订的和约，结束了法国对荷兰的侵略战争。——译注

③ 这里的凡尔登的协议指的应是843年瓜分加洛林帝国的协议。——译注

身难道从本质上说不是记忆之场吗？不过对这两个问题需要有明确的回应。在历史书中，只有那些基于对记忆本身的改造，或构成教学中的经典的书籍，才称得上记忆之场。在法国，确定某种新历史记忆的重大时刻并不多见。在13世纪可以看到凝结着王朝记忆的《法国大纪年》[①]，它也为几个世纪的史学著作树立了楷模。16世纪宗教战争期间，所谓的“完美历史”学派摧毁了君主制的特洛伊起源传说，重写了古代高卢的历史：艾蒂安·帕基耶（Étienne Pasquier）的《法国研究》（[*Les Recherches de la France*] 1599）的标题便颇为现代，它本身也是具有标志意义的作品。复辟王朝末年的史学猝然之间引入了现代历史学观念：奥古斯丁·梯叶里的《法国史通信》(1820)是其发端之作，最终于1827年发表，几个月后米什莱的《近代史概要》(*Précis d'histoire moderne*)恰好面世，这是这位出色的新一代史学家的第一部真正的作品，而就在此时，基佐（Guizot）也开始讲授他的《欧洲和法国文明史》。最后是实证主义民族历史的出现，《历史评论》(1876)是它的宣言书，拉维斯（Lavisse）的27卷本《法国史》是它的丰碑。甚至回忆录之类的东西也因为其名字而可能成为记忆之场，自传或私人日记也是如此。《墓畔回忆录》[②]《亨利·布吕拉尔生平》[③]和《阿米耶尔日记》[④]也是记忆之场，这不是因为它们更为出色或更为伟大，而是因为它们包含着记忆的一种简

---

① 《法国大纪年》(*Grandes Chroniques de France*)，法国历史的官方汇编，编纂工作始于13世纪圣路易时代，终结于1461年。该书曾将法兰克人的祖先追溯到特洛伊人那里。——译注

② 《墓畔回忆录》(*Mémoires d'outre-tombe*)，法国作家、复辟时代的政治家夏多布里昂的作品。——译注

③ 《亨利·布吕拉尔生平》(*Vie de Henry Brulard*)，法国作家司汤达的自传体回忆录，讲述作者在格勒诺布尔中央理工学院的学习经历。——译注

④ 阿米耶尔(H. F. Amiel，1821—1881)，瑞士哲学家，他死后出版的《阿米耶尔日记》(*Journal d'Amiel*)讲述了自己的学术生涯以及日内瓦民主派和贵族派的恩怨。——译注

单运用，即对记忆自身的思索。对于政治家的回忆录我们也可以这么说。从叙利[①]到戴高乐（De Gaulle），从黎塞留（Richelieu）的《遗言》（*Testament*）到《圣赫勒拿回忆录》（*Mémorial de Sainte-Hélène*）再到普恩加莱[②]的《日记》（*Journal*），这类文字除了其本身独一无二的价值，还有某种持久的独特性：它牵涉对其他记忆的认识，它既是写作者与行动者的分离，也是个人言说和集体言说的合一、个人理性与国家理性的融合。这么多的理由要求我们在民族记忆的全景画中把它视作记忆之场。

而那些“重大事件”呢？只有两类事件属于记忆之场，这与事件本身是否重大毫无关系。一类事件可能是最微不足道的，在当时几乎没有人注意到，但后来的人们在回溯时赋予它起源的光荣，即奠基性断裂的庄重。另一类事件之中其实没有什么实际意义，但很快它就被赋予浓重的象征意义，当这类事件向前发展时，人们过早地赋予其纪念意义；由于媒体的介入，当代史每天都在繁殖这样流产的企图。前一类事件，如10世纪于格·卡佩（Hugues Capet）的当选[③]，在当时并不引人瞩目，但他的一个后人最后死在断头台上却使他获得了当初并不具有的重要意义。雷通代的车厢[④]、蒙图瓦尔的握手[⑤]、香榭丽舍大街上的解放游行属于第二类事件。它们是确定性或

---

① 叙利（Sully，1560—1641），法国政治家，亨利四世的首相。——译注

② 普恩加莱（Poincaré），这里可能指法国著名的国务活动家普恩加莱（1860—1934）。——译注

③ 指987年法兰西公爵卡佩当选为法国国王（当时的王位继承制度仍带有浓厚的选举制色彩），他是卡佩王朝的第一位国王。很多历史学家把这个王朝视为法国真正的民族历史的开端。后来的瓦卢瓦和波旁王朝的君主，亦认为自己出自卡佩家族。1987年，卡佩当选千年之际，法国举行过庆祝活动。——译注

④ 雷通代（Rethondes，位于贡比涅附近）的车厢是1918年和1940年法德签署停战协定的地方。——译注

⑤ 蒙图瓦尔（Montoire，位于卢瓦尔河畔）的握手，指的是二战期间法国维希政权首脑贝当元帅与希特勒的会晤。——译注

象征性的事件。但两类事件中，重要的都不是事件本身。承认它们属于记忆之场就等于否认它们的特别意义。相反，正是因为排除了特别意义它们才具有意义：因为记忆与场所绑在一起，就像历史离不开事件一样。

反过来，在记忆之场的内部，没有任何东西妨碍各种必需的记忆分配和分类的构想。从最自然的、最富具体经验色彩的场所，如墓地、博物馆和周年纪念，到最具思想构建色彩的场所（我们不能缺少这类场所），都是如此；这不仅是因为前面提到的“代”的概念、“谱系”概念和“地域-记忆”概念，也因为存在“分割”观念，关于法国空间的所有感知都以此为基础，以及“如画的风景”的观念，只要想想科罗（Corot）[①]的绘画或塞尚（Cézanne）的《圣维克多山》就能明白这一点。如果强调记忆之场的外在方面，那它们这方面的特征可谓千差万别。有些场所几乎可以携带，但其意义并不见得更小，比如说，十戒石版（Tables de la Loi）之类的东西负载着人们的重要记忆；有些场所具有地形上的色彩，它们的意义完全在于其确切的地点和它们扎根的土地，如所有的旅游胜地，如与马扎然宫紧密相连的国家图书馆、设在苏比兹宫的国家档案馆。还有一些不可与建筑混为一谈的纪念物。首先是纪念死者的雕塑和纪念碑，其意义在于它们存在的内在理由；虽然它们坐落的地点远不是无关紧要，但就算放在另一个地方也不会改变其价值。费时很长建造起来的建筑群却不一样，这类东西的意义在于其内部各元素之间的复杂关系，如沙特尔（Chartres）大教堂和凡尔赛宫这样的世界之镜或时代之鉴。

那么我们应该执着于功能性要素吗？有些场所纯粹是为了维持不可传承的、随着曾经历它的人一起消失的经验，如老兵协会；有些

---

① 科罗(Corot,1796—1875),法国风景画家。——译注

场所存在的理由也是短暂的，它们属于教育学的范畴，如课本、辞典、遗嘱或古典主义时代家长留给后代人使用的“家庭簿记”(livres de raison)；因此记忆之场的范围相当大。我们更应该关注象征性要素吗？人们可以将统治性场所和被统治场所对立起来。前者是壮观的，胜利的，庄严的，一般还是强加的，强加者或者是国家权威，或者是某个团体，但始终是高高在上的，这类场所通常带有官方仪式的乏味和隆重。除了去参加，人们不能投入更多的东西了。第二类场所是避难所，是自发拥护者的圣殿和无声的朝圣，是活在记忆中的灵魂。前者如圣心教堂，后者如卢尔德①的民众朝圣；前者如保罗·瓦莱里（Paul Valéry）的国葬，后者如让-保罗·萨特（Jean-Paul Sartre）的葬礼；前者如巴黎圣母院的戴高乐葬礼，后者如他在科隆贝（Colombey）的墓地。

我们还可以将分类无限细化。将公共场所与私人场所分别开，可以区分纯粹的记忆场所，即它们的全部功能就在于铭记，如葬礼演说、杜奥蒙②和公社墙，而在另一些场所中，记忆只是其象征意义的一部分，如国旗、巡回庆祝会、朝圣，等等。这些尝试性的分类的意义不在于其严格性或全面性，甚至也不在于其联想的丰富性，意义仅在于分类的可能。它表明，并无明显关系的对象之间也可建立起不可见的联系，将拉雪兹神父公墓和《法国统计总览》(Statistique général de la France）置于同一要点之下，这并非雨伞和熨斗的超现实主义相遇。不同的身份之间有个组合起来的网络，有一种集体记忆的无意识组织，我们应该将它清楚地表达出来。记忆之场是我们

---

① 卢尔德(Lourdes)是位于法国西南部比利牛斯山脚下的一个小镇，传说 1858 年圣母玛利亚曾在此显圣。——译注

② 杜奥蒙(Douaumont)是凡尔登附近一个堡垒的名字，1916 年，这个城堡在凡尔登战役开始三天后丢失，它的收复标志着凡尔登战役的结束。——译注

民族历史的关节点。

一个简单但具决定意义的特征可以将这种场所与我们习惯的各种新旧历史类型分别开来。所有关于记忆的历史和学术研究，不管它涉及的是民族记忆还是社会心态记忆，都须与实物（realia），与事物本身打交道，所有这些研究都努力以最鲜活的方式把握实在。与所有历史对象不同的是，记忆之场在现实中没有所指对象，或者更确切地说，它们是自身的所指对象，是些仅仅指向自身的符号，纯粹的符号。但它并非没有内容，并非没有物的存在和历史，恰恰相反。但是，使记忆之场成为场所的，正是它借以逃脱出历史的东西。它是殿堂（Templum）：是一个圆圈切入不可确定的尘世（空间或时间，空间与时间），圆圈里面一切都很重要，都在象征，都在意指。从这个意义上说，记忆之场是个双重的场所：一方面它极端地自我封闭，完全封闭在自己的身份和名字中；但另一方面，它又总是准备扩展自己的意义。

这就使得记忆之场的历史最为平常但又最不寻常。显而易见的对象，最传统的素材，触手可及的史料，最普通的方法。人们或许认为回到了遥远的历史学。但存在一种完全不同的东西。这些对象只有在最为直接的经验论中才能得到理解，但问题的关键并不在此，而在于在传统史学的范畴中得不到表达。史学批评应完全成为批评的历史学，而不仅仅是特有的研究工具。史学批评自身的苏醒就是为了生活在第二个层次。纯粹传承的历史就像战争一样，完全是行动的艺术，它取决于能否唤醒对象的不可靠的运气，取决于历史学家对其课题的投入程度。说到底，这是一种仅仅依赖于历史所能调动起来的资源的历史学，一种十分脆弱、难以感知和描述的联系，它是我们与那些已经凋谢的象征物之间无法根除的切身眷恋感。这种米什莱式历史学的复活，势必让人想起爱的葬礼的苏醒，对此普鲁斯特已经谈得够深刻了。此刻，对情感的强制性压抑终于解除，但真正的悲伤已不再是人们曾深刻体验过的那种悲伤，如今，这种悲伤只有靠头脑的理智和更多的心灵的非理性才能去理解。

这里提到的是非常文学化的参照。对此应该抱怨还是应给予充分的肯定呢？这仍然取决于我们这个时代。实际上，记忆从来都只有两种合法形态：历史的和文学的。但这两种形态并行不悖，只是在我们这个时代，它们分离了。今天，边界线已开始模糊，随着历史-记忆和记忆-想象的几乎同时死亡，一种新型的历史学诞生了，它的声望、它的合法性在于它同过去、另类的过去的一种新关联。历史是我们想象中的替代品。历史传奇的复兴、个性化文献的复兴、文学中历史剧的兴起、口述史的成功，如果不把它们看作虚弱的想象力的替代品，还能怎样解释呢？那些沉淀着、凝固着、表现着的，已从我们集体记忆中枯竭的资源的场所，其意义也在于这种意识。历史，是一个失去了深刻性的时代的深邃所在，一个没有真正的传奇的时代的真实的传奇。记忆被推到历史的中心：这是文学辉煌的葬礼。

1984 年

* L'ère de la commémoration

纪念的时代

皮埃尔·诺拉 *Pierre Nora*

查　璐 译

曹丹红 校

这部《记忆之场》有着奇特的命运：起初，这部丛书从步骤、方法甚至到标题，都力图成为一部反纪念的史书，可最终还是绕不开“纪念”这个词。它们本想避开使自己成为纪念性文字的一切可能，从源头就打破那些长篇大论的固有赞美之辞，力图客观地描述民族史体系，并分解其中的元素。这些愿望如此强烈，以至纪念本身也成了被剖析的首要对象之一。在民族史学上，这部著作可以说是首次对纪念现象予以如此关注的研究。从兰斯加冕到巴黎公社社员墙，从法兰西学术院院士葬礼上的致哀词到逝者的纪念碑，同时还包括共和国历、先贤祠、凡尔赛历史博物馆、维克多·雨果的葬礼、大革命一百周年纪念仪式及其他诸种活动或纪念碑，这部著作所涉及的纪念现象构成了一个具有代表性的体系，能够说明纪念的各个层次，甚至令一种类型学的建立成为可能。但是，如今记忆的影响如此巨大，以致时代那强烈的纪念欲甚至吞噬了一切尝试理解这一现象的行为，“记忆之场”这一表达才刚刚被提出，为剖析批判性的距离而专门打造的工具就已然成为纪念的绝佳手段。除了努力理解这一“吸纳”的原因之外，我们还能做什么呢？

把纪念作为关注焦点的举动和这个热衷于纪念的历史性时刻之间，确实存在某种联系。《记忆之场》出版的时期，正是法兰西本身频繁举行纪念活动的时期，对这一现象，我们怎么可能视而不见呢？

这一现象也许并不为法国所特有。它触及了一切具有历史性的当代社会。也就是说，这些社会的建立依靠的是建设性的人类自由，而不是神圣意志的支配，它们用本国历史的重大日期取代了基督教纪念日。不过法国赋予了这种现象特殊强度。这并非出于历史的偶然，而是因为法国历史丰富，革命彻底，走出宏大历史的情感又促使其对记忆进行反思。仅在1984年首卷问世到1992年最后几卷出版的几年时间内，每年都有一场或盛大、或节制的庆典活动：《南特敕令》废除三百周年纪念、人民阵线成立五十周年纪念、卡佩王朝成立一千周年纪念、1968年“五月风暴”二十周年纪念、法国大革命两百周年纪念、戴高乐将军诞辰一百周年纪念。这还只是一些全国性规模的庆祝活动，每年每月还有各种或必须组织、或刻意安排的周年庆活动。

同时性显然并非偶然。当代纪念活动从此成为“记忆之场”，《记忆之场》中充斥着各种纪念活动：这两者之间距离最终必然会被拉近。这并非为了研究每一个重大的全国性纪念活动，尽管它们都值得研究；也不是为了对纪念进行理论上的反思——此类反思还处于探索阶段；而是在对历史进行直接而快速的再现中，攫取这些《场》的诞生地，把握超越并承载这些场所，反过来又被烙上场所之名的时代运动。很少有这样的史书，它们的历史长到足以包括自身的历史。这恰是本书的幸运之处。①

一、 纪念的变形

1968 年五月风暴，大革命两百周年，时代似乎被这两种关于纪念性记忆的极端经验包围、控制甚至撕裂：大革命两百周年纪念代表了自愿、有意的纪念模式，不可回避，同时也不可控制，见证了有意识的纪念活动的新困难；而五月风暴纪念是非自愿甚至无意识的，它无法控制，反过来见证了非纪念性行动的新困难。

大革命两百周年纪念，它甚至无须卖弄各种名头就已经代表了一种纪念。我们今天所理解的纪念活动，不正是大革命创造的吗？莫娜 · 奥祖夫曾在此提醒我们，在攻陷巴士底狱的第二天，人们就已经表达了纪念这一事件的想法。佩吉（Péguy）说过："7 月 14 日本身就是它自己的纪念。"在各种全国性重大纪念活动中，大革命纪念不正是唯一能得意于其重复性的纪念活动吗（这足以让我们区分纪念和庆祝活动）？大革命一百周年纪念提供了可供赶超的模式，而一百

---

① 本文受笔者于 1991—1992 年在法国社会科学高等研究院开的研讨课上收到的发言和报告的启发(我特意选择了当代法国纪念活动作为研讨课的内容)，尤其是蒂埃里 · 加尼耶(Thierry Gasnier)关于国家庆典代表团的文章(与伊丽莎白 · 保利女士 [Élisabeth Pauly] 合著，保利女士是加尼耶的指导老师)，菲利普 · 雷诺(Phllippe Raynaud)在政治学教师招聘会考中关于纪念的课程，洛朗 · 泰斯(Laurent Theis)关于《南特敕令》废除三百周年纪念和卡佩王朝建立一千周年纪念的文章。在此对他们表示感谢。

考虑到涉及主题的广泛性和多样性，也考虑到本文应有的普遍性和结论性，本文尽可能对参考书目和注释进行了缩减。

五十周年纪念则是需要避开的范例。①不正是它，对存在于一切纪念活动中的张力和矛盾，提供了一份完整的记录吗？这纪念活动始终在距离意识和废除距离的意愿之间，在庆祝的自发性和规范它的机构之间，在刻板的保守和面向未来之间，在忠于使命和适应当下之间摇摆不定。最后，不正是它，从上至下决定了各种全国性纪念活动的安排计划吗？卡佩王朝建立一千周年纪念不过是对大革命两百周年纪念的反对，戴高乐诞辰百年纪念不过是对大革命两百周年纪念的重复，而《南特敕令》废除三百周年纪念更不过是大革命两百周年纪念的前音。

两者中，显然是1968年五月风暴纪念在无意中代表了纪念记忆的王国。关于革命行动，关于黑格尔意义上的以鲜血写就的历史，每个人都在事后自问，究竟发生了什么。没有革命，甚至没有任何可感知可触摸的东西，参与者将极不情愿地看到，只有一切革命都有的各色传奇故事不可遏抑地涌现，展开熊熊燃烧的狂欢之火：19世纪乃至20世纪的法国革命，青年学生的参与让人想起1848年革命、巴黎公社的路障、人民阵线的游行，以及让人记忆犹新的抵抗运动，彼得格勒苏维埃革命和列宁掌权，从中国到古巴的第三世界革命。这样的历史幻觉数不胜数，而1968年五月风暴纯粹只是其象征性的总

---

① 尤参见本书中帕斯卡尔·奥里(Pascal Ory)的文章，《法国大革命百年纪念》(Le centenaire de la Révolution française)，载《记忆之场》，第一部，《共和国》(*La République*)，同一位作者所写《一百五十周年纪念或如何摆脱一百五十周年纪念》(Le cent cinquantenaire ou comment s'en débarrasser)，载《二十世纪革命传奇》(*La Légende de la Révolution française au XXe siècle*)，让-克洛德·博内(Jean-Claude Bonnet)、菲利普·罗杰(Philippe Roger)主编，巴黎，弗拉马里翁出版社(Flammarion)，1988年；以及《记忆的国度：1889，1939，1989，革命的一百五十年》(*Une nation pour mémoire. 1889, 1939, 1989, trois jubilés révolutionnaires*)，巴黎，国家政治科学基金会出版社(F.N.S.P.)，1992年。关于大革命两百周年及其纪念的书目索引，参见现时史研究所(Institut d'histoire du temps présent [I.H.T.P.])《季度公报》(*Bulletin trimestriel*)，1992年9月，第49期。

结。五月风暴的参与者们想要有所行动，却只是在终极狂欢和虚拟再现中庆祝了大革命的结束。五月风暴的意义仅在于纪念。它甚至拆了大革命两百周年纪念的墙脚，因为它不由自主地纪念了本该由1989年来庆祝的东西的终结。

二者的对立并不止于此。1968年五月风暴反映了所有真正意义上的纪念的自我参照倾向，甚至到了夸张的程度。而大革命两百周年纪念则反映了以历史充塞自身的倾向。1968年6月11日，当最后一批“杰里科”行动（opération «Jéricho»）的抗议者还聚集在法国广播电视局大楼周围时，就已经有人向他们兜售瑟伊出版社（Seuil）最新出版的《五月风暴黑皮书》（*Le Petit Livre noir des journées de mai*）了。“景观社会”已真正来临，而五月“事件”要与之决裂的，正是这个“社会”。使自身神圣化，使自身成为历史，这两个维度在此已无法区分。事件就是其本身的事件，我们只能找到“事件”一词来命名事件。由此造成了严格意义上的史学分析的奇缺和进入谜团中心的困难。也正因此，运动参与者们热衷于按照自传的节奏来定期进行自我剖析。更因其整十周年纪念总是在政治上不逢其时[①]，1968年五月风暴愈发被封闭在自给自足的圈子里，愈发被局限于纯粹的记忆扩散，愈发难以走上政治和全国性的舞台：1978年十周年纪念时，左翼刚刚受挫，共同纲领的选举势头正猛；1988年二十周年纪念则正值各派纷争之际，一面是还当权的右翼，一面是某位总统候选人的选举宣传活动——1968年只给他留下了痛苦的回忆，还有大革命庆祝活动的准备工作——1968年五月的那段日子正是对大革命的庆祝。

---

① 参见让-皮埃尔·里乌（Jean-Pierre Rioux），《关于法国五月风暴的全国性庆祝》（À propos des célébrations nationales du mai français），载《二十世纪：历史季刊》（*Vingtième Siècle, revue d'histoire*），第23期，1989年7—9月，第49—59页。

相反，大革命两百周年纪念却被一段难以承受的历史压抑着。从 1983 年开始，人们提出了“能否纪念法国大革命”的问题，所用词汇日后被证明是富有洞见的。①很大一部分纪念活动都是在关于纪念的辩论中度过的。大革命纪念与生俱来的缺陷正在于对自身含义的追寻。前后相继的三个总统，还不包括共和国总统本人，②每个人对其含义的说法都不尽相同，因为没有一种说法具有压倒性的说服力。其与生俱来的缺陷还在于，除了通过历史，除了稍显古老的共和体系的动员外，它始终无法找回战斗热情和对革命记忆的激情，而这种热情和激情在一百五十年前还是生机勃勃的。因此，纪念就变成了小打小闹，热气球徐徐起飞（1 月），一团和气中栽下自由之树（3 月），各类演出——凡尔赛三级会议开幕式上的滑稽模仿（5 月），杜伊勒里（Tuileries）的旅游活动，瓦尔米（Valmy）的艺术展（9 月），这些就是毫无重大时刻的一年中规定的重大时刻。在开展过程中，大革命两百周年纪念活动碰到了各种厄运。政治上，遭遇了巴黎市长的敌意，巴黎市长成为总理后，很快就强制放弃了世博会和一个本已缩水的计划；时运上，纪念组委会的前两任主席去世，留给第三任主席的时间太短；意识形态上，官方仅限于传达关于人权的讯息，这一讯息虽已是共识，却软弱无力，毫无影响；最后也是最主要的厄运是，柏林墙倒塌和其他政治事件突如其来地剥夺了攻占巴士底狱事件的所有光彩。在电视的帮助下，7 月 14 日的古德阅兵式才使得大革命两百周年纪念的确给人留下了深刻印象，但这最后

---

① 参见莫娜·奥祖夫，《能否纪念法国大革命?》(Peut-on commemorer la Révolution française ?)，以及弗朗索瓦·孚雷(François Furet)，《法国政治想象中的大革命》(La Révolution française dans l'imginaire politique française)，载《辩论》(*Le Débat*)，第 26 期，1983 年 9 月。

② 见帕特里克·加西亚(Patrick Garcia)，《弗朗索瓦·密特朗：国家元首、纪念者和公民》(François Mittérrand, chef de l' État, commémorateur et citoyen)，载《词语》(*Mots*)，第 31 期，1992 年 6 月，“纪念的手势”(Geste d'une commémoration)专题。

一刻的补救也是枉然。[①]左翼上台后，制定了雄心勃勃的纪念计划，现在只留下被精心掩饰的无尽失望。[②]

尽管并不走运，大革命两百周年纪念还是碰上了预料之外的好运：在纪念活动的组织者中有一位历史学家，他坚信："如果不过分强调镜像效果，我们应该确信，两百周年纪念活动的准备和开展方式会超越它本身，在未来准确地告知人们 20 世纪末法国的社会、政治和文化情况"[③]。让-诺埃尔·让纳内因此加大了工作量，来创建完整的档案体系，这些档案分门别类，可以立即投入使用。一大批研究者已经投入工作，来考察"纪念活动反映下的 80 年代的法国"[④]。毫无疑问，研究者们必定会以回溯的眼光将历史的厚度和密度赋予纪念，这厚度与密度正是当时的纪念活动所缺乏的。大革命两百周年纪念有着奇特的命运，历史会为了历史，将它变成它从来不曾是的东西。

这两种模式，也就是两种典型占据了当代纪念场域的两极，同

---

① 《我想要做的——让-保罗·古德访谈》(Ce que j'ai voulu faire, entretien avec Jean-Paul Goude)，以及奥利维耶·萨尔瓦托里(Olivier Salvatori)，《制造美丽形象》(Bricolo-les-belles-images)，载《辩论》(*Débat*)特刊《89:纪念》(89 : la commémoration)，第 57 期，1989 年 11—12 月。

② 参见让-皮埃尔·里乌，《论革命两百周年纪念在 1989 年的法国》(À propos du Bicentenaire de la Révolution dans la France de 1989)，载《欧洲关于法国大革命史学的历史》(*La storia della storiografia europea sulla rivoluzione francese*)，欧洲史学会会议报告(Relazioni Congresso Associazione degli Storici Europei)，1989 年 5 月，罗马，1990 年。

③ 让-诺埃尔·让纳内(Jean-Noël Jeanneney)，《两百周年纪念组委会主席就该机构活动和庆典规模向共和国主席的汇报》(*Rapport du président de la Mission du bicentenaire au président de la République sur les activités de cet organisme et les dimensions de la célébration*)，1990 年 3 月 5 日，巴黎，法国文献出版社(La Documentation française)，第 187 页。同时参见《事后：一个纪念者的思考》(Après coup. Réflexions d'un commémorateur)，载《辩论》，第 57 期，同前。

④ 现时史研究所的调查，尤其是定期的《简讯》(Lettre d'information)，法国国家科学研究中心(C.N.R.S.)和国家政治科学基金会正在进行的关于"法国乡镇中的法国大革命两百周年纪念"的调查对此亦有补充。

时分别直指两个支撑和组织这个场域的关键概念：一个是“百年纪念”，大革命两百周年纪念的概念即由此而来；另一个是“世代”，1968年五月风暴赋予了其全部的实证性。①一方是机械而客观的统一，与人生之间有着庄严却短暂的距离，另一方是一种根本性的划分，将形式和意义赋予过去的时间。百年纪念带着其世纪性的庄严，通过加倍和约分，对日历上所有数学集会进行着实际的操控。而世代通过围绕同一个日期产生的多重意义激活了集会。没有这两种时间工具，没有这二者的相遇，可能就不会存在纪念，这二者的相遇足以决定今日密集的纪念日程及其永恒的重演。“百年纪念”实际上是新近才有的概念，字典表明其可准确追溯至第三共和国初期。②三个具有决定意义的日期最终确立了这个词：美国独立一百周年（1876），法国大革命一百周年，以及世纪本身的一百周年（1900）。为了让“百年纪念”最终被认可，“世纪”③这个18世纪的发明本身必须要有一百年。勒南在1889年时就已为这个新事物的强制性后果而忧心了，他为“不能阻止世纪有一百年”④而惋惜。勒南如果生活在今天，又会做何感想呢？大革命年代和征战连年的第三共和国时期是国家生命中的两个关键时刻，考虑到那些在这两个时

---

① 参见《记忆之场》，第二部，《民族》，“世代”。

② 对于皮埃尔·拉鲁斯（Pierre Larousse）来说（1867），该词仅用于表达宗教的神圣性。《利特雷词典》（*Littré*）第一版（1863）只把该词作为形容词，或指一百岁的人。而到了1877年的增订本（*Supplément*），该词的阳性名词释义成为主要意义：“一百岁生日。这种生日的庆祝活动。”迪克莱尔（Duclerc）和帕涅尔（Pagnerre）的《政治词典》（[*Dictionnaire politique*] 1868）在“生日”词条下用红色标记本该出现在“百岁”这一词条下的意义，“百岁”当时还没有出现在词典中。同样，贝特洛（Berthelot）的《大百科全书》（*Grande Encyclopédie*）虽然指出了“以特殊方式庆祝重大事件的一百岁生日的用法”，但还是用两栏解释了“百岁”的人口学意义。

③ 参见达尼埃尔·米洛（Daniel Milo），《寻找世纪》（À la recherche du siècle），载《背叛时间（历史）》（*Trahir le temps [histoire]*）第一部分，巴黎，文学出版社（Les Belles Lettres），1991年。

④ 埃内斯特·勒南（Ernest Renan），《答儒勒·克拉勒蒂在法兰西学术院欢迎仪式上的讲话》（Réponse au discours de réception de Jules Claretie à l'Académie française），1889年2月21日。

期应运而生的发明创造和新事物，有关这一概念如何诞生的回顾足以让我们想起无穷无尽的纪念日：一百周年纪念、两百周年纪念，同样，还有五十周年纪念、一百五十周年纪念。二十年来直到世纪末，官方的、制度化的纪念日程排满了这样的纪念活动。[①]这是怎样的一个世纪啊！正是在此，纯粹的数学计算随时会遇到来自另一极，也就是过往经历这一极的冲击波。这一极的人口和世代节奏给纪念这一责任强行带来了另一种氛围，另一种更加苛刻和紧张的气息，那就是恐怖历史的参与者、见证者和受害者的气息，他们的经历随时可能从血淋淋的记忆转变成墨写的历史。就以参加过大战的老兵所获得的荣誉，也就是那些双重纪念日来简单举个例子：世界大战和法国解放，1964 年也是让·穆兰（Jean Moulin）的遗体移入先贤祠的年份，1984 年也是最后一批一战大兵庆祝他们九十岁的生日的年份，1994 年也是准备给予特殊荣誉的年份。我们已经可以从中体会到，近二三十年来，在退休年龄和“最后见证者”年龄之间有着怎样一股纪念热。正如从更普遍角度来说，只须把“百年”和“世代”这两个概念结合起来，就可以知道，从 60 年代到第三个千年，这两种模式不仅仅从象征意义上，给某个单纯从数量增长的角度来说就已经可以被称为“纪念的时代”的东西划定了范围。

在这里，重要的并不是纪念这一现象的扩张，而是其内在的变化：由大革命创造并由穷兵黩武的第三共和国确立的全国性纪念活

① 关于文化纪念方面，尤其参见威廉·M. 约翰斯顿（William M. Johnston），《后现代主义和两千年：当代文化中的周年祭拜》（*Post-modernisme et bimillénaire, le culte des anniversaires dans la culture contemporaine*），巴黎，法国大学出版社（P.U.F.），1992 年。

动的古典模式遭到了颠覆和瓦解[①]，取而代之的是一种由形形色色的纪念语言构成的并不统一的体系。这一体系体现了与过去的一种不同的关系，与其说是强制性的，不如说是选择性的，是一种开放的、可塑性强的、具有活力的体系，处在不断的建构之中。仅以发生在我写这些文字的这几个星期的几场游行为例吧，为纪念加拿大部队登陆六十五周年，弗朗索瓦·密特朗（François Mitterrand）对阿尔图瓦（Artois）地区的维米（Vimy）进行了官方视察，还有《纯粹理性批判》出版两百周年国际研讨会，阿尔及利亚战争结束三十周年纪念，博堡（Beaubourg）建成十五周年纪念，“冬季赛车场大逮捕”（rafle du vél'd'hiv'）五十周年纪念，保罗·西涅克（Paul Signac）到达圣特罗佩（Saint-Tropez）一百周年纪念，这些事件之间有什么关联呢？钟声依旧敲响，可时刻已不尽相同。现在起作用的显然是一种全新的思路。国家-民族的单一模式的瓦解，传统体系，作为这一模式的象征性浓缩表达形式，也随之崩溃。不再有超我的纪念，正典已经消失。

传统模式实际上意味着一种无个性、肯定式的权威的存在，例如法兰西、共和国或民族，这是由国家所组织和引导的纪念活动存在的真正原因。现在，国家的作用淡化了，更多的是鼓励而非指导。即使是诸如大革命两百周年纪念这样的举国庆祝活动，共和国总统任命组委会的法令也不过使用了“鼓励”“协调”“整合”“促进”这样的字眼。传统模式也意味着一种历史的统一性，这历史因为是史

① 参见莫娜·奥祖夫，《1789—1799，革命的节日》（*La Fête révolutionnaire, 1789-1799*），巴黎，伽利玛出版社（Gallimard），1976 年。及奥利维耶·伊尔（Olivier Ihl），《狂欢的公民：1870 年到 1914 年法兰西共和国的国家庆典和政治一体化》（*La Citoyenneté en fête : célébrations nationales et intégration politique dans la France républicaine de 1870 à 1914*），法国社会科学高等研究院（E.H.E.S.S.）博士论文，1991 年，电子版。

诗化、好斗、具有方向性的，因而有其选民，尤其是政治和军事领域的选民，而被其排斥在外的，只能沉默不语，或陷入对记忆的私人崇拜，例如每年1月26日为悼念路易十六被处决，皮克普斯（Picpus）公墓都会举行一场虽虔诚却几乎地下的弥撒。在大革命两百周年纪念中，最受期待的，听众最多的，不是大革命的吹捧者，而是大革命的受害者，包括旺代（vendéen）“屠杀”的揭露者，以及受迫害的教会的代言人。他们以人权和大革命的原则之名，用自己的方式要求在纪念活动中获得一席地位。传统模式自上而下依赖的都是一种秩序和等级关系。现在这种秩序和等级关系已经被打破，从中获利的是一系列去中心化的活动，传媒、旅游、娱乐和营销等都参与其间。不再有纪念性建筑，因为热衷塑造雕像的时代已经过去。不再举国上下同时举行纪念活动——这样的活动拥有同样的场所、仪式和队列，对团体和个体的特殊投入毫不在意——有的只是对不同代人之间传承关系的尊重。肯定集体身份、彰显纪念精神的，不再是学校这一传统模式中最核心的手段，不再是公共广场，也不再是11月11日、7月14日、5月1日①等日期举行的愈发沉闷的仪式，而是电视、博物馆、卡昂（Caen）纪念碑、佩罗讷（Péronne）大战博物馆，以及为此成立的成千上万的协会和大量戏剧音乐表演和民间活动。而必不可少的展览和研讨会，更是成为当代纪念活动中不可或缺的两大支柱。“感恩的祖国”失去了其永恒性和超验的抽象性。比起那些移入先贤祠的偶然个案（1987年勒内·卡森［René Cassin］，1988年

---

① 关于这三个日期，见安托万·普罗斯特(Antoine Prost)，《大战老兵和法国社会：1914—1939》(*Les Anciens Combattants et la Société Française, 1914-1939*)，巴黎，法国国家政治科学基金会出版社，1977年；收入本书的克里斯蒂安·阿马尔维(Christian Amalvi)，《七月十四日》，载《记忆之场》第一部，《共和国》；米格尔·罗德里格斯(Miguel Rodriguez)，《五月一日》(*Le 1er Mai*)，巴黎，伽利玛出版社和茹里亚尔出版社(Julliard)，“档案”(Archives)丛书，1990年。

让·莫内 [Jean Monnet] ，1989 年格雷瓜尔神父 [abbé Grégoire] 、蒙日 [Monge] 和孔多塞 [Condorcet] ），它面对的，更多的是代表某个领域的转瞬即逝的英雄，比如科吕什 (Coluche) 、达尼埃尔·巴拉瓦纳 (Daniel Balavoine) 以及巴黎-达喀尔拉力赛 (Paris-Dakar) 中的死者。比起仪式、官方敬意和公开祝圣，它更多地体现在运用舞台和戏剧效果的大型节目中。对于最能揭示时代精神的纪念，我们应该去狂人国主题历史公园中找寻。①一切尽在其中：狂人国公园是省议会主席菲利普·德维利耶 (Philippe de Villiers) 反官方的创举，充分证实了他的乡村基督教徒信条。在这个公园中，旺代典范性地展现了一个遗失的世界，用戏剧形式表达着反历史的主张，火药、分贝和激光上演魔幻一幕，还史前史以“声音和光线”，在团结友好的庞大网络中，一切都具有魔咒般的吸引力。结果：自吉斯卡尔·德斯坦 (Giscard d’Estaing) 1978 年的官方访问过后，狂人国公园每年都能迎来二十到三十万名游客。那个守着学院刻板的老一套的年代，那个年轻的奥古斯丁·梯叶里振臂高呼“法拉蒙，法拉蒙，带上宝剑去战斗！”的年代已经远去了。传统模式确实已经消亡。

严格意义上的国家化、公民化的纪念已沦为政治。主要原因在于，大战以来，没有哪件事能顺理成章地进入民族统一记忆。②法国解放开启了记忆的战役，每一段记忆都是好斗的，因为它们都要求

---

① 参见让-克莱芒·马丁(Jean-Clément Martin),《关于狂人国》(À propos du Puy-du-Fou),载《两百周年纪念映照下的八十年代的法国》(*La France des années quatre-vingt au miroir de la bicentenaire*),现时史研究所,《简讯》,第 4 期,1992 年 3 月。

② 参见《法国人的记忆:第二次世界大战四十周年纪念》(*La mémoire des Français. Quarante ans de commémorations de la Seconde Guerre mondiale*),现时史研究所研讨会,巴黎,法国国家科学研究中心出版社,1988 年;以及热拉尔·纳梅尔(Gérard Namer),《记忆之战:1944—1982 年的法国纪念活动》(*Batailles pour la mémoire. La commémoration en France 1944-1982*),巴黎,纸莎草出版社(S.P.A.GA-Papyrus),1983 年。

自己在一定程度上成为国家级的象征，而这要求又是合情合理的。1945 年戴高乐和共产党的竞相许诺就是个很好的例子。一战的记忆曾具有极强的凝聚力；即使是关于维希（Vichy）之后的贝当（Pétain）的记忆，也不能阻止凡尔登成为整个国家公认的象征。二战则始终是一股分裂力量，甚至无法举出一个唯一的、不容置疑的胜利日期，因为各地不是在同一时间以同种方式获得解放的。而 5 月 8 日在 11 月 11 日停战日和圣女贞德节（戴高乐更喜欢把 5 月 8 日这一天视为圣女贞德节）之间摇摆，一直没有找到一席之地。但当 1975 年瓦莱里·吉斯卡尔·德斯坦取消二战胜利纪念日时，还是立刻引起了大战老兵的强烈反应。纪念政治化是纪念泛滥的部分原因，它实际上完全改变了纪念的体系：使之世俗化，民主化，更接近游行。①这造成了两种截然相反的后果：一方面，纪念的规章和意义被交到了特定团体，如政党、工会、协会手中，随之而来的是各种内部斗争和不可避免的抗议，斗争和抗议都是有关仪式本身的组织的，因为每个细节都关系到整体的意义；另一方面，相反的是，全国性的游行不再是某个团体之统一性的战斗性表达，而成了民主内部所有团体一致的冲突性。大革命一百周年纪念是肯定共和国大家庭的团结的契机，而大革命两百周年纪念是所有政治派系各抒己见的场所。第五共和国的体制只会加剧这一现象：在最为官方的宣言中，民族记忆在至高无上的官员和所有者手中，其本身只能具有政治意义。尽管戴高乐时代的纪念活动追求民族化和爱国性，但它们还是不可避免地被戴高乐主义同化，对瓦勒里安山（mont Valérien）纪念活动的操纵即是一例。弗朗索瓦·密特朗在其七年总统任期之初，

① 参见《游行》(*La Manifestation*)，皮埃尔·法布尔(Pierre Fabre)主编，巴黎，法国国家政治科学基金会出版社，1990 年。

就访问了舍尔歇（Schœlcher）、饶勒斯（Jaurès）和让·穆兰的墓地，而对茹伊昂若萨的莱昂·布吕姆（Léon Blum）墓地进行了私人祭扫，他所体现的，是一种准确无误的有关民族记忆的政治版本。自1987起他开始为贝当的坟墓献花，在1992年7月又决定参加“冬季赛车场大逮捕”的纪念活动，愈加明显地体现了这种倾向。在最高级别上，没有一个全国性的纪念活动是不具备政治色彩甚至党派色彩的。

另一方面，传统模式尤其受到来自地方和文化的强有力竞争，它们都对“民族性”构成了极大威胁。而文化部长的努力、地方分权、旅游业的发展、学者协会的发展、地方团体和文化机构的利益，这些都促进了地方模式和文化模式的发展。这便是核心现象之所在，它对纪念造成了全新的冲击，颠覆了它的机制：纪念不再是高高在上，根据民族和爱国主义价值提炼而成，而是服从特定团体、地区、行会或机构的利益，实现了由手工业向工业的转变。比如，今年是1492年人类首次登上伊泽尔（Isère）的艾吉耶山（mont Aiguille）纪念年：在峰顶，人们签署了国际登山运动员道德和互助的条约，来自不同国家的残疾人携手登顶，三代导游把登山绳绑在一起组队前行，首位女性从新的登山路线登顶，还有其他各种庆祝活动。从这些努力中，难道看不出这是对六年前勃朗峰登顶两百周年纪念的复制和提升？今年还有庆祝托内尔主宫医院（Hôtel-Dieu de Tonnerre）建立七百周年的宏大计划：召开为期三天的关于法国和世界人道主义状况的研讨会——届时达妮埃勒·密特朗（Danielle Mitterrand）和贝尔纳·库什内（Bernard Kouchner）也会出席，电影节准备放映《文森特先生》（*Monsieur Vincent*）和《皮埃尔神父》（*Hiver 54*，*L'abbé Pierre*）等影片，法国国家档案馆馆长将亲自主持一系列关于中世纪的讲座的开幕仪式。在这场全体动员中，怎能忽视当时兼任司法部长和托内尔市长的亨利·纳雷（Henri Nallet）的个人努力？以上不过是从全国性庆祝活动评议会的年鉴中选取的两个例子，近十五年来，该评议会的任务正在于通过深化各省年鉴和传记词典，来集中、帮助和促进那些值得鼓励的主张，因此，六年来被记录在案的游行就逾千次。今天，没有哪个学者、哪个作家、哪个艺术家可以避开纪念的雷达：还是今年，马恩河畔沙隆镇（Châlon-sur-Marne）将挖掘出尼古拉·阿佩尔（Nicolas Appert），以庆祝罐头发明一百周年，他将有幸让伊博斯泰基（Ipoustéguy）为其塑像。过去，文化纪念很少，仅局限于学校的庆祝活动，都是文学性的，且完全是在某个全国性的时刻或宣传的刺激下直接产生的。①而今天，文化纪念数不胜数。举个令人震惊的例子：今年波尔多市隆重举办了蒙田逝世四百周年纪念活动，然而他的三百周年忌日（1892）及四百周年诞辰（1933）根本无人问津。那司汤达呢？活跃的司汤达友人协会今年隆重举办了他逝世一百五十周年纪念活动，而他们在不到十年前的1983年，刚同样隆重地庆祝过其两百周年诞辰。司汤达如果知道了会做何感想？不过最突出的还是艺术领域。这一领域不乏对人物的生平回顾，尤其是在其刚刚去世后；私人画廊也经常举办艺术家的生日展览。60年代以来，出现了一种新现象，就是在某人一百或两百周年诞辰之际，在某个大型国家博物馆对其进行祝圣。随着博物馆的不断创立和新一代博物馆长的上任，这种现象已经司空见惯。最近的例子有席里柯（Géricault）、武埃（Vouet）和修拉

① 只有米什莱（1898）、维克多·雨果（1902）、埃德加·基内（[Edgar Quinet] 1903）、拉马丁（《沉思集》一百周年纪念，1920）、福楼拜和路易·布耶（[Louis Bouilhet] 1921）的一百周年纪念、拉封丹三百周年纪念（1921）、雨果去世五十周年纪念（1935）和拉辛（Racine）三百周年纪念（1939）。政府通报尤其强调这些决定的公民和教育理由。上述资料由法国国家教育研究所历史教育部（I.N.R.P.）主管安德烈·谢韦尔（André Chervel）提供。

(Seurat)。原则基本上都是一致的：在无限开放的想象博物馆的名录中，可被纪念的生日成了选择的指标——几乎是唯一可能的坐标——和智力、学术性工作的计划工具。①

受到颠覆的是纪念机制本身。记忆模式战胜了历史模式，随之而来的是对难以预料、变化莫测的过去的完全不同的运用。过去失去了其有机性、确定性和强制性特征。重要的不是过去强加于我们什么，而是我们投入了什么。这是导致无论何种信息都会被干扰的原因。是现在创造了纪念的工具，追寻要纪念的日期和人物，要么忽略它们，要么丰富它们，要么在规定的日程中享受自由（比如把瓦尔米归入 1789 年事件），要么遵循日期却改变其意义（比如 1994 年德雷福斯事件的纪念是判决而非平反）。谋事在历史，成事在当下，发生的事情一般来说总是同我们的需要相左。这就可以解释最近接踵而来的几场全国性纪念的奇特结果了：那些无纪念对象的纪念是最成功的，那些从政治和历史角度看最空洞的纪念从记忆价值角度看却是最具深意的。

卡佩王朝建立一千周年纪念和戴高乐年就是最好的证明。卡佩王朝一千周年纪念一开始不过是为了纪念于格·卡佩的登基，什么也代表不了，只不过是左右共治期间，右翼对左翼的嘲讽式回答。然而，在君主制思想早已彻底消亡的氛围下，在戴高乐空想和对即将到来的第二个"千年"的幻想之间，一批对此并不抱特别坚定信念的

① 这是由奥赛博物馆馆长安娜·罗克贝尔(Anne Roquebert)专门为我提供的各类展览清单。从中我们可以看自最初的两次"百年纪念"展以来的发展。这两次展出一次在 1889 年，其组织者安托南·普鲁斯特(Antonin Proust)认为展出应该"强有力地表现出我们这个世纪的法国艺术"(1891 年《报告》，样本，第三期，第 124 页)；另一次在 1900 年，被罗杰·马克斯([Roger Marx]《今昔的大师》[*Maîtres d'hier et d'aujourd'hui*]，巴黎，1914 年，第 73 页)称为"旨在赞颂法兰西学派"。

历史学家无意中点燃的导火索引发了一场熊熊的意义之火：于格·卡佩的登基迅速演变为卡佩王朝“一千周年”，促使人们开始追溯君主制的起源以及被年轻的中世纪史学家科莱特·博纳（Colette Beaune）称为《法兰西民族的诞生》（*Naissance de la nation France*）的东西。事情就这么顺理成章了。[①]

为证明戴高乐时期仍存在的君主复辟危险的最终消失，共和国总统在4月3日邀请了巴黎伯爵这个重量级人物一起现身亚眠（Amiens）大教堂，让一个非事件成为全国性的轰动事件。将一个无足轻重的事件视作民族的起源，将一个无迹可寻的人视作民族的创立者（不过在一年之中，就出现了四部卡佩传记），这完全是反历史的。因为“卡佩”这一称呼是16世纪才有的，是圣莫尔（Saint-Maur）的本笃会修士重建了卡佩王朝的复兴。可谁又在乎史学论证上的漏洞呢！这段历史已经被完全同化和吸收了，事件本身那么空洞，使得人们可以毫不费力地用各种影射来填补。同年，弗朗索瓦·布吕什（François Bluche）写的路易十四的宏大传记取得意外成功，而十年前默里·肯德尔（Murray Kendall）的《路易十一》的成功也同样令人称奇，它们通过其他途径重现了饶勒斯所说的“君主制的长久魅力”。法国人就某个无关紧要的计划达成了一致，并忙不迭地庆祝起来，这是分裂性事件出现以前，民族和它本身的婚礼。法兰西有了一千年的历史，有了诞辰，有了被确认的亲缘关系，因而也就有了身份，也就是在前一年被费尔南·布罗代尔列入“长时段”欲加研

① 从1983年起，文化部长在一份涉及庆祝活动的全面报告中，就询问过国家科学研究中心的历史学家委员会，于格·卡佩的加冕是否真的值得一提。后者回复说，如果克洛维的洗礼（496）和导致查理曼帝国分裂的《凡尔登条约》（843）可以成为法兰西的起源，那么987年这个本身无关紧要的日期，尤其只是事关一个想象的未证实的人物的登基，则没什么纪念价值。推动卡佩王朝一千年纪念的，是希拉克政府。

究的身份。

另外，这种对过去的重构——伴随着各条旅游路线得到开拓、城堡重新吸引游客的大好前景——这种对根本不存在的东西在历史上的无限放大，都与三次戴高乐周年纪念（诞辰一百周年、六一八宣言五十周年、逝世二十周年）的森严戒备形成了鲜明对比。尽管媒体大肆报道，为什么还是缺乏深度呢？时序本来的确可以激发希望：在君主制之后，在大革命之后，各种综合因素本该将戴高乐塑造成共和国国王，具有奠基性的过去的最后一个篇章，而这正是法国人在三年之中被邀请尽情体验的。不过还是打错了算盘：英雄已被英雄化，被加冕的这位国王早已被神圣化，也许于格·卡佩本身也不自觉地充当了这个国王的祝圣者和替代者。

在这场记忆与历史的博弈中，1985 年《南特敕令》废除三百周年纪念提供了另一种审慎的预言。这一历史影响确切而有限的事件一开始只和新教徒有关，最终却造成了整个民族的想象力喷涌。改革后的法国天主教会的意图和法国新教历史协会的意图一样，想要遵照传统抓住机遇，实现联合，重建在历史深化过程中逐渐消失的集体身份，密切与海外流散教友的联系。简而言之，这几乎是一个家族的记忆，建立于一段只属于自己的历史上的记忆。结果政府对新教徒的计划产生了兴趣，帮助他们扩大了规模：在香榭丽舍、马提尼翁宫和市政厅，人们都在宣传《南特敕令》的废除，仿佛他们已隐隐感觉到，可能会有一场针对法兰西和共和国价值的纪念活动。而这种价值归根到底是与其要庆祝的事件本身的价值相悖的：1685 年，《枫丹白露敕令》（édit de Fontainebleau）要通过其声称实现的单一性来重建国家统一——如伊丽莎白·拉布鲁斯（Élisabeth Labrousse）所言，“一部法律，一个信仰，一个国王”——而到了 1985 年，人们要庆祝的，是统一之中的多元性，是前一年维护学校自由和法国避难地身份的声势浩大的游行活动所要求的宽容和信仰自由。国家的大树嫁接上了枝丫。当新教徒们仅将此事件看作一件平淡的、与历史传记相关的、失去生命力的事件时，非新教徒们却开始随着新教历史产生的和谐激动起来：流放、迫害、灭绝、抵抗的传统、对集体的忠诚、被强权蹂躏的少数派的权力、以国家名义实行的不公正、人权和公民权。在1685年的流放者身上，法国反种族歧视协会看到了“伙伴”①的身影。而当时国家庆典协会的主席玛德莱娜·勒贝里乌(Madeleine Rebérioux)甚至宣称“今日的移民即昔日的新教徒”②。《南特敕令》废除三百周年纪念活动既不想成为大革命两百周年的预告，也不想成为其对手，却在弗朗索瓦·密特朗出席了联合国教科文组织的典礼后，成为可见的全国性纪念活动，自发地运转了大革命两百周年没法驾驭的主题，因为大革命两百周年纪念想把这些主题编成乐章。

并不是因为大革命两百周年纪念是强制性的它就没有了效果。恰恰相反，政治上的失败只会带来记忆上的成功。这是为什么，又是由什么导致的呢？首先，考虑到历史的分量，成功是距离、延续性观念和由远离带来的靠近所导致的。因为法国已经完全走出了革命模式，所以可以平静地、几乎一致地共同庆祝大革命的成就。法国人所置身的，是一种非革命，同时他们也很庆幸它的发生。法国人自由地庆祝、赞同、评价乃至学习的，是一种作为过去时的革命。历史转移了，这转移令人满意地被东欧的现实所证实，在东欧，他们以我们建议其颂扬的理想为名，与自称法国大革命遗产的共产主义展开了对抗。带来的好处是双重的，既让法国人在过去成为革命者，为其找到

---

① 法国反种族歧视协会的口号就是“不要伤害我的伙伴”。——译注

② 答《历史》(*L'Histoire*)问，第77期，1985年4月。

了身为革命者的理由，又让其在不再是革命者的时候继续成为革命者。大革命两百周年是作为记忆事实被经历的，从这个意义上说，它如同一个具有统一功能的模式，成了一种真正的纪念。尤其因为大革命发生在法国各地，遍及每个城市和乡村，因此临近关系在几乎不知不觉的情况下，起到了追寻个性化谱系的作用。维齐尔（Vizille）和绍莱（Cholet）不同，里昂和南特也不同。大革命两百周年纪念除了引起人们对它的敬意外，还具有城际竞赛和体育比赛的作用，具有与同化作用同等的效力。现在我们难以丈量亲疏关系的痕迹和深度影响，不过亲疏关系的机制已经超越了首都的沉默和评论家的怀疑，变得清晰起来。大革命两百周年纪念的独特性就在于我们想呈现的和实际发生的事情之间的错位。几乎可以不夸张地说，没有组织者的努力，大革命两百周年纪念一样会成功。至少此处要强调的东西已清晰地得到了揭示：庆祝大革命这一事实本身比我们所庆祝的大革命更为重要。

二、从民族性到遗产性

这种纪念的变形只是表明了纪念的终结，而变形本身也不过是一场更大范围的变形的结果，那就是在二十年不到的时间里，法国从单一的民族意识过渡到了某种遗产性的自我意识。我们需要弄清这一变化的步骤并估量其意义。

这一重大转折可精确追溯至70年代中期。因机缘巧合，一系列表面上毫无瓜葛的动荡交织在一起，在悄无声息间深刻撼动了集体和民族意识的根基。最具决定性的事件当然是在经济增长的拐点，农民阶层的彻底消失。观察家们在看到进步的同时也没有忘记衡量其代价和破坏性。从1974年开始，在经济危机的首波冲击下，在

让 · 富拉斯蒂耶（Jean Fourastié）称之为“经济增长光辉三十年”结束后不久，后果就全面地展现了出来。十年来，只有偏远乡村的调查者和研究《朗格多克的农民》（*Paysans de Languedoc*）的历史学家才知晓的东西，只在派到菲尼斯泰尔的普洛泽韦（Plozévet）或沙蒂永内（Châtillonais）乡村的人种志学家狭小圈子里流传的东西，被封闭于新建的民间传统艺术博物馆人迹罕至的围墙内的东西，一下子在公众舞台上爆发了出来。与此同时，农学家勒内 · 迪蒙（René Dumont）代表生态党成了共和国总统候选人，《法国乡村历史》（*Histoire de la France rurale*）、《高傲的马》、《蒙塔尤》（*Montaillou*）同时获得意外成功，1980 年的国家遗产年更是将这一切推向了高潮。60 年代末“新兴工人阶级”的出现已经具有标志性意义；而 1971 年 3 月，为纪念巴黎公社一百周年，乔治 · 蓬皮杜（Georges Pompidou）这位罗斯柴尔德（Rothschild）银行的前代理人前去公社社员墙前鞠躬，为自“流血周”开始的一段历史画上句号时，很显然，一个世纪的工人阶级的法国结束了，勒克勒佐自然环境博物馆[①]的时代已经来临。不过，农民阶层的消失具有更深远的意义，直接触及了千年的稳定根基。布罗代尔的“长时段”理论又从其学生的论文中走出来，为置身于某种永恒身份中的法国把脉。农业人口降到了 10%以下，弥撒不再使用拉丁语，这两件事意味着集体意识的重大转变，意味着中世纪的基督教记忆尚存的活跃部分的最终消亡。我们只能通过历史和想象来重现那已经永远消逝了的世界。尽管消失，但仍然在场，产生了一种与自己相异的东西，一个晦涩、神秘、魅惑的世界，走出了连贯的历史，继而存活于不连贯的记

---

① 勒克勒佐自然环境博物馆（écomusée du Creusot）成立于 1973 年，成立目的是纪念、保存该地区自 18 世纪发展起来的工业活动传统与遗产，包括冶金业、采煤业、玻璃制造业以及陶瓷制造业等。——译注

忆中。

如果成为国家元首的不是这样一位年轻、高雅、看重技术、巴黎风范十足的总统，人们对那无声无息触动根基的冲击的感受可能也不会那么强烈。总统的形象根本无法实现与深度的法国的融合，而是突显了与戴高乐统治的决裂。与囚犯握手，取消5月8日二战胜利纪念日，把成人年龄改为18岁，从这些轰动性的举止到基本政策——优先发展经济，主张欧洲一体化，倡导“缓解紧张局势”和中间派政府——法国人，尤其在该总统上任之初活力满满的那几年中，经历了某种历史的失重。后戴高乐时代的无根基状态同样在多个层面引发了记忆的深刻变动。六一八人物[①]的突然离去标志着法国走出了战争的轨道。我们是否还记得，正是在这一时期，蓬皮杜宣布赦免了保安队法奸图维耶（Touvier），而法国德占区和维希政府的黑色记忆通过历史、小说、电影等各种途径冲动地涌现了出来？[②]但后戴高乐主义尤其是对一种更为深层的过去的复兴。戴高乐创立的机构在其创始人逝世后仍保留了下来，宪法在共同纲领选举前夕获得了“重读”，一切都证明，戴高乐已在历史的较量中获胜，89政治斗争也找到了解决方案。由此，法国历史的最后两个世纪被重新纳入一个托克维尔式的、漫长的国家-民族发展史，涵盖君主制、路易十四统治下的法兰西和卡佩王朝千年纪念的数个漫长世纪。将一个崭新的面孔，一个在很长一段时间内都会是最后一个代表人物的面孔神

---

① 指戴高乐，他曾于1940年6月18日发表宣言《告法国人民书》。——译注

② 尤见帕斯卡尔·奥里，《如同四〇年：十年的“撒旦驱逐”》（Comme de l'an quarante : dix années de “restro satanas”），载《辩论》，第16期，1981年11月，第109—117页。以及《两个五月之间，法国文化史：1968年5月到1981年5月》（*L'Entre-deux-mai, histoire culturelle de la France, mai 1968-mai 1981*），巴黎，瑟伊出版社，1983年，第118—127页。更为概括的是亨利·鲁索（Henry Rousso）的《维希综合征：1944到198……》（*Le Syndrome de Vichy*, 1944-198…），巴黎，瑟伊出版社，1987年。

化，列入祖先的长廊，这产生了无法估计却实实在在的冲击：长廊本身焕然一新，引起了历史传记的回归；法国人再次对“有关法兰西的某种想法”——其历史、其特点——更普遍地说是对民族主题的重新合法化敏感起来。关于民族这一主题，受本身衰退影响的左翼开始承认，马克思主义其实一直对此一筹莫展。

而且促成这种结晶，这种法兰西对法兰西的回归的，还有一个因素，虽说是补充性质的，却也起到了决定作用，那就是直至那时经受住了一切攻击的马克思主义革命的坚墙轰然倒塌了，无论是列宁式的苏维埃共产主义，还是毛泽东式的激进左翼都没能幸免于难。在“索尔仁尼琴效应”和“新哲学”的成功影响下，大众看清了那些数年来在暗中缓慢前进的事实：与马克思主义和革命逻辑的最终决裂，左翼对极权主义的信任，以及官方向坚定的反苏维埃主义的倾斜。“在1981年，人们将会发现，”正如马塞尔・戈谢所说，“法共在1978年议会选举中极力掩饰的东西：上述现象并不仅限于知识分子领域，而是整个社会的一次真正的断裂。也许是法国自给自足的政治-知识分子体系的解体。”①戈谢还解释道，与革命计划一道消亡的，既是历史终结的思想，也是同过去彻底决裂的思想。因此这里不涉及对过去某个确切时代的回归，而是某种组织轴线和固定代表模式的崩溃，是一种科学的可预见性的终结，后者还过去以完全的自由，赋予其全新的意义，或者说合法性。无论如何，这是一种同一切将决裂价值化的态度的决裂：“渐渐失去了其合法性的，是一种对待传统的态度，这种态度认为传统在当时已经走进了死胡同，并呼唤

① 马塞尔・戈谢(Marcel Gauchet)，《极权主义、自由主义、个人主义》(Totalitarisme, libéralisme, individualisme)，《词语-时刻》(Mots-moments)，载《辩论》，第50期，1988年5—8月，收录于《法国思想编年史：1945—1988》(*Les Idées en France, 1945-1988, une chronologie*)，巴黎，伽利玛出版社，“弗里奥历史”(Folio histoire)丛书，1989年，第513—521页。

着一种完全超越自身的努力。这促使产生了一种巨大的迷失：一种存在、判断和行动的方式，一种数十年来形成的对新事物的本能反应在没有明显失误的情况下，突然失去了内在的存在理由。”

乡村保守主义不再促进经济发展，从戴高乐式强国梦中醒来，革命之国长久以来信仰的海市蜃楼的破灭，这三股冲击波共同袭来。与此同时，希拉克的振兴计划受挫后，从布鲁塞尔的欧盟总部来的“法国最优秀的经济学家”来到了马提尼翁宫，其紧缩计划表明了一个新的现实，即要屈服于外部限制的铁的法则。1977 年是重新调整的一年。不得不遵守国际秩序，从强国向中等国家过渡的现实最终得以内化，共和国沦为普通民主政体，法兰西的特殊性开始消失。30 年代的危机通过传统的身份体系，体现于极端势力的上升。而 70 年代的危机则导致了反面的效应：对深度的深入，向自我的退缩，对临近坐标的重新把握。

正是这场悄无声息却速度惊人的重组工程造就了国家遗产年的成功；这点值得重申，因为正是这一年，遗产这个词本身的词义发生了变化。①一个简单的行政提案带来了完全出乎意料的成功②。1978 年，在文化部和环境部分离为两个部后，新一任文化部长让-菲利普·勒卡因担心自己会失去对某一领域的权力，开始考虑新设一个遗产司，把历史遗迹、马尔罗（Malraux）倡导建立的遗产目册和

---

① 1981 年 1 月 19 日《费加罗报》的一份调查显示，在 1979 年 12 月，事实上只有 12% 的法国人知道“遗产”一词是民族艺术财富的统称，而不仅局限于民法典范围，而到了 1980 年 12 月，这个比例达到了 36%。

② 有大量报刊资料。尤其参考了若塞特·阿利亚（Josette Alia）的报道（弗雷德里克·费尔内［Frédéric Ferney］调查）《对远古时代的追寻》（La course au bon vieux temps），载《新观察家》（*Le Nouvel Observateur*），1980 年 9 月 6 日。而 1992 年 3 月 13 日让-菲利普·勒卡（Jean-Philippe Lecat）同意与我进行的深入访谈也完全证实了其中的观点。

“考古学”都列入其管辖范围。[①]这一议案在 8 月 9 日的部长会议接近尾声时获得通过，因为共和国总统认为这正是调动法国人对这类事物之热情的好时机。在国家妇女年和国家儿童年之后，为什么不能有国家遗产年呢？“好的，”文化部长答道，“不过需要一定的时间和资金，还是定在 1980 年吧。”于是 1979 年拨款从天而降。由于人们都以为这个领域在政治上已经死亡，这笔拨款尤其让人欢欣鼓舞。至于形式问题，则要由地区委员会拿出计划。惊喜就这样产生了。各地区都异常积极。“遗产”一词产生了意想不到的回响。以前“遗产”这个词仅属于公证人，或者指“积蓄”。现在它的含义扩大了。父辈的财产成了根植于心的重量，成了与全社会发生联系的纽带，成了神圣的沉淀、必须传承的宝贵价值。它从大教堂和城堡的天空走下来，来到了被遗忘的民俗和古老的习俗中[②]，来到了美酒、歌谣和方言中；它走出国家博物馆，来到绿地上，或凝固在古街的石块上。当时，一切都准备进入这个计划，从推土机的破坏到对创造力枯竭、准备返本归源的艺术的瞬间感受，从共同纲领破裂后左翼受挫的希望到“新右翼”对民间文化复兴的希冀。在这总统大选的前一年，过去值得把握，很有卖点。在“遗产”这个含义模糊的词中，我们发现，其中有庄严的祖国，有巨大集体财富下的卑微个人，也可以衍生出对灶神的崇拜、对移民的敌意（移民问题已经开始得到关注），以及对传统的尊重、对一切形式的现代化的拒绝。

---

① 也正是在同一时间，在这种思想指导下，国家庆祝司得以加强和调整。在此之前已存在总委会，文化事务部长莫里斯 · 德吕翁（Maurice Druon）在 1973 年设立了“法国国家庆祝协会”来支持总委会。庆祝协会的宗旨就是为“扩大庆典规模”和“重振法国威望”筹集资金。

② 这一年依冯娜 · 韦迪耶（Yvonne Verdier）的《说话方式、行为方式：洗衣女工、缝纫女工、女厨师》（[*Façons de dire*, *Façons de faire*. *La laveuse*, *la couturière*, *la cuisinière*] 巴黎，伽利玛出版社，1979 年）的成功就是个很好的例子。

因此运动始于基层和外省，之后才回到对此持怀疑和讽刺态度的巴黎。在最初的六个月里，国家级媒体对此只字未提；相反，地方报纸倒是进行了大篇幅的报道。等到了夏天，假期来临，人们发现马耶讷省（Mayenne）埃夫龙（Évron）的居民穿上了10世纪的服装，庆祝他们千年的历史，萨尔特（Sarthe）圣桑福里安（Saint-Symphorien）村里的年轻人在某个晚上重演了朱安党人的进攻，全国各地各个角落都在发生着什么。在这股洪流中，人们惊讶又错愕地发现了一个庞大的义工网络的存在，这个网络是三五年来自发形成的，志愿者不求索取，甚至拒绝一切形式的官僚主义和中央集权，完成了一项浩大的工程：六千多个遗产保护协会和四千多个乡村文化民俗协会！地方化过程就这样在事实中完成了。只须政策尽快加以引导，只须当局用切实的民族志学政策①来规范、指引和巩固。国家遗产年，有点像外省乡村人的68年五月风暴。几乎不考虑未来，几乎没有切实的保护和传承政策，只有对过去的一拥而上。这一年，法国人迈出了前去寻找某个正在沉没的大陆的脚步，经费短缺是其唯一的限制。人们纪念的是过去，一个被政府中的右翼偶然发现的过去，一个一年后被左翼继承了的过去。

让我们再回到整个现象，这个现象在于从历史到回想，再从回想到记忆的过渡。之所以要回到现象，是因为在显而易见的、一贯的经验背后，是这几个术语寻常意义的彻底颠覆，而纪念的真正变形正是由这种颠覆产生的。②过去，历史在通常意义上代表着国家，正

① 即保持多样性政策，参见伊萨克·希瓦（Isac Chiva）为此主题撰写的《民族志学的遗产：以法国为例》（La patrimoine ethnologique : l'exemple de la France），载《综合百科全书：1990年专题》（*Encyclopaedia Universalis. Symposium 1990*），第229—241页。

② 参见本书开头的《记忆与历史之间：场所问题》对这一中心观点的深入探讨。

如国家主要是通过历史来表达自我一样，它通过学校和时间，成为我们集体记忆的框架和模型。科学的历史学本身，正如它是国家的教导者一样，在对记忆传统的修正中变得丰富起来。但是，无论它想表现得如何具有“批判性”，它代表的始终是记忆传统的深化。它的终极目标在于通过亲缘关系来确立身份。正是在这个意义上，历史和记忆不过是同一种东西；历史就是被验证了的记忆。

今天被我们通称为记忆的东西，正如我们说工人记忆、奥克语（occitane）记忆、女性记忆，它却是对某种已逝传统的历史意识的回归，是对离我们远去的某种现象的重构，而这种现象最直接关系到的，就是那些自认是其子孙后代的人。对于这一传统，官方历史毫不认为有重视的必要，要么因为国家集团通常都是建立在它消亡或沉默基础上的，要么因为它并没有以历史的形象出现。但那些开始融入民族历史的集团却迫切感到需要用从土法到科学方法的各种手段来重构这种传统，因为这种传统是他们身份的构成因素。这种记忆实际上就是他们的历史。

需要强调的正是这简单却并不显著的颠覆，因为它正是遗产性纪念的源头；遗产性纪念也经历了同样的颠覆。纪念现象是对民族历史的浓缩和概括，是少有的庄严时刻，是集体返本归根的艰难形式，是对血缘关系的象征性确认，是对传承形式的选择，是过去与未来之间的一个过渡。纪念被分化了，对每个相关集体来说，都成为分散在社会这块大布上的游丝，使之在现时能与消逝的过去建立起一条回路。游丝散布各处，又无处可寻。纪念摆脱了传统空间的束缚，但整个时代本身都变成了纪念者。

“新史学”在70年代的成功清楚展现了这一机制。如果考虑它步骤的繁复、主题的千差万别以及它与事件叙述性和参与者生平决裂的明确意愿，那么它的成功看来确实让人惊讶。那些自称“年鉴派”

的史学家，特别是第二代、第三代“年鉴派”，[①]他们在大学这个封闭的圈子里，做起了对古典政治、国家史的颠覆工作，他们的活动可能已经代表了对记忆的开放，代表了从历史向记忆的倾斜；不过这种开放和倾斜并没有充分意识到其所产生的后果和影响。有什么能突然引起大众对中世纪地籍册或17世纪人口曲线图的兴趣呢？答案肯定是：“形成对象”的史学操作。对历史学家来说，这一操作意味着必须打破史学时间的同质性，直至传统时间同一性的脱节[②]。过去不会自动泄露秘密。只有通过事实，通过参与者的话语和动作，超越过去赖以表达自我的文献，在大众的匿名性中，在无可辩驳的数据中，在时间的分量中，在结构的限制中，才能让米什莱所说的“历史的沉默”开口说话。但是在最后，必然的存在会突然爆发，就像兔子突然钻出了帽子。在巨大的时间不确定性中，从“原因”和“结果”的推理链条中，这一魔术般的举动产生了一个全新的对象，能够对着我们言说。皮埃尔·古贝尔（Pierre Goubert）耗费十年时间计算博韦希（Beauvaisis）地区教区记录簿里登记的洗礼和死亡人数，只是得出了第一部取得成功的新历史主义著作《路易十四和两千万法国人》（*Louis XIV et vingt millions de Français*）中的第一句话：“1966年，出生时预期寿命接近或超过70岁。而在1661年，人的寿命能超过25岁吗？这些惊人的数据表明，当时，正如坟墓是村庄的中心，死亡也是生命的中心。”凡尔赛的布景一下合上了铰链。还有别的震撼吗？乔治·迪比，研究中世纪社会、经济和思想的大专家，

---

① 参见本书克日什托夫·波米安（Krzysztof Pomian），《〈年鉴〉时刻》（L'heure des *Annales*），载《记忆之场》，第二部，《民族》，尤其是第946—947页。

② 已有不少学者研究过年代脱节问题。雅克·勒高夫将“漫长的中世纪”（long Moyen-Âge）一直扩展到了工业革命即将发生时。埃马纽埃尔·勒鲁瓦·拉迪里（Emmanuel Le Roy Ladurie）的“静止的历史”（histoire immobile），是其在法兰西公学院上的第一课的题目；弗朗索瓦·孚雷的法国大革命在1880年才“入港”；还有笔者以分析传媒事件的角色为手段对现代史的研究。

他的《布汶的主日》是1973年的畅销书："公元1214年7月27日，恰逢星期日。星期日是主的日子。主赐予我们一切。我认识几个农民，遇到坏天气，不得已要在星期日收割时，他们还会发抖：因为他们感到上天将降怒于自己！"说到底，应该让严肃工作的纪念潜力爆发出来，让公众从中对过去有新的感知，发现历史的独特书写。当舆论认为在初等和中等教育中突然普及这种方法和思路必然会造成损害时，历史学家们的反应则是意识到了记忆问题的历史独特性。①

人们很快就会明白。"新"史学家和"旧"史学家的区别不在于题材，而在于对待过去的根本态度，一个对过去的延续性深信不疑，另一个则确信过去存在彻底的断裂，并确信需要克服一些障碍才能取消它。记忆和历史的界线也同样如此——这种记忆本身极富历史创造性——它不可感知却又相当清晰，只建立于某个感觉之上，即截去自我的一部分对自我意识来说是必不可少的。在1975年至1980年间，法国正是在这道界线两旁不断跟随一种永恒变化的节奏左右摇摆，以便在记忆之国上始终冲在前列，以便对其惯常的身份始终进行更为积极的修剪，而围绕我们是谁、我们在哪里这两个问题，这永恒的变化随时在创造着过去的新形象。乡村性、民族性以及革命性显然都在这些决定性变化的范围之内。不过它们远没有穷尽它们的变换历程，它们不过是第一批而已。

此后，纪念的界线变得细长，灵活，却又清晰。有时我们知道它从哪里开始，却不清楚在哪里结束。再没有什么比航空照片这种高

---

① 例如，在《历史之构建》（[*Faire de l'histoire*] 巴黎，伽利玛出版社，1973年）中，主编这套三卷本丛书的雅克 · 勒高夫和笔者本人都认为没有必要把记忆列入"新问题""新方法"或"新对象"的领域。五年后，雅克 · 勒高夫在和雅克 · 雷韦尔（Jacques Revel）及罗杰 · 夏蒂埃（Roger Chartier）共同主编《新史学词典》（[*Dictionnaire de la Nouvelle Histoire*] 巴黎，雷兹出版社 [Retz]，1978年）时，特地向笔者约了两篇关于这个问题的文章《集体记忆》（Mémoire collective）和《现在》（Présent）。

清技术更不具备纪念价值的了。可是，在人们原先以为只有平原和森林的地方，北方二十年来最密集的、几乎证明了“高卢人，我们的祖先”存在痕迹的高卢-罗马农场是什么时候出现的呢？本书中分析过的让·迈特龙（Jean Maitron）的《工人运动传记词典》（[*Dictionnaire biographique du mouvement ouvrier*] 见前文《工人生活》）不正是成了死者的纪念碑吗？当勒鲁瓦·拉迪里展开了对无法复活的朗格多克农民的调查时，“朗格多克的农民”这个简单的派生词正是为了读者而非作者的利益，将这些农民从众多地区研究中挑选了出来，从而使他们成为某个伟大的“历史人物”的无名构成者，这个“历史人物”即18世纪之初用黑死病包围法国乡村的马尔萨斯大循环。①民间传统艺术博物馆对于其馆长来说，没什么特别有纪念价值的，可当埃尔韦·吉贝尔在某个复原一个世纪前的欧布拉克（Aubrac）农庄起居室的展览前驻足，看着那活板门、洗碗间和烟草罐时，这位25岁的年轻作家“惊呆了，仿佛触及了过去的边缘”，他发现，在“这部真正的时光机前”，“照相、立体技术甚至全息摄影，都不能带来如此强烈的对过去的向往”。②这不正是纪念吗？就我所知，让·拉库蒂尔（Jean Lacouture）关于戴高乐的优秀传记并没有想成为一种纪念。然而对于一个本身研究黎塞留的年轻史学家来说，这部传记“相当于十个花岗岩的洛林十字架”，其所揭示的政治文化，“效力相当于一座真正的纪念碑”。③而传记这种体裁的流行

---

① 甚至还可更进一步，比较同以罗马人狂欢节为题的1966年博士论文和1979年著作中截然不同的处理方法：前者是社会史的花边新闻，后者已经变成了一桩纪念性的记忆事件。

② 埃尔韦·吉贝尔（Hervé Guibert），《幽灵般的遗产》（Une patrimoine fantôme），载《世界报》，1980年8月20日。

③ 克里斯蒂安·茹奥（Christian Jouhaud），《著名人物长廊》（La galerie des hommes illustres），宏观概括。《当历史学家成为传记作家》（Quand l'historien se fait biographe），载《精神》（*Esprit*），1992年8—9月。

本身，不也正昭显了时代的纪念精神？当每个人意欲纪念的事物不同于他者时，强制性的、集体性的纪念变得面目可疑，而个人的、自发的纪念却总是出人意料的。

左翼在矛盾丛生的背景下应该处理的，正是这种记忆性纪念的蓬勃发展。这种纪念形式涌现自公民社会——用当时的话说——的深处，正在不断加速和扩展。

因为左翼再次当权本身就具有高度纪念意义。一方面是因为，正如1981年5月21日共和国新一任总统在就职典礼的喜悦气氛中所言，“这是继人民阵线、法国解放后，漫漫前进道路上的第三步，通过民主途径体现的法国政治上的大多数已经成为社会上的大多数”。更因为在法国，纪念是属于左翼的，以至催生了反纪念的右翼纪念游行。“纪念”①是一个世俗化的表达，它与启蒙运动、大革命和共和国的传统相连，最初的举动之一便是在1880年设立了国庆节，既代表攻占巴士底狱，又是联盟节。在君主制依然存在的英国，少有公民节日，1988年庆祝“光荣革命”三百周年和《权利法案》的活动力度并不大；另外，意味深长的是，英国并没有严格意义上的国庆节。在美国，政治和民主的现代化并没有经历与君主制和教会的斗争，重大节日都是在被当代社会学家和历史学家称为“世俗宗教”②的氛围下举行的。在法国，君主制仪式——君主加冕、王室进城、葬礼、审判会议——并不属于纪念范围，相反，纪念象征着与神圣权力的君主

---

① “纪念”的法语原文为“commémoration”，在法语中同时还指念正经或做弥撒时，神父对某人的追思。——译注

② 尤参见罗伯特·贝拉(Robert Bellah)，《美国的世俗宗教》(La religion civile aux États-Unis)，载《辩论》，第30期，1984年5月。以及菲利普·E. 哈蒙德(Phillip E. Hammond)，《世俗宗教的种类》(*Varieties of Civil Religion*)，旧金山，哈珀与罗(Haper and Row)出版公司，1980年。

制的决裂。[1]这是令弗朗索瓦·密特朗在同一天——5 月 21 日——对先贤祠的首次访问颇具象征意义的原因。这次访问的影响持续了近十年，任何回顾活动都无法绕开它。[2]除了仪式本身，除了意义重大的地点选择问题，除了某种版本的国家历史的深入人心之外，还存在一种任何大革命两百周年纪念活动的参加者都不曾经历的热忱，仿佛是对纪念的纪念。全国性纪念的复兴仍是当权者的一大心愿和关注。[3]可是面对全国性纪念的不景气，国家不得不补救、促进和规范这种新兴的世俗化纪念活动。尽管纪念的世俗化与专制政体那么不兼容，国家也不得不在意识形态要求下调整自身，适应形势。

纪念世俗化的兴起表现在遗产的爆发上，最终颠覆了概念本身。[4]正如仪式是传统纪念的结晶，一个半世纪以来，“历史遗迹”是遗产的结晶。“历史遗迹”是对一个逝去的、脆弱的过去的不容置疑的见证，民族集体是承认这个过去的，并将其指定为自身身份的代表。因为，用一战后出任美术学院校长的保罗·莱昂的话来说，

---

① 参见阿兰·布罗(Alain Boureau),《在法律和礼拜之间的法国王室仪式》(Les cérémonies royales françaises entre performance juridique et compétence liturgique),载《经济、社会、文明年鉴》(*Annales E.S.C.*),1991 年 11—12 月,第 1253—1264 页。

② 参见吉尔·布斯凯(Gilles Bousquet),《弗朗索瓦·密特朗在先贤祠:死亡、国家和右翼》(François Mitterrand au Panthéon : la mort, la nation et la gauche),载《法国政治与社会》(*French Politics and Society*),第十卷,第 1 期,1992 年冬,第 59—68 页。以及《记忆之场》,第一部,《共和国》,莫娜·奥祖夫,《先贤祠》。

③ 例如 1988 年由文化和交流部向伊萨卡(Ithaque)工程及文化交流局推荐的关于“全国性仪式的构想与组织”研究。

④ 关于遗产的文学作品非常丰富,参见最新也是笔者认为最具洞察力的作品,让-米歇尔·勒尼奥(Jean-Michel Leniaud)的《法兰西乌托邦:关于遗产的随笔》(*L'Utopie française, essai sur le patrimoine*),巴黎,芒热斯出版社(Mengès),1992 年,附有参考文献。同时参见多米尼克·普洛(Dominique Poulot),《世界遗产:法国模式》(Le patrimoine universel : un modèle français),载《现当代历史杂志》(*Revue d'Histoire moderne et contemporaine*),由帕斯卡尔·奥里负责的献给“当代文化史”研究的特刊,第 39 期,1992 年 1—3 月,第 29—55 页。

“它们的形象反映出法兰西的永恒特征”①。1887 年法所依据的国家利益原则、1913 年法所依据的公共利益原则使得国家有权对市镇和个人物主强制推行其政策和法律。遗产是一种集体财产的形式。1927 年又多了补充目册，旨在保护那些被视为次等重要，没有列入保护名录的建筑。直到 70 年代，无论时局如何，参议员每年都会确定八十处遗产，将一百处左右的遗址列入补充目册。随后，突然之间，在工业变革和空间整治中濒临消失的各类物品、过时的美学文化景观大规模地涌入了遗产的范畴。马尔罗把 20 世纪初的建筑强制列入对此表示迟疑的政府部门管辖，已经为之开辟了道路。而让-菲利普·勒卡则是开创了各类主题运动，重新引起了人们对祭祀建筑的关注，其中最先获益的是那些 18、19 世纪的管风琴和犹太教堂。随后，在民族遗产和农民遗产之后，突然出现了整个的工业和城市遗产。最终，在 1970 年巴尔塔市场（Halles de Baltard）拆除之后，所有 19 世纪的建筑都开始崛起，而十年之后奥赛博物馆的开放更是体现了这种崛起。工业化加速了传统生活方式的崩溃，而传统生活方式的崩溃促使产生了对自然环境的保护，以及对“风景”这个概念本身的新思考。与此同时，地方团体以及聚集在越来越活跃、越来越多的协会之中的个人成为遗产保护的参与者和合作者。这些协会有全国的、各省的、职业性质的，从阿尔代什（Ardèche）的古建筑遗迹保护协会到旨在保护铁路遗迹的青年旧火车保护协会（Ajecta），还有杜阿尔纳内（Douarnenez）的海洋文化联合会。地方分权为不堪重负的国家保护名单减轻了一点负担，一部分补充目册中的遗产被转交给了地区管辖，地方历史学和考古学遗产委员会（Corephae）由

① 保罗·莱昂（Paul Léon），《法国遗迹的生平》（*La Vie des monuments français*），巴黎，伽利玛出版社，1951 年，第 29 页。

此在1984年创立。虽然那些如布吕诺·富卡尔（Bruno Foucart）之类的“好心的吉伦特派”“一直顽固坚信保存国家记忆及其历史遗迹是国家的责任”，[①]遗产数量很快还是翻了一番，而列入补充目册的遗产增长了十倍。然而真正的颠覆并不在于决议的下放。而是从马尔罗到雅克·朗（Jacques Lang），国家的延续性掩盖了国家积极性逐渐下降这一事实。国家的大部分遗迹保护法令都是在紧急情况下、在舆论压力下做出的，比如热马普（Jemmapes）码头的北方旅馆。北方旅馆被认为毫无“历史或艺术”价值（1913年立法的两条标准），因为著名的同名电影其实是在影棚拍摄的。在区协会和马塞尔·卡尔内（Marcel Carné）崇拜者的强烈要求下，北方旅馆的正墙最近才被列入了保护名录。

从马尔罗的“千年来的五十个遗迹”到杜阿梅尔的（duhamélien）“五十年千个遗迹”，根据基佐的说法，我们仍处于历史遗迹的时代。[②]可是当我们的注意力从历史价值转移到新旧价值时，一切都改变了。为了回顾这一历程，我们可以把一百五十年前梅里美（Mérimée）提议的最初的四个遗产和1988年9月6日雅克·朗在香波堡（Chambord）自豪宣布的四个遗产进行比较。雅克·朗在第一个任期内被指责忽视了遗产保护问题，因而在左右共治后，他是带着遗产问题重返政治舞台的，他倡导要“从一个高度来考虑文化遗产概念的扩大化问题”。这四个遗产，对于梅里美来说，是西尔瓦卡讷修道院（abbaye de Silvacane）、艾格莫尔特（Aigues-Mortes）古城

---

① 见安德烈·费米吉耶（André Fermigier），《巴黎之役》（*La Bataille de Paris*），巴黎，伽利玛出版社，1991年。阅读本书既有趣，又长知识。

② 《巴黎日报》（*Le Quotidien de Paris*），1984年7月12日。亦参见1984年11月萨佩特里埃（Salpetrière）研讨会论文汇编，《明日的历史遗迹》（*Les Monuments historiques demain*），文化和交流部，1987年。

墙、布尔日（Bourges）的雅克·科尔宫（palais de Jacques-Cœur）和加尔水道（pont du Gard）。对于雅克·朗来说，是由维奥莱-勒杜克（Violett-le-duc）进行修复之前的巴黎圣母院的第一张达盖尔照片，一个19世纪的外省的马槽，亚历山德拉·大卫-内尔（Alexandra David-Neel）在迪涅（Digne）极具远东色彩的收藏，饶勒斯喝下最后一杯黑咖啡的克罗桑咖啡馆（café du Croissant）的大理石。选择标准从前无论怎样，都是以遗产思想为基础的，如今这些选择标准已失去了中肯性。“可被遗产化的东西”变得无止无尽，从此——实际遗产对合法遗产——不起眼的炉子和乡村洗衣场也可要求获得与国家艺术杰作同等的保护热情。遗产的性质乃至地位都发生了变化，变成了数以千计的乡间小型博物馆里的展品。十年来，这些小型博物馆的数量在不断增加，栗子博物馆、玻璃博物馆、木鞋博物馆，等等，并自认为属于“文明”“社会”“身份”以及“记忆”。①它们与那些被称为“第三类”的遗产没有任何区别，都体现了同一种颠覆，也就是说，遗产代表的不再是整体的集体身份，不再是整个社会机体，从此以后，它成为区域身份和仅以文化维度来考察的社会等级的组成部分。②遗产从历史时代——行政是为历史时代而生的——过渡到

---

① 参见阿洛伊斯·里格尔（Alois Riegl），《当代古迹文化：实质和起源》（[*La Culture moderne des monuments. Son essence et sa genèse*] 1903），法译本，巴黎，瑟伊出版社，1984年。

② 参见“博物馆与社会”米卢斯-温格斯汉（Mulhouse-Ungersheim）研讨会论文汇编，1991年6月（待出版），以及亨利-皮埃尔·热迪（Henri-Pierre Jeudy）主编，《狂热的遗产》（*Patrimoines en folie*），巴黎，人文科学之家出版社（Éd. de La Maison des sciences de l'homme），1990年，尤其是克日什托夫·波米安《博物馆与遗产》（Musée et patrimoine）一文。

了记忆时代，行政要依靠现有的一切[①]来适应这一变化。

这恰好就是文化部长以及遗产司希望“记忆之场”这一概念能够起到的作用。“记忆之场”这一概念由本书首倡，由雅克·朗在富凯（Fouquet's）餐厅事件之时推而广之。[②]但是两相比较只能取其一。要么是对“历史遗迹”的补充，涵盖大量次要建筑，这些建筑常常并不具备任何建筑价值，却与某一著名人物、某个艺术文化运动或某个历史事件紧密相连，只有违背1913年立法，才能将这些建筑列入历史遗迹清单；而如果这样操作的话，就会造成对“记忆之场”概念本身的简化、误解乃至曲解，因为这个概念的一切启发性价值就在于使得“场所”非物质化，使之成为象征性的工具。要么请专家委员会来指定物质的或非物质的“一百个场所”，可以在本世纪末代表法兰西身份；这样的话我们就会陷入异常困难的筛选，而这种筛选势必是独断、任意的，带有极大偏见，国家只能否认这能够完全代表自己。这就走进了死胡同。不过这一有限的经验的重要性在于彰显民族性纪念与遗产性纪念之间的根本矛盾，从更广泛的意义上说，彰显民族历史和从此被称为民族记忆的东西之间的距离。

---

① 雅克·朗上任后，希望对文化部组织工作法令进行改动，这一转变即属于这一简单却具决定意义的改动。该法令可追溯到马尔罗时代，它分配给负责文化事务的国务秘书的首个任务即“让那些人类的伟大作品，首先是法国的作品，可供尽可能多的法国人观看”以及确保“尽可能多的公众对我们的文化遗产感兴趣”（《法兰西共和国政府公报》，1959年7月26日，第7413页）。从此文化部长的主要任务就是“为了整个集体的共同利益，保护国家、地区以及各类社会组织的遗产”（《法兰西共和国政府公报》，1982年5月11日，第1346页）。

② 方法之一就是在1990年创建了国家遗产学校。参见《国家遗产学校的功用?》（Une École nationale du patrimoine, pourquoi faire?），让-皮埃尔·巴迪（Jean-Pierre Bady）访谈，载《辩论》，第65期，1991年5—8月。

三、 记忆的时刻

因为“民族记忆”这个说法也是最近才提出来的。

在过去，存在一种民族历史和各种团体的内部记忆。这种历史无论在结构还是功能上都具有浓厚的神话色彩，即使每个内在要素都有分裂倾向，它仍是单一的，一般由学校教授。这是一个在结构、时序、必经阶段、固定人物、事件等级等方面都同质均一的叙述体，它使得在某个次序明确的制度内部，从初等教育到高等教育，历史能实现学术版本和基础版本之间的贯通，并令一切都浸润在社会组织中。编撰这种历史是为了对抗宗教教育，可这种历史本身却成了具有世俗和公民目的的神圣历史。从韦森热托利克斯（Vercingétorix）到殖民帝国，再到茹费里（Jules Ferry）的世俗义务教育，这种举动的演变本身就是为了适应个人发展的神话时代的投射和身份认同。[①]另一方面，是特殊的记忆[②]，即历史的那些无声的时刻，这些记忆由家庭和环境传承，由个体坐标和集体习俗构成，与地方、地区、宗教、职业和风俗传统相连；还有有关个体学习和相邻关系的记忆。过去，民族的集体身份正是在这双重结构中构成的。对于国家来说，要确保整体的平衡性，并让所有人接受其政策和法律；对于个人来说，则要在

---

① 事实上，1990 年 4 月 4 日，部长写信委托我组织一项工作。在信中，他指明了工作任务，信的措辞对了解这一概念的历史有所帮助：“如您所知，我希望发起一场保护一定数量的记忆之场的运动。这些场所是 19 和 20 世纪政治、科学、技术、哲学等进步的见证者。在我看来，这场运动对于更好地认识国家遗产中这些物质或非物质的见证是十分必要的。为此是否有必要修改现行法律或应用 1913 年法中关于历史遗迹的条款，这是该项目目前带来的问题之一。”

② 尤其参见克洛德 · 比亚尔（Claude Billard）、皮埃尔 · 吉贝尔（Pierre Guibbert），《法国人的神话史》（*Histoire mythologique des français*），巴黎，伽利略出版社，1976 年。以及同作者，《还能教孩子历史吗？》（Peut-on encore enseigner l'histoire aux enfants?），载《辩论》，第 16 期，1981 年 11 月，第 84—95 页。

这种对社会关系的集体基本信条下，协商其参与的方式和程度。现在，这种双重结构在其组织的稳定中消解了。

历史作为承载民族命运的神话，一个世纪来在战争影响下逐渐瓦解。这些战争的后果三次损害了历史的核心要素：1918 年，受灾的欧洲；1945 年，假胜利；1962 年，世界性影响的终结。历史的瓦解同时也出于，而且尤其出于两个核心概念——民族和文明——的逐渐解体，启蒙运动把二者联系了起来，大革命实现了二者的结合，而共和国教育则使之深入人心。从这两个重要观念的结合中引申出一个简单却极具活力的三段论：人类通往进步的道路是通过对理性的征服完成的；而民族国家是这场理性进步的历史推手，其中革命的法兰西的历史是其最好的例证；因此法兰西的历史就是理性进步的历史。法兰西价值的普世性正是建立在这一已融入民族意识的三段论基础之上的：建立在理性基础上的选举，由某个民族的经历所体现的可普及的原则，从家庭小说的曲折情节中提炼出的可输出的范例。经常受批判的传统法兰西身份体系的内倾性反而意味着一种世界化的外倾能力。法国的历史不仅属于法国。这就是为什么法兰西国家神话的解体不仅来自内部分裂（始于第一次世界大战，被二战加剧，受冷战和殖民战争延续）的原因。解体的原因还在于欧洲在全球霸权的终结，在于它所隐含的思想乃至文明垄断权的终结。较之放弃强权，法兰西更难放弃的是它的使命和天职的思想。战后，戴高乐和共产主义者都以各自的方式将其演绎到了极致；70 年代中期他们的消失引起了第一阵强烈的双重幻灭感。社会党的计划是通过结合从前的两种模式，即马克思主义和国家至上观念的核心要素，来复兴乌托邦理想。而左翼在政治上当权之时，却是其意识形态在实践中受挫之时。作为同质混合体的社会主义在 1983 年的最终败退显然代表了一个重大时刻，即混合型国家计划的终结。此后出现的三次政治-意识形态上的突破只是加速了其衰败：国民阵线兴起，煽动极端民族主义和仿古情绪；环保主义者兴起，从文化转向自然；以反种族歧视协会为代表的极端人权主义兴起，进行翻案，把国家的玫瑰传奇变为黑色传奇。[①]收缩、稀释和自毁是颠覆传统历史身份的三种形式。我们正处在这样的阶段。无论人们以何种形式去实现欧洲精神，它都不太可能接替这样一种摇摇欲坠的历史身份了。

民族历史被民族记忆所取代，恰好与这种历史混合型国家计划的衰退密切相关。这意味着，在我们重新发现勒南所说的民族道德之时[②]，勒南的定义所依赖的两个要素的结合最终瓦解了：作为遗产的民族以及作为计划的民族，“已经共同实现壮举”“仍想继续实现壮举”，对墓地的祭拜和每日的全民表决。这种英雄主义和祭献式的唯意志论来自民族的失败和耻辱，它会导致报复、殖民扩张和强国计划。在跨民族和亚民族合作的时代，当务之急不是让民族在为自身设定的理想中永存，而是使之真正参与与其相关的决定，在这样的时代，通过循环论证并不能使唯意志论复活。勒南的民族已经死亡了，并且不会复活。不会复活是因为，将未来与过去紧密联系在一起的民族神话的瓦解，几乎有些机械性地导致了两种要求的自主化：一个是未来的要求，未来不可预期，由此成为一种困扰因素；一个是过去的要求，过去从历史的有机协调性中脱离出来，由此变得完全遗产化了。不会复活也因为，记忆对神话的代替意味着一种深刻的变异：国家历史意识转变成了社会意识，也就是说，主动历史转变成

---

① 社会学家莫里斯・哈布瓦赫对此已有描述，其作品在 70 年代重新得到关注，比较老的作品有《记忆的社会框架》(*Les Cadres sociaux de la mémoire*)，巴黎，法国大学出版社，1925 年。以及《集体记忆》(*La Mémoire collective*)，巴黎，法国大学出版社，1950 年，1968 年再版。对其的新发现与其说是史学家对记忆产生新兴趣的原因，不如说是这种兴趣的效果。

② 参见保罗・约内(Paul Yonnet)，《法国危机中心之旅》(*Voyage au centre du malaise français*)，巴黎，伽利玛出版社，1993 年。

了既得历史。过去不再是对未来的保证，记忆上升为活性因子和保证延续性的唯一因素的主要原因正在于此。

过去与未来的结合被现时与记忆的结合取代。但我们不得不采取预见性的目光，将这个现时与记忆的迫切性牢牢地联系起来。社会愈具有历史感，对变化的普遍感知愈发展，对未来、对预测未来局限性的方法愈不确定，那么以下事物就会愈加发展起来——一方面是预测机构和规划政策，另一方面是保护机构和保护政策。[①]两种运动同时前进，记忆的兴起与从历史意识到社会意识的变化是同步的：30 年代经济危机之时，它们集中了最富创新性的经济学家、人口学家和历史学家，效力于相似的团队和机构，后者在战后分别被归入了全国统计及经济研究所（I. N. S. E. E.）、国家人口研究所（I. N. E. D.）和高等研究院；在 60 年代的转折点，法国式规划的流行与新史学广为公众接受的事实相符；而未来学的蓬勃发展又碰上了遗产热。“现时”曾因某种对国家的纯历史性意识变得透明、可传承甚至——就该词的本义来说——转瞬即逝，如今却在未来的压力下，必须承担整个过去的重量。正是这种历史化的现时的出现使得“身份”随之诞生。“身份”一词在民族意识的旧体制下，只用于行政和公安领域。它只有在其所处和所表达的不确定性中，才能获得发人深省的中心地位。作为“人”的法兰西曾召唤他的历史。作为身份的法兰西只能在对记忆的解读中才能拥有未来。

身份、记忆、遗产：当代意识的三个关键词，文化新大陆的三个侧面。这三个词彼此相连，极富内涵，具有多重含义，每个含义之间又互相回应，互相依存。身份意味着一种独特的自我选择、一种特殊

① 参见埃内斯特·勒南，《什么是民族？及其他政治文章》(*Qu'est-ce qu'une nation? et autres textes politiques*)，若埃尔·罗曼(Joël Roman)编，巴黎，袖珍图书公司(Presses-Pocket)，1992 年。

的自我承担、一种稳定的自我辨认以及一种亲身经历的与自身的团结互助。记忆同时意味着回忆、传统、风俗、习惯、习俗和风尚，覆盖了一个从有意识到半无意识的场域。而遗产则直接从通过继承获得的财产转向了构成我们自身的财产。三个词可以互相阐释，几乎是近义词，而三者的结合展现出一种新的内部结构，某种事物的另一种布局形式，对于这种事物，我们无法用“身份”以外的词来称呼它。

从前有的是民族的历史、个人的记忆；如今有的是民族的记忆，而这种记忆的统一性却由不同的遗产要求构成，始终在弱化却始终在寻求凝聚力。一方面，三十年来，人们感动地发现了这本家庭相册，并虔诚地用从仓库发掘出来的各种新发现丰富了它，它是日期、图像、文本、人物、情节、词语甚至价值的巨大清单，很大程度上已经融入政治和意识形态共识，它从前拥有神秘的权力，如今这权力已演变为日常神话，成为历史学家感兴趣的话题。[①]另一方面是那些集团，对他们来说，“记忆”，也就是——让我们再重申一次——对他们历史的回收，它起着截然不同的作用，却始终是他们“身份”的组成部分，实际上也就是他们存在的组成部分。对一些人来说，意味着重建已经破碎的社会组织。对另一些人来说，则是在一种认为公民身份受到威胁的传统思想中强化民族感。对还有一些人来说，则是用被压抑或被边缘化的历史来丰富这种民族感。对记忆的社会运用和身份逻辑一样多样且富有变化。不过运用记忆的机制，与将记忆神圣化的动机是相同的：那就是在因不断活化而变得牢固的根基上，令不断变化着的集体进行相互对抗。这种对抗通常会引发争论和冲

① 马塞尔·戈谢在《历史的科学和意识》（[*Science et conscience de l'histoire*] 待出版）中详细阐述了这一思想。

突，尤其是诸如犹太记忆这种例子。而且或多或少是一种抗议。正是这种希望获得承认的要求令民族记忆没有变成确定的成果或封闭的清单，而是变成了一个处于不断构建和变动之中的力场，因为一部分人的记忆成为所有人的记忆。

民族记忆意味着民族历史框架的破裂。它意味着与传统传承阶段和模式的决裂，意味着类似学校、家庭、博物馆、古迹等被优待的启蒙场所的去神圣化，意味着本该属于上述领域的东西大量涌入了公众空间，意味着媒体和旅游业对其的接手。历史的民族将细致的叙事、细心的保养、宏大的规模和纪念的时刻托付给了具体的场所、确定的环境、固定的日期、列入保护名单的古迹以及程序化的仪式，因此把过去禁锢在一个由象征物组成的系统中，同时对其余一切不闻不问。而记忆的民族则恰恰相反。它将整个空间都填满了潜在的身份，将一切现存的事物都添上了一个过去的维度。那些自以为毫无缘由地在空间轴上扩展的东西，从此通过时间轴得到了理解。这是石块和墙壁的苏醒，是遗址的复活，是风景的重生。现在，内在呼唤外在，私有逐渐成为公有，神圣事物被世俗化，地方要求登上全国舞台。一切皆有历史，一切皆有权如此。在成为法兰西历史①，尤其是成为复数的法兰西②的历史时，法国历史由此不可思议地播撒开来。法国的历史从“人”变成了“拟人”；还是按米什莱的说法，我们只能在它与它留下痕迹的客体之间的个体关系中抓住它

① 从加斯东·博纳尔(Gaston Bonheur)的《谁打碎了苏瓦松的花瓶?》(*Qui a cassé le vase de Soissons?*)，巴黎，罗贝尔·拉封出版社(Robert Laffont)，1963年，到克里斯蒂安·阿马尔维的《论适应法兰西历史上英雄的艺术和方式：从韦森热托利克斯到大革命》(*De l'art et la manière d'accommoder les héros de l'histoire de France, de Vercingétorix à la Révolution*)，巴黎，阿尔班·米歇尔出版社(Albin Michel)，1988年。

② 这是最后一部分的标题(巴黎，瑟伊出版社，1989年到1993年，四卷)，主编安德烈·比尔吉埃(André Burguière)和雅克·雷韦尔在前言中对此做出过解释。

的“灵魂”。这也许正是“记忆之场”这一表述引起反响的原因吧，尽管这是两个表面看来互相矛盾的词的组合，一个代表远离，一个代表接近。它把性质完全不同的事物集合在一起，在分裂中重构了已分裂的民族性。正是因此，此次百家争鸣的三卷书再加上此前的四卷，它们的抱负也就变得合情合理了，这抱负便是在法国历史的连续性链条中，建构出一个法国人凝视法兰西的时刻。

这一时刻也与从有限记忆到普遍记忆的过渡时刻相吻合。普遍记忆先是逐步前进，随后飞速发展。不过它离确立统治地位、完全占领疆土还很远很远。雪崩还没有完全将我们席卷，但我们已经可以瞥见它的尾声，预见它的结局。记忆的矿层并非是无限延伸的。今天的法兰西在剧烈的滑坡中跌跌撞撞，重新抓住记忆就是要延续历史。当正在进行的重构稳定下来之时，当转变完成之时，那不可抑止的呼唤就不会再有回声。思索这些民族的记忆场所五十年或一百年前的样子，或者其在越过新千年的岬角后在下个世纪的样子，不过是一种白欺欺人之举，一种学校练习或益智游戏。它们只有在今天才有意义。当另一种聚合的方式登上舞台，当某个形象最终确定时（人们甚至不再称之为身份），寻找坐标系、探寻场所的需求就会消失。纪念的时代终将拉上帷幕。记忆的暴政只会持续一个时代——但恰好是我们的时代。

* Comment écrire l'histoire de France?

如何书写法兰西历史

皮埃尔·诺拉 *Pierre Nora*

安 康 译

曹丹红 校

随着《复数的法兰西》三卷收笔，《记忆之场》最终大功告成。不过，最初宣称的四卷增至七卷。最初只是《共和国》部分（1984）十八篇领航明灯般的文章构成的集锦，如今已成为由一百三十多个零部件精心构建的巨作，这是一部布局如教堂、复杂如迷宫的不朽之作，有无限多可能的交汇点，焦距无限可变，不太可能去操纵，亦会引发争议：有人会说，单单一个“记忆之场”就足以得到同等的探索和研究。这一表述并不常见，它是为满足研究之需而创造的，之后它完全脱离了创造者的掌控，并以惊人的速度成为流行语汇。另一方面，八年前在第一部开篇①被理论化的这一概念在法国国内外引发

① 参见第一部开篇《记忆与历史之间：场所问题》（中文译文见本书第一篇——译注）。强烈建议读者参阅这篇文章。

了各种探索，虽然或多或少会出现模仿和滥用的情况，但也有富有成果的应用。面对各种引申和滥用，现在是时候澄清这一概念了。

事实上，这一计划的实施， 如其定义所示，也承担着它自身的历史重量。最初，我们的总体设想是进行有别于通常意义上的历史研究，对我们集体遗产的精华部分进行有选择性的深入研究。这份集体遗产是一份主要“场所”清单，包括“场所”的所有意义层面，其中深深扎根着民族记忆，是法兰西象征体的宏观研究。我们原计划成书四卷：《共和国》一卷，《民族》两卷，《复数的法兰西》一卷，最后一卷涵盖地区、宗教、社会、政治等方面。在写作过程中，在完成《共和国》后，《民族》由两卷变成了三卷（1986）。并非作者们不知节制，也并非主编未加约束，而是一种不断推动整项工作向前发展的内在逻辑使然。《共和国》可以只收录一些具有示范性的样本，来验证概念的有效性，暗示概念可能出现千变万化的应用形式，同时聚焦于共和国最核心、最不可割裂的时间段上，即错综复杂而又有创造力的“第三共和国”早期。而《民族》被迫改变了写作手法。因为该部分不再从作为集体遗产的共有层面中筛取某些片段，而是一种全面的尝试，旨在揭示并重塑深藏于历史鲜活皮肉之下的历史骨架。论证不仅在于选择或明显或不那么明显的对象——从三色旗到维克多·雨果（Victor Hugo）的葬礼，再到第三区的“教育之友”(Amis de l’instruction）图书馆——还在于揭示这些对象隐秘的构成方式，揭示它们的全景和各层结构。受重视的不再只是主题，而是主题的前后衔接；受重视的不再只是主题的内部分析，还包括主题之间的整体框架布局。这一切最终促使我把场所分成了三个方面：首先是非物质之物，包括“遗产”“史学编撰”“风景”；然后是物质之物，包括“领土”“国家”“遗产”；最后是理念之物，包括“荣耀”和“词语”。火箭那满载的第二级不可逆转地偏离了当初预计的轨道，我们不得不重新审阅已经确定的整个规划。

不过在此期间，很多新的素材带来了干扰。已经出版的四卷，至少就篇幅而言，已经完成了既定规划。我们的概念被广泛传播和应用，尽管这一概念被缩小，仅用来指物质场所和纪念性场所，它仍然取得了一定成果，即这一具有公共使命的表达最终成为一种公众表达①。从这个意义上说，“民之言便是主之言”。我们只须投降，并为这一表达被收录进辞典而深感荣幸。然而，离奇的是，后来我们的行为像是在无休止地利用一个已经到处可见的观点和词汇，像是在使用一个变得寻常而又没有所指的标题，又像是从普通名词过渡到了老生常谈。最后也是最重要的，是对本民族历史文献的回归。我们在《共和国》的结论部分已经声明，这一回归是本学科的显著特征之一，它表现为大量著作的涌现。②

还要再补充些什么吗？该说的不是都已经说了吗？在整部合集中，区区一部是否有任何意义？或许法兰西历史的每个部分都在反抗“场所”这一表述程式。但如果火箭的第二级，因为忠实于这种程式，忠实于它所蕴含的倍增的活力，会否导致出现——1，3，6……——令读者和出版社均难以接受的结局呢？继续写作的理由变

---

① 表达会因公众和法律而产生变化。事实上，我们的概念正准备在进入司法机关的视线，1913 年颁布的有关历史遗迹的法律规定，今后准许用“记忆之场”作为标题进行分类。

② 费尔南·布罗代尔与《法兰西的特性》（[*L'Identité de la France*] 巴黎，弗拉马里翁出版社，1986 年，三卷本）；让·法维耶（Jean Favier）主编的六卷本《法国史》（[*L'Histoire de la France*] 巴黎，法亚尔出版社 [Fayard]，1984—1988 年）；乔治·迪比、埃玛纽埃尔·勒鲁瓦·拉迪里、弗朗索瓦·孚雷和莫里斯·阿居隆（Maurice Agulhon）共同编撰的《图说法国史》（[*L'Histoire de la France illustrée*] 巴黎，阿歇特出版社 [Hachette]，1987—1991 年）；皮埃尔·古贝尔和达尼埃尔·罗什（Daniel Roche）的《法国人和旧制度》（[*Les Français et l'Ancien Régime*] 巴黎，阿尔芒·科兰出版社 [Armand Colin]，1984 年，两卷本），以及紧随其后的，伊夫·勒坎（Yves Lequin）的《法国人史：从 19 世纪到 20 世纪》（*Histoire des Français, XIXe-XXe siècle*）三卷本（巴黎，阿尔芒·科兰出版社，1984 年）；更重要的是，安德烈·比尔吉埃和雅克·雷韦尔主编的《法国史》四卷本（巴黎，瑟伊出版社，1989—1992 年）

得越来越不充分，更糟糕的是，大革命两百周年纪念、戴高乐年也在酝酿之中，《复数的法兰西》的计划被彻底打乱，某些本该占有一席之地的主题也被删除[①]。是不是应该就此打住？

同时，无论从哪方面来看，计划的继续实施意味着赌注的加倍，还要冒上赔本的风险。《民族》部分出人意料的编写过程中出现的逻辑再次显现，无论是对主题的选择还是研究，这一逻辑又开始重复它的限制，并且得到了进一步强化。

在前几卷中，几乎没有非写不可的主题，也没有系列化的责任。相反，只须分离出好的进攻角度，发现敏感的、出人意料并且能说明问题的切入点：士兵沙文（Chauvin）与凡尔登并置，高师文科预科班与法兰西学术院并置，《若阿纳旅游指南》（*Guides Joanne*）与《法兰西地理图景》（*Tableau de la géographie de la France*）并置。随后这些对比会突然充满含义。写作《复数的法兰西》则必须接受两点：这些无法回避的主题至关重要，这些主题之间必然存在彼此呼应的关系。所以我们选取的主题都是经典的，丰富的，并且是成系列的。比如说，不可能不研究“宫廷”或“外省”、圣女贞德或埃菲尔铁塔，如果在书中找不到这些内容，读者会十分吃惊。不过，既然上述每个主题都属于一类记忆的场所——社会模式、时空划分、标志性人物、名胜遗迹——因此很难想象不把其他主要代表性事物，甚至全体事物考虑在内。“旧制度与大革命”同样也是政治记忆部分的主要场

---

① “人权”属于这种情况，该主题由马塞尔·戈谢撰写，发表在弗朗索瓦·孚雷和莫娜·奥祖夫主编的《法国大革命批判词典》（［*Dictionnaire critique de la Révolution française*］巴黎，弗拉马里翁出版社，1988 年）中，在《人权的革命》（*La Révolution des droits de l'homme*）一书中有进一步发展（巴黎，伽利玛出版社，1989 年）；还有《戴高乐：记忆的男人》（De Gaulle, homme-mémoire）一文，让-皮埃尔·里乌将其与《记忆中至高无上的权利》（Le souverain en mémoire）放在一起，进行了相当广泛的探讨，总结了“戴高乐及其时代”研讨会的工作，《戴高乐及其时代》（*De Gaulle et son siècle*），联合国教科文组织国际日论文汇编，巴黎，法国文献出版社，1991 年，第一卷。

所之一，但保留它就等于要保留从“法兰克人与高卢人”直到“右翼与左翼”的全部有关政治记忆的部分。很显然，研究法兰西所有的记忆场所是不可能的，因为本书不是百科全书，也不是辞典。但在限定的框架内，又必须保持系统性和连贯性。在《民族》中，我们仅为“史学编撰”辟出一章，以系统性地展示历史的层次。在《复数的法兰西》中，分类命名几乎成为普遍标准，想象力、任意性几乎没有发挥空间。因此，《复数的法兰西》虽然无法包罗万象，却也得接受长篇大论，尤其因为几乎所有主题的书写都应用了综合法：一位负责为《民族》撰写“《法兰西大事记》”部分的中世纪史专家只能满足于自己撰写的部分获得相当于前言的地位。在《复数的法兰西》中，这位中世纪史学家这次负责撰写被视为人间明镜、文化策源地、基督教化法国化身的“大教堂”，他不可能再满足于区区 25 页的篇幅。

更糟糕的是，至此为止，大部分主题都是作为明显的“记忆之场”自我呈现的，只须找到它们，原样重现它们，并将它们彼此联系起来即可。可是这一回，我们不得不进行一番加工①。

寻找“场所”必须有雷达，雷达的功率大到足以发现先贤祠、费迪南·比松（Ferdinand Buisson）著的《教育学词典》（*Dictionnaire pédagogique*）、外省博物馆、街道名、法国共和历、法国的六边形国土以及其他许多目标，评论者都乐于承认我们的作品富有新意。我们的概念立刻产生了效果。但是面对《复数的法兰西》，人们并不期待我们写出一部有关维希、世代、韦兹莱（Vézelay）或者葡萄与葡萄酒的全套丛书。这一企图是在看到题材和主题后自发萌生的，但

---

① 从总序开始，我便已经指出：“本书最后一部分中，真正成问题的不是主题不确定的开放性，而是‘记忆之场’这个概念本身要求对主题进行额外的加工。”

它在这些题材和主题面前失败了。实际上几乎没有任何从自身来看称得上“新”的主题。问题的关键完全不在于此，关键在主题内部，在我们让主题积极承受的建构及由此表现的意义中。可以说，只有当史学家明白什么是“记忆发生之场所”时，才会有记忆的场所。巴黎与外省的关系，谚语、民间故事或歌曲，谱系学或工业考古学，共产主义者与戴高乐主义者的关系，卢瓦尔河畔的城堡，大家都知道。问题在于弄清楚，将这些主题建构成“记忆之场”，这样做是否可以让它们说出别的东西，一些如不经此操作就无法说出的东西。

正是这些限制和责任在智力上向我发出了挑战。不是主题本身，尽管所有一切都向我敞开了胸怀，也不是要负的责任和已经宣布的计划，而是谜团和挑战：“记忆之场”这一概念完全产生自失落感，因而被打上了怀念逝去之物的印记，它自动地被用来指称记忆的存储工具、回忆中的避难地和特殊群体的身份象征，因此我们必须坚持使用到底，才能验证它是否仍保持着有效的启发性，是否仍能有效地发挥作用，是否在身陷困境时仍拥有脱身的活力——在这样的困境中，它必须随机应变，恢复活力，唤醒那些逐渐平庸的场所。或者当概念融入主流行列，在集体特性的大屏幕上产生映射的时候，它是否会在隐喻中被稀释，不再棱角分明，不再锋利，在“历史的场所”里沦为平庸。或者相反，当概念的基本结构受经验检验时，它是否有能力上升为一种当代历史理解力的范畴。紧紧抓住笛卡尔或者《追忆似水年华》，高卢雄鸡或者海岸线，瞄准“复数的法兰西”，这等于强行把我们的概念丢进烈火中淬炼，赶到战场上经受磨砺。这正是一直折磨着我的问题。

有一种聪明的解决办法，似乎更严谨也更经济，那就是通过把概念引向其最具象征性的部分，来集中分析最能象征法兰西的事物：日期（89、48、14、40、68）、事件、人物、地点和机构。这种方法能够保证只用一卷的篇幅，优雅地完成工作。曾经有那么一刻，我产生过这样的想法，但这样做等于承认自己的虚弱。不，我坚信，只有需要付出最重大代价，调动对主题的大量评论，直至动摇概念的根基并将它推至争议边缘的解决办法，才是该计划最应该走的路。就算这事业需要时日、担子沉重也在所不惜。就算有些文章没有完全命中目标也在所不惜，因为重要的是大多数文章能够完成论证，付出有所回报。就算某个在研讨会摸索过程中开始的微不足道的尝试最终以自大狂般的炫耀终结也在所不惜；现如今，出现大规模项目的概率太低了。就算我们的概念在萌芽阶段便获得了额外的复杂性，甚至被一层若隐若现的光晕所笼罩也在所不惜。在所不惜，或者说幸亏如此。历史学家所攫取的概念工具不都有着相同的命运吗？例如“精神状态”这个概念，不谈论现实、重大事件、原因或档案资料，这个概念真的那么明确那么清晰吗？概念的不确定性并没有影响它们的创造力，评判它们的是其实际应用，赋予它们力量的是其模糊性。科学论证正是由此而生。因此，我决定再次投身于这件充满乐趣的苦差事里，重新将六十多名历史学家牵扯进来，我对他们的感激之情永远诉之不尽。三卷，其卷数将与《民族》相同。它们的布局将模仿记忆的自然结构，以便遵循记忆的特性：首先围绕记忆碎片下功夫，接下来是或真或假的延续，最后是已固化的象征。它们的厚度将超越已出版作品的厚度。这是唯一弄清楚问题的办法。

这便是《复数的法兰西》。它与《民族》有什么区别呢？为什么使用复数？“记忆之场”这一概念究竟怎么样了？

必须承认，整部书建立在一种明显的矛盾之上，撰写者们有时能预感到这种矛盾，但没有让它表现出来，因为矛盾只在本卷中才变得明显，而且恰恰是在书的教诲变得富有启发性之时。矛盾存在于做法与计划之间。我们曾在总序中野心勃勃地宣称，要通过“场所”的技术，避开那个所有民族史迄今都无法逃离的怪圈，即永恒地用民族来解释民族，用法兰西来解释法兰西。然而，当你通过一千零一个对象去寻找“法兰西”时，已经在不对其加以思考、加以定义的情况下提出了“法兰西”的概念。于是你会在终点找到你出发时既定的目标。甚至划分卷目的方式也是标准法国式的：“共和国”“民族”“法兰西”。这种划分方式可以应用于别的国家吗？为什么把“法兰西”单独列出来，好像共和国不是法兰西的共和国，“法兰西”不是一个国家似的？留下一份“法兰西”大杂烩，使用复数是因为它被分割成无数碎片。这个方法之所以行得通，是因为它也是法国式的。证据就是：怎么把它翻译成英语、德语、西班牙语呢？你自豪地宣称躲过了同义反复，可最终还是陷入了同义反复。从此以后，在三色旗的褶皱里翻找；给逝者纪念碑分类；唤醒艾蒂安·帕基耶（Étienne Pasquier）和他的《寻找法兰西》(*Recherches de la France*)；提醒人们用“六边形”形容法国是新近出现的表达，比我们想象得还要新；理清“为祖国捐躯”(mourir pour la patrie）这一词组的来龙去脉；等等。所有这一切都既不乏趣味也不乏魅力。不过，在我们民族历史的公共花园里肆意游荡，睿智畅想，如果写成随笔形式则显得过于冗长，写成汇编集又显得太短，虽然这样的梳理已经算得上蔚为壮观，甚至像演戏一般夸张，却丝毫没有改变人们对“法兰西”的总体看法。

让我们再谈得深入一些：这一矛盾从《共和国》开始便有所体现，在《民族》后被头脑清晰的人揭示出来，在最后一部中昭然若揭，令你沦为它的囚徒。它导向了最终的结论：这是一个缺乏原动力的法兰西。这动力可以源自民族层面，你却通过划分卷章放弃了这一动力——因为你只是将民族视作整体中的一个因素——通过拒绝向民族主义倾斜而阻挡了这一动力。动力亦可以源自经济和社会层面，你却毫不在意地将它与马克思主义的教诲隔离了开来。如果最终目的是呈现一个视角单一、无人批评、没有纷争、安静祥和的法兰西，那么采取多样化的批评视角又有何用？虫子藏身于水果里面，失败蕴含于原则之中。借助“记忆之场”为法兰西动一场手术，就是将整个法兰西变成“记忆之场”。

总而言之，这种矛盾位于你的概念的核心。“记忆之场”，这种说法很动听，它因迎合了人们对集体感的追求，因而大获成功。它让人想到夏多布里昂（Chateaubriand），想到普鲁斯特，想到米什莱，这是你偏爱的三位作家，他们是我们的守护者。但是，因为“记忆之场”这一表达是用于指称一个异常宏大的主题的，所以只有将经验及民族神话中最完善的成果，将形成这一经验和民族神话的工具并置于同一层面，这一表达才具有科学意义。这正是你所做的工作，它将会获得成功和良效。把《两个孩子的环法之旅》与7月14日放在一起很感人，将《法语语言宝藏》与凡尔赛宫作比很巧妙。而且把“世代”与“记忆之场”作为两颗石子互相碰撞，或许真的会擦出意料之外的星星火花。但是这种意在让法国综合统计学或外省博物馆发声歌唱的方法——简直就是天方夜谭！——本身就会将一切扁平化。兰斯或凡尔登，圣但尼（Saint-Denis）、圣女贞德或戴高乐与“历史著作委员会”或《拉鲁斯词典》并不属于同一种范畴。这种方法很奇怪，很新鲜，也有点令人厌倦，但当将它应用于某些至关重要的主题，例如移民、法国境内犹太人、军队、国家、工人世界时，你会毫无意外得到一个软弱的民族形象，并排站立的是一个软弱的法国形象。海岸线或森林真的是记忆之场吗？对话是记忆之场吗？右翼和左翼是记忆之场吗？记忆之场因试图包罗万象，结果变得一无所指。那些缺少的东西就是证明。在你的法兰西，没有露天火炉，没有国外视角，也没有法兰西所压抑、不愿去了解的一切，也就是它的困惑和记忆的盲点。人们太清楚你想得出什么结论。对于你已获得的所有结论，最乐观的看法，这不过是普雷维尔（Prévert）式的盘点，最悲观的看法，这是法兰西之坟冢。

我们要回应的正是以上指控，要解除的正是上述矛盾。的确，从一开始，这一计划便在密不可分并逐渐形成内部竞争的两方之间左右摇摆。矛盾不在于一方面这是一个纯属认识论、纯理论的计划，而另一方面这是一个坚决只进行描述和分析的计划。矛盾在于对一方而言，“记忆之场”是一个狭隘、受限的概念，只将论证集中于真实的、相似的纪念物（从烈士纪念建筑到博物馆，从档案到口号再到纪念仪式），而对另一方而言，“记忆之场”却是个宏大、广泛的概念，旨在将民族象征和民族神话的巨大团块自动地切分成块，并剥去外壳。而计划本身，不管是从整体上还是从细节上看，都包含着这样的双重使命。这就是为什么我会毫不犹豫地把《马赛曲》与费迪南·比松的《教育学词典》放在一起，或是把“法兰西公学院”与“拜访文豪”放在一起。坚持使用狭义概念似乎更谨慎，更有说服力，也更精确。但这样做等于赋予某一类对象特权，将表达局限于物质场所上，而这与老百姓的用法几无差别。“记忆之场”变成了莫里道尔游泳池（piscine Molitor）、香榭丽舍大街上的富凯饭店（Fouquet's）或北方旅馆（Hôtel du Nord）。在十年时间里动员一百三十余位历史学家，这可不是为了保护那些古老的建筑，严格地说它们中没有一个配得上“记忆之场”的称呼!

如果说我们认为应该赋予这一双重使命广泛意义，那是因为这是“记忆之场”这一表达的原则所要求的。这一说法不是为了赋予纪念馆庄严感和额外的灵魂，它们本来就已经是纪念馆，只须保持原状即可。这一说法也不仅仅是为了在一个对风景和遗产的破坏有时甚至达到野蛮程度的时期，给那些值得纪念的对象、场所、事件，或者给那些保存价值有待商榷的纪念物涂上一层属于纪念馆特有的淡淡的葬礼式哀伤。我并不是从词汇表里取夺了一个已经存在的概念，然后曲解它，改变它，扩展它的意义。在我眼里，记忆之场从来就不是纯粹物质的、摸得着又看得见的对象。如果我认为可以用一种表达——也就是我所建议的“记忆之场”——来统称某些物质对象，那是因为这些纪念物的自然属性与某一类极具多样性的对象具有相似性，而这些对象只有在象征意义和记忆内容上存在共性。

“记忆之场”一开始便意味着两个层面的现实的交叉：一种现实是可触及、可感知的，有时是物质的，有时物质性不那么明显，它扎根于空间、时间、语言和传统里；另一种现实则是承载着一段历史的纯粹象征化的现实。创造这一概念是为了在“某种共性”的基础上，同时囊括有形物和象征物。这个“某种共性”是一切问题之所在。每个人都会不由自主地同时又多少有些模糊地感受到它。分析这种“共性”，解释它的结构，确立它的层次，分辨沉积的部分与流失的部分，剥离出它坚硬的内核，揭露假象和错觉，让它变得清晰起来，道破它的未明之意，这是历史学家的任务。当发掘活动有所发现时，被发现的对象本身并非毫无意义，但这不是历史学家的主要工作。对历史学家来说，重要的不是辨认场所，而是展示这个场所是何种事物的记忆。视某个纪念物为记忆之场绝不只是书写它的历史那么简单。记忆之场就是：一切在物质或精神层面具有重大意义的统一体，经由人的意志或岁月的力量，这些统一体已经转变为任意共同体的记忆遗产的一个象征性元素。

这里所说的共同体是指法兰西共同体和民族共同体。这双重的面孔是记忆之场的构成原则，记忆之场隶属于这双重的威力。如果我们要恪守记忆之场的原则，并发挥其全部潜力，那么这双重的威力会迫使其一方面必须指向真实的、彼此联系的纪念物（如先贤祠或共和国箴言）；另一方面必须指向一些实体，后者的象征化展示能够表现民族记忆中某个意义深远的根本元素。用地理学家的方式描绘海岸线或森林，和描述今日人们对法国海滩和林区（整个欧洲规模最大的林区）所代表之意义的接受情况——前者意味着未能履行的历史使命，后者意味着深刻的想象力源泉——这两种描述不是同一种工作。讲述韦兹莱的故事，和以历史学家的方式阐释诗人以自己的方式说“韦兹莱，留在记忆中”时所表达意义，这不是同一回事。把笛卡尔当作欧洲最伟大的哲学家来研究，甚至宣称“笛卡尔就是法国”，和指出法国哲学如何通过把笛卡尔打造成法国哲学家的模范，围绕着他构建了法国哲学体系，这两者会导致完全不同的结果。一方面研究右翼和左翼的政治及意识形态史，尝试给二者下一个定义，描绘这两个政治派别的延续和变形；另一方面展示这对词语——法国将这对词语普及到了全世界，人们对此也早已习以为常——如何历史地演变成了当今社会民主对抗的基础，这两者会引发不同的问题。讲述环法自行车赛，和向人们展示这一继承了行业出师学徒巡回路线、具有奥义传授精神的巡回赛如何依靠大众化的坐骑，在维达尔·白兰士（Vidal de la Blache）出版《法兰西地理图景》（1903）的同一年，开创了对法国平原与山地的认识，这两者属于毫不相干的领域。对于六十八篇论文中的每一篇，我们都可以作如是观。

这个既具体又抽象的原则支配着一切，包括计划、主题、主题的位置及研究方法。在书的最后一部分，比起寻找发现，我们更注重积极的行动及将主题建构成记忆之场，同时内部认同压倒了外部认同，这些特征既不在于最终也不会导致“记忆之场”这一表达的隐喻化。颠覆全在于主题。

主题：从不同侧面探索法兰西风格。《民族》具有指导和指引意义，是构建法兰西的样本和模型，是法兰西得以延续的原动力。因此，民族和记忆存在内在联系：民族-记忆。查阅目录后便可发现，如果按照我们设想的研究方式，前三卷中出现过的主题都不可能出现在《复数的法兰西》中。因为它们只不过是构建这个“复数的法兰西”的工具，再现它的支点，建立它的深刻根基。“法兰西”完全属于象征性现实的范畴。透过其多样的历史及存在方式，法兰西只具有象征意义。这是一条隶属原则。“民族”和“法兰西”看起来像同义词，可使用同一种单一的方法进行研究，这是作为民族形式化身的法国的一大特点。而“记忆之场”的一大优点，正在于能够区分“民族”与“法兰西”这二者。

《复数的法兰西》正是通过对同一个永恒的原则的应用而产生的。复数并不指向著名的法国式的“多样性”，也不指向我们最初不太谨慎地宣告要研究的法兰西的各个侧面，例如其区域、宗教、政治或社会。复数并不意味着我们对法兰西可能持有的不同观念，况且我们也并不支持其中的任何一种。复数也不像我们过早指出的那样，意欲表明一种今日已变得可疑的身份所遭遇的混乱。复数不是为了用矫饰的文风拯救老生常谈于水火之中。使用复数是因为，这是用一个词语、一个字母来表达解构原则的唯一且独特的方法，这个解构原则位于这项事业的根基处，处于“记忆之场”的中心；这也是沿着毛细血管深入与之相关的每个主题无穷无尽的蜿蜒曲折处的唯一且独特的方法。正是在这些蜿蜒曲折处，概念所特有的起承转合方式表现出了最纠葛缠绕的样式，以及无比细微的真相。每篇专题论文都是一次深海潜水，是对法兰西的一次管窥，是一颗水晶球，是某个象征体系的一块象征碎片。法兰西当然是统一的，但对任何一个主体、任何一个客体、任何一个“场所”来说，一个单调的法兰西的历史无法令人满意。每个个体都以自己的方式代表着一个完整的法兰西。因为，如果我们能够展现一切隐形意义的话，那么每个个体内部都会真实地或虚拟地再现一切内在复杂性，而每一次限定整体范围，每一个“定义”形式都会不可避免地抹去或削弱这些内在复杂性。当这些场所被成功选择出来后，时而会产生俄罗斯玩偶的效果，时而又产生潘多拉魔盒的效果。复数的“法兰西”最终想要表达的，是其决定论的多样性。

通过最后一部分可以看出，《记忆之场》所提出的真正问题，是我们如何在今日书写法兰西历史的问题，在这一点上，任何掩饰都是徒劳的。我们更不会掩饰对断裂的渴望，这项伟大事业的灵感正源自这一渴望，而且我们希望断裂成为这项事业最终的归宿。

让我们直奔主题吧。归根到底，最重要的部分只需寥寥数语。

所有的法国史都有一个共同点，无一例外，那就是假设那个有机整体——即法兰西实体——是由现实的整体构成的，建立、分析、对比、平衡这些现实是历史学家的工作。这些现实或属于历史范畴——日期、人物、事件，或属于地理或地理-历史范畴，或属于政治范畴——国家、权利、政府、行政，或属于经济或社会范畴，或属于物质或制度范畴，或属于精神或意识形态范畴。总之，无论多么复杂，始终是现实，围绕着它们，人们建立起了多层次的决定论，不管这个决定论有多么复杂，也不管其中有多少偶然或必须因素。如潮水般持续涌现的法兰西历史著作想让我们相信存在很多为书写这一历史提供榜样的大模型，实际上这类模型的数量并没有那么多。我们在书中也试图展示这一点①。如果只考虑那些时至今日依然重要、仍然直接影响着我们的模型，可以列出浪漫主义、实证主义及年鉴

① 参见第二部《民族》，“史学编撰”。

派。简言之就是米什莱、拉维斯和布罗代尔。米什莱模式试图把所有物质和精神因素都统一于一个活体，因为米什莱想要成为第一个“深入宗教、经济、艺术行为多样性发展的无限细节中”的人，第一个把法国视作“灵魂和人”的人。[①]拉维斯用科学鉴定法仔细筛查了所有的民族传统[②]。而布罗代尔——从他那部不幸未竟的不朽著作来看——试图独立考察历史的各个阶段，融合维达尔的地理-历史学观，以经济学大循环为起点推演出一个综合命题，后者是法国唯一一个灵活调整并运用马克思主义概念的研究。而这部著作唯一公开发表的部分处理了一个包括物质地理学、人口地理学和经济地理学的惊人整体。但在上述三种情况下，历史学家们都是用实际发生的过去来解释现在，重新建立历史连贯的脉络，甚至对于干扰级别和意义截然不同的层次来说也是如此。

我从来没有怀疑过这些现实的存在，本书介绍的法兰西也没有丝毫的虚构成分。但是，当我们拒绝将象征性局限在某个特定领域，以便将法兰西定义成一种象征性现实时——其实也就是拒绝一切有可能把法兰西简化成几个既定现实的定义——通向另一段历史的门随之开启：不再是决定论，而是决定论产生的效果；不再是记忆以及纪念行为，而是这些行为留下的痕迹以及纪念的游戏；不再是事件本身，而是它们在时间中的构建，它们意义的消弭与再现；不再是如实发生的过去，而是人们对它们的不断使用、利用和滥用，以及它们在不断绵延的现在中臻于完美的倾向；不再是传统，而是传统组成及传承的方式。总而言之，不是重生，不是重建，甚至不是再现；只是回忆。记忆不是回忆，而是身处现在，对过去的统筹布局和管理。

---

① 米什莱，1969 年版《法国史》序言。

② 参见第二部《民族》，《拉维斯的〈法国史〉》。

因而也就是“二手”的法国史。

因此，优先考虑历史文献，或者更确切地说是承认历史文献的必要性，无论如何都算不上是一种迂回策略，也就是说不是为了避开困难，从一份看似可信的对不确定的法兰西之不确定历史的综合分析中，获得关乎科学、道德、公民的不可能性后果。恰恰相反，恕我直言，这样做其实是紧密地、顺从地投入历史运动自身深入的发展进程，一个多世纪以来，历史发展的进程在不断提速，一门研究历史的科学学科的出现即标志着其开端。在连续的发展或具有决定性的更新中，作为科学和意识的历史一直致力于在现代人认为正在经历和曾经经历的事物与对这一记忆库存尽可能准确的科学评估之间划出一条清晰的界限，一种可控的断裂，因为每一次历史发展都与大动荡造成的冲击紧密相关，而大动荡会引发历史源头、发展方式和兴趣中心发生整体性变迁。因此，就在本书详尽描写的条件下，1870 年战败的创伤及对德国的敌视促使人们借助成文的且经过验证的资料，将确立或批判地审视传承下来的全部民族传统视作一种不容置疑的且具有歧视性的迫切任务。这就意味要明确划分叙述性资料与档案性资料的界限。在关键性断裂之后，也就是 1914 年战争和 1929 年经济危机之后——经济危机的时间恰好与《年鉴》产生的时间重合，很具有象征意义——得益于经济和人口统计学的发展，人们发现了一种结构性断裂，这一断裂在于将中长期决定——中长期决定的存在是一个毋庸置疑的现实——与个人或集体意识的经历对立了起来，而这些中长期决定与社会和个人生活紧密相关，支配着革新节奏，支配着个人和社会生活的长短，支配着它们结合的时间，支配着它们免遭流行病侵害或致富的可能性，支配着它们相爱、阅读和说话的方式。著名的布罗代尔时段便属于这种断裂的范畴，它们对于打破历史时间的均质性假象做出了重要贡献。在同一种既向纵深又向水平发展的历史运动的作用下，去殖民化运动的冲击和经济的腾飞——二者不仅打破了与某个英国人口统计学者所说的“我们失去的世界”之间的纵向联系，同时还突然与那些蒙田式的“食人族”，即与我们完全不同的同胞们所组成的世界建立起了稳固的横向联系——让人们意识到并开始科学地研究我们与自身之间存在的距离，以及我们在时间之中的断裂；同一时间，精神分析的广泛传播令这种断裂可以为我们所理解，在我们眼中变得熟悉。让我们称之为人种学断裂吧。这种断裂尤其促使产生了“心态”史、对边缘群体——我们的被殖民者——的兴趣，也促使人们将大量没有明显时间性——例如气候、身体、神话、节日，或表面看来无关紧要的话题——例如烹饪、卫生、香水，或更有甚者，在媒体作用下对舆论、图像和事件产生的新的浓厚兴趣，一一搬上了历史舞台。在这一点上，我们把 1962 年阿尔及利亚战争的结束——时间表上另一个象征性的重合——和一部在此期间问世的扛鼎之作，即米歇尔 · 福柯（Michel Foucault）的《疯狂史》（*Histoire de la folie*）放在一起进行了比较。“×××的起源”曾出现在断裂第一阶段的诸多著作的封面，紧随其后的是“×××的结构”之类的说法，现在“×××的诞生”占据了霸主地位，它表明了某种秩序的确立，这种秩序既是自身的历史，也是别人的历史。在这一时期，历史学家们——也就是我们自己①——开始谈论“客体”，而不再谈论主体，尽管讨论的内容几乎完全相同。我们今天所经历的断裂属于历史的同一种无止境的回归，是同一种又扩大的裂缝的后续和延续，不同的是，这种断裂完全算得上是对全部历史传统的彻底抛弃及重拾。

---

① 参见《历史之构建》，与雅克 · 勒高夫一起主编，巴黎，伽利玛出版社，1974 年。此书三卷的副标题分别为：“新问题”“新方法”“新目标”。

这种断裂，我们只能称其为历史编纂性断裂，它比其他断裂更发散，但也更激进。说它更发散是因为它处于许多现象的交汇处，而每个现象本身就十分复杂且意义深远，例如后戴高乐时代政治及民族的衰落、革命思想枯竭造成的后果以及经济危机冲击产生的影响。说它更激进是因为，介于“第二次法国大革命”[①]初期与第三个千年临近结束之间，上述三种现象组合在了一起，组成了一个新的云团，后者深刻改变着与过去的联系，以及民族意识的传统形式。

历史，更确切地说是民族史，通常是从未来的视角书写的。面对已逝的往昔表现出的大量不确定性，人们正是根据隐性的有时甚至显性的观念，根据未来本该或可能显露的模样，来重新收集集体需要保留的东西，以便对抗宿命，做好应有的准备。这就将现在变成了简单而永恒的过渡，将历史学家变成了半见证人、半先知的摆渡者。粗暴地说，对未来的预测、对过去的重拾是通过三种容易理解的模式完成的：可能出现的复兴（旧制度、领土完整、极度基督教化的法国）、可能实现的发展（人类对自然和自身的掌控、对事物的组织）、可期待的革命及重新开始的历史。时间的严酷本色相继榨干了这三种模式带来的希望与幻想。未来无限开放却毫无出路，过去重新坠入昏昧，而现在夹杂在不可预见因而令人窒息的未来与千变万化因而变得臃肿的过去之间，成了我们理解自身的范畴。但这是一个不断膨胀的现在，其中只有变化是永恒的，而且只有透过充满新魅力、新奥秘的过去才能把握自身。这个过去是一个避难所，被史无前例地看作蕴含了某些秘密，这些秘密不仅是我们的“历史”，还是我们的“身份”。

---

① 参见亨利·芒德拉(Henri Mendras),《第二次法国大革命》(*La Seconde Révolution française*),巴黎,伽利玛出版社,1988 年。

这是抽身和回归的奇怪时刻，在这样的时刻，法国人不再准备“为祖国捐躯”，但一致认为应该发掘对它的兴趣和迷恋。在这样的时刻，不单单是法国的历史、政治、经济、社会，还有而且特别是法国的风光、考古发现、物质遗产、传统、艺术，以及能证明法国存在的几乎最细微的证据，都被提升至新的高度，值得爱护，值得留存，值得了解，而且都被赋予了遗产的尊严，对这一遗产，我们已经搞不清从何而来，有何用处，但它们仍然弥足珍贵。在这样的时刻，民调显示出了一种共识被达成的趋势，多数派在大革命之后第一次相当普遍地认可了大部分制度——哪怕他们不得不对这些制度做出调整——各个政党，即使是极右翼政党都标榜自己是共和国的一部分。在这样的时刻，那些一贯存在的对抗，即新法国与旧法国的对抗、世俗法国与宗教法国的对抗，还有情况稍好些的法国右翼与左翼的对抗，全都丧失了其特有的犀利，因为就连只知道跟风的共产党和风头正劲的“国民阵线”都表明了——至少在口头上——他们对民主原则的赞同。

但在同一时刻，教化信息上盘旋着一种全新的不定性；在同一时刻，为教会学校争取自由的行为引发了战后最大规模的街头游行；在同一时刻，政治演讲的闪烁其词耗尽了政客们的信用；在同一时刻，任何对“福利国家”体系最微小的改革都会把神圣原则推至风口浪尖；在同一时刻，任何对拼写方法的改革都会引发忧虑；在同一时刻，遵循人口需求被不断修改的国籍法本身就足以因马格里布移民现象的大量存在而引起对民族定义问题的大争论；在同一时刻，一切对过去，甚至是久远过去的回忆，都会突然唤醒远古时代的魔鬼，而人们本来以为他们已经睡去不会再醒来。

是的，奇怪的时刻，一方面，那个即便深度分裂也仍“占统治地位并且自信的”法兰西消失了，另一方面，超越狂热民族主义的反射弧——比如强弩之末的雅各宾主义——出现了一种全新的观念：对法兰西独特性的迷恋，对民族现象之源头和根基的发掘，对表达的丰富性和多样性所抱有的多视角且几乎不加区分的好奇。仿佛法兰西不再是一种将我们分裂的历史，而是成了一种将我们聚合起来的文化，成了一种财产，而其中的共有部分被提升至家庭财产的地位。我们从一种民族模式过渡到了另一种。

我曾试图在前一部结尾部分定义这种过渡[①]。让我们再来总结一下。从1914年战争结束到阿尔及利亚战争结束，经典的、福利国家的、普世的和弥赛亚式的模式已逐渐土崩瓦解，尽管法国已跻身有核国家的行列，战争最终还是让人们意识到法国已经衰落的事实。在此之前，民族观念因将自身等同于国家力量而坚不可摧，甚至那些原本可能会令国家灭亡的考验都只能让人们更加相信，这个国家是伟大的，并且将会继续伟大下去。这个国家是一个建立在土地和领土基础上，在国界上防止邻国入侵的军事保障。但它同时也是民族活力的载体、保护人、媒介和执行者。其他国家都将国家凝聚力的动因与维系团结的秘密归功于经济、宗教、语言、社会或种族群体甚至文化因素，法国则将它们归功于国家主动且具有持续性的行为。与邻国不同，法国经历了两种极端经验：专制制度和"大革命"。与前者紧密联系的是其始终存在的反面，将民族重心重新交至身处权力中心的人手中，或者完全相反，将其托付给平民百姓。从后者中衍生出两种有关民族意识的观念，以回溯的目光来看，这两种观念之间的互补性大于矛盾性，它们是共和座右铭及人权所代表的法兰西，以及"土地和逝者"所代表的法兰西。

而今天我们所见证的民族意识的深刻变动意味着一种完全不同

① 参见第二部《民族》,《民族-记忆》。

的民族模式。这种模式符合法国逐渐稳定在中等实力国家行列以及融入欧洲共同体的现状，这个共同体尽管时有纷争，但仍保持着多样性以及和平状态。从内部看，与这种模式相对应的，是现代生活方式的普及、地方分权制度的发展、国家干预的现代模式，以及很难被传统同化方式吸纳的移民群体的大量存在。从政治角度来看，与这种模式相对应的，尤其是民族主义的衰落。一个世纪以来，我们已经熟悉了民族主义的衰落，作为民族国家最终形式的共和国建立后，时而将民族主义定型为雅各宾式的、激进的、爱国的左翼版本，时而又将其定型为保守的、反动的、巴雷斯-莫拉斯式（Barréso-Maurrassienne）的右翼版本。20 世纪最重要的两种政治现象，即戴高乐主义和共产主义，在本书用大量笔墨所描述的背景下[①]，共同代表了一个民族-革命的法国的最高峰，同时也是其“天鹅之绝唱”，它们共同又分别强有力地推动了这一重大变化。

传统民族主义的终结非但没有导致民族意识的衰竭，相反地还释放了其中蕴含的动力，这一点必须指出来。表现这一动力的是某一事物在力量和深度上的回归——直至成为一种萦绕不去的东西——法国正是借助这一事物得以与“伟大”一词沾边：这事物便是法国历史的全部形式。从传统标准看，民族情感似乎有所衰减。但与其说它改变了强度，不如说它可能改变了等级和表达方式。法兰西帝国的统一范畴已不复存在，作为民族情感固定并固化场所的六边形向高处和低处分裂，高处是欧洲、西方世界、民主国家，低处是诸如地区、家庭、故乡等地区性现实。民族情感从肯定变成了质疑。从侵略性和军事性变成了竞争性，因为一切都被投入对工业性能和体育记录的崇拜。从牺牲的、阴郁的、防备性的变成了愉悦的、好奇的甚至

① 参见第三部《复数的法兰西》,《戴高乐主义者与共产主义者》。

旅游观光的。本来是教育性的，现在变成了媒体宣传；本来是集体的，现在是个人的，甚至个人主义的。一个可以像点菜那样任君选择的法国，一个可以照米其林地图按图索骥的法国。民族情感从前是公民意识，而今却变得敏感甚至多愁善感起来；民族情感从前具有普遍性，而今人们恢复了它的特殊性。它从前是物质的，但从今往后将是象征性的了。法国是不是其所有可能性的交集呢？

今天，法国的历史学家们被迫适应的，正是这种巨变。正是这种巨变强行要求向民族性回归。这并非某种卑躬屈膝的虔诚作祟——某种享有优先权并且会像瘟疫般扩散的民族主义会打着科学的幌子渗入这种虔诚，而是因为民族范畴具有一种无可匹敌的稳定性和持久性。正是这种改变迫使我们履行记忆的责任。这并非出于唯古主义者的怀旧情结或博物馆学的妄想，而是因为在一个延续性无与伦比因而迫使人们承受久远历史重量的国家，每次断裂要证明其合理性，都需要以对过去的忠实为借口，但这种合理性本身需要对过去做出不断的重构和永恒的重复。英国人有传统，我们有记忆。也正是这种改变迫使我们将论述对象彻底打散。不是像蝴蝶那样从一朵花到另一朵花，从一个对象到另一个对象，而是因为核心动力产生了爆裂，粒子辐射到了很远的地方。是这种改变迫使我们开始关心历史文献。不是因为我们喜欢做零碎的活计，或对事物隐秘的一面存有不良的恶趣味，而是因为，这些已经成形的大块头材料被带到我们面前，它们出现，消失，被当作废料又被重新利用，所有这些过程的实现方式，正是塑造我们的事物赖以建构自身的材料。最后，正是这种改变启发我们用同一台天平的秤盘，来掂量一下法国普遍主义传统最高级的表达方式和制造这种传统所用的最微不足道的工具的分量，因为我们要理解并尽可能呈现的，恰恰是那最具法国特色的事物能够具有普遍主义倾向的原因。可惜在本书及其研究方法中，个人想象力和原野漫步式的描绘只能占据微不足道的篇幅！时间限制迫使我们必须做出回答，也只有这样的回答才能适应现如今科学和意识的现状。上帝居于细节，法国也同样如此。

从整体上把握象征意义和遗产价值的统一体，这意味着强行将有关它的所有叙述占为己有，意味着同它们做一场交易，一场深入且完全私人的交易，仿佛一种私领圣餐的活动，历史学家在其中的角色也是全新的。每个参与这项事业的人都会强烈体会到这一点。既不是公证人，也不是预言家。只是阐释者和中间人。依然是摆渡者，却不再是过去和未来之间的摆渡者，而是盲目的索求与睿智的回应之间的摆渡者，在公众压力和实验室里孤独的耐心之间摆渡，在所感与所知之间摆渡。交流、分享、往来，意义由此产生，任务由此得到表达。

如果没有集权的雅各宾主义，没有“不自由毋宁死”，没有“自由的敌人不能拥有自由”，那么共和国还会剩下些什么？如果没有民族主义，没有帝国主义，没有国家的无上权力，那么民族还会剩下些什么？如果没有普遍主义，那么法兰西还会剩下些什么？这是对自我的认知。这个漫长的认知过程，它以同一种激情、同一种步调，将这些记忆之场变成了我的法兰西，每个人的法兰西，所有人的法兰西。

Mémoire et Symbole

*

Ⅱ 记忆与象征

Le 14-Juillet

Du *Dies irae* à Jour de fête

七月十四日：从狂暴之日到庆典之日

克里斯蒂安・阿马尔维 *Christian Amalvi*

黄艳红 译

今天是七月十四日。
那一天，自由
在大地上苏醒，
在风雷激荡中欢笑。
面对过去这无耻的强盗，
人民在那一天怒吼，
巴黎在那一天掀翻
邪恶的巴士底。
那一天，一条法令
驱散了法国的黑暗，

而希望那端

无垠显出光辉。

维克多·雨果

1859 年 7 月 14 日[①]

这是一位流亡中的共和派诗人对 1789 年 7 月 14 日的孤寂颂歌，在它发表二十一年之后，整个法国都回荡着国庆日的欢声笑语，这个国家已经成为“共和国的长女”，它的国庆日纪念的就是巴黎人民攻占巴士底的那一天。这一天是我们民族的集体意象，它承载着共和国的奠基者们虔心遗赠下来的众多符号、日期和象征标记；今天，这些东西在我们的集体记忆中还剩下什么呢？在历时一个世纪的仪式化过后，它们当初的必要性、它们的历史意义、附着在它们之上的情感经常是我们不能体味的，要回想 1880 年法国人正式采用的国庆日的奠基作用，要理解这个日子所引发的政治象征的多元性，要想象庆祝一个对我们来说早已没有政治含义且已成为民俗的日子所引发的激烈论战——尤其是在 1880 年到 1914 年之间——现在看来是有几分困难的。

这种淡忘有好几个原因：对我们而言，7 月 14 日已不再是年度标志，国民生活围绕它来组织。当初它标志着学年的终结，对世俗人士来说，它的意义就好像是天主教徒的复活节一样——在整个宗教年份中，复活节是礼仪日历中确定方向的最关键日子。

当时的国庆节还没有出现 11 月 11 日、5 月 1 日和 5 月 8 日[②]等

---

① 维克多·雨果，《7 月 14 日的林中纪念》(Célébration du 14-Juillet dans la forêt)，载《街道与森林之歌》(*Les Chansons des rues et des bois*)，《全集·诗歌卷》，巴黎，奥伦多夫出版社(Ollendorff)，1933 年，第七卷，第 241—245 页。

② 11 月 11 日是第一次世界大战停战纪念日，5 月 8 日是第二次世界大战胜利纪念日。——译注

“竞争者”，因而它特殊的时间标志地位就更加强固了。最后，在政治层面上，我们可以认为，大体上说，从维希政权这个反革命的最后变体溃败以来，“革命已经结束了”[①]；在政治竞技场上，大革命曾长期被各政治派别视为思想斗争的关键，现在已不是这样。但在1880年，共和国的支持者和反对者都有这样一种共同的意识：他们的斗争可直接回溯到1789年的那场大战役，这场新的“百年战争”催生了许多重大的史学论战，它们都围绕大革命的主要阶段，围绕着具有象征意义的攻占巴士底展开相互矛盾的党派性解说。

因此，就“此时此地”的状况而言，法国大革命已不再被视为决定性、关键性的记忆，我们今天经历的国庆节已经没有了历史和政治内涵。7月14日曾与茹费里的世俗学校一起成为共和派理念钟爱的宣传载体，并不可逆转地征服了全国，从这个意义上说，第三共和国时期围绕“革命的狂欢”而展开的激烈斗争在第四和第五共和国已经见不到了，很可能是因为没有了战士。不过，最近《快报》(*L'Express*) 的一次民意调查表明 (70%的法国人认为)，“大革命是民族意识的奠基神话”，历史学家儒勒·克拉勒蒂有个简练的说法：“法国大革命史中结束的只有大革命本身。”[②]这个说法在1884年很中肯，但一百年后看来过时了。

关于国庆日的集体记忆是如何变化的呢？7月14日庆典中原有的历史、象征和社会属性最初只有左翼共和主义者认可，它们是如

---

① 弗朗索瓦·孚雷，《思考法国大革命》(*Penser la Révolution française*)，伽利玛出版社，1978年，第11页。

② 让-贝尔纳·帕斯里厄(Jean-Bernard Passerieu)，《1789年法国大革命轶闻史》(*Histoire anecdotique de la Révolution française, 1789*)，儒勒·克拉勒蒂(Jules Claretie)作序，巴黎，1884年，第i页。

何逐步为全体法国人接受，成为整个民族的属性的呢？在右翼那里，7 月 14 日原本是“狂暴之日”，它是如何丧失这一身份，被全体法国人视作所有法国人的“庆典之日”的呢？①

一、日期的选择

“伟大的日子唤起伟大的记忆。对某些时刻而言，光辉的记忆理所当然”②。1880 年，当共和派议员被吁请选择一个“光辉的”日子为国庆日时，也许他们想到了维克多 · 雨果 1878 年的这番话。这种选择意味着对法国历史的某种动态的、意志论的线性观念，从一开始它就被赋予一种高级意蕴，即应该符合年轻的共和国的理想，并成为这个新政体确定无疑、不容撤销的奠基神话。不过从表面来看，事情似乎很简单：既然共和国自称是大革命的继承人，它当然应该纪念大革命。但是选择大革命的哪个时刻呢？是“机会主义”共和派青睐的 1789 年的资产阶级大革命，还是极端的左翼激进主义者热爱

① 从政治学到人类学和民俗学、从史学到记忆对 7 月 14 日的研究并不意味着撰写这一节日的一部新历史——我们这里并没有提及罗斯蒙德 · 桑松(Rosemonde Sanson)的经典著作《七月十四日：节日和民族意识(1789—1975)》(*Le 14-Juillet: fête et conscience nationale, 1789-1975*)，巴黎，弗拉马里翁出版社，1976 年——本文只是一个对共和主义节日和记忆的人类学分析尝试，依据的是对政治话语、宣传手册和迄今为止很少使用的论战作品、报刊文章的解读。这些文献优先反映的是国庆日在法国西部的反响，因为根据安德烈 · 西格弗里德(André Siegfried)的看法，这个地区忠实于旧君主制的信徒对 89 年原则的渗透的抵制最为强烈，但这里“世俗信仰”(费迪南 · 比松)对人们意识的影响与它所遭遇的敌意也是旗鼓相当的；另外，在西部，“人们的思想在不止一个问题上进行着持续的内战，这个说法并不过分”(《法国西部政治图景》[*Tableau politique de la France de l'Ouest*]，巴黎，阿尔芒 · 柯兰出版社，1913 年，第 510 页)。这里我特别感谢莫娜 · 奥祖夫、皮埃尔 · 诺拉和让 · 艾尔 · 加马尔(Jean El Gammal)的建议和指导。

② 维克多 · 雨果，《1878 年 2 月 24 日勒德吕-罗兰墓地落成典礼》(Inauguration du tombeau de Ledru-Rollin, 24 février 1878)，载《维克多 · 雨果政治和其他著作全集》(*Œuvres politiques complètes, œuvres diverses de Victor Hugo*)，弗朗西斯 · 布韦(Francis Bouvet)编辑和介绍，巴黎，J.-J. 波韦尔出版社(J.-J. Pauvert)，1964 年，第 765 页。

的 1792 年民主的大革命呢?[①]

如果要避免共和派的内部分裂,"等而下之"地选择某个现代革命,如 1830、1848 或 1870 年革命,岂不更好?然而,虽然这些革命也有各自的倡导者,但一开始它们就有无法克服的不利之处。例如,1830 年留下了太明显的奥尔良主义的烙印;1848 年 2 月 24 日也同样被否定,尽管路易·布朗 (Louis Blanc) 积极为它申辩。第三共和国的确打算奠定一种最终的政治体制,它不太愿意以一个为时短暂、结局悲惨的体制为参照,何况这种短暂和悲惨结局会让它自己从一开始就蒙上不祥之兆,并很可能会鼓舞王党分子和波拿巴派施展诡计。如果说 1848 年 2 月 24 日有热情的支持者的话,1870 年 9 月 14 日则没有赢得任何支持,因为左翼没有人愿意让人有这样的想法:法兰西共和国的复活得益于法国军队在色当 (Sedan) 的溃败。既然没有人想去纪念古代的共和国或纪念中世纪的革命,更没有人想庆祝巴黎公社宣布成立的 3 月 18 日,于是只有法国大革命可以提供一个恰当的日子了。

但是,在大革命的所有重大日子里,究竟选哪个呢?由于各个日子都有自己的支持者,他们之间的对抗实际上反映了当时的政治对立,因而这种竞争就更加激烈了。按时间顺序而言,1789 年 5 月 5 日、6 月 20 日、7 月 14 日、8 月 4 日和 10 月 5—6 日,1790 年 7 月 14 日,1792 年 8 月 10 日、9 月 20 日或 22 日,1793 年 1 月 21 日,1794 年热月 9 日多少都有成为国庆日的理由,最后之所以选择 7 月 14 日,原因可能既在于它固有的属性,同样也因为想避免选择别的日期可能给共和派造成的严重麻烦。

---

① 关于日期的选择,见莫娜·奥祖夫,《共和国的第一个 7 月 14 日:1880 年》(Le premier 14-Juillet de la République, 1880),载《历史》(*L'Histoire*),第 25 期,1980 年 7—8 月,第 10—19 页。

1789 年 5 月 5 日，路易十六允诺的三级会议开幕，但这一天似乎太有利于君主派；1789 年 6 月 20 日，资产阶级的第三等级举行网球场宣誓，这个日子引起共和派的注意，不过在他们看来，这一天犯下了排斥大多数人民的严重错误（还有后面将会提到的其他难题）。1789 年 10 月 5 日和 6 日很容易让人想起巴黎公社时期巴黎和凡尔赛的对抗，因而没有支持者。1792 年 8 月 10 日，君主制被突然推翻，因而温和派对这一天很反感，它还有另一个不便之处，那就是太靠近帝国时代的国庆日——8 月 15 日。瓦尔米战役和宣布共和国的纪念日（9 月 20 日和 21 日）可能有各种令人期待的爱国主义和政治性的保障，但它靠近 9 月的大屠杀，因而大打折扣……左翼人士中，除了流亡归来的急性子亨利 · 罗什弗尔（Henri Rochefort），没有人敢提议处死路易十六的日子。至于热月 9 日，如果将它视为国庆日，那只会对右翼有利，使 1794 年以来导致左翼分裂的重大分歧官方化、制度化，并将一个古老的争论置于反雅各宾主义的方向上，这可是个仍有现实意义的争论：93 年及其悲剧性的伴生物（恐怖、最高限价令、内战……）是 89 年的自然延伸和必然结局，还是对 89 年的反常偏离呢？另外，热月 9 日是酝酿危险的消极日子，但在政治层面上，很难说它有什么迷人之处，因而也难以给一个新政体提供令人兴奋的奠基神话。

于是只剩下 7 月 14 日（攻占巴士底狱和联盟节）与 8 月 4 日夜。后一个日子标志着封建制度的死亡与贵族和教士“特权”的终结，由于它具有正式和自愿的特点，因而对两个阵营的温和派都有巨大的吸引力，尤其是在参议院；严肃的《辩论报》（*Journal des débats*）发现了它的魅力；而且，由于 8 月 4 日象征着没有暴力的民族妥协，右翼中间派和左翼中间派都可以接受这个日期。不过，虽说它的民族特征很受右翼的青睐，但这个特征让左翼感到不悦，因为左翼强调说，1789 年 8 月 4 日仅仅是 1789 年 7 月 14 日的结果。这里出现了一个真正的共和派十分珍视的观念，即与可耻的、最不光彩的旧制度决裂（*rupture*）的观念；这个论点主要继承自自由派和共和派史学，西斯蒙第（Sismondi）、米什莱、亨利・马丁（Henri Martin）是这一史学的杰出代表，他们把大革命描述为向专横的旧制度发起最后攻击的人民起义，这场漫长的运动开始于 12 世纪的公社解放运动，14 世纪艾田・马赛（Étienne Marcel）的失败尝试是它的延续，1789 年 7 月 14 日攻占巴士底的壮举则标志着它的完成。因此从道义上说，人们不能把一个并不牢靠的妥协当作共和国神话般的起源，因为它有一个严重的错误之处：掩盖了巴黎人民，贵族和教士等“特权者”却在这一天成了正面人物，而传统上说，这些人总是被谴责为专制主义最凶猛的捍卫者、自由的最可怕的敌人。

然而，这里的自由是个关键词，它应该凝练和象征大革命的成就，应该将它的意义赋予共和国的奠基日。从共和派的解放视角来看，唯有 1789 年 7 月 14 日可以无可置疑地界定无可混淆的从前和以后，可以在受诅咒的旧制度与最终摆脱了封建主义、教权主义和君主主义三重枷锁的现代法国之间画出一条无法逾越的边界——尽管 19 世纪曾有过各种反动尝试。简言之，随着中世纪阴森的巴士底的陷落，这个日子意味着“旧世界的终结和新世界的开端”。对共和派而言，选择 1789 年 7 月 14 日而非任何其他日子为国庆日，这就表明他们忠实于法国大革命的伟大捍卫者尤其是米什莱和维克多・雨果的作品。例如，1874 年发表的《九三年》（*Quatrevingt-Treize*）肯定以其众多简明的词句让 7 月 14 日深入人心：“89 年，巴士底陷落，人民的苦难终结。”“7 月 14 日是一次拯救。”“掀翻巴士底，人类得解放。”不过，维克多・雨果特别强调说，他笔下的布列塔尼之塔拉图尔格[①]，“是过去的必然结局，这过去在巴黎谓之巴士底，在英国谓之伦敦塔，在德国谓之施皮尔伯格，在西班牙谓之埃斯科利亚尔、在莫斯科谓之克里姆林宫，在罗马谓之圣天使城堡”[②]。

“拉图尔格浓缩了一千四百年的历史：中世纪、效忠制、采邑、封建主义。”[③]

这种将巴士底等同于中世纪和旧制度的做法，同样体现在甘必大（Gambetta）1872年7月14日在拉费尔泰-苏-茹阿尔（La Ferté-sous-Jouarre）的一次演讲中。在他看来，巴黎人民的奋起不是“为了掀翻石砌的巴士底，而是为了摧毁真正的巴士底：中世纪、专制主义、寡头制、王权！（掌声、欢呼声齐鸣）”[④]。

不过，1880年人们庆祝的国庆日并不仅仅是纪念1789年7月14日。这个日期有两重意义，它既指攻占巴士底，也指联盟节，后者具有全民族团结的特征，因而能够祛除前者的暴力和血腥色彩，能够比较方便地消除温和派的疑虑。不过，对真正的共和派而言，国庆节首先并主要是向1789年7月14日致敬，虽然人民在这一天干下了一些血腥暴行。在他们看来，联盟节只是这一独一无二的事件的翻版，从某种意义上说，1789年7月14日已经在博爱的节日氛围中进行了

---

① 拉图尔格（La Tourgue）是雨果的小说《九三年》中布列塔尼的一座城堡，作者称之为“外省的巴士底”。——译注

② 这里说的施皮尔伯格（Spielberg）可能是指位于今捷克共和国境内布尔诺城附近的一座军事要塞，在奥地利帝国时期，它曾被用来关押三十年战争后的新教起义者和1848年的革命者；埃斯科利亚尔（Escurial）是坐落于马德里附近的一个西班牙王家建筑群；罗马圣天使城堡始建于公元2世纪，曾是罗马皇帝的陵寝和教皇的避难所。——译注

③ 维克多·雨果，《九三年》，巴黎，加尼埃-弗拉马里翁出版社（Garnier-Flammarion），1965年，第117、151、342页。

④ 莱昂·甘必大（Léon Gambetta），《1872年7月14日在拉费尔泰-苏-茹阿尔的演讲》（*Discours prononcé à La Ferté-sous-Jouarre, le 14 juillet 1872*），巴黎，勒鲁出版社（Leroux），1870年，第10页。

自我庆祝和自我纪念，正如夏尔·佩吉在《克里奥》中明确指出的：

> 历史告诉我们，攻占巴士底是个名副其实的节日，这是第一次庆祝、第一次纪念，因此也可以说是攻占巴士底的第一个生日。或者说是“零”周年。历史说，大家弄错了。大家看到了一种意义，但应该看到另一种意义。大家已经看到了。首次纪念的不是联盟节——攻占巴士底的第一个周年日。第一个联盟节纪念的是攻占巴士底狱，后者是联盟节的源头。①

另外，这一天的主要角色是人民，无名的大众。通过歌颂人民的英雄主义，共和派可以达到两个目的：一方面，他们很方便地证实了自己的民主主义倾向；另一方面，特别重要的是，他们可以省去论战的麻烦，因为如果不选择7月14日，而是选择6月20日或8月4日的话，势必会产生关于第三等级这一主要角色在革命中的作用问题的争论：实际上，这些日子的英雄（巴伊［Bailly］、米拉波［Mirabeau］、拉法耶特［La Fayette］等人）随着革命的激进化而逐步“向坏的方向转变”，这些人在革命进程中背叛，至少是放弃了革命，要把对他们的间接敬意视为对大革命的颂歌，确乎是很为难的事。

共和派赋予1789年7月14日的纪念仪式一种辅助性但具决定意义的功能，这就是大革命那无法回避、令人尴尬的历程，并将大革命置于时间之外：因为这个神圣的日子不只是象征着法国大革命的曙光，而且象征着大革命本身的凝结和完成，它可以超越1789到1794年的各种戏剧性事件，尤其是可以用诺亚的斗篷（le manteau de

① 夏尔·佩吉(Charles Péguy)，《克里奥》(*Clio*)，巴黎，伽利玛出版社，1932年，第114—115页。

Noé) 遮盖“沉重的年代”(les années de plomb)，即 1793 年和 1794 年，回想这些年份很可能引发论战，并违背“机会主义者”宣布的民族团结与和解的自觉意愿。

最后需要指出的是，在社会层面上，7 月 14 日特别有利于温和派共和党人即“机会主义者们”的利益，他们极力否认存在“社会问题”，他们挥舞着巴士底的胜利者们团结一致的画像，画面中的巴黎市民、城乡百姓和军队像兄弟一样并肩前进，仿佛这就是当时法国社会的理想和真正的绝对价值。另外，甘必大在他的拉费尔泰-苏-茹阿尔演讲中对重建“道义联盟”的理念做了长篇发挥，他认为这种联盟是共和国社会稳定的基础，它在进攻巴士底的战役中自发形成，而 19 世纪的反动政府曾一度让它分裂。他在演说中甚至对 1789 年 7 月 14 日做了神圣化的处理，因为“8 月 10 日……9 月 22 日……法国大革命中的这些最具决定意义的日子已经包括，已经暗含在首要事件中，这个事件就是涵盖着它们的 1789 年 7 月 14 日。

“这就是为什么它才是真正的革命日子的原因，这一天让法国战栗……大家知道，那一天我们得到了我的《新约圣经》，一切都应以这新《圣经》为本源（对！对！掌声）”①。因此，选择 1789 年 7 月 14 日为国庆日只对共和派有利。这一选择否认法国社会分裂为对立的阶级，从而省却了一段可能造成麻烦的历史，但是，当它宣称愿意继承大革命因缺少时间而未曾兑现的精神和思想解放之夙愿时，它便为未来基于科学、理性和进步之上的前景敞开了大道：在社会层面上，攻占巴士底宣告了平等原则，从而解放了法国人；在政治层面上，1848 年 2 月革命在赋予法国人普选权时解放了法国人。留给第三共和国的任务是建立世俗学校、实现政教分离，从而将法国人从

---

① 莱昂·甘必大，同前，第 13—14 页。

教权主义的奴役下解放出来。最后要指出的是，1872 年以后，这个日子还从共和派每年私下里举办的一种礼仪活动中受益（正如甘必大在拉费尔泰-苏-茹阿尔演讲中表明的那样）；某种意义上说，1880 年 7 月做出的将这一天改为国庆日的决定使得此前的做法制度化了。

面对共和派的一致选择，右翼的表现显得惊慌失措，他们无法找到一个可靠的替代品，这主要是因为右翼分裂成三个相互竞争的派别：奥尔良派、波拿巴派和正统派。奥尔良派可能很难拒绝 7 月 14 日，不过路易-菲利普已经命人在巴士底的遗址上建造七月柱，纪念的不仅是 1830 年 7 月的死难者，还有 1789 年 7 月的死难者。[①]波拿巴派始终仰仗 89 年的原则，要他们批评国庆日是很为难的事。而另一方面，攻占巴士底象征着旧制度被推翻，作为旧制度的辩护士，正统派并没有批评国庆日的顾虑；但整体而言，正统派没有任何其他的主意。旧法国的光辉日子当然不在少数（从托尔比亚克到约克镇[②]），但是，将旧制度和大革命对立起来，难道不就在事实上表明自己是找回逝去岁月的反动派吗？难道不就是像他们的共和派对手一样，承认 89 年是法国历史中一个无法克服的断裂，这一断裂有如区分了黑夜与白昼、黑暗与光明，或者说区分了两个陌生的世界吗？最后，特别重要的一点是，对正统派而言，选择一个纯粹的历史日期来对抗攻占巴士底的日子就是放弃他们的天主教和君主主义理念：他们是王座和祭坛的坚定捍卫者，是克洛维和圣路易的古老君主制

---

① "设立一个纪念 1830 年 7 月和 1789 年 7 月受难者的纪念碑，这一法则已于 1830 年 12 月 13 日表决通过"，"从圣安托万区到万塞讷森林"(*Du faubourg Saint-Antoine au bois de Vincennes*)展览目录，卡纳瓦莱博物馆(Musée Carnavalet)，1983 年 4—6 月，第 23 页，注 24。

② 这里的"托尔比亚克"(Tolbiac)指的可能是 496 年克洛维率领的法兰克人击败阿勒曼尼人的战役；"约克镇"(Yorktown)指的应是 1781 年美法联军攻占英军据点约克镇的战役。——译注

的祭司，他们不能设想法国还能有别的节日，除了纪念某位正统君主的节日——这种节日把君主的名字和某位伟大圣徒的名字联系在一起——而且一想到“教会的长女”[①]抛弃了14个世纪的天主教信仰，他们就痛心。因此正统派的首领要求他们的追随者纪念圣亨利（Saint-Henri）日，即尚博尔伯爵[②]的节日，它恰好在7月15日，这既可以弘扬“亨利五世”的事业和形象，又可以驱散那个渎神节日的魔咒。[③]

对右翼来说，唯一能做的就是在历史领域内进行一场斗争，驳斥1789年7月14日的象征意义。1871年以后，为了反驳共和派对手们在整个大革命，尤其是巴士底的历史方面散布的“毁谤”和“谎言”，右翼发表的通俗小册子可谓层出不穷，从这个意义上说，他们的手法堪称高超。有些小册子，尤其是1873—1877年以“道德秩序”为名发表的作品，讽刺般地变成了苦役犯监狱的巴士底形象：数以千计的无辜囚犯戴着沉重的镣铐，蜷伏在腐臭的牢房里，1789年7月14日，为了解救这些囚犯，巴黎人民掀起了自发的起义，正如米什莱所说的那样。在王党分子看来，这是个童话中的故事，是纯粹的谎言，最好还是用远不那么光辉的真相来取代这些东西，真相可用几句话来概括：1789年7月14日，巴士底并不是被攻陷的，它实际上未经战斗就投降了；这些冒充的胜利者因屠杀无辜者而为人所不

---

① 公元754—756年，法兰克的宫相矮子丕平战胜伦巴第人，为教宗夺回领地，从此法国便有了“教会的长女”这一称号。——译注

② 尚博尔伯爵（Comte de Chambord，1820—1883）是复辟王朝末代君主查理十世的孙子，长期被正统派视作法国的王位继承人，称“亨利五世”。——译注

③ 然而，“一些王党分子笨拙地跑到了对手的立场上，他们竭力想在7月找到某种正统主义的色彩。但1830年7月攻占阿尔及尔并不能显示其分量，更不用说1099年十字军占领耶路撒冷了”。帕斯卡尔·奥里，《节日中的共和国：公共资讯图书馆目录》（*La République en fête*，*catalogue de l'expositon de la B.P.I.*），乔治-蓬皮杜中心，1980年7—10月，第6页。

齿；而且，这些暴民在狱中发现的只有七个待遇非常好的犯人——“一座防卫松懈的堡垒自行向暴动者敞开了大门，然而这些暴徒却在堡垒投降之后大肆屠杀手无寸铁之人：事实仅此而已”①。

右翼所有的小册子结论都很清晰：把暴乱、背叛、伪誓和谋杀当作国家节日，这种想法完全是反常的，因为“7 月 14 日是恐怖的第一天，自由主义者不能把煽动群众的暴政的降临视为光辉的日子。自由的节日不能是炫示砍下来的头颅的日子”。

“7 月 14 日标志着革命征服时代的开端，这个时代的著名日子有 10 月 6 日、8 月 10 日、1 月 21 日、5 月 31 日，而这个时代的凯旋仪式就是路易十六的斩首台和国民代表的受奴役。”②

“巴黎市议会试图把 7 月 14 日当作国庆日来庆祝，但这个日子不止让人想起叛乱者的胜利，它还尤其让人想起酝酿了恐怖的屠杀和野蛮场景，这场景一开始就超过了后来的革命恐怖。”③

这一关于 7 月 14 日的世界末日般的修正主义画面又因为伊波利特・泰纳（Hippolyte Taine）的文学天才而得以强化和系统化。泰纳《现代法国的起源》(*Origines de la France contemporaine*) 中论述 1789 年的一卷发表于 1878 年，标题颇具启示意义：《大混乱》(*L'Anarchie*)。从 1880 年到 1914 年，反动派的所有报章都为开动倾注着极端的反革命狂热的战争机器而极尽所能，其中的大部分论调是反对“谋杀的节日”和共和派的“纵情狂欢”。

左翼的共和派论战家对这类揭穿真相的努力十分愤慨，他们以

---

① 莱昂・德蓬森(Léon de Poncins)，《攻占巴士底：关于法国大革命的民众小册子》(*La prise de la Bastille. Brochures populaires sur la Révolution française*)，巴黎，传记协会(Société bibliographique)，1873 年，第 28 页。

② 莱昂・德蓬森，《攻占巴士底：关于法国大革命的民众小册子》，同前，第 35 页。

③ 奥古斯特・维图(Auguste Vitu)，《解毒剂：1878 年 5 月 21 日〈费加罗报〉摘选》(*Le Contrepoison, extrait du Figaro du 21 mai 1878*)，第 4 页。

同样的风格进行反驳，并在自己的小册子中铸造出这样一种观念：1789 年 7 月 14 日见证着自由曙光在专制主义废墟上升起，正如米什莱、路易 · 布朗和维克多 · 雨果说过的那样。①

所有这些论战至少证明了两件事：在被接受为国庆日之前，7 月 14 日在左翼和右翼那里都被视为一个承载着强大情感力量的象征；甚至在第一次庆祝 1789 年 7 月 14 日的帷幕拉开之前，拥护者和不可调和的反对者之间在这个领域内就几乎无法达成妥协，每个阵营都有“各自的真相”，而且很长时期内都是如此……

二、 仪式的生根

1. 战斗性的节日:1880—1889

左翼:“自由引导人民”

对共和派来说，这个时期是国庆日的充满激情的战斗阶段，在当时，这个节日的英雄形象与主要发生在 1881—1887 年的争取教育世俗化的斗争紧密相连，接着又与反对布朗热主义（boulangisme）的斗争联系在一起——这场运动虽然有些激进主义的套话，但它的反对者还是把它等同于反革命运动；在 1880—1890 年的十年间，1789 年 7 月 14 日的周年纪念很可能是让共和国扎根于“深处的法国”的主要工具之一，尤其是在仍深受贵族和教士等传统头目人物

① 雅克 · 马拉康(Jacques Malacamp),《你们撒谎了!——对攻占巴士底这一正当而光荣事件的系统污蔑者的不容置辩的答复》(*Vous en avez menti ! Réponse péremptoirement prouvée adressée aux détracteurs systématiques de ce fait à la fois légitime et glorieux: la prise de la Bastille*),波尔多,1874 年。

影响的农村地区。左翼在民众阶层中发动了一场教育运动，以支持混杂着两重记忆的国庆日：一方面是严格意义上的历史记忆，它强化和夸大了关于巴士底狱的黑色传说，那里充斥着黑牢和专门用来折磨人民的可怕的酷刑工具；另一方面是象征性的，它以仪式化的方式歌颂在中世纪和旧制度的废墟上升起的自由曙光。我们且从数以千计的例子选取两个：

> 巴士底，这个有八个塔楼拱卫的阴暗可怕的堡垒，俯临着整个巴黎，专制暴政就在这里用脚踩在人民的肚腹上。在这里，专横贵族的受害者、逮捕密札上密密麻麻的蒙难者就是在这里的地牢中被折磨致死的 [……]
>
> 于是，这个压在巴黎胸膛上的重负倒下了。
>
> 在人民的怒火中，这个贵族和特权者的现实的人格化象征像风中鸿毛一样飘散了。①

> 七月十四日！
>
> 光辉的纪念日！！
>
> 大革命的首次胜利！！！
>
> 巨大的人群向花岗岩怪物冲去；人民向支撑着整个封建制度的石头发起进攻；在摧毁巴士底时，巴黎给世界带来了强大的推动力，它破坏了君主制的轮系，掀翻了一种王权，铲除了一种原则，摧毁了一个特权等级，砸碎了锁链，让许多世纪以来佝偻的法国挺直了身子，它还赢得了独立，为自由创造了条件

① 屈尔内(Kürner)木版画的题词，“1881 年 7 月 14 日年神圣的共和节日：现代精神的礼赠”，法国国家图书馆，木版画部。

[……]

令人赞叹的人民力量!

人民!在斗争开始的时刻,他首先关心的是消灭贵族的停尸堆。市郊的雄狮啊,你终于在咆哮!你挺直了腰身!国王曾把那些令他们的姘头不悦、给她们惹麻烦的人埋葬在这个邪恶城堡的石头牢房里,而你只要动一下爪子就让这城堡灰飞烟灭。君主的傲慢、妓女的怨恨笼罩着这殉难者的巴士底,充斥其间的是呜咽,是叹息,浇灌它的是泪水,而你把它掀翻在地。

大革命开始了![……]

这一天,人民第一次砸碎了锁链![1]

此外,当共和国的拥护者和反对者之间的对抗直接延伸为“蓝”与“白”的对峙时,共和派决心在国庆日以象征性的、轰动性的行动证明自己是89年的直系继承人。例如,在索米尔(Saumur)这个位于“舒昂党”(chouan)省份曼恩-卢瓦尔(Maine-et-Loire)的孤立的共和派城市,1880年7月14日,人们举行隆重仪式,将奥班·博内梅尔(Aubin Bonnemère)献给自己故城的一块巴士底石镶嵌在市政厅的正墙上,此人是巴士底的“攻克者”之一,而他的这块石头曾被19世纪的“反动”政府遗忘在仓库里;奥班·博内梅尔的后人、研究1789年7月14日的历史学家欧仁·博内梅尔参加了这场盛典[2],共和派借两位博内梅尔的形象来表明他们忠实于先辈的教导和事业。

---

① J.-B. 帕斯里厄,同前,第115—117页。

② 欧仁·博内梅尔(Eugène Bonnemère),《1789年:7月14日到8月4日攻占巴士底》(*1789: la prise de la Bastille, 14 juillet-4 août*),巴黎,民众出版中心书店(Librairie centrale des publications populaires),1881年。

最后，国庆节的战斗性还体现在强烈的反教权主义意蕴中：如果说巴士底狱的陷落在社会层面上解放了法国人，那么在政治上，共和派则乐于强调，民族的道德和精神解放只有攻陷教权主义的巴士底才能实现，这个监狱一直耸立着，而且始终很可怕。在1880—1889年之间，天主教会顽强抵制公共学校的世俗化和法国社会的世俗化，因而这十年间的反教权主义斗争更形激烈了。在当时，反教权主义可能具有各种互为补充的说法，例如，在1889年的勒泽（Rezé），人们宣称“还有别的巴士底仍然矗立着，这些巴士底不像我们刚刚谈到的那个，有塔楼拱卫，有壕沟和吊桥防守，有无法攻克的城墙，但它们对自由的威胁丝毫不见得小：我们必须从多个方向进攻愚昧和迷信的巴士底，我希望你们能采取胜利的进攻行动，就像我们的祖先在1789年进攻圣安托万街道上的巴士底一样”①。

在法国西部的其他地方，人们怀着苦涩的心情，在国庆日的寒酸和传统宗教节庆的隆重之间看到了因果关联。例如，1883年，拉罗什贝尔纳（La Roche-Bernard）的共和派强调指出，“市政当局将尽其所能让［国庆］节日不能成功。［但］当巡视各教区的瓦纳主教来到拉罗什时，我们看到一座凯旋门神奇地拔地而起，房屋都张灯结彩，年轻人组成一支车马队伍前去迎接那位高级教士”②。

不过，最高明的破坏教会和天主教徒的“倒退”立场的手法是赞扬新教徒和犹太人的世俗态度，这些信徒的宗教建筑经常是唯一出于自发而被装点的。在南特，《卢瓦尔河灯塔报》特意强调“这一事实：当所有罗马天主教的建筑漆黑一片时，只有犹太教堂和新教教堂灯火通明”。“通过这一耐人寻味的对比，宗教建筑象征着它们各

---

① 《卢瓦尔河灯塔报》（*Le Phare de la Loire*），1889年7月16日。这是一份创办于1814年的共和派日报，在第三共和国时期，该报是最重要的外省报刊之一。

② 《卢瓦尔河灯塔报》，1883年7月20日。

自代表的信仰的性质：这三种信仰国家都承认，但只有一种惧怕光明，只有一种拒绝参与民族的公共生活，只有一种带着痛苦的心情看待7月14日的节日——这个纪念给我们带来信仰自由等各种福祉的伟大群众运动的日子。”①

这种批评还有拐弯抹角的形式：从“四八年革命党人”的伟大传统出发，颂扬某种摆脱了教义束缚和教阶制的共和派天主教信仰，或者向被教会拒绝或谴责的非正统天主教徒表达敬意。例如，1883年的《卢瓦尔河灯塔报》赞扬了南特的一个饭店老板，因为他放在门前的基督塑像上裹着三色旗，塑像上的铭文还将福音箴言和共和国的座右铭联系了起来：

自由	平等	博爱
我来是为了拯救	无所谓第一和最后	你们要彼此互爱

> 这种新颖的观念让人想起拉梅内（Lamennais）、乔治·桑（George Sand）和皮埃尔·勒鲁（Pierre Leroux）等共和派，而且这种观念取得了很大的成功。
>
> 这种观念可能让某些人感到愤怒，尤其是那些眷恋今日天主教教义之人，他们是平等原则不可调和的对手，虽然基督曾是这一原则最早的布道者之一。②

1885年，吕内维尔的共和派为格雷瓜尔神父（abbé Grégoire）的塑像揭幕，这是位忠实于法国大革命的高卢教派的伟大人物，但在

---

①《卢瓦尔河灯塔报》，1882年7月15—16日。

②《卢瓦尔河灯塔报》，1883年7月16日。

当时的教皇至上派那里，此人尤其不受欢迎……

不过，国庆日的党派性因为“机会主义者”的公开表白的意愿而有所弱化，因为他们宣称，纪念攻占巴士底狱是因为它是“一场最终的胜利，而不是一场重新开始的战斗”①。从这个意义上说，仪式化、制度化的7月14日远不像右翼声称的那样，是对叛乱的正式号召，相反，它驱散了新的巴黎公社的幽灵。另一方面，虽然1880—1889年之间人们总是以攻占巴士底为参照，但对联盟节的纪念并未因此而受冷落：机会主义共和国旨在赋予法国和法国人一个平和的形象——博爱的联盟节、与自己的军队和历史和解的国家。此外，共和国还努力给外人营造这样一种日常氛围：法国如今能将秩序和进步、民主和自由结合在一起，并只须通过投票箱来捍卫这些价值。不过，1790年联盟节的这一普世主义内涵，正是右翼所愤怒驳斥的，因为国庆日所保留的只有革命的遗产。

右翼:“自由的幽灵”

右翼对这一共和派节日的反击在三个互为补充的层面上展开：首先是政治层面，接着是历史和记忆层面，最后是宗教层面。在对原巴黎公社成员实行大赦（1880年7月11日）之后不久就庆祝合法权威的背弃者和反叛者的胜利，共和国政府显然是在鼓励新的武装起义，这是再明显不过的事实。巴黎公社成员的回归和首个国庆日刚好凑在一起，仅仅相隔几天，而根据1880年3月27日茹费里的法令，耶稣会士被驱逐，这些事情更加加剧了天主教徒的悲伤。对天主教徒而言，这些接二连三的事件并非偶然：共和国正在蓄意驱赶“正

① 《卢瓦尔河灯塔报》,1883年7月18日。

派人”以便更好地接纳谋杀犯，为后者实施罪恶计划腾出空间。

> **南特人，拿起你们的灯盏！**
>
> 拿起你们的灯盏，男女基督徒们，你们最珍贵、最深刻的情感都已受到伤害。——你们抱怨什么？修道院已关闭，苦役监狱已打开，现在旋转的是车轮。——拿起你们的灯盏！
>
> 拿起你们的灯盏！在1871年巴黎街道上的那场大战中，傻子的母亲和姐妹们打得头破血流。不幸的人，在面对敌人的嘲弄时，敢于揭起内战的旗帜。——你们的儿子已经为洗雪这种耻辱而奉献了鲜血。今天，你们看看墙上的那个红色招贴：它宣告一份重要报纸即将问世。请看清楚编辑者的名字：
>
> 罗什弗尔、费利克斯·皮亚（Félix Pyat），阿穆鲁（Amouroux）！居丧的女人啊，你们可认得这些幽灵？十年前，就是他们屠杀你们的孩子的。——你们还有几个年轻的儿子可以奉献。——拿起你们的灯盏！你们也是93年受难者的女儿，拿起你们的灯盏吧！在这个我们明天就要庆祝的值得纪念的日子里，大胆的人曾品尝鲜血——他们觉得很不错——你们的祖先知道其中的某些事情。——拿起你们的灯盏！［……］①

不过，右翼很不情愿地注意到，国庆日远没有引发他们表面看来十分惧怕（但暗地里很希望）的混乱，相反它在公共生活中的成功在逐年增大，于是右翼降低了将该节日咒骂为巴黎公社之重演的序曲的分贝，转而退缩到他们熟悉的战场上，即历史和记忆的战场。

---

①《人民的希望：布列塔尼和旺代报》（*L'Espérance du peuple，journal de la Bretagne et de la Vendée*），1880年7月14日。这份报刊是正统主义和教权主义右翼势力的主要喉舌之一。

令人困惑的是，在历史领域内，共和派和保守派在一个具体问题上达成了一致意见：89 年是法国大革命的象征和总结，但双方的一致到此为止。在 1881 年到 1890 年之间，敌视共和国的报刊连篇累牍地表述这样的观点：1789 年 7 月 14 日远不是光荣的一天，而是恐怖统治的血腥序幕，是革命狂欢的典范。

> D. ——您能老实跟我们说说 1789 年 7 月 14 日究竟是怎么回事吗 [……]？
>
> R. ——1789 年 7 月 14 日，无论是就当天的情形还是其结局而言，都是混乱的一天，是下层人的疯癫的暴动的一天；——是个卑鄙和谎言的日子；——是背信弃义的一天；——是叛逆、背叛和军人开小差的日子；——是抢劫的一天；——是粗野残忍和暴虐的日子……总之，是为所有罪行正名的日子，是被恰如其分地称为恐怖的革命时代的真正开端。①

> 五万手执武器的野兽进攻三十二名雇佣兵和八十二名伤残人，而大革命竟歌颂这些野兽的胜利，这是符合它的本能的逻辑的。这就相当拙劣地暴露出，它的光荣是多么贫乏。
>
> 每一方都会尽其所能。基督教庆祝的是它的上帝、它的英雄、它的圣徒和殉道者的日子；君主制拥有自己光辉的民族节日表：托尔比亚克、布汶、塔耶堡（Taillebourg）、马里尼昂（Marignan）、阿尔克（Arques）、伊夫里（Ivry）、罗克鲁瓦（Rocroi）、丰特努瓦（Fontenoy）、马伦哥（Marengo）、奥斯

① 《历史教训或 1789 年 7 月 14 日的前因后果》(*Une leçcon d'histoire ou le 14 juillet 1789 avec ses antécédents et ses conséquences*)，格勒诺布尔(Grenoble)，1880 年，第 9 页。

特里茨（Austerlitz）、耶拿（Iéna）、阿尔及尔（Alger）、塞瓦斯托波尔（Sébastopol）、马真塔（Magenta）。①——共和国庆祝的是卑劣、背叛和谋杀。这合情合理。②

不过，在1880到1889年之间，有一个战术是右翼特别喜欢运用的，这就是“灵魂的武器”③：教堂钟声的安息，拒绝装点宗教建筑，举行弥撒以追思“1789年7月14日为捍卫合法权威和国家之法律而不幸牺牲的遇难者”④，我们的神圣教会并没有冷落玛丽安娜（Marianne）的许愿日。一些好斗的教士甚至走得更远，如旺代塞泽（Cezais）教区的神甫，此人在1882年的布道词中指控他的信徒亵渎了墓地，因为他们沉湎于附近举行的纵情狂欢：“对他们来说，庆祝7月14日还嫌不够……他们还要侮辱逝者，用灯光、焰火和一直射到逝者坟墓上的烟弹来亵渎他们的居所，所有这些还夹杂着野蛮的嚎叫和残忍的呼声。”⑤

“灵魂武器”的使用还表现在天主教徒的个体行为中。各个城市掀起的三色潮淹没了街道和广场，俨然成为一片耀眼的海啸——印象派和野兽派画家为我们留下了令人炫目的记忆——此时，一小批天主

---

① 所有这些名字都是法国历史上著名战役的发生地。——译注

② 欧仁·鲁洛（Eugène Roulleaux），《攻占巴士底和7月14日节》（*La Prise de la Bastille et la fête du 14 juillet*），丰特奈-勒孔特（Fontenay-le-Comte），旺代印刷所（Imprimerie vendéenne），1882年，第1页。

③ 勒内·雷蒙（René Rémond），《反对派中的右翼》（La droite dans l'opposition），载《历史》，第54期，1983年3月，第29页。

④《昂热主教夏尔-埃米尔·弗雷佩尔大人著作集：牧灵和布道书(5)》（*Œuvres de Mgr Charles-Émile Freppel, évêque d'Angers : œuvres pastorals et oratories* [5]），巴黎，罗歇和谢尔诺维茨书店（Roger et Chernoviz），1895年，第七卷，第424页。

⑤《温和无害的共和国司法回忆录：塞泽教区神甫米尔左修士案件》（*Souvenirs judiciares de la République aimable et neutre : process de M. l'abbé Murzeau, curé de Cezais*），丰特奈-勒孔特，1882年，第20页。

七月十四日的节日仪式:
共和广场上的阅兵及学生兵纵队。
廉价印刷品,1883 年。

教活跃分子并不满足于以避居乡间、躲在百叶窗后、力戒任何夺人眼目的装饰来表达内心的反感，有时他们会在阳台上放置一些宗教雕塑和物品，似乎这些赎罪象征物的存在能祛除大革命象征物的魔咒。1883 年，南特《卢瓦尔河灯塔报》不怀好意地报道说，一座房子的“阳台上显然没有任何旗帜和灯盏，相反摆放着一排石膏圣母小雕像，［放在那里］大概是当作护身符和抵御共和国的污染的”①。耶稣圣心崇拜同样披上了圣绪尔比斯的（saint-sulpicienne）装扮：天主教徒试图通过 1689 年 6 月 28 日与 1789 年 7 月 14 日的对照来击垮本质而言实属邪恶的 89 年原则，前一个日子是耶稣圣心在帕赖勒莫尼亚勒（Paray-le-Monial）向玛格丽特-玛丽·阿拉科克（Marguerite-Marie Alacoque）的一次重要显灵。1889 年最好还是不要作为不祥的大革命的百年纪念，而是要作为帕赖勒莫尼亚勒神迹的两百年纪念，“教会的长女”在重回天主教君主制的怀抱时，也将最终摆脱延续了一个世纪的革命混乱。总之，“1889 年的法国将拭去 1789 年的法国”②。

然而，这些笃诚的希望因为共和派对大革命百年庆典的神化而落空了，何况这次庆典还因为巴黎世界博览会的成功而更具光彩，更为隆重。在旧制度覆灭一个世纪后，共和国可以通过黑白分明的对比方式来自我庆祝了，对比的一方是象征中世纪的巴士底，另一方是埃菲尔铁塔，它是理性、科学与进步战胜专制主义、宗教狂热和蒙昧主义的鲜明例证：一方是粗矮阴郁的堡垒，它固守着可憎的过去，另一方是座年轻、透明、修长的丰碑，它向空中喷薄而出的力度

① 《卢瓦尔河灯塔报》，1883 年 7 月 16 日。

② 《1689—1789—1889：M……B……的三个 89》（*Les Trois 89 : 1689-1789-1889 par M…B…*），巴黎，勒内·阿东书店（René Haton），1889 年，第 44 页。

象征着共和国将在旧法国的废墟上赢得未来。[①]十年富有战斗性的纪念活动确保了共和国的胜利，并特别有利于国庆日在外省的扎根，而节日的仪式从此也日臻完善，此后长期维持原样。

2. 节日的空间和时间

7月14日从一开始就不是对一个难忘日子的抽象纪念，对这个节日的发起者来说，它是共和主义价值观的行为和表象的集中体现，这些价值观将通过精心组织的集体庆典活动而内化为个人的价值观。这个“特别的日子”不仅仅是“追忆中的岁月”，它还是当下经验的时光，是人们在界限分明的确定空间中情同手足地分享的时光。共和派的这一事业随着1880年的成功而臻于完美，而且也有助于共和派长期赢得普选的胜利。这一成功不再为时短暂，它可能得益于各种重要趣味性要素的巧妙组合，如日期的选择、节日空间及其装饰、不同角色的分配，以及活动与场面的调节，等等。

日期当然不会给国庆日的光彩制造麻烦：良好的天气自然有利于户外庆祝活动，如阅兵、宴会、游乐、体育比赛、舞会、焰火，等等。7月14日大致处于一年的中间，此后很长时期内它都是假期的开始，对工人、手工业者（当时还没有假期）和农民（恰好在收割之前）来说是一次休息，一个难得的缓冲，某种免费的日常解脱。

通过将各种国庆元素（雕塑的落成、游行、各种纪念活动、火炬游行）移植到公共空间中，共和国夺回了世俗生活领域的控制权，从

---

① P. 克莱蒙松(P. Clemençon)的木版画,《百年的光荣:1789—1889》(*Gloire au centenaire, 1789-1889*),法国国家图书馆,木版画部。

1815年以后，这一权力原本几乎完全掌握在天主教会手中；在节庆和游乐领域，共和国将神圣色彩从宗教事物转移到了世俗和公民性质的事物身上。过去的街道喜欢用挂毯作装饰，经常有人扛着笨重的教区旗帜在街上展示，这里还时常摆上圣洁的临时祭坛，总能听到唱圣诗的歌声，总能见到圣体瞻礼节上缓缓前行的游行队伍，但如今上演的是“玛丽安娜”还愿日的世俗节庆，这样的庆典热闹非常，阳台上点缀着三色旗，各种灯笼流光溢彩，气氛就像主保瞻礼节，其间充斥着爆竹声、欢快的音乐和街区里的喧闹声。但人们注意到，与宗教庆典不同的是，国庆日装饰的繁简并不取决于市民的贫富，而是取决于其共和主义信念的强弱。比如，在巴黎，北部和东部平民区居民庆祝共和国的热情，就像“高档街区”逃避或无视“无赖”的周年纪念一样明显。因此，在巴黎和其他大城市，国庆日不同的装点程度勾勒出的明暗画面，准确地反映了法国城市的政治情感地图。节日本身分为前后两个阶段：上午一般是官方或党派游行活动，下午是群众游乐。在这两个阶段中，三种节日角色——官员、活跃分子及其支持者、广义上的群众——承担着互为补充的角色：上午的活跃角色更多是由官员和活跃分子担任，他们通过自己的演讲和政治活动来确定庆典的基本要旨。从1880年到1890年，在巴黎，在左翼力量根深蒂固的红色南方，在西部——共和主义记忆若要长期植根于此，就需要以象征手法表现出来——经常可以看到寓意雕塑落成的场景，这类雕塑如“玛丽安娜”胸像，如共和派纪念89年的先驱或被视为政治先驱的人的雕像（1885年的伏尔泰、1886年的狄德罗、1888年的艾田·马赛），纪念19世纪政治斗争中的重要人物的雕像（1885年的贝朗热［Béranger］、1886年的拉马丁［Lamartine］、1889年的拉斯帕伊［Raspail］，等等），最后还有纪念去世的共和国奠基人的雕像，如 1888 年的甘必大。①从这种党派性观点来看，纪念攻占巴士底狱不仅意味着纪念一个永远固定在历史特定时刻的孤立事件，而且意味着纪念一系列先定的日期，这些日期之间存在必然而非偶然的联系，而共和国就是它们的终点和直接延续；从某种意义上说，这就是集体丈量共和派的记忆和想象，是设置这些记忆和象征的里程碑式的、标志性的关键时刻：1789 年、1792 年、1830 年、1848 年、1870 年、1880 年。例如，在巴黎，这种革命空间和时间在莫里斯（Morice）创作的共和国浅浮雕中可以看得到，这尊雕塑于 1883 年 7 月 14 日在水堡（Château-d'Eau）广场（今共和国广场）揭幕。②

但是，并不是所有官方参加者都是共和国事业的同情者或斗士，很多人之所以被安排出席庆典，只是出于被迫和无奈，教士和军官尤其如此。根据教务专约（Concordat），教士作为国家公职人员，必须全力敲响教堂的钟声以向"玛丽安娜"致敬，在政治和宗教对立情绪强烈的地方，这一要求引发了很多冲突。至于军官们，虽然他们的君主主义信念确定无疑，③但他们还须率领士兵参加传统的军事检阅，所有驻防城市都有这样的检阅，并逐步成为节日里的"华彩篇

① 保罗・马尔默坦(Paul Marmottan)，《巴黎的雕塑》(*Les Statues de Paris*)，巴黎，亨利・劳伦书店(Henri Laurens)，1886 年。关于共和主义民俗，请特别参阅莫里斯・阿居隆的著作：《19 世纪法国的公民想象物和城市装饰》(Imagerie civique et décor urbain dans la France du XIXe siècle)，载《法国民俗志》(*Ethnologie française*)，第五卷，1975 年，第 34—56 页；《塑像狂热和历史》(La statuomanie et l'histoire)，载《法国民俗志》，第八卷，第 2—3 号，1978 年，第 145—172 页；《战斗的玛丽安娜：1789—1880 年的共和想象和象征》(*Marianne au combat: l'imagerie et la symbolique républicaines de 1789 à 1880*)，巴黎，弗拉马里翁出版社，1979 年。

② 达卢(Dalou)的这组浅浮雕表现的是 1789 年 6 月 20 日、1789 年 7 月 14 日、1789 年 8 月 4 日、1790 年 7 月 14 日、1792 年 7 月 11 日、1792 年 9 月 20 日、共和二年牧月 13 日、1830 年 7 月 29 日、1848 年 3 月 4 日、1870 年 9 月 4 日和 1880 年 7 月 14 日。

③ 参见威廉・塞尔曼(William Serman)，《民族的法国军官(1848—1914)》(*Les Officiers français dans la nation [1848-1914]*)，巴黎，奥比耶-蒙田出版社(Aubier-Montaigne)，1982 年。

章”——尤其是巴黎的隆尚（Longchamp）阅兵式——构成景观中的景观（如镶有彩边的军服、骑兵和军乐……）。

军事检阅通常在上午进行，下午是群众游乐，两组活动之间会安排传统的共和派宴会，这是左翼社交的高级场所，是世俗化的弥撒，人们可以和亲密友人一起歌唱，一起为共和国的健康干杯，一起回想过去的光辉斗争，一起辩论时下的政治问题。正是在博爱宴会的热情和兴奋中，演讲者在事先就已赢得的听众面前才能坦白地表达有关共和国记忆的党派性激进观念：他们的演讲有时会追溯 12 世纪以来第三等级反对封建制、教会和王权的那些伟大斗争，而且总是以千篇一律的热情欢呼攻占巴士底这一为大革命和民族奠基的壮举。宴会是一个借用了天主教仪式的特别场合，而天主教仪式对广大人民的强大吸引力和古老习俗似乎让“玛丽安娜”的信徒着迷；对宗教连祷的嘲弄当然是开玩笑式的反教权主义[①]，但谁知是不是出于神化世俗节日，将宗教性质融入共和国的模子这一秘不示人的意愿呢？不管怎样，1880 年 7 月 14 日，卢瓦和谢尔省（Loir-et-Cher）蒙市（Mont）的宴会参加者就朗诵了奇怪的共和“祷文”：

> **主祷文**
>
> 主在民族圣地，蒙您名字的荣光，愿您使自由、平等、博爱主宰大地，我们的 89 年祖先意在使人成为自己的主人，愿他们的意愿能够实现；请每天赐予我们自由，请宽宥我们对共和国可能犯下的过错，请赐予我们捍卫民主三位一体的力量，请将我们从无意间对此造成的不幸中解救出来。

---

① 这本共和主义小册子的无名作者宣称：“我们的节日将和圣徒的节日一样长存”。《对所谓的历史教训的回答或 1789 年 7 月 14 日》（*Réponse à la prétendue leçon d'histoire ou le 14 juillet 1789*），格勒诺布尔，1881 年，第 7 页。

但愿如此。

圣母颂

我向您致敬，哦，亲爱的自由女神，法国人唯一的神明，有您才是真正的幸福；被压迫的人民向您感恩，和睦是您带来的硕果。

神圣的自由女神，自然之女，请保护您不久前还是奴隶的孩子，我们将至死都以赤诚之心捍卫您。

但愿如此。

信经

我信赖共和国，信赖它忠实的儿子、我们的同胞格雷维（Grévy）和甘必大，他们乃为维护人权而生，他们在帝国时代蒙受不幸，生不如死；但他们在1870年9月14日复活，并在成为国民议会议员后不久登上了讲坛；在讲坛上，他们，这些道德秩序的使徒，对叛徒进行审判。

我信赖平等，信赖高贵的共和国，信赖人民的团结，我期待宽恕乌托邦，期待共同幸福的复活和博爱生活。

但愿如此。

忏悔

我向保护被奴役人民的自由之神忏悔，向法律面前的平等之神忏悔，向所有高贵灵魂的博爱之神、向构成体面人和忠诚公民之本质的所有美德忏悔；我为因自己的各种过错而在思想、言论和行动上深陷奴役而悔恨；这就是我为什么恳求民族的三位一体——自由、平等、博爱之神看护我们的国家，俾使理性的统治最终降临我们中间。

但愿如此。[①]

晚祷时分，公共娱乐——因地方风俗而异——重新开始，群众此前主要是消极的观众，现在则成为积极的参与者；他们还通过地方体育协会和音乐协会而和市政当局主动接近。业余的戏剧团、社区合唱团和乐队、运动队（从水上比赛到球赛和九柱戏）、公共学校的教员和学生组织的露天游艺活动使得午后的气氛格外活跃。这一天最后的活动是持续到深夜的社区或村庄舞会，对很多小民来说，这是个难得的跳舞机会，舞会无疑给 7 月 14 日平添了传奇色彩（见勒内·克莱尔［René Clair］的作品），并肯定给国庆日带来了相当大的成功。

不过，这一天的成功很大程度上依赖于群众的积极参与。1880 年以来，除了西部以外，广大群众给了国庆日的倡导者以慷慨支持，这个节日终于成为共和国乡间的一道靓丽风景，如果不是最靓丽的风景的话。这种局面首先来自一种精心求得的平衡，这就是共和派赋予上午游行的政治目标与下午纯粹的娱乐活动之间的平衡；成功还因为这样一个事实，即从大革命以来，普通法国人第一次不再觉得自己只是官方娱乐的旁观者，而是被邀请参加他们自己的节日，因为立宪君主制和帝国时代的此类活动是排斥他们的。另外，1880 年以后出现了这样一种论点：7 月 14 日是“法国的自我庆祝日”[②]；

---

① J. A. M. 贝朗热(J. A. M. Bellange)，《一个共和主义者的祈祷及来自共和国和祖国的命令》(*Prières d'un républicain et commandements de la République et de la Patrie*)，布卢瓦(Blois)，1880 年，第 23—30 页。

② 保罗·贝尔内(Paul Berne)，《1880 年 7 月 14 日回忆——三个日期：1880 年 7 月国庆节、1789 年 7 月 14 日、1790 年 7 月……》(*Souvenir du 14 juillet 1880 : trios dates : fête nationale du juillet 1880-le 14 juillet 1789-le juillet 1790...*)，里昂，1880 年。

国庆日是所有人的节日，家庭、孩子和老人的节日，这一天似乎抹平了严格的社会等级——在风笛舞会上，在手风琴的琴声中（尤其是在城市里），资产阶级和女裁缝学徒并肩而行，小工匠和女店员一起跳舞。短暂的相聚虽然充满幻觉，但在一个依然因为社会秩序和道德秩序而分割的社会中，日常秩序的断裂可能使得一年中其余的时光更能为人承受。

至少在1914年之前，国庆日的仪式整体上很少变化，并像所有仪式一样，最后都走向了僵化。我们也可以看到，1880—1889年的十年间，围绕国庆日的论战十分激烈，但在1890年以后，这种论战明显淡化了，只有西部例外。这种情况的原因首先是布朗热主义失败之后政治紧张局面得以缓解。特别是因为1889年世界博览会的积极作用，共和派才得以挫败那位“正派将军”的古怪支持者们对现政权构成的十分真切的威胁。共和国如今胜利了，它应该通过国庆日来隆重地再次确认那些伟大原则和伟大记忆，这种必要性比任何时候都更加紧迫。更何况，在1890—1899年之间，法国政府是由十分温和的内阁（如梅利纳 [Méline] 内阁）掌舵，他们主动表达出“绥靖”的意愿，而右翼自身则陷入深刻的分裂，一小批“归顺派”被怀疑愿意投靠任何人，而不光彩的君主派多数虽然极力谴责共和国及其支持者，但几乎不再敢要求恢复王权了，因为那几乎等同于复古旧制度。1894年以后，右翼大举纪念5月8日，即1429年贞德解救奥尔良的日子，他们把这个天主教民族节日视为某种反共和派的示威行动，不过这样一来，他们就更加没有理由再次对国庆日发起陈旧的论战了。①

---

① 罗斯蒙德・桑松,《1894年的贞德节:争论和庆典》(La fête de Jeanne d'Arc en 1894 : controverse et célébration),载《现当代史评论》(*Revue d'Histoire moderne et contemporaine*),第20期,1973年,第444—463页。

还应该指出，布朗热主义煽动的法国民族主义的发展突出了隆尚阅兵的地位，并使其深入人心：隆尚阅兵逐步成为一个重要的看点，甚至是国庆日的象征，但这就掩盖了国庆日最初的历史意义。在这种情形下，当越来越多、越来越热情的群众急于“一睹法国军队的风采并向它致敬”时，右翼怎能让法国人相信7月14日培植的是对1789年的叛乱和法兰西卫队背叛的记忆呢？1899年7月，当德雷弗斯案件闹得不可开交时，在各大城市的7月14日阅兵式上，人们甚至能看到支持和反对重审该案的人士相互对峙。

不过总体上说，纪念攻占巴士底所引发的论战不再像1880—1889年间那样辛辣，但有一个令人困惑的例外，这就是极左的革命派。在19世纪的最后十年中，他们将“资产阶级”的7月14日和5月1日的工人示威激烈对立起来。1892年7月圣纳泽尔（Saint-Nazaire）工会的态度便可以为证，这家工会宣告说，“让资产阶级去庆祝7月14日吧，攻占巴士底狱只是让他们得了便宜。想想今天我们还和1789年一样受伤害，我们别参加任何活动了，从此我们只承认五一节，这一天是全世界劳动者表达他们要求、哀悼富尔米（Fourmies）的死难者的活动的一天”①。

不过上述情形并不普遍，而且并未妨碍法国人，包括大多数工人，满怀热情地参加国庆活动，参与“他们的”节日。国庆仪式和历史记忆已经深深地融入“法国的激情”，要想扰乱这种仪式和记忆，或使其获得与1880—1889年的盛大场面相似的独特性质，还需要内外局势出现特殊状况……

---

①《社会主义者》（*Le Socialiste*），第95期，1892年7月17日，转引自莫里斯·多芒热（Maurice Dommanget），《“五一”的历史》（*Histoire du premier mai*），巴黎，出版和书店大学公司（Société universitaire d'édition et de librairie），1953年，第358页。

三、 七月十四日的亮点时刻

国庆日在20世纪的重大时刻（1906—1914、1935—1936、1939、1945）远不是具有相同性质的，而是7月14日原初记忆的各种独特变体，这些变体每次都因为当时的政治、社会和国际背景而再次获得现实意义，这就决定了这一特别的官方仪式和民众行为无法等同于传统的节日庆典（尤其是在人民阵线时期）。

1. 1906—1914："鄙视的岁月"

20世纪的头几年，共和国受到政治生活中两个极端的最为猛烈的指控；这种激烈指控主要通过对共和国各种最富象征意义的表象，尤其是对国庆日的谴责和嘲弄而展开：民族主义、反犹主义和仇外主义等极右势力愤怒地指出，攻占巴士底是……德国人的功绩（!），而极左的革命派则对这个资产阶级节日怒不可遏。

1890年到1905年间，极左翼还处于恢复阶段，他们批判、抵制并以五一节来对抗7月14日的行动完全是零星的，地方性的。1906—1914年间，他们的斥责变得更加系统化，也更为尖锐。这种情况自然与革命工团主义（syndicalisme révolutionnaire）的兴起关系密切。革命工团主义的组织核心是法国总工会（C. G. T.）和劳工联合会，它对议会民主及其象征物（国旗、节日和国歌等）和制度，尤其是对被视为镇压工人斗争的主要工具的军队，都表达出发自肺腑的蔑视和极端的敌意。另外，在乔治·克雷孟梭（Georges Clemenceau）的威权主义内阁（1906—1909）期间，警察和军队曾介入德拉维耶（Draveil）和维尔纽夫-圣乔治（Villeneuve-Saint-

Georges）的罢工和示威活动，并发生流血事件，此举激怒了工团主义者，他们拒绝工人参加任何国庆活动。①

极左革命派之所以谴责国庆日，并不仅仅是因为反军国主义情绪，他们还对国庆日提出了另外两个重要责难。7 月 14 日是资产阶级虚伪做派的顶点，它回荡着煽动家们空洞的牛皮声，众多工人非人的生活和工作状况每天都在揭穿这些人关于自由、平等、博爱的矫情言辞。尤其重要的是，这一天被视为酗酒之日，资本家和政府试图让工人忘记自己的悲惨命运，让他们把人的尊严丢扔到下水道中：7 月 14 日是人民的鸦片。《人民之声》在 1910 年嘱咐说："愿五一节不要成为无产阶级的 7 月 14 日，后者除了浮夸言论和官方宴会就是纵酒和呕吐。"②

阿里斯蒂德·德拉努瓦（Aristide Delannoy）是 20 世纪初最杰出、最辛辣的讽刺漫画家之一，1907 年，《黄油盘》（*L'Assiette au beurre*）杂志的一期专号上曾刊登过他的作品，没有比这更能反映"美好时代"的无政府主义革命极左翼的怨愤情绪了。所有荣誉都归于老爷们：化装成"警察"的克雷孟梭推开舞厅的门，向肥胖丑陋的玛丽安娜进献用肉店包装纸裹着的花朵……共和国国庆日的虚伪鲜明地体现在一个官方讲坛上，讲坛上的法官十足像只毛发浓密的猫，资本家手臂上戴着黄金，顶着骷髅头的士兵手执血淋淋的剑，三人就坐在"自由·平等·博爱"的箴言下面，而在讲坛的脚下，一个工人正挥舞着十字镐，口中喃喃道："——这些话……就是罪孽。"

另一幅漫画讽刺的是 7 月 14 日散播的那些一本正经的蠢话：当一个官员满嘴浮夸"祖先……巴士底……政府……共和国"时，一个

---

① 见雅克·茹里亚尔（Jacques Julliard），《罢工镇压者克雷孟梭》（*Clemenceau briseur de grèves*），巴黎，伽利玛-茹里亚尔出版社（Gallimard-Julliard），1965 年。

② 《人民之声》，1910 年 5 月 1—8 日，转引自莫里斯·多芒热，同前，第 360 页。

左翼的蔑视：
玛丽安娜接受鲜花，
一个克雷孟梭警察血迹斑斑的双手。

工人问他旁边的人："他向我们宣扬什么？"

"——总是那一套……不过今天叫得特别欢。"

有几幅素描揭露的是让人民堕落和屈辱的酗酒恶习，其中一幅强调说，如果说7月14日对当局而言是"光荣的日子"，"对选民而言则是喝酒的日子"。第二幅素描表现两个勾肩搭背的醉鬼，素描的说明文字大概是德拉努瓦对民众"酗酒日"的明确评判：

七月十四日

——自由、平等、博爱，喝酒吧，尿一泡！万岁共和国！哦！膀胱！耶！废话！

法利埃（Fallières）的话一语道破了粗俗的木偶游戏的本质，这个胖得像猪一样的政客指着阳台下跳舞的人群厚颜无耻地说："他们跳舞，我们就安宁了！"①

极左翼的严厉语气同样出现在极右翼那里，后者很乐意附和左翼的腔调，以放大共和派阵营的分裂，服务于君主派的利益：《人民的希望》甚至把法国总工会在1907年散发的布告纳入自己的文稿②。

但是，当共和派陷入手足相残的争斗时，极右翼并不甘于做个旁观者，从1906年起，他们再次开始发动已经冷却十几年——西部除外——的古老论战。政治气候的恶化首先与政教分离后天主教徒掀起的紧张气氛相关，这种紧张体现在1906年对清查运动③的抵制上，1909年后则表现为反对世俗化的伦理课本和历史课本的斗争，

① 《黄油盘》(*L'Assiette au beurre*)，第328期，1907年7月，第246—259页。

② 《人民的希望》，1907年7月14日。

③ 清查运动指的是1905年政教分离法规定的对教会礼拜用具用品及动产的清查。——译注

这些课本被控违反了学校的中立原则。另外应该指出的是，1909 年 9 月，主教团之所以将历史课本列为危险品，一项主要不满正是它们“歪曲”了整个大革命的历史，尤其是 7 月 14 日的历史，这种歪曲明显有利于共和派。例如，发行量很大的天主教小册子《插图民众传单》揭露说，攻占巴士底“象征着两个法国：一个是失败的、民族的法国，另一个是与外国结成联盟的、胜利的、耀武扬威的法国……7 月 14 日的人们疯狂杀戮和抢劫，它们代表被外来邪恶教义腐蚀了的法国，这些外来因素包括：犹太人、新教徒、启蒙哲人、共济会成员。这些人是由德国和英国豢养，用以败坏这个国家的；他们的任务是要摧毁构成法国力量之根基的天主教信仰，从而为瓦解法国做准备”①。

因此，对右翼来说，抗议也表现在反革命史学的复兴上。例如，1909 年，古斯塔夫 · 博尔（Gustave Bord）发表了一部煽动性的著作，其标题就很能说明问题：《1789 年的革命阴谋、帮凶和受害者》(*La Conspiration révolutionnaire de 1789, les complices, les victimes*)。《人民的希望》立刻对它大肆吹捧，并从中汲取了很多抨击“谋杀者之节”的新论据。②

不过，极右翼对国庆日的强硬语气和顽固态度可能主要是因为极右翼自身的转变，因为 1905 年以后，法兰西行动联盟（Ligue d'action française）的喧嚣登场让极右翼备感振奋鼓舞。这个派别从前是个畏首畏尾的王党卫士，其成员大多是正统派小地主贵族，他们已经行动不便，老是纠结于忠诚和哀怨之间。但如今，接替他们的是一批强健有力、精力充沛的青年“王党宣传队”，他们只想和“侮

① 《插图民众传单》(*Le Tract populaire illustré*)，双月刊，1914 年。

② 《人民的希望》，1909 年 7 月 15 日。

辱贞德的人”及89年的谄媚者打架，他们既长于挥舞大棒，也善于运用宗教言论，既像莱昂·都德（Léon Daudet）一样精通拉伯雷式的辱骂，做起祈祷来又能滔滔不绝。因此，对7月14日最恶毒的抨击出现在1907—1908年绝非巧合，恰恰是在这个时期，法兰西行动的报纸于1908年3月变成了日报，于是这个组织成了王党运动的尖刀部队，虽然一些年迈的老贵族时有怨言，但它在教士中间赢得了狂热的支持。随着夏尔·莫拉斯（Charles Maurras）的《君主制研究》（*Enquête sur la monarchie*）的问世，极右翼拥有了一个对抗共和制原则的系统学说。

然而，莫拉斯的“纯正民族主义”内在的仇外性也波及当时王党报刊散布的有关攻占巴士底的漫画形象。除了“谋杀者之节”和“砍头之节”这一永恒的主题，现在又增加了一个新的历史因素，这个因素将巴吕埃尔修士（abbé Barruel）提出的共济会阴谋这一古老论调的复兴，与富有进攻色彩的民族主义结合在了一起。于是，人们十分严肃地解释说，圣安托万街上的那座堡垒之所以会陷落，是源于在外国（首先是德国）策划的、由普鲁士人有计划地实施的可怕的共济会密谋，这个密谋还得到巴黎暴民的支持，目的在于推翻天主教法国，后者是抵御共济会、新教徒和启蒙哲人的三重颠覆野心的最后堡垒。这种谵妄的论调让人想起反德雷福斯派的反犹主义滥调，这种论调认为，攻占巴士底不是巴黎人民的事业，也不是法兰西卫队的事业，而是由一小撮叛徒支持的外国佬干的，这些叛徒来自社会最底层，完全是“反法国”的象征。这些论调声称有不可辩驳的文献为支撑，在阿加迪尔事件①（1911年7月）后的1911—1914年，它

① 阿加迪尔事件（coup d'Agadir）即第一次世界大战前的第二次摩洛哥危机，德国军舰“豹”号访问这个摩洛哥港口城市，引起法英与德国的严重对峙。——译注

们的影响达到了顶峰，当时的民族主义和反德狂热进入高潮。兹举一例来说明这一误入歧途的批判浪潮：

1789 年 7 月 14 日或由外人策划的法国大革命

法国大革命不是由法国人进行的。
法国大革命首先是一场“战斗”。
它由外国人决策，军事入侵的主要方针计划
都由外国人确定，它的执行者是一伙
为此而进入法国的外国盗匪。
大革命的计划［是］在德国的共济会支部中拟定［……］
德国共济会支部的作战计划不仅
让法国陷入长久的动荡，网罗众多心怀不满、
嫉妒、毫无廉耻和信义之徒：一句话，
他们要借法国人之手推翻君主制。
但这些法国人心里有数，知道这不可能。
所以还要借助外国人，一支外国侵略军。
因此，为了发起举行暴动、施行暴力的信号，
共济会把一支名副其实的盗匪军队引入法国。
1789 年初，这支军队进入巴黎［……］
这些人由他们的首领精心组织，所有人都背下了暗号，
口袋里装满印着特殊标记的盾形纹章，
和被罗致起来的法国国内的盗匪汇合［……］
德国人［才是］巴士底的胜利者。
是他们攻占了巴士底［……］①

①《人民的希望》，1911 年 7 月 15 日。

Détruisons la Bastille !!!

A tous les Français !

« On a tellement fêlé le cerveau de ce pays, disait Henry Maret, qu'il s'imagine n'être plus opprimé lorsqu'au lieu d'être opprimé par un **seul** maître, il l'est par **plusieurs**... »

Le fait est que *si un* **Roi** *ou un* **Empereur** *avait fait le* **quart** *du mal qu'a accompli la République maçonnique* les barricades se seraient dressées toutes seules dans la rue !

Pourtant si le peuple tient un peu à sa liberté il ne doit pas plus supporter l'oppression maçonnique qu'aucune autre oppression.

EN 1789

En 1789, le peuple français était persuadé — ou plutôt certains meneurs avaient cherché à persuader au peuple qu'il ne posséderait la véritable liberté que le jour où la Bastille — prison d'Etat — serait à terre.

Le 14 juillet 1789, le peuple de Paris renversa la Bastille mais... la liberté ne vint pas.

Il renversa la royauté, guillotina le meilleur des monarques et... ce fut la tyrannie sanglante et jacobine qui s'installa au Pouvoir.

AUJOURD'HUI...

Après plus d'un siècle écoulé,
Après avoir fait trois révolutions,
Après avoir conquis le suffrage universel,
Sous une République ***soi-disant*** **démocratique... le peuple de France est** PLUS ESCLAVE QUE JAMAIS.

D'où vient cela ?

Cela vient de ce que, sous cette étiquette *menteuse* de « République », la secte maçonnique qui détient le pouvoir, a rétabli à *son profit et en les aggravant,* **tous**

右翼的争议：
共济会巴士底狱
为高尚报刊和正直人士所推翻，1908 年。

在这个政治紧张的时代，法兰西行动不满足于在媒体上散布有关自己信仰的漂亮言论，它还组织公开的讨论会并散发传单以驳斥关于那座监狱的黑色传说。例如，在1911年和1912年的几次会议上，贝尔热拉克（Bergerac）的王党集团把这座城堡描绘成“智障者的隐蔽避难所，因为当时有人希望他们不要在疯人院里受罪”，出于医疗和社会理由，应该恢复这座监狱的声誉。①另外，在1912年7月14日前夕，南特的法兰西行动支部在城里张贴了一份具有强烈民族主义和反犹主义色彩的布告：

> 建立在巴士底废墟之上的共和国，
> 以断头台、溺水、枪决等手段谋害了两百多万法国人［……］
> 一句话，攻占巴士底对我们意味着什么呢？
> 一个压迫我们的无名的集体暴政。
> 共和派自身在撕裂，也撕裂着法国。
> 那些有头有脸的犹太人，那些手段高明的骗子
> 以重金收买议员们的保护，而共和派的巴士底
> 押满了工团主义者和国王的信徒。②

另外，我们还需指出“巴士底”一词在第三共和国语汇中的丰富

---

① 莫里斯・道特维尔（Maurice d'Auteville），《巴士底：传说与历史——1911年11月25日和1912年3月10日贝尔热拉克法兰西行动成员大会上的报告》（*La Bastille, légende-histoire : conférences données aux membres de l'Action française, Bergerac le 25 novembre 1911 et le 10 mars 1912*），贝尔热拉克，1912年，第84、111页）。莫拉斯本人在1907年和1911年7月发表的文章中也为巴士底做了辩解，这些文章后收入《在卢浮宫和巴士底之间》（*Entre le Louvre et la Bastille*），巴黎，卡德朗出版社（Éd. du Cadran），1931年，第64—77页。

② 《人民的希望》，1912年7月14日。同一期报刊还用阿纳托尔・法朗士（Anatole France）的《众神饥渴》（*Les Dieux ont soif*）来反对国庆日，虽然这部1912年发表的作品很快被左翼接受。

含义、它的党派性意义的演变，以及它在20世纪初论战中从左翼的用语向极右翼用语的转向。在1880年，共和派曾在集体记忆中将旧制度和关于巴士底的逮捕密札这一糟糕回忆联系起来，从而让旧制度信誉扫地，因为逮捕密札是王权专制和"朕的意志"的鲜明表征。但是，二十五年以后，极右翼以其人之道奉还左翼，它将共和国描绘成新的巴士底，共济会的成员把守着它的城墙：1902—1914年，一份名为《巴士底：反共济会报》(*La Bastille, journal antimaçonnique*)的插图周刊极力号召"正派的法国人"推翻这座监狱；刚刚被列为真福者的圣女贞德也被罗致到这支反共和派巴士底的十字军中①。

> 议会难道不就是首要的共济会巴士底吗？那个邪恶的宗派难道不就像埋伏在堡垒里一样，秘密打造奴役人民的沉重镣铐吗？他们炮制的法律对一个天主教民族而言难道不是最具杀伤力的炮弹吗？
>
> 世俗学校难道不也是共济会的巴士底吗？人民的孩子去那里就读难道不就是被交给了灵魂的刽子手吗！……那些目无神明的教师难道不就是在剥夺孩子对神的信仰、对更美好的世界的期待吗？
>
> 那些阴暗的巢穴不也是共济会的巴士底吗？卑鄙的传单每天早上都从那种地方流出，它们就像锋利的匕首一样刺伤我们孩子的纯真、我们祖先的名誉、我们军队的光荣和旗帜、我们祖国最可敬最神圣的传统！②

---

① J. 勒洛兰(J. Le Lorrain)，《在幸运的贞德的旗帜下：向法兰西呼吁》(*Sous l'étendard de la bienheureuse Jeanne d'Arc : appel à la France*)，巴黎，泰基书店(Téqui)，1909年。

② 《小爱国者传单》(*Tract affiche du Petit Patriote*)，"让我们摧毁巴士底!!!"，欧塞尔(Auxerre)，《小爱国者》印刷所(Impremerie du *Petit Patriote*)，1908年，第2页。

虽然左右两翼的极端派施展了这么多宣传技巧来诋毁国庆日，但它们的革命论调或修正主义见解看来只涉及一个很有限的信徒圈子：法国总工会对7月14日的资产阶级记忆的咒骂、法兰西行动关于普鲁士共济会阴谋的抨击，都没有感染老实的城市居民，对他们来说，国庆日是个假日，是难得的庆典。1911年7月，《卢瓦尔河灯塔报》可以庆幸两翼"抗议者"的失败和军事游行的成功，后者已成为国庆日的"亮点"，虽然"人们回到家中已经疲惫不堪，满身尘土，但人们并不因疲惫而抱怨：大家都觉得法国还依然存在"。

"这种检阅真正是国庆日的一大景观。人们很高兴去看发射气球，去参加学校的露天游艺会，去观看焰火。这种情况别有意义。"①

实际上，在表决通过雷蒙·普恩加莱（Raymond Poincaré）三年任期法案后，极左革命派、和平主义和反军国主义者扰乱1913年7月14日隆尚阅兵的企图失败了……但是，当时在法国泛滥的民族主义洪流不仅特别看重阅兵，它同样注意援引历史，抹黑关于7月14日的记忆。1914年7月，莫里斯·施沃布（Maurice Schwob）在《卢瓦尔河灯塔报》发表题为《复活的巴士底》（La Bastille ressuscitée）的文章，在当时的国际紧张局势和仇德气氛下，文章在提到德国法庭审判汉希（Hansi）时，把德意志帝国比作一个庞大的巴士底，终有一日要攻占这座监狱，解救阿尔萨斯和洛林这两个不幸的囚徒："德国打开他的巴士底之日，就是我们庆祝摧毁我们自己的巴士底之时。

---

①《卢瓦尔河灯塔报》，1911年7月15日。

“压迫与自由势不两立。”①

那么是不是说，到了1914年，即使是在西部，国庆日也已经完全融入民间习俗，以至把攻占巴士底视为建国神话、对1789年7月14日“英雄聚会”的怀恋已经淹没在普通的集会游行中了呢？在这个问题上，肯定的回答可能将大城市的集体生活和乡村的社交混为一谈，与某个不知名的城市相比，乡村更能将政治对抗融入日常生活和家庭与友情联系网。再如，虽然南特的《卢瓦尔河灯塔报》报道说，国庆日并不需要追溯其历史根据，它的政治和象征意义早已深入人心，但是，在这份报纸的内页中，原文刊登了几篇演讲稿，演讲是在下卢瓦尔省（Loire-Inférieure）的几个小地方发表的，在这些地方，7月14日似乎还原封不动地保留着1880年的那种解放意义，如在1908年的库埃龙（Couëron），共和派还依据地方政治变迁再次强调这一自由节日的解放性质：

> 公民们！今年我们还有另一个庆祝的理由，因为我们也推翻了自己的小巴士底。的确，我们过去的反动市政府也像个小堡垒［……］
>
> 像1789年7月14日一样，这个崩溃中的巴士底的瓦砾下也掩藏着各种特权和弊端、各种性质的偏见，以及最明目张胆的社会不公，前几次市政选举把暴君拉下了台，让受奴役的人民成为主权者，从而终结了库埃龙的政治反动。②

在西部，“蓝”与“白”之间的世纪争斗到处都在延续，这里的

---

①《卢瓦尔河灯塔报》，1914年7月13日。

②《卢瓦尔河灯塔报》，1908年7月16日，第4版。

共和派居于少数，或只占微弱多数，面对反对派的敌视和压力，他们需要用仪式和咒语唤起伟大的原则和伟大的记忆，他们要想维持内部团结就必须这样做：我们从中可以看到一种新局面，不过这一次它在整个法国都是如此，这就是人民阵线那非同寻常的岁月……

2. 1935—1936，“重现的时光”：重新拾起的记忆

1918年大战胜利以后，工会运动、社会主义和共产主义等左翼势力继续鄙视国庆日，总是把它谴责为资产阶级民族主义的表现，[①]不过，1935年，在1934年2月6日的震动和极右组织给共和国造成的“法西斯主义”危机之下，人们看到7月14日所具有的民主、解放和群众性意义的陡然复活。1934年2月6日之后，此前一直分裂的左翼终于实现了和解，在政治层面是社会党和共产党的和解，在工会层面是法国总工会和统一劳动总联盟（C. G. T. U.）的和解，1935年7月14日，左翼共同庆祝这次伟大的联合：当拉罗克（La Rocque）上校的火十字团密密匝匝地在香榭丽舍大街的帝国轴心线上列队游行时，约五十万群众在重新找回的团结的喜悦中，在对更美好的明天的憧憬中，穿过巴黎东部的平民区，从巴士底广场游行到共和国广场，此举使得7月14日完全找回了革命解放的性质。在这样的壮观场面之前，历经政治斗争的老兵和工团主义者满心赞叹地意识到，自德雷弗斯案件的斗争以来，他们还从未见识过如此重

---

① 例如，我们可以在1930年4月20日第49期的《工会职员》（*Le Fonctionnaire syndicaliste*）中看到：“人们庆祝[7月14日]就像出于习惯或为了娱乐而庆祝圣灵降临节周一和8月15日一样……从此没有人赋予这个热月的日子特别的‘社会’意义，而工人们……也知道它已完全失去了革命意义。”转引自多芒热，同前，第361页。

大的群众运动。[①]另外，这类现象不仅限于巴黎，外省也对人民阵线的盛大之日贡献颇多。

1935年7月14日“精神”特质在于抵制“法西斯主义”，因而这一天的巨大影响远非国庆日所能囊括：它为1936年春的竞选活动提供了动力和支持，从而为人民阵线的胜利做出了贡献。“选择只能有一个：2月6日或7月14日！”激进派报纸《创造》(*L'Œuvre*)曾以这样言简意赅的话语描述这次大选的要害所在，[②]而两轮立法选举就是在这样的口号下进行的。在这种情形下，巴黎和外省数以百万计的热情男女见证了1936年7月14日的胜利节日，他们不仅把这一天视为群众对2月6日和煽动性极右组织的回应，而且把它当作向政府表达人民的感激之情的机会，因为政府刚刚授予劳动者从未有过的带薪休假等权益。1936年7月14日的成功具有感染效应，1937年五一节仿佛就是第二个7月14日，对于这种局面，像乔治·迪穆兰(Georges Dumoulin)这样纯真的工团主义老战士是难以认可的：“不应该这样歪曲和贬低五一节的行动，以致要去效仿资产阶级的节庆和11月11日的欢声笑语。”[③]

但是，1936年夏天的“热烈幻觉”没有经受住事态的考验，应该尽快从幻觉中警醒，7月14日催生的“宏大期望”很快就被西班牙的悲剧和经济困难一扫而空。1937年以后，人民阵线瓦解了，左翼再次陷于分裂状态，因此1939年纪念攻占巴士底一百五十周年的

---

① 《民众报》(*Le Populaire*)，1935年7月15日。正是在1935年7月14日，雅克·迪克洛(Jacques Duclos)发表了他著名的讲话：“我们把三色旗看作过去的斗争的象征，我们的红旗则是未来的斗争和胜利的象征”。《人权手册：人权联盟公报》(*Les Cahiers des droits de l'homme : bulletin de la Ligue des droits de l'homme*)，1935年7月31日，第527页。

② 路易·博丹(Louis Bodin)和让·图沙尔(Jean Touchard)，《人民阵线，1936》(*Front populaire, 1936*)，A. 柯兰出版社，1961年，第62页。

③ 《工会》(*Syndicats*)，第29期，1937年4月29日，转引自M. 多芒热，同前，第290页。

庆典气氛萧索：在慕尼黑阴谋的沉重背景下，1939 年 7 月 14 日不可能像 1935 年和 1936 年的 7 月 14 日一样，成为民族记忆的亮点。

人民阵线虽然为时短暂，但它对 7 月 14 日而言是个重大转折：人们见证并欢呼“左翼人民”有意识地重新获取、和平地重拾起共和主义记忆和革命的象征物，如三色旗，如《马赛曲》，如攻占巴士底，等等。而右翼曾以歌颂 1918 年的胜利来驱散这些象征物，来歪曲它们本来的含义。于是，1935 年，人权联盟主席维克托 · 巴施（Victor Basch）曾充分“认识到今天的日子……与 1789 年 7 月 14 日和 1790 年 7 月 14 日这样的光荣日子相仿”。

“1789 年 7 月 14 日，巴黎人民一块块地拆毁了国王的城堡的塔楼，同样，1935 年 7 月 14 日，人民决心向残留的巴士底发起进攻，这就是法西斯主义的巴士底，邪恶法律的巴士底，苦难的巴士底，经济和金融寡头的巴士底，战争的巴士底—— 一百五十年的激烈斗争和四场革命从没有失败过！”①

次年，人民阵线的胜利自然强化了 1789 年和 1936 年两场人民运动的平行关系：

> 令人难忘的 1936 年 7 月 14 日，唤醒的是永葆青春的法国大革命精神，是 89 年精神。
>
> 一切都展现在人们的脑海中：攻占巴士底的景象、弗里吉亚帽、重新成为人民圣歌的《马赛曲》，还有被法西斯分子夺走，但再次成为自由象征的三色旗！
>
> 我们不太想说 [……] 但我们能感觉到：1936 年 7 月 14 日

① 《人权手册》，同前，第 517 页。

的业绩就像 1789 年 7 月 14 日一样伟大……[①]

最后，人民阵线还以大量艺术品来进行自我表现，它还有一种别出心裁的尝试，以大革命记忆为核心创建一种高规格的、真正意义上的大众文化，我们举两个最有名的例子：在共产主义历史学家让·布吕阿（Jean Bruhat）的建议下，让·雷诺阿（Jean Renoir）对《马赛曲》做了改编；罗曼·罗兰的剧作《七月十四日》在阿尔罕布拉（Alhambra）的再次上演受到群众的热烈欢迎：

> 7 月 14 日夜，从巴士底回来的人们纷纷涌向阿尔罕布拉［……］在赋予 7 月 14 日意义之后，人们晚上想听听它最初的歌声，想寻找它的源头。
>
> 人们来这里与“去歌剧院”是不同的［……］人们来这里是为了占领巴士底，为了认识它们最早的首领，为了争取自由。
>
> 真是太奇妙了。一阵持续的强风从观众大厅吹向舞台，仿佛故事的虚构和几个世纪的隔阂都不存在。这不是演员在扮演角色，而是实实在在的马拉（Marat）、德穆兰（Desmoulins）、奥什（Hoche）［……］在讲话，在向 89 年的人民演说，向观众厅里的人演说［……］巴士底狱真正被攻占了，就在 1936 年的这个夜晚。演出快结束时，演员、群众角色、观众一起高唱《马赛曲》和《国际歌》，这时没有人在听，在看，也没有沉浸在角

---

① 阿尔贝·巴耶（Albert Bayet），《光明》（*La Lumière*），1936 年 7 月 18 日，转引自 L. 博丹和 J. 图沙尔，同前，第 134—135 页。

色中的演员。①

法国共产党非常善于利用 89 年神话的复活和共和主义记忆的复兴来打破自身的政治孤立，以重新融入民族共同体：该党因为思想上的宗派主义和教条主义，因为无条件向苏联看齐而经历了十五年的内部流亡。1939 年，为了纪念攻占巴士底狱 150 周年，《人道报》在它日历的封皮上（以摄影合成的手法）附加了巴黎无套裤汉的形象，以及在红旗丛中的七月纪念柱下的敬礼场面：法共的主要领导人多列士（Thorez）、迪克洛、马蒂（Marty）、加香（Cachin）向法国大革命敬礼。93 年巴黎的革命运动与共产党人的政治行动之间的这种历史亲缘关系在这样一句著名的套话中得以强化："我们延续着法兰西。"这句话把法国共产党视作革命人民的唯一继承者，并让它充任共和主义记忆乃至民族记忆的特选的守护者！②

3. 1919—1945:两次胜利的记忆

1945 年 7 月 14 日，巴黎经历了一次新的凯旋日，这一天至少乍看起来让人想起了 1919 年的盛大游行：和 1919 年声望卓著的军事领袖福煦（Foch）和霞飞（Joffre）一样，德拉特尔·德·塔西尼（De Lattre de Tassigny）不也是率领部队走在热情的群众的前头吗？但他们走过的路线很不一样：1919 年是从凯旋门到协和广场，1945 年是

① 弗朗索瓦·拉萨涅(François Lassagne),《星期五》(*Vendredi*),1936 年 7 月 24 日,转引自 L. 博丹和 J. 图沙尔,同前,第 61 页。让·布吕阿,《从来不会太晚:回忆》(*Il n'est jamais trop tard: souvenirs*),巴黎,阿尔班·米歇尔出版社,1983 年,第 98—99 页。

② 《人道日历:大革命一百五十周年(1789—1939)》(*Calendrier de l'Humanité: cent cinquantième anniversaire de la Grande Révolution, 1789-1939*)。

从巴士底到星形广场。尽管有些表面的相似，但 1945 年的法国和 1919 年的法国天差地别，我们只要回想两对民族记忆的极点及其承载的象征意义，就能衡量两次胜利之间法国国际地位的衰落。

1919 年 7 月，在香榭丽舍大街的轴心线上，霞飞和盟军总司令福熙率领的法军走在所有战胜国队列的前面，虽然《凡尔赛和约》令人失望，但胜利的幻觉还是让法国相信他们的民族找回了昔日的世界性优势地位。而在 1945 年 7 月 14 日上午，参加检阅的只有一支法国军队，而且他在“三巨头”的雅尔塔会议和波茨坦会议上已经没有发言权。1919 年，法国表达的是竭尽全力赢得胜利与和平之后的喜悦，而 1945 年 7 月的法国之所以庆祝自己的解脱，是为了向他自己、向投以怀疑目光的世界证明，他还活着，他熬过了历史上最惨痛的灾难。在前一次庆典中，国庆日赋予冲突光辉的亮色，而后一次的国庆日在重现战前节庆传统的同时，试图向人们证明，一切都恢复正常了，一切都进入了各种可能世界中的最佳状态。总之，如果说 1919 年 7 月 14 日旨在为法国过分高估的强大提供证据的话，1945 年 7 月 14 则仅仅表明在一个动荡的世界里它始终存在。但是，尽管戴高乐将军做出了各种努力，法国已不再是一流大国了。

当然，人们始终可以像《世界报》那样认为，“六年来的第一个法国人的 7 月 14 日比 1919 年 7 月 14 日还要伟大。1919 年时人们庆祝的只是胜利。今天，庆典有双重含义：胜利和自由”①。但是，这个说法不也暗含着这样一种意思：1945 年的胜利不仅是法国军队对德军的胜利，而且也是法国人对另一些有通敌之罪的法国人的胜利吗？

不过，在民族记忆的层次上，《世界报》的评论还是很中肯地指

---

①《世界报》，1945 年 7 月 15—16 日。

出了1919年7月14日与1945年7月14日的差别之处：在1919年，胜利的喜悦是如此强烈，以至爱国主义和军事庆典完全淹没了对攻占巴士底的纪念；而在1945年，要把眼下的重获自由与过去巴士底的陷落联系起来是很自然的事。但是，这种联系的实现伴随着政治上的盘算，这些盘算十分明显，这就使得国庆日被歪曲成当时各派势力运用的压力工具，以便增强各自在新的宪政规划以及必不可少的制度改革中的地位。的确，1919年胜利的共和国在经历战火考验后显得稳固而强大，但1945年，在一个遭受战争和占领蹂躏的国家，应当重建的不仅仅是经济基础设施，在第三共和国于1940年毁灭后，还要重建政治制度。因此，解放以来的第一个国庆日是在围绕法国政治未来的各种深刻分歧的背景下展开的，也是戴高乐将军和共产党之间新一轮较量的关键。戴高乐主张强有力的行政权，并在7月12日的广播演讲中为他的观点进行了辩护；共产党很善于利用抵抗运动之后的有利局面，从7月10日起，不失时机地在巴黎召集"法国复兴三级会议"(États généraux de la renaissance française)，要求选举一个最高制宪议会(它很想控制该议会)，但戴高乐将军强烈反对这个计划；共产党还号召人民于7月14日在全法国举行示威游行，"以恢复所有的民主自由"，这显然是针对戴高乐方案的行动。于是，7月14日出现了两个阵营、两场游行之间的对抗。①

7月14日的阅兵看起来像是戴高乐主义记忆和共产党记忆之间的妥协：前者试图把这次军事游行置于法国不朽这一神话中，而这

① 7月14日置于各种纪念性仪式的整体之中，其中包含着共产党和戴高乐将军之间的众多政治对抗，关于这些斗争的详细描述，参见热拉尔・纳梅尔，《记忆之战：1945年至今的法国纪念活动》(*Bataille pour la mémoire : la commémoration en France de 1945 à nos jours*)，巴黎，纸莎草出版社，1983年，第89—113页：《网球场宣誓和帝国光荣之间的1945年7月14日》(Le 14 juillet 1945 entre le serment du Jeu de Paume et les gloires de l'Empire)。

种不朽曾先后体现在他的众多天定“救星”身上，如贞德、亨利四世、拿破仑、克雷孟梭、戴高乐；共产党的记忆则试图将这次阅兵与巴黎的起义传统联系起来，象征这一传统的是1789、1830、1848和1871年的革命。第一种记忆“与其说是共和主义的不如说是民族主义的”①，它希望与1919年的胜利日重建联系；第二种记忆是雅各宾主义的，为了掩盖共产党赞成《苏德互不侵犯条约》而造成的尴尬，它设法唤醒人民阵线的伟大时刻。虽然官方观礼台设在巴士底广场——这就赋予该仪式某种民主及共和性质——但受阅步兵在万塞讷大道（cours de Vincennes）上列队，他们在那里接受戴高乐的检阅。特别重要的是，机械化部队只行进到香榭丽舍大街，因此，由共产党表现的共和主义记忆被戴高乐与军队象征的民族主义记忆吸纳和平衡。至少纸面上是这样，因为巴黎人民也已经修改了游戏规则，他们赋予这个节日的革命意义更加符合关于这一著名事件的记忆。正如《世界报》指出的，“今天上午，巴黎再次为军队而欢呼。但人民已不是涌向贵族的林荫道，而是在巴士底广场的周围，在覆盖着联盟色的‘光荣的三天’纪念柱之下。士兵们就从当初为了自由而在街垒上慷慨赴死的街区走出来”②。

当天下午，当“法国复兴三级会议”正在进行时，法共和法国总工会及其下属组织的头面人物从相反的方向即从协和广场向巴士底游行（在这一点上，地点仍具有强烈的政治和象征色彩），于是，雅各宾主义的记忆似乎强化了它的优势地位。在同一时刻，塞纳河上举办水上游艺以分散巴黎人的注意力（以及消遣娱乐），但人们的印象仍然是，法共才是节日的最终主宰者。戴高乐将军要等到1959年

---

① G. 纳梅尔，同前，第27页。

②《世界报》，1945年7月15—16日。

7月14日才能进行报复。

在7月14日被确立为国庆日百年之后，那些在戏剧性局面下曾赋予该节日独特光彩的持续争斗，在今天的法国已不再具有现实性了。这个仪式已经成为每年的例行公事，而且沉浸在旅游氛围中，这样的节日看来早已失去一切党派性和战斗性色彩，因此人们可以无所用心地将7月14日推入著名的“死亡的神明沉睡的紫色裹尸布”中。然而，1983年7月，取消1989年世界博览会引发了激烈情绪，这似乎表明，关于大革命记忆的和解态度的形成为时尚早。的确，这场争论一开始只涉及财政问题，因为经济危机使得这次活动成了难题，但论战很快就转向了博览会本身，转向了对攻占巴士底和法国大革命二百周年的隆重纪念。这就再度点燃了人们一度认为已经熄灭的争论，而且人们通常很有兴趣再次看到一个世纪前国庆日（及共和国）的反对者和支持者之间的论争，当时的政治斗争——如关于社会党人的经济、社会和文化政策的争论，关于左翼知识分子的角色的讨论，等等——使得这些论争又一次具有现实意义。

右翼的攻势是由《费加罗报》组织的，它的语气比一个世纪前沉着和从容得多，右翼知道自己势头很顺，它几乎不需要抬高声调来表述那些对它而言属于简单常识的真理。例如，蒂埃里・莫尼耶（Thierry Maulnier）曾问道，“7月14日那著名的攻占巴士底之日，它真的是一个历史转折点，是否配得上在我们的共和神话日历中的首要地位”，他随即回答说，“巴士底是个快被改用他途、守备松弛的监狱，那一天的骚乱跟巴黎历史上的很多其他骚乱相仿，骚乱之后，要塞司令的头颅竟被挑在枪尖上，这种攻占巴士底的日子是不值得纪念的”。①1983年7月14日，《费加罗报》象征性地再现了这

① 《费加罗报》，1983年7月8日。

颗血淋淋的头颅，它是一篇文章的插图，该文检举了“巴士底传说”和将一个次要事件捏造为建国神话的行径[①]。左翼虽然掌握着政治权力，但在思想领域内处于防御地位，它希望夸大当时的局面，把自己打扮成受到威胁的共和主义记忆的守护人，并像在第三共和国那些最美好的日子一样，把他们的对手视为共和国的敌人。马克斯·加洛（Max Gallo）在《世界报》上这样抨击新右翼对大革命遗产的文化攻击（或假想中的攻击）：“一些评论者在到处传播莫拉斯关于法国大革命的论调，对他们而言，89 年是‘谋杀法兰西民族的典范’……从此之后，科尚（Cochin）[②]就给出了关于 89 年的一切‘严肃认真’的思考。”[③]而《人道报》则几乎不择辞令地驳斥了右翼对世界博览会的批评，7 月 9 日，它的首页上有这样的标题：

保卫共和联盟[④]反对世博会
他们
更喜欢巴士底

7 月 14 日，安德烈·维尔姆塞（André Wurmser）复职，这一次，他很严肃地将右翼比作反革命的流亡贵族：

> 公民们！对这个耻辱提高警惕吧！巴黎不容许法国以世界

---

① “米什莱把它描述为专制主义的巢穴，但实际上那里面的囚犯只有四个造假货的人、两个疯子和一个躁狂症患者”，《费加罗报》，1983 年 7 月 14 日。

② 这里的科尚可能是指法国革命史学者奥古斯丁·科尚（Augustin Cochin，1876—1916），政治上倾向于君主主义。——译注

③ 《世界报》，1983 年 7 月 26 日。

④ 保卫共和联盟（RPR），二战以后法国政坛上的主要右翼政党，从 1947 年戴高乐创建的法兰西人民联盟演变而来。——译注

> 博览会来庆祝法国大革命二百周年，警钟第一次敲响了。我们需要雨果或阿拉贡（Aragon）来驳斥这些麻烦制造者。所有党派的民主分子们，你们至少知道自己在1983年面对的是资本外逃的时代，正如面对贵族流亡科布伦茨（Coblence）的时代；你们面对的是核威胁的时代，正如面对1789年以来欧洲联合反对大革命的时代……

不过，虽然作者将革命时代法国的局面与当代现实进行漫画式的比较，但有一点是显而易见的：关于整个大革命，特别是7月14日的记忆已经完全成为民族记忆的组成部分，这些记忆超越了那些导致法国人分裂的政治分歧。1983年时，人们不是在法国王位的觊觎者巴黎伯爵[①]致法国人的《信件》中发现了最佳证据吗？伯爵在信中说，他并无痛苦地承认，“以攻占巴士底为象征的事件有某种根本不应去谴责，甚至不应去惋惜的性质”，因而他泰然将这一我国现代史上的奠基行为置于民族的历史连续中。[②]在两百周年即将到来的时刻，大革命似乎不像一百周年的“美好的古老时刻”那样让左翼和右翼势同水火，而仅仅是左翼自己为难自己，难道不是这样吗？……

---

① 巴黎伯爵（Comte de Paris），生于1933年，七月王朝国王路易-菲利普的后人，被君主主义视为法国王位的继承人。——译注

② 巴黎伯爵亨利，《致法国人的信》（*Lettre aux Français*），巴黎，法亚尔出版社，1983年，第31页。

* La Marseillaise. La guerre ou la paix

《马赛曲》:战争或和平

米歇尔·伏维尔 *Michel Vovelle*

黄艳红 译

《马赛曲》的历程是个难题。它提出的不仅是一首国歌如何诞生的常见问题，而且还涉及这首 1792 年 4 月在斯特拉斯堡创作的《莱茵军团战歌》(*Chant de guerre pour l'armée du Rhin*) 是以何种途径取得今日的地位的：最早的现代国歌之一，与绝对主义时代君主制欧洲的那些歌曲不同，它是一种民族意识的自觉表达。

《马赛曲》具有两张面孔：它是一首以自由来歌颂新世界的价值观的革命歌曲，也是表达一个战斗中民族的爱国主义的刺耳嘹亮——有人认为还很“血腥”——的战歌。

由于上述事实，它的使用本来可能被限定在法国内部，是法国人之间认可的标记。《上帝保佑国王》(*God Save the King*) 终归没有输出，它在英联邦之外也听不到，但是，我们可以说，《马赛曲》被全世界认可和接受，几乎成为19世纪所有革命运动、自由主义运动和民族主义运动的一个概念化的表现。实际上，正如人们经常提到的，《马赛曲》是属于全人类的歌曲之一，直到快一个世纪之后，随着《国际歌》的诞生，《马赛曲》在传播范围上才找到与之比肩的另一范例。

现在我们转向这首歌曲的作者和作品本身。首先，作者身世之简单让人惊奇：一个工兵军官，业余作曲者，一个只有一篇作品，至少有一篇作品传世的人。其次，再拿这首歌曲来说，人们也会对它的简朴感到吃惊：《马赛曲》缺少文字上的魅力，至少从学院派的标准来看是这样。而那些公认的作曲家，从戈塞克（Gossec）到柏辽兹（Berlioz），都致力于纠正其中在所难免的旋律上的拙劣。

当然，消极的评论不应走向极端；《马赛曲》并非粗野艺术的代表作，鲁热·德利尔（Rouget de Lisle）也并非法国工兵部队中一个无意识的刀笔匠。虽然无法探究秘密，但可以做一点解释：从源头上说，这就要探讨在当时为何是《马赛曲》，而随后我们则要追溯这一神奇历程的各个阶段，这一历程至今还未结束。

马赛人的圣歌，法国大革命的圣歌

今天，我们已不再把一部杰作的诞生完全归因于强制性局势的决定论。但是，如果不考察《马赛曲》流行的时代，我们显然不能理解这首杰作。

1792年4月20日，革命的法国向"波希米亚和匈牙利国王"宣战，4月25日到26日夜间（具体日期现在已无争论），工兵上尉约瑟夫·鲁热·德利尔在斯特拉斯堡创作了《莱茵军团战歌》，也就是说，创作的日期是在这个驻防城市接到宣战决定的次日甚至当天：

毫无疑问，这是应局势所需而做出的敏感的、军事化的爱国主义的应答。

不过，除了这个简单的解释，还应考虑当时全国和当地的整体历史背景。1792 年春天到夏天，从宣战到 8 月 10 日君主制覆灭，是民族动员和革命动员最激烈的时期之一。我们即将认识的这位人物鲁热・德利尔虽然很有局限性，有时甚至还很狭隘，但他的回应——人们还以各种形式重复着这一回应——仍以自己的方式反射出某种集体信念：这里所说的集体不是全体人民，因为在必须采取欠缺考量的立场的时刻，人民最终失去了统一性，这里的集体是指亲身体验大革命的人们。

大革命在最初的两年中并非没有找到鼓舞人民士气的歌曲和韵律，如一些改编自民间四组舞的歌曲，再配以简单灵活的话语，1790 年 7 月之前出现的《萨伊拉》（*Ça ira*）就是这样。这首歌在 7 月 14 日联盟节那富有军事色彩的欢快气氛中广为传唱，作为简单直接的希望的激烈呼喊，从此它便伴随着每个革命的日子，即使全民一致的幻影已经开始褪去。不久另一个四组舞曲调也逐步流行起来，后来还成为 8 月 10 日无套裤汉的集合之歌，这就是《卡马尼奥拉》（*La Carmagnole*），它那接二连三的新版本和歌词非常适宜于反映当时人们的情绪。在攻陷杜伊勒里宫的次日，这首歌就以喜悦的心情对这一事件做了富有战斗性的表达："投否决票的夫人曾指望扼杀整个巴黎……"在国内和国外的战场上，《萨伊拉》和《卡马尼奥拉》的简单韵律将成为武装的革命人民的表达。很多评论者，不管他们是不是音乐家，都以带有一点高傲的态度指出，与《马赛曲》相比，这些一半属于即席而作的歌曲难以成为真正的国歌，而且它们过于"下里巴人"，很难激发人们的敬重。以下的情形也值得思考：《卡马尼奥拉》和《萨伊拉》除了在大革命中扮演过角色，在后来的 1830

年、1848 年甚至更晚的工人运动中都再度从遗忘中复活了。

不管怎样，这场革命还需要在那些崇高的作品中寻找自己的韵律，以及能够弘扬其新合法性的圣歌：大革命的冲击造成的创作者（无论是音乐家还是词作者）的大起大落中，像所有创作领域一样，这里也有人陷入沉寂，有人在追寻自己的道路，有的自学者或半自学者则崭露头角，鲁热·德利尔属于第一类人。对于官方事件，音乐家们是逐步脱离传统的宗教表现形式的：例如，戈塞克在 1790 年为庆祝 7 月 14 日联盟节而创作了《感恩赞》（*Te Deum*），当时的另一位大师级人物卡特尔（Catel）为向古维翁（Gouvion）将军致敬而写下了《心底深处》（*De profundis*）。适应时局需要的官方音乐是从大量涌现的民间自发曲调中应运而生的，如果我们要确定这种官方音乐的诞生日期——这个做法当然带有一点武断——大概可以以戈塞克那首出色的《人民，觉醒吧》（*Peuple éveille-toi*）为标志，这首作品是为伏尔泰的诗歌谱写的，当时正值那位费内（Ferney）的教父的遗骨于 1791 年 7 月 11 日迁至先贤祠之际。这是这种“应景而生”的音乐最初的展现机会之一，虽然当时是一个突出的危机时期（从瓦雷纳［Varennes］逃亡到战神广场［champ de Mars］屠杀），随着它的迅速发展以及在群众当中的广泛影响，革命音乐在 1793—1794 年迎来了黄金时代。1790 年，戈塞克曾作《感伤进行曲》（*Marche lugubre*）向“南锡事件中死难公民的英魂”致敬，但此曲直到米拉波死去之时才上演，不过作品的曲调着实让人们惊奇：早在 1791 年，合唱的引入已经预示着革命和声的新趋向。

上述两类作品，一类具有民众特色，一类属于正式的艺术。与它们比起来，《马赛曲》自有其特点：它不是粘贴在已有曲调上的无名或几乎无名的作品，但它也不是某个公认的、受过专业训练的作曲家的作品。因为介于这两者之间，它就更能反映一个时代对音乐的追求以及音乐对于作者的追求了——即便这种音乐注定要让作者很快被人遗忘。

《马赛曲》诞生的条件很具体地反映出个人与环境、个人与时代的遭际。作者鲁热·德利尔 1760 年 5 月 10 日生于隆勒索涅（Lons-le-Saulnier），是个工兵上尉，当时驻扎在斯特拉斯堡。他的父母是弗朗什-孔泰（Franche-Comté）的小贵族，尽管他父亲一族在此地定居不久，他的出生地被更改了，从普瓦图（Poitou）改为朗格多克（Languedoc），不过，承蒙别人的好意，他可以在自己的名字上加个表示贵族称号的词“de”，并在后面加上“Lisle”或“L'Isle”，这样他就能在中学毕业后进入军事学校，后来又像卡诺（Carnot）和普里厄（Prieur）一样，到梅齐埃（Mézières）工程学校深造。1784 到 1789 年任驻防军官期间，从蒙多凡（Mont-Dauphin）到茹堡，他一边履行自己的军务，一边利用闲暇时光在昂布兰（Embrun）或别处展现他作词谱曲的才华，不过这种业余才华还只是某种天资，没有经过和声训练。因此，作为一个有点见地的业余作者，大革命把他吸引到了巴黎，这既是出于对那里发生的重大事件的好奇心，也是因为他想成为一个出名的词曲作者。不过他的成就很黯淡，在他的“行吟诗人”戏剧计划中，只有《巴亚尔在布雷西亚》（*Bayard dans Brescia*）这一部作品短暂上演过；他还与格雷特里（Grétry）合伙创作了《塞西尔和埃尔芒斯，或两个修女院》（*Cécile et Ermance, ou les deux couvents*），以表现“修道制度的虚伪和狂热”，该剧于 1792 年初上演。作为一个憎恨特权分子的爱国者，他还写过《自由颂歌》（*Hymne à la liberté*），并体验过 1790 年 7 月 14 日联盟节的热烈氛围。

当他于 1791 年 4 月 1 日回到斯特拉斯堡服役时，无论是作为一个半吊子作者还是一位爱国军官，他要融入当地的环境可谓万事俱备。这是座音乐城，伊尼亚斯·普莱耶尔（Ignace Pleyel）领导着其中的一个管弦乐队；这也是座热衷社交的城市，市民是坚定但温和的爱国主义者，与当地驻军往来频繁。当时驻军仍受自由派贵族军官控制，如德布罗伊（De Broglie）、戴吉永（D'Aiguillon）、迪沙特莱（Du Châtelet），当然还有卡法雷利（Caffarelli）、德塞（Desaix）、克莱贝尔（Kléber）和马莱（Malet）等军官。交往活动围绕市长迪特里希（Dietrich）展开，他是个经营冶金业的富有的工业家，也是个启蒙人士、科学院院士、开明派、爱国者，就像1791年的很多人那样，他甚至在某个日子里大宴宾客，开办音乐和爱国沙龙，此举即便并非毫无争议，至少也是大受欢迎的。

《马赛曲》的诞生受到战争的冲击，不过这个背景还受到地方环境的影响：这个边境城市的爱国主义比较早熟，因为对1790年南锡事件的记忆依然十分清晰，接着又是瓦雷纳逃亡的冲击；这里的人们亲眼见过流亡贵族和"布耶（Bouillé）的同谋"；反革命则在这里组织"爱国晚宴"，但他们极具煽动性的歌曲（既有德语的也有法语的）让人十分生疑。1915年，蒂耶索（Tiersot）正确地指出，"确实需要一个正直的法国人给这里带来另一种诗歌元素"。不过，迪特里希、德布罗伊、戴吉永等人的爱国主义的表达方式颇为高雅，1791年9月25日，斯特拉斯堡市民接受宪法的盛大节日表达的也是这种爱国主义，鲁热·德利尔为这次节日创作了《自由颂歌》，不过谱曲由普莱耶尔完成。但到1792年春天，温和的爱国派，即富裕的市民和自由派贵族，已不再占绝对的支配地位了：蒂耶索写道（不过他的理由并不充足），几个新来的雅各宾派已经到了这里，他们"不知来自哪里，但肯定是来自德国"，而且厄洛热·施耐德（Euloge Schneider）和拉沃（Laveaux）还攻击迪特里希，鲁热·德利尔则在当地报刊上对他们发起反击。

因此，当《马赛曲》诞生的时候，社会共见已经不只是陷于虚弱的地步了：当天，群众组成的官方游行队伍伴着《萨伊拉》和《卡马尼奥拉》的歌声穿街走巷时，市长和他的朋友们觉得群众的歌曲太低俗了；当“祖国之子”(Enfants de la Patrie) 组成的部队列队行进时，斯特拉斯堡宪法之友社 (Société des amis de la Constitution de Strasbourg) 以更高雅的语调向同胞们致辞：“公民们，拿起武器！军旗已经展开……应该拼死战斗，直至胜利……应该让戴王冠的暴君们颤抖……去争取胜利……前进！你们要做自由的人，直到最后一刻……”

4 月 25 日，斯特拉斯堡已经人人都在传唱《马赛曲》的主旋律了。但这并不能削减鲁热·德利尔的功劳，我们也能迁就一下一个意料之中的画作：在六十年后的 1849 年美术展上，画家皮尔斯 (Pils) 让一个历史场景成为不朽的画面——虽然他不是很关心画面是否可信——鲁热·德利尔在迪特里希市长的沙龙里高唱《马赛曲》。但我们知道，情况并不是这样（但这真的很重要吗？），在一次有城市和当地驻军的精英们参加的市长家宴上，有人请鲁热创作一首适应时局的歌曲。在激情和香槟的刺激下，这首兴奋之夜的作品第二天晚上就演出了，不过表演者根本不是作者，而是自诩很能唱歌的迪特里希，这就是《莱茵军团战歌》，它很快就以《马赛曲》的名称流行起来。

这首先是一首战歌，它的六段歌词后都有这样的叠句：

拿起武器！公民们！
组织起来！你们的军队！
前进！前进！
敌人的脏血，

将灌溉我们的田地。

歌曲首先谴责了外敌，这“一帮奴隶、叛国贼、国王的同谋”，还有以“唯利是图”配韵的“外国军团”。歌曲向武装的人民——士兵、英雄、战士，每个都是“自豪”而“崇高”的——呼吁，请他们在祖国的旗帜下组织起来，以保卫孩子和田园；《马赛曲》以其铿锵和质朴长期成为战争中的祖国的标志。武装的号召很血腥吗？有人这样说过，并经常抱怨说，这首“肮脏”的国歌中流淌着鲜血，弄脏了敌人的军旗，但为的是灌溉那些保卫自己国土的人的田垄。不过，这种杀戮毫无盲目和仇恨之处，它知道区别善恶：

法国人，崇高的战士，
坚持并挺住对你们的打击，
宽容这些悲惨的伤者，
因为他们后悔与我们武装对抗……

这是因为《马赛曲》不只是民族意识的一次爆发，它还是一首革命歌曲：它既针对外国团伙，同样也针对暴政、叛徒、“布耶的同谋者”、“撕碎母亲胸膛的恶虎”。问题的关键很清楚地表述了出来：

伟大的主啊！……手既已上了枷锁，
难道我们须在奴役下低头？
邪恶的暴君难道
要成为我们命定的主人？

歌曲在对自由的召唤中达到最高潮，祖国正是自由特选的庇护地，自由是对祖国神圣热爱的理由和依据所在，因此《马赛曲》很容易在不久之后成为共和国的圣歌，正如当初它是祖国的圣歌一样。

这首歌言辞简练概括（虽然特地提到了“布耶的共谋者”），热忱和炽烈的情感交融在一起，其不加修饰的韵律豪迈雄壮，因而成为精英的情感表达和群众热情之间的奇妙融合，就像1792年春天爱国精英——无论是不是资产阶级——和群众运动之间的脆弱融合一样。从这个意义上说，与专业作者相比，鲁热·德利尔的地位有某种奇特的优势，因为他虽然受过教育并炫耀自己的创作才能，但毕竟是个半自由学者，作品很少，也没有涉足文人圈子：这大概就是为什么后来成为国歌的是《马赛曲》，而不是《出征曲》（*Chant du départ*），虽然后者是由梅于尔（Méhul）和玛丽-约瑟夫·谢尼埃（Marie-Joseph Chénier）合作完成的。当然，这种理由太过简单，因为时间上的先后关系也很重要。但优势地位也是其弱点所在：鲁热·德利尔不懂和声学，歌曲的和声配置开始于迪特里希的夫人，后来戈塞克继续这一工作，许久之后，柏辽兹再次对作品进行了加工。不过，从音乐学上说，至少为了不再回过头来探讨这些问题，我们可以确定两点：《马赛曲》具有原创性，鲁热·德利尔是它的作者。我们并不想低估这一问题的重要性，但有关的论述已经十分广泛，并且已有决定性的结论，所以再来讨论它就显得多余了。不过这一问题在19世纪后半期特别突出，20世纪前十年的实证主义科学具有强烈的政治和民族背景，它动用大量学识来澄清事实，以至现在的音乐学家（Fr. 罗贝尔［Fr. Robert］）认为不再有问题了。简而言之，《莱茵军团战歌》传播的环境甚至它随即取得的成功使得这首歌曲在当时就具有了朦胧色彩：格雷特里不是写信给他的朋友鲁热，问谁是作曲者吗？《巴黎纪事》（*Chronique de Paris*）不是认为这首歌出自一个德国人之手，后来还在德国人中间引发了一场可怕的争论吗？不过我们将看到，在大革命期间，这位工兵军官的创作权从未受到严重的质疑。至于乐调中的独创性，我们很容易发现各种元素：从莫扎特的钢琴协奏曲（C 调第 25 号）到一系列的其他参照品，其中有些是大众化的，另一些是学院派的，总之起始节拍的累进有共同之处（sol-do-ré-mi）。但是，不能据此推论说存在剽窃：《马赛曲》浑然一体，它的乐章和总体节奏构成一个整体，根本不会让人联想起任何其他作品。有人指责说，《马赛曲》抄袭了亚眠管风琴演奏者格里松（Grisons）的管风琴作品，该作品的一个片段甚至是莱茵地区的福斯特（Forster）和赖夏特（Reichardt）谱写的，但这些指控最后都对指控者不利，因为它们表明有人在改编鲁热·德利尔的歌曲。

从某种意义上说，1792 年 4 月在斯特拉斯堡唱响的这首歌是以另一种方式遗忘自己的作者的：这首歌适逢其时，立刻引起反响，到后来变成了《马赛曲》这一共有的财富。现在，我们可以较为清晰地确定，《莱茵军团战歌》在随后的几周里是以何种渠道传遍法国的，当然传播过程中它的名称一直在变。这首歌诞生于阿尔萨斯，从这里，它以附有致吕克纳（Lückner）元帅的献词的抄本形式流传到巴塞尔（Bâle）和塞莱斯塔（Sélestat），接着由斯特拉斯堡报纸印刷商丹巴赫（Dannbach）进行了印制，4 月 29 日以后，斯特拉斯堡正式表演这首歌。7 月 23 日，《杜歇老爹号角报》（*La Trompette du père Duchesne*）报道了于南格（Huningue）地方对这首歌的回响，于是巴黎得知了它的歌词，人们便在巴士底废墟上举行的舞会中演唱这首歌。不过，直到月底马赛的联盟派抵达时，巴黎才真正接受了这首歌。

《马赛曲》在离开斯特拉斯堡的出生地之后产生了第二个变体，它将我们带到了普罗旺斯：我们不再引用那些婉转的说法，而一个像蒂耶索那样谨慎的音乐学家也和其他人一样，要去求助于此类说法，他曾提到“提尔泰奥斯（Tyrtée）大言不惭的解释者”，提到南方阳光的魅力。更严肃地说，这里涉及的是名副其实的再适应的问题：《马赛曲》诞生于军官和温和派爱国市民的阶层，但在南方，环境大不相同，这里（从马赛到蒙彼利埃［Montpellier］）的革命运动具有高度的政治色彩，而打倒君主制、结成内部阵线以战胜反革命很快就成为根本任务。《马赛曲》的一个侧面——它真正的革命特征——即将得到强化。

在《马赛曲》从阿尔萨斯到南方的行程中，总会有当时别具一格的交汇融合现象，具体状况虽不够清晰，但也并非一片茫然。谁是传播的载体呢？……某种“宪法报”还是商旅呢？情况实际上是这样的。7月末，联盟派不顾国王的反对而在巴黎集合，为了声援这次行动，蒙彼利埃的联盟派请马赛的战友一起前往巴黎，正是他们带来了鲁热·德利尔的歌曲，当他们在马赛受到欢迎时，其中的E.-F.米勒（E.-F. Mireur）就在城里唱起了这首歌。里卡尔（Ricard）和米库兰（Micoulin）的《南方各省报》（*Journal des départements méridionaux*）刊登了《莱茵军团战歌》，马赛的联盟派在前往首都时每个人都拿到了一份报纸。他们在途中的每个宿营地都要进行表演，此举给人留下了持久的回忆，于是，这支战斗部队的标志性形象就与这首他们传播的歌曲紧紧结合在了一起。

在巴黎，这首歌和它的演唱者之间达到了前所未有的统一：7月30日，马赛人唱着这首歌抵达巴黎，8月4日和随后的日子里他们还是唱这首歌；《巴黎纪事》提到了他们表演的场面：“他们经常在罗亚尔宫（Palais-Royal）唱，有时还在两场戏剧之间的幕间表演上唱。”其他报纸也证实了这一点。需要特别指出的是，8月10日进攻杜伊勒里宫的时候，人们已经听到此后被合理地称为“马赛人的圣歌”的歌曲，于是这首国歌就永远和君主制的覆灭，和大革命的新阶段联系起来。

鲁热·德利尔的作品从此遗忘了它的作者，同样也遗忘了当初催生它的那个群体，如德布罗伊、戴吉永和迪特里希：这些人后来拒绝承认 8 月 10 日的“二次革命”，并在随后的几周里因死亡和流亡而零落四散。鲁热·德利尔本人也拒绝认可事态的新发展，虽然同为工兵军官的卡诺和普里厄再三恳求他这样做。不久他被停职，并一度离开部队，后来再次前往北方军团服役，但为时十分短暂。离开军队后，他跑到巴黎的戏剧界试试运气，但是，1793 年 9 月，他在圣日耳曼-昂莱（Saint-Germain-en-Laye）被当作嫌疑犯而逮捕，尽管处境险恶，他在狱中还是创作了《理性颂歌》（*Hymne à la raison*），谱曲的是梅于尔。不过他因是《马赛曲》的作者而受到保护，虽然他拒绝称之为《马赛曲》，而这首歌的命运从此也不受他的影响了。

9 月 28 日，军事部长决定，从 1792 年底到共和二年，将这首歌称为“马赛人的圣歌”，这一做法可以说有两个合理之处：从外部来说，这是战斗中的共和国在受到攻击之际于战火之中命名的胜利战歌；从内部来说，大革命也需要这首歌来对抗自己的敌人。

武装的《马赛曲》是民族热情的支柱和食粮：它的主题容易激发民族自豪感，肯定也更为人了解，讨论得也更多。格雷特里写信给鲁热说：“您的《马赛曲》就是炮声中的曲子。”实际上，1792 年秋天第一次拯救国土的战斗就是在《马赛曲》的歌声中进行的；瓦尔米的战士们就是唱着《卡马尼奥拉》《萨伊拉》和《马赛曲》参战的。9 月 29 日，军事部长塞尔旺（Servan）写信给迪穆里埃（Dumouriez）：“名为《马赛曲》的民族圣歌就是共和国的《感恩赞》：这首歌是最值得热爱自由的法国人去倾听的。”根据他的提议，国民公会决定不演唱《感恩赞》而演唱《马赛曲》：10 月 14 日，当巴黎人在自由女神雕像下庆祝法军进入萨伏依（Savoie）时，唱的就是《马赛曲》。不过，当群众在热烈迎接孟德斯鸠（Montesquiou）麾下的萨伏依王国远征军时，还唱着马赛人圣歌的各种改编版，如加上了“和平的萨伏依人民”之类的歌词，并与“对城堡战争，对茅屋和平”的口号结合在一起。

虽说最初对《马赛曲》六段歌词的改造仍是偶然行为，但当大革命首次开始向外扩张时，有一个增补却流传了下来，这就是引入了名为“孩子们”的第七段：

> 如果我们的兄长倒下，
> 我们将继续征程……

这段歌词的作者是谁，对此曾有过争议：可能是佩索诺（Pessonneaux）神甫，也可能是迪布瓦（Du Bois）。前者是维埃纳（Vienne）的爱国教师，他可能让学生唱过《马赛曲》；后者是个诺曼底人，根据蒂耶索提出的论据，他似乎更有可能是这段歌词的作者。但不管怎样，这一嫁接工作很容易成功，更何况孩子已成为武装的祖国的接班人，并在公民节日中占有越来越高的地位。

《马赛曲》在 1792 年年底走过的是一段胜利的征途：10 月，不伦瑞克（Brunswick）撤出凡尔登，11 月，法军占领比利时。米什莱写道：“在热马普（Jemmape）的清晨，《马赛曲》代替了烈酒。”鲁热·德利尔的两个亲戚也许就是明证：他们一个光荣牺牲，另一个表现英勇。从蒙斯（Mons）到布鲁塞尔和列日（Liège），《马赛曲》一路伴随着法军的胜利：12 月 2 日，人们在列日唱着这首歌种下自由树。当时，一批艺术家和音乐家——歌剧院的拉伊斯（Laïs），谢龙（Chéron）、雷诺（Renaud）、戈塞克——接到一项使命，要在布鲁塞尔、安特卫普（Anvers）和根特（Gand）之间做一次爱国巡演，以便让人们知道“自由的圣歌”。

《马赛曲》既见证过美好的日子，也经历过不幸的岁月：1793 年春天，法军连遭败绩，如 3 月 18 日在内尔温登（Neerwinden）的失利，但从秋天起，局面开始被扭转，《马赛曲》的歌声伴随着洪庶特（Hondschoote）的胜利，当时茹尔当（Jourdan）高唱这首歌来鼓舞士气；10 月份，《马赛曲》又伴随着法军在瓦特尼（Wattignies）获胜。不过，列举军中的《马赛曲》等于罗列共和二年法军的胜利：在维桑堡（Wissembourg）、施皮尔（Spire）、沃尔姆斯（Worms）、盖斯堡（Geisberg），还有弗勒吕斯（Fleurus）。当时人的内心中有一种把《马赛曲》和自己的胜利联系在一起的强烈情感，他们以冗长，有时很幼稚的话语表达这种情感，如一个将军写道，“给我派一千人的部队或一支《马赛曲》”，另一个将军说，“我赢得了战斗，《马赛曲》和我一起指挥战斗”……卡诺的视角则更宽，他说：“《马赛曲》赋予祖国十万卫士。”不过，这类看法根本不是法国人的狭隘见解——外国人对此深有感触——情况的确如此：1793 年 7 月 25 日，法军在《马赛曲》的背景下体面地撤出美茵茨（Mayence），关于这次行动有各种各样的文字，这其中就有歌德（Goethe）的描写，他自瓦尔米战役以来就特别关注这一“激动人心的可怕”场面。但是，很多目击者记述了法国的新圣歌在敌军参谋部赢得的惊人的好感——可能是运用新事物的好奇心和兴趣所致——有记载说，有人曾命令不厌其烦地反复演唱这首歌，以戏弄他麾下的法国流亡者的部队。

这类例子无须多举，我们且举一个海战的例子，一个真实和神话相交融的事件，即共和二年牧月 13 日“人民的复仇者号”在布雷斯特（Brest）外海英勇沉没一事，我们试着做一番解释。向我们提起这件事的作者，如 J. 菲奥（J. Fiaux）和蒂耶索等学人，是在第一次世界大战期间写下这些文字的，他们有时会做一些意味深长的渲染，如菲奥便认为，《马赛曲》成为自然疆界上的圣歌，而且它与法国人的尚武气质很相符。不过，进一步审视之后，他将这一圣歌的意义与正在战火中成型的新的战争艺术联系了起来：《马赛曲》是战士集体冲锋时的战歌，对他们来说，战歌的热情弥补了经验的匮乏。从某种意义上说，这也是使老部队和新的志愿兵融合起来的一种黏合剂，对此我们可以用一个有点老套的说法来描述："所有省份是在同一个青铜模子中熔铸在一起的。"

我们的一位作者至今还在谈论"边境上的《马赛曲》"和"十字街头的《马赛曲》"，大家将会原谅这种人为的教学上的区分。不过，无论是在巴黎还是在外省，《马赛曲》的传播本身就是一段传奇。我们还是回到1794年11月4日格雷特里给鲁热·德利尔的信中："您的《马赛曲》中的歌词'前进，祖国的孩子'响彻巴黎的每个角落，所有演出中都要唱这首歌，所有人都能很好地把握这首歌，因为人们每天都能听到优秀的歌者在演唱它。"我们可以说，《马赛曲》是这场"文化革命"中的一部分，它处于革命进程的中心，是其形态的具体表现。而十字街头的《马赛曲》一说，如果去掉其中的贬义色彩，这个说法倒是不假：人们在户外唱这首歌，而且大家知道，很早的时候人们就在杜伊勒里宫的自由雕像前演唱，1793年1月21日，在处决路易十六的断头台下，群众在行刑之后自发的舞会中也唱起了《马赛曲》，虽然不少人不太愿意提起这件事，但这的确是8月10日《马赛曲》的回响。大众化之后的《马赛曲》提供了一种基调，许多革命性创作活动就是以此为表达基础的：音乐学家贡斯当·皮埃尔（Constant Pierre）指出，在他编目的三千首歌曲中，有两百首依据的是《马赛曲》的乐调。这首国歌还不时加上新词——甚至多达十二段——但新词大多瞬间生灭。拙劣的仿作却很少见，这一点尤其应该指出，虽然早在1792年11月就出现了名为《田舍马赛曲》(*Marseillaise de la Courtille*) 的饮酒歌。不过，反复印刷的版本(1793年先后出现的比尼翁 [Bignon] 版和古戎 [Goujon] 版）为所有人确定了标准的书面版本，歌词分为我们今天所知的七段，与此同时，今天通用的《马赛曲》(*Marseillaise*) 这一简明的标题也逐步被广泛接受。

此外，戏剧还提供了一个独特的环境氛围，对此我们想象起来有点困难：当时所有舞台都在上演爱国戏剧，群众会介入表演，在幕间休息之间插入短剧或歌曲。有人注意到，在共和二年，《马赛曲》与《我们向帝国致敬》(*Veillons au salut de l'empire*) 和《出征曲》一起成为幕间演唱的插曲，而这类戏剧则以《共和国的火药工》(*Les Salpêtriers républicains*)、《完美的平等》(*La Parfaite Égalité*)、《黑人的自由》(*La Liberté des nègres*)、《攻克土伦》(*Toulon soumis*) ……《边境上的嘉布遣修士》(*Les Capucins aux frontières*) 为标题。巴黎的蒙唐西耶 (Montansier)、费多 (Feydeau)、莫里哀宫、意大利剧场等剧院会按照剧院领导的意思，在演出之中加上《马赛曲》的演唱，这种活动多少带有自发性。官方的鼓励也促进了这场运动，例如，国民公会在1793年8月颁布命令，为巴黎各公共场所规定了一系列的免费表演节目。

1792年9月30日，歌剧院上演了一台音乐剧，由公民加德尔(Gardel) 和戈塞克负责音乐，从那以后，《马赛曲》就成为一个完整的表演节目。考虑到上述背景，这种情况是不足为怪的。实际上，戈塞克在这场“组合”音乐剧中同时使用《我们向帝国致敬》和《马赛曲》为舞台背景音乐。演出的开头是卢梭式的：一群庆祝自由的人民，不过自由受到敌人的威胁。“公民们！暂且不要娱乐”，描绘即将到来的威胁的独唱者这样宣告。战争的哑剧表演围绕《我们向帝国致敬》展开，演出的地点在自由女神雕像之下，这女神是“法国人尊奉的唯一神明”。戏剧最后在《马赛曲》的表演中达到高潮，演唱者是独唱者拉伊斯，他至少要唱头四段，接着身穿白色紧身衣的孩子上场，他们为《孩子之歌》做准备，歌中唱道：

> 如果我们年轻的英雄倒下，
> 大地会出产新的英雄……

在这种表演，毋宁说这种仪式之后，继之以一段宗教色彩十足的续唱：一群跪在自由女神雕像前的妇女齐声演绎“对祖国神圣的爱”。这个崇拜仪式过后有一段沉寂，接着沉寂被一阵尚武的喧嚣声打破：鼓声、号角声和模仿的炮声预示着武装志愿军的到来，这时群情激昂的大厅里响彻合唱的歌声，《自由的献祭》（*Offrande à la liberté*）就在这歌声中结束。我们估量一下这一活动的新颖之处：这是一种弥漫并占据整个舞台的庆祝活动，它的氛围不是和平的聚会，而是一种再现整个大革命的哑剧，就这样，它实现了废除演员和观众之界限的卢梭主义理想。

《自由的献祭》仍是在封闭的大厅中进行表演，不过这种革命节庆本身却为《马赛曲》的神化提供了一个独特的空间，考虑到当时的情景，我们能感到奇怪吗？但至少应该指出，除了一个例外（蒂耶索），研究《马赛曲》的历史学家们不太考虑这个问题：但按玛丽-约瑟夫·谢尼埃的话来说，在共和二年牧月20日的最高主宰节上，《马赛曲》已经占有重要地位。不过有些学者也许并不在乎这个证据。当时的庆祝活动在战神广场上垒砌的山丘周围达到高潮，但高潮时刻乐队前端的军号响起的是这样的合唱信号：

在放下我们的胜利之剑前，
我们发誓消灭罪恶和暴君。

与此同时，在两百面军鼓和火炮的轰鸣声中，三十万人齐唱民族的圣歌。

在雅各宾革命或曰山岳派革命时期，在弗勒吕斯战役和最高主宰节（fête de l'Être suprême）之间，作为国歌的《马赛曲》取得了双重的合法身份：国民公会规定，从共和二年霜月 4 日（1793 年 11 月 24 日）起，“旬日里共和国的所有表演中均须演唱自由的圣歌，人民要求演唱时亦应从之”。

然而，人们通常认为，《马赛曲》被正式确认为共和国国歌并非这个独特的日子，而是在共和三年热月国民公会的穑月 26 日会议上（在 20 世纪前十年，热月国民公会无疑更受历史学家们尊重），在《巴塞尔和约》签订之后，尤其是在激烈的反动阶段结束之后，热月国民公会重新发现了一度受冷落的民族圣歌的好处：在国民公会前表演《马赛曲》激发起对“这种一度被遗忘的意外歌声”的热情。民众情感的表达者、受人尊敬的发言人让 · 德布里（Jean Debry）宣告说：“我请求重新赋予民族精神大革命的美好日子里的力量和热情，六年前的今天，7 月 14 日，这种力量曾向暴政发起首次进攻，而在 8 月 10 日，它又以公民的歌声唱响了暴政覆灭的前奏。”

德布里的演讲之后颁布了一项法令，规定国民宫的卫兵在每天换岗时应演奏《马赛曲》，国民卫队和正规军的乐队亦须演奏《马赛曲》。在几个月的冷落之后，《马赛曲》看来首次恢复了名誉，不久之后，鲁热 · 德利尔的名字受到表彰，国民公会表决通过一项决议，向这位作者赠送两把小提琴，“以这份表达民族意愿的共和主义薪饷支付他对祖国做出的贡献”。这个鲁热 · 德利尔已经与保守的革命路线调和，这种路线已让他从监狱里释放出来，他则创作了一首《罗伯斯庇尔密谋和热月 9 日革命之歌》（*Hymne dithyrambique sur la conspiration de Robespierre et la Révolution du 9 thermidor*）来歌颂它。这并不是说他拥护王党分子的反革命，因为在基伯龙（Quiberon）之围中，他再次出现在工兵部队中，对这段经历他后来还留下了记录。

共和三年穑月 26 日的法令规定《马赛曲》为国歌，从而确立了这首爱国歌曲和共和国之间的联系。实际上，正是在热月时期及督政府的反革命背景之下，《马赛曲》才首次成为团结与捍卫精神的象征，与此同时，当局的对手则以一首竞争性歌曲为团结的象征，这就是《人民的觉醒》（*Le Réveil du peuple*），它的使命很快就被确定为《马赛曲》的对立面。我们将看到，在随后的岁月里，还有其他歌曲加入竞争的行列，演绎出不同的故事。

对这些竞争性作品做出鲜明的美学评判并非我们的职责所在，道德评判就更不是了，因为这样做会有倾向性上的风险……但必须指出的是，由费多剧院的轻喜剧作者苏里吉埃（Souriguières）谱写歌词、加沃（Gaveau）谱曲的作品堪称向反革命复仇的激越号声：

> 加速前进，至高无上的人民，
> 把啜饮人血的厉鬼，
> 交给泰纳尔（Ténare）的魔王……
> 是的，我们对着自己的坟墓发誓，
> 我们不幸的祖国，
> 只可有一次大献祭，
> 祭品就是那可怕的食人者……

这是对屠杀的召唤，在共和三年第一次白色恐怖的头几个月中，这个召唤颇有效力：从里昂经艾克斯（Aix）或塔拉斯孔（Tarascon）到马赛，“耶户（Jéhu）团”和“太阳团”的王党分子在大肆施暴。直到 1814 年，年轻的君主主义者夏尔·诺迪埃（Charles Nodier）才根据过去的“恐怖主义者”在南方上演的屠杀场景，揭示出《马赛曲》和《人民的觉醒》之间截然的对立：

> 一切都好似奇特的食人表演，可怕的献祭伴随着歌声的喧嚣。当杀人者血脉偾张时，他们嘴里的《人民的觉醒》便愈发嘹亮和粗暴，而垂死者临死前总会吟唱《马赛曲》……

在这种背景下，我们可以设想，穑月 26 日法令是热月党人防卫心态的一种反映，他们不想被反动势力裹挟，但这在金色青年当中引发激烈反应，当时塔利安（Tallien）和罗维尔（Rovère）正领导这些人对雅各宾派采取惩罚行动。

《人民的觉醒》和《马赛曲》之间爆发了一场公开的战争，咖啡馆、街道，尤其是剧院，都成为战场。爱国派演员和歌手有塔尔马（Talma）、拉伊斯、迪加宗（Dugazon），与他们针锋相对的是王党分子莫莱（Molé）、莱内（Lainez）和加沃当（Gavaudan），而王党的“突击队”则与雅各宾分子，甚至与处于防御地位的爱国派大动干戈。穑月法令掀起的骚动甚至波及国民公会，因为国民公会的卫兵也受到王党分子的袭击，并被要求演唱《人民的觉醒》。面对这样的压力，热月党人有些踌躇：当朗居奈（Languinais）要求收回关于《马赛曲》的立法时，让·德布里则为“我们胜利的英雄们高唱的真正的民族歌曲”辩护，几天之后，布瓦西·当格拉（Boissy d'Anglas）开始谴责《人民的觉醒》，虽然热月 9 日他曾为这首歌欢呼，但在里昂和南方，这歌曲已经成为“割喉的信号”。国民公会的议员们希望禁止这些歌曲在剧院表演，以便结束这场争论，但此举没有成功。 徒劳的努力之后，剧院里的争吵、街头聚会（经常是为了为难共和派军人）渐入高潮，但共和三年葡月13日巴黎王党分子的溃败终于结束了这场危机。

但是，对王党派的镇压并没有结束这场纷争，在督政府时期，围绕《人民的觉醒》和《马赛曲》的斗争仍在继续，再次许可在各剧院演唱这些歌曲只是强化了爱国剧院（如拉伊斯的歌剧院）和反革命剧院（如费多剧院）的立场。共和四年雪月，督政府为最终结束这一争论而颁布如下法令：以后演出当中只有四首“共和主义者珍爱”的歌曲是合法的，甚至是必需的（当然可以选择），这四首歌曲是《马赛曲》《萨伊拉》《出征曲》和《我们向帝国致敬》，《人民的觉醒》则被禁止。然而，要人们遵守这些规章却远非那么轻松，巴拉斯（Barras）在备忘录中提到，有位将军负责在巴黎执行这项命令，他的名字叫波拿巴，夜里他甚至亲自赠送剧院的免费券：“去吧，公民们，去高唱《马赛曲》，压倒舒昂党人。”

虽说巴黎和外省曾一度成为《马赛曲》的战场，但在督政府末期，《人民的觉醒》却失去了进攻色彩，并逐步为人遗忘，于是节日里所有的教育行为都是有利于《马赛曲》的。什么活动都要扯上《马赛曲》，它那广为流传的音调配上了各种民间歌词，内政部长弗朗索瓦·德纳沙托（François de Neufchâteau）还将《马赛曲》歌词的改编版用于农业节（fête de l’Agriculture）上：

> 农夫们，拿起武器，挥舞你们的刺棒，
> 前进，前进，让驯服的公牛犁出宽阔的垄沟。

有些人曾抱怨这种对国歌的蹩脚改造，但这种做法对国歌的普及所起的作用不可忽视，它还以某种方式促进了国歌的深入传播。说得更严重一点，正是在这个时候，法国人才开始理解《马赛曲》并记住了它，从此不再遗忘。

对军队来说，这首国歌也许同样具有鼓舞士气的价值，它与军事荣誉紧密相连。法军唱着《马赛曲》进行了第一次意大利战役，共和二年葡月奥什将军的葬礼上演奏的是《马赛曲》，共和七年诺维（Novi）战役中牺牲的茹贝尔（Joubert）将军的葬礼也是如此。法国的大使们已经习惯于听到国歌了：它在整个欧洲的雅各宾派那里享有某种权威，从巴达维亚共和国（République batave）到瑞士都是如此，比如，1798 年瑞士沃州（Vaud）正是在《马赛曲》的歌声中发动反对伯尔尼的起义的，稍后的热那亚（Gênes）也是这样。在佛罗伦萨、罗马和整个意大利半岛，雅各宾派把《马赛曲》看作起事的号角。

然而，共和八年雾月 18 日夜间，五百人院最后的几个顽固分子也曾徒劳地以歌唱《马赛曲》为团结的信号，但波拿巴的政变还是终结了共和国……

顺流与逆流：一首（过于）革命歌曲的历程 *

在近一个世纪或者说八十年的法国历史中，《马赛曲》的命运几起几落，屡屡在长期的沉寂后迎来复兴和再生。对一首丝毫未曾丧失革命内涵和严格意义上的群众动员力的歌曲来说，这种命数与它的性质颇为吻合，因为后者既有有利之处也是其不利所在。不利之处在于，《马赛曲》与大革命的观念力量，或曰大革命的记忆之间存在深刻的身份上的一致，这就使得所有威权主义的、怀疑民主观念的政府都要禁止它：从帝国到后来的纳税选举人的君主国——虽然有复辟时代和七月王朝这样不同的名称——再到第二帝国和随后的道德秩序体制。但这也是个有利之处，因为《马赛曲》仍然深藏在集体记忆之中，后者远没有遗忘它，而是丰富了它。

当然，就相似性的方面来看，上述情形使得各个时代总会出现旧事物不断复苏的暧昧局面。高层也知道去利用这一悲惨岁月乃至危机时刻的人们尝试发掘的旋律的动员力量，如在1814年帝国失败之际，百日王朝期间，1830—1833年的一系列事件中，还有随后的40年代的国际危机，最后是1870年普法战争来临之际。复苏甚或操纵旧事物的尝试有时能取得成功，有时也未必奏效，但《马赛曲》的历程不是这种情况。它越来越成为人民的革命怒火的表达信号，无论是在1830年、1848年，还是在1870—1871年的临时政府和巴黎公社时期。

于是，表面看来充满断裂性的法国历史的各个阶段却能联系起来，而且，法国人的圣歌在法国之外的命运也是连续的，它从未被人背弃，而是革命时代解放运动的集合号声。这个说法并无丝毫的不实之处：在19世纪40年代，自由派资产阶级的国际主义正让位于多疑敏感的民族主义，但在这个转折时代，作为欧洲和欧洲之外的革命运动的象征符号，《马赛曲》并未丧失其颠覆性力量。

雾月政变后不久，波拿巴就希望摆脱革命歌曲这一棘手的遗产，虽说他在穿越塞尼山（Mont-Cenis），向马伦哥平原进军时曾让人演奏《马赛曲》，但这已是最后一次了。在执政府和随后的帝国时代，秩序的重建与点燃叛乱之火的歌曲难以调和，但是阅兵式和官方仪式中的《皇帝万岁》（*Vive l'Empereur*）和《法国掷弹兵之歌》（*L'Air des grenadiers français*）等苍白的替代品却不能在集体记忆中扎根，即便那些标志着重大胜利的真正的军乐的出现也于事无补：从《执政府的卫兵驰赴马伦哥战场》(*La Marche de la garde consulaire à la bataille de Marengo*) 到《奥斯特里茨进行曲》(*Marche d'Austerlitz*) 都是如此。当然，不同的音乐总在某些方面提到了革命的历程，正如拿破仑的战争艺术没有忘记大革命战争的成就一样。不过政治领域内的问题不是这么简单，例如，帝国政府重新采用《我们向帝国致敬》时就是在耍弄花招，这首歌是1791年由莱茵军团的军医A. 布瓦（A. Boy）根据达莱拉克（Dalayrac）的一首旋律创作的（“你这多情的种子……”）。戈塞克已经在《自由的献祭》中把这类歌曲与《马赛曲》联系起来：拿破仑政权把小写的帝国（通常理解为国家和祖国）替换为大写的帝国，此举以很小的代价窃取了大革命的遗产。当局要用诸如此类的伎俩来淡化、模糊——如果不是嘲笑的话——那些歌唱自由的革命遗产：

> 自由啊，所有人都向你致敬，
> 暴君啊，颤抖吧，你要为自己的罪行付出代价……

还能怎么做呢？第一执政在上台之后马上就命令鲁热·德利尔创作一首《战斗之歌》(*Chant de combats*)，1800年1月，作品问世了，但这首作品很平庸，很难取代《马赛曲》。而且从这个时候起，《马赛曲》的作者逐步成为帝国的反对派，他的个人转变远不止是趣闻轶事，而是个意味深长的现象。这位工兵军官在督政府时期曾参加过几次行动，如基伯龙战役，但在随后的岁月中，他虽然一度混迹军事机构，但一直不得升迁，他深信因卡诺的敌意而受害（是否有理不得而知），也因为不受文人们的待见而恼怒。后来他尝试进入外交界，督政府末期，他终于在巴达维亚共和国得到了一个一岗二职的职位。

共和八年雪月6日（1799年12月15日），他以一贯的坦率致信曾数次晤面的波拿巴："您满足了吗，执政官？我觉得不会的……"不过这时他已是自由身。他谴责正在建立的体制，因为他已预知其中的弊端。鲁热·德利尔在有关终身执政制的全民公决中投了反对票，1804年，他以更为庄重的字句再次质问道："波拿巴，你会失败的，更糟糕的是，你会让法国走向崩溃……你把自由变成什么样子，你把共和国变成什么了？……"在帝国时代，鲁热·德利尔生活在嫌疑犯的阴影中，当他在巴黎和弗朗什-孔泰的家庭之间劳碌奔波时，总会遭警察盯梢，当局怀疑他与共和派密谋分子有牵连，后者当中有他的远表亲马莱将军。鲁热·德利尔在帝国时代的经历，典型地体现了一些被迫陷于沉寂但不愿放弃其信仰的共和派小团体的命运，不过这样的经历在当时并不新鲜。

在帝国时代的编年史中，《马赛曲》的重现发生在1812年横渡别列津纳河（Bérésina）的嘈杂而悲哀的时刻。据记载，当时部队陷入混乱，伤亡惨重，为了鼓舞士气，皇帝本人带头高唱"前进！孩子们……"，这个举动应者寥寥，而且局面随即逆转。据说有两支部队——第9和第10轻步兵军团——以一首绝望的嘲讽之歌来应答，这就是一个世纪前的《马尔布罗上战场》（*Malbrough s'en-va-t-en guerre*），虽然这首老歌曾几乎被人遗忘，但在大革命前夕，玛丽-安托瓦内特（Marie-Antoinette）又让它流行了起来。部队给了自己的首领以血的教训。不过在百日王朝期间，当雄鹰振翅，波旁家族逃离首都时，《马赛曲》又带着革命时代的全部激情复活了，鲁热·德利尔的一句并非俏皮之谈的话语足以为证。当时他从外省返回巴黎，密切注视着事态的发展，并告知朋友："情况正在变糟……他们唱起了《马赛曲》！"

夏多布里昂在给逃亡中的国王的一份报告中也以沉重的笔调证

实了这一点，他的描述更为细致："人民唱起《马赛曲》，红色便帽又出现了，有人还把它戴在拿破仑的胸像上……革命复活了。"这段话中除了恐惧之外，还见证了《马赛曲》与革命景象之间内在的联系，人们已经把二者合在一起了。

正是因为这个原因，拿破仑才继续提防着《马赛曲》——百日王朝期间，他必定在迎接他的各种自发活动中听到过这首歌——五月广场大会之后，他把《马赛曲》从官方音乐名单中删去了。但在几周之后的比利时战役中，《马赛曲》仍然被传唱，年轻的大仲马（Alexandre Dumas）记载说，他曾听到士兵们唱起《马赛曲》……利尼（Ligny）战役时有人也听到了《马赛曲》，在滑铁卢，老近卫军高唱这首歌排列方阵。拿破仑的冒险进入最后阶段时，捍卫大革命的理念成了帝国神话中的最后一张牌，于是《马赛曲》复活了。滑铁卢之后，格鲁希（Grouchy）的部队在巴黎组织街垒战时唱起了《马赛曲》，土伦的布吕内（Brune）的士兵也是如此。

复辟王朝禁止演唱《马赛曲》，甚至连名字都要让人忘掉。19 世纪 20 年代的一部军事史在提到热马普战役时小心翼翼地说，战场上的人们唱着"当时的军歌"。那位象征性英雄鲁热·德利尔的磨难很能说明对《马赛曲》的宿怨有多深。有些人曾说，他像一些帝国反对派一样，曾指望复辟王朝能有短暂的自由期，但他很快就失望了。1817 年，在失去那一份微薄的家业之后，穷困潦倒的鲁热·德利尔终于在巴黎定居，他拒绝任何妥协，虽然妥协的机会不少；他被禁止进入国家图书馆，也不能参与巴黎的演出活动。在他深陷财政困境之时，人们甚至不敢救助他。诺迪埃对他还有好意，因为过去他们曾一起反对帝国，然而，就算是他和奥尔良公爵，都因为怕有牵连而不敢有任何慷慨举动。1826 年，鲁热·德利尔最终因负债被判 66 年监禁。在朋友们迟来的慷慨救助之下，他出狱了，但中风损害了他的健康，他绝望到了想自杀的地步。还有几个人没有抛弃他，如格雷瓜尔神父、拉菲特（Laffitte）、贝朗热和收留他的布兰（Blein），他们的忠诚让他活了下来。但风向不是变了吗？复辟王朝的最后几年，自由派的胆子大了起来，于是，鲁热・德利尔的故事和重新流行起来的《马赛曲》的历史走到了一起：他以预订方式出版了《五十首法国歌曲》（*Cinquante chants français*）。

半是出于慈善，半是为了有目的的宣传，大卫・当热（David d'Angers）为这个革命音乐家创作了一尊半胸像和一个大尺寸的纪念章，也以预订的方式于1830年6月出售。1830年7月“光荣的三天”（Trois glorieuses）中，当街垒上唱起《马赛曲》，查理十世的政权摇摇欲坠时，鲁热・德利尔再次成为公众人物。浪漫主义诗人、《抑扬格》（*Iambes*）的作者巴尔比耶（Barbier）在《角逐》（*La Curée*）中描绘了《马赛曲》歌声中的七月革命的热烈气氛：

> 整个巴黎，如澎湃的大海，
> 起义的人民在怒吼，
> 在旧铸铁炮的凄凉呼啸中，
> 《马赛曲》应声高唱……

德拉克洛瓦（Delacroix）后来创作的一幅画以图画语言表达了当时的场景，这幅作品的标题十分明确：自由女神在街垒上高唱《马赛曲》，引导人民进行七月的战斗。

我们还停留在证据的层面上，仍在说明人们没有遗忘《马赛曲》……雾月政变三十年后，巴黎群众仍然知道这首革命歌曲。当然，人们可以认为它是在七月革命之前的几年中开始苏醒的，但对很多人来说，关于《马赛曲》的记忆从来没有淡忘过。比利时也没有忘记这首歌，那时布鲁塞尔的自由派曾成群结队地在法国流亡者（被复辟王朝放逐的弑君者）的窗户底下高唱后者的国歌。在布鲁塞尔革命中，《马赛曲》所起的作用可能就像点燃群众激情的《哑姑波尔蒂奇》（*La Muette de Portici*）一样。在大西洋对岸的纽约，当人们为“光荣的三天”（这个消息很快就为人所知）而欢呼时，《马赛曲》仍是必不可少的。1830 年，许多地方爆发了革命，从纽约到波兰，到意大利，自由的火炬让所有人都毫无保留地成为《马赛曲》的听众，因为它表达了人民对以法国为榜样去追求自由的向往。

让我们回到法国。路易-菲利普的政权诞生于街垒战之中——正如有人谴责的那样，不过，这个政权在寻找不那么大众主义的合法性时，与《马赛曲》缔结了一种相当暧昧的关系。它不能抛弃《马赛曲》，实际上到处人们都在唱这首歌。路易-菲利普也一再重复——至少当时如此——说：“我参加过瓦尔米战役，我到过热马普……”他试图将时间的链条与某种大革命的形象对接起来：这个形象就体现在身披三色旗的拉法耶特身上。这是终止于 1792 年的资产阶级的大革命形象，它能很好地终结于《马赛曲》的歌声中而不必对其曲调做过多的歪曲。然而，这首歌散发着火药味，它让人想起颠覆的火焰。因此当局更喜欢《巴黎女人》（*La Parisienne*）这首歌，它是 1830 年根据卡西米尔·德拉维涅（Casimir Delavigne）的歌词谱写而成的；我们在第一个帝国时代已经见识过《我们向帝国致敬》的诞生，新王朝也想仿效，把这首《巴黎女人》当作《马赛曲》的无害的替代品。

但是，短时间内是无法违反潮流的：几乎就在七月革命的次日，歌唱家努里（Nourrit）便在歌剧院演唱《马赛曲》，并再次将它与大革命的传统结合在一起：观众跟着一起合唱，群情激奋，人们想到了鲁热·德利尔，以为他已经死去，后来一个消息灵通的观众说他还活着，但处境凄惨。这幕情感剧最后以寻找这位被遗忘的作者煞尾，人们把演出的收入送到了他在舒瓦西勒鲁瓦（Choisy-le-Roi）的住所：为了完善这幅埃皮纳勒版画（image d'Épinal）般的画作，我们需要指出的是，这位贫困而有尊严的老人把钱存入了七月战士们的账号中，以救助寡妇和受伤者。幸福总是接踵而至：复辟时代的奥尔良公爵怕连累自己而不敢接济《马赛曲》的作者，但现在，路易-菲利普则说“从未忘记他是自己的老战友”，并向鲁热颁发一笔500法郎的年金。这笔救助稍显寒酸，不过那位资产阶级国王从来也说不上大方。后来，在贝朗热这位慷慨的保护人的坚持和暗中运作之下，此后的年金翻了一倍：“您终于能有一件像样的冬季礼服了”，这位受人欢迎的歌手在给老朋友的信中这样写道。从大革命时代以来，鲁热·德利尔的历史和《马赛曲》的历史、作者和作品的历史总是联系在一起，我们已经见惯了伟大和平庸乃至寒酸模样的相互交织，从街垒上袒露胸膛的慷慨形象到舒瓦西勒鲁瓦的那个小老头的礼服。最后，1836年7月26日，鲁热·德利尔去世，享年76岁。同他告别为时尚早：我们将看到，他死后的命运再次和《马赛曲》联系了起来，一直到20世纪，因为对付逝去的英雄比对付活着的人更为容易。不管怎样，也许我们现在可以给他一个定位：他不是伟岸的创造之神，不是共和国的提尔泰奥斯，虽然一些想为他立雕像的人是这么看的；但他也不是政治上朝三暮四的平庸之人，也并非被自己的作品淹没的昙花一现的小才子，不是被自己的孩子吓得不知所措的老子。他是个不幸的、被人遗忘的诗人，从某个方面来说，这个终极形象与当时的情感氛围很一致，但在这个形象之后，真实的鲁热曾重新站起来过。他继续创作诗歌和小说，他和梅耶贝尔（Meyerbeer）通信，他还对圣西门主义感兴趣；他没有进入大作家的圈子，没有被学院派认可，雨果和其他人还想修改他的诗作。这些情况也许能让人更好地了解他。

我们暂且回到 1830 年七月革命之后的巴黎，那里到处都在高唱《马赛曲》，这种潮流一直持续到 1832—1833 年。人们在杜伊勒里宫路易-菲利普的阳台下唱《马赛曲》，这位国王在自己家人和孩子的簇拥下露面了，而且跟着大家一起唱。国王保证忠诚于 89 年的遗产，表现得像个敦厚的老好人，直到很久之后，人们通过他周围的显贵们无情的回忆才知道，这个狡猾的教父是在装模作样……他没有唱《马赛曲》。这到底是个无聊的故事还是意味深长的片段，读者可以自己去判断。1830 年夏天杜伊勒里宫的场面在别的地方也有反响：1831—1832 年，各地的剧院里到处都在唱《马赛曲》，这是前文指出的大革命遗风的延续。但在 1833 年庆祝七月革命纪念日的时候，分裂发生了：7 月 28 日，旺多姆广场举行隆重仪式，庆祝重新安放拿破仑的雕像；但次日，《马赛曲》已根本不是表达全体一致的爱国热情，而是充满了真正的革命的愤怒，人们在杜伊勒里宫，在国王的窗户下高唱这首歌，仿佛是在宣战。

1834 年审判之后，政治犯塞满了路易-菲利普的监狱，监狱里的《马赛曲》再次成为近乎煽动性的口号，它与三色旗一起成为有组织的群众游行的核心象征，可以说人们创造了某种宗教性仪式：有关的监狱历史，尤其是拉斯帕伊（Raspail）监狱的历史，曾把《马赛曲》称为“夜间祷告”。在监狱的走廊上，囚犯们聚集在三色旗周围唱《马赛曲》：这是个虔诚的时刻，强迫性的集体修行的时刻，因为根据自大革命以来的准官方仪式，当“对祖国神圣的爱”的歌词响起时，看守和巡视员也必须跪倒在地……于是只得给“刺儿头”发钱，让他们领唱这首令人起敬的爱国歌曲，而领唱《卡马尼奥拉》和《萨伊拉》时甚至可以更好地检举叛乱意图。共和派囚犯避免了陷阱，他们囚室里的叛徒被发觉了。但这个故事也是有意义的：除了当局和警察的两面三刀——他们不敢公开抨击《马赛曲》，而是设法破坏它——它还说明了这首歌在大革命流传下来的众多歌曲中的地位。《卡马尼奥拉》和《萨伊拉》依然在传唱，依然具有反叛和真正的革命性质，而《马赛曲》作为无法回避的“对祖国神圣的爱”的爱国主义表现形式，已经做好了成为国歌的准备。

这一点毫无疑问，因为，虽然一些编年作家告诉我们说，马赛人的圣歌从 1835 年起再度成为煽动性歌曲，但在 1836 年，吕德（Rude）在星形广场的凯旋门下完成了名为《出征》（*Départ*）的著名群雕——在古代风格的裸体胜利女神像之下，92 年的志愿军在她的《马赛曲》的呼声中，毋宁说是在歌声中前进。德拉克洛瓦的自由女神像也赋予胜利女神一定的地位，后者头戴同样的弗里吉亚帽，此后这帽子戴在了高卢鸡的鸡冠上；相比男子礼服和罩衫，人们更青睐罗马人或高卢人的旧式盛装。但重要的是，应该看到（虽然不是很明显），《出征》群雕参照的是《马赛曲》，而不是玛丽-约瑟夫·谢尼埃的《出征曲》。

这种暧昧还表现在当局纪念鲁热·德利尔时表现出的态度中：在这个预示着公共广场“雕像狂热”即将到来的时期，1838 年在巴黎为这位作曲家立一个纪念碑的设想遭到拒绝……不过，鲁热·德利尔出现在凯旋门的一段中楣上，但在群体像之中，他几乎成了认不出的陌生人。

1840 年，《马赛曲》回归了；当时的内部环境是梯也尔（Thiers）当政（1840 年 2—10 月），但更重要的是国际环境，即东方问题引发的危机。这场危机中对立的双方是法国支持的埃及帕夏穆罕默德·阿里（Méhémet Ali）和英国支持的奥斯曼苏丹，但站在后者一边的还有大陆上的保守大国俄罗斯、普鲁士和奥地利，这场危机不仅导致地中海的对抗，也使得欧洲出现对峙。这里不拟追述冲突的来龙去脉。英国首相帕默斯顿（Palmerston）的进攻政策是其中的一个因素，不过梯也尔的糊涂与冒失同样不可忽视，他急于扮演重要角色，以便平衡因其顽固拒绝自由主义选举改革而在舆论中引发的不满情绪，于是他以民族自尊的名义进行了一次谄媚的动员。随后有人玩弄战争观念，要求加强军队、巩固巴黎的城防；另外，当时拿破仑的遗骨被运回法国，关于拿破仑的记忆被重新唤起，同样，当表面看来颇为自信和好战的法国面对欧洲的联合反对时，这个自称为“大革命的最谦卑的孩子”的梯也尔则毫不犹豫地复活1792年的那些伟大身影。《马赛曲》再次浮现，它既是在沙文主义口号下动员起来的舆论的自发表达，也是政府有意识的操纵：它成了比若（Bugeaud）将军（谁也无法否认其军事气质）所称的“紧跟束棒的圣歌”。于是，在巴黎，在歌剧院，按传统做法在各剧院，还有外省的鲁昂（Rouan）、波城（Pau）、阿拉斯（Arras）和勒芒（Le Mans）等地，人们纷纷鼓励公开演唱《马赛曲》……这时国歌有了一个民众版，将它发扬光大的是爱国主义表演和帝国士兵中的专家沙莱（Charlet），费利克斯·皮亚对此做了记录。

这激情之中的民族主义远甚于民主和革命的因素（虽然人们在玩弄暧昧）——它既不能持续长久，对随后的事态也没有重大意义。之所以不能持续长久，是因为梯也尔内阁只是个短暂的插曲：国王一直保持警惕，他不愿看到1792年的重现，对于后者，他“并无美好的回忆”（沙莱蒂［S. Charléty］），10月，他抛弃这位鲁莽的大臣，开始与英国谈判；1841—1842年以后，《马赛曲》也受到影响，再次受到恶意对待。但是，当震动一时的冲击再次到来时，欧洲大陆尤其是德国，出现了新的歌曲以回应法国的《马赛曲》：科隆的小官僚和即兴诗人（不过不必因此就对他鄙视之极，因为鲁热·德利尔也是业余的，而且说到底是个孤篇作者）尼克劳斯·贝克尔（Nikolaus Becker）创作了*Rheinlied*，即《莱茵之歌》（*Chant du*

Rhin)，其主题是“他们不能占有德意志自由的莱茵河”（Sie sollen ihn nicht haben， den freien deutschen Rhein），从普鲁士到巴伐利亚，整个德意志都以热烈盛大的方式接受了这首歌。“莱茵河，莱茵河，谁愿成为你的保卫者？”发出这一呼声的不只是贝克尔和《莱茵卫兵》的作者施内肯布格尔（Schneckenburger）。这些好战的呼声中饱含着《马赛曲》的攻击性——如果说不是激情的话——对此法国自由民主派的舆论躁动不安，并以两种话语作为回应。拉马丁觉得有必要修订《马赛曲》，他剔除了其中的血腥色彩，代之以《和平的马赛曲》，其中包含善意的情感（1841 年 5 月）：

> 自由宏伟的巨流，
> 莱茵河，西方的尼罗河，
> 你将各民族分割开，
> 你哺育的人民
> 将克服对立，战胜野心……

这种和平主义的话语当然体现出西方资产阶级的一种战略选择，但是，毋庸赘言的是，研究《马赛曲》的史学家们并不欣赏这种抒情精神，比如儒勒 · 菲奥这类在 1914—1918 年写作的史学家。他们更偏爱一个月后阿尔弗雷德 · 德 · 缪塞（Alfred de Musset）那种洒脱而傲慢的回应，因为它符合法国人的性格：

> 我们曾占有你们德意志的莱茵河，
> 它曾在我们的杯中。
> 为它唱一段小曲，
> 就能抹去那曾踩着你们鲜血的

马匹的高傲身影么?

拉马丁抱怨它是小酒馆里的歌谣，不像人们介绍的那样具有和解精神。这场口水战是在啤酒馆的饮酒歌的歌声中进行的，但它留下的一份遗产却不可小视。1792 年的《马赛曲》显得更为灵活而有韧劲，在民族主义时代，它将卷入另一场危机。

对于博爱主义的《马赛曲》而言，人们的解读更亲近于拉马丁而不是缪塞，这样的《马赛曲》也还有美好的日子，有幸运的时刻，如第二共和国就是这样的时期。1848 年，《马赛曲》作为全欧洲的革命之歌在所有发生革命的首都都听得到，它曾伴随着胜利时刻的到来，也曾在失败和挫折中带上了英雄主义的色彩：1851 年，马赛的民主派正是在高唱着《马赛曲》迎接载着科苏特[①]流亡美国的密西西比号驳船中途停靠马赛的。

在 1848 年春天的法国，《马赛曲》被再次发现并表达出人民的心声，在集会和节日中，它成了必需的伴随物：人们在《马赛曲》的歌声中栽种自由树，这时人们还重新发现被遗忘了半个多世纪的一段补充歌词，并赋予它 48 年二月革命党人那承载着幻灭和希望的色调：

心爱的自由树
是我们希望与心愿的担保
你在每个时代都会绽放花朵……

纪念鲁热·德利尔再次成为时尚：1848 年 5 月，《世纪报》(*Le*

---

① 科苏特(Kossuth,1802—1894)，匈牙利记者、律师，曾领导 1848 年的匈牙利革命。——译注。

Siècle）刊载了关于其生平履历的简介。这是个引人注目的举措，从某些方面看还是一种爱国主义，因为在同一年，《莱比锡乐刊》（*Gazette musicale de Leipzig*）认为法国国歌是莱茵地区的雅各宾派成员福斯特根据赖夏特的曲子而创作的，不久之后，《科隆报》（*Gazette Cologne*）认为它是一个名叫哈曼（Hamman）的管风琴演奏者的作品：这是一系列争论的开端，到 19 世纪末之前人们提出了很多作者，直到朱利安·蒂耶索无可辩驳地证明该作品出自鲁热·德利尔。作者身份一开始便无可争议，但德利尔死后的这场争吵还是以其独特方式反映了《马赛曲》的身份演变。

但是，在 1848 年的法国，没有人怀疑鲁热·德利尔，在斯特拉斯堡，人们保留着对他的记忆，将“山雀街”（rue de la Mésange）重新命名为“马赛曲街”，这位工兵军官曾在这条街道上住过。1849 年，一幅划时代的绘画丰富了国歌的形象：这幅在沙龙中展出的作品出自皮尔斯的手笔，它表现的是“鲁热·德利尔在斯特拉斯堡市长迪特里希的家中第一次演唱《马赛曲》”。这幅作品遵循的是当时的历史画创作风格，它生动而不失稳重，远景上的屏风衬托着德利尔的身影，他注视着主人的家人和朋友们，内心的刻画与戏剧性效果水乳交融。画中的主人公——可以说已经是群众中的英雄了——就这样展现在后代人面前，他正是要向后者传达他的信息。19 世纪末的德利尔传记曾质疑作品的真实性：这位画家不是受那些已为人熟知的著名英雄的形象的启发，并让迪特里希（正如历史中所说的那样）来筹办他朋友的歌曲的演唱事宜吗？在我们看来，这些指责无关紧要，因为我们这里关注的是共和国想象物中的一个重要的常见形象。

第二共和国秉承大革命以来确立的传统，它把《马赛曲》变成了一项表演，在舞台上演唱。不过，第二共和国还没有赋予《马赛曲》

独一无二的地位，而是将它与一批歌曲组合在一起，这些歌曲如果不是革命的，至少也是受大革命启发的，如《山岳派之歌》(*Chants des Montagnards*) 和《吉伦特派合唱曲》(*Chœur des Girondins*)。此前的十年间，关于大革命的历史著作唤起了人民的好奇心，这种好奇心在音乐领域内亦有反映，如有人开始伪造革命歌曲，正如后来的保罗·费瓦尔 (Paul Féval) 等人伪造舒昂党人的歌曲一样。当看到这些仿制品，看到那个时代试图以此来辨认自己时，我们可以回想一下马克思 (Marx) 的话，他曾说48年的革命者身披大革命的旧衣服，正如雅各宾派自己曾“披着罗马人的旧衣服”完成自己的事业一样。

吉伦特派在审讯过后曾高唱《马赛曲》。1847年8月，即二月革命之前半年，大仲马发表《红屋骑士》(*Le Chevalier de Maison-Rouge*)，书中的吉伦特派唱的这首歌是拉马丁的读者和很多其他人似曾相识的：

为祖国捐躯，
这是最光荣、最值得追求的命运……

这段话中传达给我们的同样是鲁热·德利尔的回声，因为大仲马从《马赛曲》的作者那里借用了这两行诗，他曾在《龙瑟沃的罗兰》(*Roland à Roncevaux*) 中使用过它们，后来也还再次使用。

《吉伦特派合唱曲》没有取代《马赛曲》，后者依然保有其全部的声望：就在二月革命后不久，正处于职业生涯顶峰的28岁的拉谢尔 (Rachel) 在法兰西喜剧院“再现”了《马赛曲》，正如共和二年那些鲜活的女神曾再现理性一样。拉谢尔不是在演唱，而是在诉说《马赛曲》，当时的场景既简朴又不失宏大，拉谢尔身披古代的长袍，手执三色旗。缓慢的序曲过后是渐强的乐音，再后是爱国主义的狂热激情，这位女悲剧演员双膝跪地，全身裹在三色旗之中念诵“祖国神圣的爱”，于是全场陷入神圣祈祷的寂静。何必奇怪用宗教术语评论这场仪式呢？科西迪埃（Caussidière）写道：“拉谢尔激发起圣洁的热情。”我觉得其他人的说法不算太合适，他们在仪式中看到了“法国舞台上的圣女贞德”，因而有点歪曲表演的性质。在赢得巴黎的掌声后，拉谢尔又到马赛做了一次凯旋：《马赛曲》因为她而突破了作为民族想象物的阶段。如果注意到与演唱者及其特具的精神相关的东西，便可以将这种舞台布景与法国大革命期间《自由的献祭》的舞台布景做一番比较：生动的革命画卷中的活力让位于为奉若神明的祖国的热烈祈祷，而这位女祭司就是祖国的人格化象征。

12 月 2 日上午，示威者唱着《马赛曲》举行集会，反对路易·拿破仑·波拿巴的政变；而在随后的十五年之中，在运载流亡者前往卡宴①的船只中，流亡者们也在高唱《马赛曲》。

第二帝国再次将《马赛曲》列为颠覆性歌曲；正如大拿破仑和路易-菲利普曾允许《让我们向帝国致敬》，一度还允许《巴黎女子》一样，小拿破仑试图推行游吟歌曲《向叙利亚进军，年轻而漂亮的迪努瓦……》（*Partant pour la Syrie, le jeune et beau Dunois...*）：这可是一番让人嘉许的孝心，因为这首被简称为《奥尔唐斯王后之歌》（*Chanson de la reine Hortense*）的作品是小拿破仑的母亲从前写下的。但是，这种拙劣的英雄举动如果不是缺乏趣味的话，至少也不够谨慎（这个政权的拙劣可不是仅此一处）——它真的能推行下去吗？

我们知道，历史总是以漫画的方式断断续续地重复着：后来，当

① 卡宴（Cayenne），地名，即今天的法属圭亚那，法国历史上著名的政治犯流亡地，被称作“不流血的断头台”。——译注。

第二帝国终结时，《马赛曲》又像1840年时一样被再次创造出来。当然，人们觉得是它自己回来了，尤其是在1868年以后自由帝国奉行宽容政策的缝隙中：虽然唱《马赛曲》仍被判有罪，但像克雷米厄（Crémieux）律师这样机敏的人，仍然可以在辩论中强迫法官们从头到尾听一遍这首歌，因为他把这歌当作物证。这是强制时代的小计谋，不过，在1870年的头几个月，各种迹象层出不穷。正是在《马赛曲》的标题下，亨利·罗什弗尔复活了因出版审查而中断的《路灯报》(*La Lanterne*)。作为时代氛围的呼应者，带歌舞表演的咖啡馆老板们要求——不过仍属徒劳——批准演唱《马赛曲》……1870年7月18日的宣战改变了问题的条件：宣战次日，军事大臣M.里夏尔（M.Richard）命令歌剧院经理在《哑女》的幕间表演中演唱《马赛曲》。为了回应1840年比若的那句俏皮话"紧跟束棒的圣歌"，埃米尔·德吉拉尔丹[①]大笔一挥："所有人在听到《马赛曲》时都应起立！"

还有很多其他举动：人们到处在唱《马赛曲》，歌剧院、喜歌剧院（演唱者是后来创作《卡门》的加利·马里耶［Gallie Marié］），法兰西喜剧院，女喜剧演员阿加尔（Agar）在那里效颦拉谢尔以"诉说"《马赛曲》，沃德维尔（Vaudeville）和快乐剧院（la Gaieté）也如法炮制。在圣马丁区和圣但尼的带歌舞表演的咖啡馆里，博尔达斯（Bordas）为这首流行歌曲创作了大众版。年迈的奥贝尔（Auber）说"这不是92年的情绪"，《马赛曲》问世的时候，他十岁。但是，当1870年7月底圣克卢宫（palais de Saint-Cloud）前演唱这首歌的大众版时，人们还是很喜欢。

帝国时代的《马赛曲》在战场上展现出了力度，如果没有带来胜

① 埃米尔·德吉拉尔丹(Émile de Girardin，1802—1881)，法国记者和政论家。——译注

利的话，至少在马斯拉图尔（Mars-la-Tour）、维翁维尔（Vionville）、雷宗维尔（Rezonville）等地表现出了英雄气概。但是，也有人——此人是德鲁莱德（Déroulède），其愤怒可想而知——提到，当色当的守军战败后耻辱地列队而行时，普鲁士人用短笛吹响《马赛曲》来嘲笑他们。

普法战争后的临时政府恢复了这首革命歌曲的形象，以及它最初的意义；1871 年 3 月 18 日，巴黎市政厅前也唱起了《马赛曲》。在围城期间，巴黎的部队于 4 月 2 日出击时也高唱这首歌。巴黎公社期间，《马赛曲》比从前任何时候都更像武装人民之歌：女喜剧演员阿加尔在杜伊勒里宫演唱它以鼓舞受伤的公社战士，此时离凡尔赛分子的涌入已经没有多少时间了。

官方并没有正式禁止《马赛曲》，战败之后，它再度成为团结和凝聚共和派的歌曲：1877 年 5 月 16 日，即麦克马洪（Mac-Mahon）失败的次日，人们为这一事件再次唱起了《马赛曲》。同年 9 月，在梯也尔的葬礼上，观众和参加者虽然受到警察的粗暴对待，但他们仍唱着《马赛曲》，以这种方式显示共和派的团结。

胜利与挫折（1879—1918）

从 1879 年到第一次世界大战结束，《马赛曲》走过的基本上是一段革命的历史，它成了国歌，这既给它带来了胜利的光荣，也让它面临各种被歪曲的危险，反过来说，那些不再认同《马赛曲》的人也想排斥它。1870 年战败之后是个民族主义剑拔弩张的时代，《马赛曲》被歪曲可能是不可避免的，它的重心已经转移到狭隘的爱国主义层面上，甚至强调这首 1792 年的战歌的攻击性特征（虽然是防卫性的），而歌曲的革命和民主内涵则被漠视。这便造成一种深刻的苦恼：一方面，《马赛曲》是团结的旗帜，这种神圣团结在1914—1918年成了血腥的延长号；另一方面，在这种团结的表象背后，全体劳动人民在胜利的资产阶级的圣歌中已经很难看到他们自己了。在1918年之前的第三共和国的历史中，《马赛曲》的这种蜕变经历了好几个阶段，当时人已经意识到的《马赛曲》的“危机”是在官方和谐的背景下发生的。

对共和国来说，在麦克马洪下野之后，1878年到1879年2月间，围绕《马赛曲》仍须进行一场战斗。在当时，集会和剧院中演唱的《马赛曲》表明了一种确定无疑的信念。南特爆发的一个事件颇为耐人寻味：当时这个旺代大门口的城市上演《马索[①]或共和国的孩子们》(*Marceau ou les enfants de la République*)，激起了反革命官员的抗议。南特的议员莱桑（Laisant）上尉是个共和派军官，他在自己集团的支持下提议将《马赛曲》定为国歌，1878年1月25日，众议院根据他的请求就此进行辩论，他的建议被否决，不过容许延期再议，这就反映了所谓的群众压力到底有多大。为了迎接1878年世界博览会的开幕，麦克马洪总统觉得法国需要一首国歌来表达那些安全可靠的价值观，于是他请德鲁莱德（负责歌词）和古诺（[Gounod]负责作曲）以“法兰西万岁”为主题协同创作一首作品。然而，当世界博览会开幕时，这首定制的作品似乎夭折了，这也是它唯一的演出机会，而《马赛曲》则大放异彩。1879年1月底，麦克马洪去职，事态于是加速演变：1879年2月14日，甘必大主持召开一次具有历史意义的会议，会议最终赋予《马赛曲》国歌的地位。光辉的确认仪式很快就到来：共和国自身是偷偷摸摸地确立的，同样，《马赛曲》也

① 这里的马索可能是指大革命时代的革命军将领马索（François Séverin Marceau-Desgravier，1769—1796）。——译注

是通过瓦隆修正案（amendement Wallon），以不太张扬或曰遮遮掩掩的表述获得正式身份的，因为军事部长格雷斯莱（Gresley）将军援引的是共和三年穑月 26 日的法令以恢复这首歌曲的特权，这项确认《马赛曲》为国歌的法令从未被废除过。即便采取的是这种形式，这一新官方歌曲的胜利也并非没有遇到麻烦。议员勒普罗沃 · 德洛奈（Le Provost de Launay）代表君主派反对党痛斥这首巴黎公社和大革命的歌曲，以嘲弄的口吻说："你们将把至高无上的人士招到巴黎来聆听《马赛曲》！"

随后几年中出现的情况恰好是这样。《马赛曲》是 7 月 14 日国庆节和阅兵式上的必备项目，在巴黎，1880 年，市政议会主席塞尔内松（Cernesson）以时髦的术语欢呼它是"当天的女明星"，在外省，当儒勒 · 格雷维和甘必大于八月份访问瑟堡的舰队时，年轻的姑娘们身着白袍，头戴三色披巾，列队唱着《马赛曲》欢迎他们：这场景颇有大革命节日的味道，它同样是为了祝贺共和国的胜利。正是在这种气氛下，参议院主席夏尔 · 德 · 弗雷西内（Charles de Freycinet）在 1882 年 7 月 14 日的次日为坐落在舒瓦西勒鲁瓦的鲁热 · 德利尔的雕像揭幕，他在演讲中总结了（我们这里只能概述这篇雄辩的官方陈词）《马赛曲》对急切地寻求合法性的第三共和国的意义："《马赛曲》是祖国的圣歌……"，这份遗产让人追忆"我们祖先的英雄壮举"，但更重要的是，它是一个整体性理想的构成部分，这理想既是民族性的又具有教育意义，因为它是"一种力量、一种荣耀、一种启示"。这位政治家进一步发挥说，《马赛曲》是法国爱国主义的突出的表现形式，但他拒绝任何形式的军事扩张主义，而是向所有人民提出他的自由理念：

> 外国人民也会珍视我们听到这爱国主义圣歌时所激起的情

> 感。他们知道,《马赛曲》不是战争之歌,知道共和国政府是和谐宽容的。法国今天高举的旗帜不是血腥的军旗。这是进步、文明、自由的旗帜……

这篇演讲好像是着眼于未来的,而对于法国的国歌来说,以后的这种演讲机会多的是:这演讲是1889年大革命百年庆典的基调,也是1900年的世界博览会的基调。当然,在这些年中,和平宣言的精神并非没有发生转向,《马赛曲》又开始重现战歌或警惕的色彩,例如,在弗雷西内的演讲20余年之后,雷蒙·普恩加莱试图对《马赛曲》做个人化的解读。

> 不管人们对和平有怎样的热情,我总觉得,每时每刻都在我们中间维持对祖国神圣的热爱并非坏事,为了击退入侵者,我们可能早晚要拿起武器,组成军队,时刻有这种想法也并非坏事。

和平之歌还是战争之歌?《马赛曲》背后的共和国并不决意要将这一辩论弄个分晓,而是青睐于时而强调这一历史歌曲的这一方面或那一方面。这些年当中,音乐家们为最终确定国歌的法国特性和鲁热·德利尔的作者身份,每一步都要战斗(而且取得了一定程度的成功),其原因可能就在于此。20世纪前十年,贡斯当·皮埃尔(《法国大革命的颂歌和歌谣》[*Les Hymnes et chansons de la Révolution française*])和朱利安·蒂耶索(他同时也是研究《马赛曲》和鲁热·德利尔的史学家)的实证主义研究成果看来是标志这场战斗终结的文献。

博学者之间的争论总有各种不可示人的想法,不过,在这些争论之外，作为民族精神的特有表达方式的《马赛曲》已经成为神圣的历史纪念物，并赢得人们的敬重。当初拉马丁曾想修改国歌的歌词，以去除其中的血腥味道，后来有人请维克多·雨果从事这样的工作，但这样的请求并不受人嘉许。1906年8月，记者马克西姆·福尔蒙（Maxime Formont）就“是否应重写《马赛曲》”展开一项调查，保罗·杜梅（Paul Doumer）的回答很有代表性：“《马赛曲》是法国的国歌，它是不可触动的。”路易·菲奥（后来在1918年写过国歌的传记）的回答不那么简洁，但他后来在著作中评论说：“《马赛曲》仍然是法国所仰赖的。那些想冒破坏它的风险去修改它的人还是罢手吧。”

人们努力让这份珍贵的资产增值，而且看来取得了切实的成就。从1880年到第一次世界大战，《马赛曲》在整个教育领域内都占据了一席之地，这让它在群众中达到了前所未有的普及程度：军事部长下令其演奏配器法应适合于军乐，公共教育部长规定它是学校教育的内容，第三共和国的教育成就是在以《马赛曲》为背景音乐的奖金颁发仪式中取得的。在流传至今的口传文化中，祖辈们曾谦恭地低头鞠躬唱着这七段词的歌曲，以展现“对祖国神圣的爱”，不过儿童只须掌握缩减版的《马赛曲》，先是缩减至第一段歌词，后来缩减为第六段和第七段。这种选择意味深长，当人们梦想着为“对祖国神圣的爱”而复仇时，它便强调寄予新生一代人（“我们将踏上征程”）的希望，不久这一代人就要实现这一希望了。

不可低估这种教育法在大众之中的成功，虽然我们随后将对一些保留做法进行考察。只需一种简单的联想，《马赛曲》就能让人想起阿尔萨斯-洛林，当时人们这样歌唱那边忠诚的乡村乐师：

他们砸碎了我的小提琴

因为我曾有颗法兰西的灵魂
我曾不惧山谷的回音
演奏《马赛曲》……

从乡村节日和各区的首府，到全国性的重大节日，甚至在国际交往中，《马赛曲》渗透到了整个社会，但是，这种神化并非没有某些逆反效应。诚然，当看到手拿大盖帽的沙皇尼古拉二世（Nicolas Ⅱ）听着这首因为颠覆性而在他的国家被禁止的法国大革命的圣歌时，人们感到欢欣鼓舞。但是，如果说法国的军乐队不能奏出沙皇的帝国卫队的音乐，不能赋予《马赛曲》哀歌乃至法国大使所谓的“牧歌”韵味，至少还有卢多维克·阿莱维（Ludovic Halévy）所称的“君主们的《马赛曲》”的颇具庄严意蕴的缓慢，这或许是为了赢得某种可敬的意味：我们的这位作者注意到，当1900年来临时，人们“日益减缓了歌曲的速率”。

除了君主们的《马赛曲》，有人还提到了清唱《马赛曲》：1900年以后出现的批评表明，即使在整个政权的精英阶层中，一些人也已经毫不犹豫地提到了“危机”。马克西姆·福尔蒙在1906年进行的调查某种程度上就是危机的一个反映，甚至那些回答说应该重申国歌的神圣性的人也显然不想深究这个问题。

不过我们可以深入一步。直到1879年，《马赛曲》的力量仍在于它是所有反叛和颠覆行动的集合口号。《马赛曲》的官方化，第三共和国资产阶级对它的窃取，它的最终被庸俗化为服务于一切目的的官方歌曲，这些显而易见的结论无疑有点肤浅，但还是合理的；而在群众眼里，凡此种种都剥夺了《马赛曲》本来的辛辣意味。在趾高气扬的帝国主义时代，这首革命歌曲成了民族傲慢的颂歌：这真是一段苦涩的经历。

直到巴黎公社前后，《马赛曲》仍然是一首各大众群体都能认同的歌曲，但是，当典型的现代工人阶级已经形成、并在斗争中组织起来时，《马赛曲》与原来的形象渐行渐远了。米歇尔·佩罗（Michelle Perrot）曾对1870—1890年法国的工人罢工运动做过详尽研究，她通过对数以百计的工人示威（这些行动都是在当局和警察的关照下进行的）的考察，令人信服地证明了这一转变。罢工工人唱什么歌？我们首先看到的是《马赛曲》，因为近40%的罢工案例证实了这一点。但是，有点让人惊奇的是，排在第二位的是《卡马尼奥拉》，总比例为20%强。因此，每十次工人反抗中有六次唱着大革命的歌曲，如果考虑到还有8%的罢工唱的是"革命和爱国歌曲"一类的歌曲，这个比例就更高了，在这个歌曲门类中，除了《社会万岁》（*Vive la Sociale*）、《卡尔莫的矿工之歌》（*Chanson des mineurs de Carmaux*）、《八小时之歌》（*Huit Heures*）或《红旗之歌》（*Drapeau rouge*）等当代歌曲，还有《出征曲》等大革命歌曲。有关这二十年的总体结论已经提出了这样的问题：无产阶级的反抗在找到自己独有的表达形式之前，是在法国大革命的影子下成熟的；不过，很让人意外的是，更为群众化、诉求也更为直接的《卡马尼奥拉》在《马赛曲》旁占据一席之地，但是，关于19世纪重大革命篇章的官方编年没有留下任何信息让我们瞥见这首歌的暗中崛起。另外，在这一系列证据内部，还可以进行更为明确的时代划分，我们可以看到，在这个阶段的最后几年，《马赛曲》逐步退却，《卡马尼奥拉》后来居上：1887年到1890年，23次罢工唱《卡马尼奥拉》，21次唱《马赛曲》。可以根据有限的统计资料得出结论吗？当然，因为观察家们确认了这一事实并就此做了评论。例如，M. 莱雷（M. Leyret）在1895年曾这样描述一场反抗运动："就是这场叛乱中唱起了最放肆的歌曲，其间夹杂着《卡马尼奥拉》叠句的韵律……从晚上十点唱到早上六点：《马赛曲》一次也没有唱，没有人想唱它。”

虽然《马赛曲》在19世纪80年代的重大游行活动中仍然很受青睐，而且在精神方面没有失去其反叛色彩，但随后，它受到了《卡马尼奥拉》的挑战，工人们更加认同这首歌，这种情况首先出现在1884年的圣康坦（Saint-Quentin）。当然，《马赛曲》还在唱，不过是与其他更具工人色彩的歌曲结合在一起；1885年以后，“革命万岁”“社会万岁”等口号替代了“共和国万岁”的口号，与此相应的是，《马赛曲》也失去了作为工人团结之歌的独有力量。1888年以后，《马赛曲》和《卡马尼奥拉》之间的竞争终于因为欧仁·鲍迪埃（Eugène Pottier）和皮埃尔·狄盖特（Pierre Degeyter）的《国际歌》的诞生而有了结果，当时里尔的合唱团把这首新作品称作“劳动者之歌”。《国际歌》伴随着工人运动一直到19世纪末，一开始它还谈不上是竞争者：有人注意到，在1899年，当民族广场上的达卢（前巴黎公社社员）纪念碑落成时，这两首歌都唱过，1903年马赛举行的教师联谊大会上也是这样。但是，《国际歌》当时在北方的盖德[①]派圈子中流传甚广，在1899年12月巴黎各社会主义派别举行的统一大会上，《国际歌》占了上风。接着，在1900年的巴黎国际工人大会上，人们唱起了《国际歌》；1910年的哥本哈根大会特地把《国际歌》定为工人阶级革命组织的歌曲。但是，饶勒斯从未拒绝过《马赛曲》，1903年，他在《小共和国》的一篇文章中对此做了解释，这篇题为《〈马赛曲〉和〈国际歌〉》的文章认为《国际歌》是“《马赛曲》的无产阶级后继者”。

我们不可拘泥于《马赛曲》与《国际歌》相互竞争的肤浅画面

---

① 儒勒·盖德（Jules Guesde，1845—1922），法国工人运动和社会主义运动的领袖，反对改良主义。——译注

中，我们更应该注意到这首大革命歌曲在 19 世纪末的强大的孕育力量，这种孕育以各种协会和出版物为依托，而《红色缪斯》(*La Muse rouge*) 就是其中最知名的例子之一。在这份出版物中可以找到《马赛曲》的痕迹，而且根本没有官方色彩，而是大众版的反成规的《马赛曲》。不管人们是不是重复《马赛曲》的旋律，各种反抗的歌曲正是以这首原型作品为参照来界定自身的：或者将《马赛曲》的动员口号移植到新的工人斗争中，或者更经常地以和平主义召唤来寻求平衡。只要提一下《富尔米的马赛曲》(*La Marseillaise fourmisienne*) 的第一段就够了，这首歌是纪念 1891 年 5 月 1 日的富尔米枪杀事件的：

前进，纱厂的苦刑犯们，
五一的钟声刚刚敲响。
无尽的折磨终于不堪忍受，
我们挺身反抗……

第二种演变趋向表现得很明显：从 1873 年创作的《劳动者的马赛曲》(*La Marseillaise des travailleurs*)（歌曲作者维尔梅 [Villemer] 由衷地希望当时所有国家的所有人民都“只有一首《马赛曲》”），到教师保罗·罗班（Paul Robin）受尼姆的一个牧师的诗句启发于 1893 年重新改写的《和平马赛曲》，再到 1911 年摩洛哥危机之际加斯东·库泰（Gaston Couté）写下的辛辣的《鲨鱼马赛曲》(*Marseillaise des requins*)。

前进，年轻的法国战士，
上当受骗的日子已经到来，

为了给金融家们效劳，
你们葬身异国他乡……

这位作者库泰还在《女农民》(*La Paysanne*) 的诗句中谴责了“兄弟相煎的《马赛曲》”，并呼吁博爱：“抛弃我陈旧的木鞋/前进/前进/脚下的犁沟更宽更美。”

我们都知道结局怎样：在1914—1918年大屠杀的前夜，这个和平主义的乌托邦在神圣同盟面前烟消云散了。必须承认，在《马赛曲》的历史上，第一次世界大战是一个重要时刻。1917—1918年，两部关于国歌的工具书先后问世，这绝非偶然，其中一部是君主派爱国主义者路易·德若昂托（Louis de Joantho）的《〈马赛曲〉的胜利》(*Le Triomphe de «La Marseillaise»*)，发表于1917年，另一部出版于1918年，作者是个相当保守但爱国情绪同样强烈的共和派路易·菲奥。阅读这些著作，尤其是菲奥的作品——一部渊博的综合性辩护论著——我们可以发现这首国歌在集体动员中所起的作用。1792年的时刻似乎又回来了：在马恩河战役中，人们像在瓦尔米一样唱起了《马赛曲》，英雄的孩子们几乎又回到了93年，那些十六七岁的志愿兵高唱国歌以身殉国。菲奥追述了第46团军乐队的献身壮举：1915年2月28日，乐队的15名乐手在沃克瓦（Vauquois）的一次屠杀中先后英勇赴死，而乐队指挥仍然戴着白手套以表达对《马赛曲》的光荣敬意。这光辉的篇章在《马赛曲》的庇护下传遍了大地和海洋：在亚得里亚海，莱昂-甘必大号巡洋舰和蒙日号潜艇的沉没让人回想起复仇者号的光荣牺牲……在协约各国中，法国战歌的回声从巴尔干一直传到大不列颠，1917年2月，意大利总理博塞利（Boselli）在罗马举行的协约各国议会的开幕式上这样说：“你们的国歌既不是共和派的，也不是君主派的，而是武装的文明的圣歌……”这种民族性和国际性的双重敬礼再次以血的形式实现，至少一开始这种敬礼是容不得被人歪曲的，民众歌曲作者蒙特于（Montehus）在他第一段歌词中坦率地表明了这一点：

愿人们知道，在弥漫的硝烟中
我们唱着《马赛曲》
因为可怕的日子里
《国际歌》且放到一边
最后的胜利到来时
我们再唱着它凯旋。

人们又在剧院里，在咖啡馆和表演中唱起马赛人的战歌。新时代的拉谢尔是玛尔特·舍纳尔（Marthe Chenal），她总是身披三色旗演唱《马赛曲》……然而，虽然她的长裙依然保持古代风格，但她佩戴着肩带和演出用的双刃剑，尤其引人瞩目的是，她的阿尔萨斯头巾使得这简单的装束更加完善了。巴黎歌剧院准备以新的形式上演戈塞克的《自由的献祭》，诗人们动员起来了；1917年2月，同样是在歌剧院，埃德蒙·罗斯唐（Edmond Rostand）朗诵了他的诗歌《〈马赛曲〉的翱翔》（*Le Vol de La Marseillaise*）。词曲作者们争相为国歌添彩，他们或者再现它的旋律，或者按自己的想法进行创作，很多人物令人吃惊地加入了神圣联盟，如《百合花之歌》（*Chansons de la Fleur de Lys*）的作者泰奥多尔·博特雷尔（Théodore Botrel），他此前一直专门创作花哨的旺代民谣。这场大战催生了众多爱国主义音乐，从圣桑（Saint Saëns）这样的著名音乐家的作品到各类“反德国鬼子”的歌曲都有，但在所有这些作品中，作为必不可少的参照品的《马赛曲》再次成为启示或主旋律。1936年，莫里斯·丰伯尔

(Maurice Fombeure) 在回顾这一壮观潮流时曾严厉批评过这类作品："它们更多像是应景之作，而不是文学。"这个评论也许有点草率，因为在与当时各种沙文主义的极端表现相呼应的爱国主义激情中，这类文学扮演的角色不可小觑。在大战的第一个年头，以《马赛曲》为中心的战争动员就已达到顶点：1915 年 7 月 14 日，鲁热·德利尔的遗骨被下令迁至荣军院。这个决定如果早一点或晚一点，《马赛曲》的作者与拿破仑共居一处也许会让人诧异，如果人们考虑到两人之间的关系的话。这一做法的理由在于当时的局势：普恩加莱原来打算把鲁热·德利尔放在先贤祠，但这个想法提得太晚，除了议会要就此举行会议，还需要一件立法文本来批准这样的荣誉。这一想法的失败及其后来的结果很有启示意义：在荣军院的炮声中，人们纪念的正是这首鼓舞士气、催人奋进的战歌的作者。

在从凯旋门到荣军院的盛大游行中，普恩加莱总统在发表庆典讲演时把《马赛曲》定义为"一个一百二十五年后不再向外敌屈服的人民愤怒的复仇呼声"，它发自一个"崇尚独立的主权民族，这个民族的所有儿子宁死也不愿受奴役……"。作为"法兰西团结的坚定表达"，《马赛曲》变成了一种政治话语的借口，这种话语拒绝任何不能保障全面重建法国的脆弱和平。

第一次世界大战期间到处充斥着《马赛曲》，这几乎导致某种普遍的排斥反应：歌曲作者 J. 戴尔蒙 (J. Deyrmon) 曾提到"一个扯着嗓子败坏《马赛曲》的夜晚"，记者 R. 吉努 (R. Ginoux) 发表题为《鲁热·德利尔的抗议》的文章，C. 勒塞纳 (C. Le Senne) 则嘲笑"女芭蕾舞演员们的《马赛曲》"。这可能还只是个别的情绪反应，随着战争的迁延，无论是在前线还是在后方，人们对《马赛曲》都已经厌倦了。Fr. 罗贝尔 (Fr. Robert) 正确地指出，当法军和英军举行联谊活动时，双方觉得唱《蒂珀雷里》和《拉马德龙》[①]比唱国歌更合适，士兵们都对勉强装出来的英雄主义感到疲惫。《拉马德龙》这首近卫军之歌的歌词像《马赛曲》一样充满胜利的骄傲，但不也有某种冲淡的俏皮和挖苦吗？我们不必动怒，只是要注意到它见证了当时的情感方面的变化。

在战争末期，尤其是在战争结束后，各种胜利之歌以最激烈的方式表现出对《马赛曲》的反感：呈阶段性发展的社会主义运动苏醒了，这场运动的立场明白无误。出席金塔尔（Kienthal）会议的一位法国代表皮埃尔 · 布里宗（Pierre Brizon）在 1919 年写道："我们不再唱他们的《马赛曲》了！他们把它变成了野蛮之歌。而且，这些长着恶臭脓疱的国王的癞蛤蟆采纳并唱起了《马赛曲》，真让我们恶心。我们唱《国际歌》。"

在胜利的表象之下，《马赛曲》在第一次世界大战结束时处境已经很可悲了。

《马赛曲》的爆发？(1918 年至今)

从 1918 年到 1934—1936 年的转折之间，国歌的命运堪称令人惊奇的悖论。

正是在与诞生背景相同的情形下，《马赛曲》已经戴上了胜利的所有荣光，它比此前任何时候都更具官方色彩，人们在它雄浑的曲调中驰赴前线，这可能会让 1871 年巴黎公社的社员和 1879 年的共和派吃惊，1918 年，诚实的儒勒 · 菲奥在一篇历史论文中指出了《马

① 《蒂珀雷里》(*Tipperary*)是一首爱尔兰风格的爱情歌曲，创作于 1907 年；《拉马德龙》(*La Madelon*)写于 1914 年，是一首法国大众歌曲。——译注

赛曲》的象征意义，他总结说，在过去，《马赛曲》象征着“祖国与狂热主义政府和欧洲绝对主义结盟的旧制度之间的对抗”，而今天，它象征着“牢不可破的民族团结和普世的人道主义”。老战士们团结在《马赛曲》的歌声中和三色旗下，他们的身后出现了一些极右翼团体，它们打算最终打倒“下贱的共和派”。在对鲁热·德利尔的作品的改写版本中，有一个不能不提，因为，当巴黎的示威者前去进攻波旁宫时①，唱的就是这个版本。这次行动的组织者当中，有一个人名叫勒普罗沃·德洛奈，他的父亲就是那个在1879年极力反对将《马赛曲》定为新国歌的君主派议员。在进攻共和国的行动中，《马赛曲》已经蜕变为盲目的民族主义的象征，它已经走向一个可耻的结局了吗？

然而，在法国之外的人们看来，《马赛曲》仍然是革命行动必需的伴奏曲。我们无须回溯很远，只要想想1917年4月15日列宁返回俄国时，人们曾以《马赛曲》和《国际歌》来迎接他，甚至可以回想为1917年2月革命的死难者举行的葬礼，当时的法国大使尚布伦（Chambrun）这样写道：

> 士兵、工人、学生、人民大众的妻子和女儿并肩靠在一起，反复唱着忧伤的《马赛曲》和肖邦（Chopin）的《葬礼进行曲》。这是俄国首次举行的民间葬礼。设想一下这些善意之人的激动情绪吧……

苏俄并不反对以法国大革命的遗产为参照，他自称是这一遗产的继承者，1932年，为纪念十月革命十五周年，芭蕾舞演员鲍里

① 这次行动可能是1934年2月6日极右翼团体的政变。——译注

斯·阿萨菲耶夫（Boris Assafiev）表演了以“巴黎之火”为主题的节目，以再现1792年8月10日的场景，其背景音乐就是《马赛曲》。不过，从更大的范围上说，在1917—1920年的欧洲革命之火中，从德国到匈牙利，《马赛曲》始终与革命的日子联系在一起。还应指出，1931年4月15日，在标志西班牙共和国成立的仪式上，人们甚至唱完《马赛曲》再唱《列戈之歌》①……

1917年，当协约国的胜利即将到来时，胜利的希望与激发俄国革命的希望结合到了一起，舞蹈演员伊莎多拉·邓肯（Isadora Duncan）的回忆也许是这种诗意幻觉的最激动人心的见证，当她在美国巡演时，她在“自由、新生和全世界的文明的希冀”的氛围中跳起了《马赛曲》。在以《马赛曲》为背景音乐的舞蹈中，她以柴可夫斯基（Tchaïkovski）的《斯拉夫进行曲》（*Marche slave*）作为反衬。这首以沙皇圣歌为参照的曲子表现的是农奴制时代受压迫的俄罗斯人民的屈辱，当然，观众对这种做法反应不一。同样，当她于1921年在巴黎即兴演出《马赛曲》时，法国观众并没有完全接受。伊莎多拉·邓肯秉承的理念完全受19世纪的希望的鼓舞，而在20世纪的革命中她的处境就很尴尬了。

看看30年代对法国大革命的立场就能确认这一点：1932年9月，在《国际歌》的曲作者皮埃尔·狄盖特的葬礼上，马塞尔·加香（Marcel Cachin）就这首工人之歌发表如下讲演：“无论什么《马赛曲》、什么宗教音乐、什么圣歌，都不可能成就类似的奇迹。”1934年，在极右翼的骚乱结束后不久，阿拉贡在《欢呼乌拉尔》（*Hourra l'Oural*）中插入一段题为《对雅各宾派的回答》（*Réponse aux*

① 《列戈之歌》（*Hymne de Riego*）是一首西班牙革命歌曲，创作于19世纪早期，为纪念列戈将军而得名。——译注

jacobins）的文字，它堪称最猛烈、最富才华，可能也是已知的最贴切的檄文：

《马赛曲》
富尔米的士兵唱的《马赛曲》
殖民地唱的《马赛曲》
冶金公会的《马赛曲》
社会民主派的《马赛曲》
………………………………………
四年大战中的《马赛曲》
人们脚踩烂泥，口含淤血
沙勒罗瓦的《马赛曲》
达达尼尔的《马赛曲》
凡尔登的《马赛曲》

对已经走投无路的《马赛曲》，作者欢呼它的末日：

我在这里欢呼
《国际歌》战胜《马赛曲》
哦，《马赛曲》
向《国际歌》让步吧
因为你的末日就要来临
十月你已奏出最后的音符……

作者在最后的号召中把《马赛曲》的最富革命性的回声消融在《国际歌》之中：

愿肮脏的血
灌溉我们的犁沟
去看哪条犁沟
被资产阶级和工人的血染得最红
起来
劳动人民
起来
世上的受苦人。

正如不能将《对雅各宾派的回答》与法国共产主义运动史学的背景分离开，我们同样不能把它与 1934 年 2 月的历史背景分离开，在当时的条件下，它很好地阐明了某个情绪极点，《马赛曲》的历史已经不止一次提供了这种例子，它与法国革命者的关系一直在经历激烈的变迁。这是一场激烈的战争，虽然这个说法让一些人不舒服，而且，如果从历史的视角来考察的话，谴责阿拉贡后来的大变脸（虽然有人很得意这样做）也是相当不公正的，他的做法根本不算出尔反尔，因为他从未把前面那些诗句从自己的作品全集中删除。

因为，不到两年之后，事情就起了变化。人民阵线缔结了一个历史性的阶级联盟，这就使得共产党开始改变对《马赛曲》的立场，这首歌和三色旗一起成为新政治路线的保证和象征。从那以后，就不存在这些爱国主义的历史遗产特权交给敌对阶级的问题了，这些重新获得的价值成为斗争财富的有机组成部分，就像《国际歌》和红旗一样。1935 年 7 月 14 日，雅克·迪克洛在布法罗体育场（stade Buffalo）的仪式上就是这样解释人民阵线的誓言的，在一篇很具饶勒斯主义色彩的论说中，他将过去和未来、三色旗和红旗联系在一起，并重申“《马赛曲》是革命的歌曲，是自由之歌”。几天之后的共产国际大会上，在一场远未达成一致的辩论中，莫里斯·多列士阐明了与重新拥护国旗和国歌相适应的联盟策略：

> 资产阶级反动派很清楚，这是小资产阶级和工人阶级联盟的象征……我们不希望把大革命的旗帜交给法西斯主义，作为国民公会的战士之歌的《马赛曲》同样如此。

人们理解这些话语吗？至少莱昂·布吕姆是理解的，1936 年 7 月 14 日，他在《人民报》(*Le Populaire*) 的社论中撰文纪念行动联盟协定缔结一周年，文章的主题便是“7 月 14 日和《马赛曲》”。可以说文中的言辞颇为精到：“近些年我们忘记了《马赛曲》和 7 月 14 日，忘记了官方的歌曲和官方节日……”不过，对于火车站站台上那种庸俗化的《马赛曲》，他以 8 月 10 日，以 19 世纪整个欧洲的革命运动的《马赛曲》，以雨果笔下“枪林弹雨中振翅高飞”的《马赛曲》作为对抗。

《马赛曲》成为人民阵线的圣歌：1936 年 6 月 17 日，人们在舒瓦西勒鲁瓦组织了一个仪式，以纪念鲁热·德利尔逝世一百周年，同时进行的还有荣军院的官方仪式，莫里斯·多列士为此发表的讲演后来收入其文集，他在讲演中歌颂“为反对两百个家族而达成的民族谅解”，并断定“在《马赛曲》和《国际歌》相互交融的歌声中，在和好之后的三色旗和红旗之下，我们将构建一个自由、强大而美好的法国”。1936 年 7 月 14 日的游行队伍在七月纪念柱下把鲁热·德利尔、鲍迪埃和狄盖特的画像摆在了一起。

《马赛曲》的再次复苏远没有缔造出全面一致的忠诚感：对于法兰西行动等右翼派别而言，这一点很自然，该组织宣传，“对于他们的《国际歌》，只有一个回答：《王党之歌》(*La Royale*)”，而《时代报》则在这种“民族主义”的宣言之后看到了毁灭性的马克思主义的威胁；同样，某些左翼派别、无政府主义者、极端自由派和托洛茨基派也不赞同《马赛曲》的复兴，他们认为人民阵线的策略有明显的机会主义色彩，背叛了和平的“国际主义精神”。历史学家莫里斯·多芒热[①]揭露说，鲁热·德利尔这个“反革命军官”创作的歌曲是“精明的资产阶级领导者们”的圣歌，并批判“激进共产主义的爱国主义”，他认为自己这样做才算继承正宗的大革命遗产。不过一开始的时候，即便是人民阵线内部对改变成见的做法也没有明确的解释。《新时代》(*Nouvel Âge*)日报最初持激烈批评态度，但在1936年7月14日示威之后的次日，它就修正了最初的评判：“与我们当初的想法相反，成功是显而易见的……成功的不是《马赛曲》的民族性质，而是它的革命性。”

像上一个世纪一样，这个群众大规模介入的时代在形象和场景中的反应，同样体现在那些受人民阵线时期的《马赛曲》鼓舞的作品中，如让·雷诺阿拍摄的电影，如阿蒂尔·奥涅格(Arthur Honegger)1937年创作的乐曲，这首曲子是题为《法国风情》(*Visages de la France*)的短片的配乐，它结合了两首革命圣歌的曲调：《马赛曲》和《国际歌》。

人民阵线的篇章刚刚翻过，第二次世界大战接踵而来，在反法西斯战争和抵抗运动的考验中，人民阵线提出的原则得以强化，这场战争确认了这首革命歌曲所具有的爱国主义的厚重力量。维希当局也知道这一点，它再度采取了曾长期运用的隔离策略，推广《元

① 莫里斯·多芒热(Maurice Dommanget，1888—1976)，法国工人运动史学家和工团主义教师。——译注

帅，我们到了》[①]这首苍白的歌曲。但是，在非法的游行示威中，在监狱里，在丛林中，在行刑队的前面，人们听到了《马赛曲》的歌声；阿拉贡在《在苦难中歌唱者的叙事诗》(*Ballade de celui qui chanta dans les supplices*)中写道：

……他在子弹的呼啸声中歌唱
“血染的旗帜已经扬起”
一阵射击声传来
但应该唱完这首歌。
另一首法兰西的歌曲
在他唇齿间响起
要为全人类
唱完《马赛曲》。

作为经受时间考验的战斗之歌，《马赛曲》从未被抵抗运动的歌谣取代，甚至没有形成竞争，即便是体现着当时氛围的《游击队员之歌》(*Chant des partisans*)。

戴高乐将军唱着《马赛曲》解放巴黎，在沙特尔大教堂，在自由法国的每一步征途上都是如此，他将自己的威望赋予了这首重获尊严的歌曲，他自认为与这一进程是同一的。1914—1918年的大战之后是失血的《马赛曲》，1939—1945年的大战之后是再生的、被认可的《马赛曲》。

抵抗运动的血腥考验在斗争中实现了人民阵线曾倡导的以《马

① 《元帅，我们到了》(*Maréchal, nous voilà*)这首歌曲是献给维希政权的首脑贝当元帅的，正式出现于1941年。——译注

赛曲》为中心的和解，我们可以认为，在戴高乐派采撷和解的果实之前，这场考验就已经最终结束了相关的争论。可能大家都陷入了一种普遍的幻觉，这幻觉通常妨碍对历史的深入解读，尤其是当人们享受了四十年的和平——至少是欧洲的和平——之时，而我们恰好有这个荣幸。

冷战时代继续着 1936 年开启的争论，而且抵抗运动并未消解这一争论。1953 年，阿拉贡最终抛弃了《对雅各宾派的回答》，并在《共产党人》(*Les Communistes*) 上赞扬莫里斯 · 多列士"把《马赛曲》和三色旗还给了法国人民"。他还补充说："在三色旗之下，在《马赛曲》的歌声中，正是他把过去的法国完全交还给了未来的法国"。莫里斯 · 多芒热 (1971) 则仍坚持批驳"《马赛曲》和《国际歌》的怪诞结合"，他认为旨在维护秩序的共产党人应对此负责。令人困惑的是，路易丝 · 魏斯 (Louise Weiss) 竟与他的看法一致，从 1954 年起，魏斯以《马赛曲》为标题发表了一系列充满幻想的作品，其主题是论述共产党人对外来指令的屈服："反希特勒的，因而也是好战的共产党不应该反对民主派的和平示威。"

我们要承认，今天仍然有好几种《马赛曲》。在 1914—1918 年的神圣联盟背景下，法国曾以民族资产阶级为核心构建起共识，解放之后，以人民阵线提出的模式而实现的表面上的爱国主义共识并不比此前的共识更牢靠，实际上，这一共识在解放之后就没有维持下去。每个派别都重新唱起自己的《马赛曲》：右翼的《马赛曲》尊奉的是"超越党派"的戴高乐主义，不过，1958 年 5 月 13 日，右翼的《马赛曲》也在街头唱响，就像 1934 年 2 月 6 日一样。话又说回来，右翼的《马赛曲》只有一种还是好几种呢？从 1958 年的密谋者到今天的民族阵线，极右翼派别都在民族理想的共同名号下高唱强有力的《马赛曲》，1977 年，伞兵特遣队唱起《马赛曲》以嘲弄塞尔日·甘斯堡（Serge Gainsbourg）“雷鬼”风格的《马赛曲》，这次挑衅如果不是毫无意义的话，至少也是微不足道的。而右翼自由派的策略要更细腻一些：1974 年，瓦莱里·吉斯卡尔·德斯坦命人对国歌的表演节奏做了修改，让它变得更慢些，这自然是秉承上个世纪保守派的做法和“清唱”版《马赛曲》的传统。但与此同时，我们同样注意到《出征曲》的回归，它成了“自由派”共和国的团结口号。

左翼没有质疑过它对国歌的解读：在 1968 年 5 月的运动中，虽然不止一个左翼派别表现出对国歌缺乏热情，但这并未引发重大的思想论争，也没有在有关《马赛曲》的集体意识中造成类似于 1934—1936 年间的重大波动。甘斯堡不是阿拉贡，也不是甲壳虫乐队……

这个很自然的现象可能会引出一个更深刻的问题：今天的《马赛曲》还剩下什么？首先要问的是，今天谁还记得，谁还能唱起过去在学校里学会的那三段歌词中的第一段呢？——且不要说全部三段了。从理论上说，《马赛曲》是在小学教的，但中学教育中的必修音乐中已经没有《马赛曲》了。人们对法国大革命也越发无知，最近几十年中，大革命在学校课程中的地位不断下降，这就让《马赛曲》失去了最基本的事件背景参照，而正是这些事件催生了《马赛曲》。

这是不是布耶的同谋们的复仇呢？近两百年来未受明确的处置大概让他们增强了信心。按照有些人的说法，《马赛曲》是不是和大革命一样，成为“冷静观察的对象”了呢？第三种过时的理由是，人们已经不了解法国大革命，较少提及大革命——向前发展的大革命——虽然一直会对 89 年做全面的复述，但人们已不再心急火燎地奔赴前线，为保卫危急中的祖国而投身值得怀疑的战斗了，情况是不是这样呢？

继承来的形式势必要走向衰老和疲乏。当然，以不祥的咒语来做结论，就像沉溺于前述现象中的悲观主义，沉溺于怀旧情绪和已然被抛弃的习惯看法一样，都是徒劳的。《马赛曲》的历史充满波折，我们面对它太多的复活和改造（纪德 [Gide] 曾说，随时随刻都会奇妙地再生），所以预言它已经死去未免鲁莽。人们还有机会找回它，就像1936年一样，这是个意愿的问题。

关于《马赛曲》的文献说明

有关《马赛曲》的作品数量庞大，这里只是根据基本的参考作品做一个概览。首先列出的是必不可少的音乐史重要工具书，然后开列的是在这个问题上最出色、最内行的音乐家弗雷德里克·罗贝尔（Frédéric Robert）的著作，在此向他致敬。这篇文章从很大程度上得益于他的可贵研究。

1. 通论、辞典和著作汇编

让·马森（Jean Massin）主编

—《音乐史》（*Histoire de la musique*），巴黎，狄德罗书店（Livre-Club Diderot），1981年，两卷本。

—《拉鲁斯音乐辞典》（*Larousse de la Musique*），第Ⅱ卷，第977—978页和第1358—1359页，"《马赛曲》"词条（作者弗雷德里克·罗贝尔）。

法朗士·韦尔米亚（France Vermillat）和雅克·沙尔庞特罗（Jacques Charpentreau）

—《法国歌曲辞典》（*Dictionnaire de la chanson française*），巴黎，拉鲁斯出版社，1968年。

贡斯当·皮埃尔

—《法国大革命的颂歌和歌谣》，巴黎，国民印刷所（Imprimerie nationale），1904 年，一部带有历史、文献和分析性注释的概览和目录（仍然是一部重要的参考著作，实证主义时代博学研究的杰作）。

皮埃尔·巴尔比耶和法朗士·韦尔米亚

—《歌曲中的法国史》（*Histoire de France par les chansons*），巴黎，伽利玛出版社，1961 年，第Ⅷ卷，《法国大革命》

罗贝尔·布雷西（Robert Brécy）

—《革命歌曲精选》（*Florilège de la chanson révolutionnaire*），巴黎，昨日与明天出版社（Éditions Hier et Demain），1978 年。

2. 历史研究

从 19 世纪末到 1914 年世界大战期间，《马赛曲》的历史研究繁盛一时，当时发表的几部著作仍然是必备的参考书，尤其是头两部。

路易·菲奥

—《〈马赛曲〉：它在 1792 年之后法国人的历史中的历史》（La Marseillaise, *son histoire dans l'histoire des Français depuis 1792*），巴黎，法斯凯勒书店（Fasquelle），1918 年。

朱利安·蒂耶索

—《鲁热·德利尔：生平及作品》(*Rouget de Lisle, son œuvre, sa vie*)，巴黎，德拉格拉夫书店 (Delagrave)，1892年。缩减版为《〈马赛曲〉的历史》(*Histoire de* La Marseillaise)，巴黎，德拉格拉夫书店，1916年。

路易·德若昂托

—《〈马赛曲〉的胜利》(*Le triomphe de* La Marseillaise)，巴黎，普隆出版社 (Plon)，1917年（有趣的是，这位君主派保守主义者在大战期间拥护《马赛曲》）。

1918年以后的著作选目如下：

赫尔曼·文德尔 (Herman Wendel)

—《〈马赛曲〉：一首圣歌的传记》(*Die* Marseillaise, *biographie einer Hymne*)，苏黎世，欧洲出版社 (Europa Verlag)，1936年（作者是位反法西斯的德国人，这里仍有一个特定的背景）。

丹尼尔·弗吕克隆德 (Daniel Fryklund)

—《〈马赛曲〉在德国》(La Marseillaise *en Allemagne*)、《〈马赛曲〉在斯堪的纳维亚国家》(La Marseillaise *dans les pays scandinaves*)、《〈马赛曲〉的英文版》(Éditions anglaises de *La Marseillaise*)，赫尔辛堡 (Helsingborg)，施密特书店 (Schmidts Bocktryckeri)，1936年（这是一个热爱《马赛曲》的人撰写的三部小册子，讲述的是法国国歌的国际命运）。

莫里斯·多芒热

—《从鲁热·德利尔的〈马赛曲〉到欧仁·鲍迪埃的〈国际歌〉：历史的启示》(*De* La Marseillaise *de Rouget de Lisle à* L'Internationale *d'Eugène Pottier*; *Les leçons de l'histoire*)，巴黎，社会党书店 (Librairie du Parti socialiste)，1938 年。

瓦莱里·德尔弗利 (Valérie Delfolie)

—《鲁热·德利尔〈马赛曲〉的语言和音乐：论历史重构和文学批评》(La Marseillaise *paroles et musique de Rouget de Lisle*, *Essai de reconstitution historique et de critique littérai*)，蒙莫里永 (Montmorillon)，夜莺出版社 (Éditions Rossignol)，1965 年。

菲利普·帕雷斯 (Philippe Parès)

—《谁是〈马赛曲〉的作者?》(*Qui est l'auteur de* La Marseillaise?)，巴黎，密涅瓦音乐出版社 (Éditions Musicales Minerva)，1974 年 (雅克·沙耶 [Jacques Chailley] 的书评，《音乐学评论》[*Revue de musicologie*]，第 62 卷，第 2 期，1976 年)。

玛丽·莫龙 (Marie Mauron)

—《马赛曲》，巴黎，佩兰学术书店 (Librairie académique Perrin)，1968 年。

弗雷德里克·罗贝尔的著作

—《〈马赛曲〉主题启发的音乐作品：1792—1919》(*Des*

Œuvres musicales inspirées par le thème de La Marseillaise *de 1792 à 1919*)，巴黎四大第三阶段博士论文，1977 年，未发表（十分重要，下面的文章可以部分弥补因这部作品未出版而带来的缺憾）。

—《关于〈马赛曲〉的通信》(*Lettres à propos de* La Marseillaise)，巴黎四大 19 世纪通信出版研究中心 (Centre de recherches d'études et d'éditions de correspondances du XIXe siècle)，巴黎，法国大学出版社，1980 年。

—《〈马赛曲〉的诞生和命运》(Genèse et destin de *La Marseillaise*)，载《思想》(*La Pensée*)，"大众传媒-意识形态-法国道路"专刊，1981 年 7 月。

—《莫里斯·多列士和〈马赛曲〉》(Maurice Thorez et *La Marseillaise*)，载《莫里斯·多列士研究所手册》(*Cahiers de l'Institut Maurice Thorez*)，1972 年 1—2 月。

—《左拉与〈马赛曲〉》(Zola face à *La Marseillaise*)，左拉研讨会，利摩日 (Limoges)，1979 年 6 月，论文载《自然主义手册》(*Cahiers nauralistes*)，1980 年 10 月。

弗雷德里克·罗贝尔的报刊文章

—《红与三色》(Rouge et tricolore)，载《人道报》，1982 年 10 月 5 日。

—《〈马赛曲〉和〈国际歌〉：两首法国颂歌的冲突与和解》(*Marseillaise* et *Internationale*, Heurt et réconciliation de deux hymnes français)，载《人道报》，1984 年 2 月 3 日。

3. 今日史学家视角下的《马赛曲》

除了音乐家和传记作者，必须承认，从当下的社会史和心态史的视角对《马赛曲》及其命运的研究还有很多工作要做。人们更加关注具体细节问题，如：

米歇尔·佩罗

—《罢工中的法国工人（1880—1890）》（*Ouvriers français en grève (1880-1890)*），国家博士论文，巴黎-海牙，穆顿出版社（Mouton），1974年（论述《马赛曲》在19世纪末法国工人运动中的作用）。

4. 关于《马赛曲》的一些文献

这里只是给一点简单的提示，因为零星的参考文献可能太多，我们可以指出两个重要线索。

(1) 政治家们阐述对《马赛曲》的立场的文章和演讲，如：

让·饶勒斯

—《〈马赛曲〉和〈国际歌〉》（*Marseillaise* et *Internationale*），载《小社会主义共和国》（*La Petite République socialiste*），1903年8月30日。莱昂·布吕姆、莫里斯·多列士、雅克·迪克洛也有类似文章和演说（见他们的《全集》和《回忆录》）。

(2) 小说、诗歌和虚构作品，当代有一些风格迥异的著作：

路易丝·魏斯

—《马赛曲》，第一卷，《前进，祖国的孩子》(*Allons enfants de la patrie*)，巴黎，伽利玛出版社，1945 年；第二卷，《光荣的时刻已经到来》(*Le Jour de gloire est arrivé*)，同前，1947 年；第三卷，《染血的军旗已经升起》(*L'Étendard sanglant est levé*)，同前，1947 年。

阿拉贡

—《诗歌全集》(*Œuvres poétiques complètes*)，巴黎，狄德罗书店，第Ⅵ卷，第 138 页，《对雅各宾派的回答》，见诗集《欢呼乌拉尔》。另见《共产主义者》(*L'homme communiste*)，巴黎，伽利玛出版社，1953 年，第Ⅱ卷，第 378 页（阿拉贡的这两个情感阶段是两个重大历史时刻的写照）。

埃菲尔铁塔和新的激光照明。

* La tour Eiffel

埃菲尔铁塔

*

亨利·卢瓦雷特 *Henri Loyrette*

张 鑫 黄艳红 译

黄 荭 校

1940 年 6 月 24 日清晨，希特勒巡视了德军占领下满目凄凉的巴黎。跟随纳粹宣传片中志得意满的镜头，可以看到他的敞篷汽车挺进玛德莱娜教堂，缓缓绕经巴黎歌剧院，穿过协和广场和星形广场，最终停在特罗卡德罗广场（Trocadéro）；在向外延伸的平台上，希特勒一边聆听阿尔伯特·施佩尔[①]的解说，一边“凝望着埃菲尔铁塔”（Ein Blick auf den Eiffelturm），然后转身，在金属塔门下孑然伫立片刻。这一颇具政治色彩的画面随后被大肆报道：希特勒平静地占领巴黎。然而，除了张贴在二层偏下一点儿的宣告“德国在所有战线上凯旋”（Deutschland siegt auf allen Fronten）的标语，埃菲尔铁塔一直保持着抵抗者的姿态：在整个战争年代，铁塔所有的电梯都被人

① 阿尔伯特·施佩尔（Albert Speer，1905—1981），德国纳粹军官，第三帝国总建筑师。——译注

为破坏，不曾运行。

这些电梯直到巴黎光复，三色旗重新飘扬在铁塔顶端时，才恢复使用。如同勒·柯布西耶[①]后来所致敬的那样，洗刷掉纳粹德国羞辱的埃菲尔铁塔终于成为“每个人心目中”，“备受青睐的巴黎的标志，巴黎备受青睐的标志”[②]。这样的肯定诚然离不开它在两次大战期间的忠诚服务，然而，更加不为人所知的是，这肯定同样得益于罗贝尔·德洛奈[③]、亨利·卢梭[④]、修拉以及超现实主义者们长久以来的另加青眼。这些人一直致力于从19世纪的建筑中抢救出那些硕果仅存的工业作品，埃菲尔铁塔在他们那里得到最初的庇护。从1940年起，由于西格弗里德·吉迪恩[⑤]的推动，埃菲尔铁塔很快被拥上“20世纪灵感泉源”的神坛，进而晋升为绝无仅有的建筑标签，时至今日仍然代表上世纪所有建筑迎受守旧派的怒斥。直到1964年，埃菲尔铁塔才在安德烈·马尔罗的发起下最终列入历史遗迹增补清单。同年，罗兰·巴特（Roland Barthes）向铁塔献呈上自己华丽的赞辞，并配以安德烈·马丁（André Martin）的摄影插图。在文章中他向铁塔致敬：“这全然无用却不可替代的建筑，这百岁光阴的见证人和历久弥新的遗迹，这无法模仿却无休繁衍的杰作，这亲切的世界和英雄的象征，这纯粹的标记，这无限的隐喻。”[⑥]罗兰·巴特的溢美之词——在这之前还有阿波利奈尔（Apollinaire）的图画诗和阿

---

① 勒·柯布西耶(le Corbusier，1887—1965)，瑞士裔法国建筑师、城市规划师。——译注

② 勒·柯布西耶，夏尔·科尔达(Charles Corda)《埃菲尔铁塔》序言，巴黎，子夜出版社(Éd. de Minuit)，1955年，第10页。

③ 罗贝尔·德洛奈(Robert Delaunay，1885—1941)，法国画家，受新印象主义、野兽主义和立体主义的影响。——译注

④ 亨利·卢梭(Henri Rousseau，1844—1910，人称 le Douanier Rousseau)，法国画家。——译注

⑤ 西格弗里德·吉迪恩(Siegfried Giedon)，《空间、时间、建筑》(*Espace，temps，architecture*)，巴黎，德诺埃尔-贡蒂耶出版社(Denoël-Gonthier)，1987年，第一卷，第222—228页。

⑥ 罗兰·巴特，《埃菲尔铁塔》，巴黎，德尔皮尔出版社(Delpire)，1964年。

拉贡的文字篇章——远胜工程师和建筑史学家们洋洋万言的辩护词，消除了在此之前一直纠缠不休的异议，埃菲尔铁塔就此获得于斯曼[①]口中所谓“高雅人士”的最终认可。几年之后，同样高度的蒙帕纳斯大厦（tour Montparnasse）的落成愈加巩固了这令人欣慰的一致，不仅使得埃菲尔铁塔的优雅、精巧以及历久不衰的现代感臻于完美，也让粗短突兀的蓬皮杜中心相形见绌，备受嘲弄。那时，埃菲尔铁塔显得完美无缺而且理当如此：它受到大众的青睐——1990 年的参观游客达到了 5 698 613 人；同时，大量书写历史、歌颂铁塔的文学作品造就了数量更为惊人的崇拜者。1987 年，当被问及“心目中最适合作为法兰西象征的古迹景点是什么”时，25％的法国人这样作答：“埃菲尔铁塔。”在落成近百年后，这座于斯曼所唾弃的“空心烛台”终于把凡尔赛宫（17％）、凯旋门和巴士底狱广场（13％）、卢浮宫（10％）远远抛在身后，更不用说垫底的圣米歇尔山（5％）和兰斯大教堂（2％）了。[②]埃菲尔铁塔最终在至关重要的命运节点华丽转身，从巴黎的标志蜕变为法兰西的象征。皮埃尔·诺拉对民调的分析不无道理，在他看来，造就这一惊人结果的原因在于全世界对铁塔的熟悉：“在外国人眼中，埃菲尔铁塔就是法兰西的形象，而法国民众也将如此投来的目光强力内化于自己心中。”[③]

1889 年世界博览会上的“通天高塔” *

为 1889 年世界博览会而建的埃菲尔铁塔甫一落成，就贴上了足

① 若里-卡尔·于斯曼（Joris-Karl Huysmans，1848—1907），法国颓废派作家。——译注

② 《法国人及其历史》（Les Français et leur histoire），让-皮埃尔·里乌分析并评论，载《历史》，第 100 期，1987 年，第 76—77 页。

③ 同上，第 77 页。

以搅动舆论的所有标签：渎神、共和主义、金属材质、法国大革命的纪念以及工程师技艺的赞歌。它因而在美学、政治乃至宗教等各个方面都显得离经叛道。然而博览会总报告人阿尔弗雷德·皮卡尔（Alfred Picard）在 1889 年世界博览会《总报告》（*Rapport général*）中这样评述："建成一座通天高塔是人类的夙愿。"文章中他不无讽刺地重新提及"声名卓著的巴别塔"①。欧仁-梅尔基奥尔·德沃居埃则更为敏锐地指出："多年以来，这座通天塔一直在工程师脑中萦回不去，找寻破土而出的时机。"②事实上，在所有人看来——除了埃菲尔本人，他在《传记》③中否认了那些古老的诱惑——埃菲尔铁塔的落成就是人类旧梦的实现。这座高塔不仅出自古斯塔夫·埃菲尔一个人的心愿，伴随着工艺技术的进步、政治上的偶发事件以及笼统地说，时代精神，它的降生正当其时。1885 年，特罗卡德罗宫（1878）的设计者、建筑师儒勒·布尔代（Jules Bourdais）向世博委员会提交了一份 300 米高塔的设计方案，在他的设想中，"塔顶的光源将为整个巴黎提供照明"；这座恢宏的灯塔可以轻而易举地点亮黑夜，照明布洛涅森林（Boulogne），使整个讷伊（Neuilly）和勒瓦卢瓦（Levallois）甚至塞纳河都灯火灿烂。另一方面，为了避免长途颠簸，塔的顶端几层将用于建立设施完备的医院以满足希望接受"新鲜空气疗法"④的病患。相较于前者涉及实用、

① 阿尔弗雷德·皮卡尔，《1889 年巴黎世界博览会——总报告》（*Exposition Universelle de 1889 à Paris. - Rapport Général*），巴黎，1891 年，第二卷，第 263 页。

② 欧仁-梅尔基奥尔·德沃居埃，（Eugène-Melchior de Vogüé），《百年世博评论》（*Remarques sur l'Exposition du Centenaire*），巴黎，1889 年，第 12 页。

③ 古斯塔夫·埃菲尔（Gustave Eiffel），《工业科学传记》（*Biographie industrielle et scientifique*），正文前附有埃菲尔家族系谱，四卷本，打字稿，巴黎，奥赛博物馆，埃菲尔基金会，ARO 1981—977（a à d）。

④ X……，工程师，《300 米的高塔》（Tours de trois cents mètres de hauteur），载《建筑与公共工程》（*Revue de l'architecture et des travaux publiques*），第四十二卷，1885 年，第 32—34 页。

科学以及医疗的诸多诉求，古斯塔夫·埃菲尔随后提出的方案显得毫无野心却不乏象征性："在埃菲尔先生的构想中，这件宏大的作品应该展示出法兰西辉煌夺目的工业力量，力证金属建筑技艺所取得的巨大进步，赞美一个世纪以来人类才智前所未有的飞跃，吸引众多游览者并促成法国大革命一百周年博览会这一和平盛会的顺利举办。"[①]关于铁塔设计方案的诞生，一直存在两种版本：官方支持阿尔弗雷德·皮卡尔报告中的说法，而古斯塔夫·埃菲尔则坚持另一说法，即他本人，就像在杜罗河（Douro）铁路桥和自由女神像工程中所扮演的角色一样，是埃菲尔铁塔的最初缔造者。阿尔弗雷德·皮卡尔在报告中指出，古斯塔夫·埃菲尔只是作为承包人采纳了公司两位工程师所提交的关于"300 米金属高塔"的草图并付诸实际。这两位工程师努吉耶（Nouguier）和克什兰（Koechlin）表示："身为经验丰富、果敢老道的建筑商，埃菲尔先生对我们完整的设计方案很感兴趣，所以毫不犹豫地承担费用并向商业部长和工业部长提交了确定的议案，以期将铁塔纳入 1889 年世博会的项目框架。"[②]然而，在《传记》中，埃菲尔却否认了设计人与承包人之间的差异，把自己列在铁塔缔造者的首位："1886 年，埃菲尔先生与公司两位工程师，努吉耶和克什兰先生，以及建筑师索韦斯特尔（Sauvestre）先生精诚合作，向商业部长兼世博委员会（总务处长）总委员洛克鲁瓦（Lockroy）先生提交了建造一座 300 米高塔的预案，并在工程费用及期限确定的条件下承担建造责任。"[③]

事实上，从 1884 起，在探讨如何为 1889 年世博会制造噱头时，

---

① 阿尔弗雷德・皮卡尔，《总报告》，同前，第 265 页。

② 阿尔弗雷德・皮卡尔，《总报告》，同前，第 265 页。

③ 古斯塔夫・埃菲尔，《传记》，同前，第一卷，第 44 页。

努吉耶和克什兰就萌生了建造“一座通天高塔的念头”①。当年6月6日，克什兰为他梦想中的建筑拟定出一份草图，“巨大的钢铁塔架由四条底端分立、顶端相连的桁架梁构成，这些桁架梁每隔一定间距通过金属横梁连接起来”②。为了显示设计规模，他还特意在铁塔旁边绘制了叠放的巴黎圣母院、自由女神像、凯旋门、三根等高于旺多姆圆柱的立柱以及一幢六层楼房。不久之后，两位工程师简略的草图经由建筑师史蒂芬·索韦斯特尔（Stephen Sauvestre）之手被赋予建筑外观，简而言之，由塔的框架结构脱胎成日后的铁塔。埃菲尔对这份工程简图十分赞赏，他从合作者手中买下“独家专利权”，随即毫不犹豫地“按照程序投入工作”③。1885年春天，第一份工程预算破冰而出，预计重达4 810吨的建筑（实际重量为7 300吨）将耗资3 155 000法郎（最终支出为预算的2.5倍）；“依据我的工程经验，”埃菲尔补充道，“可以断言组装铁塔只需不到一年的时间”，④而从基座建造到铁塔落成将历时26个月。

1885年3月30日，埃菲尔在巴黎土木工程师协会上宣读了洋洋万言的申请书，他一再强调这座宏伟建筑的科学效用，并且历数社会名流们的支持态度：埃尔韦·芒贡（Hervé Mangon）着重指出这一创举将为气象学研究带来益处；《观察家》杂志主编穆谢（Mouchez）上将预见到随之而来的会有对“大气底层”成果颇丰的

---

① 转引自贝尔纳·勒穆瓦纳(Bernard Lemoine)，《古斯塔夫·埃菲尔》，巴黎，费尔南·阿藏出版社(Fernand Hazan)，1984年，第86页。

② 同上。

③ 古斯塔夫·埃菲尔，《传记》，同前，第一卷，第45页。

④ M.G. 埃菲尔向土木工程师协会(Société des ingénieurs civils)宣读的论文《为1889年世界博览会筹建的300米铁塔》(*Tour en fer de trois cents mètres de hauteur destinée à l'Exposition de 1889*)，巴黎，1885年，第5—6页。这一项目由工程师兼建筑师M. G. 埃菲尔阐述，由埃菲尔之家(Maison Eiffel)的工程师努吉耶和克什兰及建筑师索韦斯特尔草拟。

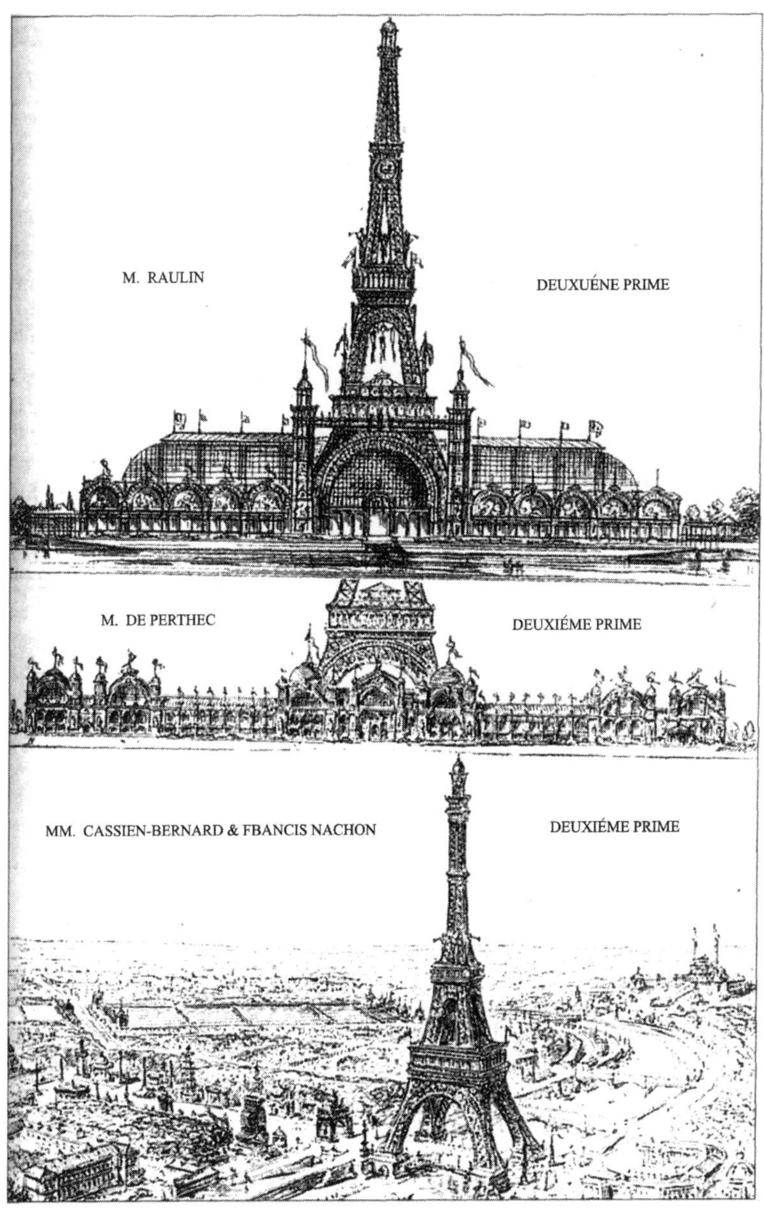

1889年世界博览会铁塔设计方案竞赛,草图版画发表于1886年6月《插图》(*L'Illustration*)杂志。

研究；而佩里耶（Perrier）上校则坚信新建筑必将服务于光信号电报的发展。重申了相对微薄的投资与其必然带来的深受欢迎的成功，埃菲尔最终这样总结：他的作品“不仅象征着现代工程师的技艺，也象征着我们所生活的这个工业与科学的世纪。是18世纪末的科技浪潮以及1789年的大革命开辟了通往这个美好世纪的道路，应运而生的恢宏铁塔正是法兰西复兴的见证人”①。

直到1886年春天，相关事务一直停滞不前。1885年末儒勒·格雷维连任第三共和国总统，以及一系列内阁任命，如弗雷西内接任法国总理，萨迪·卡诺（Sadi Carnot）接任财政部长，尤其是爱德华·洛克鲁瓦（Édouard Lockroy）连任商业部长，使得冰封的情况出现转机：法国政府宣布举行设计大赛以研究“在战神广场建造一座方形底座边长125米，高达300米的铁塔的可行性”②。

1886年6月12日，埃菲尔的方案凭借其一力展示的“果敢时代精神”，“作为金属工业匠心独运的杰作”脱颖而出，最终通过。③留待解决的是在战神广场和特罗卡德罗地区间选择建造铁塔的具体位置。前者一度激起强烈的反对声浪，一如阿尔弗雷德·皮卡尔报告中所概括的：“把铁塔建在塞纳河谷谷底当真合理审慎吗？选择一处高地作为底座来凸显它高耸的姿态不是更加事半功倍吗？”④然而，如果远离世博中心，将铁塔建在某个无足轻重的角落，甚至像某些人所希望的那样建在巴黎郊区，首当其冲的便是承包商的经济收益。埃菲尔铁塔理当是1889年世博会的万众瞩目的焦点，因而场地的选择必须定在战神广场和特罗卡德罗地区之间。夏约（Chaillot）

---

① M.G.埃菲尔，《为1889年世界博览会筹建的300米铁塔》，同前，第23页。

② 阿尔弗雷德·皮卡尔，《总报告》，同前，第265页。

③ 古斯塔夫·埃菲尔，《1900年的埃菲尔铁塔》巴黎，1902年，第9页。

④ 阿尔弗雷德·皮卡尔，同前，第279页。

山丘土地凹陷严重，铁塔若与特罗卡德罗宫毗邻，则会隐藏着某种空间上的层叠危机。考虑到这些因素，最终选址确定在战神广场。1887 年 1 月 8 日，准许铁塔工程开工的协约正式签署，签约一方是代表法国政府的爱德华 · 洛克鲁瓦和代表巴黎市政厅的塞纳省省长欧仁 · 普贝勒（Eugène Poubelle），另一方则是代表个人的古斯塔夫 · 埃菲尔。埃菲尔以个人而非公司的名义签署了协约，作为唯一责任人开始了为 1889 年世博会开幕筹建铁塔的征程，这意味着他将一力承担铁塔建造经营过程中的所有荣损："关于工程费用，"协约明确指出，"埃菲尔先生将从博览会经费中以支付形式获得 140 万法郎的拨款，并在世界博览会当年以及——自 1890 年元月 1 日生效时起——随后二十年内对铁塔保有经营收益权（使用监管权）"。[①]博览会结束后，巴黎市政府将重新收回埃菲尔铁塔的所有权，而埃菲尔将保留收益权二十年整"作为工程费用补足金"。

协约最后这一意义非凡的条款使最初单纯作为世界博览会噱头的铁塔得以留存于世。同坐落在战神广场另一端与其遥遥相望的当代机械展览馆（la contemporaine galerie des Machines élevée）一样，埃菲尔铁塔幸免于博览会后被拆毁的命运。在合同保障期间，铁塔不仅将长久伫立于至少二十年的光阴中，更要伫立于由此而引发的无数论战中。幸而埃菲尔谙识平息论争的最好方法莫过于在建筑工程中精益求精：他的确做到了，铁塔的精准是现代工程师高超技艺的见证与展示。

---

① 《埃菲尔铁塔相关协约》(Convention relative à la tour Eiffel)，巴黎，奥赛博物馆，埃菲尔基金会，ARO 1981 1239（1）。

钢铁时代的象征

在19世纪80年代的巴黎，铁塔施工现场展现出一派全然新奇的景象，每天吸引着大批好奇的市民围观。“我们看着他们用压气沉箱开掘地基……”欧仁-梅尔基奥尔·德沃居埃这样描绘，“很快，四只庞人的象足重重压向大地，这些史前巨石般的石脚之上，高耸的主椽倾斜着颠覆人们所有建筑匀称的美学。”[①]战神广场上，金属部件的组装工作跟起先埃菲尔在勒瓦卢瓦-佩雷（Levallois-Perret）工厂里的预计一模一样：“因此，在工地外，我们就已对各种零部件做了完美充分的准备，而在工地上，要做的只不过是将这些部件严谨地组装固定。”[②]得法的组织不仅为埃菲尔本人赢得交口称赞，也让所有围观者瞠目结舌：铁塔就像麦卡诺（Meccano）的玩具模型一样，自顾自地日渐成长起来。建筑工程有如上足油的机器般流畅运转，人力干预被简化了，甚至可以说，不存在了。

1889年3月31日，历经两年施工，埃菲尔铁塔作为工程师技艺的第一部凯旋之作呈现在世人面前。诚然，一个世纪以来，不乏金属建筑伫立于法兰西都城，见证着人潮涌动的街道、巴黎植物园的温室、火车站钢铁骨架的列车、巴尔塔[③]建造的巴黎中央菜市场（les Halles centrales）和各大区集市的风生水起，岁月变迁。但是，这从不显山露水、严格限制于实用主义的一切，在这一年，伴随着埃菲尔铁塔的诞生被一下子推向极致与高潮。无怪乎儒勒·西蒙[④]在文章中

---

① 欧仁-梅尔基奥尔·德沃居埃，同前，第14页。

② 古斯塔夫·埃菲尔，《300米的铁塔》，巴黎，1900年，第100页。

③ 巴尔塔（Baltard，1805—1874），法国建筑学家。——译注

④ 儒勒·西蒙（Jules Simon，1814—1896），法国政治家。——译注

把铁塔盛赞为“建筑工人技艺的杰作”，这篇短小的文章后来被《埃菲尔铁塔官方指南》转载，成为其畅销插图版的开篇：铁塔“无比及时地降临在20世纪的前夜，象征着我们即将跨入的那个钢铁时代”[①]。当拥有二十个大区的巴黎建立起来时，拿破仑三世将工业建筑悉数清扫到郊区。而三十年后，埃菲尔铁塔凭着自己“工厂烟囱”[②]一般的轮廓，带领被放逐出首都的大工业光荣回归。工程师们建造起“向苍穹直抒进步”[③]的铁塔，是为了——如高瞻远瞩的欧仁-梅尔基奥尔·德沃居埃所洞悉的那样——“用一座凯旋的纪念碑赞颂科技与工业的胜利”[④]。在一次参观中，眼见圣母院的钟楼在埃菲尔铁塔年轻的金属骨架映衬下显得愈发矮小，投射出转瞬即逝的光束，作家想象出二者之间令人震惊的对话，他赋予铁塔自豪而倨傲的演说：“衰老荒废的钟楼啊，再没有人聆听你的声音。你难道不曾看清，世界的中心已然转向我钢铁的主轴？我代表着普世而精准的力量，肢体间流动的是人类的思想，额前环绕的是启蒙时代的灵光。你已经成为蒙昧的代言，而我则代表着科学。”[⑤]1887年2月14日的《时代报》刊载了著名的“艺术家抗议书”(Protestation des artistes)，尽管表达诘屈晦涩，涉及的却是同样的话题；这份抗议书

---

① 《埃菲尔铁塔官方指南》(*Guide officiel de la tour Eiffel*)，大众插画版，巴黎，1897年，第5页。

② 若里-卡尔·于斯曼，《某些》(*Certains*)，巴黎，出版总联盟出版社(U.G.E.)，“10—18”丛书，1976年，第303页。

③ 拉乌尔·博纳里(Raoul Bonnery)，《弗朗索瓦·科佩的埃菲尔铁塔：其三百米之日》(La Tour Eiffel à François Coppée, le jour de ses trois cents mètres)，《法兰克人日报》(*Le Franc-Journal*)，1889年5月。

④ 欧仁-梅尔基奥尔·德沃居埃，《通过博览会》(À travers l'Exposition)，《两个世界杂志》(*La Revue de deux Mondes*)，1889年7月。

⑤ 欧仁-梅尔基奥尔·德沃居埃，《百年世博评论》，同前，第24—25页。

由许多上层学院派人士签署——包括梅索尼耶[①]、热罗姆[②]、博纳[③]和布格罗[④]——此外还有作曲家古诺、建筑师夏尔·加尼耶（Charles Ganier）、诗人勒孔特·德利勒（Leconte de Lisle）、科佩（Coppée）、叙利·普吕多姆（Sully Prudhomme）以及短篇小说家莫泊桑（Maupassant）等。抗议书开宗明义地表达了对巴黎命运的重重忧心——这块拿破仑三世和奥斯曼[⑤]冀望已久的法兰西首都的“保留地产”，自此将听任“一个机械设计师唯利是图的古怪念头”。“连商业化的美国人都不会接受的”埃菲尔铁塔，将拥有崇高哥特式建筑群的巴黎，将让·古戎（Jean Goujon）的古典精致、日耳曼·皮隆（Germain Pilon）的法国风情、皮热（Puget）的巴洛克风格、吕德的浪漫主义和巴里（Barye）纪念碑式的恢宏破坏殆尽；这座“令人眩晕、怪诞可笑”的铁塔以其野蛮的庞然身躯使巴黎圣母院、圣礼拜堂（la Sainte-Chapelle）、圣雅克钟楼（la tour Saint-Jacques）、卢浮宫、荣军院的穹顶和凯旋门不堪重负。如果在几个月的世博会后随即消失，人们或许可以容忍这一展会的单纯噱头，然而埃菲尔铁塔长达二十年的特许权实在令人发指：我们难以忍受“这螺栓铆接、面目可憎的铁皮柱子将它丑陋的阴影投射在整个巴黎城，玷污这座颤动着几个世纪人类才华与灵气的城市”[⑥]。

埃菲尔以平心静气的反驳维护了铁塔的既得胜利。他在回应记

① 梅索尼耶（Meissonier，1815—1891），法国画家。——译注

② 热罗姆（Gérôme，1824—1904），法国画家、雕刻家。——译注

③ 博纳（Bonnat，1833—1922），法国画家、收藏家。——译注

④ 布格罗（Bouguereau，1825—1905），法国画家。——译注

⑤ 奥斯曼（Haussmann，1809—1891），法国行政官员和城市规划者，第二帝国时期大规模重建巴黎计划的主要负责人。——译注

⑥ 《艺术家反对埃菲尔铁塔》（Les artistes contre la tour Eiffel），这一抗议信刊载于《时代报》，1887 年 2 月 14 日。

者的质疑时，对抗议书的姗姗来迟表示诧异，随后故作温和地自问："难道说因为我们身为工程师就理所当然地缺乏对美的关注吗？"他耐心地解释道，铁塔被置于巴黎主轴之外的战神广场，绝不会对其历史遗迹产生压迫。最后他强调了铁塔的科学效用并确信对于这一点所有学者都意见一致："铁塔不仅能为天文学、气象学和物理学提供有利观测机会，并在战争期间通过无线电联络保持巴黎与法国各地区的通讯，同时还作为光辉的里程碑见证着一个世纪以来工程师技艺所铸就的进步"。在嘲笑那些仅仅因"画布上盛装打扮的美丽小女人或者稿纸上几段颇为风趣的老生常谈"而浪得虚名的署名者之前，在搬出欧仁-梅尔基奥尔·德沃居埃求援之前——作家在最近一篇文章中，扪心自问"法兰西精神"的生命力——埃菲尔提出了至关重要的问题："难道说在巴黎城内高筑起一座浓缩了当代科学精华的铁塔，对于这个城市的荣耀而言真的一文不名吗？"

另一边，商业部长爱德华·洛克鲁瓦的回应有力地支持了埃菲尔，并且显得比后者更加尖锐。他指出："无论从时间的广度、隐喻的美感还是简洁典雅的语言风格来看，抗议书无疑出自这个时代最为杰出的作家与诗人的通力合作。"与此同时，他这样奚落道：圣母院仍将是圣母院，就像凯旋门仍将是凯旋门一样，"惹人苦恼的"铁塔与它们毫不相干，他本人反而为无法挽救战神广场而深感懊恼，要知道"这块无比重要的方形沙地是浩瀚巴黎城中唯一正经八百遭受威胁的地方，它本该更能在抗议书中启发诗人的灵感，并吸引风景画家的关注"。[①]大输家不仅包括抗议书的署名者——许多人日后不得不公开认错——还有一部分夏尔·加尼耶所固执坚持的建筑学

① 埃菲尔和洛克鲁瓦的答复发表于弗朗索瓦·蓬塞顿(François Poncetton),《古斯塔夫·埃菲尔：钢铁魔术师》(*Gustave Eiffel, le magicien du fer*),巴黎,1929 年,第 168—171 页。

概念，他强调钢铁不过是一种“途径”而非“原则”，应该被严格地排除于一切建筑艺术之外。[①]最终被殃及的是石料，在1889年的世界博览会上，它显得“苍白疲乏，由于过多的重复而丧失表现力”，再也无法“适应难觅的革新，况且这些革新本身也不过是乔装得更好或者对旧形式组合得更加灵活的效仿”。[②]简而言之，石料无法再为建筑带来任何有益的灵感。突然崛地而起的埃菲尔铁塔标志着一个时代——石料时代的终结，人类就这样带着不可避免的迟疑与不安进入了本以为会持续未来一个世纪的钢铁时代。但是他们猜不到，仅仅11年后的1900年世界博览会上，砖石工程将会完成复仇，而那时钢铁建筑物早已成为过去时代的见证。自这个世纪转角起，混凝土开始大行其道，并以迅雷不及掩耳之势替代金属成为建筑艺术的不二材料。1938年，人民阵线政府执政期间，让·爱泼斯坦[③]应莱昂·儒奥[④]和法国建筑工人协会、法国总工会之邀拍摄了一部时长48分钟的电影，以颂扬人民在建筑史中所发挥的中坚作用。电影中，埃菲尔铁塔一闪而过，仅仅被当作一段无足轻重的小插曲。在这首混凝土工程、建筑师勒·柯布西耶和佩雷兄弟[⑤]的赞美诗中，铁塔不过是让一场建筑师与工程师之间徒劳的战争大出风头：一位总工会会员在简要总结近十个世纪的建筑史时明确地盖棺定论，“工程师曾一度胜过建筑师……但是，后者在1900年重振山河”。

从技术角度讲，建造一座前无古人的300米铁塔不存在实验一

---

① 夏尔·加尼耶，《钢铁建筑艺术》(L'architecture en fer)，载《科学博物馆》(*Le Musée des sciences*)，1857年2月11日，第321—323页；同一作者，《艺术、交流、杂谈》(*À travers les arts, causeries et mélanges*)，巴黎，1869年，第75页。

② 于斯曼，《某些》，同前，第402页。

③ 让·爱泼斯坦(Jean Epstein)，法国电影艺术家。——译注

④ 莱昂·儒奥(Léon Jouhaux)，法国社会党人、工会领袖、国际劳工组织创建者之一。——译注

⑤ 佩雷兄弟(les frères Perret)，法国建筑师、工程承包人。——译注

说，埃菲尔铁塔凝聚了工程师埃菲尔自1858年起在金属桥梁建造中逐渐掌握的专有技术，因而它的落成无异于“出版一本横扫千军的畅销书”①。在那么多散布于穷乡僻壤的壮举——科芒特里(Commentry)到加纳(Gannat)的铁路工程(1867—1868)穿越中央高原(le Massif central)最为险峻的峭壁；加拉比高架桥(viaduc de Garabit)则横跨深达122米的特吕耶尔(Truyère)河谷，被称为“世界上最庞大的工程”②——之后，伫立于巴黎中心的埃菲尔铁塔无疑是金属建筑的“展示橱窗”，因为，经历过在外省长久而默默无闻的成功，这些恢宏的建筑图景终于被搬上法兰西之都的舞台：钢铁跨出了迈进巴黎那迟来却凯旋的第一步。

以世博会的亮点来看，埃菲尔铁塔取得了毋庸置疑的成功——从1889年5月15日到11月6日共接待参观者1 953 122人，平均每天11 800人——但同时铁塔引发的论战也从未停止，缔造者们最初阐发的科学效用方面的论据——对于大气底层研究以及光信号电报的种种益处——回头看来着实微不足道。事实上，直至第一次世界大战爆发，埃菲尔铁塔都显得百无一用。铁塔“这突如其来的成功”长久以来毫无用处，正如弗朗索瓦·科佩一首挖苦其斑斑劣迹的诗歌③中肯的评价，这种功能的缺失带给它即刻的成功，隐含它失败的焦虑，也造就它最终的凯旋，成为巴黎无可争议的象征。罗兰·巴特指出：“其他所有建筑，无论宫殿还是教堂，都拥有各自特定的功能，唯独埃菲尔铁塔除了作为参观景点别无所长。正是这种虚空赋予它象征

① 罗兰·巴特,《埃菲尔铁塔》,同前,第63页。

② 见亨利·卢瓦雷特,《古斯塔夫·埃菲尔》,弗莱堡,书社(Office du Livre), 1986年,第76页。

③ 弗朗索瓦·科佩(François Coppée),《在埃菲尔铁塔第二层》(*Sur la tour Eiffel, deuxième plateau*),转引自《阿尔芒·拉努介绍埃菲尔铁塔》(*La Tour Eiffel présentée par Armand Lanoux*),巴黎,1980年,第56页。

的使命，顺理成章地（按照逻辑的联想），铁塔所象征的首先只能是跟它一起被人们参观瞻仰的巴黎：于是铁塔通过换喻化身为巴黎。”①

共和之塔、世俗之塔、必然之塔

1889年，埃菲尔铁塔的落成就像早在1878年举办的巴黎博览会一样，带有复仇的意味：1870年在普法战争中大败，并被迫割让阿尔萨斯、洛林两省的法国如今建造出一座恢宏的纪念碑来见证自己领先的工艺技术，同时象征着自己作为其他各国引航灯塔的职责。当然，指摘挑剔的声音依旧存在，教权主义者认为铁塔是渎圣的，“高雅人士”则把铁塔看作僭越的破坏者。然而，举国上下向工程师埃菲尔致敬的动人诗篇可以作证，很多人已经不再以恶意的眼光看待铁塔。在布朗热主义肆虐之时，埃菲尔铁塔作为1798年革命诞下的女儿，保持着革命的姿态；在君权统治下的欧洲，埃菲尔铁塔共和精神不熄，怀揣自豪将代表自由的三色旗高举向苍穹。提及铁塔，人们对于大革命的追溯从未停止。在“312段四行长诗《维洛弗雷洗衣妇》(*Blanchisseuses de Viroflay*）的作者”贝尔纳杜（Bernardou）看来，埃菲尔铁塔摧毁了巴士底狱的专制记忆②。讷伊的政论家埃米尔·博尔代（Émile Bordet）则为看到无论“趾高气扬的新王”还是“年老阴沉的暴君”都不得不前来庆贺大革命的百年纪念，并“垂着脑袋从庞然高耸的铁塔下”走过而欢欣鼓舞（《致大革命百年纪念的铁塔》 [*À la tour du Centenaire*]，1888年7月10日），在另一篇文

① 罗兰·巴特，同前，第73页。

② 《贝尔纳杜笔下的1889年博览会……》(L'exposition de 1889 par Bernardou [...])，这首诗歌的手稿及随后作品的手稿，是埃菲尔藏品的一部分，巴黎奥赛博物馆，ARO 1981—1313.

章中，他突兀地提出了这样的等式：埃菲尔铁塔＝法兰西共和国＝进步的凯旋。

在年轻的法兰西共和国的才华面前，皇帝、国王抑或君主只能目瞪口呆：

那些异国的权贵
兴高采烈地到来
啧啧赞叹眼前的奇观
这高耸入云的纪念碑。
…………
尊贵的威尔士王子
也登上高塔
他美丽高贵的王妃
陪伴在身旁（樊尚·马耶［Vincent Maillet］）

然而，尽管埃菲尔铁塔象征着重建的和平与繁荣，尽管它为一个全新的黄金时代拉开帷幕，普鲁士人却不能高枕无忧：

德国佬尽管发怒去吧
铁塔为证
法兰西早已枕戈待旦
若有谁胆敢前来挑衅
是时候看我们还以颜色（乔治·布雷［Georges Bouret］）

更具煽动性的诗句还有：

屈服吧，德国佬
看看这举世无双的奇迹
因为，德国佬，是法兰西民族手握着火把
那文明之光在哪怕最渺小的村庄播撒。
是的，俾斯麦，你想用色当的胜利做交易，
如今法兰西以赳赳的姿态回答你：
去吧，去找翁贝托一世，让他领受惩罚，
让他见识法兰西博览会的壮美不凡（德莱扬）

在人们对共和论或虔诚或质疑的时代背景下，埃菲尔铁塔的诞生，在很多人看来意味着共济会对教权派的胜利。一些人在这样的情感驱动下毫不犹豫地把埃菲尔“封为圣人”。这个“圣人埃菲尔”前额上印刻着“火一般的才华”，名姓“环绕着神圣的光晕”（阿里·维亚尔·德叙布利尼［Ali Vial de Subligny］，《埃菲尔》［*Eiffel*］），他凭借自己的杰作摧毁了古老陈旧的大教堂：

从前，由于蒙昧的信仰，
艺术与科学被祭献于
人们口中的基督圣地；
而今，崇高的法兰西民族
重新播撒自己文明的种子：
她恢宏骄傲的纪念碑，
绝不再为上帝而建起。（保罗·埃纳尔［Paul Énard］）

只有极少数因循守旧的人仍然坚称埃菲尔铁塔本身没有“对上帝的亵渎”（塔拉德伯爵［comte de Tarade］）：雷居佩鲁迪热尔

（Récupeyrous-du-Gers）的本堂神甫皮图（Pitous）在他的诗作《圣徒传说：铁塔前的两个朋友》（*Légende : deux amis devant la Tour*）中煞费苦心地指出，埃菲尔铁塔便是美德柱（Columna veritatis），诚如基督赎救了第一个人类的罪愆，现在轮到埃菲尔拯救“诺亚为建造巴别塔而获罪的儿孙”。

> 埃菲尔，用你的爱抹去他们巨大的罪愆，
> 为上帝的荣耀建筑起你崇高的铁塔；
> 埃菲尔，用你的才华布设起盛大的祭坛，
> 在你的召唤下人民与帝王汇聚于此。

罗列近些年来人类筑造高塔的尝试也是枉然，它们无一例外都以失败告终：1882 年英国工程师特里维西克（Trevithick）起草了高达 1000 英尺（304.8 米）的镂空铁塔设计图，同样没能实现的还有为 1876 年费城国际百年大展设计的 340 米铁塔。“伫立于格勒纳勒（Grenelle）原住民捕猎驯鹿与原牛的深黑色黏土地”①，埃菲尔铁塔甫望上去，像是“一桩对教士神甫的完美愚弄，是旧日石匠们对示拿（Senaar）惨败的复仇”②：强大而有力的现代科学建筑起上帝曾经禁止的巴别塔。无怪乎向埃菲尔致敬的无数诗篇中，铁塔与巴别塔之间的类比屡见不鲜，当然，这同样得益于法文中埃菲尔铁塔（Eiffel）与巴别塔（Babel）相同的韵脚：

> 不可撼动的美丽弓箭

---

① 德沃居埃，《百年世博评论》，同前，第 14 页。

② 同上，第 13 页。

巴别塔的伟大复仇，
这铁塔是神圣的祭坛
在这里人类重新汇聚。①

又或者，更加简明扼要的：

奴役：巴别塔
自由、进步：埃菲尔铁塔！（A. 弗拉尼亚特［A. Franiatte］）

忘记那些复仇心切、欢呼胜利的喧嚣，平复下它“脚手架一般的外形”和“突兀的姿态”②带来的反感与冲击，埃菲尔铁塔自有其和巴黎匹配的简单理由：在城市的任何一个角落，都可以望见铁塔。它不仅代表共和与凡俗，更是一座必然之塔。这样一来，埃菲尔铁塔也满足了19世纪人们挥之不去的建造一座灯塔的执念：这座想象中的灯塔不仅要指引道路，照亮黑夜，还要像新开辟的道路和整齐划一的城市设施一样，在拥有20个大区的巴黎，有效地将各个色彩斑斓的街区统一起来。要知道铁塔的这种无处不在正是困扰莫泊桑并最终使他逃离巴黎的原因之一。作为“灯塔”与“钟楼”，埃菲尔铁塔俯瞰着明显向西行进的巴黎新城，俯瞰着巴黎“拓宽的林荫大道”和“怡人的散步场所”——1887年为反对建造铁塔而请愿上书的人

① 安托万·布维耶（Antoine Bouvier），《埃菲尔铁塔》，诗歌手稿，同前。关于这个主题，参阅亨利·卢瓦雷特，《埃菲尔铁塔的形象：1884—1914年》（Images de la Tour Eiffel ［1884-1914］），载展览会目录《1889：埃菲尔铁塔和世界博览会》（*1889, la tour Eiffel et l'Exposition universelle*），巴黎，1989年，第204页。

② 于斯曼，《某些》，第405页。

们如今对这一切心满意足。1902年，亨利·里维埃（Henri Rivière）用他美轮美奂的日式画册《埃菲尔铁塔的三十六面》（*Trente-six Vues de la Tour Eiffel*）对当时很多人眼中仍然只是“纯粹艺术狂想”[①]的铁塔献上由衷的推崇。在这本向葛饰北斋（Hokusai）和“巴黎现代大都市的内在美”致敬的作品中，铁塔穿破云层，覆盖白雪，伫立于灰色屋顶连成的汪洋远方，宛若一座灯塔，是千面巴黎的唯一建筑地标。走近铁塔，它是庞然大物，显得笨拙无用；远望铁塔，它瘦削纤长，却又如守护神一般安抚人心。一战期间，埃菲尔铁塔像昔日的圣热内维埃芙（Sainte Geneviève）一般，夜夜守护着沉睡的巴黎城。它是巴黎凡俗的主保圣女，是战争的机器，岿然不动，洞若观火，在夜晚传递着战争的讯息，在白日引领着战争的方向。

> 你洒满光线的身躯让人们看得真切：
> 即便身披铠甲，法兰西依旧透明。[②]

在巴黎的每一个角落都可以看到埃菲尔铁塔，同样，铁塔也把整个巴黎的景观呈现在人们眼前。因而，铁塔又一次实现了人类的旧梦：19世纪，作家、画家和摄影师们都“竭尽可能地站上最高的眺望台”，维克多·雨果在圣母院的钟楼上唤醒中世纪的巴黎记忆，龚古尔兄弟在植物园迷宫（内耳厅）的丘顶采撷一望无际的大都会隐匿在青葱树冠中的零散碎片[③]，左拉在帕西区（Passy）的高地上写下一部小说（《爱情的一页》［*Une page d'amour*］），“巴黎和它

---

① 于斯曼，《某些》，第405页。

② 安德烈·米勒（André Muller），发表于《顽强者》（*L'Intransigeant*）的十四行诗，1917年12月3日。

③ 龚古尔兄弟（Edmond et Jules de Goncourt），《所罗门的手柄》（*Manette Salomon*），再版，巴黎，出版总联盟出版社，“10—18”丛书，1979年，第18页。

灰色屋顶交织成的海洋化身为小说人物”[①]；此外，维克多·纳弗莱（Victor Navlet）在系留气球（ballon captif）上把当时的巴黎14区悉心描绘下来，完成了一幅《巴黎全景》（[*Vue de Paris*] 1885年，巴黎，奥赛博物馆），还有航空摄影先驱纳达尔（Nadar），他把鸟瞰镜头对准奥斯曼所规划的巴黎。站在埃菲尔铁塔的第二层观景平台，参观者终于得以细细品读整座城市，从布洛涅到万塞讷，从圣但尼到蒙鲁日（Montrouge），甚至更远。位骨灰级铁塔迷声称，不夸张地讲，他可以通过望远镜在铁塔上辨识蓬图瓦兹（Pontoise）的广告招牌。而铁塔光学部门负责人鲁阿尔·德斯克莱布·迪斯特（Roual d’Esclaibes d’Hust）则绘制了一幅巴黎周边埃菲尔铁塔鸟瞰观测点专用地图，力图证明在天气晴朗时，铁塔的视野可以超出沙特尔和博韦（Beauvais），一直延伸到埃夫勒（Evreux）、普罗万（Provins）和蒂耶里城堡（Château-Thierry）。比之远眺的广阔视野，人们尤可以鸟瞰整个巴黎，标注出那些煊赫有名的历史遗迹，辨读出铁塔雄踞下西部街区循序渐进的城市化进程、井井有条的道路轨迹、鳞次栉比的灰色建筑、随处可见的教堂以及绿色斑点一般的街心公园。目睹这些出人意料的崭新景象，1889年的参观者个个瞠目结舌，不，一切运动似乎并没有停止，铁塔下的生活反而加快了节奏，“行人们自动木偶一般迈步行进，仿佛在奔跑”[②]。虽然被看作钢铁年代的崭新荣耀，埃菲尔铁塔却未曾哂笑过遍布哥特式崇高的巴黎，丝毫无损逝去时代的记忆，反而让当代人静下心来冥思过去的几个世纪。1923年，季洛杜以《在埃菲尔铁塔上祈祷》让人联想

---

① 左拉，《调查札记》（*Carnets d’enquêtes*），巴黎，普隆出版社，1987年，第39页。

② 欧仁-梅尔基奥尔·德沃居埃，《百年世博评论》，同前，第21页。

到勒南的著作[①]："我鸟瞰这5000公顷的土地，历来最为人们执着思索、谈论与书写的土地。汇集不同文明与思想的十字路口，世上再没有哪里比它更加自由、优雅与坦率。这轻盈的空气和脚下的空旷是精神、理智与情趣的沉淀，历经多少岁月沉积，才显示出层叠的纹路。"[②]四十年后，轮到虔诚的克里斯·马克再度重复前人的祈祷文：他拍摄了戴高乐当政和阿尔及利亚战争期间的巴黎，用黑白胶片展示出一幅幅法兰西首都恢宏壮丽的图景，而画外音正是季洛杜的那篇祈祷："所有文明成果的波澜起伏，都源自思想的波澜起伏……在这片土地上，最多的人由于久久凝视华托（Watteau）的作品而生出鱼尾纹；也是在这片土地上，最多的人因为传播高乃依、拉辛和雨果的跋涉而患上静脉曲张。"[③]接着，电影艺术家诘问那些明显不是因为频繁往来于书店和博物馆而罹患鱼尾纹和静脉曲张的巴黎人，相反，他们安心于每天庸碌平静的生活，为琐事劳神，为金钱奔命。[④]

除了在巴黎天空下的无处不在，埃菲尔铁塔立时博得的亲切感也源自其迅速而大张旗鼓的地标效应，这好运气因为规模空前的广告宣传历久弥坚。要知道，所谓的宣传不仅得益于设计者埃菲尔的精心布置，也周期性地被总也少不了的抗议者们重新掀起。甚至早在落成之前，埃菲尔铁塔就已经声名在外：从1886年春天到博览会

---

① 指勒南的《在雅典卫城上祈祷》(*Prière sur l'Acropole*)。——译注

② 让·季洛杜(Jean Giraudou)，《在埃菲尔铁塔上祈祷》(*La Prière sur la tour Eiffel*)，巴黎，1923年，第15—16页。

③ 同上，第16—17页。

④ 克里斯·马克(Chris Marker)和皮埃尔·洛姆(Pierre Lhomme)，《在埃菲尔铁塔上祈祷》(*Prière sur la tour Eiffel*)，56分钟的影片，1962年。

开幕的三年间，纷至沓来的文章、宣传册以及各种复制品几乎让最宽容的旁观者都不胜其扰。“您难道不觉得，”亨利·比盖（Henry Buguet）在《晚报》（[*Le Soir*] 1888 年 9 月 13 日）中抨击道，“在与众不同的铁塔最终博得全法国乃至全世界的一致满意的过程中，埃菲尔铁塔迷至少应该给我们留一点喘息之机，停止每天、每时、每刻都将这枚巨大的铁钉敲入人们耳朵？”自 1939 年起，罗密（Romi）清点了世人在这场铁塔谵妄中的处境，他罗列出打上铁塔烙印的各种物件：盘盘碟碟、卡芒贝尔干酪包装盒、葡萄酒瓶、小蜡烛盘、丝巾、胸针、字谜游戏、镘刀、灯具、彩色墙纸和明信片。进而老练地剖析了所谓“埃菲尔铁塔狂迷”(Eiffelomania) 的不同阶段[①]：“从 1888 到 1898 年的最初十年里，”他评论道，“这些摆放在家中的纪念品只是游览巴黎、参观世博会和登上埃菲尔铁塔的纪念和证明。”之后，他以感人的笔触描绘了以这个新图腾为中心的温馨夜谈：“在外省，谁要是带回一个灵巧地嵌入铁塔的温度计或针线团，就会被看作英雄。每天傍晚，整个村庄的孩子都团坐在他周围，仰起虔诚的小脸，永远也听不厌那漫步于令人目眩的铁塔的生动故事。”[②]当时，各种粗制滥造的糖制铁塔或者铁塔气压计、蜡烛台，甚至棒糖、钢笔、酒瓶、玩具模型和钥匙链很快从巴黎或外省的小作坊中流出，麇集整个法国。[③]因为埃菲尔铁塔的优势，或者说它得以肖像化的好运气源自易于概括的形象：两只常显笨拙的支脚、弓形塔门、箭也似的顶塔，周身饰以略为紧密的金属桁架网条纹。然而，

---

① 罗密，《大众艺术和埃菲尔铁塔》(L'art populaire et la tour Eiffel)，载《复兴杂志》(*La Renaissance*)，1939 年 6 月，第 36—42 页。

② 同上，第 36 页。

③ 关于这么多的物品，参阅让-保罗·法瓦尔(Jean-Paul Favard)和让-玛丽·马尔齐厄(Jean-Marie Malzieu)，《小玩意儿埃菲尔铁塔》(*La Tour Eiffel antiquaille*)，日本，1989 年。

在民间备受青睐与广为流传的直接后果便是艺术家的白眼，在画家圈中，埃菲尔铁塔口碑远逊奥斯曼对巴黎的各式规划，迟迟得不到认同。他们重新援引“艺术家抗议书”——尽管当初只有学院派画家在上面签名——还指出德加（Degas）从未曾把埃菲尔铁塔作为其绘画题材，莫奈（Monet）离开巴黎并不再创作任何与之相关的作品。但是，他们可曾注意到毕沙罗（Pissarro）热衷于描绘城市图景，高更（Gauguin）盛赞这“铁制的哥特式花边”①，新印象派（修拉除外）包括吕斯（Luce）、拉法埃利（Raffaëlli）在内的其他众多画家刻意回避对巴黎作为历史名城约定俗成的传统描绘，而钟情于新生的工业和拥有无限可能的郊区？埃菲尔铁塔坐落于大变动中心的街区，在那里，15 区的小工厂和廉租房面朝第 7 区高耸的奢华楼宇和私人旅馆，赋予其一切引人入胜的元素。所有画家中，唯独修拉对建造中的埃菲尔铁塔感兴趣，他无疑着迷于点彩法的点块并置与金属桁架大胆的纵横交错之间形式上的相似，创作了小尺寸油画《埃菲尔铁塔》(1988)。②

“新世界的钢铁缪斯” *

1900 年的巴黎世界博览会几乎给埃菲尔铁塔以致命一击，11 年前大受欢迎的成功早已模糊成淡薄的记忆，而相反，批评声浪却从未平息。1894 年，在讨论筹建世博会新展馆的过程中，铁塔的命运成为激烈争论的焦点。世博会高层筹委会在第一次会议中罔顾保障

① 载《阿尔芒·拉努介绍埃菲尔铁塔》，同前，第 55 页。

② 关于这个问题，参阅迈耶·夏皮罗（Meyer Schapiro），《修拉和大碗岛》（Seurat and la Grande Jatte），载，《哥伦比亚评论》（*Columbia Review*），1935 年 11 月；同一作者，《修拉新论》（New light on Seurat ），《艺术新闻》（*Art News*），1958 年 4 月，第 45—52 页。

埃菲尔20年经营收益权的协约，决定竞标建筑师可以在设计草图中拆除或者改造埃菲尔铁塔。马斯卡尔（Mascart）作为少数不满这一决策的声音，在1894年7月20日的《辩论报》上撰文反对毁坏铁塔的行径，并讥诮“改造”的主意——“毫无疑问，铁塔不可能被加长，那么唯一可行的改造就是削短铁塔，而后留下一个毫无意义的硕大座墩”。与此同时，竞标者们则要竭力证明马斯卡尔观点的错误，纷纷在创造性上各出奇招以赋予埃菲尔铁塔全新的外观。事实上，C. 洛赞（C. Lauzin）早在提出将铁塔变身成为大瀑布之前就已指出：“埃菲尔铁塔作为1889年世博会的出彩之处（高潮），很有可能在1900年成为丑陋的赘疣。”[①]然而，正如保存在国家档案馆的设计图所展示的那样，在大多数改造者笔下铁塔所经受的不过是一番拙劣的侮辱：要么屈从流俗的品味，两侧安置四座花叶边饰支撑小塔（贝纳尔和库赞［Cousin］），要么撑起一只硕大的时钟，改头换面化身钟楼（埃纳尔［Hénard］、德维克［Devic］）[②]，要么饰以过于繁复的花环、王旗、雕塑甚至阳台和拱廊（德维克）。这些提案的平庸甚至不合时宜、埃菲尔本人的坚持、曾经签订的协议以及预算的限制暂时保住了埃菲尔铁塔。1897年12月2日，政府与埃菲尔事务所签订协议，将铁塔纳入1900年世博会，改造工作仅限于以电灯泡取代煤气喷嘴使铁塔照亮巴黎的夜晚。然而，尽管有了这一提高效益的新设计，公众却并不买账：1900年，只有1 172 281位参观者登上铁塔，相较1889年减少了51%。[③]在这样一届“大肆扭曲自然

---

① 巴黎，国家档案馆，F12 4373 C。

② 关于这个主题，见卢瓦雷特《埃菲尔铁塔的形象》，同前，第210—217页。

③ 古斯塔夫·埃菲尔，《1900年的埃菲尔铁塔》，同前，第43页。

与逻辑”[①]的博览会中，巴黎四处大兴土木，这些建筑物——大皇宫（le Grand Palais）、奥赛火车站（la Gare d'Orsay）——无一不把金属材料悉心掩藏于建筑外观之下，埃菲尔铁塔由此显得格格不入；它过时了。几年之后，当铁塔存毁问题重新引起争议时，它仅仅是因为实际但却有限的科学效用而勉强留存下来。事实上，正是出于对铁塔命运的担忧，埃菲尔自1889年起便通过机智的宣讲将其科学效用推广至光学、传播学、气象学乃至空气动力学等各个领域的实验。[②]1903年，法国科学促进会（Association française pour l'avancement des sciences）不得不起草一份言辞激烈的《反对拆毁埃菲尔铁塔请愿书》（*Protestation contre la proposition de la démolition de la Tour Eiffel*）；巴黎土木工程师协会紧随其后，同声出气。在特许经营权续签问题提上日程之际，法兰西学院院士、夏尔·加尼耶的弟子、官方建筑师让-路易·帕斯卡尔向塞纳省省长呈交的报告明确强调了，尽管结论看好，但意见上的分歧仍然存在：

> 无论如何，面对身为世上独一无二的建筑杰作的重要性，对历久弥新的建筑难题科学而实用的解答，游客们惊叹于300米高空鸟瞰巴黎的全景图而历久不衰的好奇心，还有，对过去、现在乃至未来科学研究的特殊适用性，尤其是针对气象观测——任何其他建筑都无法提供相应对策，我们真的要把这一切都牺牲于严苛的审美标准吗？尽管铁塔显然更适合伫立于顶峰而非谷地，尽管它的美丽并不那么尽如人意，但我们真的要斥巨资

① 雷蒙·伊塞（Raymond Isay），《历届世界博览会大观》（*Panorama des Expositions universelles*），巴黎，1937年，第214页。

② 尤其是埃菲尔发表了一部引人瞩目的著作《三百米高塔上进行过的科学研究》（*Travaux scientifiques exécutés à la Tour de trois cents mètres*），巴黎，1900年。

> 而于事无补地拆除这座宏伟的建筑吗？……假如它不存在，人们也许不会想到在这个地方建一个铁塔，别的地方大概也不会，但它已经存在了。全世界都看到，我们总是在摧毁具有连续性的事物，并把这视为一个颇感惊诧的问题，难道你们不想以保留铁塔来让世人惊诧一下吗？[①]

几番激烈的争论过后，保留派胜利了。埃菲尔铁塔最终得救了，但此举并未让世人惊诧，此后也没有人想去吹嘘其“代数美感”，埃菲尔本人也不敢贸然这样做了，他已经是个疲倦的外交官。人们的说法很明确：“既然它在那里，就让它待着吧。”1889 年世界博览会的“华彩篇章”，“工程师技艺的辉煌成就”，如今只是个吸引外省过路客的乏味景点，若干科学试验的庞大但不值一哂的支撑物。

1910 年 12 月 19 日，亨利 · 拉夫当（Henri Lavedan）在《高卢人报》（*Le Gaulois*）发表了一篇长文，庆贺铁塔从此可以永久保留，他一口气列举了各种古老的、让人难受的比喻：“巴黎的避雷针”“风弦琴”“大洪水之前的怪兽的骨架”“单枝犹太大烛台”“庞大底座上的望远镜”。但随后像 1889 年的大部分的艺术家、他之后的众多学术院人士——安德烈 · 莫洛亚（André Maurois）、保罗 · 兰多夫斯基（Paul Landowsky）、莫里斯 · 热纳瓦（Maurice Genevoix）、朱利安 · 格林（Julien Green）——那样，猛烈抨击它“可怕的、野蛮的、强烈的……咄咄逼人的”丑陋，“前所未有的专横”，它是“全速爬上这座城市的皮拉内西[②]的凉亭”，它“占据了整个天空”，是一场“拙

---

① 让-路易 · 帕斯卡尔（Jean-Louis Pascal）的报告，收入《有关保留埃菲尔铁塔的文件》（*Documents relatifs à la conservation de la tour Eiffel*），巴黎，1903 年 12 月（巴黎，奥赛博物馆，埃菲尔基金会）。

② 皮拉内西（Le Piranèse，即 Giovanni Battista Piranesi，1720—1778），意大利建筑设计师，有过一些非常怪诞的设计。——译注

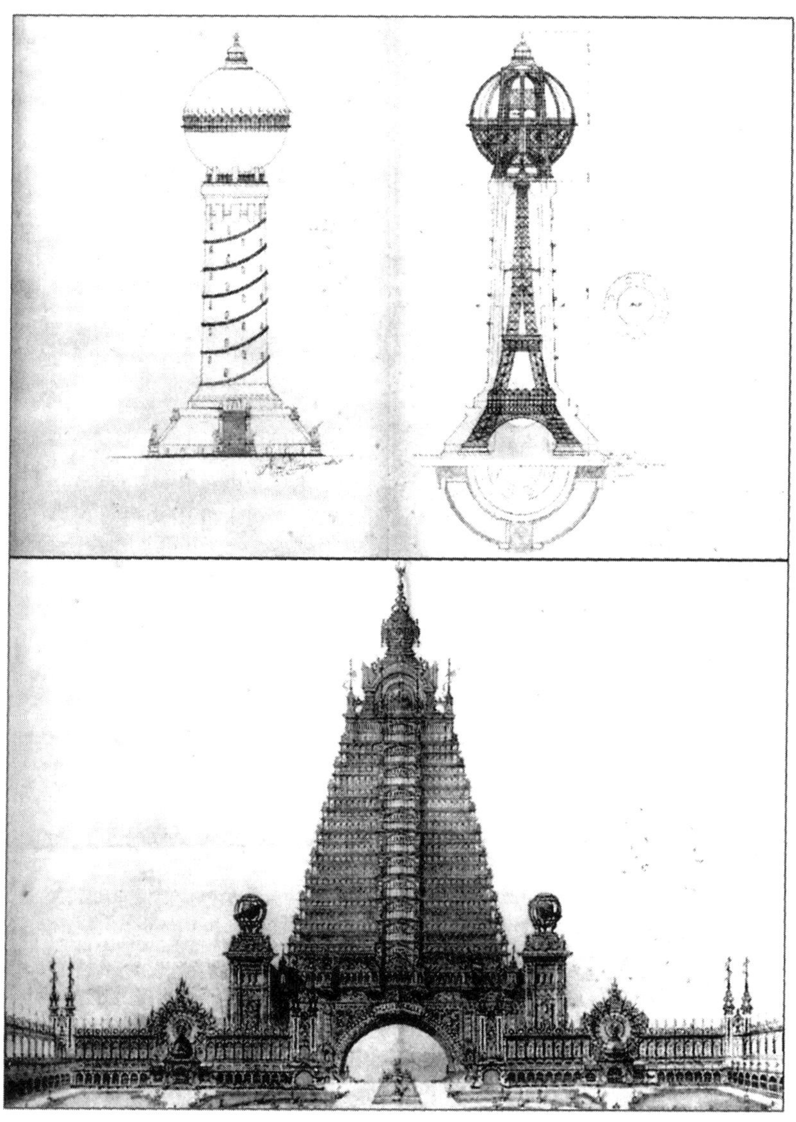

19 世纪立柱,1900 年世界博览会埃菲尔铁塔改造方案,亨利·曼德罗夫([Henri Minderof]?)。

另一方案:世纪宫,夏尔-阿尔贝·戈蒂埃(Charles-Albert Gautier),1889 年。

劣的表演”。但是，在建造20年之后，拉夫当特别强调，这座铁塔引发的叛乱力量原封未动，它像“战神广场上的哨兵立在革命的疏松土壤上”。虽然人们对铁塔在科学上的用途有些安慰性的言论，但丝毫不应该忘记，它是1789年的女儿，“不是受很好的精神激发的”。虽然人们可以指望这个“飞行物标杆”为无线电报提供服务，但是，这个伪装成美丽的电力仙女的铁塔，首先是“工会运动的大教堂、骚乱的纪念柱、罢工的圣母院”：“在我眼里，它的螺母和螺栓就像是一颗颗子弹，像骚乱中的火枪一样随时会发射，你们不要怀疑，大骚乱的那一天，人们肯定会本能地爬上埃菲尔铁塔，把屠杀的红旗和无政府主义的黑抹布插到它顶上。”

虽然在最后时刻被挽救了回来，但铁塔处境凄凉——1901—1914年之间，每年造访它的游客只有15万—25万①，其支持者几乎完全是经常在塔上进行无线电报试验的工程师和军人。这些试验是铁塔得以拯救的原因之一：试验开始于1898年，1908年被确认具有军事价值，并于1915年首次证明可以进行跨洋联络。不过，在第一次世界大战期间，刚刚诞生的无线电尤其被用于指引巡视巴黎的飞机和截取敌方信息。于是，埃菲尔铁塔不再是叛乱者的形象，它成了卫兵，它的顶端发出的间断性或连续性的信号被马塞尔·普鲁斯特称为“友好的警示”②；它是德军部队的“电报搜集者”，是“马恩河战役不知名的功臣”——1917年的《费加罗报》这样称呼它③。作为

---

① 每年的参观者数字，见让·德卡尔（Jean des Cars）和让-保罗·卡拉卡拉（Jean-Paul Caracalla），《埃菲尔铁塔：一个世纪的大胆和天才》（*La Tour Eiffel, un siècle d'audace et de génie*），巴黎，德诺埃尔出版社（Denoël），1989年，第88—89页。

② 马塞尔·普鲁斯特，《追忆逝水年华·重现的时光》，巴黎，伽利玛出版社，“七星文库”，1989年，第四卷，第380页。

③ 波利布（Polybe），《马恩河战役的无名功臣》（D'un vainqueur ignoré de la Marne），《费加罗报》，1917年9月9日，第1版。

1914 年的战士、1940 年的抵抗者，它不再是“亵渎者”，不再是“大革命的女儿”，不再是亨利·拉夫当所称的骚乱的大教堂。此后它意味着各种痛苦和欢乐，1937 年的世界博览会期间，它焕发出蓝白红三色；巴黎解放时，为迎接美国部队，它又殷勤地变成了一个军人狂欢所[①]；到 1989 年，它仅限于庆祝自己的百岁诞辰，从此跟大革命拉开了距离，尽管最初它被认为是纪念这场革命的。

在钢筋混凝土占据统治地位的时代，这座钢铁建筑代表的丰功伟绩从形态和技术上说可能有些过时了，但它越过了创造它的那个时代，被视为工业时代的杰作，既是当初庆贺它的人们的同代者，也是此后它的再造者的同代人，如阿波利奈尔，罗贝尔·德洛奈和勒内·克莱尔。经过几个人的改造，这个“艺术上彻头彻尾的荒谬作品”变成了地道的现代艺术品，如弗洛朗·费尔斯 1928 年就称之为“新时代的终极象征”[②]。拉夫当在前面提到的文章中已经懂得，埃菲尔铁塔述说的“不是美，而是工业”，它认可的只有“工厂的沉思和金属的谵妄”。它所代表的世界，不是砖石建筑、庄重的奥斯曼式大楼、美术馆、细心装点着各种花饰的市政府和政府大楼的世界，“这座庞然大物让人想起的只有火车站、码头、交易所、货栈或鱼市”。不过，对于那些“厌倦了古代世界”，“在希腊罗马古典风格中活得腻味了”[③]的人来说，这种为学院派所鄙视的频频造访，反倒是喜欢铁塔的理由。罗贝尔·德洛奈“从各个角度观察、思考和赞赏”

---

① 德卡尔和卡拉卡拉，《埃菲尔铁塔：一个世纪的大胆和天才》，同前，第 80 页。

② 弗洛朗·费尔斯(Florent Fels)，《以它全部的力量》(Dans toute sa force)，载《阅览》(*Lu*)，1928 年 5 月 30 日，第 284 页。

③ 纪尧姆·阿波利奈尔，《地带》(*Zone*)，载《醇酒集》(*Alcools*)，伽利玛出版社，“七星文库”，1965 年，第 39 页。

这个“新世界的钢铁缪斯”[①]。从1909年以后，德洛奈在其一系列的油画中突出这座建筑的永不枯竭的力度，自它25年前矗立在巴黎的土地上以来，其周围干涩阴沉的房子就不断消失；德洛奈画中的铁塔呈红、黄、橙、绿等各种颜色，它总把巴黎的灰色小房子推向远方，就像参孙推倒圣殿柱一样。对于铁塔的新赞叹者来说，这个“没有实际用途的美人”配得上各种假惺惺的比喻：照管一大群铁桥的“牧羊女”[②]、“天空探测器”[③]、“不安的巨型长颈鹿”[④]、“世界的鸟笼”[⑤]、“波涛汹涌的大钟楼”[⑥]，在阿拉贡看来，它“分开的两条铁腿之间……分明揭示这是个女性，几乎没有人怀疑”[⑦]，正如罗贝尔·德洛奈指出的，埃菲尔铁塔激发“新的向往”，它将“桥梁、房屋、男人、女人、玩具、眼睛、书籍、纽约、柏林、莫斯科”[⑧]联系在一起。两次大战期间，这座现代化的、充满活力的工业化铁塔，比任何其他标志性建筑都更能表现“机械主义的灵魂”[⑨]。在勒内·克莱尔的作品《沉睡的巴黎》中，我们再次看到铁塔展现其金属骨架和电梯轮系，而在热尔梅娜·克鲁尔（Germaine Krull）那里，埃菲尔铁塔去除了“大梁、工字梁和铆钉”，像一个“无与伦比”的诗人一

---

① 索尼娅·德洛奈(Sonia Delaunay),《我们将一直走向太阳》(*Nous irons jusqu'au soleil*)，转引自《阿尔芒·拉努介绍埃菲尔铁塔》,同前,第14页。

② 纪尧姆·阿波利奈尔,《地带》,同前,第14页。

③ 布莱兹·桑德拉尔(Blaise Cendrars),《1910年的塔：轻快诗歌19首》(*La Tour 1910. Dix-neuf poèmes élastiques*),转引自《阿尔芒·拉努介绍埃菲尔铁塔》,同前,第90页。

④ 皮埃尔·马克·奥尔朗(Pierre Mac Orlan),《情感激昂》(*Inflation sentimentale*),转引自《阿尔芒·拉努介绍埃菲尔铁塔》,同上,第91页。

⑤ 文森特·维多夫罗(Vicente Huidobro),《埃菲尔铁塔》,载《南北杂志》(*Revue Nord-Sud*),第6—7期,1991年,同前,第100页。

⑥ 弗洛朗·费尔斯,《以它全部的力量》,第284页。

⑦ 阿拉贡,《塔在诉说》,1922年,转引自《阿尔芒·拉努介绍埃菲尔铁塔》,同前,第104页。

⑧ 索尼娅·德洛奈(Sonia Delaunay),《我们将一直走向太阳》,同上,第94页。

⑨ 季诺·塞韦里尼(Gino Severini),《耶拿桥上的盲人》,同上,第102页。

样谱出了“韵文、词句和韵律”[①]。过去那个腐朽、挫败和地位不明的铁塔，现在已成功变身为现代性的影像。

看到“无线电的蓝色毛发”[②]每夜都在发光，人们知道埃菲尔铁塔是有用的，也认为它很友善。它为雪铁龙公司变身为巨型三明治——为期11年，被特里斯坦·贝尔纳（Tristan Bernard）称为“雪铁龙寡妇”。它见证了民众示威、选美大赛、各种表演仪式，还接纳了四百个自杀者——“埃菲尔铁塔已经有2500万个恋人，其中有些为它悲惨地死去”，1953年6月4日的《星期六晚报》（*Samedi soir*）这样说。它已经完全没有经常困扰一个象征物的死寂和僵硬感，而是具有自己的性格特征，它想“漫步”，想“并着双足越过塞纳河”，因为“小巷子里有欢乐和阳光”（夏尔·特雷内［Charles Trenet］，1938），或者说，它是个有点左倾的大姑娘，尽管解放时它向那位身材魁梧的戴高乐致敬说：“我的伟人！”这就是我们在这座铁塔里庆祝的全部内容，它无所不在，但一直在演变，它能够紧跟一个世纪的记忆，无论事件的大小，无论是作为一曲歌谣、一首诗歌，还是一个绘画题材，至于这个题材是用来表现低劣品味的小玩意儿，还是用来表现战争和庆祝仪式，其实都无关紧要。

---

① 弗洛朗·费尔斯,《以它全部的力量》,同前,第284页。关于热尔梅娜·克鲁尔的摄影,见大卫·特拉维斯(David Travis),《埃菲尔铁塔内外》(In and of the Eiffel Tower),载《芝加哥博物馆艺术研究所杂志》(*The Art Institute of Chicago Museum Studies*),第13卷第1期,1987年,第5—23页。

② 皮埃尔·马克·奥尔朗,《情感激昂》,同前,第91页。

* Le tour de France

环法自行车赛

*

乔治·维伽雷罗 *Georges Vigarello*

孟　婕 译

黄　荭 校

1903 年 7 月的某个晚上，当《汽车报》①的主编德格朗热②启动首届环法自行车赛时，他也许并没有想到它会成为一项经久不衰的赛事。他只希望通过资助一项重大赛事和其他体育报纸一争高下：报道前所未闻的壮举以吸引读者，同时也招揽自行车广告商的兴趣。然而，事态发展很快就超出了预期：《汽车报》的发行量激增，从每天两万份升至六万多份，赛道沿途也搞起了庆祝，每次选手到达都是一种集体的痴迷。比赛变得举足轻重，以往任何赛事都不可与之比拟。同样，每年组织一次环法自行车赛很快也成了一种传统：

① 《汽车报》(*L'Auto*)，法国体育日报，刊行于 1900 年至 1944 年间。——译注

② 亨利·德格朗热(Henri Desgrange，1865—1940)，法国自行车运动员，体育新闻主管，环法自行车赛创始人。——译注

成功有目共睹，深入人心，这让环法自行车赛成了大众的财富。曾经跟踪了1908年整个赛事的《时代报》的记者乔治·罗泽①称其为“国家财产”。当今的赛事组织者格扎维埃·卢伊②补充说它是“民族遗产的一分子”。

也就几十年的光景，环法自行车赛已扎根于某种国家性质的仪式。比赛已化为一种正当制度，教人忘却赛事举办的年数：一场发端被遗忘的演出。说起来，环法或许已不单是一项赛事，它既需要人们投入体育的好奇心，也旨在集体意识的形成，受教于共同体的参照。这场体育“游戏”，也把玩着地理、省份、国界。它把一方国土空间（espace-nation）搬上舞台，把领土本身当作布景。要对这场赛事进行押宝，就不可能局限在单纯的路线绘制上。赛程暗示着一些相遇的场面和朦胧的记忆，环法所交织的，是关乎一片土地的回忆。《世界报》正是这么描绘的，引用普雷维尔③所做的盘点：“这边一座钟塔，那边是车手普利多尔④，还有力普⑤和维克多·雨果的传奇。”⑥赛事塑造着一份遗产的想象，正如其塑造着一条运动路线的虚构之

---

① 乔治·罗泽（Georges Rozet），《法兰西人种的保卫和发扬》（*Défense et illustration de la race française*），巴黎，1911年，第28页。

② 格扎维埃·卢伊（Xavier Louy），《一种新式自行车运动：和格雷格、鲁肖、王一起》（*Un nouveau cyclisme, avec Greg, Lucho, et Wang*），蒙特卡洛，蒙特卡洛广播出版社（R.M.C），1986年，第19页。

③ 雅克·普雷维尔（Jacques Prévert，1900—1977），法国诗人、剧作家。——译注

④ 雷蒙·普利多尔（Raymond Poulidor，1936— ），法国自行车运动员，有“永远的老二”之称，多次获得环法自行车赛的分赛段冠军，但从未获得总冠军。——译注

⑤ 力普（Lip），法国钟表品牌，创办于1867年，初期为小型作坊，后于1893年改制为股份有限公司，在20世纪上半叶，业务发展蓬勃，并达到鼎盛。——译注

⑥《环法自行车赛》，载《〈世界报〉档案与文献》月刊（*Le Monde, Dossiers et documents*），1988年7月，第1页。（原文此处的引用有所省略，应为：“这边一座钟塔，那边是车手普利多尔，还有加利比耶山口 [Col du Galibier] 、力普和维克多·雨果 [Victor Hugo] 的传奇……”从下文可以看到，加利比耶山口是环法自行车赛通常设置的赛段之一。——译注）

境，它依凭于一个环境的往事，同时也拥有自身的过往。在环法的记忆里，交织着一段漫长的历史和一段短暂的历史。正是这些历史赋予赛事意义。

一、环法记忆

从发源起，环法自行车赛的形象就有着决定性的意义："一个完全裹着法国的环。"1903 年，德格朗热这么断言。[①]赛事正是取决于这一形状：赛道规则，尤其呈现出循环状。环法自行车赛可以算是国土的增值演出，也可被收入某些理想化的地理学著作：譬如，初等学校所教授的法兰西形象，费尔迪南·比松所描述的"对称、有比例且规律的"[②]法国，就与之相符；这也是传统意义上的法兰西，王室旅行素有将这样的法兰西形象写入欧式几何学著作的传统，记录他们旅程的巡视与环行路线。但也有别于一些学究所著的地理学，譬如，维达尔·白兰士的著作，与首届环法自行车赛同一年出版的《法兰西地理图景》[③]，强调的是土地的费解，无法清晰界定它的外廓形状。环法车赛的研究可以归于大众地理学，较之轨迹的观察，对于讨喜的表演更为敏感。

赛事本身想要诱惑世人，兴许也受到限制，限制它的正是比赛场面的关键所在："凝视这些环绕法国的自然奇迹。"[④]

---

① 亨利・德格朗热，《汽车报》，1903 年 1 月 20 日，第 1 版。《汽车报》上的文章——本身即如此——并不总包含标题或作者的姓名。为简化注释，此处仅保留所刊报纸的日期及版面，下同。

② 费迪南・比松，《初等教育与教学论辞典》(*Dictionnaire de pédagogie et d'instruction primaire*)，巴黎，1887 年。

③ 保罗・维达尔・白兰士，《法兰西地理图景》，巴黎，1903 年。

④《汽车报》，1938 年 7 月 27 日，第 1 版。

新生的传统

毕竟，德格朗热的赛事所重拾者，为一段悠长的环法传统。所有这些循环的旅程，已经开发出土地轮廓本身的象征价值：君主们的环行，已然拥有土地的掌控权，显示出他们的王权；学徒环游[①]也是如此，有着入教的行程和培训的行为；教育性质的环行，最终，也含有学堂见习制，人们还会对此来上一番文学的虚构。《汽车报》所创的循环路线有点儿像是这一切的总和：威风凛凛的行列、出色工人的行程、教化性质的安排。

归根结底，德格朗热的赛事保留最多的特色，来自教育环行与学徒环游。正是依据学徒们的环行来选定首个赛道（巴黎、里昂、马赛、图卢兹、南特、巴黎）；进一步而言，赛事形象也采自学徒工，他们自行承担责任，旅程之中，可得身怀生存的能力。1926 年，选手们出发之际，尚须“背上三个用于更换的自行车轮胎，车架上备有辐条，运动衫口袋里得有辐条扳手，外加一个应急的自行车扣脚”。[②]他们得独个儿修理遭遇事故的器械，毫无援手，不仅从某些“追随者”那儿得不到，甚至也不能从其他选手那里获得帮助，至少赛事的初期组织是这么规定的。由此，才有克里斯托夫[③] 1913 年的这般形象——“老练的高卢人”，在图尔马莱山口（Col du

① 学徒环游(tour des compagnons)，法国从中世纪起就已创办手工业行会，有着统一的学徒制度，提供宗教和职业教育，学徒们需要周游法国，并完成规定作品才能出师。——译注

② 马塞尔·比多(Marcel Bidot)，《环法史诗》(*L'Épopée du Tour de France*)，巴黎，奥尔班出版社(Orban)，1975 年，第 26 页。关于学徒环行，还可参看米歇尔·佩罗的《工人生活》(Les vies ouvrières)一文。

③ 欧仁·克里斯托夫(Eugène Christophe，1885—1970)，法国自行车运动员，1913 年时他才 28 岁，但已经从事自行车运动十年。——译注

Tourmalet）的一次摔倒之后，深夜里，在圣玛丽-康庞[①]，自个儿焊接车叉。[②]环法车赛可称之为乔治·桑所谓“手工业者的游荡式的骑士风范”[③]的一个新版本，自1903年起，赛事的举办者也有意识地回忆着学徒工的风范，他们屡屡重新提起“这些从前的出发”[④]或是这样一批怀念往昔旅程的“八十岁的学徒”[⑤]。《环行的学徒》正是特里斯坦·贝尔纳1934年的著作标题[⑥]，这一回，主题则转移到比赛本身的不少插曲上来。

从教育性质的环游出发，赛事依旧保留着阐释领土的意愿，也想要巩固一种归属感。通过穿越“法兰西所拥有的最美丽地区”[⑦]，来散播雄心，也就是告知与出示领土状况的宏图。在理解上，可参照一场初具雏形的旅游，做一些前期的摄影考察，并求助于《若阿纳旅游指南》或是《孔蒂旅游指南》[⑧]；同样，毫无疑问，也可参考由共和国初等学校所激发的教学轰动，包括《两个孩子的环法之旅》[⑨]，此书在1903年依然可算是模范的作品之一。首届环法自行车赛举办

---

① 圣玛丽-康庞（Sainte-Marie-de-Campan），地属法国的西南市镇康庞（Campan），以环法自行车赛的通行而闻名。——译注

② 皮埃尔·沙尼（Pierre Chany），《环法的神奇故事》（*La Fabuleuse Histoire du Tour de France*），巴黎，O.D.I.L.出版社，1983年，第145页。

③ 乔治·桑，《环法的学徒》（*Le Compagnon du tour de France*），巴黎，1841年，第3页。

④ 乔治·罗泽，同前，第28页。

⑤ 《汽车报》，1932年7月7日，第2版。

⑥ 特里斯坦·贝尔纳（Tristan Bernard），《环行的学徒》（*Compagnon du Tour*），巴黎，1934年。

⑦ 《汽车报》，1903年7月9日，第1版。

⑧ 《若阿纳旅游指南》（*Guides-Joanne*）和《孔蒂旅游指南》（*Guides-Conty*）皆为法国出版的世界旅行指南系列丛书，风行于19世纪末。——译注

⑨ G. 布吕诺（[G. Bruno] 奥古斯蒂娜·富耶 [A. Fouillée] 的笔名），《两个孩子的环法之旅》，巴黎，1877年。参见莫娜·奥祖夫的文章《〈两个孩子的环法之旅〉：共和国的小红书》（*Le Tour de la France par deux enfants*，le petit livre rouge de la République），载《记忆之场》，第一部，《共和国》。

期间，富耶夫人[①]的这本书卖出六百万册以上，它可是化为清单式行程的环游的标准例证，无论如何，至少在转变为教学游戏的冒险之中，也是最为有名的版本。当然，德格朗热的环法赛事，无须重现这样一种方案的细节。它并非国家财富的详尽盘点，也非介绍“最高贵的线条所勾勒的祖国”[②]——富耶夫人的书本可就是那么肯定的。但也依然保留着一种相似性，《汽车报》在多大程度上承认某种教导世人的抱负，就有多么懂得流连于所穿越的城市与地区。举个例子，南蒂阿[③]，“十分干净的小城市，在一个壮丽的湖泊旁，浸润着作为土地的一双脚”[④]。或是富于气候特征的南方：“你们巴黎人，我们的朋友，你们并不懂得南方的尘土是什么！”[⑤]几乎不由自主地，环法车赛重温着教导国民的学堂梦。

赛事也还有着一个更为特殊的教育方案：《汽车报》的抱负不仅仅在于调查地区的情况，还计划将它们改变。一个刻意现代化的方案，体育领域可得来一趟“庞大的十字军东征”，宣示进步与发现。面对一项任务时，有那么点儿浮夸的信念：“在最宁静的小村庄，最为人所遗忘的茅屋内，车手们将要奠定新生活的准则，学习或是意识到我们的生存条件每天都有所改变。”[⑥]因此，才这么追忆变作“绝妙的思想播种者”抑或“艰辛的毅力唤起者”[⑦]的冠军们，才产

---

① 富耶夫人（Madame Fouillée，1833—1923），法国儿童作家，笔名为 G. 布吕诺（G. Bruno），以旅游教育类书籍著名。——译注

② G. 布吕诺，同前，“前言”。

③ 南蒂阿（Nantua），法国东部市镇。——译注

④《汽车报》，1909 年 7 月 12 日，第 5 版。

⑤ 同上，第 3 版。

⑥ 同上，1903 年 7 月 9 日，第 1 版。

⑦ 同上，1903 年 7 月 1 日，第 1 版。

生这样一种设想，欲上演一番发扬道德意义与“有益的体育讲话”①的场面。在课堂的论说之外，环法车赛由此重新展现出20世纪初的精英讲话，他们坚决主张一种具有训诫意味的运动，其实施过程中，独一无二的场面或能制止酒精中毒、卫生疏忽、体质衰退。赛事难道不该有助于“抛弃小酒馆”②？抑或，助益于重新发现“任何一种品行力量的秘密”③？1912年，柏格森对《高卢人报（文学版）》的问题做此回答：“体育里我最推崇者，正是它所激发的对于自身的信心……我信仰一种法兰西伦理的复兴。”④

坦言之，唯有在环法的传统与现代主义的信念之间，在古老游历的开发与“体质新生”的保证之间，建立起一种紧密的交织，舍此并无他物；也得追忆那些曾启发出新举措的活动。或许，正是靠着技术上的冲击，环法自行车赛才在最大程度上揭示出历史叠印在现时之上的这般形象：投入公路赛事的车手也很好地反映出几乎已被遗忘的、背负职责的学徒形象，同时又是一个更为摩登的形象，也就是操纵机器的工人。环法车赛的人物，同时是孤单而工具化的，条件不佳，但也是机械化的，无论如何，至少可以拿机械的装配来比照：所依靠的，不复为行走者的脚力，而是移动的配套车轮，不再为手工业者的对象，而是工程师的客体。由此，学徒入教的古老循环路线被重温，为之谱上一曲机器的回声：这般“有魔力的自行车”，被《汽车报》评论为“智慧生命为努力从地心引力的诸般法则中解脱，所取得

① 《汽车报》，1905年8月3日，第1版。

② 同上，1904年8月22日，第1版。

③ 乔治·罗泽，同前，第34页。

④ 亨利·柏格森，《高卢人报（文学版）》（*Le Gaulois littéraire*）上的访谈，1912年6月15日。

的首度成功”[①]。在一个对象上聚焦起一切精巧的技术隐喻，连同“这些仿佛表链的细长链条，抑或这些摩擦很小的轴承，以代数方程的手段减少人类身躯的消耗”[②]。说起来，世纪初的机械很有蛊惑力。更早的若干年前，自行车就已经商业化，就其活动的车把、钢铁的轴承、连接功能的链条而言，较之它的直系亲属——德耐式自行车或是大小轮自行车[③]，都更易于操纵，简直无与伦比。作为迅捷与灵动的保证，自行车也算法兰西产业的头号消费品，这种器械的销量从1890年的五万辆，升到1901年的百万辆以上：一种“社会善行”[④]，世纪初的自行车报刊这么断言。在1912年环法车赛的道口，科莱特[⑤]的见证则补充说这也是一种速度的象征：勉强可以瞥见若干选手的侧影，一些看不清面孔的人儿，有着“涂粉的睫毛下，深陷的双眼”，遮掩于一个汗水与尘土的面具之下，“背上有黑有黄，标着红色数字，脊柱呈拱形。他们很快消失，孤零零又无声地穿越喧闹”。[⑥]环法车赛以自己的方式，消弭着道路的距离；但它也是这样一种杂糅，体现着不计年龄的苦工与机器的开发之间，工人的基准

① 《汽车报》，1911年7月10日，第1版。关于这一问题，也就是世纪初对于自行车的感受性，参见：菲利普·加博里欧（Philippe Gaboriau），《工人记忆里的自行车》（*Le Vélo dans la mémoire ouvrière*），南特，“工人阶级的社会学研究所”手册（Cahiers du L.E.R.S.C.O.），1982年；保罗·热尔博（Paul Gerbod），《从法兰西第二帝国至三十年代的自行车》（La petite reine en France du second empire aux années 30），载《历史通讯》（*L'Information historique*），第2期，1986年。

② 乔治·罗泽，同前，第95页。

③ 德耐式自行车（draisienne），一种木制无链条车，出现于19世纪初；大小轮自行车（grand-bi），顾名思义，一种前轮大，后轮小的自行车，出现于19世纪末。——译注

④ 保罗·吉法尔（Paul Giffard），《自行车》（*Le Vélo*）主编，1902年，转引自雅克·马尔尚（Jacques Marchand），《就环法自行车赛而言》（*Pour le Tour de France*），巴黎，贡蒂耶出版社（Gonthier），1967年，第31页。

⑤ 科莱特（Colette，1873—1954），法国女小说家。——译注

⑥ 科莱特，《在人群中（1918）》（*Dans la foule 1918*），载《作品全集》（*Œuvres complètes*），巴黎，弗拉马里翁出版社，1949年，第四卷，第443页。

与产业的要求之间的交集，而 1903 年的自行车，依旧为一个优越的例证。

这也算是一种复杂的例证，因为机械本身，同时见证着现时与过往，也依然是一种旧时与新近事物的混合。不正像是隶属于骑兵的古老传统？骑行的架势，一个坐垫的运用，昂起的脑袋。长久以来，这般相似性已经诱惑了世人。也正因此，才维系着古代的形象与超时空的平行事物。博德里·德索尼耶，首位修自行车史的学者，在 1894 年的作为正是孜孜于比较："自行车上的骑士正如马背上的骑士，在我看来，他们对于公众都有一种义务，举止优雅的义务。"[①]

最终，术语也成了一种杂烩：较之"自行车运动员"这个词，一直以来，"骑士"更受喜爱；或是，在文艺与诗歌的形象中，马拉美的表达——"钢铁上的女骑行者"[②]，也让人联想起骑自行车的女性。环法赛事的评论则重新采取这样的比照。罗泽，当他描述赛事的艰难穿行，或是强调导向的困难时，也是在一项接着一项地提醒人们回忆马与骑马者的行动："得把易于狂怒又固执的动物从泥沼中拉出，用刺棒戳它的肋部，下坡时还得抓紧它，这家伙会在路面上腾起身子。"[③]"作为小型机械的自行车"[④]在他的描述里，也获得不少几乎是器质性、动物性的品质。当然，这还算是较少被人评论的相似性，也很少深入，可这样的相似性却揭示出，在工人的记忆里，环法赛事在一定程度上或许还真能取代从前贵族式的旅行。自行车对于

---

① 莱昂·博德里·德索尼耶（Léon Baudry de Saunier），《出色骑行自行车的艺术》（*L'Art de bien monter à bicyclette*），巴黎，1894 年，第 79 页。

② 斯特凡·马拉美（Stéphane Mallarmé），《对于〈高卢人报〉一项"调查"的应答》（Réponse à une «enquête» du journal *Le Gaulois*），转引自克洛德·巴斯德（Claude Pasteur），《骑自行车的女人》（*Les Femmes à bicyclette*），巴黎，法兰西-帝国出版社（France-Empire），1986 年，第 57 页。

③ 乔治·罗泽，同前，第 95 页。

④《汽车报》，1910 年 7 月 3 日，第 1 版。

马儿的复仇？无论如何，赛事可算作一种重新梳理一介空间的方式，也攻克了一贯属于“他者”[①]的速度。可以确信一点，环法自行车赛的诱惑之一，应该就在于这样一场传统与现代性之间的非常特殊的游戏：比赛中，机械可是在从前由马儿来支配的路线上树立威信，也同它们一样，追求一种赛段挨着赛段、一站接着一站的行程，类似于旧制度时期的旅行日记里，呈线性而连贯的旅程，但也得坚信，在技术和速度上，自行车具有一种决定性的增益。

土地的征用

赛程也指示着一方领土。前者把后者搬上舞台，领土的象征也涉入游戏。穿行之中，赛程突出领土的三种品质：无垠、美丽、自然的捍卫。

赛事所经过的土地，向来也是无边无垠。法兰西，就意味着辽阔的经验。选手们仿佛迷失于无尽的地平线上：“入夜，密史脱拉风[②]一直在无边的原野上呼啸，而在原野中央，月亮底下，矗立着幽灵似的阿尔勒。”[③]任何一束目光都无法统摄赛程。车手们也淡化着当地的界线，直奔一些尚不可见的目的地：“穿越旺代平原的寂静所在，沿着缓慢而沉默地流淌的卢瓦尔河，大伙儿发狂般地逃离。”[④]

无穷的国度，也是美丽的国度。环法自行车赛的经验也自称为审美性的。《汽车报》从不犹豫于寻觅激动之情。所穿越的法兰西正是一个受到称颂的法兰西：“滨海自由城（Villefranche）的水流，金

① “工人资产与空间的形态变化”，菲利普·加博里欧说得十分确切，同前，第 4 页。

② 密史脱拉风（Mistral），法国南部及地中海上干燥、寒冷又强烈的西北风或北风。——译注

③ 《汽车报》，1903 年 7 月 5 日，第 2 版。

④ 同上，1903 年 7 月 5 日，第 1 版。

角湾（Corne d'or）的视野皆无对手，唯有望之上升的天际线，连上地中海那一头的天空，可以一敌。"①评论也是图像化的：几乎变旧的明信片，所呈现的形象也使在初等学校习得的，或由大众文化所传达的信心翻倍。愈被了解，愈获好评的场面。"恢宏的蓝色"，连同其"奢华的布景""奇崛的峭壁"，②并不向读者传授什么，仅仅坐实近于永恒的法兰西之美。证实美丽，更甚于显露美丽。最终，审美变得充分重要，延续着环法赛事的常量之一。亨利·特鲁瓦亚③也重复着这样的观点，他被邀请见证 1939 年的环法车赛，并回忆赛事所穿行的"神奇景致的基础"④。《队报》⑤于 1945 年之后，接棒《汽车报》，同样给法兰西风光一方很大的空间。兴许，《队报》是以一种更似观光的模式，"把世界上一切聚光灯，都对准我们的原野、海洋、高山的壮丽景色"⑥。而今，假期的重要性，使得理由也更显商业味儿："在实践上，环法自行车赛之于国家经济的影响无可估量。倘若不是环法自行车赛，让比利时和荷兰的旅客发现'喀斯高原'(Causses)，他们不会那么了解并频繁出入这一地区。"⑦

拿富丽堂皇的言辞来反映在这片土地上的经验，确乎为趋势。也算一种方式，来延续十分古老的神意天授的描写——也就是描写这一片由大自然所保卫的法国空间。但更是一种别出心裁的方式，赛事对于国土的描写，为世人举出一个几乎是生理性的版本：环法车

① 《汽车报》,1933 年 7 月 10 日,第 2 版。

② 同上,1939 年 7 月 24 日,第 2 版。

③ 亨利·特鲁瓦亚(Henri Troyat,1911—2007),法国作家,法兰西学术院院士。——译注

④ 亨利·特鲁瓦亚,《汽车报》,1939 年 7 月 16 日,第 4 版。

⑤ 《队报》(*L'Équipe*),法国体育日报,《汽车报》停刊于 1944 年,《队报》则创刊于 1946 年。——译注

⑥ 《队报》,1946 年 7 月 22 日,第 2 版。1946 年的赛事不过是一回有限的尝试,并未实现环行:"环法自行车赛"。

⑦ 雅克·马尔尚,同前,第 53 页。

赛中，躯体的投入与地理的游览互有关联。地势的起伏，地面的高低不平，立马能被显著的地标所反映，标志也可化为一些关乎肌肉的数据。一个由人身所居住的法兰西，一方由呼吸为之设置信标的领土："迷人的景色！车手们一骑而过，背部再度前倾，因为南蒂阿自有山坡，一条需要运动员的肌肉猛烈发力，两千米左右的坡道。"① 每段距离与高程差，似乎也可用能量化合价来反映。在选手的循环赛中，一贯都会审慎地安排那些或强度激烈、或放松、或加速的时刻："途经杜河畔利勒②之时，人们就会懂得，在一个如此令人陶醉的环境下，车手们所领略的早晨的魅力。"③感性的、人格化的行程也丰富了景致。不再关涉认知，而是征用；不再关乎地势，而是土地的形象。一种依凭力量和灵活而收获的所有权，说起来，可是穿越整部环法史才拥有之。

从这个角度看，高山扮演着一个特别的角色：永远需要迎击的障碍。也是体力耗尽、摔倒、悲剧事件的发生地。它令人不安："阿尔卑斯山脉就在那儿，高峰耸立，道路则散布于峭壁，得以一种恐怖的方式上山，或是，以头晕目眩的方式曲折地下山。"④然而，从这一事实出发，同边境所展开的游戏，也获得更多的意义：倘若，高山给人以深刻印象，难道不是因为它也保护着人们吗？高山同样是围墙。自然国境的主题由此而发，在此，上述问题也是一种无法绕过的质询。

最初两届环法自行车赛遵循学徒们的环行路线。然而很快，路程延展至领土的边界，包括阿尔卑斯山口（1905）与比利牛斯山口

---

①《汽车报》，1909 年 7 月 12 日，第 5 版。

② 杜河畔利勒（Isle-sur-le-Doubs），法国东部城市。——译注

③《体育之镜》（*Le Miroir des sports*），第 1020 期，1938 年。

④《汽车报》，1909 年 7 月 13 日，第 4 版。

(1910)。对于它们的介绍也总是戏剧化的：折磨人的、不可抵达的地方。举个例子，拉皮兹[①]所说的话就是证明。1910 年，穿越欧比斯克山口 (Col d'Aubisque) 时他已耗尽体力，从器械上下来，费劲地走着，而那会儿他还在比赛里排行首位，拉皮兹对举办者喊道："你们是些罪犯！"[②]首先得说，高山一直是冰冻的荒僻山地，地面也起伏，这在多大程度上证明山口是天然的屏障，已无须多言。然而，正是在这些危险之中——阿尔卑斯与比利牛斯的摩洛[③]神明的困难横亘在选手们面前，他们得应对这些"残暴的巨兽"——环法自行车赛坐实着自然国界的合法性。高山"窥伺着车手们，仿佛他们就是一帮猎物"[④]，同时，又摆出一副无法逾越的模样。由此，法兰西获得一种完整的统一性：坐落于海山之间，身受庇护，景色的介质也是均匀的。法兰西与横跨世纪的代表重新建立联系，生来就由它的土地所连接、保卫的国家代表重获新生。环法车赛以自己的形式来证明，"精确地顺着这些海洋，攀上这些高山"[⑤]。就此，自然国界的久远传统被重新确证，这一传统也就是在法兰西共和二年[⑥]由国民公会议员或是士兵所守护的传统，同样，也是 19 世纪的国家-民族[⑦]拥护者所猛烈宣扬的传统："大自然标注着法兰西的界线。我们得从地平线

---

① 奥克塔夫·拉皮兹(Octave Lapize):法国自行车运动员,1910 年环法自行车赛冠军,也是第一个穿越比利牛斯山赛段的选手。——译注

② 《汽车报》,1909 年 7 月 13 日,第 2 版。

③ 摩洛(Moloch),上古近东神明,亦指需要做出牺牲的人或事业。——译注

④ 《队报》,1947 年 7 月 14 日,第 47 版。

⑤ 《汽车报》,1923 年 7 月 19 日,第 1 版。

⑥ 法兰西共和二年(An Ⅱ),以法国共和历(calendrier républicain)来计算,对应着公历的 1793 年 9 月 22 日至 1794 年 9 月 21 日。——译注

⑦ 国家-民族(État-nation),一个叠加和融合的概念,既指一个政治组织("état"可译为"国家"或"政府"),又强调不同个体的集体认同感("民族"),关键在于身份归属的认同,尤其是公民对政治生活的认同、参与、义务和忠诚。——译注

的四个角抵达国界，从莱茵河的近旁，从大西洋的旁侧，从阿尔卑斯山脉的近旁，从比利牛斯山脉的旁侧。法兰西的界标在此。”[①]伴随着环法赛事，由土地所统一的这一法兰西形象也赢得人心；通俗化的形象，或许较之一个由语言或是习俗所推动的统一体的形象，更为有力。一种尤为殊异的地理升值。

土地的记忆

然而，把伟大的主题限定于土地的这种独一无二的形象，并无可能。使领土升值，也就暗示着它的古老，它那久远的年岁。环法车赛并不仅仅展示着国家的界线与统一，也让人们邂逅关乎国土的记忆。赛事为壮丽的布景添上往昔的参照。每个地点都变作追忆的场所：迪盖克兰[②]之于布龙（Broons），他曾参加布列塔尼战役（campagne bretonne）；圣女贞德之于奥尔良（Orléans）；还有1914年来到梅斯、南锡、香槟沙隆[③]的法国士兵。影射有时也是约定俗成的，仅仅用以证明时光的在场。举个例子，穿过默兹省[④]之时，对于迪巴利夫人[⑤]的回忆：“车手们兴奋地行驶于方圆一百六十公里的地区，可不是为了向迪巴利夫人——路易十五的著名情人，沃库勒尔的

① 丹东(Danton)，发表于国民公会的演讲，1793年1月31日。

② 贝特朗·迪盖克兰(Bertrand Du Guesclin)，法国骑士统帅，百年战争初期的军事领袖，他出生于法国西部市镇布龙，被称为“布列塔尼之鹰”。——译注

③ 梅斯(Metz)，法国东北部城市，洛林地区的首府。南锡(Nancy)和香槟沙隆(Châlons)也都是法国东北部的市镇。——译注

④ 默兹省(Meuse)，属于法国的洛林大区，北邻比利时。下文中的沃库勒尔(Vaucouleurs)为它的一个市镇。——译注

⑤ 迪巴利夫人(Madame du Barry，1743—1793)，法国国王路易十五的情妇，丧命于断头台。——译注

本地人(在格列夫广场[①]被杀头)——致以敬意。”[②]抑或在途经阿克斯莱泰尔姆[③]时,对圣于当(saint Udant)的更为矫揉造作的回忆:“公元452年,战胜阿提拉[④]的圣于当,正是在这里受到折磨,时值教皇利奥一世(Pape Léon 1er)。”[⑤]评论在引述历史时如同可以为之导游,自途经之地说起,忆及往昔片段;并无明确计划,倘若有也是意在提醒人们一段过往的存在。举个例子,1989年从凡尔赛至巴黎的最后一个赛段以影射的方式暗示着法国大革命:“凡尔赛与香榭丽舍大道之间,与杜伊勒里花园相连的二十七公里,就是为了更好地纪念法国大革命两百周年。”[⑥]这般情形下,也是独一无二的证明:法兰西,历史悠久的土地。

更常见的是援引国家引以为荣的人物,这么做的目的非常明确:法兰西,功勋辉煌的土地。伟人们的形象与选手们的形象糅在一起,以加强对集体壮举的崇拜之情。一些名字,念起来犹似一场欢庆:“人们知道,旺代省已形成一种不乏国家荣耀的特色。荣光般的人物涌现于斯,也似蘑菇一般生长:仅就最晚近的来说,也有克雷孟梭、德拉特尔·德塔西尼[⑦]。相反,我们倒是不曾料到,1972年的环法自行车赛接近吉伦特湾[⑧]的赛段,能叫人想起一个节选片段的末尾

---

① 格列夫广场(Place de Grève),巴黎市政厅广场的前身。——译注

② 《解放报》,1988年7月11日,第23版。

③ 阿克斯莱泰尔姆(Ax-les-Thermes),法国南部市镇。——译注

④ 阿提拉(Attila,395—453),古代匈人帝国的皇帝。——译注

⑤ 《汽车报》,1925年7月5日,第4版。

⑥ “为一条更严密的回环路线所定的一个新方向”,《世界报》,1988年10月22日,第23版。

⑦ 德拉特尔·德塔西尼(De Lattre de Tassigny,1889—1952),法国元帅,二战期间的陆军高级将领。他和克雷孟梭都出生于法国西部的旺代省。——译注

⑧ 吉伦特湾(Estuaire de la Gironde),法国西南部的三角湾。——译注

处那十八个冒险爱好者。”[1]还有，一些战役的参照，如早期赛事所重现的1870年突击战，或是在此之后的比赛所展现的世界大战的交锋：孚日山脉（Vosges）的一个赛段，“玫瑰色砂岩的迷人小教堂呼唤着往昔战斗的回忆”[2]，阿登山地（Ardennes）的一段赛程，则仿佛“比利时之战的一场等待”[3]。最终，在某些作战地区的骚动心理，伴随着这样一种见证历史的公示意愿。此处，环法的全国赛事已赋予自身某种道德责任：“我们所穿越的，是一段真正富于幻想意味的景象（1919年的隆维、查尔维尔、阿尔芒蒂耶尔[4]），应该把这番景象展示给法兰西的所有孩子看。”[5]

一个频繁重现，甚至是主导性的历史参照，关乎拿破仑及其“大军团”[6]。在德格朗热的语言里，影射也总带着庄重的味儿：“人群在他们经过时鼓掌，就像以前，群众欢迎从西班牙或奥地利荣归的军队，即拿破仑时代的禁卫军老兵。”[7]在他人的笔下，影射更谐趣，或是更轻佻，但也能很好地显现出榜样的重要性：“从查尔维尔出发时，最近被唤之为‘里克大帝’的选手（范洛伊[8]，未来的胜者），选择以自己的方式来庆祝拿破仑诞辰两百周年，在巴泽耶、蒙

---

① 安托万·布隆丹（Antoine Blondin），《论环法自行车赛》（*Sur le Tour de France*），巴黎，马扎里纳出版社（Mazarine），1979年，第71页。

② 《解放报》，1988年7月12日，第27版。

③ 《队报》，1948年7月23日，第1版。

④ 隆维（Longwy），法国东北部城市，属于洛林大区。查尔维尔（Charleville）和阿尔芒蒂耶尔（Armentières）则分别为法国东北部和北部的市镇。——译注

⑤ 《汽车报》，1919年7月23日，第2版。

⑥ 大军团（Grande Armée），拿破仑一世的皇家禁卫军，也曾经历“百日王朝”。——译注

⑦ 《汽车报》，1903年7月15日，第1版。

⑧ 里克·范洛伊（Rik Van Looy，1933— ）：比利时自行车运动员，曾获七个环法自行车赛的分赛段冠军，也是1963年环法赛事的绿衫得主（指冲刺实力最优秀，在赛段终点获得的冲刺积分最多的选手）。——译注

梅迪和蓬塔穆松[①]的战场上，以鼓声打响他自个儿的法兰西战役。”[②]关注尤其集中在冲突和统帅上：《拿破仑之路[③]的战斗》[④]，便是一段格勒诺布尔赛程的评论所取的标题；或是《意大利战争归来》[⑤]，为一段阿尔卑斯山口下坡赛道的评论所取的题目。

因此，大众的历史所留念的，通常是一些英雄和战役，着眼当下即守护土地，放眼更远处则是对征服的缅怀。这个获胜并受到保护的法兰西，确切地讲，它的往昔正是取决于某些标志性事件或主导型人物；这也是一个怀旧的法兰西，从拿破仑的冒险起，便秘密保留着一出升值的史诗剧。环法自行车赛正唤醒这段记忆：关乎一个凯旋的国家，包括法兰西的伟大人物和战斗，车手们的汗水与全力拼搏使得这些形象的记忆即刻重返现实。

二、一种“国家”制度

或许，环法自行车赛的成功在很大程度上取决于它所能够唤醒的这段记忆：一个由海至山，被呈现、被感受的国度。当然，无论如何，赛事本身也有所改变。它有着自身的历史，一个又一个十年，标志着它的内在转变。也包括逐渐变化的比赛所引发的兴趣本身，或是赛事的组织和演出，都有所变化。

环法与自身的时代同在，当属必然。环法正是时代的反映，顺便

① 巴泽耶(Bazeilles)，法国东北部市镇，曾是普法战争中色当会战的战场之一。蒙梅迪(Montmédy)和蓬塔穆松(Pont-à-Mousson)皆为洛林地区的市镇。——译注

② 安托万·布隆丹，同前，第74页。

③ 拿破仑之路(Route Napoléon)，也就是拿破仑从被流放的厄尔巴岛返回法国时所选择的路线，经过法国东南部城市格勒诺布尔。——译注

④《汽车报》，1934年7月12日，第1版。

⑤ 同上，1925年7月14日，第1版。

也传达着20世纪大众文化的某些重大改变。

发端的分量

德格朗热曾是公证处的书记，是他那个年代的赛跑运动员（当时曾创造一项纪录），也是一个严苛而野心勃勃的领导者，他将环法赛事比作一项财政事业。其计划明晰：将比赛变作一个市场，吸引读者和广告商。事实上，报纸发行量的增长也快速而规整：1914年7月，日均售出二十万份以上；到1924年同期，日发行量则近于五十万份。[①]《汽车报》的主管本身，对于体育与工业之间的一种决定性的关联，也有明确的阐述："这是一波环法自行车赛所创造的供应潮，相当可观，以至自行车制造商打一开始，便断定环法自行车赛是一项必不可少的赛事。"[②]换言之，《汽车报》上演了一出销售大戏，其所指向的是20世纪初一种具有征服力的器械：自行车。那个时期，自行车的总量也在快速增长：头四分之一世纪里，从一百万辆跃升至近七百万辆。[③]能做到这样，也得一直仰仗机械方面的进步，这也是对于科学、技术的称颂。因此，早期环法赛事的评论才表现出对现代性和经济跃进的这股子狂热劲儿："《汽车报》每天都得英勇地歌颂运动员与工业的荣耀。"[④]最初阶段，自行车工业本身受益于进步，车手的工具也彰显着未来："现时刚刚能预见的这一自行车的未来。"[⑤]真是引人注目的狂热，进一步说，自行车技术在20世纪的普

---

① 《汽车报》定期公布销售额。这些数字并不全都可信。参见皮埃尔·沙尼，同前，第141页。

② 亨利·德格朗热，《汽车报》，1907年7月8日，第1版。

③ 《汽车、自行车、摩托车部门的官方人员》（*Officiel de l'automobile, du cycle et de la motocyclette*），1937年9月，第103页。

④ 《汽车报》，第1期，转引自雅克·马尔尚，同前，第27页。

⑤ 《汽车报》，1903年7月6日，第1版。

遍化，其他移动形式的胜利，此二者将对环法赛事本身有所影响，随之，狂热也愈加显著。

“受创”的领土

早期的环法自行车赛还有一个鲜明特色，即坚持“体质上的再生”①，加诸身体的巨大考验也力图变作一种符号，一份有赖于所投身的背景与时代的坚持。从这番关乎形体复兴的言论可推定日期，有时也能从中识破1870年所受冒犯②的蛛丝马迹，并怀念起失落的省份。20世纪初，体育运动和比赛场面，作为一类战斗工具被频频提及，至少在法国是如此，它们也算是一种安排，旨在克服这些关乎领土的“应该被视为教训的灾难”③，哪怕依据现今的标准来看，体育和比赛场面的发展才初具雏形，哪怕很多人已从中独到地洞见一场节日的意义已远胜一种道德的示范。举个例子，比赛到中途站时，当地的发起者会倡议办舞会或是火炬游行，这算是一种相当传统的欢庆方式，等候着车手们的经过。就《汽车报》而言，与之相反，则擅长使用富有教益的语言。它吁求一种集体性质的拯救，也善于复述侦察精英们的论据：“或许，没有什么能与这一奇妙的运动相提并论，这种运动在近些年才展开，有益于身体锻炼；而今，它更是将体育锻炼导向一种体质重生的理想，每一天，这份理想都变得更精确，

---

① 《汽车报》，1903年7月6日，第1版。

② 指1870年的普法战争，普鲁士获胜并建立德意志帝国，“所受冒犯”和“失落”是因为法国割让给对方阿尔萨斯和洛林。——译注

③ E. 达利(E. Dally)，《论身体教育的必要性及城市水疗健身馆的筹办》(*Sur la nécessité de l'éducation physique et sur l'organisation des gymnases municipaux hydrothérapeudiques*)，巴黎，1871年，第5页。

也更自觉。我们明白，这就是一种拯救。”[①]因此，这番体育演出最终看来更像一种被动的接受而非自愿，似来自一种外在的领导而非自发。在这里，环法自行车赛依然算作一种阐释运动使命的方式：“比起让群众到这儿来看演出，我更希望他们是前来朝圣。”[②]

在这样一个方案中，经过从前被吞并的地区才获得全部的意义。正是1906年的赛事首度获得穿越阿尔萨斯-洛林的权利，重启的路线直至1911年尚有效，后遭德国政府的禁止。每一回的涉足都变作一种象征性的重新拥有土地的机会。单是赛程就已然算作一种回归。自行车行列所设置的路标上写着法语，采用黄色的布告，正是《汽车报》的颜色，一些勇敢者歌唱《马赛曲》：“这也许是1870年战争以来，人们头一回在阿尔萨斯-洛林地区看到仅用法语一种语言书写的通告。”[③]与一些民众的会面也被描述为一场重逢，字里行间渗透着当地人民的赞赏和游客的自豪。

这种关乎领土想象、非常特殊的做法被保留下来；环法突出国界的概念，有时幻想至逾界的地步。而在这种情况下，赛事初期的“受创”赛程也就不可避免地为自身添上悲怆的音调。

国家仪式

环绕边境的路线，动员群众的意志，使得环法自行车赛很快带有一种国家的象征性。譬如，从最初版本的环法赛事起即取道凯旋门，作战部队的必经之地，车手们在此也是列队穿行，其后，才从巴

① 《汽车报》，1903年5月6日，第1版。
② 同上，1919年6月28日，第1版。
③ 同上，1906年7月6日，第1版。

起初,环法自行车赛的创办是私人性质的,可也懂得为赛事选择一些国家层面上的象征事物。

因此,环法成为一项独特的比赛,任何其他赛事都难以与之比肩。

上图:1939 年,环法自行车赛从凯旋门启程。

下图:1990 年,选手们抵达终点。

黎的城门真正出发。因此，入夜，选手们疾行于香榭丽舍大道和大军团大街（Avenue de la Grande-Armée）的这般形象，被《汽车报》着力地描绘，他们得从“两排好奇的观众之间”[①]抵达早期的启程地点，趁夜色出发。1920 年以后，这种仪式愈加隆重，赛前，一列车队须进入林荫大道：可算是历史古迹（歌剧院、圣玛德莱娜教堂、方尖碑、凯旋门）之前的阅兵式，这么做唯有放大赛事的意义。这条缅怀光荣的路线年复一年地延续，至第二次世界大战才被中断，最终，于 1975 年以一种不同的，然而依旧富于启示的形式重现：原先的起点，变作现今的终点，一条以香榭丽舍大道为核心部分的环城路线。另一个传统则跨越数十年：在最后一个赛段，由佩戴红色绶带的共和国卫队为比赛保驾护航。环法自行车赛一直延续的特色之一，即这样一种对胜利之路的追寻。

政府的出面终于使得环法车赛的正式性质合法化：市长和专区区长现身于各个城市赛段，将军和军事司令员则出现在边境要塞。例证颇多，仅举一例：1909 年，在图卢兹的圣米歇尔林荫道（Allées Saint-Michel）上，十名市政委员同他们的市长，还有专区区长、军乐队一起出席环法自行车赛。[②]实际上，赛事已经具备国家性质。

英雄化的事业

对于身体竞技本身的兴趣依然得以保留，而报纸在其中扮演着一个决定性的角色。讲述赛事者，正是报纸。它使得道路旁的观众所渴望保留的瞬间形象有了意义和统一性。它重建比赛的过程。报道

---

① 《汽车报》，1910 年 7 月 3 日，第 1 版。

② 《汽车报》，1909 年 7 月 20 日，第 1 版。

的重要性正在于此。《汽车报》的文章能重现赛事的张力和最终的收场，拼搭出一种戏剧效果。有时，甚至能依据比赛的各种细节创造出一种戏剧性：1904 年环法的首个赛段，也就是巴黎-里昂赛段，行进的过程中并无引人注目的事件发生，《汽车报》的评论愣是衬托出一些事故，也辨别出一些加速行为和陷阱。1903 年首届环法自行车赛的获胜者加兰[①]，也是 1904 年赛事的宠儿，他大量使用回击和闪避的战术："这是一群真正的猎犬，给他制造障碍，不断攻击、试探他，并窥伺着他的缺陷。"[②]自行车运动本身，需要付出长时间的努力，也往往可能出现反转，正便于这般讲解。

然而，仅凭文章自个儿便组织起一出戏，所使用的手段是消弭比赛中等待与沉寂的时段。它充当着历史的杜撰者。更有甚者，正是文章指引着，有时也规定着仰慕之情。正是它指出功绩之所在。加兰，在里昂的这一趟冒险中，成为一个非凡的存在："从此，我保持着对于这位莫里斯 · 加兰的景仰，就像小时候仰慕传奇里的英雄。"[③]德格朗热这么承认。"不起眼的意大利烟囱工人"，入法国籍并赢得 1903 年的环法赛事，他被形容为"超级斗兽""公路大力士"和"巨人"。环法的创办者确信"需要英雄"[④]。这一讲法，实际上，揭示出赛事的另一股动力：真切地创造或假定一个神话空间，呈现作为榜样的人物。加兰之外，初期的环法赛事中，"这支体育的神

---

① 莫里斯 · 加兰(Maurice Garin，1871—1957)，意大利自行车运动员，后入籍法国，首届环法自行车赛冠军。——译注

② 《汽车报》，1907 年 7 月 4 日，第 1 版。

③ 同上。

④ 同上。

圣部队”还涌现出：奥库蒂里耶[①]，他的肺被喻为“锻炉的风箱”[②]；“老练的高卢人”克里斯托夫；“白鸽城的巨人”法贝尔[③]；还有波蒂耶[④]，他是 1906 年阿尔萨斯圆形顶峰（Ballon d'Alsace）赛段的胜者，两年之后，德格朗热在山顶上为他竖立起一块纪念碑，波蒂耶因此而变得不朽。没什么令人吃惊的，坦言之，报刊就应当在这样的情形下对选手加以颂扬。它得把过分赞扬的语调化为一种寻常的语调。《汽车报》越是想要对世人施展诱惑，就越是得把这样一种语调打入人心。财源意味的逻辑在此亦无可避免：《汽车报》举办了一场仅凭一份报纸便能叙述的赛事。让 · 卡尔韦在一本精彩的作品《公路巨擘的神话》中强调，所做的一切，都是为了使比赛“变作一部民众的史诗，并缔造一个神话”[⑤]。

至于这部神话作品，它是成功的。英雄们具有某种厚度和密度，并未流于记者们肤浅的言说。群众的在场也证明着什么，举个例子，1914 年，马赛的自行车赛场满是人，而大门本应在车手们到达两小时前关闭。一种特殊的文化生产也对此有所证明：歌曲、小说，卡尔图和德库安 1924 年创作的小说《自行车踏板之王》[⑥]后来还被改编成电影。环法自行车赛为自身锻造了一条英雄长廊，《汽车报》强

---

① 伊波利特 · 奥库蒂里耶（Hippolyte Aucouturier，1876—1944），法国自行车运动员，曾五次获得环法自行车赛的分赛段冠军。——译注

②《汽车报》，1907 年 7 月 4 日，第 2 版。

③ 弗朗索瓦 · 法贝尔（François Faber），卢森堡自行车运动员，1909 年环法自行车赛冠军。——译注

④ 勒内 · 波蒂耶（René Pottier，1879—1907），法国自行车运动员，1906 年环法自行车赛冠军，也是第一个被冠以“山王”（roi de la montagne）的环法自行车选手。——译注

⑤ 让 · 卡尔韦（Jean Calvet），《公路巨擘的神话》（*Le Mythe des géants de la route*），格勒诺布尔，格勒诺布尔大学出版社（Presses universitaires de Grenoble），1981 年，第 164 页。

⑥ 保罗 · 卡尔图（Paul Cartoux）与亨利 · 德库安（Henri Decoin），《自行车踏板之王》（*Le Roi de la pédale*），巴黎，伽利玛出版社，1924 年。

调，这些人或将“具备与我们不一样的血肉”[①]。

这就意味着传统文化的消逝？也意味着宗教信仰的消散？20世纪的初始，体育一直在缔造一种全新代表的协调性，集各种能反映甚至同化集体想象的行动与象征于一身：闻所未闻的英雄肖像，对世人而言，是靠近的，同时又是遥远的，难于捕捉，又令人备感亲切。新颖之处正在于此。环法自行车赛令面对高大山岭的胜利者步入传奇，然而，“这些事件是由简单的人们所经历的”[②]，德格朗热提醒道，这项事业将一直是“人道的，体育的，平均的”[③]。此外，1910年的环法车赛，途经欧比斯克山口时，拉皮兹的那句话是另一例证：“你们是些罪犯！”重压之下的车手把矛头直指举办者，确切说来，也标志着英雄的人性一面。冠军是“不可及”的，但冠军的与众不同之处，首先在于他的功绩和毅力，换言之，他的身上集中着一些旁人也能够实现的特点。获胜者既是普通人，又不一样；既可比较，又难以企及。因此，才可能产生一种巨大的社会梦想。环法，和普通的体育运动一样，难道不是帮助人们更好地思考民主社会的矛盾？冲突正基于一种原则上的平等与一种事实上的不平等，亦介于一份权利的契约与一种力量的妥协之间，眼看着现实的诸般不可调和。难道不是帮助“无关紧要的人儿能够变作某个人物”[④]，而无须变乱社会的面貌？毕竟，赛事与这样一种英雄化的事业密不可分。这也是决定性的比赛机制，因为它贯穿着整个环法自行车赛的历史而

---

① 《汽车报》，1904年7月1日，第1版。

② 让・博贝(Jean Bobet)，《环法自行车赛的传奇》(La légende du Tour de France)，载《体育与生活》(*Sport et vie*)，第50期，1960年，第53页。

③ 亨利・德格朗热，《汽车报》，1903年7月15日，第1版。

④ 阿兰・艾伦伯格(Alain Ehrenberg)，《诸神缺席的体育场》(Des stades sans dieux)，载《辩论》，第40期，1986年5—9月，第48页。

更加引人注目。

在这样的国家体育制度下发生的改变，更多地取决于赛事的演出或是背景。此二者才是我们应该探讨的。

“闲暇时光”的节日

1930 年，比赛的组织方式本身也发生了一项引人注目的转变：国家代表队的创设，将品牌的车队取而代之，竞赛被扩展为一种国家间的对抗。换言之，由公司主导的时代已终结，它们有偏袒某些自行车赛的领袖且歪曲比赛场面的嫌疑。对于此番决定的解释，首先看来是技术性的：限制自行车公司的权力（此外，公司本身也遭逢经济危机），禁止其介入竞赛的进程。结果当然超出预想，已然触及赛事的运作本身及上演的场面。

国际联盟与战斗

1930 年以后，对于国家代表队的聚焦至少改变了比赛的介绍形式。首先被简化的是语言，以描述不同阵营之间的对立：“比利时队的一日行程”“德国队的健康”“法国队下榻的旅馆”[①]。比赛也加强了阵营的多样化。德格朗热对欧洲地区的各种联络有所考察。除却环法常客德国队、比利时队或意大利队，他亦促使来自罗马尼亚、南斯拉夫、奥地利和卢森堡的车队投入赛事。报道也引起人们围绕这些队伍的期待与好奇：“比利时队采取什么战术”，“罗马尼亚队已从

---

① 《汽车报》，1933 年 7 月 3 日，第 2 版。

布加勒斯特（Bucarest）出发”，“南斯拉夫队行至巴黎”。[①]评论由此转向，举个例子，很快，这些赛事的介绍就透出一丝政治色彩。环法的战斗正如同国际争端的弱化回声一般，这样的回声在两次世界大战之间的发挥尤为重要。赛事也反映着对于国家联盟的质询，20世纪30年代所进行的各项谈判，还有，在1933年希特勒上台之后，国际上为搭建缓坡和军事防线刻意公开或秘密签订的条约。而1930年以后的环法赛事，相关报道的措辞也映射出外交的忧虑情绪。环法自行车赛正重建着世界格局，关系到国家之间的公约、援助与对立。但它采取的是自己的方式，既形象化，又简单化。德国车手时常戴上一副“悲伤的面具”，意大利车手有着“阴谋家的表情”，而法国车手，譬如1930年和1932年的赢家勒迪克[②]，总显得“更快活”[③]。一句话概括，在这样一种几乎不由自身做主的排位游戏中，环法自行车赛消除着人们的疑虑，缓和大家的压力，将难以忍受的事物以一种可容许的方式传达出来，化焦虑为希望。虽然国家之间相互对抗，在两次世界大战的战间期（entre-deux-guerres），跨越国界的夏季比赛也贯穿着这样一种对立，国家代表队之间的竞争很严酷，有时甚而带着侵略性，但也是在一种体育运动的框架下，而这项运动一直被人们梦想为世界的调停者。譬如，取道香榭丽舍大街的出发富于象征性，1930年的《汽车报》即以此刊发照片，把凯旋门作为背景：“如朋友似手足的国家一起攀登胜利的拱门。”[④]在赛程中

① 《汽车报》，1936年7月3日，第1版。

② 安德烈・勒迪克（André Leducq，1904—1980），法国自行车运动员，1930年和1932年两获环法自行车赛冠军。——译注

③ 《汽车报》，1930年7月1日，第1版。

④ 同上，1930年7月3日，第1版。

加入斯特拉斯堡的新提议，同样有着象征性：“身处国际联盟[1]首府的选手们。”[2]最终，参赛队伍之间能表现出一种互助的精神，或许，便是以工人团结的崭新面貌为参照。

不断壮大的行列

还有一些更重大的后果，关系到赛事节日的举办形式本身。也就是品牌代表队消失了，用以赢利的商业布告也一起消失（坦言之，部分移除而已），这促使人们创建一种新的布置：设立一支能重新保证出资来源的车队，一个广告用途的汽车行列，向举办者支付报酬，从而得以在赛道上播送它们的消息和信号。换言之，赛程的商业开发，赛事也关乎道旁民众，不再仅仅是一份报刊的经营。因此，场面也换新颜。举个例子，在1930年环法赛事的商业车队中，麦涅[3]牌巧克力的卡车行驶于队伍的前方，发放五十万顶打有商标名字的纸帽子。代理商也分发若干吨的块状巧克力。他们还停在山顶上，向观众和选手们提供杯装热巧克力。[4]1930年的环法自行车赛，有二十家以上自行车工业之外的企业参与其中，他们有时也向公众投放产品与物件。譬如，黑狮[5]牌鞋油的四轮大车上放置着一个巨型盒子，正是被仿制成一盒黑狮牌鞋油的模样。或者，车上也可见酒精饮料的首字母缩合词，纸板糊起来的硕大饮料瓶，乱七八糟，有竖起的，有

---

① 国际联盟(Société des Nations)，简称“国联”，成立于1919年《凡尔赛条约》签订之后，也是联合国的前身。——译注

② 《汽车报》，1932年7月26日，第1版。

③ 麦涅(Menier)，法国巧克力品牌，创办于1816年。——译注

④ 皮埃尔·沙尼，同前，第245页。

⑤ 黑狮(Lion Noir)，法国鞋油品牌，创办者古斯塔夫·弗莱蒙(Gustave Fremont)于1930年离世，并未影响这一品牌的受欢迎程度。——译注

躺着的，歪歪斜斜，搅乱汽车行列的外观。[①]可车队的存在也势必增强环法的节日特征。

正是这一彩带般的行列，可以让人联系到进步的景象——那个时候，自行车的发展已经具体说明了什么是进步。车队摇身一变为既可观又热闹的现代性的符号，哪怕自行车生产商不再有能耐来维持他们对于赛事的控制（1929 年前后，尚且有着七百万辆自行车的生产总量，三年之内，则仅仅增长数万辆[②]）。车队可被视为未来的象征，连同它的通告、标语、高音喇叭与卡车，“驶向未来的工业生产盛况”[③]。

更深入地看，车队改变着节日的明确意义：难道不是更多地关乎放松，而非道义，关乎欢乐，而非教化？也加剧着举办者专断的空洞计划——也就是组织一场“意志力的节日”——与公众收获的直接乐趣之间的分歧，车队可算是一种富于刺激性的存在，反映着供需与社会化的情形。一份充满工业气息的招摇声明？

因此，环法的形象预示着民众假期的意义，在夏天频繁出入环法赛道的行列，这一拨来往于夏季公路的浪费与挥霍的车队，都是一种预兆。海滩照可算作一个表征，1930 年前后，此类照片突然出现在《汽车报》或《体育之镜》[④]的版面上，而直到那会儿，这样的

① 菲利普·加博里欧在他的《自行车的社会史诗》（[*Épopée sociale de la bicyclette*] 即将由阿尔玛当出版社 [L'Harmattan] 发行）一书中，对于车队的世界有很好的描述。他尤其明确地指出环法的大众参考意义。皮埃尔·桑索（Pierre Sansot）的《环法自行车赛：一种国家的礼拜形式》（Le Tour de France : une forme de liturgie nationale），载《社会学国际手册》（*Cahiers internationaux de sociologie*），1989 年，第 86 期，也以引人注目的方法分析大众的感受性。

② 《汽车、自行车、摩托车的官方人员》，同前，第 103 页。

③ 菲利普·加博里欧，《自行车的社会史诗》，同前，第 142 页。

④ 《体育之镜》（*Miroir des Sports*），法国体育周刊，刊行于 1920 年至 1968 年间。——译注

情况还很罕见，也已经带上一种色情的调调儿：“在加罗内特海滩[①]上，弗雷绍、维耶尼和科松[②]面对一大群漂亮的海滩女郎，她们的衣着可比上一年更暴露，显然，下一年还会比这一年更厉害，他们果断甩掉了将近七十名一同参赛的车手。”[③]其他一些照片也有迹象，举个例子，20 世纪 30 年代，在山口所拍摄的照片显示，那儿的民众骤然变多，数量逐年增长。诚然，这便是赛事成功的征兆，但它也标志着一种更宏大的、观众本身的流动性，对于移动的接受度和欲求都有所上升。1928 年在福西耶山口 (Col de la Faucille) 所拍的照片上，观众稀稀落落，又都为男性，十年之后，同一山口的照片与之相应，观众已然密集，有若干排，女性也身处其间，并且较之以往明显增多。[④]当然，不可能清楚有多少观众依照环法的行程而这般走动，照片充其量也就提供一种审慎又富于暗示的见证。在 20 世纪 30 年代，一个新的节日被创造，体育中掺入工业寓意，也属前所未有。或许，这就是闲暇时光的消费与梦想的前提。

最终，又增添一种介绍比赛现场的新方式：无线电广播。首批口头报道的新闻于 1927 年播出，自 1929 年起，则定期播报环法自行车

---

① 加罗内特海滩(Plage de la Garonnette)，法国旅游胜地，位于东南部的普罗旺斯-阿尔卑斯-蔚蓝海岸大区(Provence-Alpes-Côte d'Azur)。——译注

② 让·弗雷绍(Jean Fréchaut)、维耶尼(Vierni)和维克多·科松(Victor Cosson)都是法国自行车运动员，在 1938 年环法自行车赛中，维克多·科松获季军，让·弗雷绍名列总成绩排行榜的第 18 名。——译注

③ 《汽车报》，1938 年 7 月 20 日，第 3 版。

④ 参见两期《体育之镜》：第 437 期，1928 年 7 月，以及第 1020 期，1938 年 7 月。

赛的讯息。[1]若干评论家坐镇赛事，尤其包括乔治·布里凯[2]，他们的现身也一下子突出了直播赛事的意义：赛事的插曲与变化在第一时间得到交流，比赛的结局和场面的见证也能被人们立刻盘点。正因为此，环法自行车赛才变得更加喧闹与欢腾：比赛已经变得充分重要，以至它的波折过程也能够一小时一小时地盘踞人心；氛围也足够刺激，赛事的风声甚至在很大程度上充斥广播。这正是一种体育的逻辑，以制造轰动效应的方式，来强化新型的交际，尤其对于环法自行车赛而言，这是一种特殊的方式——采取一切手段，来延长观众目光被俘获的那段时间。赛事因为被言说、被书写而获得一种前所未有的存在。

过渡阶段

就最近数十年的环法自行车赛而言，节日的内涵依然有着更重要的地位，自 1947 年起由《汽车报》的接班者《队报》来组织赛事。依然总是由车队来带领比赛的上演，伴随着礼品物件的分发，以及“热情似火的圣诞老人”[3]般的举止：而今，巴纳尼亚[4]已替代麦涅来供应巧克力，每天发上两万一千盒，到比赛结束时，发放量超过

---

① 参见皮埃尔·米克尔(Pierre Miquel)，《广播电视史》(*Histoire de la radio et de la télévision*)，巴黎，黎塞留出版社(Éd. Richelieu)，1972 年；乔治·布里凯(Georges Briquet)，《一个甲子的环法自行车赛》(*Soixante Ans de Tour de France*)，巴黎，圆桌出版社(La Table Ronde)，1962 年。

② 乔治·布里凯(1898—1938)，法国体育记者，蜚声于 20 世纪 30 年代至 50 年代，被称为“广播记者之王”(roi de la radio-reporter)。——译注

③ 安托万·布隆丹，同前，第 25 页。

④ 巴纳尼亚(Banania)，法国巧克力品牌，创办于 1912 年。上文所说的麦涅从第二次世界大战之后开始走下坡路，巴纳尼亚则未受明显影响。——译注

九吨（1985）；至于可口可乐，也免费提供六十多吨饮料。[①]

然而，当战争结束，比赛重启之后，情况发生不少转变，一些人的消费行为已经稳定，另一些人则淡化着战时消费的那种国别上的戒律。

一种消费的典范

而今，当举办者提起节日的概念时，并不意味着某种道德家的眼光或是某种感化的计划。比赛没有丝毫的超验性，有也很少。而关乎创造一种乐趣，寻觅之，开发之。雅克·戈代[②]，赛事的管理者，在1963年欢庆环法自行车赛五十周年时所说的话，并无一句关系到一种所谓的体质新生，或是一个有关意志力的潜在课堂："这就是一场字面的绝对意义上的节日，也就是说，对于每个人而言都是一种机会，来抽离自身的习惯，摆脱心中的忧虑。人们被建议去不同的地方看一看，比赛的演出扑面而来，场面能令人快乐或心碎，比赛也一直是美丽和多彩的，包含一种令人浮想联翩的力量的迸发，也算一个诱惑的中心，别出心裁地展现着商业的智慧。多亏了广告性质的车队，它既满足，也证明着人们长久期待的需要，并为城市的赛段安置灯火通明的露天舞台。"[③]较之以往任何时候，环法都更像一种简单的消遣。现实主义的色彩凌驾于抒情性之上。末世论或说教的迅猛势头也告终止。举办者不再有一些重大的方针需要宣布。亦无须

---

① 参见《解放报》，1985年7月27日。

② 雅克·戈代（Jacques Goddet，1905—2000），法国运动员、新闻工作者，《汽车报》和环法自行车赛的主管，德格朗热的继任者。——译注

③ 雅克·戈代，转引自雅克·马尔尚，同前，第51页。

再做什么鼓舞士气的演讲。环法车赛就意味着人群的移动，而今，在文化领域已显露出很多可以替代环法自行车赛的等价事物，相对而言，重要的集体寓意与崇高的榜样已经隐没，商业的投资特别重视当下，也就消解了空幻的期待。最终，教训意味的方案趋于淡化。这也体现了民主社会的发展：少一些联邦制的募捐，少一些唯意志论的统一规划。

最终，是否应该说，电视的在场也以自己的方式强调着赛事的广告开发？自 1948 年起，电视节目便记录着抵达终点的选手们；1958 年以后，则可以直播他们通过山口赛段的情形；1962 年起，多亏悬置在一些摩托车上的微型无线摄像机，更可以尾随摄录最后三十公里的赛况。[①]这样一种见证也强化着赛事的完整性。图像能够翻新比赛的场面。电视也可以为报纸或广播的专栏注入更多的现实性，直到那会儿，也就这些专栏能重现选手之间的竞争风云，除此之外，电视也转变着广告开发的程序本身。举个例子，想要打开一个品牌的知名度，首先要懂得占据转播赛事的屏幕，甚至要学会充斥整个图像。如是，广告才能更加深入地渗透，化为赛事布景本身：车手的骑行衫、移动面板、多样的领奖台。1962 年，广告商纷纷投资自己的车队，出于他们的压力，国家代表队销声匿迹。 对于投资者而言，收益可一下子变得明确而引人注目：1978 年，标致（Peugeot）汽车公司赞助一支环法车队，它的品牌所占据屏幕的时间几乎因此翻了十番，胜过以相同的投入来发动一波惯常的广告攻势。据《自行车杂志》[②]的计算，一位车手所需要的平均养护费于 1978 年上升至十九万两千法郎，同一时期，在法国电视一台（TF1）——工作日的

---

① 参见乌拉迪米尔・安德勒夫(WL. Andreff)与让-弗朗索瓦・尼斯(J.-Fr. Nys),《体育与电视》(*Le Sport et la télévision*),巴黎,达洛出版社(Dalloz),1988 年,第 145 页。

②《自行车杂志》(*Vélo Magazine*),法国月刊,简称《自行车》,以报道自行车运动为特色。——译注

晚上八点——每次插播三十秒的广告，则须花费十一万法郎。[①]由此推断，比赛能减少一个公司为登上荧屏所同意支付的费用，减幅简直不可估量。

最终，图像的作为也正是在于观众的扩容。据让·勒利奥[②]于1987年所言，图像甚至使得环法自行车赛成为“小屏幕上最受欢迎的赛事”[③]。

过时的事物？

不过，依然存在一些显得更加沉重的束缚，关乎赛事的地理因素：空间的拥挤、城市化、夏季人口的饱和，都限制着车队的通行。因此，得避开某些地区（蔚蓝海岸及其他地方），至少从1960年起，就无须遵循一条行经边境的赛道。赛事遭遇的这种情况，也就是简单的环境方面的障碍。

与之相反，取道国外的固定赛段则包含着强烈得多的意味。而今，在很大程度上，环法自行车赛包容着境外赛道，邻近国家的首都可以变作城市赛段，邻国的土地也能作为赛程地点。1940年以前，这些算是罕见的举措（拜访海外的附属省区，涉足相当偏远的地方，或是设在日内瓦的更为固定的赛段，可以称之为例外），自1947年环法自行车赛重启之后，通过海关和边境的举动变得很是寻常，甚至系统化。1949年，比赛就曾途经比利时、瑞士和意大利；1965年，则有一段完整的赛程在比利时实现，启程于德国，经过比利时

---

① 让·卡尔韦，同前，第65页。

② 让·勒利奥（Jean Leulliot，1915—1982），法国新闻工作者，也是自行车赛事的组织者。——译注

③《当自行车欲以金冠加冕其身》（Quand la petite reine veut se couronner d'or），载周刊《周四事件》（*L'Événement du jeudi*），1987年6月25日，第55页。

后，又在西班牙有一段长久的骑行。1947 年以后，几乎每年的环法赛事都跨越国境。开幕式上也重复断言：“环法自行车赛为各国人民之间的一种联系。”①至少，这也属于某种迹象，一种已被降到最低程度的国家“中心化”的具体符号。然而，也是一种经不起细微折腾的迹象：所有创办一场国际性的自行车环行赛事的尝试都已失败，或是局限于一种非常平庸的成功。举个例子，于 1954 年举办的环欧自行车赛，跨越十二个国家的边境，却遭遇一场普遍的冷遇，自此以后，再未重演。②环法自行车赛则扎根于一方土地，也就居于一国的领土之上。取道境外几乎只能算作赛事过程中次要的涉足。

长久以来，行经边境的赛道已成经典，最近一项影响赛程的因素，则与比赛的出资方发生更为直接的联系。而今，途经的城市为环法买单。他们也从中直接获利：“当人们获悉，奥卡纳③在 1971 年的奥西耶尔-梅莱特（[Orcières-Merlette] 上阿尔卑斯省的冬季运动站）赛段中战胜莫克斯④，第二天起，这一地区就变得著名，也立马吸引法国及外国的游客蜂拥而至，人们便懂得环法自行车赛对于旅游业和房地产业而言所代表的利益。”⑤城市之间为争取赛道的微妙竞争由此而来。更有甚者，比赛路线的形状也受到冲击，某些城市得回避，路程则很曲折：大环的圆形不再是规定性的，毕竟，和赛程的商业得失相比，前者变得不那么重要。赛事容许某些地理上的断档，

---

① 《队报》，1948 年 7 月 14 日，第 2 版。

② 参见让·迪里（Jean Durry），《公路巨擘的真实故事》（*La Véridique Histoire des géants de la route*），巴黎，德诺埃尔出版社，1974 年，第 104 页。

③ 路易·奥卡纳（Luis Ocaña，1945—1994），西班牙自行车运动员，曾获 1973 年环法自行车赛冠军，而在 1971 年，尽管在分赛段中他战胜了艾迪·莫克斯，但最终的总冠军仍是后者。——译注

④ 艾迪·莫克斯（Eddy Merckx，1945— ），比利时自行车运动员，也是历史上最伟大的车手之一，曾五获环法自行车赛冠军。——译注

⑤ 《环法自行车赛：一项首要赛事》（Le Tour de France，une épreuve capitale），载《鸭鸣报丛刊》（*Les Dossiers du Canard*），1982 年 6 月，第 40 页。

依靠铁路或飞机的中转，也就是一些分离的路段。由此，最终引起人们对于抛弃旧时地标的批评，以及对于赛程变得七零八落的恐慌："当一个地区不愿为环法所诱惑时，车手们就会在亲赛事的城市里环行若干圈，也会搭乘航班飞往一个更欢迎自己的地区。"①譬如，1982年的环法自行车赛，包含十来个独立赛段，有时彼此之间的距离达到数百公里。②环形赛程也包含国道性质的隐蔽路段，显示出一种最低程度的"中心化"。

说到底，人们或许能隐约看到一些赛事所遭受的威胁：大众文化的转变，而今，与其他事物一样，大众文化较少依附于地方性，就算需要迁往异地，也称不上是完全的改变，因此，大众文化兴许也较少受到这种地区横跨的诱惑。在一个地域差异已然消减的法兰西，或许无论如何，环法自行车赛也不会再像德格朗热那会儿一样，强调"习俗及方言的不同"③。那里头有一种民俗主义的危险。尤其在其他一些分段赛事也懂得把冒险移至他处的情况下，举个例子，巴黎-达喀尔拉力赛，有着广阔而新颖的景象，不妨看一看这种比赛所需的机器，当地所遭遇的冲突危险。④针对受众的调查显示，而今，和这样一些赛事相比，环法自行车赛的电视观众已趋于老龄化。⑤由此，环法车赛或许成了一种过时的事物?

毫无疑问，证明环法自行车赛已过时是困难的，尤其在赛事深

---

① 《环法自行车赛：一项首要赛事》，同前，第39页。

② 皮埃尔·沙尼，同前。

③ 亨利·德格朗热，《汽车报》，1932年7月6日，第1版。

④ 参见菲利普·加博里欧，《现代史诗：环法自行车赛与巴黎-达喀尔拉力赛》(Les épopées modernes, le Tour de France et le Paris-Dakar)，载《精神》特刊，《体育新纪元》(*Le Nouvel Âge du sport*)，1987年4月。

⑤ 参见保罗·伊尔兰热(Paul Irlinger)、卡特琳娜·卢沃(Catherine Louveau)与米歇尔·梅杜迪(Michèle Métoudi)，《法国人的体育实践》(*Les Pratiques sportives des Français*)，巴黎，国立运动技能与赛事表现研究所(I.N.S.E.P)，1988年，第二卷，第529页。

知推陈出新的情形下。比赛已经变得现代化。赛事能十分贴切地玩转电视画面，整个儿地转移广告阵地，也已经加强异国车队的参与程度（譬如，20 世纪 80 年代的环法自行车赛，美国、加拿大和澳大利亚车手的出席显然吸引了其他国家的目光，那个时候，世界上一些地区的自行车交易量尚且微不足道，赛事的影响也促进这些地区的自行车市场蓬勃发展①）。况且，环法车赛还懂得构造自身的历史，书写比赛的传奇本身。赛事自我关注，自我评判，自我欣赏，也带着自身对于过往的认识，为当前的赛事进程，加入一段甚为精确的记忆。环法自行车赛拥有自身的文化。这段记忆为比赛的场面和现状增添魅力，亦无异议。因此，难以将赛事定义为过时的事物。

三、 环法自行车赛的记忆

因此，环法车赛有着属于自己的时光。这段时光并非简单的光荣榜，而是一段由引人注目的插曲所构成的历史；从这一系列被重现与探究的事件中，观众得以看见一个赛事演出的特殊世界。这段记忆也更新着比赛与途经的景色之间的联系，于赛程与它的往昔之间，又补充一重交汇。一部真正的历史地图集："一幅崭新的法国地图正浮现于另一幅的内部，前者的省区着上冠军的颜色，他们享誉于该区，也给当地带来光彩。"②最终，这是一个完全属于车赛的神话，连同它的仪式和具有优越性的比赛场所，同时，它也启示着集体表现与文化。

---

① 参见格扎维埃·卢伊，同前，第 16—17 页。

② 安托万·布隆丹，同前，第 24 页。

纪念的意愿

建立一段特殊记忆的愿望，在赛事的起步阶段就已存在。《汽车报》每年介绍新赛程时，会回忆前些年的赛况。报纸会一个阶段接着一个阶段地重述往昔版本的比赛，编写一部赛事的选集。从另一个角度说，这也可算是一种盘点，有自身的规则：所选取的事实，应当可以一下子使得赛事的形象更为高大。竞争的“黑暗行径”或是有时候因为对立而产生的暴力，在报道中则很罕见，虽然也不是完全没有。譬如，在 1904 年第二届环法车赛的过程中，某些选手在共和国山口（Col de la République）所遭遇的侵犯，在追踪比赛的纪实报道中被小心翼翼地抹去。然而，这个事件确实很严重，因为在遭受自己的对手所组织的暴行之后，热尔比失去了一根手指，而恺撒[①]，低调的尼姆[②]车手，则昏迷不醒。[③]一些赛事宠儿会成为严重中毒事件的受害者，这种事实也一样被掩盖；更有甚者，车队或车手之间所追索的交易，也歪曲着比赛对抗的公平性。最后，吸毒或是服用兴奋剂所导致的事故长久以来也同样被淡化，举个例子，辛普森[④]于 1967 年 7 月 13 日在旺图山（Mont Ventoux）身亡，官方解释是高温和体力透

① 乔瓦尼·热尔比（Giovanni Gerbi，1885—1955）和恺撒·加兰（César Garin，1879—1951）皆为意大利自行车运动员。热尔比在 1904 年环法自行车赛的第二个赛段弃赛；恺撒·加兰为莫里斯·加兰的兄弟，皆入法国籍。——译注

② 尼姆（Nîmes），法国南部市镇。——译注

③《汽车报》曾于 1904 年论及这些事实，还有据此主题所做的调查。事后则与之相反，报纸对此的回忆一直空洞，或是干脆缺乏回忆。

④ 汤姆·辛普森（Tom Simpson，1937—1967），英国自行车运动员，也是首位在国际性自行车赛事中拔得头筹的英国车手。——译注

支，可验尸报告指出，车手的体内存在不同的“危险物质”①。赛事本身，也有阴暗、不可见光而记忆从未收录的历史，有动荡不安的一面，有拐弯抹角、已被遗忘的行为。不可告人的事实，也是英雄化的事业所无法转圜的。

相反，纪念性建筑物作为这段记忆的典型代表，衬出参赛者的伟大：1907 年，在阿尔萨斯圆形顶峰，为波蒂耶竖起的石碑即创造了一个先例，世纪初的选手们途经时会向石碑致敬，“仿佛士兵们向前辈手执的一面旗帜致敬”②。纪念性的见证也定期丰富着赛道的内涵：譬如 1948 年于加利比耶山口，人们为怀念数年前离世的德格朗热并向其致敬，而建造了一座石质高塔；或是安置于圣玛丽-康庞的标志牌，让人回忆起克里斯托夫在 1913 年遭遇的事故和他孤零零地修理自行车的模样；或是，旺图山上也有那么一块标志牌，纪念辛普森的离世。环法自行车赛的创立本身也有大理石像的纪念，建于意大利人大道（Boulevard des Italiens）③上的马德里咖啡馆（Café de Madrid），德格朗热或许正是在那儿第一次宣布赛事的方案。还有不少同样具备象征意义的举动：在一个赛段即将启程或是抵达的时候，举办纪念性质的典礼，譬如，1988 年环法的一个赛段半程出发时，在一个以雅克·安克蒂尔（Jacques Anquetil）命名的广场上，由拉艾-富阿西耶尔④的市长揭幕的启动仪式。⑤换言之，创建一段环法车赛的记忆有自己的仪式，有自己的文本、珍贵书籍以及“故

① 参见让-皮埃尔·德蒙德纳尔（Jean-Pierre de Mondenard），《毒品与兴奋剂》（*Drogues et dopages*），巴黎，“何种身躯”丛书（Quel Corps），1987 年，第 102 页。

② 乔治·罗泽，同前，第 31 页。

③ 意大利人大道（Boulevard des Italiens），巴黎由西向东的四条大道之一。——译注

④ 拉艾-富阿西耶尔（La Haye-Fouassière），法国西部市镇。——译注

⑤《队报》，1964 年 7 月 5 日。

事与传奇”，也伴随着对于赛事的定期回忆和介绍。全国性的车赛穿越时光，由此也确定了自身的统一性。比赛依旧保留着一种伟大环法赛事的戏剧性，留在人们心里的事实也依然属于非常特殊的范畴。

伟大的环法自行车赛

环法自行车赛中的一些比赛，会比其他比赛留下更多的痕迹，某些年的赛事显然更成功，也更完善，尤其是那些出乎意料的情况或形势的逆转，似乎更给赛事的功绩添上光彩。

举个例子，1930 年的环法自行车赛，首度出现国家代表队。从出发起，这便是一届由安德烈 · 勒迪克的优势所标志的赛事，他可是受欢迎的杰出选手，《汽车报》称之为“国之加弗罗什[①]”。勒迪克赢下比利牛斯山脉的赛段。他在阿尔卑斯山脉赛段的前程依然明确地居于榜首，虽然伯努瓦 · 富尔[②]也很潇洒，人称“天赋异禀的攀缘者”[③]。未料，骑过格勒诺布尔之后，在加利比耶山的下坡道上，勒迪克重重地摔了一跤，遂于总成绩排行榜上被紧随的对手拉开将近一刻钟的车程。这位冠军，艰难地重新站起来，膝盖上流着鲜血。比赛已输，至少，电台的新闻播报员确信于此，他们已经是第二年出现在环法自行车赛。奇迹在后头。不可能之事发生。 在法国队的其他选手的帮助下，勒迪克弥补了自己的差距。他甚至能够领先对手，夺

---

① 加弗罗什(Gavroche)，雨果《悲惨世界》里的人物，作普通名词有“顽童”之意。——译注

② 伯努瓦 · 富尔(Benoît Faure，1899—1980)，法国自行车运动员，外号“小老鼠”(Souris)。——译注

③《汽车报》，1930 年 7 月 20 日。

得埃维昂[①]赛段的胜利。报道以肯定的口吻称之为“戏剧性的转变”[②]。勒迪克也将在巴黎当上比赛的赢家。

立马，这段插曲被渲染为一幕关乎毅力的戏剧，也似一种团队精神的象征：难道不是第一支法国队吗？勒迪克的回归非常具体地显示出一届团体赛事的效率：车手在队友的支持下，顺势而为，付出最低程度的劳力。然而，这一光辉事迹还可以呈现出更大的重要性，就在发生之后的数星期乃至数月里，比赛的照片被广泛传播，其中一张曾启发雕塑家阿尔诺·布雷克[③]创作出《受伤的战士》[④]；也伴随着人们对于附属事件的遗忘；最终，还有参与者本身的诠释，其中一些选手也继续频繁参赛，他们已经化为在世的记忆。以马塞尔·比多为例，他是勒迪克的同伴，也是1950年法国队的负责人，在当年比赛发生的二十年之后，他评论这一荣耀事迹：“一切元素得以融汇，将其变作一幕传奇，包括命运和天意的安排。”[⑤]评论将比赛的插曲划入一种特殊事实的范畴：不可磨灭的行为。

就1964年的环法自行车赛而言，同样也是激烈的画面，颇有希望获胜的安克蒂尔起先在阿尔卑斯山脉赛段倒是被拉开距离。《虚弱》，是当时《队报》的标题。[⑥]而在耶尔-土伦[⑦]赛段，他已经追上落后的差距。因而出现这么一个新标题：《神奇的骑行》[⑧]。在比利

---

① 埃维昂(Évian),法国东部市镇。——译注

② 《汽车报》,1930年7月22日。

③ 阿尔诺·布雷克(Arno Breker,1900—1991),德国雕塑家。——译注

④ 参见让·迪里,同前,第82页,并参见同一作者,《一位大众的冠军:安德烈·勒迪克,环法自行车赛的赢家》(Un champion populaire : André Leducq, vainqueur du Tour de France cycliste),载《体育史》(*Sport Histoire*),第1期,1988年。

⑤ 转引自安托万·布隆丹,同前,第34页。

⑥ 《队报》,1964年7月1日。

⑦ 耶尔(Hyères)为市镇,土伦(Toulon)为城市,皆位于法国东南部。——译注

⑧ 《队报》,1964年7月2日。

牛斯山脉赛段，这位冠军则保持着一种微弱的领先。还剩多姆山省[①]的赛段，得与普利多尔对决。两人的对抗呈现白热化。安克蒂尔总的领先时间在峰顶处缩减至十四秒。这段优势也将被保留到巴黎，“一场难以忘怀的环法自行车赛之终极较量”[②]。

对于伟大的环法自行车赛的譬喻，往往和戏剧或是电影相关。《汽车报》为描述亨利·佩利西耶[③]于1923年的环法，在尼斯-布里昂松[④]赛段的胜利，不是甚至提到拉辛吗？比赛的局面慢慢被颠覆，终结于一场彻底的胜利，一个将其他被看好的选手远远甩在后头的戏剧事件：“一整天，亨利·佩利西耶给我们献上一场价值不亚于一切艺术表演的演出。他的获胜有着拉辛作品般的杰出调度。”[⑤]从另一个角度说，这般情形并不关乎某种拉辛式的心碎，而更多的是关于一种情境戏剧[⑥]，又融入一场连续剧式的安排：比赛发生在好些个日子里，赛段的连续性也扩大着赛事的戏剧化。伟大的环法车赛之中，一直存在着令人惊诧的效果和英雄的优越性，事实上，两者被共同呈现。还有不少意外失事，它们掀起一股真正的悲剧论调。里维埃[⑦]于1960年的环法车赛期间，摔倒在佩尔余莱山口的一条沟壑里。这位冠军选手，尽管很被看好，由于身受重伤而弃赛。或是克里

---

① 多姆山省(Puy de Dôme)，法国中部省份，属于奥弗涅大区(région de l'Auvergne)。——译注

② 《队报》，1964年7月14日。

③ 亨利·佩利西耶(Henri Pélissier，1889—1935)，法国自行车运动员，1923年环法自行车赛冠军。——译注

④ 尼斯为城市，布里昂松(Briançon)为市镇，都位于法国东南部。——译注

⑤ 《汽车报》，1923年7月13日。

⑥ 情境戏剧(théâtre de situation)，指萨特的“情境剧”，可看作他的存在主义哲学在戏剧领域的反映。——译注

⑦ 罗歇·里维埃(Roger Rivière，1936—1976)，法国自行车运动员，曾五次获得环法自行车赛的分赛段冠军。人们为纪念他，在佩尔余莱山口(Col de Perjuret)建起纪念碑，并雕刻上运动员当时摔倒的场景。——译注

斯托夫，还是他，在1919年环法的倒数第二个赛段上，再度遭遇车叉的断裂，虽然当时他在赛事中处于领先。“老练的高卢人”输掉比赛：“灰暗不堪的大团乌云奔流于天际，大自然看起来也像在哀悼。”《汽车报》做此评论[①]。悲剧性事件，仿佛又经历一回不公道，较之1913年的情形更为严重，人们甚至发起一场募捐，以补偿“可怜的克里斯托夫的绝望”[②]，所筹措的款项大大超过比赛优胜者所获得的金额。

环法自行车赛以通俗连续剧的形式推动着体育，无疑也得到自行车运动的战术支持：选手们脱离彼此，又相互追赶（他们相互躲避，追逐，骑出自行车群，又被车队重新吸入，或是保持脱离的状态），他们互相帮助，有时也制造出乎意料的事端。如此多样的行动为比赛打造了一种趣事逸闻的质地。1919年，代表排行第一的黄色骑行衫的发明，使得人们在平日里叙述比赛时可以添上一笔，尽管赛事的风云难测，黄衫作为一种象征也有永远可观的价值。从这点上看，环法自行车赛可算同类赛事的一个典范。但也属于一种记忆的典范。环法自行车赛以编年史的形式存世，和其他赛事比起来就更是如此。它需要一段过往，也应该有追忆的行为。缘由兴许在于，环法车赛更多地是被讲述，而非通过道路旁的观察，才得以存在。它的生命在于叙事，借此获得营养，它向自行车运动的发展起伏和编年史投以十分特别的关注。对环法车赛的描写取决于叙事者的艺术，因此，也就产生这样一种诱惑，也就是把不同的叙述交织并做出比较，这是一场同时间作乐的非常特殊的游戏。由此，也生发出一种新的诱惑——人们想要创造一种文化。环法自行车赛的记忆也属于赛

---

① 《汽车报》，1919年7月26日。

② 同上。

事的一部分。安克蒂尔把他在1964年的虚弱状态与科皮[①]在1952年的情形相比较，就很符合逻辑。[②]而今，《自行车运动之镜》[③]为“环法自行车赛的故事与传奇”[④]特设一个定期的专栏，也很合乎逻辑。说起来，这是一种富于暗示性的书写传奇的视野，关注大众的榜样和他们的历程。

传奇的想象

在比赛中浮现的正是一个个人物。《加利比耶山口的独奏者》，《自行车》杂志于1988年以此为标题，介绍往昔的伟大攀缘者：1937年，“至高无上的”巴尔塔利[⑤]；1952年，“比赛之上”的科皮。[⑥]以上提到的杰出事迹已经超越时间的范畴，英雄聚首，成绩亦置之身外。举个例子，照片所记录的，在1949年环法的赛段上争分夺秒的屈布勒[⑦]，“就这样，他迈入传奇”[⑧]，与1926年“身处一个传奇的

---

① 福斯托·科皮(Fausto Coppi，1919—1960)，意大利自行车运动员，曾两获环法自行车赛冠军，在1952年的赛事中更是获得五个分赛段冠军，有着压倒性的优势。与之相反，1964年安克蒂尔与普利多尔的竞争堪称激烈。——译注

② 《队报》，1964年7月1日。

③ 《自行车运动之镜》(*Miroir du cyclisme*)，法国杂志，刊行于1960年至1994年间。——译注

④ 《自行车运动之镜》，参见1988年第9期的其他文章，《环法自行车赛的故事与传奇：安格拉德的可怕预言》([Contes et légendes du Tour de France, la terrible prédiction d'Anglade]关于里维埃在1960年所遇的事故)。

⑤ 吉诺·巴尔塔利(Gino Bartali，1914—2000)，意大利自行车运动员，两届环法自行车赛冠军得主，分别为1938年和1948年。——译注

⑥ 《自行车杂志》，1988年7月，第18—19页。

⑦ 费尔迪·屈布勒(Ferdi Kübler，1919—)，瑞士自行车运动员，1950年环法自行车赛冠军。——译注

⑧ 塞尔日·朗(Serge Lang)，《环法自行车赛的伟大书籍》(*Le Grand Livre du Tour de France*)，巴黎，卡尔曼-莱维出版社(Calmann-Lévy)，1980年，第119页。

赛段”[①]，在暴风雨中穿越图尔马莱山口的比斯[②]一样，他们属于一个世界。这样一段神话般的时光，和赛事的现状有一种直接的结合，也还是因“传奇的需要”[③]之名，安克蒂尔谴责选手们在1978年的塔布-瓦朗斯-达让[④]赛段的罢赛行为。得再说一遍，环法车赛，是出产英雄的一方空间。

世代的赌注

传奇的参照，拿夏多布里昂的一个词语来说，可谓“历史的幻景”(mirage de l'histoire)[⑤]，但在环法自行车赛的世界里，无疑具备某种意义。化身英雄的车手更进一步在人们的想象中植入法兰西的真理，也就是赛道上所收获的法兰西真理。选手仿佛在这个过程中运作的中介。他们承载着土地的记忆与环法所象征的国家地理。他们赋予一个既是已被发现的又是重新找到的法兰西生命，在意外事故与自然的挑战面前，回声荡漾，他们给法兰西添上一身增值的本领和一种“荷马式的地理”[⑥]（依据巴特的用语）。

最终，应该说，这般英雄的形象交接上一切体育神话的形象：其中当然包括已提到的社会媒体，还有这些既在近旁又不可及的冠

---

① 让·迪里，《公路巨擘的真实故事》，同前，第75页。

② 吕西安·比斯(Lucien Buysse，1892—1980)，比利时自行车运动员，1926年环法自行车赛冠军。——译注

③ 转引自诺埃尔·库埃代尔(Noël Couédel)，《环法自行车赛——七月的盛大节日》(*Le Tour de France, la grande fête de juillet*)，巴黎，卡尔曼-莱维出版社，1983年，第22页。

④ 塔布(Tarbes)和瓦朗斯-达让(Valence-d'Agen)皆为法国市镇，也都属于南部-比利牛斯大区(Midi-Pyrénées)。——译注

⑤ 弗朗索瓦-勒内·德·夏多布里昂，《朗塞的一生》(*La Vie de Rancé*)，巴黎，1844年，第二册。

⑥ 罗兰·巴特，《神话学》(*Mythologies*)，巴黎，瑟伊出版社，1957年，第128页，参见《史诗一般的环法自行车赛》(Le Tour de France comme épopée)一文。

上图,1905 年,波蒂耶的装备。
“沉重”且“简单”的早期自行车,并无变速装置,以免在困难情形下“歪斜”。

下图,1990 年,勒蒙德的装备。

矛盾的特征:究其控制速度的构造,这样的自行车已经显得陈旧,可它也算是一台富有技术内涵的设备,技术含量的注入亦无止境。

军，这些“巨擘”帮助我们思考所处社会的矛盾，也就是一种权利的平等与一种事实的不平等之间的矛盾。因此，选手们才披挂上不胜枚举的外号与昵称，这些符号也意味着有名无实的亲近：“毛头小伙让”是阿拉瓦纳的外号，“蹩脚货”则是贝尔纳·戈捷，“内洛”就是洛尔迪，“虎皮鹦鹉”是马里内利的昵称，“獾”则指贝尔纳·伊诺。[①]这些是带着敬意同时也很通俗的名字：“在自行车选手的昵称里所掺杂的奴性、倾慕与特权，也把民众定性为看热闹者，看他们所敬仰的‘神’的热闹。”[②]

在这座体育的奥林匹斯山上，一种棘手的形势也强势突出，已经构成了环法车赛的特征：较量的形象。再度出现这样的情形，也是因为赛事方便选手之间长时间的接触，彼此结盟与反转，展开决斗式的对抗。然而，拿一切古典的程式来看，赛事的较量似乎已不足道。霸占统治地位的英雄并无敌手，1938年环法车赛的巴尔塔利，对手与他的差距如此之远，以至评论醉心于无休止地描述他的外貌：“他细瘦的胳膊上，暴突的血管令人想起沿着橡树往上攀的常春藤茎。”[③]1964年的环法，被直接的竞争者所威胁的英雄安克蒂尔，同普利多尔在多姆山省较量，骨肉相残的争抢：“正如该隐杀害亚伯，无论如何，兄弟情义也就此在两位车手之间建立。”[④]或者，当直接的竞争再加上代际的差异，比赛也就更深刻，此外也是更频繁地显现出年轻人与年长者的较量主题。举个例子，人称“国王勒内”

① 让·阿拉瓦纳(Jean Alavoine,1888—1943)、贝尔纳·戈捷(Bernard Gauthier,1924—)、内洛·洛尔迪(Nello Lauredi,1924—2001)、雅克·马里内利(Jacques Marinelli,1925—)和贝尔纳·伊诺(Bernard Hinault,1954—)都是法国自行车运动员，其中伊诺是五届环法自行车赛桂冠得主，也是继安克蒂尔和莫克斯之后，取得如此辉煌战绩的第三人。——译注

② 罗兰·巴特，同前，第126页。

③《体育之镜》，第1021期，1938年。

④ 安托万·布隆丹，同前，第104页。

的维耶托，二十岁的攀缘者，于1934年的环法自行车赛，在比利牛斯山的下坡过程中，牺牲自己的参赛机会，折返，而将车轮给了安托南·马涅，后者可是经验丰富的赛事主宰者；1952年的画面则倒过来，巴尔塔利，已趋年迈的冠军，从一个大山口下坡时，则把他的车轮给了科皮。代际的主题或许最为恒定：1919年的克里斯托夫与朗博，1923年的博特西亚与亨利·佩利西耶，1934年的维耶托与马涅，1947年的罗比克同维耶托（这一次，“国王勒内”变成了良师），1955年的戈尔与博贝，1971年的莫克斯与奥卡纳，1986年的伊诺同格雷格·勒蒙德。①他们的较量可谓不同命运的竞争，人们的注意力则一直集中在年轻一代的活力上。借用1930年德格朗热的说法，正是“年轻的狼”与“戴臂章的老兵”②之间的对抗。从这一点上看，1934年的维耶托，树立起一个合乎“教规”的形象：为更年长的首领做出牺牲的殉道者，而《汽车报》似乎也在这个来自戛纳（Cannes）的年轻运动员身上发现“环法自行车赛所需要的角色，勇猛无畏的年轻英雄，坚定又细腻，孤僻又敏感，人们所钟爱的插上翅

---

① 上述这些运动员都是著名自行车手，环法自行车赛冠军得主。勒内·维耶托（René Vietto，1914—1988）、安托南·马涅（Antonin Magne，1904—1983）、让·罗比克（Jean Robic，1921—1980）和路易松·博贝（Louison Bobet，1925—1983）是法国人：维耶托被视为第二次世界大战以来最受欢迎的法国车手，多次获得环法自行车赛的分赛段冠军；马涅得过两届冠军，他比维耶托年长十岁；罗比克曾获得1947年的冠军；博贝则是三届冠军得主（包括1955年）。菲尔曼·朗博（Firmin Lambot，1886—1964）为比利时人，两届冠军得主（包括1919年），他只比克里斯托夫小一岁。奥塔维奥·博特西亚（Ottavio Bottechia，1894—1927）为意大利人，曾于1924和1925年连获两届冠军，他比亨利·佩利西耶小五岁。格雷格·勒蒙德（Greg Lemond，1961— ）是美国人，三届冠军得主（包括1986年），他也比贝尔纳·伊诺年轻七岁。——译注

② 亨利·德格朗热，《汽车报》，环法自行车赛特刊，1921年7月27日，第1版。

膀的年轻攀缘者”①。维耶托的自我牺牲也被理解为一种创痛。无疑，在俄狄浦斯式的失落情绪中，更得加入一层历史含义。体育证明一种不断增强的价值已登临当代社会：早熟被当作赌注，青春被视为成就。在这样一个世界，赛事的功绩正是来自青年的作为。体育运动，特别是环法自行车赛，有着决斗式的较量，已变作某些代际竞争的富于象征意味的例证。这般情形下，传奇似的比赛内容也就清晰地揭示出我们时代的一种文化部署。

从“斗牛犬”到“信息技术人员”

更进一步说，这些超越时光的英雄自有一种精神面貌，一种社会认同与一个形象，数十年来，他们也有所变化。时光不可避免地穿越神话，哪怕某些支配性的极端方面依旧在位。

譬如，归到冠军身上的不少品质，在环法自行车赛延续的过程中，已经发生很大改变。尤其，选手所呈现的身体变得优美。1904年的加兰被称为一只“斗牛犬”、一头“野猪”、一头“斗兽”，他永远懂得“低头奔突”，②身上也有很多被世纪初的专栏作者评价为“惹人注目的”特征。或是再拿法贝尔举例，“白鸽城的巨人”，于1909年在梅斯获胜，因为他懂得“如一头野兽般猛扑”③。事实上，运动员的体型得厚实，身躯必须结实，甚至沉重。他们的比赛是体力

① 《汽车报》，1934年7月13日，第2版。迪诺·布扎蒂(Dino Buzzati)的书《关于1949年的吉罗自行车赛：科皮与巴尔塔利的对决》（[*Sur le Giro 1949，le duel Coppi-Bartali*] 巴黎，罗贝尔·拉丰出版社 [Robert Laffont]，1984年 [1981年第1版]），也关乎这一主题，并对此做了一番出色的阐述。也可参看：斯特凡诺·皮伐托(Stéfano Pivato)，《对于巴尔塔利的称颂》(*Sia Lodato Bartali*)，罗马，劳动出版社(Edizioni Lavoro)，1985年。

② 《汽车报》，1904年7月4日，第2版。

③ 同上，1909年7月8日，第3版。

活，需要明显的力量、密实的强壮、粗犷的外形。

1920 年左右，一切已然转变。不再以斗牛犬，而以猎兔犬，来描绘亨利·佩利西耶的特征，他是 1923 年的赢家。也是人们对于运动员身形的一种新关注，“强大而不沉重，也不臃肿，身材苗条：他拥有猎兔犬一般的速度”①。力量，最终不在于很重的分量，而在于适当的计算与细腻。“耕地的牲畜”②宣告终结，《汽车报》于 1923 年断言。此外，数十年间，一种优美化的趋势也随着新说法、新对象的产生而发展。举个例子，1955 年，阿戈什蒂纽③的身形苗条，“肌肉组织的匀称曲线，以及他那完美无瑕的骑行衫”④可谓锦上添花。到了安克蒂尔的时期，则由他“风格的纯粹”与行动的“灵敏”来突出自己纤细的轮廓。⑤从环法自行车赛的初期开始，运动员的姿态与举止已发生难以察觉的变化，直到被颠覆的程度。

更宽泛地讲，环法自行车赛正契合 20 世纪身体文化的一项显著转变：力量的榜样趋于婉约，身形不再紧绷，柔韧性也增强。集体趣味也要求人们更多地关注一种直接表现于形体的细腻：无论如何，身体素质与外形的价值都逐渐复杂化。也算一种变化的方式，来赶上不断增长的行为“心理主义趋势”，抑或，更深远地讲，这种方式与行为所体现的新消费价值相结合。⑥

同样，一段遥远的距离把环法车赛早期的工人选手和当今的生意人选手最终区分开来。如今，从另一个方面看，佩利西耶兄弟作

① 《汽车报》，1923 年 7 月 15 日，第 2 版。

② 同上，1923 年 7 月 18 日，第 2 版。

③ 若阿金·阿戈什蒂纽(Joaquim Agostinho，1942—1984)，葡萄牙自行车运动员，曾两次获得环法自行车赛的季军。——译注

④ 《队报》，1955 年 7 月 25 日，第 2 版。

⑤ 《队报》，1964 年 7 月 2 日，第 1 版。

⑥ 参见关于这一主题的《精神》特刊，《体育新纪元》，同前。

为榜样，也造成了一种断裂。[①]他们以一个更复杂，兴许也更精妙的形象，来替代"肩负职责的学徒"，替换在赛事的早期版本里获仰慕和晋升的光荣战士。他们在1924年引起喧嚣的弃赛行为，是因为他们拒绝被当作"公路的苦役犯"[②]——却也因为这样一个词语的形容而走红——这一事件正标志着一种感受性的变动：人们欢迎准备更充分、更有责任感的选手，而怀疑那种粗略的经验主义与模糊不清的任务。依据产业竞争的新标准，他们已经算作技术人员，还有一重干部与工程师的身份，而不再是简单的工人。他们的表达"我叫佩利西耶，而不是阿佐尔[③]"[④]，最终也是瞄准在一种贵族制的劳动上发生的改变：一种混合着知识、自由与等级准入的变化。运动员的活力依旧被强调，而管理精英和生意人选手也在近期出现。"管理的胜利"，一则将1985年伊诺的胜利[⑤]作为谈资的广告断言：冠军被认为可以激活一支由"信息技术人员、保健人员和医师"组成的团队。此处，已颠覆一切。比赛的胜利者不再仅仅呈现出一个技术人员的模样，而俨然是一个公司领导的形象。毫无疑问，他获得了赛事经济上的具体胜利，也已实现所掌管的收益。 尤其是，他揭示出体育运动与经济之间极度的相互渗透：冠军-经理在他公司的内部也要担负起一些职责，使得运动团队的管理与他的产业集团的经营两相融合，

---

① 亨利・佩利西耶和弗朗索瓦・佩利西耶两兄弟，在1924年直接炮轰环法自行车赛的主办者德格朗热，称其根本不知道赛程的严酷已经到了摧残自行车运动员的地步。——译注

② 转引自阿尔贝・隆德尔（Albert Londres），在《小巴黎人》（*Le Petit Parisien*）1924年7月2日对其的一篇采访发表之后，他令这一词语变得流行。

③ 阿佐尔（Azor），荷兰自行车制造公司，最早进入法国市场，并成功编织起一张自行车工业网。自行车运动员试图在此与传统意义上的、为自行车工业服务的工兵型选手划清界限。——译注

④ 转引自阿尔贝・隆德尔，《小巴黎人》，1924年7月2日。

⑤ 贝尔纳・伊诺于1985年获得他的第五个环法自行车赛桂冠头衔，这既是他个人荣誉的顶峰，也是法国自行车运动的一道分水岭，至今再无法国选手获得这一赛事的冠军。——译注

其中一个的成功自然受到另一个形象的影响，“两支胜利团队的一种真正的爱的结合”①。这样一种融汇，最终，也为英雄所暗示的社会流动性的梦想，提供一个超级写实主义的版本。

环法自行车赛开发并推动着一方土地的生根效应。它令一段往昔升值：一方记忆与功绩的土地，也是法兰西的往昔；赛事，在时机成熟之际，也称颂着法兰西环境的统一，或是背景的华彩。环法自行车赛，从这一点上看，确实可称为一方领土的演出，它把一份扎根于特定空间与时间的遗产搬上舞台。只不过，它所提供的演出版本，是一方同质的、诱惑的、庇护性的领土。然而，赛事也可算是伟大环法传统的现代化版本，正如君主的环游，也如学徒或是教育者的环行。赛事重拾一段过往，并加以改变。它甚至宣称可以引领未来，为机器、首字母缩略词与消费对象注入一种特殊的价值，并让其升值，由此引发人们对于赛事本身历史的兴趣。数十年间，环法自行车赛正阐释着，从一个乡土的法兰西到一个旅游胜地的法兰西的过渡，从意志主义教育到消费主义教育的转化，直到国民的感受力本身也发生变化，而赛事对于缓解这一情感方面的争端，或许也有所贡献。在此，体育运动依旧是一个社会的产物，当然，同样也是社会的忠实反映。

---

①《解放报》上的双页广告，1985 年 7 月 22 日，第 20—21 页。

Mémoire et Récit

*

Ⅲ

记忆与叙事

* Jeanne d'Arc

贞德

—— *

米歇尔·维诺克 *Michel Winock*

黄艳红 译

阿纳托尔·法朗士曾写道："追踪各个时代对圣女贞德（Pucelle①）的记忆将是很有意思的事。不过这会是一大本书。"自鲁昂火刑以来，有关贞德的记忆一直在流传，谁要是考察这种记忆流传的方式，首先肯定会对这一事实印象深刻：贞德的意象，有关她的光辉业绩、审判——或者说有关她的多次诉讼（谴责、恢复名誉、封圣）——和死亡的文字多得惊人。1974年，在安德烈·马尔罗的倡导下，雷吉娜·佩尔努（Régine Pernoud）建立了奥尔良贞德中心，其目的是要搜集一切有关这位女英雄的文献资料。只要造访一下这个中心，我们就会深信，这里积累、保存和分类的材料（超过

① "Pucelle"一词"P"大写时专指贞德。——译注

8500卷文献、数千种幻灯片、数百卷报刊，还有一些长篇影像资料……）数量之大，仅其编目工作的规模也会让编辑者望而却步。① 据此我们可以先验地推断出，这个人物死后充满了各种故事：她的名字几个世纪来一直回响在人们耳畔。同样，如果参考皮埃尔·拉内里·达尔克（Pierre Lanéry d'Arc）在1894年出版的那本《贞德必备手册》(*Le Livre d'or de Jeanne d'Arc*)，我们也能一下子看出这一延续数百年的好感的分量有多重。皮埃尔·拉内里·达尔克并不奢望穷竭备载，但他提供的那份文献目录依然丰富之极——而且是"分析性"的——这本书远未穷尽作家和艺术家们的灵感，其效应毋宁说是进一步激发了他们对这个题材的想象力，只要看看这部珍贵的目录问世以来的各种文字、绘画、雕塑和谱成音乐的韵文就能得出这样的结论②。因此，贞德以其唤起的无数的作品而给时代打上了自己的烙印，不管粗鄙还是高贵，这些作品仅以其数量就足以见证贞德的生平和死亡所留下的反响，这反响甚至超出边境，跨越大洋。③

我们先看看有关的文字、艺术和历史表现是何等丰富，然后再追踪其历程、曲折和龃龉。所有法国公民都会在人生的某个时刻得知这样的教导：栋雷米（Domrémy）的那个卑微姑娘，根本没有什么注定她要成为重要人物，但她的确位于给历史打上烙印并改变其进程、让人不能忘怀的少数杰出人物之列。无论是在私人公馆还是在茅屋中，对她的记忆都有形形色色的表现物，从最庄严的到最简陋

---

① 贞德中心位于奥尔良的贞德街。贞德中心之友会(L'Association des amis du centre Jeanne-d'Arc)出版一份公报，其中的几期对我们特别有用。

② 较近的文献目录可参阅马瑟兰·德福诺(Marcellin Desfourneaux)，《五个世纪后的贞德》(*Jeanne d'Arc après cinq siècles*)，批评传记，载《西班牙法兰西学院学报》(*Bulletin de l'Institut français en Espagne*)，第39期，1954年11月。

③ 我们这里只考察法国对贞德的记忆，但这位洛林的女英雄还在几个别的国家也引起了好奇心，特别是在英国，在德国甚至更明显。指出这一点尤其重要。

的都有之。小学生，无论其老师是修士还是世俗教师，都在很小的时候就知道，那个农民的女儿从奥尔良的城墙下到兰斯大教堂所走过的奇妙旅程。从 19 世纪开始，“法国历史”（Histoire de France）的诗选让法国人熟知了那个“善良的洛林姑娘”；西斯蒙第、亨利 · 马丁、米什莱、泰奥菲勒 · 拉瓦莱（Théophile Lavallé）、里安塞（Riancey）兄弟、维克托 · 迪吕伊（Victor Duruy）、埃米尔 · 凯勒（Émile Keller），最后还有拉维斯等人，都先后为这位女英雄增光添彩。①除了教科书和面向所有人的历史书的熏陶，还有一些百科全书，不过其读者的范围要狭窄得多。狄德罗的百科全书还有些怀疑主义色彩，细节和精度方面比较贫乏，但下个世纪的宏大著作都先后描述了这位奥尔良姑娘的传奇形象，如巴尔比耶的辞典（1820），费勒（Feller）的《历史辞典》（[*Dictionnaire historique*] 1781、1832），米肖（Michaud）和普茹拉（Poujoulat）的《世界传记》（[*Bibliographie universelle*] 1818、1837、1861、1873、1884），佩尼奥（Peignot）的《历史与传记辞典》（[*Dictionnaire historique et bibliographique*] 1821），贝舍雷勒（Bescherelle）的《国民辞典》（[*Dictionnaire national*] 1846、1853、1875、1881），等等。这些著作是无数以字母顺序为组织原则的作品的先行者，它们向年龄和家庭传统至为不同的公众讲述着贞德的功绩和殉道，其中既有《19 世纪大辞典》（[*Grand Dictionnaire universel du XIX*ᵉ *siècle*] 1870）的自由派与共和主义读者，也有《20 世纪百科全书》（[*Encyclopédie universelle*

① 见格尔德 · 克鲁迈希（Gerd Krumeich），《19 世纪〈法国史〉中的贞德》（Jeanne d'Arc dans les *Histoires de France* au XIXe siècle），会议打印稿，德国哲学研究所（Institut philosophique allemand），1982 年。更为完整的文稿，见同一作者的论文《历史中的贞德：史学－政治－文化》（*Jeanne d'Arc in der Geschichte: Historiographie-Politik-Kultur*），锡格马林根（Sigmaringen），1989 年。

du XXe siècle] 1904) 的天主教读者。①

除了这些多少有些群众性的记忆工具，对“祖国的圣女”（这两个词语实现了天主教法国与共和主义法国的和解）的回忆还有很多其他方式。电影一开始就取得了不凡的业绩：梅里爱（Méliès）、塞西尔 · B. 戴米尔（Cecil B. de Mille）、德莱叶（ [Dreyer] 借助无与伦比的法尔科内蒂②）、马克 · 德加斯丁（Marc de Gastyne）、维克托 · 弗莱明（ [Victor Fleming] 好几代人都是根据英格丽 · 褒曼 [Ingrid Bergman] 的轮廓来想象贞德的）、让 · 德拉努瓦（ [Jean Delannoy] 这一次是米歇尔 · 摩根 [Michèle Morgan] ）、罗伯托 · 罗塞里尼（Roberto Rossellini）、罗贝尔 · 布列松（Robert Bresson），还有个出人意料的苏联人格里布 · 潘菲洛夫（Gleb Panfilov），都曾以不同的角度反复将那位“至尊贞女”的历史和传奇搬上银幕。在此之前，这一历史和传奇曾是剧作家们钟爱的题材之一，有关的再创作和再诠释不下千次③。教堂广场上的神秘剧、教育戏剧、佩吉式的戏剧诗歌、克洛岱尔（Claudel）式的清唱剧、阿努伊（Anouilh）式的街道喜剧——还不包括外国作家（席勒 [Schiller] 、萧伯纳 [Bernard Shaw] 、布莱希特 [Brecht] ，等等！）——这些戏剧为这个独特形象闻名世界做出了贡献。1873 年，巴尔比耶曾为贞德创作了一部戏剧，1890 年，莎拉 · 伯恩哈德（Sarah Bernhardt）在

---

① 见格尔德 · 克鲁迈希，《19 世纪法国百科全书中的贞德》（Jeanne d'Arc dans les encyclopédies françaises du XIXe siècle），《贞德中心之友会公报》（*Bulletin de l'Association des amis du centre Jeanne-d'Arc*），第 5 期，1982 年。

② 法尔科内蒂（Falconetti，1892—1946），法国女演员，曾在《圣女贞德蒙难记》中担任主演。——译注

③ 特别参阅扬-约瑟夫 · 苏斯（Jan-Joseph Soons），《舞台上的贞德：关于最古老的悲剧的研究（以 1890—1926 年法国以贞德为题材的剧目编年史为依据）》（*Jeanne au théâtre, étude sur la plus ancienne tragédie suivie d'une liste choronologique des œuvres dramatiques dont Jeanne a fourni le sujet en France de 1890 à 1926*），普马兰书店（Purmerand），1926 年。

圣马丁门（Port-Saint-Martin）饰演贞德，轰动一时，这是那部平庸剧作的第一次成功上演。后来，在 1909 年，这位六十五岁的著名演员在埃米尔·莫罗（Émile Moreau）的剧作《贞德的审判》中再度饰演奥尔良姑娘，并再度大获成功！音乐方面：赖因哈特·安塞尔姆·韦伯（Reinhard Anselm Weber）、鲁道夫·克勒策（Rodolphe Kreutzer）、瓦格纳（Wagner）、乔万尼·帕奇尼（Giovanni Pacini）、弗兰茨·李斯特（Franz Liszt）……尤其是威尔第（Verdi），他根据索莱拉（Solera）的脚本创作的三幕歌剧于 1845 年在米兰上演。较近的作品可以列举保罗·皮埃内（Paul Pierné）的交响诗和马克斯·多洛纳（Max d'Ollonne）的歌剧《栋雷米的贞德》，还不能忘记奥涅格，为克洛岱尔的《火刑堆上的贞德》谱写音乐的就是他。文学方面则有各种形式：历史、论文、虚构作品、传记、诗歌，正是通过它们，贞德的形象始终留在集体记忆中。从弗朗索瓦·维永（François Villon）到阿兰（Alain），谁不提到贞德呢？贞德像磁石一样吸引着所有作家：拉马丁、巴朗特（Barante）、米什莱、奥古斯特·孔德、大仲马、欧仁·苏（Eugène Sue）、路易·基佐、儒勒·巴尔比耶、泰奥多尔·德邦维尔（Théodore de Banville）、弗朗索瓦·科佩、叙利·普吕多姆、阿纳托尔·法朗士、莫里斯·巴雷斯（Maurice Barrès）、夏尔·佩吉、莱昂·布卢瓦（Léon Bloy）、乔治·贝尔纳诺斯（Georges Bernanos）、约瑟夫·德尔泰伊（Joseph Delteil）、亚历山大·阿尔努（Alexandre Arnoud）、罗贝尔·布拉西亚克（Robert Brasillach）、蒂埃里·莫尼耶、莫里斯·克拉韦尔（Maurice Clavel）、安德烈·马尔罗……几乎没有哪个历史人物不想分享为贞德而创作的荣誉。

说真的，从 19 世纪开始，贞德的名字已被到处使用，从矿泉水的商标到天主教青年会和各种政治组织的名称……人们一再目睹这

1890 年，圣马丁门剧院，莎拉·伯恩哈德在儒勒·巴尔比耶的剧中扮演贞德，古诺配乐。六十五岁时，伯恩哈德再次在埃米尔·莫罗的《贞德审判记》扮演了贞德。海报为格拉塞(Grasset)的作品。

玛丽亚·法尔科内蒂，卡尔·德莱叶的《圣女贞德蒙难记》(*La Passion de Jeanne d'Arc*)剧照。该片直接来源于《审判原本》(Minutes du procès)。

个年轻姑娘的几种典型姿态：发表讲话，解放奥尔良，在鲁昂牺牲——对此过去和现在有无数的表现形式，如官方仪式、地方节日、明信片、教堂的彩绘玻璃、年历、插图读物、向朝圣者和游客出售的各种“纪念品”；贞德的名字被镌刻在钢铁上、青铜上和石块上；再现这个蒙神召唤的牧羊女和无畏战士的雕塑数以千计，它们坐落在法国的各个乡村，点缀着死者的陵墓，安放于教堂祭坛的回廊上，耸立在市政府的广场上。①作品不管美与丑，都在推动对这位圣徒的狂热，有哪个省、哪个区不曾投身这一神圣的公共记忆的事业？不可胜数的节目演出、祭坛上反复的念诵、没完没了的连祷文：这就是对贞德记忆的首要表现。当来自阿尔及利亚的犹太拳击手阿方斯 · 阿利米（Alphonse Halimi）击败其英国对手而成为最轻量级世界冠军时，面对广播话筒，他的第一反应只是说了句：“我替贞德报仇了！”可能他根本没有读过有关贞德的书——除了课本的某一章。但他肯定听过老师讲贞德。不管怎样，这个曾把英国人“驱逐”出法国（从历史上看，此说不够准确，但习惯上已为人接受②）的姑娘已经

---

① 参阅雷吉娜 · 佩尔努和玛丽-韦罗妮克 · 克兰（Marie Véronique Clin），《贞德的肖像学研究》（Pour une iconographie de Jeanne d'Arc），载《贞德》，巴黎，法亚尔出版社，1986 年，第 363—366 页。另可参阅雷吉娜 · 佩尔努的相册《贞德》，瑟伊出版社，1981 年。其他参考文献：克洛德 · 里贝拉-佩尔维莱（Claude Ribéra-Pervillé），《形象世界中的贞德：15—20 世纪》（Jeanne d'Arc au pays des images, XV-XXe siècle），载《历史》，第 15 期，1979 年 9 月。造币局（L'hotêl de la Monnaie）曾就同一主题出版一本很厚的展品目录《贞德的形象》（Images de Jeanne d'Arc），巴黎，1979 年 6—9 月。在最为知名的作品中，可以提到的是迪布瓦（Dubois）创作的骑马塑像，位于兰斯大教堂前，以及弗雷米耶（Frémiet）的作品，位于巴黎金字塔广场。绘画作品有：勒内弗（Lenepveu）为先贤祠创作的壁画，德拉罗什（Delaroche）的油画，安格尔（Ingres）的《贞德参加查理七世的加冕》（*Jeanne d'Arc assistant au sacre de Charles Ⅶ*），以及谢雷（Scherrer）的油画《贞德进入奥尔良》（*L'Entrée de Jeanne d'Arc à Orléans* [1887]）。

② 这个说法出自《致英国人的信》，该信自贞德被审判后为人所知。贞德在信中说：“我凭神意来此，要将你们赶出整个法国。”儒勒 · 基舍拉（Jules Quicherat），《贞德的审判及恢复名誉诉讼案》（*Procès de condamnation et de réhabilitation de Jeann d'Arc*），巴黎，1841—1849 年，五卷本，第一卷，第 241 页。

成为他参照系的一部分。

不过，这种记忆的充分性甚至过分的充分性，却不能掩盖其断裂——包括时间和空间中的断裂——也不能掩盖左右这种记忆的意识形态上的博弈。对贞德的记忆并非不偏不倚：它的分裂、争论和工具化，同样反映出近代早期以来导致法国人分裂的思想冲突。

一、 流动的记忆

时代变迁

所有对贞德的后事感兴趣的作者，都对两个时期的反差印象深刻：一个是遗忘或忽视的时期（16、17、18 世纪），一个是记忆很活跃的时期（19 和 20 世纪）①。除了后文将会提及的地方忠诚，还应该注意到，贞德在世时就已在当代人之中获得了声望。贞德的性格（一个农村的文盲姑娘却有如此敏锐的头脑）、引人注目的行为、最初的成功和最后遭受的酷刑：她那充满神奇色彩的故事，让我们在两年的时间里跟随她从栋雷米走到沃库勒尔，从沃库勒尔走到希农（Chinon），从希农走到兰斯——正是在兰斯，行过加冕礼的查理七世终于可以自诩拥有了此前一直受质疑的正统性——最后又从兰斯

① 参阅埃吉德·让内(Égide Jeanné),《伏尔泰以来法国历史文献中的奥尔良姑娘形象》(*L'Image de la Pucelle d'Orléans dans la littérature historique française depuis Voltaire*),列日,1935 年;雅克·勒高夫,《环球百科全书》(*Encyclopaedia Universalis*),"贞德"词条,1968 年;R. 佩尔努和 M.- V. 克兰,《贞德之后的贞德》(Jeanne d'Arc après Jeanne d'Arc),载《贞德》,同前。尤其参阅皮埃尔·马罗(Pierre Marot),《从恢复名誉到神圣化的贞德》(De la réhabilitation à la glorification de Jeanne d'Arc),载《贞德恢复名誉五百周年纪念:1456—1956》(*Mémorial du Ve centenaire de la réhabilitation de Jeanne d'Arc, 1456-1956*),巴黎,1958 年。这篇内容充实的论文阐述的是"五个世纪来法国对这位女英雄的崇拜及有关的史学",其作者是国立文献学院的研究导师,该文是我们最珍贵的指导之一。此间发表的论著还有盖尔·克鲁迈克,同前。

走到鲁昂。这段历程在当时的文字中留下了很多痕迹，这些文字首先表现为专栏的形式，既有法国的也有外国的。可以注意到，当时这些文字已经相互抵牾，其中一些偏向阿尔马尼亚克派（[Armagnacs] 如佩瑟瓦尔·德卡尼 [Perceval de Cagny] 和让·夏蒂埃 [Jean Chartier] 的专栏），另一些倾向于勃良第派（如乔治·沙特兰 [Georges Chastelain] 和昂盖朗·德蒙斯特勒莱 [Enguerrand de Monstrelet]）的专栏）。一些受此类专栏或仍健在的见证者启迪的回忆录也来添砖加瓦。比如1461年左右创作的《奥尔良围城日记》(*Journal du siège d'Orléans*)，它肯定提示了后来的作者们；接着出现了最早歌颂奥尔良姑娘的艺术品，即《奥尔良围城之谜》(*Mystère du siège d'Orléans*)，这是1435—1456年间创作的一首2529行的诗歌；特别重要的是克里斯蒂娜·德皮桑（Christine de Pisan）的诗歌，她从1429年起就歌唱这位淳朴的牧羊女“比古罗马的任何男子都勇敢”，同一年，阿兰·夏蒂埃（Alain Chartier）在自己的散文诗中颂扬这位“旷世奇女子”……

不过，贞德的形象不是到处都是一致的。勃艮第的传统（尤其是德蒙斯特勒莱的专栏）与阿马尔尼亚克的传统在16世纪一直是对立的：有一位名叫纪尧姆·迪贝莱（Guillaume Du Bellay）的人，在其1548年出版的《战事真相》(*Instructions sur le fait de la guerre*) 一书中向我们证明说，贞德纯粹是法国宫廷创造出来的工具，该书在16世纪末之前还曾几度再版。1570年问世的《法国事务恩典录》(*De l'estat de mercy des affaires de France*) 一书被视为最早的法文民族历史，它的作者吉拉尔·迪阿扬（Girard du Haillan）同样质疑贞德的使命及其贞洁。宗教战争使得对贞德的记忆再次成为党同伐异的工具，这次的利用者是天主教联盟。但是，在艾蒂安·帕基耶的《法国研究》中，贞德已经被描绘成一个和解的角色。17世纪以古代人为典范，将中世纪等同于野蛮，因而似乎不屑于追忆这位女英雄，按夏多布里昂的话来说，这“太哥特”了。有关贞德的记忆更是如此，沙普兰（Chapelain）曾以六年时间创作诗歌《奥尔良姑娘或得救的法国》（*La Pucelle ou la France délivrée*），包括二十四首歌谣，共计一千二百行。该作于1656年出版后便成为经典的文学讽刺对象，布瓦洛（Boileau）这样鞭挞：

尖酸刻薄的作者当受诅咒，
其心智倒错，其韵律冒犯密涅瓦，
十二行的诗文敷衍成一千二百行，
真如笨重的锤子撞击人的常识。

正如后来基舍拉所言，沙普兰的热情“对有关贞德的记忆而言，其糟糕程度就像是对贞德的第二次宣判”①。有一个例子可以为证，这就是博须埃那令人吃惊的冷淡态度：在他的《法国历史概要》（*Abrégé de l'histoire de France*）中，这位宣扬历史神意说的神学家丝毫没有提及那位年轻姑娘曾听到的“呼召”。在我们看来，莫城（Meaux）主教②的这种怀疑主义可视为一种考察线索：在路易十四时代，有思想的人不再关心贞德。

不过，正是在17世纪，一部最早的具有史学性质的著作问世了。它的作者是埃德蒙·里歇尔（Edmond Richer），此人是原巴黎大学神学系的管事，坚定的高卢主义者，这部里程碑式的作品名为《奥尔良姑娘的历史》（*Histoire de la Pucelle d'Orléans*），创作于

① 儒勒·基什拉，《贞德历史研究新面貌》（*Aperçus nouveaux sur l'histoire de Jeanne d'Arc*），巴黎，1850年，第161页。

② 指博须埃。——译注

1625—1630 年，它利用了最好的史料，即审判贞德和为她恢复名誉的诉讼材料，当时这些材料有些已经部分面世，但人们了解很少。[①]不过，这部著作在两个世纪里一直停留在手稿状态——这也是时代氛围的一个表现。

贞德的故事中有过多超自然的东西，这只能让启蒙哲人们反感她。当然，把 18 世纪简化为伏尔泰的《奥尔良姑娘》(*La Pucelle*)是不对的。不过，这首后来被视为渎圣的长诗的确曾是阿鲁埃[②]的崇拜者一读再读的作品，这些人在社交场合中会大段背诵其中的诗句。这部作品以滑稽的口吻揭穿传说，那位少女战士蒙受了一头驴子的殷勤献礼，因为我们看到的是一个“举止”怪诞之人：伏尔泰特别想借此辱骂沙普兰。不过，在较为严肃的《哲学辞典》(*Dictionnaire philosophique*)中，伏尔泰以散文简述了他对那位自己曾以韵文嘲弄的人物的看法：“一个不幸的女白痴”。伏尔泰特别想通过贞德来抨击教士：“不要把贞德看作受天启的人，而是视为一个自认为受天启的鲁莽的女白痴；她是个乡村英雄，是因为有人要她扮演重要角色；她是个勇敢的姑娘，是因为宗教裁判所和教会的博士们以最无耻和残暴的方式烧死她。”[③]这样的判断源自对中世纪的一种普遍的蔑视之情，很多人具有这种蔑视。贞德形象在 19 世纪的恢复很大程度上得益于“大教堂时代”的名誉的恢复。1838 年，圣马克·吉拉尔丹评论说：

> 近些年来，我们开始恢复对中世纪的重大兴趣，我们由衷赞

---

① 参见皮埃尔·马罗，同前，第 98 页。

② 伏尔泰原名弗朗索瓦-玛丽·阿鲁埃(François-Marie Arouet)。——译注

③ 伏尔泰，《文学的体面》(*Les Honnêtés littéraires*)，载《杂论》(*Mélanges*)，巴黎，伽利玛出版社，“七星文库”，1961 年，第 999 页。

> 叹中世纪的虔诚和热情。在伏尔泰眼里，这种虔诚无非是粗鄙的迷信，中世纪的宗教所产生的只是受骗子蒙蔽的傻瓜。但我们喜欢中世纪骑士精神的忠诚，喜欢游侠们的英勇冒险。而在伏尔泰的眼里，这些东西之中唯有战斗的狂热和5—6世纪蛮族粗野风习的延续。贪婪放荡的僧侣，神学上的口角，狂暴之极的武士，毫无合理根据的战争——其中就有十字军行动。在伏尔泰看来，这些就是中世纪展现出的画卷。①

不过，正像基什拉指出的，围绕伏尔泰的《奥尔良姑娘》的争吵可能推动了对贞德的重新研究。人们重新考察那些未曾公开过的审判文件，到启蒙世纪的晚期，学者可自诩说，他们发表的论著是"科学的"贞德历史的最早版本。我们可以注意到尼古拉·朗格莱-迪弗雷努瓦（Nicolas Lenglet-Dufresnoy）的三卷本著作《国家的英雄和殉道者少女贞德的历史：奉天命重建法国君主制，根据当时的审判记录和其他原始文献》（[*Histoire de Jeanne d'Arc vierge, héroïne et martyre d'État, suscitée par la Providence pour rétablir la monarchie française, tirée des procès et autres pièces originales du temps*] 1753—1754）。作者忘了说，他剽窃了里歇尔的未刊研究，这一行径在朗格莱-迪弗雷努瓦死去之后不久就被证实了。但至少这位剽窃者穷尽了各种可靠资料，并激发了新的兴趣。下一阶段的突破工作是由原巴黎高等法院的推事和铭文学院成员克莱芒·德拉韦尔迪完成的。作品名为《国王图书馆手稿的评注和摘录》，出版

① 圣马克·吉拉尔丹(Saint-Marc Girardin)，《沙普兰的奥尔良姑娘和伏尔泰的奥尔良姑娘》(La Pucelle de Chapelain et la Pucelle de Voltaire)，载《两个世界杂志》，第十六卷，系列4，1838年。

于1790年[①]，它赢得了基舍拉的赞誉："第一部精确的目录，第一部称得上具有现代科学性的著作。"

贞德是法国君主制度的恢复者，并坚定地忠诚于教会，因此大革命时期不太可能去歌颂她。不过，《巴黎写真》（*Tableau de Paris*）的作者、未来国民公会的议员路易-塞巴斯蒂安·梅西耶（Louis-Sébastien Mercier），却于1790年在娱乐喜剧院上演了四幕诗体剧《贞德》。稍后，1802年，在为席勒的《奥尔良少女》的译本作序时，梅西耶直截了当地批评了伏尔泰那"堕落放荡的头脑"，他认为贞德的事业就是人民的事业，而且贞德不辱使命；他还说，如果贞德还活着，她肯定会参加进攻巴士底的战斗。波拿巴很是关注民意动向，他下令恢复奥尔良的庆祝活动，这些活动在1793年后中断。当奥尔良市政府为纪念这位姑娘而建立一座新纪念碑时，波拿巴祝贺说："杰出的贞德已经证明，并不存在法兰西的天才在独立受威胁时不起作用的神话。"

19世纪之所以是"贞德的世纪"，得益于几个要素的共同作用。首先是浪漫主义运动。对此乔治·戈约写道："它以一种有时稍显模糊的热情眷恋着那些凝聚着人民之灵魂的历史现象，眷恋着那些浓缩和表达出集体意识的人物：因此它被贞德深深吸引，并于1841年迎来了米什莱的赞歌。"[②]在此之前，勒布兰·德沙尔梅特（Le Brun des Charmettes）的《外号奥尔良姑娘的贞德的故事》（［*Histoire de*

① 克莱芒·德拉韦尔迪（Clément de l'Averdy），《国王图书馆手稿的评注和摘录（由陛下在铭文美文学院设立的委员会审读）》（*Notices et extraits des manuscrits de la Bibliothèque du Roi, lus au comité établi par sa Majesté dans l'Académie royale des Inscriptions et Belles-Lettres*），巴黎，国民印刷所，1790年，第三卷。拉内里·达尔克这样评论该著作："它是整整一个世纪的贞德史的基础。"

② 乔治·戈约（Georges Goyau），《圣女贞德》，巴黎，亨利·洛朗斯书店（Henri Laurens），1920年，第116页。

Jeanne d'Arc surnommée la Pucelle d'Orléans］1817），特别是巴朗特的《勃艮第诸公爵历史》（［*Histoire des ducs de Bourgogne*］1839），已经预示着新潮流的到来。最后，米什莱终于出现了，从他那里程碑式的《法国史》中摘录的《贞德》堪称圭臬：作为祖国的启示者的贞德注定会在未来大放异彩。第二个因素是爱国主义，在有关这位奥尔良解放者的最有名的作品中，有好几部是受爱国主义召唤的。"被入侵者的主保圣徒"——德鲁莱德这样称呼贞德——于是便确立为法兰西民族的起源神话。亨利·马丁则称之为"民族的弥赛亚"。第三个因素是拿破仑倒台后天主教的复兴。当时各种普及性的宗教出版物层出不穷，从1849年起，奥尔良主教迪庞卢（Dupanloup）就以不懈的热忱要求给贞德封圣，"我向她的圣洁致敬"，他在1869年的一篇颂辞中这样说。亨利·瓦隆（Henri Wallon）因以其命名的修正案（后来写入1875年的共和国宪法）而为人所知，但他在1860年曾出版一本带有天主教色彩的《贞德》，该书数次被重印，法兰西学术院给它戴上桂冠，教皇庇护九世（Pie Ⅸ）也称颂过它。

不过，在19世纪，对贞德的记忆的复苏尤其应归因于对史料的回归，这一回归本身则是历史研究的大发展带来的，它的官方推动者是弗朗索瓦·基佐（François Guizot）。基佐参与发起的法国历史学会于1840年任命年轻的文书学者儒勒·基舍拉负责整理出版审判贞德和为她恢复名誉的所有诉讼文件。为此基什拉花了九年时间，按乔治·迪比的话来说，他在工作中展现出"令人吃惊的博学"。他出版的五卷八开本著作首次将有关贞德的两次审判的文件公布于世（当然是以拉丁文），它依据的是国立图书馆的手稿，"附上了所有能找到的历史文件，以及各种附注和说明"。1867年，瓦莱·德维里耶（Vallet de Virille）出版了首部《恢复名誉案》（*Procès de réhabilitation*)的完整译本。1868 年，埃内斯特 · 奥雷利(Ernest O'Reilly)完成了两个案件文献的翻译。狂热的贞德辩护士约瑟夫 · 法布尔([Joseph Fabre] 我们后文还会提及此人)也于 1884 年翻译了《审判案》(*Procès de condamnation*)，于 1888 年翻译了《恢复名誉案》。还有其他一些版本①。从此，对贞德的历史进行严格研究的一切条件都具备了。于是各种著作不断问世。

1871 年的军事溃败，随之而来的对祖国命运的长期反思，共和派和君主派之间的政治斗争，因失去公共权威和遭受反教权主义者攻击而导致的教会的恼怒：所有这类事件引发的情绪都倾向于颂扬贞德，但对她的记忆在各党派之间也将呈现四分五裂的状态。所有人都在炫耀自己对贞德的记忆。1875 年，应儒勒 · 西蒙的要求，弗雷米耶在金字塔广场树立了一座贞德雕像。此举开启了一场热潮，所有的省都出现了这位女战士的新画面。皮埃尔 · 马罗说："为了表达对奥尔良姑娘的喜爱之情，人们想出的手法至为多样，也十分出人意表。贞德的名字融入了所有活动。书店、饭馆、旅舍都以这位女英雄的名字来自我炫耀。最不相同的各种物品也用她来标榜：器皿、化妆品、糖果、风味食品、利口酒、啤酒、肥皂，甚至还有水泥！真让人难以置信。学生练习本的封面描绘的是她的旗帜，儿童游戏中也能见到她的影子：'戏鹅'游戏一说就是从贞德的生平故事而来；栋雷米寓所和老市场广场则成为'建筑活动'的主题。"19 世纪末见

① 20 世纪的翻译：皮埃尔 · 尚皮翁(Pierre Champion)，《贞德审判记录》(*Procès de condamnation de Jeanne d'Arc*)，巴黎，1920 年，两卷本；罗贝尔 · 布拉西亚克，《贞德的审判》(*Le Procès de condamnation*)，巴黎，1941 年；雷吉娜 · 佩尔努，《贞德的生平与受难：审判与恢复名誉实录(1450—1456)》(*Vie et mort de Jeanne d'Arc. Le témoignages du procès de réhabilitation, 1450 - 1456*)，巴黎，阿歇特出版社，1953 年；雷蒙 · 乌塞尔(Raymond Oursel)，《贞德的审判案和恢复名誉案》(*Les Procès de condamnation et le Procès de réhabilitation de Jeanne d'Arc*)，巴黎，德诺埃尔出版社，1959 年。

证了对贞德的神化，而风头正劲的民族主义运动则把这场运动推向了巅峰。

在 20 世纪，越来越注重史料批判的学术性史学与各对立党派对贞德的神化利用最终分离了。在这些对立派别中，各种民族主义思潮都有意利用对贞德的记忆，因为人们已经把贞德视为民族和解的守护者了。20 世纪后半叶，共和爱国主义走向衰落，初等教育中的英雄崇拜也寿终正寝，而这一终结也意味着抛弃了极右翼的新民族主义的象征物。

因此，对贞德的记忆在时间中并没有一条连续的线索。从 16 世纪到 18 世纪，这种记忆并不被看重，或者受到诋毁，但它在 19 世纪极大地传播开，其原因是多样的，有时它们还相互抵牾，但其效果是一致的。贞德的记忆从属于人们对中世纪的整体表象，因而对她的记忆先是受到连累，而后又获益。在新生的“科学”史学规范确定贞德的确凿历史之际，也是贞德在民主时代受到热情拥戴之时，但也难免有被某种思潮长期利用之风险。

地域差异

如果说对贞德的记忆在历史时段中经历了强度上的变化，甚至有过衰退的时期，那么就某些特殊的地点而言，这种记忆几乎一直很强烈，这样的地点就是贞德的传奇征程上凝结着记忆的地方。它们包括贞德旅途上的各个驿站，从她的家乡到她被处以火刑的那个诺曼底城市，主要是栋雷米、沃库勒尔、希农、普瓦捷（Poitier）、图尔、奥尔良、帕泰（Patay）、日安（Gien）、特鲁瓦（Troyes）、拉沙里泰（La Charité）、贡比涅（Compiègne）、鲁昂，但不包括布尔日①。

1429年5月8日，就是英国人解除对奥尔良的围困的那一天，这个被解放的城市的军民临时举办了一场感恩游行，以感谢该城的主保圣徒艾尼昂（Aignan）和厄韦尔特（Euverte）。1883年曾出版过一部这样的书：《奥尔良的解围和5月8日节的设立：最近在梵蒂冈和圣彼得堡发现的15世纪匿名纪年》（[*La Délivrance d'Orléans et l'Institution de la fête du 8 mai, chronique anonyme du XVe récemment retrouvée au Vatican et à Saint-Peterbourg*] 此前基什拉已经出过第一版），从该书中我们能了解其中的一些细节。对英国人来说，当时奥尔良是最后一个有待撬开的门闩，因为这座卢瓦尔河上的桥梁可以通往贝里（Berry）和中部地区，这两个地区被玛丽-韦罗妮克·克兰称为"自由法国"②。除了战略上的重要性，这里还是查理公爵（duc Charles）的城市，后者在14年前的阿赞库尔战役中被俘，关押在海峡对岸的英国，因此这是一个颇具象征意义的地方。英军在长期的封锁之后突然撤退，这让奥尔良人激动不已。贞德已在4月29日举行了入城仪式，此刻居民更是以极大的喜悦之情来接待她，"他们仿佛看到上帝降临其间"，《围城日记》这样说。后来，人们每年都在这个胜利纪念日确立下来的节日中纪念贞德。

> 5月7日，圣克鲁瓦（Sainte-Croix）和圣艾尼昂（Saint-Aignan）教堂的钟敲响；传令官们跑遍全城，宣告游行开始。

---

① 查理七世曾长期住在布尔日。——译注

② 玛丽-韦罗妮克·克兰，《15世纪有关贞德的资料：评传及史学研究》（*Les Sources de l'histoire de Jeanne d'Arc au XVe siècle, étude historiographique et bibliotraphique critique*），第三阶段博士论文，社会科学高等研究院，1984年，打印稿。作者在论文附录中附上了有关5月8日节日的文献，后文亦将引用。

> 人们已在头几天将游行队伍将要经过的街道打扫干净，并装点布置了一番。传统中一向重视的地点上搭起了台子（脚手架）。在奥古斯丁修士区（街区的名字让人想起那座古老的修道院），台子是用来放置圣物的临时祭坛，而且装饰精致［……］另外，在圣保罗教堂，在迪努瓦门（porte Dunoise），圣克鲁瓦和圣艾尼昂教堂的唱诗班的孩子们已经来这里唱起了经文歌。
>
> 游行队伍在小号手的带领下开路了。队伍中包括民事当局的官员，圣克鲁瓦、圣艾尼昂和圣皮埃尔-昂蓬（Saint-Pierre-Empont）教堂唱诗班的孩子们则唱着歌跟随；孩子们将会“因为他们的辛劳而得到一点小馅饼”。人们不让平信徒“混进教会人士中间”，奥尔良公爵的士卒负责维护游行队伍的秩序。

16 世纪，游行仪式在因宗教战争中断之后恢复，这时它增加了一个名副其实的历史复原场面：

> 民兵分列成两个阵，一方站立在小土岗上，另一方立于各个墙角塔，这时一个年轻男子穿戴古时的着装（文艺复兴时期的要求）扮演贞德。接着鸣炮放焰火接纳游行队伍。在 18 和 19 世纪，由一个小伙儿手执被称作“来自贞德”的旗帜；在大革命之前，市长和市政官们会挑选一个少年与一个玫瑰花冠少女一起参加庆祝活动。

游行队伍回城之后，会举办一次颂辞形式的“布道”，这种布道最早见于 1474 年。1817 年之后，布道词由市政府出资大量印刷。一些著名的高级教士会在布道词中颂扬神意，如热衷于讲演的弗雷西努（Freyssinous）和迪庞鲁就这样做过。

在革命者看来，这些庆祝活动太富宗教和君主主义色彩，于是便在1793年废止了它们。1802年波拿巴恢复了这些活动。但活动的组织者是当地的主教，而不再是市政府。在复辟王朝时期，这些活动最为盛大——正是这个时代开启了名副其实的贞德崇拜。七月王朝时期，王座与祭坛之间的联盟破裂，市政官们对活动进行了世俗化。从1831年到1852年，教士不再出现在民事官员和军人的身旁。不过，第二帝国和第三共和国又结束了这种区别做法。1876年5月7日，总统麦克马洪访问奥尔良；1891年，真正的共和派萨迪·卡诺也访问了该城。政教分离再次提出纪念活动的双重性质问题，即它的宗教性质和世俗特征。1907年，总理克雷孟梭禁止公务员和军官参加有教会成员的游行队伍。最后是教会自己退出了游行队伍，因为队伍中有共济会的代表。这场小小的冲突竟以各种方式引发了一场大战。神圣同盟最终结束了这场斗争。将贞德节设立为国家节日的立法获得通过，同年，贞德被封为圣徒，从此奥尔良盛大的庆祝活动得以继续。1929年的活动尤其特别，当年是奥尔良“解围”500周年，出席庆典的有总统加斯东·杜梅格（Gaston Doumergue）、雷蒙·普恩加莱和保罗·杜梅、教廷特使和法国的数位高级教士。1929年5月10日的《中部奥尔良共和人》（*Le Républicain Orléanais du Centre*）载文说：“贞德及对贞德的记忆，总是能抹平我们之间的政治分歧，因为无论现在还是将来，她都像过去那样继续保护我们的城市。但这一次，她的力量超越了这个城市的范围……”这次还有一个创新，由一个年轻的姑娘来扮演贞德。后来还有另一些国家首脑前来主持庆祝活动：1939年是阿尔贝·勒布兰（Albert Lebrun），1947年是樊尚·奥里奥尔（Vincent Auriol），1958年是戴高乐将军，1979年是吉斯卡尔·德斯坦，1982年是弗朗索瓦·密特朗……①

① 见弗朗索瓦丝·米肖-弗雷雅维尔（Françoise Michaud-Fréjaville），《奥尔良：中世纪就在街道上》（Orléans, le Moyen Age est dans la rue），载《历史》，第23期。

除了每年一度的庆祝，奥尔良还以石头为素材，使对贞德的记忆传播久远。第一座纪念奥尔良解放的雕塑制作于16世纪初，耸立在卢瓦尔河的桥上：国王身边的贞德跪倒在十字架上的耶稣前面，耶稣的身边则站立着圣母玛利亚。这件作品后来受到新教徒毁坏，但于1567年重铸后修复。那座老桥于1745年拆毁，贞德的雕像被弃置一旁。皮加勒（Pigalle）曾负责创作一座新雕塑，但他的计划没有完成，于是人们又在1771年把那座老雕塑搬出来，安放在国民街和老桥街的交叉路口。1855年，奥尔良城的地理中心马特鲁瓦广场（place du Martroi）上树立起一座贞德的雕像，作者是富瓦亚捷（Foyatier）。另一方面，奥尔良人开始注重保护这座“奥尔良姑娘的家园”。这里指的是雅克·布歇（Jacques Boucher）公馆，此人原是奥尔良公爵的财务官，贞德曾在他的公馆中居住过。今天这座房子被称作“贞德屋”，1940年的轰炸曾毁坏房子的四分之一，现已按原样修复。如今房子已经成为博物馆，特别值得一提的是，参观者可以看到讲述贞德进入奥尔良城的幻灯片。[①]最近人们又在离大教堂不远的地方设立了贞德中心，它所在的街道也叫贞德街。如果算上这个中心，我们就能看出这座城市对它的解放者的持久眷爱，自从解放以来，这个城市一直把她视作自己的保护者。

对贞德的记忆的另一个特选存储地是她出生的栋雷米教区。今天这个教区名为栋雷米-拉-毕塞尔[②]，是孚日省默兹河边的一个社区，离讷沙托（Neufchâteau）十公里，至今都是个不到三百居民的小村子。这个地方究竟属于洛林还是香槟？19世纪的学者们对此有过一番争论。栋雷米坐落在洛林和巴鲁瓦（Barrois）的边界上，一

① 1986年，奥尔良的贞德屋（Maison de Jeanne d'Arc）接待了23986名参观者，其中5481名是外国游客。

② “毕塞尔”是“Pucelle”一词的音译，参见第315页注释①。——译注

条小河就是两个省的边界。由于河的流向在15和19世纪之间发生过变化，所以有些学者还在研究贞德家的房子的具体位置：在左岸还是在右岸？默尔特河（Meurthe）的考古学家亨利·勒帕热（Henri Lepage）和埃皮纳勒的图书馆员J.-Ch.沙佩利耶（J.-Ch. Chapellier）的研究看来最终得出了让人信服的结论：贞德是个“正宗的洛林人”，她的名字不是维永赋予的。无论如何，当纪念洛林与法国合并一百周年的庆典于1866年在南锡举行时，贞德是历史游行队列中的重要角色。稍后，“阿尔萨斯-洛林”一说获得了崇高意义，而对贞德的记忆至少从语音上与这一说法有联系，从此贞德是“香槟人”的说法就最终被禁止了。

从15世纪开始，“毕塞尔”的房子就成为朝圣地，1580年，蒙田曾来参观。贞德的家人、她的兄弟的后裔都曾努力保持对这位女英雄的记忆。1429年，国王封这个家族为贵族，赐姓迪利斯（du Lys[①]），有权佩戴天蓝底色的银剑徽章，银剑配以包裹成金冠状的金护手，并镶有两朵金百合花。直到16世纪，贞德的兄弟让（Jean）的后人还住在这所房子里。村民们也在培育关于他们杰出的同胞的记忆。一年之中，除了其他的节日，大斋期的第四个周日（Laetare），青年人都会聚集在仙女树下；当初，在贞德审判期间，这棵树也成了问题。贞德就是在这棵树下聆听仙女的声音——她需要为此进行辩解，因为将声音与仙女树联系在一起可以导致对巫术的指控。16世纪末，人们曾建造一座纪念圣母和贞德的礼拜堂，但远未完工。贞德的房子不久便成为参观地，房子的正门上方安放了一座她的半身胸像。大革命时代上马恩省（Haut-Marne）在立法议会的代表弗朗索瓦-约瑟夫·昂里（François-Joseph Henrys）曾骄傲地宣称，他在革

① “Lys”一词本义为“百合花”，百合花是法国王室的象征物。——译注

命的动乱岁月中曾使这塑像免于破坏。

不过，这所房子在 18 世纪时成了热拉尔丹（Gérardin）家族的产业。1818 年，鉴于这所房子“对法国，特别是对孚日省而言是一座凝聚着伟大而光荣的记忆的纪念物”，孚日省议会决定购回。尼古拉·热拉尔丹（Nicolas Gérardin）同意了，价格是 2500 法郎，而一个德国贵族曾向他出价六千法郎。这个举动为他赢得了荣誉军团的头衔。路易十八亲自前往，以示协助，为重修房屋和建立贞德纪念碑拨款两万法郎。此外还拨付了一笔补充经费，用于建立和维持一所为栋雷米和临近的格勒村（Greux）的女孩设立的学校。

随后的工程旨在维护“贞德屋”。正门上方重新安放了雕刻着法兰西徽章和百合花徽章的过梁，过梁是过去热拉尔丹家族在自家房子上加装的；被损坏的徽章得以修补；地板和烟囱重做了；规划中的学校也建了起来。稍后，教堂也得到修复并扩建。今天我们还能在这座教堂中看到 14 世纪的一座圣玛格丽特（Sainte Marguerite）的雕像。

“贞德屋”不久就成为一个旅游地，这又推动了铁路的建设。1854 年 5 月 8 日到 1855 年 5 月 8 日，来访者共计 3200 人。朝圣者主要来自临近的洛林和香槟的城乡，但也有来自奥尔良、巴黎、比利时、德国甚至英国的。写有访客留言的登记簿可以向我们证明，19 世纪对贞德的热情在不断上升。对这些登记簿的系统研究可以让我们更好地透视当时的民众心理。关于栋雷米的贞德崇拜，我们应感谢皮埃尔·马罗的精细研究[①]，他注意到，七月王朝时期的留言者具有明显的反英情绪：“在法国决不能让英国人逞强！”访客的人流随

① 皮埃尔·马罗，《栋雷米的贞德崇拜：起源和发展》（*Le Culte de Jeanne d'Arc à Domrémy. Son origine et son développement*），南锡，1956 年。这位作者为我们在这个问题上提供了主要参考。

国际关系状况而变化。1870—1871 年是前往圣地沉思的热潮特别明显的两年。不过，路经的德国士兵也前去拜访他们的同胞席勒曾描写过的那位女英雄，在分裂的（memebre disjecta）德国追求统一的时刻，贞德成了民族理想的象征。在《法兰克福条约》之后，迁出阿尔萨斯和摩泽尔（Moselle）的移民自然会来向这位爱国少女寻求慰藉和鼓舞。

在共和派与君主主义天主教派发生冲突时，栋雷米也受到了间接影响。特别是在 1878 年纪念伏尔泰去世一百周年之际，我们后文还会谈到这一点。不过，这个小村子已经闻名遐迩，朝圣者络绎不绝，总数近两万人，这一现象启动了一个新的圣殿建设计划。巴黎的一个委员会委托建筑师保罗・塞迪耶（Paul Sédille）起草一个大教堂的方案，该教堂后来建在白树林附近，贞德就是在那里聆听启示的。第一块奠基石于 1881 年 11 月 3 日正式安放。但教堂多年后才竣工。此间进行了多次募捐活动，最著名的是面向全体法国少女的“贞德苏[①]”。与此同时，栋雷米的朝圣人群逐年递增：1878 年是 2 万人，1894 年达到 3 万 5 千人。计划中的大教堂终于在第一次世界大战结束后不久完工，并于 1926 年 8 月正式投入使用。[②]1920 年 8 月 23 日，福熙元帅在贞德屋稍作停留，随后前往这座终于竣工的圣殿领圣餐，并对胜利女神谢恩。这座敬奉圣母玛利亚的教堂有一个特别的用途：为和平以及生还和战死的士兵祈祷。盾徽、壁画、马赛克都让人回想起圣徒贞德的使命，以及她的生平传奇。

---

① 苏(sou)是一种辅币的名称。——译注

② 弗朗索瓦・莫里亚克(François Mauriac)1953 年造访栋雷米后曾谈到这个“可怕的大教堂”：“看到可怜的人群怀着敬畏之心去参观那座集各种丑陋的装饰和门廊于一身的可憎之物时，我终于明白为何宗教艺术会引发争吵了”。《评注集》(*Bloc-notes*)，巴黎，弗拉马里翁出版社，1958 年，第 41 页。

鲁昂是有关贞德记忆的第三个圣地。1449 年，查理七世曾在这里举行过入城仪式。1456 年，贞德得以恢复名誉，当年烧死贞德的那个地点附近竖立起一座镀金的青铜十字架。16 世纪初，一座贞德雕像被放置在河谷市广场（place du Marché-aux-Vaux）上文艺复兴风格的喷泉的上方。这个喷泉后来坍塌，1754 年，原址上建起一座纪念碑，其上方是新的贞德像。但纪念碑在第二次世界大战期间因轰炸再次被毁。1920 年的法律曾计划在贞德受火刑的广场上建一个新建筑。今天，在重建后的老市场广场上，有好几处地点用以纪念贞德，这是当时立法者的意愿。在圣贞德教堂的延伸部分，有一座这位圣徒的雕像和一条追忆她的长廊。在 1431 年举行火刑的广场，一座高 20 米的十字架耸立起来；其四周尚存的老房子中，有一所房子成了贞德博物馆。每隔一段时间，鲁昂都会成为各种纪念活动的舞台，贞德受难五百周年之际就是如此，当时雷蒙 · 普恩加莱亲自到场。1938 年，爱德华 · 埃里奥（Édouard Herriot）前来为这个广场驱魔：

> 几天前，我走遍了橄榄山、约沙法谷、总督府和基督受难地。[①]我心潮澎湃。这种感情与我在贞德受刑地的感情是一样的。此刻，两个伟大的民族实现了和解，成为致力于人类和平的朋友，团结在对这位栋雷米乡村少女的崇敬之中。贞德有两个不朽的称号是我们应该感激，是所有人都应敬重的。她拯救了法国。她以自我牺牲在张扬的武力面前彰显了不可侵犯的精神权利。如今，她是我们与海峡对面的朋友之间的纽带。正是因为她的卓越贡献，我们才在这个她依然展现其存在的地方，怀着崇敬和温情向她

① 这几个均为《圣经》中的地名。——译注

致敬。①

奥尔良、栋雷米、鲁昂：感激的地点、崇敬的地点，也是对贞德的记忆最具连续性的地点。虽然法国人因为各种内部争吵而彼此对立，但她的形象因为笃诚之心和民俗传说而一直活在人们心中。贞德曾在首都巴黎的城下遭受失败，这个地方不在圣地的名录中。然而，这里仍然存在游行活动，特别是自弗雷米耶的跃马雕像建立以后。但巴黎是法国的各种撕裂的几何原点，这里对贞德的记忆并不那么宁静，它更像是围绕贞德传奇的各种斗争的舞台。有关贞德的记忆，在巴黎比在任何地方都更具政治斗争的色彩，即使在她的故事在学术上已被澄清并家喻户晓之后依然如此。

二、争议中的记忆

贞德的经历和她戏剧性的死亡，给她身后的数个世纪带来了争论，争吵的每一方都有自己介入的理由。我们不必在贞德的假传奇和伪贞德的问题上耽搁太多时间。有些编造看来只是为了满足好奇之心，但它们也构成某种解释要素和思想争论的素材。比如皮埃尔·卡泽（Pierre Caze）的戏剧创造。在这部1802年创作的《贞德之死》中，奥尔良姑娘成了奥尔良的路易（Louis d'Orléans）和巴伐利亚的伊萨博（Isabeau de Bavière）的私生女，这个说法是为了解释一个谜：法国边境地区的一个农村姑娘为何能在查理七世的宫廷中崭露头角？亲子关系（虽是私生但仍很高贵）于是就成为剔除贞德使命来自天意感召一说的依据。剧作上演之后，这一论点又得到一个

①《共和报》（*Le Journal républicain*），1938年5月30日。

似是而非的论证的支持，因而取得了一些成功，[①]此后它经常被提及，而且总是有人轻易地相信。剔除超自然因素的意愿看来导致了各种荒诞的浪漫虚构。即使是执着于文献精确性的历史学家，也很难摆脱一种个人性“幻觉”，这种幻觉将他们每个人与某种思想潮流连接在一起，在19世纪，这些潮流都以贞德为论说凭据，不过这里的贞德有从活生生的复合体不断简化为某种主导性意义符号的危险。这位历史人物有转变成神话的趋向，她的生活像是一幅寓意画卷，她的旗帜和她的佩剑成为各个对立派别的象征物。争相进行的修剪和简化工作使贞德走出那些不明确的地带，成为象征性世界中一个光彩夺目的鲜明形象。

在整个19世纪，对贞德的记忆围绕其三大形象而出现分裂，这三个形象或有先后，或是同时出现：天主教圣徒的形象、爱国的人民的形象和排他性民族主义主保圣徒的形象。

天主教楷模

拥戴贞德的天主教狂热信徒，要等待很久之后才看到教宗正式为他们的女英雄封圣：本笃十五世（Benoît XV）直到贞德遇害489年、恢复名誉464年之后，才做出封圣的决定。恢复名誉的诉讼（跟对贞德的审判一样，都是宗教裁判所的作为）根本不承认法兰西国王的这位捍卫者负有“天命”。这只是一个“消极”行为，目的是为了取消导致贞德受火刑的恶劣判决。此外，审判贞德的宗教裁判所

---

① 皮埃尔·卡泽，《有关贞德的真相或对其出身的澄清》（*La Vérité sur Jeanne d'Arc ou éclaircissement sur son origine*），巴黎，1819年，两卷本。关于伪造者和狂想者的情况，请特别参阅雷吉娜·佩尔努的小册子《科雄等人面前的贞德》（*Jeanne devant les Cauchons*），巴黎，瑟伊出版社，1970年。

法庭，其决议得到巴黎大学的完全赞成，教宗也没有提出异议，这些事实一直是反教权主义者的论据。在教会的辩护者看来，这次审判从程序上说符合教会法，但为了对1431年的不公正判决进行解释，他们被迫将责任推给投靠英国人的主教皮埃尔·科雄（Pierre Cauchon）以及支持这位主教的索邦神学家们。1894年，当封圣的程序在罗马启动，贞德已成为“真福者”时，艾克斯大主教这样说：

> 啊！我们承认，她受死是因为一位主教［……］但这个主教与法国没有半点关系，因为他已经卖身投靠英国人。
>
> 但教宗卡利克斯特三世（Calixte Ⅲ）已经给这位栋雷米少女昭雪。他下令重审该案。他撤销并取缔了从前的判决，认为这是自彼拉多①以来最恶劣的决定。我们期待，无数受革命法庭审判的无辜受害者也能被昭雪。
>
> 科雄主教不是我们中间的一员，他是犹大，我们已经以最庄重最可靠的判决离弃了他；科雄是伏尔泰——我们民族荣誉的最昭彰最彻底的亵渎者——的先驱。

对科雄死后的谴责，从逻辑上说就意味着对支持他的巴黎大学的谴责。对15世纪的神学家们大张挞伐的人是R. P. 艾罗勒（R. P. Ayroles），此人是个耶稣会士，“真正的贞德”的不知疲倦的捍卫者。他在1902年出版了自己的控诉论著，标题为《贞德时代的巴黎大学以及它仇恨这位解放者的原因》（*L'université de Paris au temps de Jeanne d'Arc et la cause de sa haine contre la libératrice*）。艾罗勒把当时的索邦描绘成听命于勃艮第派、觊觎宗教权威的“国中之

① 彼拉多（Pilate）是给耶稣基督判刑的罗马总督。——译注

国”；此外，作者还告诉我们，“分离主义”和“彻头彻尾的颠覆”理论正是在当时的索邦成型的，这些理论导致了教会的大分裂。在19世纪末这个教宗权力至上论的年代，所有一切都可以归结为艾罗勒那句盖棺定论式的话语：“奥尔良姑娘最凶猛的敌人也是教宗最凶猛的敌人。”

天主教派与反教权主义者之间的斗争几乎贯穿了整个19世纪，它在有些时候表现得特别激烈，而有关贞德的记忆则成为重要的斗争素材。比如，1878年，为纪念伏尔泰去世一百周年而筹备的各种纪念活动——更何况是在五月份——引发了天主教派对那个侮辱贞德之人的反击[①]。谢弗勒斯（Chevreuse）公爵夫人发起鼓动“法国妇女”的运动，并组织抗议活动。抗议定于5月30日举行，地点在金字塔广场新落成的贞德雕像前。伏尔泰的辩护者们于当天组织了一次反抗议游行，不过，他们远非要将贞德交给对手，而是邀请民众一起安放带有如下铭文的花冠：“献给洛林姑娘贞德。献给法兰西的女英雄。献给教权主义的受害者。”不过两次抗议游行都被禁止了，也没有出现大的冲突。

1894年1月，教宗利奥十三世（Léon XIII）决定正式启动贞德案，于是这一年出现了一些事端。共济会“劳动与忠实挚友”(Travail et Vrais Amis fidèles) 支部向共济会会员和思想自由派的呼吁标志着两个阵营的对立！

> 1431年5月30日，教会以屡次归附异端为名烧死贞德。在这件事上，教士的作为是符合其本身的逻辑的，因为，贞德在听从自己内心的召唤时，实际上是服从个人的良知，这良知要求

① 参阅警察局档案，关于贞德游行事件的案卷（1876—1913）。

她拯救法国。虽然神学家视其为叛逆，但她相信她自己。

因此，若以历史真相的名义，就应该抗议教士的伎俩，如今这些伎俩想利用人们对贞德的同情。

思想自由者最好的行动，就是在即将到来的5月30日，将一只哀悼的花冠放到贞德雕像的脚下。

5月30日是对5月8日的应答，教会的受害者不能成为教士手中的工具。不过，由于贞德被对手们利用，一些反教权主义者走向了极端。他们不承认贞德是民族英雄，并重拾起伏尔泰关于贞德的说法："一个不幸的女白痴。"1904年4月14日，《行动报》(*L'Action*)这样抨击"偶像崇拜"和这个女偶像："病态、歇斯底里、愚昧的贞德，即便是被教士烧死，亦不值得我们同情。"这是一种极端主义的立场。但总的来说，思想自由派人士根本不愿意贞德任由天主教"利用"和"收复"。斗争在好几个领域展开。最为激烈的争论之一，是关于"贞德的使命"。她在巴黎城下的失败、她的被捕、她在生之时未能将法国从英国人手中解救出来的事实：这些难道不足以证明，她的行为是合乎人性的，非常合乎人性本质的吗？为什么要去反驳这一点呢？为什么要说她的主要功业是兰斯加冕，加冕之后她的使命就终结了呢？①我们这里可对另一个争论稍加评述，这就是关于"呼召"的问题。

---

① 前引拉内里·达尔克的《必备手册》中，整整用了一章探讨有关"贞德使命"的文献。另可参阅格尔德·克鲁迈希，《19世纪关于贞德使命的史学争论》(Controverses historiographiques autour de la mission de Jeanne d'Arc au XIXe siècle)，载《贞德中心之友会公报》，第10期。这位作者提醒我们注意，有个王家传说(见梅泽雷［Mézeray］，《法国史》［*Histoire de France*］，1685版)已经把贞德的使命限定于兰斯加冕："由于她超出了受托权限……由于她在国王加冕之后还手执武器，而要人恰如其分地遵从使命的神，就不能继续以神迹来襄助她了。"这种解释有双重好处，既可维护贞德使命的神圣起源说，又可为法国君主制的事业辩护：可以洗脱后来抛弃贞德的指控。

恢复名誉的案件没有因为这个问题而拖延。但在19世纪，歌颂贞德、给她封圣的要求使得天命介入的观念广为流传。里卡尔（Ricard）主教大人曾于1894年写道："圣米迦勒（Saint Michel）是贞德必将完成奇迹的光辉昭告。"[①]的确，从圣米迦勒的天使本性来说，他比圣卡特琳娜（Sainte Catherine）和圣玛格丽特更容易让人相信，后二者历史上是否存在过甚为可疑。另外，罗马教廷于1969年正式将二者从礼拜日历中删去。至少，按照里歇尔的说法，我们可以认为，启示天使更贴近当时的民间信仰，贞德也更容易信服。19世纪的思想自由派则利用新的精神病学知识来解释这个年轻的洛林姑娘受幻觉启示后的兴奋状态。阿纳托尔·法朗士在自己的文字中对他们的观点做了总结："如果她感觉到的不是幻视幻听，不是触觉嗅觉方面的幻觉，又能是什么呢？而在她所有的感觉中，触动最深的是听觉。"为了证明自己的解释，法朗士还提到，自己曾请教过一位"杰出的学者"迪马（Dumas）大夫，并附上了后者的信件。实际上，迪马大夫对自己的结论很谨慎，他认为这些结论还不"确定"。不过，这一诊断还是能揭示出该案例的奇特之处。"在所有幻觉中，"法朗士写道，"都像酒精的致幻效应一样，客体是清晰的，主体是确定的，就贞德的案例来说，这种清晰和确定很容易让人联想到癔症。"根据这种医学见解，阿纳托尔·法朗士认为贞德不是例外，而是诸多宗教幻觉者当中的一个，与"众多其他此类男女幻觉者同属一类"[②]。这样一来，经过医学解释的贞德案例就显得平常无奇，从而失去了其超自然特征。有些医生认为，这种精神病症是有生理根源的。1861年，亚历山大·布里埃·德布瓦蒙（Alexandre

---

① 《真福者贞德》（*Jeanne d'Arc la Vénérable*），艾克斯大主教的总助理里卡尔大人，艾克斯大主教贡特-苏拉尔（Mgr Gonthe-Soulard）作序，巴黎，登图出版社（E. Dentu），1894年。

② 阿纳托尔·法朗士，《贞德生平》（*La Vie de Jeanne d'Arc*），巴黎，1908年。

Brierre de Boismont）出版了《论历史上的幻觉：贞德幻听与启示的生理医学研究》（*De l'hallucination historique，ou étude médico-psychologique sur les voix et les révélations de Jeanne d'Arc*），在这本书中，作者以"由童年到青年过渡及血液循环剧变而造成的有机紊乱"来解释一切。几乎与此同时，贝尔特朗·德圣日耳曼（Bertrand de Saint-Germain）医生发表著作《与历史哲学相关的病态生理学》（［*La Psychologie morbide dans ses rapports avec la philosophie de l'histoire*］1860），他对贞德的解释依据的是这一事实：贞德不具备妇女的所有"体征"和"感知"。天主教论战者试图反驳的正是这类唯物主义的论点。

前文提到过亨利·瓦隆1860年发表的《贞德》一书，该书坚称贞德的使命来自天意。瓦隆当时提出这一论点时还带有一点谦逊的味道，但在一些天主教和教权主义论者那里，这个说法成了咄咄逼人的宣言。在世俗共和国刚刚成立之际，贞德是决不能落入教会的对手之手的。1894年，前文已经提到过的艾克斯大主教贡特-苏拉尔大人这样写道：

> 贞德属于教会。利奥十三世最近写道："哥伦布属于我们！"（Columbus noster est！）贞德也属于我们。没有人可以和我们争夺她［……］伪造历史之人徒劳地歪曲她的形象，把她说成幻觉者，想把她从我们这里夺走……保护好你们的伟人吧，把他们安放在先贤祠吧！这样我们就绝不与你们争夺他们。但贞德是属于我们的，从第一刻到最后的日子，她都始终如一地属于我们［……］贞德属于我们（Joanna nostra est）。不要让圣徒变成世俗之人。

1910 年，R. P. 艾罗勒，《真正的贞德》的作者，以一篇雄辩滔滔的檄文来反驳阿纳托尔 · 法朗士，这篇文章的标题为《阿纳托尔 · 法朗士妄言的贞德生平，忤逆分子的无耻典范》(*La Prétendue Vie de Jeanne d'Arc de M. Anatole France*, *monument de cynisme sectaire*)。在那位支持德雷弗斯的学术院院士、伏尔泰的门徒身上，艾罗勒宣泄着对共济会的怒火：

> 他是共济会支部的成员吗？我不知道，但他肯定是这个忤逆派别的最极端信条的传播者 [……] 但是，真福者贞德如果不是屡经证实的，以其充满奇迹的光辉事实来教化人的基督教信仰，那她还能是什么呢？不把贞德视作人-神的人，就不可能认识她。

1869 年 5 月 8 日奥尔良的庆祝活动刚一结束，迪庞卢主教大人就和参加这次活动的 12 位高级教士一起联名致信庇护九世，请求教宗把贞德封圣之事列上日程。显然，天主教的事业从此摆脱了王党主义的标签——至少部分来说是这样，这得益于迪庞卢和瓦隆等自由派天主教人士的创举。1894 年，利奥十三对他们的愿望做出了答复。人们并非没有注意到，这个答复也是教宗的政治姿态的一部分，因为他已决心推动法国天主教徒“归附”共和国，何况共和国已得到“新思想”的认可。第一步是要将贞德列为真福者，这个程序利用了一些有关贞德完成的“神迹”的证据。三个曾向贞德乞灵的修女坚称，贞德治好了她们的病。1909 年 4 月 18 日，教宗谕旨宣布贞德为真福者。1920 年 5 月 16 日，贞德被册封为圣徒，此举也被视为罗马教廷的政治行为，当时他正忙于跟一个大战胜国重建外交关系，这个战胜国就是“教会的长女”，而从政教分离的争吵以来，教廷便失去了他在那里的大使。教会官方没有谈论贞德的“神圣使命”，也没有确认“呼召”，它更不想把贞德视为殉道者，因为贞德已经受到正规的教会法庭的审判，这是个“按教会法组成的宗教裁判所法庭”（让·吉东 [Jean Guitton]）。她之所以成为圣徒是因为她的纯洁和她的具有榜样意义的美德。她的普世特征能在面对民族个体主义时保存下来。然而，法国的天主教徒已经成了爱国者，甚至民族主义者，他们习惯把宗教圣徒和民族圣徒混为一谈。

但说实在的，贞德之所以被提升为祖国的象征，主要不是因为天主教的原因。

共和楷模

一个王权的狂热拥护者、一个被树立为历史中超自然现象的活生生典范的人，从理论上说不符合视启蒙时代为源泉的共和精神的，伏尔泰死后，他的《奥尔良姑娘》在很长的时间里仍然大受欢迎。1755 年到 1835 年，该著共计出了 125 版。然而，从 1835 年到 1881 年只出了 13 版。这个现象很有趣，它说明，那位启蒙哲人对贞德、对她的“呼召”和贞洁的嘲讽，赢得的支持者越来越少了。当然，我们曾提到的唯物主义思潮也产生出一些负面著作，它们的先驱者是卡尔梅耶（Calmeil）大夫于 1845 年出版的著作，该著标题为《从病理学、哲学、历史学和法学的角度考察疯癫》（*De la folie considérée sous le point de vue pathologique, philosophique, historique et judiciaire*），作者认为贞德是“宗教幻觉狂热者”。我们已经提到，对贞德案例的医学解释甚至得到了阿纳托尔·法朗士的支持。不过，法朗士的口气中还含有某种敬畏：从 1840 年到 1914 年，贞德的身份发生了奇特的转变。实证主义远没有将这位洛林姑娘留给神学时代，而是在自己的日程上给她留下了一个位置。奥古斯特 · 孔德同时背弃了教会和伏尔泰，因为他要求人们尊重“这位无可比拟的少女，无能的神学曾抛弃了她，玩世不恭的形而上学玷污了她——甚至就发生在法国”①。

值得注意的是，奥古斯特 · 孔德最初提到贞德是在其 1841 年的著作中，就在那一年，米什莱的《法国史》第五卷出版，该卷讲述的正是查理七世时代和贞德的传奇。这是贞德记忆史上的重要阶段。米什莱依据的史料还不可靠——因为基舍拉的关键研究要到 1849 年才完成——他主要使用的是德拉韦尔迪的著作；米什莱笔下的奥尔良姑娘成了英雄主义和大众美好情操相交融的典范，特别重要的是，她成了民族情感的创始者。名为《贞德》的章节，作者花了 130 页的篇幅，其中的引言概述了他热情洋溢的见解：

> 她（法兰西）第一次像一个人一样受人爱戴。她就在那一天变得受人爱戴。
>
> 此前，法国只是各个省的联合，一大堆杂乱无章的封地，一片意识模糊的辽阔地域。但是，从那一天起，她由于心灵的力量而成为祖国。
>
> 美妙的奇迹！感人而崇高！一颗年轻的心灵怎能有如此纯净博大的爱来激励整个世界，赋予它第二次生命：一种唯有爱才能赋予的真正的生命。

---

① 奥古斯特 · 孔德，《实证主义总论，或关于西方之伟大共和国特有的哲学和社会学原理的概论》（*Discours sur l'ensemble du positivism ou Exposition sommaire de la Doctrine philosophique et sociale proper à la grande République occidentale*），第Ⅳ部分，《实证主义的女性影响》（Influence feminine du positivisme），转引自孔德的小册子《贞德：她的社会荣耀》（*Jeanne d'Arc, sa glorification sociale*），里约热内卢，巴西实证主义教会和使徒书店（Église et Apostolat positiviste du Brésil），1910 年。

> 这个孩子热爱一切，她同时代的见证者这样说。她连动物都热爱，鸟儿很信赖她，甚至飞到她手掌里觅食。她爱朋友，爱亲人，特别是爱困苦之人。然而，在当时，困苦者中的困苦者，最不幸之人，最应该同情的，是法兰西。
>
> 她多么热爱法兰西啊！……感动之后的法兰西也开始爱她自己。
>
> 她出现在奥尔良的第一天，人们就看到了这一点。所有人都把危险抛在脑后；当祖国的动人形象第一次出现在他们眼前时，他们衷心追随；他们勇敢地冲出城墙，展现他们的旗帜，从龟缩在城堡里的英国人的眼皮底下经过。
>
> 法国人，我们要永远记得，我们的祖国是从一位姑娘的心灵，从她的温情、她的眼泪、她为我们奉献的鲜血中诞生的。[①]

在米什莱的文字中，神没有被否认，但被相对化了。历史中真正的原动力是人民，贞德就是人民的崇高化身。人民是祖国的奠基者、民族共同体的创立者，而贞德这位农夫的谦卑女儿则是新世界的催化剂。“过去的最后一个形象也是开启新时代的第一个形象。圣母玛利亚……和祖国，同时显露在她身上。”

尽管人们对米什莱有各种批评，批评他恣意驰骋的激情，批评他的诗意笔调，批评他在文献方面的错误，但他的著作是件大事，对人们关于贞德的形象塑造来说是一次革命，对这一爱国神话的构建来说无疑也是一个推动——而后来的民族主义把这个神话变成了漫画。当时正投身贞德案卷编辑的繁重工作的儒勒·基舍拉，也承认受惠于米什莱。而他自己也认可贞德是爱国主义奠基人的见解：

---

① 儒勒·米什莱，《贞德》，巴黎，1853 年。这里引的是再版版本，巴黎，阿歇特出版社，1888 年。

在人的心灵中，有些情感是孤立的，只与个人相容；同样，在大地的所有角落，有些力量是分散的，只有某种奇迹能将它们组合成民族的力量。

贞德在法国完成的正是这两桩事。①

米什莱的另一位赞赏者亨利·马丁也来歌颂“法国的解放者”。这本1856年出版的献给贞德的书，以一种解释性的体系来解释这种民族学现象。②马丁指责查理七世在贞德“使命的中途”出卖了贞德，他热爱凯尔特的灵魂，当时有整整一个学派认为凯尔特的灵魂与小民（minores）的民主精神是一致的，与此对立的则是被大革命打倒的日耳曼种族，即贵族（majores）。法国在其高卢和凯尔特的本质中汲取对自由的天生的热爱，贞德在这方面就是民族先驱，尤其是在反对拘泥于文字而无视精神的罗马天主教士方面。

因此，作为人民的女儿和民主的贞洁母亲，贞德具有了共和主义的品质。从此，众多作者把她的名字拼写成“Jeanne Darc”，这个做法追随的是瓦莱·德维里维尔（Vallet de Viriville），此人曾抗议“这个杰出的农家女”的姓氏被赋予了一种“贵族形态”③，这是对“这个人物的真实面貌”的歪曲。贞德先是不被教会理解，接着受到教会的审判，并被那位在她协助下恢复王位的国王抛弃，但她是祖国的启示者，当人民意识到与贞德休戚与共，意识到她的力量和她的伟大时，人民就赋予她这个称号。虽然她说的还是过去的话语，重

---

① 《贞德历史研究新面貌》，同前，第21页。

② 亨利·马丁，《贞德和查理七世的议政会》（*Jeanne d'Arc et le conseil de Charles VII*），巴黎，1856年。正如格尔德·克鲁迈希所言，从1833年《法国史》第一版问世起，马丁就对贞德进行了“左翼”的阐释。

③ 贞德的名字法语里通常写作“Jeanne d'Arc”，其中的“d'”可理解为表示贵族的介词“de”的缩合形式。——译注

复着由来已久的传奇，为着旧式的功业而奋斗，但她实际上象征着未来。贞德是天主教教阶制的反对者，她为抵抗外来占领几乎勇敢到鲁莽的地步，她同情所有受压迫者，她没受过教育，但有着清晰的直觉，因此她被视为第三等级的英雄和小民力量的崛起，她还预示着瓦尔米[①]的呼声："民族万岁!"乔治·吉巴尔说："对她的记忆……属于法国，属于整个法国，属于在1789年的大革命中新生和重新焕发青春的法国。"他还说，贞德已经"战胜了中世纪的一大罪孽：宗教裁判所"[②]。

皮埃尔·拉鲁斯于1870年出版《19世纪大辞典》(*Grand Dictionnaire du XIXe siècle*)，在关于贞德的词条中，他以"左翼"的视角做了一番出色的总结。在该词条的概述中，他用简略的材料回答了对其他人来说悬而未决的问题，他的答复似乎不容置疑：

1. 贞德真的见过异象吗?(没有。)

2. 她最确切的动机的根源是来自高扬的爱国主义精神吗?(是的。)

3. 国王对她真实的情感是什么?(冷淡和不信任。)

4. 教会对贞德始终如一的想法是什么?(妨碍她的使命，处死她，以恢复名誉为借口，给对她的回忆附上各种不可靠的传说。)

不过，在第三共和国初年，共和派在关于贞德的问题上存在两种态度。一种是理性主义和激进主义的立场，它特别想把对这位洛

① 这里应指1792年9月法国的革命军队在瓦尔米击退奥普干涉军的战役。——译注

② 乔治·吉巴尔(Georges Guibal),《百年战争期间民族情感史》(*Histoire du sentiment national pendant la guerre de Cent Ans*),巴黎,1875年,第476页。

林爱国少女的记忆从教会和君主制那里夺过来；另一种是更具机会主义色彩的中间派立场，它旨在将贞德变成一个超越党派的和解的象征。

设立全国性贞德节日的计划是由各方面提出来的。1880 年，一个贞德公民节日委员会成立，它的领导者是埃米尔·安托万（Émile Antoine）和罗比内（Robinet）博士，他们数次对公共教育部施加压力。为了不让贞德沦为天主教的崇拜对象，他们谴责“将贞德旗帜当作大革命必将被战胜，人权社会必将被神的权威取代的象征物”①的运动是一场十字军东征。加入罗比内博士的委员会的成员必须有一个条件，那就是属于“共和派”，并“承认贞德功绩的自然和人性特征”。每年召唤鲁昂人到圣旺广场（place Saint-Ouen）游行的呼吁这样说：

> 这位伟大的女公民曾是国家和教会的罪恶联姻的受害者，如今的政教分离已经使得这种联姻永远不可能——共和派为何不能珍爱这位伟大的公民？贞德与共和国曾为同一事业而努力，这就是高于一切的祖国，而且他们都遇到过同样的对手，这就是教权主义，它将僧侣和贵族的种姓精神置于公共利益之上。②

新教徒经常是共和派的活跃力量，他们倾向于把贞德视为路德（Luther）和加尔文（Calvin）的先驱。1890 年 6 月，在南锡的贞德

---

① 转引自帕斯卡尔·马尼耶（Pascale Maniez），《贞德：20 世纪的爱国主义和民族主义》（Jeanne d'Arc：patriotism et nationalism au XXe siècle），艾克斯-普罗旺斯政治研究所（Institut d'études politiques d'Aix-en-Provence）论文，打印稿，第 35 页。

② 转引自 P. 马罗，《从恢复名誉到神圣化的贞德》，同前，第 152 页。

雕像落成之际，发生了一场论战。论战一方是文学院的院长、历史学家德比杜尔（Debidour），另一方是蒂里纳兹（Turinaz）主教大人，他奋起反对那位历史学家对贞德使用的“世俗圣徒”的称号。那位新教牧师将自己与祖国视为同一，并在主日布道词中这样说：“罗马会永远认为贞德是可疑的，从宗教正统而言这个看法并非没有道理。实际上，贞德本质上是一个福音派基督徒，当法官们宣判她是异端时，他们完全清楚这一点。”①

1889年，思想自由派在巴黎召开大会，会议明确了每年一度的贞德节日的意义：“唯有”共和国能够向这位树立了“崇高的爱国主义”榜样的“无与伦比的少女”表达敬意。次年，社会主义者首次高调提出对这位女英雄的记忆的权利（来自吕西安·埃尔［Lucien Herr］），这番要求的标题就很明确：“我们的贞德”。埃尔是巴黎高师的图书馆馆员，与后来的“德意志分子”（即以巴黎公社自炫并主张总罢工的共和派社会主义者）走得很近，他否认曾亲手杀害贞德的教会有确立贞德崇拜的权利。而在头一年，勒西涅（Lesigne）曾出版一本有关贞德“传奇”的书，埃尔指责这本书把这个“善良的洛林人”交给教士去支配，并在艾克斯大主教发表《贞德是我们的》谈话四年之前宣称：“贞德是我们的，她属于我们；我们不希望任何人碰她。”②这位社会主义者的论据何在？因为贞德出生于最贫困的阶级，她对受武装团伙虐待的农民兄弟满怀同情，“她从未忘记自己来自人民”。所有人都背叛她，除了人民：她被查理七世抛弃，被贵族、被政客、被教会、被宗教裁判所的神学家抛弃。“她既不属于任由她被烧死的王权，也不属于判处她火刑的法庭，亦不属于烧死这

① 转引自P. 马罗，《从恢复名誉到神圣化的贞德》，同前，第153页。

② 笔名皮埃尔·布勒东（Pierre Breton），《工人党》（*Le Parti ouvrier*），1890年5月14日。

位可怜而无知的姑娘的教会……”只有人民始终如一地相信她，她自己就是自我拯救的人民的化身：“愿教会把她留给我们；教会有数不清的男女圣徒，我们根本不想抢夺这类圣徒。”

吕西安·埃尔的朋友，年轻的夏尔·佩吉也是社会主义者，他于1897年撰写《贞德》并首次发表，不过其作品的精神完全不同。但这毕竟还是社会主义者的作品，而且他不久就热情地投入了德雷弗斯案件的斗争。书的献辞耐人寻味：“献给所有为普世社会主义共和国的建立而捐躯的人们。”[①]佩吉的三部曲读者寥寥，但它见证了左翼知识分子对贞德形象的眷爱，而当时初生的民族主义运动正打算把这个形象据为己有。民族主义运动——后文还会谈到——没有完全达到自己的目标，正如饶勒斯在关于贞德的文字中揭示的，这些文字中具有特别意义的是1910年发表的那部理论宏著《新军队》(*L'Armée nouvelle*)。这位社会主义的领袖带来了新的气象：贞德不再是农民的代言人，“在她的灵魂、她的思想中，没有丝毫的地方意识、乡土意识，她的视阈远远超出了洛林的田野”。饶勒斯并不隐瞒贞德理想中的宗教维度：

> 她所激发的不是一场农民暴动，而是整个法兰西，她要将法国解救出来，使其在世界上为神、为基督教和正义的事业服务。她的意图如此虔诚，如此伟大，以至她有勇气去完成它，哪怕这需要对抗教会，需要声称获得了比所有启示更高的启示。面对那些强迫她以《圣经》来证明自己的神迹和使命的博士，她说：“上帝之书中有些东西是你们所有的书中都找不到的。”多

---

① 夏尔·佩吉，《贞德》(*Jeanne d'Arc*)三部曲，载《诗歌全集》(*Œuvre poétiques complètes*)，巴黎，伽利玛出版社，“七星文库”，1954年。

> 么奇妙的话语，对一个主要靠传统来塑造信仰的农民的心灵来说，这是有点例外的。但我们自己是多么远离爱国主义，对待乡土情操多么缺乏信任，多么狭隘和严厉啊！贞德在内心听到的上帝的声音来自明媚柔和的天空深处。①

到这个时候，贞德就成了社会主义的形象——不过是典型的饶勒斯式的形象——她具有某种普世色彩，而且与第三共和国奠基者们的愿望颇为接近，如果我们可以这样说的话。人们经常引述甘必大的话："我是贞德的信徒。"他在贞德身上看到的主要是面对入侵时的爱国主义的象征。在这位国民防御的发起人去世之后两年，约瑟夫 · 法布尔把他的那本《贞德审判》献给这位辞世的伟人。同样是在1884年，作为阿韦龙省（Aveyron）激进议员的法布尔提出一项立法计划：将每年一度的贞德节日确立为"爱国节"。他在陈述立法理由时说，美利坚合众国不但有独立日，还有为华盛顿（Washington）设立的节日。同样，法兰西共和国也应在7月14日（1880年之后成为国庆节）之外有个补充节日，即贞德节。该节日可以定在5月8日，即奥尔良的解放日，也可设在5月30日，即贞德的祭日，不过这个日子离7月14日可能太近了。这个法案的意图在于实现民族和解："这一天，所有法国人都将团结在热情而有益的共同体之中。贞德不属于某个党派，她属于法国。"来自各方的250名议员在提案上签了字，他们当中有萨迪 · 卡诺、巴罗岱（Barodet）、保罗 · 贝尔（Paul Bert）、朗克（Ranc）、克洛维斯 · 于格（[Clovis Hugues] 此人还写过一本有关贞德的诗集）、弗洛盖（Floquet）、洛克鲁瓦、卡米耶 · 佩尔唐（Camille Pelletan）、康斯坦（Constans）、托尼 · 雷维永

① 让 · 饶勒斯，《新军队》(1910)，巴黎，社会出版社(Éd. sociales)，1977年，第325页。

(Tony Révillon)……另一位甘必大主义者、诗人保罗·德鲁莱德(Paul Déroulède)曾于1882年推动建立爱国者联盟，此时又以其《旗帜报》(*Le Drapeau*)和体操协会作为声援。总的来说，共和派报刊认为这个提案想法很好。不过，大部分议员并不同意，他们担心这个节日会被教会篡夺。坚持不懈的约瑟夫·法布尔在于1894年成为参议员之后，再次提出他的节日提案，结果获得120多个签名。1894年6月8日，提案提交给参议院，主席夏尔·迪皮伊(Charles Dupuy)以这样的言论为提案辩护："7月14日的节日是自由的节日；贞德的节日，法布尔先生称之为爱国主义的节日。人们也可以说是独立的节日。"夏尔·迪皮伊的滔滔雄辩打消了人们修改法案的意图，提案在参议院表决通过。但直到1920年，众议院才决定将设立全国性贞德节日的想法付诸实施。①

因此，整个19世纪构建起来的这个共和楷模是有多重价值的。有一种与天主教的解说针锋相对的"顽固"论点：贞德早已属于民主派阵营，因为她出身人民，因为她被旧制度的所有特权者——首先是教会——背叛，并最终成为受害者②。还有一种"中间派"的论点，它希望有关贞德的记忆能成为这个被内部斗争分裂的民族的团结象征，因而它更注重其中的爱国主义教诲。当政的共和派追随甘必大的路线，旨在让贞德成为所有人都能接受的记忆，所以他们不打算在反教权主义的斗争中打贞德牌。19世纪90年代斯普勒(Spuller)宣扬的"新精神"，以及教宗利奥十三世期望中的天主教徒向共和国

---

① 关于约瑟夫·法布尔这一流产的计划，见罗斯蒙德·桑松，《1894年"贞德节"：争论和庆典》(La "fête de Jeanne d'Arc" en 1894. Controverse et célébration)，载《现当代史杂志》(*Revue d'histoire moderne et contemporaine*)，1973年7—9月。

② 莱奥·塔克西尔(Léo Taxil)作品的标题就很能说明问题：《贞德：教士的受害者》(*Jeanne d'Arc, victime des prêtres*)，巴黎，反教权主义书店(Librairie anticléricale)，1880年。

的归附运动，终于在一段时间里创造出有利于法布尔法案表决的条件。鉴于共和派和天主教徒的思想冲突仍然很深，表决被限定在参议院之内。不久，德雷弗斯案件及其带来的后果将民族团结的迷梦一扫而空。这一次，新的群众性力量——民族主义——并不信任议会体制，它将全面利用对贞德的记忆和崇拜，以服务于其反革命的目标。贞德的神话变得排他、单一且富有攻击性，她被极右翼鼓吹为主保圣徒。

民族主义的楷模

在 19 世纪 90 年代，两种思潮汇入了民族主义的洪流——德雷弗斯案件将成为这一洪流的波峰—— 一个是来自右翼的天主教爱国主义，一个是随布朗热主义出现的共和派修正主义。天主教曾长期与君主派的事业紧密相连，与革命的法国存在深刻的裂痕，最初它对民族热情持疑虑态度，觉得这纯粹是 1789 年或 1792 年的产物。那个时候的“爱国者”曾迫害忠于教宗的教士，曾没收教会的财产，曾夷平和毁坏敬奉上帝和圣母的石头作品。然而，在整个 19 世纪，民族情感逐渐脱离了它最初的源头。1871 年的溃败起了决定性的影响：法国的天主教徒像其他公民一样，很快就有了复仇的意识。对很多人来说，他们的政治期望仍然是复辟君主制，不过，布朗热主义已经是君主主义最后的变体了；1890 年，天主教徒陷入了分裂。一方面，教宗利奥十三世劝告他们归附共和制度，以便从内部改造共和国的精神；另一方面，他们与革命传统的隔阂太深，很多人认为，在共济会把持的议会共和制的框架内无法实现和解。无论如何，在他们看来，贞德不止是教会的象征形象——自 1869 年以来他们就要给贞德封圣，贞德还成了米什莱塑造的形象：法兰西的主保圣徒。比如，里卡尔主教在前文提及的 1894 年的著作中重申着蒙萨布雷（Monsabré）教士的话：

> 你们要从贞德那里高扬基督教的爱国主义，保卫法国免受各种武装联盟的攻击。贞德知道，耶稣基督是她的主，是她真正的训导者（droicturier）——正如她自己所说的，所以她能以精神、以圣母的勇敢美德去收复四境，重建基督在尘世的位置，并为你们完成她作为长女的义务。

从此，在教会的颂辞中，贞德获得了双重美誉："超自然和爱国主义的至诚典范"[①]。这个说法也可以这样表述："是圣母玛利亚将贞德赐给了法国。"贞德的神圣天命的最终目标不仅是恢复王权与和平，它还有民族的维度。

我们知道，与天主教世界的发展状况平行的是，部分最激昂的共和派爱国者对现存制度感到失望，认为它无力承担复仇的准备工作。保罗·德鲁莱德的履历很好地说明了整个左翼民族主义（左翼还没有使用这个说法）向右翼民族主义（右翼后来才承认这个说法）的转变过程。作为爱国者联盟的发起者，甘必大式的共和派在 1886 年时确信，"失去的各省"的回归须以内政转变为前提：应该撤换无效而腐败、没落和衰朽的议会体制，代之以一种全民政体，它将赋予以大众为支持的行政机构全部力量。于是，爱国者联盟成为布朗热（Boulanger）将军最强有力的支持者之一。布朗热于 1889 年失败，但在布朗热主义的废墟上，形成了后来反德雷弗斯民族主义的左翼。一个叫莫里斯·巴雷斯的人在议会，接着又在《三色徽报》

---

① 梅雷斯修士（Abbé Em. Méresse），《贞德》，康布雷（Cambrai），1892 年。

(*La Cocarde*) 的专栏中继续以革命传统的名义为政体变革辩护。如果说巴雷斯唤起了过去的革命记忆，包括对巴黎公社的记忆，那么这位来自南锡的议员也没有放弃机会去弘扬对贞德的记忆，贞德是“所有人的圣徒”，而巴雷斯即将成为其热忱的宣传者。

即使在面对德雷弗斯派这一对手时，法国的民族主义也从未统一过。民族主义者来自不同的派别，既有民众共和国的支持者，也有组织在法兰西行动中的新君主派，从德雷弗斯案件到第一次世界大战，他们始终南辕北辙，从未达成统一的方针，也没有找到适逢其时的领袖人物。不过，民族主义还是能够传播一些司空见惯的陈词滥调，并使其扎根于民众意识中。在这些滥调中，有一个便是反复谴责这个“犹太-共济会的”共和国。民族主义者将不幸的制造者和民族共同体的恶劣特性归咎于犹太-共济会的阴谋圈子，从而编造出一种关于时代的不幸的简单解释，这种解释颇能诱惑大众，而且能将失败者和受挫者全部的攻击性情绪宣泄在被指明的替罪羊身上，从而增强社会团结——至少他们希望这样。反犹主义神话通过德吕蒙(Drumont) 和《十字架报》而广为流传，罗什弗尔、儒勒 · 盖兰(Jules Guérin) 和其他论战家继续传播这一神话，它将给 1900 年左右的民族主义带来名副其实的意识形态上的统一性。在这个迫害宗教团体、将上帝逐出学校的世俗共和国，天主教徒很容易理解对弑神者的复仇行动，而弑神者多个世纪来竟受到敬重。在一个贪污成风的制度下，小民百姓习惯于看到高利贷者的黑手，这类操纵金钱的人总是贪得无厌，像是章鱼罗斯柴尔德的触手。学者们，如早一点的瓦谢 · 德拉普热 (Vacher de Lapouge) 和晚一些的儒勒 · 苏里(Jues Soury)，都曾揭示出世界历史的“科学性”钥匙：世界历史无非就是种族斗争的历史，是闪米特人和雅利安人之间永恒的斗争。雅利安的法国面临犹太入侵的危险。

在反犹神话的编造过程中，天主教徒、社会主义者、人类学家、生物学家都曾参与其中，如果说他们都认为犹太人代表魔鬼的一极，那么贞德的光辉形象就代表天国。如果说犹太人被视为典型的外来者、有组织的反法势力，那么贞德之所以被热烈歌颂，不仅因为她的历史伟业，也因为她是法兰西特质的化身。以本人之见，在各种同时论及贞德和犹太神话的文字中，有四种非常明确的截然对立的解说：①

1. 贞德出身乡土，与犹太人四处漂泊而且本质上是城里人形成对照。贞德的形象表现的是农民扎根故土，传统、劳动、人民，而犹太人则象征流浪、投机、精神上的漂泊。德雷弗斯案件让“知识分子”(intellectuel) 一词盛行一时，民族主义者将它与本能和民众的良知对立起来。这个案件还引发了对贞德的赞美：她虽然不识字但头脑清晰，仿佛是来自民间的自发智慧的化身——亨利纪念碑的认捐者也说明了这一点②——这智慧高于自负的索邦学者。这里的连续性显而易见：索邦曾支持科雄攻击贞德，而当时的大学人士则力挺德雷弗斯以攻击军队。

2. 作为祖国的化身，贞德与反法国的势力针锋相对。她期望的是民族统一，而犹太人则致力于瓦解法国社会。贞德是服务者，犹太人是背叛者。贞德为团结而努力，犹太人从事的是解体工作。贞德将人们聚合成整体，犹太人则搞分裂。贞德保卫国土，犹太人密谋征服世界。祖国具有人格，金钱冰冷无情。看一下英国就可以发现具体化的对立象征。这位善良的洛林姑娘想要驱逐英国人，而犹太人与背信弃义的英国人合谋串通：从图斯内尔以来，人们就知道，犹太教和

① 这里我以不同的形式复述一下我自己的研究：《贞德和犹太人》(Jeann d'Arc et les juifs)，载《爱德华·德吕蒙的战斗》(*Édourd Drumont et Cie*)，巴黎，瑟伊出版社，1982 年。

② 皮埃尔·基亚尔(Pierre Quillard)，《亨利纪念碑》(*Le Monument Henry*)，巴黎，1899 年。

新教一样地反对正教，一样地爱慕金羔羊。[①]对英国的仇视是法国民族主义的一个持久因素（1940年时特别明显地再次迸发出来），但这只是反犹主义的一种地理表现。

3. 贞德还表现为一种与唯物主义相对的精神力量。正如R. P. 艾罗勒所言，贞德是“理性主义和自由思想的噩梦”。德雷弗斯派的共和国、“整体一块”（blocarde）的共和国是共济会的女儿，而共济会本身是“犹太守财奴”的寄生地。[②]

1910年，斯特凡·库贝（Stéphen Coubé）写道：“共济会恭敬地接纳了科雄的遗产。共济会不能烧死贞德，但它在记忆中追究她。”1896年，某位F∴[③]路易·马丁（Louis Martin）发表《贞德的错误》（*L'Erreur de Jeanne d'Arc*），该著作对贞德阻止英国国王成为完全意义上的法国国王感到遗憾，对此库贝评论说：“这个论调在共济会各支部中受到狂热的欢迎，它得到FF∴米诺（Minot）、布拉坦（Blatin）和纳凯（Naquet）的支持。要在这场对爱国主义的攻击中找到可憎的犹太侏儒尚需时日。”[④]

在贞德精神特质中，所有人都强调其纯净、贞洁，而非“为各大都市的卖淫提供了最强动力源的犹太属性”（按德吕蒙的说法）。

4. 最后，贞德是“高级种族”的纯净之花，这高级种族就是雅利安人种，尤其是凯尔特种族。亨利·马丁没有提到反犹，但他已经在歌唱贞德血脉中流淌的高卢鲜血。阿加顿（Agathon）也是这种看法：“高卢血脉的第一株新芽。”德吕蒙则称：“拯救祖国的贞德，她

---

① 图斯内尔（Toussenel），《当代犹太王》（*Les Juifs rois de l'époque*），巴黎，1845年。

② R. P. 艾罗勒，《塔拉马斯反对贞德》（*M. Thalamas contre Jeanne d'Arc*），巴黎，1905年。

③ “F∴”这个标记指的应是共济会会员，F即franc-maçon（共济会），三个点为其标记。——译注

④ 斯特凡·库贝修士，奥尔良和康布雷的荣誉议事司铎，《贞德和法国》（*Jeanne d'Arc et la France*），巴黎，1910年，第157页。

是凯尔特人。”人们称赞她在军事上的勇敢，与此同时，人们也否认手执武器的犹太人有成为忠诚战士的可能。德吕蒙接着说：“直到最近这些年，人们才发现，犹太人特别地与众不同，他们的生理构成与我们明显不同，其机能也跟我们的完全不同，他们的态度、观念、大脑都与我们截然不同。”①

不过，19 世纪末 20 世纪初的种族主义幽灵还是让某些民族主义者感到失望，比如深信种族决定论的巴雷斯就不得不承认，法国不是一个种族。不过，人们还是不放弃任何机会去神化以高卢为根基的法兰西种族，把贞德视作抗击犹太人侵的典范。比如，写过好几部著作的拉乌尔·贝尔戈（Raoul Bergot），于 1913 年出版《贞德与近代历史》一书。该著作有意识地追随某种人类学的历史，公开宣扬种族主义，它将贞德视为“本土高卢永不变异的人种”的化身，当然正如我们看到的，这个做法并不新鲜。不过，贝尔戈对这个老掉牙的说法进行了发挥：他以同样的种族论假设来解释科雄的“背叛”。既然这位博韦主教猛烈攻击贞德，背叛民族的事业，还将奥尔良姑娘送上火刑堆，那他在本质上肯定有所不同，他应该属于另一个种族，在真相发现之后，一切都应该明白了：“科雄的血管里流淌的是犹太人的血。”我们这位作者依据某些可疑的系谱学研究得出这样的结论：“科雄对奥尔良姑娘的仇恨和他对英国人的同情可以得到圆满的解释：科雄根本不曾背叛他的祖国。他服从的是其出身中的本能。在归属祖国之前，人首先属于他的种族。”②就这样，十来年前极右翼演说家们的言论，终于在贝尔戈新的科学发现中找到了根据：“人类学向我们证明，我们所有的民族和社会行为，全都来自人与人之间的

① 转引自 M. 维诺克，《贞德和犹太人》，同前。

② 拉乌尔·贝尔戈，《贞德和现代史》（*Jeanne d'Arc et l'histoire moderne*），巴黎，1913 年，第 87—88 页。

对抗：人因为本能的对抗与种族出身的不同和对立而相互分裂。”

于是，贞德成为反犹主义者虚构的犹太神话的对立表象，这种表象也是历史学家的重构吗？是的，如果这个说法仅从形式上来理解的话。但实际上，公众行为中这种表象也很普遍，而且民族主义者总是将“贞德万岁”和“打倒犹太人”的口号联系在一起：这两个口号仿佛是互补的，好比一枚硬币的正反两面。①法国的民族主义汇集了各种思潮，但它们都有两个共同的情感：一个是消极意义上的，即对作为“病菌”的犹太人的公开敌视；另一个是积极意义上的，这就是崇拜那位民族圣徒和法兰西的抗体。从历史上说，后者曾受前者之害，不过此说还只是那些最狂妄之人的一个假设而已。但从本体论而言，民族主义者已经确信，贞德就是法国，她凝聚着这个“种族”的所有美德，而犹太人是反法国的，因为说到底他们无法扎根于这个天主教和农民的国度。

1904 年的塔拉马斯（Thalamas）事件注定要成为民族主义运动利用贞德的最强音②。这位“民族的英雄和基督教的英雄”（路易·迪米耶 [Louis Dimier] 的说法）、这位祖国的圣徒成了民族团结的旗帜，因为她自己身上就调和了天主教传统和民族热情。当一位教师在孔多塞高中（lycée Condorcet）的报告会中质疑贞德故事中的超自然性质，并从当时人的心态来解释她的死因时，法兰西行动的发起人和追随者们都认为，这是一个以爱国主义的愤怒之情对掌权的左翼联盟发起攻击的天赐良机。1904 年 12 月 15 日，在法兰西行动

---

① 参见警察局档案，同前（1898 年 5 月 16 日）。

② 让-弗朗索瓦·西里内利（Jean-François Sirinelli），《一个具有征服欲的投机者：阿梅代·塔拉马斯》（Un boursier conquérant ：Amédée Thalamas），载《巴黎十大法国当代史中心公报》（*Bulletin du Centre d'histoire de la France contemporaine de l'université Paris-X*），第 7 期，1986 年。

的倡议下，巴黎格勒内勒街（rue de Grenelle）园艺师大厅举行了一次集会，以“反对贞德的侮辱者们”。爱德华·德吕蒙因病未能前往，但这位反犹主义者给会议组织者致信，这封当众宣读的信件鲜明地揭示出两个对立神话之间在结构上的同源关系，这就是腐败的犹太人的神话和救赎者贞德的神话：

> 你们了解我和我的朋友们的看法，现在有个敌人取代了15世纪的英国人入侵我们，试图以黄金的腐蚀力量来奴役我们——就像当年英国试图以铁的无情力量来奴役我们一样——对于这个敌人，你们知道我们对他们的称呼。在我们看来，这个敌人叫犹太人和共济会。
>
> 今天我不愿强调这些，我只想跟你们一起高呼：法兰西万岁！光荣属于贞德！①

这次集会的参加者本来是要捍卫对贞德的记忆的，这时他们回应道：“打倒犹太人！打倒共济会！”于是有关贞德的记忆成了反德雷弗斯派的禁猎地。反犹主义者加斯东·梅里写道：“不管怎样，当前只有那些支持英国人的反贞德论调的作者才是昭彰的德雷弗斯派，这是一个非常值得注意的事实。”②

在这种逻辑下，当1910年佩吉出版《贞德爱德的神话》（[*Mystère de la charité de Jeanne d'Arc*] 这是他在世之时唯一取得成功的作品）时，反德雷弗斯派的民族主义代言人质疑作者的成功就不足为奇了。佩吉虽然已经跟从前的社会主义友人断绝关系，并

---

① M. 维诺克，同前。

② 加斯东·梅里（Gaston Mery），《从科雄到塔拉马斯》（De Cauchon à Thalamas），载《自由之声》（*La Libre Parole*），1904年12月2日。

开始接近天主教，但在德雷弗斯案件的失败者看来，他是一个变节者，何况当初他还是德雷弗斯阵营中最热情的战士之一。2 月 28 日，莫里斯 · 巴雷斯在《巴黎回声报》(*L'Écho de Paris*) 对他用了一个阴性词“la”。半个月后，德吕蒙在《自由之声》上对这个用词做了发挥，最后问道：“唉，我的孩子们，我们说得对吗？”乔治 · 索雷尔 (Georges Sorel) 也对这位转向民族主义的前德雷弗斯派做出了自己的结论：“一位前德雷弗斯派为爱国主义观念要求引导当代思想的权利……”好像作为德雷弗斯派的佩吉不是爱国者似的！民族主义的反对者乔治-居伊 · 格朗 (Georges-Guy Grand) 曾说：“有人以这个《神话》为借口大肆叫嚷人道主义、德雷弗斯派和民主制的错误。冷静点吧。佩吉既是爱国者，也是德雷弗斯派。”[①]佩吉觉得自己有必要做一番解释，他写了《我们的青春》(*Notre jeunesse*)，这是他最出色的作品之一，书中他甚至更为大声地坚持德雷弗斯派的“神秘主义”，并对案件复审的操盘手、无名而鲁莽的贝尔纳 · 拉扎尔 (Bernard Lazare) 做了浓墨重彩的描写。佩吉和饶勒斯从前是兄弟，此后是敌人，但二人还是一样地热爱人道主义，正是通过他们俩，共和理想主义才没有让贞德的记忆完全被反犹主义和反德雷弗斯派掌控。

因此，在 1840 年到 1914 年之间，贞德有三种典范、三种原型、三种形象。最初，旧法国与新法国的冲突，即天主教君主制的法国和革命民主制的法国之间的冲突，造成了天国使者的神话与人民女儿神话之间的冲突，教会的信仰与祖国的信仰之间的冲突。不过，在第

① 关于佩吉《神话》一书引起的评议，见弗兰蒂泽克 · 莱赫特 (Frantisek Laichter)，《佩吉和他的双周手册》(*Péguy et ses Cahiers de la Quinzaine*)，巴黎，人文科学之家出版社，1985 年。

三共和国得势的时代里，这个由来已久的博弈发生了变形。新右翼将天主教遗产和民族拯救信仰，将反犹的民众主义、反议会主义和反智主义全都融入自己的意识形态，试图对贞德记忆发起一场名副其实的“公开竞价收购”（O.P.A.）运动，并在一定程度上取得了成功。巴雷斯、莫拉斯、德吕蒙、罗什弗尔、科佩、勒迈特（Lemaître）以及一些不太起眼的角色，都曾设法使贞德与自己的事业融为一体。不过，他们的做法并未取得圆满的成功。对于一些反德雷弗斯派的共和主义者而言，贞德具有别样的意义，而他们赋予贞德的敬意也有另一种内涵。20 世纪在第一次世界大战的炮火中拉开序幕，这个世纪也将见证贞德记忆的多重功能。

三、功能化的记忆

20 世纪的人们提到贞德时，很少是超然和公正的。虽然关于这位洛林女英雄及其时代的新研究层出不穷[①]，但政治家和各党派是出于双重目的而利用这一记忆的：法国人的团结，以及作为团结之对立面的党派性主张。

团结的功能

1914 年 12 月，莫里斯·巴雷斯也提出了一项立法草案，建议为贞德设立民族节日，当时他在自己的《未刊稿》中写道：“对她的崇

① 特别参阅 R. 佩尔努和 M.-V. 克兰的文献目录，同前，以及《贞德诉讼案》（*Les Procès de Jeanne d'Arc*），乔治·迪比和安德烈·迪比导读，巴黎，伽利玛-茹里亚尔出版社，“档案”（Archives）丛书，1973 年。

拜诞生于祖国遭受入侵之时，她是抵抗外敌的化身。”[①]1914—1918年的大战是对奥尔良姑娘的军旗表达全民一致的敬意的绝好事件。在神圣联盟的领导下，敌人已不在法国人之中了，敌人是戴尖顶头盔的人[②]。当教士将法国置于贞德的保护之下时（“我们在天国拥有一位解放者，她在天国的力量比她在地上的力量更为强大，因此我们绝不会失败”——斯特凡·库贝），国家首脑和部长们则以更为世俗化的话语号召人们学习她的勇气和无畏精神。1918 年的胜利以及东方各省的收复，终于成了调和共和国的光荣与贞德的光荣的良机，而约瑟夫·法布尔的心愿、巴雷斯后来再度表达的心愿，也终于得以实现。1920 年 4 月 14 日，这位巴黎的议员、爱国者联盟的主席，在同事面前陈述其立法提案的动机时特别说道：

> 每一个法国人，无论其宗教、政治和哲学见解如何，内心之中没有不对贞德深怀敬意的。我们每一个人都能在她身上找到自己理想的人格化身。你们是天主教徒？那她就是一位殉道者、一位圣徒，教会最近已将她置于祭坛之上。你们是君主派？那她就是以兰斯的高卢圣礼为圣路易的子孙加冕的女英雄。你们否认超自然性？从来没有人像她那样既神秘又现实；她很讲实际，喜欢批评嘲讽，就像我们所有史诗中的战士一样［……］对于共和主义者，她是人民的孩子，她的高尚超出了所有拟制出来的高贵［……］最后，社会主义者不会忘记她曾说过的话：“我受遣来慰藉贫苦不幸者。”因此所有党派都能援引贞德。但她又超越所有党派。没有哪一方能将她据为己有。正是在她的旗帜周

① 载福熙元帅、莫里斯·巴雷斯等,《贞德》,巴黎,1929 年。

② “戴尖顶头盔的人”指的是当时的德军。——译注

围，我们今天才能像五个世纪之前那样，实现民族和解的奇迹。①

1920 年 6 月 24 日，贞德节得以正式确认："法兰西共和国将每年庆祝贞德节，爱国主义的节日。" 不过，前一年 5 月 16 日，教宗本笃十五（Benoît XV）已经为她封圣，出席这个仪式的有一万五千名法国朝圣者、六位法国枢机主教、六十九位法国大主教和主教，而共和国政府的代表加布里埃尔·阿诺托（Gabriel Hanotaux）则以特别大使身份出席。由于民族联合政府在 1919 年的选举中获胜，神圣联盟得以确保法国人团结在贞德这个神圣的名字之下。

1921 年，在阿里斯蒂德·白里安（Aristide Briand）的主持下，法国恢复了与梵蒂冈的外交关系。1928 年，雷蒙·普恩加莱的国民联盟在选举中获胜，这有利于国家代表与教会显要之间保持良好关系，以便纪念奥尔良解放五百周年的活动能够顺利进行。次年，新教徒加斯东·杜梅格成为政教分离以来首位参加官方弥撒的国家元首。各方的言论都不言明地证实了教会与国家的接近。研究贞德的历史学家加布里埃尔·阿诺托这样总结奥尔良的纪念仪式："在这举国庆祝的日子里，国家的所有力量都汇聚在一起。在共和国总统和政府的周围，可以看到教士、军队、人民、国防长官们的后继者们。虽然福熙没有来，但他还是在场的，因为理念不会死亡，灵魂长存于忠诚、爱国主义和信仰之中。" 1931 年，雷蒙·普恩加莱在鲁昂的老市场出席纪念贞德牺牲五百周年的纪念活动，他歌颂贞德是"活生生的祖国的形象"。在这个世纪随后的日子里，每当面临外部危险和

① 为贞德设立全国性爱国主义节日的法律提案，《官方公报》（*Journal officiel*），第 699 号，众议院（Chambre des députés），第 12 届立法会议，1920 年。1920 年 4 月 14 日第二次会议记录附录。

挑战时，贞德就像 11 月 11 日[①]一样，成为有关法国人的团结统一的言论中关键的参照之一。

此外，这个被援引的象征还超过了狭隘的民族框架。1920 年，巴雷斯在自己的《未刊稿》中写道：“在战争结束后的今天，人们可以发现，这个女孩身上有着国际社会的萌芽，她的那种爱国主义蕴含着尊重别人的祖国以便别人能尊重自己的意味。”于是很多评论者论及贞德的普世主义的特征。具体而言，在 20 世纪 70 年代，人们利用她的名字来服务于欧洲建设。1977 年 5 月 8 日，奥尔良市长罗歇·塞克雷坦（Roger Secrétain）在《中部共和国报》（*La République du Centre*）上写道：“贞德为欧洲而工作，因为她是位统一者，虽然她自己并不知道这一点。”1979 年 5 月 13 日星期天那一天，好几个议员请求贞德支持欧洲，来自孚日的参议员阿尔贝·瓦尔坎（Albert Voilquin）宣告说：“贞德曾帮助我们统一法国，她也会帮助我们建设欧洲的未来。”十五天后，在鲁昂出席贞德纪念碑落成典礼的总统吉斯卡尔·德斯坦呼吁法国的青年“走向世界，通过对话和交流去理解这个共存时代的共有财富”。团结的功能已经不受限制了：贞德应该主持全球的统一事业。

但是，在 1979 年 6 月 10 日欧洲议会举行首次普选之前，这样的超民族话语引起的反响为时很短。团结的功能变得可疑了，我们难道不是将贞德记忆当作一种党派性的工具了吗？对此《世界报》的读者抱怨说：“可怜的奥尔良姑娘贞德，可怜的法兰西的贞德，可怜的圣女贞德，为了让法国那些主张欧洲联合的候选人能在欧洲尽可能多地当选，你就这样被利用了——有如德尼妈妈[②]

① 1918 年 11 月 11 日是第一次世界大战停战日。——译注

② 德尼妈妈（mère Denis）本是个洗衣工，后因在 20 世纪 70 年代给洗衣机做广告而闻名。——译注

出售洗衣机一样。”[①]实际上，1920 年之后，人们很大程度上仍继续以阵线和党派的立场来动员对奥尔良姑娘的记忆。贞德的剑远不像 1920 年的那位立法者期望的那样，成为爱国主义的几何原点，而是继续充当党同伐异的利器。

认同功能

在所有有组织的政治团体中，法兰西行动是两次大战之间反德雷弗斯派民族主义运动最活跃的继承人。贞德是它的——因为她特别有反玛丽安娜[②]的意味。莫拉斯肯定从贞德的故事中汲取了可以解释他所领导的这场运动的政治理念：在军事上战胜入侵者之前，贞德坚持要让国王在兰斯加冕，此举证明了这位来自马尔蒂戈[③]的领袖的坚定论断：“政治优先！”政治局势为法兰西行动的激进分子和鼓噪者创造了无数大动干戈的机会，就像塔拉马斯事件那样。于是，当左翼联盟于 1925 和 1926 年的贞德节被禁止在巴黎游行时，金字塔广场上贞德雕像周围发生打斗一再成为新闻。不过，1926 年教宗庇护十一世对莫拉斯论点进行了谴责，此举看来给了法兰西行动对贞德进行全新利用的口实，它在“被出卖的纯真无辜”上大做文章。有两部著作为这一针对罗马的论点辩护：乔治·贝尔纳诺斯的《重入异端的圣女贞德》（[*Jeanne relapse et sainte*] 1929）和《关于夏尔·莫拉斯的贞德策略的思考》（[*Méditation sur la politique de Jeanne*

① 雅克·古根海姆（Jacques Guggenheim），《可怜的贞德》（Pauvre Jeanne），载《世界报》，1979 年 5 月 27—28 日。这段引文和前面两段引文选自格雷瓜尔·米洛（Grégoire Milot）的硕士论文，《贞德属于左翼还是右翼？》（*Jeanne d'Arc est-elle de droite ou de gauche?*），巴黎一大，1986 年。

② 玛丽安娜被视为法兰西共和国的象征。——译注

③ 马尔蒂戈（Martigues）是法国南方的地名，莫拉斯的家乡。——译注

d'Arc de Charles Maurras] 1931)。贞德和法兰西行动一样，都受到了无知教会的诅咒。于是贞德成了反教会的独立意识的象征——直到庇护十二世于1939年取消上述禁令。①

在两次世界大战之间，几乎没有哪个极右翼团体不以贞德来壮声势。比如，1925年成立的“束棒”(Faisceau)是法国式的法西斯主义组织，它的奠基人乔治·瓦卢瓦可以说：“如果贞德再世，她会向公共财富的掠夺者开战，以给劳动者带去和平与正义。她将给工人带来公正的薪水，将赋予法兰西伟大。”②为了寻觅一个能将“社会”与“民族”连接起来的政治口号，瓦卢瓦于1927年5月22日在栋雷米召集了一次盛大的聚会，他在自己运动的机关报上写道：“我们已经来到栋雷米。这是法西斯主义最盛大的日子之一。我们为什么来到栋雷米？为了在英国国王、英国议会和曼彻斯特的商人面前诉说法国人的意志……为了表明我们从事的是一场伟大的法国人民的运动。”③在30年代，极右翼组织迅速繁殖，这表明贞德作为保护者的价值不断流失。皮埃尔·泰坦热(Pierre Taittinger)将她视作爱国青年会的保护者，还有火十字和民族团结。没有哪个极右翼运动不去崇拜她，君主派、法西斯主义者、民族志愿军都把贞德视为反议会阵营的守护神。1932年3月，在大战中致残的雕刻家、法兰西行动的追随者、鲁昂“柴堆上的贞德”雕塑的作者马克西姆·雷亚尔·德尔萨尔特(Maxime Real del Sarte)发起组织贞德战友联合会，该协会向不同政治倾向者开放。这位祖国的圣女几乎完全被右翼民族

① 参见玛塔·汉娜(Martha Hanna),《肖像与意识形态：法兰西行动话语中的贞德(1908—1931)》(Iconology and ideology: image of Joan of Arc in the idiom of the Action française(1908 - 1931),载《法国历史研究》(*French Historical Studies*),第十四卷,第2期,1985年秋。

② 乔治·瓦卢瓦(Georges Valois),《法西斯主义》(*Le Fascisme*),巴黎,1927年,第82页。

③ 乔治·瓦卢瓦,《我们的时代》(*Notre siècle*),1927年5月29日。

主义者掌控，除了举行官方庆典的时候。

另一方面，天主教会携1920年贞德封圣之势，试图阻止官方对其世俗化的企图。新落成的圣女贞德教堂层出不穷。她的名字之上经常修饰以天主教主保圣徒的称呼。30年代天主教童子军发展很快，这给反自由的贞德形象在青年人中的传播创造了另一个机会。[①]梦想进行“国家的精神重建”的东克尔（Doncœur）神父就从事这样的工作。1930年，贞德在童子军的命名中创下纪录。同一年，这位神父创办《贞德联谊会通讯》（*Cahiers du cercles Sainte Jeanne*），以便对这场运动中的童子军女领队进行宗教教育。不过，教会的普及活动倾向于把贞德打扮成一个带有玫瑰香水味的姑娘。罗贝尔·布拉西亚克对此深有感触：“有人请求法国人不要将他们民族最崇高的象征变成一个思想正统的圣徒女英雄。”[②]

这位《我无所不在》的记者还是能注意到，在战前的那些年中，贞德仍然被用于反犹主义的咒骂，也用于反共济会的控诉。这里有两份奥尔良的文献，从中可以看到，贞德像德福雷斯案件时那样，被用作排斥的工具。我们在1939年的一份小册子中看到的贞德身披戎装，她上方的徽章上有这样的文字：“这是法兰西种族的人格化身，她要将外来者驱逐出法国”。两侧是四颗六角星，六角星中间有这样的文字：“军队，布洛克将军，犹太人；司法，塞（Sée）先生，犹太人；议会，让·扎伊（Jean Zay），犹太人；市政府，莱维（Lewy）市长，犹太人。”评论：“在这个历史名城，犹太人成了军队、司法、议会和市政府的主人，他们写下了我们历史中堕落的第一章。”同一年，该城的传统节日上准备向总统阿尔贝·勒布兰献上克洛岱尔的

---

① P. 马尼耶，同前，第75页及以下。

② 罗贝尔·布拉西亚克，《关于贞德理性的思考》（Pour une méditation sur la raison de Jeanne d'Arc），载《我无所不在》（*Je suis partout*），1938年5月13日。

作品，但就在节日到来之前不久，一份署名“被缚的法兰西”（达基耶尔·德佩尔普瓦 [Darquier de Pellepoix] 创办的一份反犹报纸的名称）的招贴宣称：“在奥尔良被犹太人征服之后，贞德被犹太女子依达·鲁宾斯坦[①]征服了”，还有，“庆祝活动中的‘亮点’是保罗·克洛岱尔的剧作《贞德》的上演，而参与演出的有依达·鲁宾斯坦、共济会会员让·埃尔韦（Jean Hervé），还有犹太人阿蒂尔·奥涅格的音乐”[②]。

第二次世界大战、战败和占领以更全面的方式满足了那位法西斯作家[③]：在人们的召唤下，贞德变成了民族革命的武器，对于这场革命，最极端的通敌分子也不敢轻视。贞德具有的几个特征使其可以成为这个法兰西国家的意识形态的庇护者。回归土地的信条与她的乡村出身颇为一致，H. 德萨罗（H. de Sarreau）写道：“她来自乡间，是农民的女儿……她成长为一个农民，一个优秀的法国农民，精力充沛，信念坚定，生性乐观。”[④]布拉西亚克则把贞德和已经灭亡的犹太-共济会体制对立起来：“贞德与金钱无关，与意识形态分子无关，与腐朽文明的虚伪辩护士无关，因为她属于永恒的青春和创造性的活力。”对英国的敌视再次出现在民族主义的激情之中：“英国人甚至比 15 世纪时更希望毁灭法兰西这个统一、伟大而自由的民族。”当盟军在解放前夕进行轰炸时，《我无所不在》的记者多尔塞却让人们想起关于 15 世纪的救国圣女与那位上天赐予法国人的元帅[⑤]的比较：“同样的思想、同样的直觉，让那位年轻质朴的女农民

---

① 依达·鲁宾斯坦(Ida Rubinstein,1885—1960)是一位出生于俄国的犹太裔芭蕾舞明星。——译注

② P. 马尼耶硕士论文附录,同前。

③ 此处应指乔治·瓦卢瓦。——译注

④ 这段引文及随后没有出处的译文摘自 M. 维诺克,同前。

⑤ 指贝当元帅。——译注

和年长伟岸的战士迈向同样的历史使命。二人都有法兰西统一的意识。”[①]正是维希的这种统一意识导致对自由法国的首脑[②]进行缺席审判并判处其死刑。但我们无法否认其中的矛盾：贞德为蒙图瓦尔的握手[③]祝圣，成为亲纳粹的反犹主义工具，这是她的历史中最黯淡的一章。的确，有些论战者将“犹太种族”的科雄放在了这个传奇故事的画卷之上：贞德是被犹太人和英国人害死的，只是因为她支持这些人的对手！反知识分子的陈词滥调一直没有消失，1944 年 5 月，莫里斯 · 皮若（Maurice Pujo）写道：“正如今天的戴高乐分子一样，那个时候巴黎大学的知识分子也总是指望着英国人。”至于菲利普 · 贝当，他的职务使其倾向于更温和的做法，因而他只是满足于号召在贞德的庇护下团结一致，拒绝海峡对岸的诱惑：“对外来的宣传捂上耳朵，团结在你们领袖的身后。”

自由法国的抵抗运动也利用这位圣徒战士的名字，不过不是很系统化。人们看到的戴高乐与贞德的比较，主要发生在解放时期及随后的几年。地下传单和报纸对此有数不清的影射暗示，既有来自共产党的也有来自基督教民主派的。法共战士克洛德 · 韦莫雷尔（Claude Vermorel）于 1942 年上演了一出《贞德与我们在一起》（*Jeanne d'Arc avec nous*）的戏剧，该剧 1946 年重演。诗歌创作从一开始就有，如儒勒 · 叙佩维埃尔的《1940》，诗歌最后两段如下：

> 贞德，难道你不知道法国战败，

---

① 多尔塞(Dorsay)，《全法国团结在贝当身后反对英国人》(Toute la France derrière Pétain contre l'Anglais)，载《我无所不在》，1944 年 5 月 13 日。

② “自由法国的首脑”指戴高乐。——译注

③ 蒙图瓦尔(Montoire)是法国中部卢瓦尔河畔的一个地名，1940 年 10 月 24 日，贝当元帅和希特勒在那里会晤，成为贝当与纳粹开始合作的标志。——译注

敌人占据了半壁河山，
形势比你驱赶英国人之时还要险恶，
我们的天空已被封锁没有出路？

胜利女神，你与我们在一起，
无视那至今还在燃烧的柴堆，
教导我们不要每日受煎熬，
不要因为来到尘世而忧伤死去。①

1945 年 5 月的胜利刚好与贞德纪念活动的日期形成了奇妙的巧合。临时政府首脑可以将民族和解置于贞德的旗帜之下。

阿尔及利亚战争是复活奥尔良姑娘的民族主义功用的一个新机会。1956 年，为了纪念贞德被恢复名誉，共和国总统勒内 · 科蒂于 6 月 24 日在鲁昂发表了一次重要演讲，他在演讲中毫不迟疑地重申了几个民族主义的传统论点，严厉斥责“高级知识分子”“不着边际的烦琐论证”，并将“洛林年轻的女农民”的“民族天性”与知识分子对立起来。②1957 年 1 月，魏刚（Weygand）将军、莱昂 · 贝拉尔（Léon Bérard）、安德烈 · 弗罗萨尔（André Frossard）、古斯塔夫 · 蒂邦（Gustave Thibon）以及其他几个人成立了“贞德联盟”，其目的是为挽救法国面临的“历史崩溃”而战斗。这一运动的一份小册子这样说：“在贞德的感召下，由魏刚将军领导的这个联盟坚定地为反

① 儒勒·叙佩维埃尔（Jules Supervielle），《1940》，载《法兰西灵魂之辩》（*Controverse sur le génie de la France*），《罗讷河手册》（*Cahier du Rhône*）第五册，纳沙泰尔（Neuchâtel），拉巴科涅尔书店（La Baconnière），1942 年。

② 勒内·柯蒂（René Coty），在鲁昂的演讲，1956 年 6 月 24 日，《贞德恢复名誉五百周年纪念：1456—1956》，同前。

对一切形式的谎言，一切对人类尊严具有毁灭性的意识形态，以及从作为法国遗产的漫长的辛劳和苦难中获益但忘恩负义之人的各种不虔诚而战斗。”对于将那位洛林少女拉入最后的殖民战争中，法国教会整体来说并不赞成。皮埃尔·加雅克（Pierre Gageac）在《天主教法国》（*La France catholique*）上指出，对很多教士和天主教徒而言，“如果她回来，显然她会站在反抗者一边”。稍后，1981 年，最著名的贞德历史专家之一、奥尔良贞德中心的创办者雷吉娜·佩尔努更是明确宣告：“在我们这个人民解放和殖民主义终结的时代，人们对贞德的理解会越来越深刻。”①

然而，与此同时，印度支那和阿尔及利亚战争中的老兵、前布热德派②议员、国民阵线的创始人和主席让-玛丽·勒庞（Jean-Marie Le Pen），却努力想从民族主义传统的右翼立场再次发起贞德崇拜。从 1979 年起，他和他的追随者复活了法兰西行动以及大战前其他极右翼的游行，游行地点选在弗雷米耶的雕塑、里沃利街（rue de Rivoli）和金字塔广场。1984 年以来舆论的发展趋势使得这个每年一度的仪式再度具有攻击性，民族主义-民众主义的新言论也有了新的表达机会。这一次人们之所以召唤贞德，是要将法国从新的“入侵者”——移民那里解放出来。人们在移民问题上大声斥责政治阶层和官方教会，并再次与二战前极右翼和维希的传统勾连在一起：

> 你们说说，那个善良的少女多么神圣！我们应该（比任何时候都更应该）在你们身上看到自 1944 年以来英勇抵抗占领者的人民的形象！不要附庸风雅地、愚蠢地、盲目地赞赏那些可憎的

---

① 见 P. 马尼耶，同前。

② 布热德运动发生于 20 世纪 50 年代，是以布热德（Poujade）的名字命名的一场运动，代表小生产者经营者的利益。——译注

> 凶神，巴德尔团（bande à Baader）、红色旅（Brigades rouges）、直接行动（Action directe）[①]之类可怜而可憎的悍妇，它们想毁灭人类以回应那来自地狱的召唤！
>
> ……但你们是纯洁的，虽然这个时代已经腐烂。你们是爱国主义的象征，虽然如今向我们的旗帜上吐口唾沫很是入时。但你们是圣女贞德庇佑法国的助手，虽然现在连我们的主教都不记得她了……[②]

不过，国民阵线领导人的言论，其核心是这位救国圣女指日可待的堕落，我们现在需要的是让-玛丽·勒庞。

因此，在19世纪塑造的三种楷模中，民族主义的典型形象依然最为强固。天主教徒已经与共和国和解，他们现在只对贞德保持一种谨慎的崇拜，贞德甚至与其他圣徒没有分别。左翼共和主义者总会适时纪念她，我们可以看到，弗朗索瓦·密特朗主持了1982年奥尔良的庆祝活动（“当呼喊声从地牢、从集中营、从流亡地或从苦难中响起时，它总会与贞德的控诉和贞德骄傲的希望相应和！”）。在20世纪80年代，只有再度兴起的民族主义又发出那个意欲独占的古老口号：“贞德是我们的！”（Joanna nostra est）。实际上，从1431年以来，对贞德记忆的政治化从来没有停止过。

关于法国的某种确定观念

如果说对贞德的记忆主要是因为党派争论才得以留存——而这

① 这是几个极左组织的名称。——译注

② 加布里埃尔·多梅纳克(Gabriel Domenach),《向贞德请愿》(Supplique à Jeanne d'Arc),载《国民周报》(*National Hebdo*),第146期,1987年5月7日。强调为引者所加。

些争论又可能歪曲历史实际，乃至将历史简化为漫画——那么同样可以说，除了这些论战与回响，贞德史诗般的传奇故事以半神话半真实的方式在人们的头脑中形成了有关法国的确切看法。彼此相关的三个要素构成了一个表象体系，对这个表象体系而言，贞德的故事具有典范性意义。

(1) *法国一直是分裂的*。阿尔马尼亚克派和勃艮第派[①]的战争只是高卢分裂的一个遥远的变体形态，而这种分裂可以追溯到恺撒和韦森热托利克斯[②]的时代。混乱是与法国共存的特质：不管这种混乱是部落的、封建的、知识界的还是大众的，也不管混乱来自左边还是来自右边。一种无法根除的个体主义——无论是个人还是群体的——一直在削弱这个国家的防御力量和它的社会团结。进一步说，两个阵营、两种宗教、两个党派之间定期的对抗贯穿所有政体。法国人并不相亲相爱。1968 年，莫里亚克这样评论法国："这个国家的自我分裂不会停止……"[③]法国就是一场内战，这内战时而是潜伏的，时而是一发不可收，但它始终存在。

(2) *法国的历史是神奇的*。虽然存在分歧、撕裂和不断出现的内战，但是自遥远的基督教时期以来，法国也算是少数支配世界的国家之一，之所以会这样，是因为他受到上天特别的眷顾。他是"教会的长女"（对天主教徒而言），是受神明眷爱的土地（对异教徒而言），是革命和人权的圣殿（对左翼而言），是各民族中的"王者"和"教母"（米什莱和佩吉的看法），所有这些称谓都有神圣的属性。法国人彼此之间并不相亲相爱，但法国人都热爱法国。1932

---

① 百年战争期间法国内部出现的两个对立派别，双方曾在巴黎等地发生内战。——译注

② 韦森热托利克斯（Vercingétorix）为恺撒征高卢时凯尔特人抗击罗马入侵的英雄。——译注

③ 弗朗索瓦·莫里亚克，《新评注集：1968—1970》（*Le Nouveau Bloc-notes，1968 - 1970*），巴黎，弗拉马里翁出版社，1971 年，第 69 页。

年，库尔提乌斯写道：“自中世纪以来，法国对于他的居民而言就是‘甜美的法兰西’‘美丽的国家’‘天底下最美丽的王国’。对法国人而言，祖国的土地不仅是祖先的故土和养育自己民族的母亲，还是地球上特别幸运的一部分，一块以美丽、温和与肥沃而著称的特选之地。”①法国被赋予的“特选”或天赐与自然等观念，还以“永恒”、以不朽的特征、以世界之必需等观念为补充。由此产生两种持久的同时性话语：① 法国处于衰落之中（主要因为她的分裂）；② 法国将因为奇迹而得救。莱昂・布卢瓦写道：“这种极度的混乱不可胜数，它总是那样躁动，总是气势汹汹，各种怪胎总是层出不穷，而面对这样的狂暴没有任何强有力的抵挡物。”不过还有贞德：“欢快的、青春的、慷慨的灵魂！英国人的突袭带来的恐怖无以言表。人们以为法国没落了，如果说还没有彻底灭亡的话，此时贞德出现了，法国焕发出青春的光彩。”②

(3) 天命人物。既然法国的结构决定了他的不幸，他的得救就需要等待时机。得救将体现在一个救国英雄身上，可能是男的也可能是女的，他将在这个国家即将跌入深渊之际于悬崖边上挽救国家。布卢瓦写道：“法国这种独一无二的特权是一个奇迹。不管他有什么背叛和犯罪行为，最终他都能在刀下免于惩罚……请看一看想一想吧！上帝只关注法国！如果法国灭亡，信德可能还与畏畏缩缩的爱德苟延残喘于某个遥远的角落，但望德将不会再有了！”③同样，人们还可以以召唤左翼的革命末世论的方式，来遥遥期待某个贞德

① 恩斯特-罗贝尔・库尔提乌斯(Ernst-Robert Curtius),《论法国》(*Essai sur la France*),巴黎,格拉塞出版社(Grasset),1932 年,第 70 页。

② 莱昂・布卢瓦,《贞德和德国》(*Jeanne d'Arc et l'Allemagne*),巴黎,1915 年,再版,见《莱昂・布卢瓦全集》(*Œuvres de Léon Bloy*),巴黎,法国信使出版社(Mercure de France),1969 年,第九卷,第 175 和 177 页。

③ 莱昂・布卢瓦,《贞德和德国》,同前,第 178 页。

日、某个奇妙的“断裂”点——和谐之城将由这个断裂点走进现实之中。

莫里亚克多年来一直在寻找某个于存亡之际挽救这个民族的人物，1958 年夏天，他这样说道：“从前对‘天命人物’一说的滥用使其变得滑稽可笑。但这并不妨碍历史在某些时候总是自动产生这种创造历史的人物，不管是好是坏。”[①]此时此刻就是戴高乐，人们经常把他比作贞德，他应该担负起这种天命。当法兰西王国“苦难深重”之时，当他深陷战乱、被占领、被分割、政府解体的黑暗之中，望德以一个朴实的农村姑娘的形态出现了。法兰西的人格和思想形象将通过她来重建。这个多变的民族、摇摆不定的民族、脆弱的民族，总是陷入危如累卵的困境，但总会出现某个蒙受天启的人物，他会于危难之际解救这个民族。因此，对于无力寻找解决不幸与冲突的集体方案的法国公民而言，对救国英雄的期待成为他们的一个习惯。法国的无政府状态经常导致这种人格化的崇拜。确实，法国人很早以来就把他们的国家个人化了，库尔提乌斯写道：“‘法国万岁’的呼声不是向政府、民族或国家发出的，而是指向某个活生生的人，千百万法国人以自己的鲜血和骨髓，以自己的精神和意志抚育着这个人。法兰西知道如何锻造这个神话。这种无可比拟的力量之所以会在人们心灵中有如此强大的影响力，其秘密也在这里。法国历史的所有时代都是这样，1789 年之后尤其如此。”[②]如果说法国人的国家是个人的话，反过来说，一个像贞德那样鲜活的神话中的人，也就是法国首要的人格化表现形式。

---

① 弗朗索瓦·莫里亚克，《新评注集：1958—1960》(*Le Nouveau Bloc-notes, 1958 - 1960*)，巴黎，弗拉马里翁出版社，1961 年，第 105 页。强调为引者所加。

② E.-R. 库尔提乌斯，同前，第 334 页。

除了这个三重表象，有关贞德的记忆还揭示了法国较为真实的一面。如果说她的形象备受争议，那恰恰是因为她能体现两种共同赋予法国独特身份的文化。佩吉的作品虽然受到基督教传统和革命传统的双重排挤，但他的说法很可能比任何人都更中肯。他在 1913 年写道："法国不仅仅是教会的长女……她在世俗生活中也具有类似独特的使命，在这个世界上，她是某种无可争辩的自由的主保圣徒和榜样（同样也是殉道者）"①。

佩吉刻画了一个双重的贞德，即 1897 年的社会主义的三部曲和 1910 年《神话》中的贞德，而这位作家本人肯定感受并体验过这种双重的忠诚。他曾是世俗派，后来成为天主教徒，在这两种身份之间，即人民的女儿与圣徒之间、德雷弗斯派和反德雷弗斯派之间，佩吉发现了法国的某种连续性，某种"双重的负担""双重的监护"。在关于贞德的记忆中，最崇高的地方不是唯我和排他的"法兰西特性"(francité)，而是某种"法兰西天性"(génie français)，对于这种天性，阿拉贡以"连词和（et）"来解释：

> 可以认为法国有两种伟大的传统：天主教传统和唯物主义传统。为何认为它们不可调和？当法国涉足二者之间的关系时，难道人们看不到它们之间的协调吗？我自称服膺唯物主义，但不因此认为——比方说——我仅仅因为贞德说听到了上天的呼召，就能够将她从我们共有的殉道者名单上驱逐出去。在我们看来，在贞德这位法国女英雄的故事中，最重要的不是她听到了圣米迦勒先生的召唤，而是她拯救了法兰西王国。我相信，在

---

① 夏尔·佩吉,《白银(续)》(*L'Argent[suite]*),载《散文集(1909—1914)》(*Œuvres en prose*, *1909-1914*),巴黎,伽利玛出版社,"七星文库",1961 年。关于"教会的长女",参阅前文所引勒内·雷蒙的论文。

> 另一个完全不同的层面上，狄德罗的唯物主义丝毫不妨碍一个基督徒认为狄德罗具有特别法兰西的气质，因此他同样应以法兰西的名义加以捍卫。①

如果笨拙地模仿一下阿拉贡，我们也可以说，法国是米什莱的贞德和克洛岱尔的贞德的法国，是第一个佩吉的贞德和第二个佩吉的贞德的法国，是巴雷斯的贞德和饶勒斯的贞德的法国。这种双重的身份时而相互分离，时而相互靠拢；这个洛林姑娘是统一和可分离的。

① 阿拉贡，《连词和》(La conjunction et)，载《法兰西灵魂之辩》，同前。

* Liberté, égalité, fraternité

自由·平等·博爱

莫娜·奥祖夫 *Mona Ozouf*

黄艳红 译

段星冬 校

市政府的三角楣、纪念章的背面、旗帜的面料、公文纸的水印、石头、青铜、织物、羊皮卷：所有这些物品上我们到处都能看到这样依次排列的词语：自由、平等、博爱。在颁发奖金时，在学术院的入院仪式上，在聚会的庄重场合下，在宴会的热烈氛围里，在祝酒词和欢呼声中，我们也能听到这些词语。不过确切地说，对这三个时刻萦绕着我们公共生活的词语，我们是否认真考察和理解了它们？历史和习惯看来已经将它们紧密地黏合在一起，所以人们机械地先后罗列出这三个词语，仿佛它们已由无形的水泥连接在一起。我们将三者作为一个整体与法兰西共和国牢牢地联系在一起，让它们经常出现在共和国名称缩写的左右，以至我们更注重其象征意义而非其内涵的价值。自由、平等、博爱：陈述的意味大于指令的意味，说明多于问诘，是用来彰显而非惹人苦恼。如此彰明的口号之中有其几乎不可见的一面，有看似不可触知的东西：对此我们可以举出一个有趣的例子，它出现得很早，这就是勒南 1888 年在致力于推广法语的法语联盟上的演讲[1]。勒南极力颂扬共和国箴言的神奇力量，声称只要让共和国箴言稍微远离乡土就能发现这一点（在他看来，这句箴言几乎可以在东方引起一场宗教革命，他以戏谑的口吻讲述了其旅伴洛克鲁瓦的故事，“当他在黎巴嫩唱起《马赛曲》时，他获得了各种闻所未闻的好评”）。不过，撇开这个异域的背景，这三个结合在一起的词让勒南感触颇深的是它们与法国人的天性的合一（“因此法国人到哪里，大革命就跟到哪里”），以及它们的平庸陈旧。不过，人们若“因为它们被滥用，因为它们变成陈词滥调”而拒绝它们承载的真理，那就大错特错了，“陈词滥调！正因为如此它才真实！说一个观念变为陈词滥调，这是对其最大的歌颂”。

这个例子很早，因此也令人有些困惑。这三词箴言在 1888 年时真的已经成了陈词滥调了吗？勒南在发表这个演讲时，刚刚与共和国和解不久。至于口号本身，如果除去一个体制上的小插曲——仅仅出现在 1848 年幻觉期间——它才有八年的历史：在公共建筑的三角楣上镌刻这三个词语的决定是在 1880 年才做出的，说它已经成为法国人公民生活中的标志性特点还为时尚早。要想理解勒南给出的证据，就应该认为这个开端其实是个结局。表面看来，这个标语非常年轻，但在法国历史的深处它早已成熟，在长期的潜伏之后又强势浮出水面。同样应该认为，这个标语在 19 世纪 80 年代已经没有真正的反对者了，这与当时的历史表现相反。最后我们还应该认为，自由、平等和博爱共同构成的组合是和谐的，是在任何情形下都不会

---

① 埃内斯特·勒南，《散章集》（*Feuilles détachées*），《青少年回忆录》（*Souvenirs d'enfance et de jeunesse*）附录，巴黎，嘉尔曼-莱维书店（Calman-Lévy），1892 年。

有疑问的。勒南的文章是在为这个三词箴言出乎意料的深入人心而辩护，为它与共和法国几乎自发的一致而辩护，为它的团结力量而辩护，这力量如同它所象征的共和国一样，是统一而不可分割的。

有关共和国的这一箴言，是否只能言尽于此？如果勒南的看法有理，那么这句箴言也只能勉强算作一个记忆之场。说它现在还是一个记忆之场，那是因为每当我们的历史中出现震荡或庆典时，那些对它满不在乎甚至视而不见的旁观者就会不时回想起它，并从中发现某种特质。我们可以在不久前大革命二百周年庆典所引发的议论中观察到这个现象，甚至最司空见惯的文字中也是如此。让我们忘记这些数量众多的言论，它们将这三个词语与现实对质[①]，揭露出三重谎言：雕刻在监狱三角楣上的自由，受到剧院上层包厢嘲弄的平等，在移民聚居的城郊显得尴尬的博爱。也许正是这种与箴言一样久远的抗议维持了对箴言的记忆，就像伤口让人清醒一样。不过，抗议的视角也有不足之处，它只是从外部考察三个词语与现实的关系，而不是考察使三者成为（或不能成为）箴言的因由：它们的内在关联（或不可能存在这种关联）。让我们先来关注这些将焦点集中在三个要素中的某一个之上，并且根据这个选择来重构这个三词箴言的言论。在我们刚刚经历的那些纪念的年份里，这个荣誉有时给了平等，但更经常地是留给了博爱。埃德加・富尔[②]最初的计划中，亮

---

① 不过，大部分有关这一共和箴言的研究不涉及其内在的关联，而是关注它在多大程度上反映了现实状况。这方面的例证，如让・布吕阿，《自由-平等-博爱》(Liberté-Egalité-Fraternité)，载《欧洲》(*Europe*)，第 38 年度，第 374 期，1962 年。其他主旨的研究也很多，但很少论及三个词语的关系(如热拉尔・安托万 [Gérald Antoine] 内容极为丰富的文集《自由、平等、博爱—— 一句箴言的变迁》(*Liberté*，*Egalité*，*Fraternité*，*ou les fluctuations d'une devise*)，巴黎，联合国教科文组织出版社(Ed. de l'Unesco)，1981 年。

② 埃德加・富尔(Edgar Faure，1908—1988)，法国政治家和历史学者，曾担任法国大革命二百周年庆典活动筹备机构的领导人。——译注

点正是这三词箴言中最后那个热情洋溢的、带有和解色彩的词语。外省众多的庆祝活动中的优选也是它，而不是另外两个（在克莱蒙费朗的庆祝活动中，过去的多姆山被改名为博爱山）。二百周年庆典之际的巴黎则选择拉德方斯拱门（Arche de la Défense）向博爱献礼。

这个特别的选择有何深意？是说三词箴言中的第三个元素意味着其他两个的圆满实现，因此提醒已经在理论上享有自由和平等的法国人，还有一个事业尚未完成吗？或者说，就像二百周年那样特别强调被视为普世主义的英雄，如格雷瓜尔和孔多塞——但不大愿意费心考察一下这些人是否确实如此——人们也更偏重三个词语中最为有血有肉、最具情感互动意味的那一个：这个词语能成为另两个词语所导致的冲突的黏合剂，甚至可以消除这些冲突，情况是这样吗？最后，尽管博爱位置最靠后，但是否可以认为，它实际上是这个标语的原则和灵魂？每种假设都是可能的。可以认为，在第一种假设中，三个词语在一个不断追求的胜利征程中依次被高举起来，依次被强化或不断社会化：在这里，三个术语是相容的，叙述的顺序也是对的。在第二个假设中，博爱承担着调和另两个实际上相互矛盾的术语的责任：虽然它们的次序一直是正确的，但三个词语并不那么兼容。在第三个假设中，这三个术语又是相容的，但应该像个套管（doigt de gant）一样回顾一下这个三词箴言，不过这样一来顺序就不对了。不管读者选择哪一个，这三个假设都在提醒人们注意，在这箴言看似不变的外表之下有个充满不确定性的世界在涌动。一旦人们注意到这些结合在一起的观念难以协调，并且认为它们之间的次序也成了问题，人们就开始怀疑这个“统一而不可分割”的箴言了。因此二百周年时的选择和评论使得共和国的这面绷紧的旗帜蒙了上些许阴影，促使法国人回头审视那段历程的复杂，将过去围绕这个三词箴言的宏大辩论从遗忘中捡拾回来，从而赋予勒南所谓的“陈词滥调”新的思考。

1838年，皮埃尔·勒鲁创作了一首致“我们父辈的神圣箴言”的颂歌。[①]我们的父辈，指的是大革命时代的人们。然而，“没有任何人创造出它，这也就意味着它是由所有人创造出来的。当法国人民将这句箴言作为旗帜时，箴言是不属于任何哲人的。最先将这三个从未结合在一起的词语组合起来的，也许是某个出身底层但充满爱国主义热情的人”。勒鲁强调的是它突然出现这个谜一般的特征（“大革命的斯芬克斯在它神秘的绶带上藏着我们父辈提出的问题”），以及三个术语的不可分割：“我们父辈的神圣箴言，不是那种由字母拼凑起来的苍白组合，不是写在沙子上随风飘散的虚妄之物。”勒鲁给这句箴言的诞生所绘上的种种神秘色彩，都不妨碍他坚信以下三个信条：孕育这句箴言的土壤是法国大革命，它是集体创造的明证，它的统一性不容置疑。

关于箴言诞生的日期，皮埃尔·勒鲁的说法几乎无可指摘。我们倒是可以将这个标语追溯到大革命之前，并指出三角楣上的这三个奇妙的词语曾位列18世纪思想社团偏爱的口号之中（比如，在1783年，韦尼奥 [Vergniaud] 和让索内 [Gensonné] 经常光顾的波尔多缪斯社就把“自由和平等”作为座右铭）。但在当时，与之同时出现的还有很多其他口号，如友谊、仁爱、真诚、团结。共济会会员特别爱用平等[②]，不太乐意使用博爱，对自由则更为冷淡，对自由、平等、博爱

① 皮埃尔·勒鲁，《平等》(Egalité)，载《新百科全书》(*Encyclopédie nouvelle*)，巴黎，1839—1847年，第四卷。

② R. 阿马杜(R. Amadou)，《自由、平等、博爱——共和与共济会箴言》(Liberté, Egalité, Fraternité : la devise républicaine et la franc-maçonnerie)，载《传统的复苏》(*Renaissance traditionnelle*)，1974—1975年。

的组合显然漠不关心，即使他们很迷恋三词口号（例如，拯救、力量和团结）。对启蒙词汇漫长的搜罗也令人失望。人们可能经常把这三个词看作淘金筛筛选之后留下来的闪光的金色词汇，但它们是些孤立的金沙，只在极少情况下才被组合到一起，即使人们经常引用的伏尔泰的话也是如此：

在那没有国王，没有臣民的幸福之地，
我们都是平等自由的手足。[①]

这样看来，学者们殚精竭虑地追本溯源，也只是进一步确认了这句箴言来源于大革命而已。

但另一方面，我们也不能同意皮埃尔·勒鲁的说法，即箴言的诞生是无名和自发的：按勒鲁的看法，这句箴言的出现是集体创造激情的迸发。不过，在大革命的十年间，这句箴言其实经历了一段长时间的修补过程，其中有几个重要时刻和一些关键人物。首先有个出人意料的情况：与所有有文化的法国人所确信的相反（当然他们的错误本身就很能说明问题），这句箴言在大革命期间其实从未被真正制度化。在这个大事件最初的日子里，也许是因为三个等级终于聚齐，人们才偏爱三个词的箴言。首先是民族、法律、国王。有时还有团结、力量、美德，这让人想起共济会。此外还有力量、平等、正义，以及自由、安全、财产。当时确实有自由、平等、博爱，但并不比其他标语更常见，或许更少见。还有更让人意外的：雅各宾专政期间并没有出现十分稳定的三词箴言。大革命曾产生了大量的行政文

---

① 伏尔泰，《斯基泰人》（*Les Scythes*），载《全集》，日内瓦，克拉梅尔出版社（Ed. Cramer），1768—1796年，第四卷。

件，如军队中特派员的文件，在点缀这些文件的花饰中，我们有时可以看到自由、团结、平等，有时看到的是自由、平等、正义，有时是自由、理性、平等，还有的是积极、纯洁、警惕。对“三”的执着确实显而易见，但我们的三词箴言一直有很多竞争对手，地位很不牢靠。就标语本身来说，自由和平等的组合是很稳固的：希纳尔称之为“永恒的伴侣”，这是他在评论自己为里昂市政厅所制作的浮雕时所说的，他选择了两个具有象征意义的女王像来代替国王的雕像[①]；迪朗（Durand）和蒂博（Thibaut）在设计一座革命神庙时，也用了这对双胞胎形象，她们面对面，一个头戴软帽，一个拿着水准仪，二者之间铭刻着一句话，即“她们永不分离”[②]；共和二年的某个雕刻竞赛提议让雕刻家们创作巨型赫拉克勒斯雕像，而在这个巨人手中蜷缩的还是自由和平等这对孪生姐妹，她们“彼此相拥，准备走遍全世界”[③]；这对双胞胎还出现在无数装饰画中，画中的她们是带有翅膀的守护者，在地球上方俯瞰世界。

在大量当时的文字和图像的收藏中，我们发现一个引人注目的特点，博爱出现的频率相对较低：陈情书中见不到它；1789 年的《人权宣言》也忽视了博爱；1791 年的宪法只是在一条关于权利的附加条款中隐晦地提及它；1793 年，在罗伯斯庇尔（Robespierre）于雅各宾俱乐部提出的《人权宣言》草案中，博爱的地位更低，这个

---

① 希纳尔(Chinard)这样评论他的作品：“自由女神头戴软帽，将长矛插在束棒中间。她凝视着右手中的长矛，并给所有配享自由之人戴上公民冠冕。另一边是她不朽的伴侣平等女神，其神态素朴而威严，她使所有法国人都在法律面前平等一致，可以说，只有在法律面前法国人才是平等的。”

② 这是在竞赛中获奖的设计方案，詹姆斯 · 利思(James Leith)评论它是“法国大革命期间三角形的奇特变形”，《法国大革命的形象》(*Les images de la Révolution*)，巴黎，索邦出版社(Publications de la Sorbonne)，1988 年。

③ 这是一个巨型造像，表现的是人民粉碎盲信主义、君主主义和联邦主义，该造像原应安放在新桥上。

方案强调的是四个方面，即平等、自由（19 世纪的社会主义者们将会想起这个顺序）、安全、财产（这是那些社会主义者想忘记的），而博爱只是被漫不经心地提到了一次，其用意仿佛是说《人权宣言》可以推广到全世界——“列国之民皆兄弟，压迫任何一个民族者即为所有民族之公敌”；1793 年 8 月的宣言完全没有提到博爱，虽然该宣言将社会权利作为先决条件。至于为 37 个旬日庆祝活动而制定的计划（出自马蒂厄 [Mathieu]，但被罗伯斯庇尔据为己有），其中有两次庆祝活动以自由为主题，另一次是献给自由和平等的组合，但没有一次庆祝活动突出博爱。①

是何人以何种方式提出这第三个词并将其引进箴言的制度化过程中的呢？后来人们知道，在 1791 年 5 月哥德利埃俱乐部（Cordeliers）中，吉拉尔丹侯爵发表了一个对军队的讲演（侯爵声称，法国人民“要让正义和普世的博爱成为宪法的基础”），热情澎湃的俱乐部于是表达了这样一个心愿：每个法国士兵的胸口都应佩戴一块小牌，上面有三个闪亮的词语：自由、平等、博爱。同样是在哥德利埃俱乐部中，同样是在关于军服和军队徽章的辩论过程中——三姐妹中最和平的一个竟有个奇怪的军事洗礼——人们听到了莫莫罗（Momoro）的建议，将这三个词组成一句箴言。然而，在当时的宣誓中并不是总能发现这个三个词，在瓦雷纳逃亡后重新编写的宣誓中也见不到，1792 年 8 月 10 日的宣誓同样如此：“我宣誓忠诚于民族，维护自由和平等，并为捍卫它们而献身。”很显然，博爱位列自

---

① 关于这些事实，参阅 J. M. 罗伯茨（J. M. Roberts），《自由、平等、博爱：一句标语的源头和演变》（Liberté，égalité，fraternité. Sources and development of a slogan），载《启蒙运动研究杂志》（*Tijschrift voor de studie van de verlichting*）专刊《共济会中的阶级与意识形态》（*Klasse en ideologie in de Vrijmetselarij*），第 3—4 期，布鲁塞尔，1976 年。

由和平等之旁还需时日①。君主制覆灭之后，它似乎才较为频繁地达到这个位置。当时，塞纳省省督敦请业主在自家外墙上以巨型字母漆上这样的话：共和国统一-不可分割。自由-平等-博爱或死亡。官方通信，尤其是军事通信，通常以两个响亮有力的词结尾：致敬和博爱。在雅各宾主义的标志性画卷，即勒尼奥那幅被自由之神辟为两半的油画中，自由之神把英雄主义抉择的两面展现在法国人面前，不是自由就是死亡。如果大家记得这幅画，也就能想起②带有平等（水准仪）和博爱（光束）标记的自由之神：这种混合体现出当时仍在整合阶段的一个象征体系。

因此这个标语的诞生过程不够鲜明和清晰（而且，整个大革命期间，官方文件仍然以一些格言警句作为点缀，它们同样可能获得箴言的尊贵地位，例如伏尔泰的“做一个合格的共和主义者”，或是常用的“为祖国服务者不需要祖先”）。这句箴言的出生日期虽然不明确，但有人却尝试着寻找它成为箴言的理由及其具体历程。奥拉尔③认为，这句箴言的成型经过了三个时期，每个时期都与大革命进程中某个明确的阶段相对应。首先出现的是自由，在大革命最初的

---

① 关于博爱为何较晚出现，曾有过很多推测，最常见的一个推测是这样的：这场资产阶级革命本来可能更青睐自由-平等-财产这个三位一体，而非后来被推崇的那句箴言。这里涉及对一种价值观的有意识的遗忘，而这种遗忘是对形式上的自由及资产阶级权益的质疑。另一种推测认为，博爱有着深厚的基督教根源，这可能妨碍了革命者将其采纳为基本原则。第三个也是最后一个推测来自罗伯茨（同前）：革命者可能是在暴力和混乱的局面下，即在 1790 年和 1793 年使用了博爱原则。在罗伯茨看来，正是在这两个阶段，“博爱”一词被用来驱散分裂的危险。他认为，正是在这种情况下，“博爱”一词的使用才在整个时段中带有极端和暴力色彩，这反过来又妨碍博爱像自由、平等一样广泛传播，使其不能与后两者一起成为制度化的箴言。

② 让-巴蒂斯特·勒尼奥（Jean-Baptiste Regnault），《不自由毋宁死》（*La Liberté ou la mort*），1795 年沙龙，汉堡美术馆。

③ 阿方斯·奥拉尔（Alphonse Aulard）：《自由-平等-博爱的箴言》（La devise Liberté-Egalité-Fraternité），载《法国大革命史讲座及研究》（*Études et leçon sur la Révolution française*），巴黎，1904 年，第六卷。

日子里，它是最得人心的观念。随后，8 月 10 日为平等敞开了大道。而博爱要等到山岳派掌权时才有机会。因此这句箴言的三拍子节奏其实是按时间顺序来的。马蒂厄在这个问题上与奥拉尔一致，不过他认为博爱的出现还要晚得多，因为它起源于共济会，所以应该要等到 1848 年才会确立。革命者的历法安排为这些历史学家的假设提供了依据：他们自己设立了一个以 1789 年 7 月 14 为开端的自由元年，和一个以 1792 年 8 月 10 日为开端的平等元年。在吉伦特派宪法的辩论过程中，巴雷尔（Barère）曾高呼："我们以前进行的只是自由的大革命，而我们刚完成的平等的大革命是从君主制的废墟中找到的。"罗伯斯庇尔则称雅各宾时期是"平等统治的开端"。

这是一种理性化的回溯方式，它把这句箴言的三个术语看作对时间顺序的忠实反映，每个术语都像革命时钟上的指针一样前后紧随，但这种回溯方式非常没有说服力。一方面，博爱远非很晚才创立的，它是群众运动的结果，而且很早就在大革命期间出现了：米什莱认为，博爱在第一个盛大的革命节日里就已大获成功，这就是联盟节，当时该节日活动的所有参加者都被要求宣誓"以牢不可破的博爱纽带同所有法国人团结在一起"。另一方面——可能这正是这三个词需要如此长的时间才组合成箴言的原因——把三个词放在一起这件事，从大革命一开始就碰到了困难：对于那些革命者，如果说他们不了解自己在干什么，未免太过轻率，因为他们也曾对这个尴尬的箴言有过无数的评论。他们注意到并思考过所有问题：自由与平等结合的困难，将博爱加在二者之后的困难，寻找三个词语满意的排列顺序的困难，最后的困难也是大革命特有的悲剧——三个词语全都被打上了猜疑的烙印。

可以怀疑的一点是，大革命开始之时自由和平等的结合是否真的那么困难，因为很多文章都认为二者能实现完美的和谐。唯有自由能保障平等：在专制横行之地，除了苦难是平等的之外，没有其他平等可言。反过来说，唯有法律保障的平等才能使自由成为可能：不管法律是保护还是惩罚，只有待遇平等，也就是受保护和受惩罚的权利平等，才能保证自由。拉博·圣艾蒂安（Rabaut Saint-Étienne）问道：如果言论自由不是平等地分配给所有人，那这种自由会是什么样子呢？因此，在这里提出二者是否相容或孰先孰后的问题是徒劳的，对此西哀士（Sieyès）做了最清晰的表述："在某个社会中，如果一个人比另一个人多一点或少一点自由，那么这个社会一定是个混乱的社会，应该重构之。"法律的普遍性既保障自由也保障平等，这完全是同步的。这种同一性有三个要求：对自由做消极的理解，即一种不受专制束缚的自由-独立；对平等做抽象的法制的理解；把法律看作一个圆心，每个个人都位于圆周，与法律圆心距离完全相等。如果持这样的见解，自由、平等构成一句箴言毫无困难。这也正是沃尔内的想法，他提议给自由平等再加上正义，在旗帜上绘出天平、剑和书的形象并配以这样的铭文："献给裁决和保护的平等之法。"①

不过，这种和平的一致性将很多困难暴露出来：制宪议会的议员们可能以自由的名义而破坏平等，纳税选举权就是鲜明的例证，为了保证选民做出独立选择而将不平等合理化。但他们也可能以平等的名义而破坏自由：遗嘱选择性，即选择优待或不优待某个孩子的自由，却遭到制宪议会的反对，理由是会在财产分割中重新引入不平等（所以也可以按自己的意愿决定子女是否能具有选举权，在

① 沃尔内（Volney），《废墟》（*Les Ruines*），巴黎，德塞纳书店（Desenne），1791 年。沃尔内评述说："由于所有人都是自己绝对的主人，因此他完全自由的认可是一切契约和责任的必要条件。由于任何人都与他人是平等的，因而他付出与回报应保持严格的平衡。故自由的观念包含着正义概念的核心，而后者来自平等。"

这一点上我们又回到了前面的例子[①])。制宪议会的议员们非常清楚地意识到了这些难题，并为此进行了漫长的辩论，不过他们还不至于认为自由与平等是对立的。情况在雅各宾时期完全不一样，因为出现了另一种关于平等的定义，平等不再是权利的平等，而是财产和使用权的平等，甚至是个人成就、苦难、幸福、才干、成败的平等，一切都应该被摆到“普通大众”的层面上来。这种平等不再仅仅强调每个人为自己谋福利的权利的平等，还强调结果的一致性，因此它明显要求为平等而牺牲自由。正如巴贝夫（Babeuf）明确指出的，不仅要进行有利于平等的强制（可憎的任务，不过只是临时的），还要强制实现平等，这个任务是永久性的，它将动用所有强制措施：某个强壮之人一天的工作量能抵四个人的量，他就可能被视作社会的祸害和“反人类的阴谋家”而遭到打压；同样，要把那些审美才华和智力天赋出众之人拉回到普通的水准上。没有任何空间留给个人自由，人不能凭自己的喜好和个人计划去追寻幸福。因此在巴贝夫的旗帜上，只能看到一个词：完全彻底的平等，这一个词就足够成为一句箴言。

自由和平等究竟是孪生姐妹（如希纳尔设计的那对面对面的庄严雕塑）还是敌人？如果个人权利是唯一可以普世化的权利，那么它们当然是孪生姐妹。然而它们又是敌人，因为自由是不确定的，而平等必然要求具体明确（跟谁平等？在什么方面平等？），这就造成一个现代病症，即比较的毛病。对于自由与平等的二律背反，大革命期间的人们已经有了很多思考。拉博·圣艾蒂安等革命者认为，不像

---

① 在有关辩论中，佩蒂翁（Pétion）的说法最有说服力：“如果你们让父母有权决定儿子们是否有继承权，那就是赋予他们一项过分的权利，因为这是让他们去把握制造或不制造消极或非消极、有当选资格或无当选资格的公民的可能，让他们去任意剥夺无数公民的政治权利。”

其他新兴民族，法国是一个古老的国家，当它试图改革的时候就会因受困于风俗习惯而面临重重困难，这种二律背反便来源于此。博多（Baudot）之类的革命者则认为这种背反的原因在于民族气质，这种气质使法国人的心灵中平等的烙印比自由的烙印更加深刻，这个见解经过勒德雷尔（Roederer）和托克维尔（Tocqueville）的传承在后来大行其道。内克尔（Necker）等人则将这种背反归因于法律：一种只能靠强制来维系社会平等的法律。我们是否可以让这两个在社会上、在人性上都彼此矛盾的原则飘扬在同一面旗帜上？如果将这句箴言置于抽象世界中，也许可行，但若想从它身上获得即刻而具体的行动号召，恐怕就行不通了。

此外，对大革命时代的人们而言，在这对彼此对立的姐妹之后再加上博爱，问题便更为棘手了。因为博爱显然是另一个层次的口号，它是责任而非权利，是一种关系而不是成文法规，是调和而非契约，是一种共性而非个性。它属于感觉层面而非思想层面，更具宗教特征而非法律色彩，其自发性多于反思性。有关博爱的画像也以自己的方式强调其特性：幼童、花束、亲吻、白鸽与这第三个女神相伴，她比前两个更平和，更喜乐，右手捧着一颗心，左手上有个鸟巢。她不像两个姐姐那样常被提及，而且是个微不足道的输出品——因为意大利雅各宾派在自由树上悬挂的小牌子上写的是自由和平等，博爱很少见①——然而，这个最末的小妹却给这句箴言带来了一连串的问题：三个词语之间的相容性问题，它们出现的先后问题，还有叙

① 有关意大利的知识，我要感谢克里斯蒂安·博塞诺（Christian Bosseno）。虽然博爱可能出现过，但那只是一种嘲讽的意味，在各“姐妹共和国”中尤其难以深入人心。督政府驻罗马共和国的民事代表曾对拉雷韦利埃-勒波（La Révellière-Lépeaux）说，他对法国占领军的行为忧心忡忡。“我们不能一方面慷慨许诺这些新共和国以姐妹或女儿的动听称号，另一方面又表现得似乎法国人比其自由的兄弟高人一等，好像法国人应该笑纳他们的贡赋似的，这种享受蛮横而苛重。”

述顺序问题。

什么样的顺序合适？不用等到以博爱著称的群众运动出现，在大革命的最初几天，这个问题就已经凸显出来，对此可以通过两个相反的事例加以说明。第一个主张博爱应放在第三位，即我们今天所见的位置。第二份则赋予它起源意义。我们先看一下网球场宣誓这一著名场景，这是大革命的开幕式——如果可以这样说的话。当时议员们被驱逐出会场并被禁止聚会，于是他们宣誓：在通过一部宪法前绝不解散。关于宪法，这次奇特的宣誓不置一词，而只单纯强调聚会这一件事。关于这个宣誓场景有一幅著名画作，是大卫（David）专门为它创作的①，作品凸显了议员们对称的姿态：右臂以水平方向伸向巴伊，后者站立于作品的中央，手指向空中，意味着宪法即将到来；议员们的左臂为博爱之手，它深情地挽着旁边人的肩膀或腰部，因为旁边的人就是兄弟。这是男子气概的手足之情，它受古代的启发，在古代，左臂的动作是用于平衡和缓和右臂的动作的。②

有关这一场景的众多文献③指明了那是何种博爱：反叛的博爱，只是因为议员们动摇了对那位父亲④的臣服它才展现出来。6 月 23

---

① 作者这里指的是大卫的名作《网球场宣誓》（*Le Serment du Jeu de paume*）。——译注

② 在这一点上，我受雅克·安德烈（Jacques André）的出色论文的启发：《兄弟聚会》（L'Assemblée des Frères），载《大学心理分析》（*Psychanalyse à l'Université*），1988 年。

③ 的确出现过一些充满博爱气氛的说法。6 月 22 日，当教士等级的代表前往凡尔赛的圣路易教堂与第三等级代表汇合时，巴伊评论说："我痛心地看到，这个高贵家庭还缺少另一个等级的*兄弟*。"波尔多大主教也说："我们的一些好*兄弟*还不在这里；我们请你们暂时克制一下自己的热情，好让他们有时间与我们汇合。"三天后，当部分贵族归顺时，克莱蒙-托内尔（Clermont-Tonnerre）哀叹说，贵族的意识妨碍了"我们的很多*兄弟*"。为了宽慰他，巴伊说起三天前的事情，说教士等级中"也有一些*兄弟*缺席"，并保证"很快我们所有的*兄弟*都会到的。"最后还是巴伊做了总结："这一天整个*家庭*就团圆了。"

④ 指当时的国王路易十六。——译注

《平等、自由、博爱》，德比古(Debucourt)绘制并雕刻，18 世纪。

日，那位父亲在王家宣言中宣称，第三级会议的决定是违法的，并以专横的口吻说："先生们，我命令你们立刻解散。"因此，网球场宣誓中的博爱是在抗拒中迸发出来的，它是水平而非垂直的关系，是一种争取来的成果而非本来的状态：这些人之所以是兄弟，并非因为顺从父亲的遗传特征，而是自由选择的结果。博爱源于自由，共同的事业是其本质和凝聚力所在；这一共同的事业正是整个宣誓场景中的超验权威，它与巴伊手指所指的东西是一致的，那就是无形的民族，是自由平等之人的自愿联合，而一次博爱的行动刚好赋予这种联合政治生命。博爱共同体能以自由的个人为基础而开始建构，而博爱本身也将完善自由和平等：在这里，尚未完全成为箴言的三个观念的顺序因此是恰当的。

不过，在大革命最初的日子里，还有第二种博爱，它也出现得很早，这就是爱国教会演说中宣扬的博爱，在一些意在彰显宪法与宗教之间协调一致的讲道和仪式（如联盟节的庆典和公民洗礼仪式）中，人们能听到这类演说。大量证据表明，爱国教士每次提及原始教会时都会使用"博爱"一词：这个词深藏的意义让那个强大富有的教会感到羞耻，它意味着教会应回归最初的纯洁状态。人们在那最初的场景中所发现的正是博爱：社会关系与宗教关系是同一性质的①。爱国派教区神甫们坚持认为，确立这种一致的关系也就是确立这一原则：任何与大革命缔造的社会为敌的人，也就是博爱教会的敌人。道成肉身的教义在社会与宗教之间建立了这种同一性，虽说道成肉身不曾创造人的伟大——那是因为自亚当以来的人类都是基督的非

---

① 关于这个论点，参阅尼古拉·博纳维尔（Nicolas Bonneville），《论宗教精神》（*De l'esprit des religions*），巴黎，社会俱乐部印刷所（Imprimerie du Cercle social），1792年。

常不完善的影子——却关键性地揭示了社会与宗教的同一[①]。道成肉身是一个终极证明：既然上帝以人的形象出现，“所有人就像是同一个人，是一场完整而无法分割的行动的独一无二的结果”[②]。拉穆雷特[③]所称的人与人之间的“共体性”(concorporalité) 中人的维度，指的就是博爱，因为基督徒的特质在每个人身上都刻下神的痕迹，使他们成为兄弟。

可以感觉到，这第二种博爱与网球场宣誓中的博爱有很大差别。这并不是说它没有付诸实践，为人感受并产生影响，而是因为它有待人们追本溯源，而非凭空创造。它远不是在民族的共同建构过程中自觉体察到的，而是一种直接来自上帝的馈赠。因此对人而言，这个概念既非契约亦非争取来的成果，而是一种发自心底的赞同。很显然，它在自由之先，而根据韦尼奥的看法，正是这种博爱分娩出“真正的平等——自然之女”[④]。因此这句箴言的次序就不恰当了，应该以真正的本源为开端，它是三个之中最富创造力的：这个本源就是博爱。1791 年 9 月，格雷瓜尔提出的方案就是以博爱为基础的，当时他说：“宗教带给我们博爱、平等、自由。”[⑤]因此，革命大幕开启之后，浮现在人们眼前的博爱不是一种，而是两种，它们有不

---

① 这段译文中的“同一化”“道成肉身”都是“incarnation”，具有宗教色彩，因为中文表达的原因而有不同的译法。——译注

② 拉穆雷特(Lamourette)，《信仰哲学思考录》(*Pensée sur la philosophie de la foi*)，巴黎，C. 西蒙书店(C. Simon)，1785 年。

③ 拉穆雷特(Antoine-Adrien Lamourette，1742—1794)，高级教士，遣使会成员，大革命期间的政治人物，立法议会议员，以提出“协和”(concorde)与“博爱”而闻名。1792 年他在议会建议议员相互拥吻以示和解，故有“拉穆雷特之吻”(baiser Lamourette)一说。——译注

④ 1793 年 5 月 13 日的演讲，《导报》(*Le Moniteur*)，第十五卷。

⑤ 格雷瓜尔的声明，奥拉尔评注，同前。

同的精神来源[①]：位于自由与平等之后的博爱是自由契约的产物，位于平等与自由之前的博爱是神在其作品之上的印记。所以这句箴言有两种吟唱方式。

这种犹豫不决还酝酿出另一种犹豫不决，后者甚至让人怀疑这三个彼此对立的词语能否构成一句箴言。能将博爱与自由、平等这些个人主义的价值观结合在一起吗？只要把博爱稍微设想成某种幸福共同体的实现，设想它洗去了各种冲突并拒斥利己主义，那么博爱就会贬抑一切与个人自主有关的计划[②]。雅各宾专政期间，这种不相容性明显凸显出来。甚至不必提到那些怪诞的文字，比如圣朱斯特（Saint-Just）曾以近亲的可靠性和迎娶外人的可怕来为乱伦辩护（因为在他看来，最腐败的民族是那些禁止乱伦的民族[③]），除此之外，我们还可以参阅其他更知名的文献，圣朱斯特在文中歌颂了博爱温情。《共和制度》（*Institutions républicaines*）中的文字不仅列举了各种关于融合的建议（朋友们应共用一个坟墓、同一个安葬地点），还提出了这样一个说法：任何契约若不是出于博爱则无效，因为朋友之间的手足之情是任何契约必需的前提。这样的安排显示了博爱的优越性和相对于任何个人意志来说的绝对优先性，没有什么比这样的安排能更好地抗议自由和平等的独立价值并更好地否定

---

① 如果我们再次比较网球场宣誓和雅各宾的博爱，就会发现，1789 年的场面预示着，一旦目标达到，兄弟之间会和平地分离。相反，1793 年则意味着，任何分离，甚至仅仅是分离的意图，都会被认为是背叛：注意力放在共同体之外，这一事实足以令人生疑。“联邦”一词之所以会转向贬义，其原因不仅仅是此间出现的“联邦主义”这个恶神，也是因为联邦意味着个人有缔结联邦的自由，而这就违背了共同体在先的理念。

② 拉穆雷特也很愿意承认这一点：“因此说人生而自由是相当可疑的。”

③ 圣朱斯特：“埃及人、波斯人、亚述人、斯基泰人都同他们的姐妹结婚，因此这些人民应有非常纯洁的风俗。现代人同家族外而且几乎外在于祖国的女子结婚”。《论自然》(De la Nature)，载《政治理论》(*Théorie politique*)，巴黎，瑟伊出版社，1976 年。

个人。

关于这种雅各宾式的博爱，最具象征意义的例子是“兄弟亲善”(fraternisation) ①，而巴黎各区的“先进”分子正是通过这些形式排斥了温和派，此举得到来自那些强硬区的气势汹汹的代表们的支持。带有这样的面孔又与死亡连接在一起的博爱②，怎能与箴言中的姐妹结合在一起呢？它显然排除了自由，因为它伴有暴力强制的色彩，甚至发自心底的自由也被排斥，因为在这种博爱的团结梦想中，光是想到自己，或者甚至如圣朱斯特所说的，哪怕什么也不想，也是一种罪恶的分裂行为：“无所想望之人心怀恶意”。它也排斥了平等，因为它在兄弟与非兄弟之间竖立起一种强烈的二元对立，市场区的代表们说，“在自由的人民之中，不是兄弟便是仇敌”，而这里的仇敌是不能转变成兄弟的。③共和二年穑月，巴雷尔写了一篇重要

---

① 关于兄弟亲善的具体描述，见阿尔贝·索布尔(Albert Soboul)，《共和二年巴黎的无套裤汉》(*Les Sans-Culottes parisiens en l'an II*)，载《巴黎各区社会和政治史：1793 年 6 月 2 日到共和二年热月 9 日》(*Histoire politique et sociale des sections de Paris, 2 juin 1793 - 9 thermidor an II*)，巴黎，克拉夫勒伊出版社(Clavreuil)，1958 年。

② 博爱与死亡的联系纯粹是一种统计方面的偶然，这得益于博爱在这一三重箴言中的位置(关于这一点，参见马塞尔·大卫(Marcel David)，《博爱与法国大革命》(*Fraternité et Révolution française*)，巴黎，奥比耶出版社(Aubier)，1987 年。不过，博爱与死亡的结合的确构成了最丑恶的一对。我们知道，对这个组合有两种解释：我们要么是兄弟，要么我自己灭亡(不兄弟，毋宁死)；我们要么是兄弟，要么我让你灭亡(尚福[Chamfort]的反讽解释)。雅克·安德烈在一篇未刊论文中提出了第三种解释：你是我兄弟，所以我让你去死，最好的证据就是对祖国的热爱，这要求朋友的牺牲。将朋友“奉献”给祖国的人，使得“奉献”一词有了双重意味，他是最出色的爱国者。为了论证这一出色的观点，雅克·安德烈举了罗伯斯庇尔让卡米耶牺牲的例子，而卡米耶正是他“中学时的老同学”。(这里的卡米耶指的应是卡米耶·德穆兰 [Camille Desmoulins] 。——译注)

③ 团结一致的博爱不再是目标(团结的意愿)，而是一种状态，只有一种方法能实现这种博爱：排除大革命的所有陌路人。所谓陌路人，首先是从字面意义上理解的。阿纳卡西斯·克洛茨(Anacharsis Cloots)的命运就是这方面的例证。在所有人看来，他首先是为整个人类言说的。在圣朱斯特的控诉中，他成了这样的人：“克洛茨热爱一切，除了法国。”换言之，他没有对祖国母亲的特有的热烈博爱之情，而是把他的情感散布到世界的四面八方。

文章[①]来反对巴黎各区节日活动中的公民宴会，在这篇文章中我们可以看出博爱已经被怀疑、怨恨到什么程度了，甚至对由自由和平等衍生出的博爱，人们也变得不信任。这些感人的共餐仪式、这些“博爱宴席”究竟有何不妥之处呢？首先，准确地说，就是这种感人特质，“一种过早的宽恕”，它针对的是“宽容派”。其次，它有炫耀的意味，因此针对的是“显摆之人”。这是黑暗、酗酒、性和宗派的大杂烩——与梦想的团结融合恰恰相反——这种混乱给“丑恶贵族”的阴谋诡计提供了可乘之机，人们的拥抱根本看不出是否出自内心的纯洁，而是掩饰了最恶劣的旧关系。[②]最后，尤其重要的是，这种聚会不合时宜，因为在革命之中，人们不能期望人人皆兄弟的博爱境界。革命的博爱在于“救助不幸，捍卫被压迫的爱国者，远离腐朽的贵族，揭发伪装的反革命”：先是两个亲近的动词，然后是两个疏远的动词。因此梦想那种扩展到整个地球的博爱之情为时尚早：那就告别平等吧！相反应该“压制”这种博爱之情：那就告别自由吧！

热月之后，我们的这个三词箴言的前景似乎好多了，而此前，让它们共存，甚至一想到让它们共存都是很为难的事，何况无论是在语言还是在事实中，这句箴言都和死亡有牵连。此时的革命者们才注意到，箴言引发的这场无法控制的运动险些将他们抛入深渊。于是他们要与89年，即与作为奠基者的启蒙哲学重建联系：当然要跟自由建立联系，平等也是如此，只要将平等重新界定为权利的平等。然而，他们也特别留意不再继续追求博爱所主张和要求的那种

---

① 巴雷尔，穑月28日关于各区的节日和公民宴会的演讲。

② 这里巴雷尔重拾起罗伯斯庇尔的一个论点：伪装的博爱。如果说人们的确可以伪装博爱，如果说“没有什么比恶劣的罪行更能冒充美德”，那么找出敌人就是一件令人绝望的事情。罗伯斯庇尔说：“刑法必须有某些模糊之处，因为阴谋分子的一个实际特点就是隐藏和伪善，司法机构应抓捕这类披着各种伪装的人。”虚假的兄弟因而就是最危险的人。

“真实的”平等。正像当时一位关键人物多努（Daunou）所说的，当最普遍的需求是“栖息在温和与平静的情感的怀抱中”时，秩序和自由构成的箴言就足够了。他在关于公共教育的报告中提出的正是这个想法。共和六年政府文件中使用的正是多努的箴言，有时人们还小心翼翼地在自由和秩序之间加上平等（自由、平等、秩序），直到首席执政拿破仑创造出自己的箴言：自由、公共秩序。五十年后，福楼拜在跋山涉水的旅途中[①]，还在客栈的咖啡杯上看到了第一帝国留下的金字箴言。

夏多布里昂在《墓畔回忆录》中说，在改作他用的教堂的墙壁上，人们徒劳地用石灰浆抹掉这句三词箴言后面紧跟的那个气势汹汹的“或者死亡”，但这句话还是若隐若现，提示人们那段革命的噩梦无法抹去。此后恐怖时代就一直纠缠于这句三词箴言，在它真正诞生之前就已支离破碎。因为无人再相信，自由考察的自由与权利的平等可以同结果的平等和博爱结合在一起。自由之人与平等之人一旦彼此分离，怎么去相信和实践博爱呢？拥有权利的个人在从属于集体之前，能够从其最初的孤立状态中提取灵感和力量以再造整个社会：在所有人看来，这种观念正是法国大革命的谬误所在。

因此，自由、平等、博爱是句不合逻辑的箴言，它所包含的一些真理彼此处于战争状态。没有什么比这种荒诞意识更能使人领会当时的思想气候了。但正是这种意识赋予了那些表面看来相互对抗的哲学某种同为一族的意味，无论是极左还是极右、社会主义还是保守主义，都深信这一点：一旦在人类的集体命运中树立个人权利，不

---

① 古斯塔夫・福楼拜，《跋山涉水》（*Par les champs et par les grèves*），巴黎，G. 夏庞蒂埃书店（G. Charpentier），1886 年。

和与混乱就会随之而来。这种意识同样助长了社会主义者和自由派之间不可调和的战争。自由派承认权利可以继承，承认自由和平等，但前提是平等应被界定为受保护权利的平等，而非享用权利的平等，因此他们拒绝那种“粗暴的平等”，按照德斯塔埃尔夫人（Mme de Staël）的说法，雅各宾时期创造出来的就是这种平等；不过，自由派没有给博爱留下位置。而另一方面，社会主义者对自由-独立绝无好感，因为这纯粹是对社会的否定，而且还是一种欺骗——于是他们创造出一个注定有着远大前程的说法（这是他们对这场辩论的独特贡献）：如果自由不惠及所有人的幸福，那它就是骗人的自由。对于平等，社会主义表现出的热情并不见得更多：在他们看来，平等有时会抑制个人纷争的激增，只要对这些纷争加以协调（如傅立叶［Fourier］）；有时又意味着与公正对立的绝对平齐划一（如在圣西门［Saint-Simon］那里）。在社会主义乌托邦的法庭上，唯一获得恩典的价值是博爱，一种真正具有本源性的情感，它是爱的社会表达形式。在伊加利亚①，社会成员应该遵循的唯一指令就是博爱，唯有它能维系共同体，是平等和自由之母。人们大概可以说，卡贝至少接受该箴言中的另两个术语，但这种接受是有条件的，而这种条件对自由派而言十分苛刻，那就是将自由定义为“所有个体力量的集体联合”。在卡贝的一小团体起航前往新世界的那天，身披黑呢大氅、头戴灰毡帽的志愿者在甲板上唱着新的出征歌：

> 无产者，拭干泪水，
> 去创建我们的伊加利亚，

① 艾蒂安·卡贝（Étienne Cabet），《伊加利亚旅行记》（*Voyage en Icarie*），巴黎，J. 马莱书店（J. Mallet），1842 年。卡贝写道：“如果有人问伊加利亚人，他们的科学、理论和体系是什么，他们会不知疲倦地回答说：博爱。”

博爱的战士啊，
去伊加利亚，
奠定人类的幸福。

社会主义者和自由主义者之间的这场对抗，所争执的当然也包括对于法国大革命的理解。一方赞美的时刻（对自由派是1789年，对社会主义者是1793年）恰恰是另一方憎恶的时刻。于是我们看到，各种竞相绽放的大革命史都断然拒绝赋予革命事件统一的意义，它包含各种相互矛盾的片段：有些片段标志着个人主义的胜利，但随之而来的片段则试图“将人类从个人主义的魔鬼手中解救出来”①；大革命中的人也是分裂的，有人不能理解“大革命的目标是创造博爱”②，如比谢笔下的吉伦特派，但罗伯斯庇尔和他的朋友们却是这样认为的。没有什么比这些分割的历史更能让大革命变得缺乏整体性了，这些历史似乎不愿给整体阐释以任何机会，更不用说重组我们的三词箴言了。事实上，1830年革命并没有给它带来新的契机：这个共和色彩的君主制与三色旗重归于好，但不愿意与那三个神圣的术语和好，它希望的箴言是“秩序与自由”。拿破仑的箴言（“自由、公共秩序”）给自由砰然关上了公共秩序的大门，与之相比，新的箴言无疑有其优点，即让自由能更好地呼吸，这得益于并列连词“与”所具有的和解之功。但这一点谁又看得明白呢?

然而，还是有一些场合、有一些思想在维系着对这句箴言的记

① 这句话出现在如下著作的扉页上：《大革命史》(*Histoire de la Révolution*)，艾蒂安·卡贝，《法国大革命的民众史》(*Histoire populaire de la Révolution française*)，巴黎，帕涅尔书店(Pagnerre)，1839—1840年。

② 菲利普·比谢(Philippe Buchez)和普罗斯珀·鲁(Prosper Roux)，《法国大革命议会史》(*Histoire parlementaire de la Révolution française*)，尤其是第一卷和第二十五卷的前言，巴黎，波林出版社(Paulin)，1834—1838年。

忆，而且准备对其进行重组。在一些边缘性的思想中，在一些秘密的场合下，对这个失却的话语的崇拜仍在“不可见之人”中传播，正如乔治·桑在那些地下人物中间看到的那样[①]：1833 年的《论坛报》这样写道，在秘密会社的聚会中，“目标是自由平等，手段是共和国”；法庭上众多指控共和主义者的案件牵涉到这句箴言；共济会各支部也在传诵这句箴言，如“不可分割的三位一体”支部；极左翼的小册子在宣扬它；里昂起义工人的日程中提到了它，而按照过去的共和历，起义的日子是在共和四十二年芽月 22 日；圣佩拉吉[②]的墙壁上写上了这句箴言；此外还有一些杂志。1834 年，当《共和杂志》(*Revue républicaine*) 创刊时，它的编辑者、人权协会的代言人迪蓬 (Dupont) 解释该杂志的目标是真正的“19 世纪的社会目标”，即平等，“而其结果就是每个人的自由。所有人都渴望自由、平等，但如果没有他人的协助，没有博爱，是不能达到这个目标的”。因此，他评论说，这就足以证明“共和国箴言的这三个词语存在的合理性”。于是，从法庭到宣传册，从祝酒词到社论，这三个词语到处游走，终于在 1847 年的宴会运动中全面复兴。在里尔，勒德吕-罗兰 (Ledru-Rollin) 恳求他的听众展望并且相信：“在这个时刻，你古老的信仰已经熄灭，而新的光明尚未到来，但是，在你孤独的寓所中，请你每天晚上都虔诚地重复那不朽的象征：自由、平等、博爱。”

作为引领民主走向胜利的领导者，勒德吕-罗兰自然对那些暗中酝酿这一胜利的思想观念敬奉有加。实际上，重组这句箴言的时机在各种异议思潮中已经成熟了，这些思潮已从其故土上解放出来，对皮埃尔·勒鲁而言，这故土是社会主义，对夏多布里昂和巴朗什

---

① 乔治·桑，《鲁德施塔特伯爵夫人》(*La Comtesse de Rudolstadt*)，巴黎，L. 德波特书店 (L. de Potter)，1844 年。

② 圣佩拉吉 (Sainte-Pélagie)，当时巴黎的一座监狱。——译注

(Ballanche) 而言是传统主义。在他们看来，人类历史就是对《圣经》的不断诠释，这个信念暗含着为革命时代平反——因为这些时代也是基督教圆满实现的不可或缺的阶段——同时也为这个共和主义箴言平反：大革命时代的人们唯一没有意识到的是大革命的超自然起源。自由，是因为神所期望的人类向善的征途须以自由同意为前提；平等，是因为基督教设定的灵魂的平等也宣告了阶级的平等；博爱，是因为爱的法则是基督教独特的贡献，甚至是它的精神本质。在这样的解释之后，这句箴言的价值就变得不可抗拒了，对一段终于具有正面意义的历史而言，它们是创造和更新的根本原则。正是基于这样一种直觉，夏多布里昂于 1841 年在《墓畔回忆录》中的结论才显得光彩夺目："解放者的宗教远未抵达其终点，它刚刚进入第三个时代，政治的时代，自由、平等、博爱的时代。"[①]无论是他还是巴朗什，都没有留意这三个名词的次序以及它们之间可能存在的矛盾。总的来说，它们是实现基督教期许的使者。像基督教一样，它们也是展现进步中的人类思想的一种方式

另一种不同的看法与社会主义有关，它也想重新将这三个词黏合成一句箴言，这就是皮埃尔・勒鲁那沸腾的思想。没有谁比他更清楚地意识到这样一个事实：这句"神圣的箴言"不是显而易见的事实，而是一个谜，"主导我们解放事业的神秘三角形也巩固了我们的法律"。也没有人像他那样丝毫不掩饰将这些相互矛盾的价值观融汇在一起的困难。主张个人权利至上、蔑视平等的人究竟有何差失？主张集体权利至上、蔑视自由的人又有何不足？如果说有一种宗教可以调和这些片面的价值观，那就是卢梭曾预见到的宗教——勒鲁把卢

---

① 弗朗索瓦-勒内・德・夏多布里昂，《墓畔回忆录》，巴黎，伽利玛出版社，"七星文库"，1957 年。1841 年结尾的这段文字是以某种精神遗嘱的方式写下的。

梭视为这句箴言的创造者——不过卢梭还没有掌握有关这种宗教的“学问”。那么勒鲁所谓的“学问”究竟是什么呢？首先要给每个词语规定确切的位置，要承认自由是目标（因为社会应该满足个人），平等是原则（优先于一切法律的法律），博爱（规范公民行为的情感意识）是手段。其次要追溯这句箴言的历史，即从斯巴达或罗马的自由，经早期基督教的博爱，再到启蒙时代卢梭的平等：古代共和国的蓬勃生气、中世纪的情感升华、启蒙时代的批判性反思，人类历史的三个时代就浓缩在这句撷英取粹的箴言中。最后是不容忍三个术语分离，因为法国大革命的悲剧就是出现了三个宗派①，它们相互厮杀，每一方都意识不到其他两方的合理性，只知道挥舞自己偏爱的旗帜：罗伯斯庇尔高举平等，丹东高举自由，德穆兰打出的是博爱。我们应该注意到，皮埃尔·勒鲁在追述这句箴言的历史足迹时，把博爱放在了中间的位置。这个做法合乎基督教社会主义信徒的气质。在比谢的基督教社会主义中②，作为根本象征形象的耶稣手握博爱旗帜，脚下踩着代表肉欲、利己和自爱的七头蛇。因此，基督与博爱合为一体，两侧伴随着两个背上有翅膀、一半天使一半女性的人物，一个是手握利剑的自由，另一个是手执一本书的平等，书中宣扬爱上帝、爱邻人。因此这句箴言的正确解读顺序应该是自由、博爱、平等，这个顺序是勒鲁在1830年提出的，1847年他对此做了明确的表述，这时他梦想着将来法国能最终“以宗教的虔诚理解这句箴

---

① 另外，在皮埃尔·勒鲁看来，这三个宗派在历史中不断再生出来。他说：“有人对普鲁东在这革命的三年中表现出的气质感到惊奇，想到这些人我就要笑了。唉！其实很简单，普鲁东就是自由的革命宗派的头领，卡贝是博爱的革命宗派的头领，路易·布朗则是平等的革命宗派的首领。”皮埃尔·勒鲁，《希望》（*L'Espérance*），1858年5月到1859年4月。

② 转引自莫里斯·阿居隆，《战斗的玛丽安娜——1789年到1880年的共和想象和象征》（*Marianne au combat. L'imagerie et la symbolique républicaines de 1789 à 1880*），巴黎，弗拉马里翁出版社，1979年。

言”，“自由将盛行，博爱将盛行，平等将盛行”，而到 1848 年，当这个光辉的梦想似乎已成现实时，他试图推行这句箴言。

这句箴言的突然再现是第二次革命的成果，不过在欢呼之前，我们先看看一个注定有着深远影响的结论，这就是米什莱的论点。米什莱同意先前那些思想家的看法，即认为这句箴言来源于基督教，因此他同意 1789 年是个黎明时刻：当时主教和教区神父们都想对基督教进行再阐释。但有个问题妨碍米什莱追随这些教士：在他看来，基督教在自然与超自然之间设置了无法逾越的、让人不能接受的落差。人类的福祉全系于神的善意，这种思想让米什莱对恩典的、特权的、源自他律的、与公正背反的启示宗教感到厌恶。不过，人不能没有宗教，在“被玷污、被蛀蚀的”旧祭坛的遗址上，应该竖起“更高尚更真实的”新祭坛。这个新祭坛正是共和主义的三词箴言。

作为身处时代氛围中的作者，米什莱倾注热情最多的是第三个词，即博爱，因此他把联盟节视为大革命的路标和灯塔：在他看来，这一刻所有的阶级壁垒都在瞬间奇迹般地消失了，人民与资产阶级和解，情同手足的联合终于实现。不过，虽说法国的福祉归因于某种新宗教的出现，但米什莱同样秉持原初的个人权利意识（“在成为兄弟之前，应该先存在”①），而且这种权利事关根本：“应该为人民追讨的是权利，而不是义务。”因此这一箴言的传统言说方式是正确的。

但是，怎样从自由与平等的个人之间的理性沟通过渡到博爱的融洽境界？人们如何能在挥舞个人权利旗帜的同时还能高举博爱的大旗？米什莱很清楚地意识到了这个难题，并于 1847 年在自己的日

① 儒勒·米什莱，《人民》(*Le Peuple*)，巴黎，弗拉马里翁出版社，1974 年。

记中对此做了概述，日记中的文字讲述的是鲁昂的一位共产主义织布工的到访。这位工人和这位历史学家的谈话的中心是：在现代世界中，集体性的宣扬怎样才能与个人主义的进展相协调。米什莱评论说，其中的困难是："1. 如果博爱仅仅归于情感层面，那它不会有效果，或者只在冲动的片刻才有效。2. 如果博爱写入法律，成为指令性的东西，那它就不是博爱。3. 如果您希望博爱能推广开，那它必须是自愿的，于是我们又回到了最初的情感层面。"在米什莱看来，要摆脱这种困境只有一个条件：将博爱变成一种与平等和正义迥然不同的情感，使其能自然产生。毕竟，正义之人绝不会认为在物质层面完成一个公正的举动就算尽了自己的义务，他时刻感到应超越这个层次。平等也就不是简单地赞同给予他人平等，而是希望看到他人被认可为同类者的意愿，是对所有人类成员人性的敬重，而每个人的人性都是平等、可敬的，人类正因为如此才成为兄弟。基督教把博爱看作某种"亲属"联系，它的获得是以罪人与纯洁者之间不公正的团结为代价的，只要稍微修改一下这种博爱观念，把它看作一种正义的关系，每个人都对自己负责，但都愿意考虑他人并促成"博爱团结"的实现，人们就很容易从个人的自由和平等过渡到博爱：因此这句箴言就像庄严而缓和的旋梯一样向上延伸。

米什莱的这种融汇说在哲学上没有丝毫说服力：人们很难理解这种理性而充满手足之情的沟通，这种"权利之上的权利"。但从历史上看还是有效的。因为当共和国最终稳固下来之后，它在找回以标准顺序构成的箴言时，回想起来的正是这种含有宗教意味的公民间的融洽、这种"博爱的团结"。共和国可以在米什莱那里寻找这样一种信念：人权远不是片面简单的个人主义的宪章，它能够成为驱逐个人利益（萦绕着法国的古老顽疾）的工具和让公民团结的许诺。共和国还尝试将社会主义传统和自由主义传统联合起来，它将这个和解的使命托付给即将遍及法国土地的学校——在每个学校的门楣上，小学生们都将读到这三个词：自由、平等、博爱。

1848年的惊雷宣告了象征符号大行其道的时代的来临。从2月25日下午开始，旗帜和标语的问题凸显出来。被打倒的君主制的旗帜是三色旗。它的对手是红旗，是与路易-菲利普斗争的革命社团的象征，它曾飘扬在街垒上，在格列夫广场的一些帽徽上也能看到鲜红色。当有人在市政府的窗边挥舞着从沙发上撕下来的鲜红布条时，人们便立即要求将其作为革命旗帜。人们匆忙之间制作出红旗，当着前来开会的政府成员面挥舞，这些政府成员——拉马丁、加尼耶-帕热斯（Garnier-Pagès）、马里（Marie）——立刻意识到，有人试图将一个更为激烈的革命象征物强加给他们。当时的拉马丁灵机一动，想到一个说法让带着武器的工人冷静了下来："红旗只是在撒满人民鲜血的战神广场转了一圈，而三色旗却把祖国的名字、荣誉和自由传遍了世界。"从历史上说，对红旗的恐惧其实源于对历史的不甚了解，1791年时，红旗还代表戒严，是秩序的象征物，并不是起义和民主的旗帜。不过这种恐惧表明了对象征物的确切理解：与红旗不同的是，三色旗就像对社会和平的承诺一样能够安定人心。当天晚上的一条法令以追忆大革命的名义规定，保留高卢公鸡和三色象征。当时还没有提到箴言，旗帜上只有两个光荣的首字母：R. F.①。

但是，第二天，这个问题又提了出来。当天夜间，巴黎的墙上到处都出现了一条布告——可能是刚刚获释的布朗基（Blanqui）的杰作——宣称三色旗已被路易-菲利普玷污。于是，市政厅墙外新的示威活动中打出的全是红旗，这引发了激烈的辩论。红旗是新时代的

① "R.F."为"法兰西共和国"(République française)的缩写。——译注

象征（路易·布朗基），面对支持红旗的人，拉马丁再次挺身应对这一威胁，一开始有些动摇，但古德绍（Goudchaux）说服他绝不可向威胁低头。最终三色旗的支持者获胜了。但所有人都觉得必须对人民做点让步，这便体现在一条新法令中：国旗仍然是三色旗，但旗杆上应配一个玫瑰花结，旗面上写上自由、平等、博爱。因此，这句箴言是作为一种妥协、一种向人民的让步而再度出现的。所有人都欢呼“永恒的格言”的回归，正如3月4日克雷米厄在葬礼上所说的那样。真的永恒吗？我们知道并非如此。但我们也知道，当红色的玫瑰花结（它也是对人民的让步）消失很久之后，这句箴言还将延续下去。

我们关注的这三个词又出现了，真正的记忆之场。对大革命传奇的回忆四处流传，有关辩论也带有此前关于这三个词语顺序的漫长争论的痕迹。在这些记忆和辩论中，我们又看到了皮埃尔·勒鲁：普鲁东称颂他是热尔勒修士[①]的化身，这是令人惊异的跨时代类比。勒鲁还向议会提出了一个在他看来非常重要的修改意见：“博爱是自由与平等之间的联系纽带，国民议会在明确这一点之后，应该颁布法令，确认这一民族箴言应继续由共和主义的三个神圣词语组成，但其组成顺序应该是：自由、博爱、平等。在这三个词语之外，可以再加上团结一词，以表明自由、博爱、平等三者彼此密切相关，仿佛一组完美和音的三个音符，因为三者都源自完美天性的和谐一致，源自使我们成为同类的平等与团结。”勒鲁的全部思想都体现在这个建议中：对伟大记忆的虔诚，有责任使箴言适应新“科学”，必须调整词语次序但却不能将它们分割开，其中既有延续也有改变。在辩论中，我们又发现一个老面孔，路易·布朗——普鲁东总认为他是罗

---

① 热尔勒修士（Dom Gerle，1736—1801），天主教修士，法国大革命期间的政治人物，曾出现在大卫的画作《网球场宣誓》中：热尔勒与格雷瓜尔和新教牧师拉博·圣艾蒂安站在一起，有人认为这象征着新的平等精神和古老的信仰对抗的终结。——译注

伯斯庇尔的化身——在头一年刚刚用两种对比鲜明的颜色重绘了大革命史，光明的平等革命对比着混乱的自由革命。布朗主张的箴言顺序是：平等、自由、博爱。传统顺序的支持者还是胜利了，失势者集结起来，解释说问题的关键是要克服这些术语中潜在的矛盾。拥护自由并不意味着自私的权利；拥护平等并非赞同修道院那样的平齐划一；博爱万岁，就像是另两个术语的“诗意表达”！而且，这是个和解的时代。路易·布朗评论说[①]：“宽恕、人道、温和充满了人们呼吸的空气。”他这样总结箴言的回归：“这三个词最全面地阐释了民主理论的内涵，我们的旗帜就是这一理论的象征”。

如果与1789年和1830年相比[②]，这次回归的新颖之处在于教会与大革命的坦诚相对。从革命者方面来说，这一次并没有拔除十字架，没有砸碎圣物，也没有强制封闭宗教场所。在教会方面，从三月开始，教士们就忙于为自由树和国民卫队的旗帜祝圣。他们在布道词中强调了自由树和十字架之间的亲缘关系（雨果在孚日广场种植自由树时就鲜明地突出了这一主题[③]），强调被侮辱的法国人民与受鞭笞的基督的相似性，这些布道词就是对共和国箴言的不可穷尽的评注。法国痉挛般的历史就是福音实现的历史，这种观念是通过何种秘密路径形成的？沙隆（Châlon）的主教说，自由、平等、博爱，这就是“福音最简单的表达”。这种指称最早在哪儿出现？出现在耶稣受难的十字架上，“我们神圣的救世主的受难床，其木材结出的珍

① 路易·布朗，《1848年革命史》（*Histoire de la Révolution de 1848*），巴黎，拉克鲁瓦书店（Lacroix），1870年，两卷本。路易·布朗评论说：“暂时忘记可悲仇恨情绪之人会觉得他们是一家人，他们将乘着同样的灵感的翅膀，回溯到那个他们休戚与共的永恒源泉。”

② 关于这两个问题，参阅弗兰克·保罗·鲍曼（Frank Paul Bowman），《浪漫的基督》（*Le Christ romantique*），日内瓦，德罗兹出版社（Droz），1973年。

③ 1848年3月2日，雨果在孚日广场说：“第一株自由树是1800年前在耶稣墓地自行种下的。这第一株自由树，就是耶稣-基督为人类的自由、平等和博爱而牺牲于其上的十字架。”

贵的果实我们有理由称之为真正的自由之树”。报纸、小册子、布道词都在为这一动人的主题添砖加瓦：“年轻的共和国还像是被捆绑和被箭头刺穿的殉道者。圣洁的妇女前来拔去箭头，给人民的伤口撒上芳香的药油，这些妇人就是自由、平等、博爱。”①

在这种虔诚的氛围下，我们的这个三词箴言会变成什么样子呢？不是完全改变，也不是完全不变。之所以不是完全不变，一个最显著的原因是，这句箴言受到一个义务清单的坚实制约（这个清单通常也是三个一组的形式：美德、服从、忠诚或人道、正直、荣誉）。由于该箴言的第三个词语已经属于义务的范畴，因此很容易预见，博爱从此会变成最受瞩目的一个。虽然有关箴言的内部顺序的思考很少见，但由于浪漫主义唤起的内心情感的效应，三个词语中博爱地位最高，最完美：博爱总结、包含并超越了其他两个术语，它能把大革命传承下来的一些片面真理连接成整体并形成一种共同信仰的宗教②。博爱的尊贵到处都能领会到：无论是在竞选宣言还是在演讲中，在庆祝活动还是在公共建筑上。

可以看看为安置国民议会而在波旁宫院子内临时搭起的建筑。三角楣上雕刻有三位骄傲的女性形象，三者头上都戴有这个三词铭文。正如皮埃尔·勒鲁期望的，博爱位居铭文的中间，和共和国印玺上一样。在圣日耳曼-昂莱的自由树栽种仪式上，大仲马这位出人意料的祭司向群众发表演讲说：“公民们，这是五十年来我们第三次栽种这样的树了。第一次是在1789年，它代表自由；第二次是在1830年，它代表平等；第三次就是在1848年，它既代表平等、自由，也

---

① 《真正的共和国》（*La vraie République*），1848年4月13日。

② 在鲁昂和里摩日，选举过后发生了骚动，对此乔治·桑在《共和公报》（*Bulletin de la République*）上解释说，这些事件是“革命航船行驶中所必然产生的尾流”，她呼吁不要放大它，并援引镌写在我们旗帜上的“博爱这一福音箴言”。这里的博爱足以总结和涵盖整句箴言。

代表博爱。公民们，你们已经种下一个象征，现在要做的是在现实中巩固它。”还有1848年4月24日的博爱节，这是二月革命后的政权庆祝的最隆重的节日之一。它再现的是大革命的联盟节的场景，试图以此来表现国民卫队（它曾是大革命时代的关键角色）、正规军和人民的团结整体。虽然有些评论者很刻薄地指出，这个节日说到底只是40万人走上香榭丽舍大街，背对凯旋门走过临时政府门前的一次游行。但他们也强调，在博爱的强大召唤下，这次活动很成功：所有士兵都觉得他们是兄弟，刺刀上盘绕的丁香和山楂花将行进的队伍装扮成鲜花的海洋，有节奏的共和主义口号喊出了全面的和解。最后，我们还可以看看1848年的竞选宣言，这些宣言对“三个神圣的词语”做了无穷无尽的阐发，它们是“神圣的箴言”，是“永恒的格言”“崇高的座右铭”“历久弥新的铭言”“福音书承诺给尘世的社会正义”(这是基内的信仰表白)，“在我们看来，神亲手写下的光辉词语就是博爱”(这是雨果的告白)。不过，这些候选人并没有忘记，这三个词语可能带来颠覆的危险，因此他们反复重申，“拿撒勒（Nazareth）的无产者”的福音宣扬的是没有放任的自由、没有平齐划一的平等、没有土地法的博爱。但所有人都指望博爱能有驱魔作用。他们说：“我尤其渴望博爱。”塔恩省（Tarn）的候选人对选民这样总结二月革命[①]：“在神的激励下，全体人民奋起，三天之内就跨越了一个世纪的征途，并坚定地着手现实人类关系中最高尚的三个原则，为此人民把这三个词语镌写在自己的旗帜上：自由、平等、博爱。头两个词完美地表达了人的所有权利，第三个词指出了所有的义务，也就是权利的限度。”

不过，1848年的博爱也并非全然另一种理念，因为在它周围还

① 制宪议会(Assemblée constituante)，选举(Élections)，国家图书馆，64 1323。

萦绕着许多古老的革命记忆。革命基督教的出版物中总是摆脱不了流血和暴力的场面，这些出版物以复仇者和灭绝者基督的名义，重拾拉梅内的主张，并将其发挥到极致。《共和派基督》(*Le Christ républicain*) 报提出这样一种观念：基督确实将甜蜜与和平带给穷人，但同时也对富人、强者和“贵族”开炮，“贵族”一词从 1789 年的历史中重新浮现。“双刃剑”“天国之火”“逐出神殿”的意象充斥在这些狂热的文字中。这份报纸问道，为什么红色是无产者的颜色？答案是：“我们这些穷苦的无产者之所以是红色的，是因为基督抛洒他的鲜血来救赎我们，我们愿借着他的血而再生。我们是红色的，因为灭绝天使曾在我们的门的上方点上羔羊的血，以在复仇之日区分上帝的选民和被弃绝者。”①

这将我们带回 1793 年那种博爱-兄弟亲善、博爱与恐怖、拣选与排斥混杂不分的情况中去了。遭到国民卫队残酷镇压的贫民在 6 月份起义了，悲剧性地表明法兰西邪恶激情的回归。当博爱大社团转变为另一张对立的面孔，人们立刻懂得，共和国的这句箴言将变得前景暗淡。我们来听听达尼埃尔 · 斯特恩 (Daniel Stern) 这位出色的见证人，是如何讲述 7 月 6 日纪念受难者仪式的。主教们再次出席，为追思台祝圣。“但是，尽管人们希望把场景布置得格外庄重肃穆，对所有了解这场仪式本身的性质的人来说，它还是显得空洞而冷淡。仪式上还能看到共和象征物。到处都能看到自由、平等、博爱的标语，但它唯一能让人感到的只是苦涩的嘲讽。从二月革命以来，这是人民第一次缺席公共仪式。来的工人非常少，他们被军队排成的人墙隔得远远的……”②雨果在竞选时曾预言可能有两个共和国，

---

① 《共和派基督》，第 7 期。

② 达尼埃尔・斯特恩（玛丽・达古 [Marie d'Agoult] ），《1848 年革命史》（*Histoire de la Révolution de 1848*），巴黎，G. 桑德雷书店（G. Sandré），1850—1853 年，共三卷。

而刚刚出现的那个共和国“把三色旗打倒在红旗之下”，并且在“自由-平等-博爱的神圣箴言”之外“加上要么选择，要么死亡”：悲剧重演，石板再次压在共和国箴言之上。

但这句箴言一直保留在1848年的宪法中。然而，宪法所保留的更多是箴言的词语而非其观念①。宪法是如此执意磨去箴言的棱角，抑制它的反响，而让一些有关社会稳定的令人安心的词语围绕在箴言周围：家庭、财产、劳动，公共秩序一词也再次提出，于是，那三个令人不安的口号旁边有了一位体面且时刻存疑的警卫。但它们还是太抢眼。1852年2月6日，亲王-总统给省长们下令取消这三个词：“由于我们只在动荡和内战的时刻看到这三个词语，因此将它们大模大样地刻在我们的公共建筑上会让行人悲伤烦恼。”各级官员执行了命令，有时甚至变本加厉，如圣艾蒂安（Saint-Étienne）的副省长②，此人极力驱逐“自由-平等-博爱这些神圣的字眼，因为它们被当作号召大家为社会主义的未来铺路的集结口号”。自由树被砍倒，共和国纪念日被禁止，三角楣上的箴言被刮去，国旗上的箴言则被鹰徽取代，革命的记忆再次被掩埋。同时，帝国的标语再次出现。左拉笔下的欧仁·卢贡阁下在立法院里毕恭毕敬地注视着两个“眼神空洞”③的巨人：自由、公共秩序。④

于是对这句共和箴言三个术语的相容性再次产生了怀疑（虽然

---

① 宪法第四段称，“共和国以自由、平等、博爱为基本原则，以劳动、家庭、财产和公共秩序为基础”。

② 转引自让·洛尔桑(Jean Lorcin)，“法国大革命和19世纪：遗产、模式和斗争”(*La Révolution française et le XIXᵉ siècle: l'héritage, le modèle et l'enjeu*)，1989年10月13—14日的研讨会，克雷亚菲斯(Créaphis)，1992年。

③ 见左拉的系列小说《卢贡-马卡尔家族》。这里的说法讽刺的是第二帝国议会徒有虚名。——译注

④ 埃米尔·左拉，《卢贡-马卡尔家族》之《卢贡大人》，巴黎，伽利玛出版社，“七星文库”，1961年，第二卷。

1848年的喜悦曾一度驱散了这种怀疑），这成了第二帝国那些重大思想辩论的中心问题，两个例子足以揭示争论的影响范围。一个例子是奥古斯特·孔德。他感谢那位他所称的“波拿巴先生”正式粉碎了“1848年的愚蠢标语”[①]，但他埋怨波拿巴只是将它束之高阁（而不是干脆换掉它），这就预示着那个愚蠢标语有可能会复活。他认为，“革命的经验”相当愚蠢，一旦适当政治机会出现就会重现，而且没有去除其中的“无政府主义字眼”。在孔德看来，不合逻辑和不协调的字眼是平等。如果删去这个“形而上的无政府主义象征”，老箴言还能用，因为在那个时代，要紧的事情是让资产者放心，根除实在不受管教的革命者，等待光辉之日的来临，届时唯一可以飘扬的旗帜是“秩序和进步”，“我将一直以创造和宣扬这一口号为荣”，孔德说。但对眼下而言，有效的口号是“自由、博爱”。箴言失去了一足，并且所剩时日也不多了。

另一个例子是普鲁东。他的攻击对象是将博爱摆在突出位置的软弱哲学。博爱是一剂慈善的万灵膏，夸张的赈济游艺会上的吵闹声，掩饰思想苍白的葡萄叶。或许，我们从普鲁东的憎恶中可以看出他对于博爱的某种态度：他有意无意地透露自己憎恨那种“等同于感官享乐”的博爱。但他也确信，博爱不能被当作社会组织和政治组织的原则。他对路易·布朗这个“罗伯斯庇尔的矮小影子”的最主要的指责就是说布朗“颠倒共和国箴言，好像是要对大革命进行革命一样”。[②]普鲁东说“自由、平等、博爱”是传统的要求——这再次见证了如下事实：箴言在经历长期的地下状态之后，终于带着古老

① 奥古斯特·孔德，《通信全集》(*Correspondance générale*)，第六卷，巴黎，社会科学高等研究院，弗兰书店(Vrin)，1973年。

② 皮埃尔-约瑟夫·普鲁东(Pierre-Joseph Proudhon)，《19世纪关于大革命的普遍观念》(*Idée générale de la Révolution au XIXe siècle*)，巴黎，加尼耶书店(Garnier)，1851年。

的威信走出了漫漫黑夜。“但路易 · 布朗做了彻底的改变，像新的斯加纳雷尔[①]一样，他把平等放在左边，自由放在右边，博爱居于中间，就像耶稣-基督位居善与恶之间一样。”然而，唯一让普鲁东青睐的箴言仅由自由构成，“至少它不需要理论和限制”，“让它位居其他两个术语之后”很荒谬，“就像祭司许诺人死后会有天堂一样”。因此，要么是“自由”，要么是“再无权威”。这一次，箴言失去了两足。不过反正“自由能培育世间的一切”，它本身是永恒的。

这个三词箴言的死亡令发布在 1851 年《民族报》的栏目中[②]。该报承认，这句箴言可以适应 18 世纪的“民众的精神状态”，然而，它不适用于过去，因为它对那些既不自由也不平等但同样具有德行的制度进行了荒谬的谴责。它更不适用于现在，因为它在各社会阶层中挥舞着宣扬虚幻平等的红色破旗，从而危害了自由。它也不适用于未来，因为只有孔德主义的口号“秩序和进步”才是唯一适合于未来的箴言。这份讣告因署名人是共和国著名的奠基者而更加引人注目了。此人是埃米尔 · 利特雷（Émile Littré），后来他认为没必要将这份箴言的死亡宣告收录在他后来的修订版文集中[③]：由此可以看出 1848 年的失败所引发的持久震荡有多大。

---

① 斯加纳雷尔（Sganarelle），莫里哀的戏剧中经常出现的一个人物，这里可能指有独特见解之人。——译注

② 《民族报》（*Le National*），1851 年 6 月 9 日。

③ 1878 年时，利特雷的看法已经有了很多改变，但对这句革命箴言却不然：因为巴黎公社的影响。在色当溃败之后，陡然间“这句箴言就在墙壁上展露出古老的形态，同时也表现出其在社会生活中的无能。我不想谈论自由；由于胜利的敌人从四面八方压来，我也无心考虑自由化措施；10 月 31 日那个灾难的日子就已开始酝酿 1871 年的公社，然而，在停战谈判之际，困难接踵而至之时，公社鼓吹的平等究竟能有什么成效？在杀戮和纵火的叛乱，以及随之而来的严厉镇压的战祸中，博爱成了什么模样？”参阅《民族报》上文章（同前）的评论，另见埃米尔 · 利特雷，《保守、革命和实证主义》（*Conservation*，*révolution et positivisme*），新版本，巴黎，实证主义哲学所（Bureaux de la philosophie positive），1879 年。

不过，箴言的重组工作还是重新开始了。箴言一直在秘密场合下存活着。共济会支部中有些歌颂它的蹩脚诗歌。一些思想自由的家长让孩子念诵这句箴言，将这个民主的三位一体①当成每天早晨的祈祷词。因此，它随新政权一起再次出现——正如奥古斯特·孔德预计的那样——是再自然不过的事，丝毫也不奇怪。这种开始形成习惯的"自然"有好几个征兆。议会返回巴黎标志着共和国的胜利，这时《马赛曲》再次成为国歌，7 月 14 日成为国庆日。但这些决定是在长期辩论后达成的，辩论有时非常激烈，在公共建筑上重新镌刻这句箴言的决定却找不到任何争论的痕迹。有些报纸在评论这句以视觉和听觉形式重新出现的箴言，但在这些报纸上也看不到有关三个术语的顺序及其相容性的老生常谈的问题。人们辩论的似乎只有其插图是否恰当的问题。1880 年 7 月，当人们把莫里斯的群雕搬到共和国广场时，《世纪报》②称赞了博爱的形象——充满善良和自然气质的淳朴农妇——但批评了自由的形象：它砸碎的是马衔，但若换成锁链可能更有表现力。

不过，共和派的首领们并不认为这句箴言的普及是个既成事实。他们丝毫没有忘却第二帝国时期的争论。被他们视作权威的瓦舍罗对三词箴言的严厉的判决犹在耳畔③，在瓦舍罗看来，这个三词

---

① 见雅克利娜·拉卢埃特(Jacqueline Lalouette)，《自由思想和法国大革命》(La libre pensée et la Révolution française)，发表于"法国大革命和 19 世纪"研讨会，同前。

② 《世纪报》(*Le Siècle*)，1880 年 7 月 10 日。

③ 艾蒂安·瓦舍罗(Étienne Vacherot)，《民主》(*La Démocratie*)，巴黎，沙默罗书店(Chamerot)，1860 年。瓦舍罗评论说："如果标语的第二个术语平等真的只是第一个术语的推论，如果第三个术语博爱真的是某种情感的表达而非权利的表述，那么可以认为，第一个术语，即自由，就足以充分界定民主，足以解释所有民主制度。因此，与启蒙哲学的口号相比，大革命的这句标语并不意味着真正的进步。上个世纪的人们赋予了大革命真正的口号，也赋予了大革命所必然产生的民主制的口号。社会主义学派的经济学说的丰富性无可置疑，不过，如果它们坚持启蒙哲学的原则的话，有可能做得更好，因为启蒙哲学足以囊括一切。自由，自由！这是伏尔泰、孟德斯鸠、卢梭、杜尔哥(Turgot)、孔多塞、康德、费希特、席勒、黑格尔、歌德这些现代政治和哲学的最伟大人物的呼唤，即使在今天，在社会科学取得各种进步之后，它仍然是政治和文明的终极口号。"

箴言远非“民主的最佳标语”，说到底还不如“自由”一词来得更有效更精确。不过，理智与虔诚并非不能共存，三词箴言仍然是“大革命的神圣箴言”，并且具有无与伦比的能量。所以要做的事情是去除其中的暧昧，赋予其内在的一致性，使其能为所有人接受。这个庞大的任务可以分为三部分，各个部分难度不一：1. 去除这三个术语可能会带来的死亡联想——当时，共和国的反对派总会在三个词语之后加上“或者死亡”，因而去除工作就更显必要了；2. 解决三个术语的顺序问题；3. 解决，至少是尝试解决它们之间的相容性问题。

首先，要让这三个术语同时摆脱雨果所称的“93 年的持久恐惧”，人们对这种恐惧一直记忆犹新，6 月起义的日子曾唤起这种记忆，巴黎公社又再度强化，后者再一次将共和主义箴言——箴言曾出现在公社的日程上——与起义暴力联系在一起。因此挽救工作并不简单：要让法国人理解，他们可以认为自己是 1789 年的孩子（这对共和派而言很关键），但同时又要憎恶 1793 年。不过，甘必大和费里的努力无比成功。可以说这是他们个人的成就，因为他们在公社期间扮演的角色让人们不再怀疑他们是喜欢恐怖统治的人；也可以说是历史编纂学上的成就，因为追随基内的费里坚持认为，追慕恐怖的阴魂，乃至对这个阴魂听之任之，都是建立共和制度的主要障碍[①]；这也是教育上的成就，共和主义宴会上的演说者们充分吸取过去的教训，总是强调说自由不是放纵，平等不是均等的分享，博爱不是不分彼此地混合。教科书反复申明补救大革命的唯一药方就是共和国，梅齐埃[②]的道德教育课本这样说：“在这样一个稳固的制度

① 关于这一点，参阅弗朗索瓦·孚雷，《法国 19 世纪中叶的左翼和大革命》（*La Gauche et la Révolution au milieu du XIXe siècle*），巴黎，阿歇特出版社，1986 年。

② 阿尔弗雷德·梅齐埃（Alfred Mézières），《道德教育和公民培养》（*Éducation morale et instruction civique*），巴黎，德拉格拉夫书店，1883 年。

下，革命不再可怕了。”那句箴言也不再和暴动相伴，而是防止了暴动。

接着还须解决词语的顺序问题。在从前关于这句箴言的一大堆建议中，人们还记得1848年将博爱置于中间的那个建议，如《共和国的凯旋》[①]这幅画就让博爱安详坐在了自由和平等中间。但更普遍的是肯定传统顺序，这其中当然有习惯的作用。在所有共和主义的、共济会的、自由派的仪式中，在各种公民命名礼、就职仪式、有神博爱教的入会礼上，人们正是按照自由→平等→博爱的顺序来念诵的，这句箴言已经成了“爱国者的信条”。这是个几乎有点机械的记忆顺序，也许是某种保守性退缩的最初迹象，也是勒南提到的“陈词滥调”的最初迹象。不过关于这个顺序，共和派认为有除了简单重复之外的其他理由。有些理由是历史性的，我们已经知道按不同的时间顺序来安排这句箴言这个历史理由。1881年7月14日，在安德尔省（Indre）的一个村庄，窗户上挂着这样的牌子：自由1792，平等1848，博爱1870。[②]另外的理由是哲学方面的。共和派不再相信各种公益（bien commun）理论，这些理论把自由纳入某种普遍的历史证明学说，然而，帝国时代的经历让他们铭记并懂得了自由的至上价值，因此他们坚持自由应有绝对的优先地位。正是这一理念把从儒勒·西蒙到阿兰的所有共和派团结在了一起。关于“自由”一词的定义，皮埃尔·拉鲁斯的《大词典》还加上了一句以祈愿形式出现的惊

---

① 莱昂·格莱兹（Léon Glaize），《共和国的凯旋》（*Le Triomphe de la République*），巴黎第20区政府壁画。

② 见《安德尔省的进步》（*Le Progrès de L'Indre*），1881年7月22日。感谢奥利弗·伊尔（Olivier Ihl）告诉我有关信息，并为我的研究提供了帮助和知识。

叹句："我们首先要自由！"[①]在德维纳的道德读本中[②]，关于这句共和箴言的课文向学生提供的是这样的解说："自由对我非常宝贵。对我而言这是首要的善。没有自由，生活不再有价值。"在将自由重新置于首要地位的过程中，费里的贡献居功至伟，他在 1889 年针对共和国教育事业的演讲说明了一切：自由是最珍贵的善功，它包括三个种类，信仰自由、反思自由和科学自由。由于教会极为憎恶这三种自由，因而我们更须细心维护它们；由于法国人没有这些自由的本能，因而更须认真培育它们。因此，箴言的顺序更像是一种全民性的卫生训练，而不是对既有成果的简单接受。这是一桩涉及集体意志的事业，情况已经大不一样了。

最麻烦的是确定博爱与自由和平等的相容性。瓦舍罗的读者都赞同作者对博爱的充满疑虑的保留态度。博爱是集体性、情感性的约定，而自由和平等是个人主义的、理性主义的遗产，人们觉得二者之间存在着一条鸿沟。让我们再次翻看拉鲁斯的《大词典》。法令无法规定博爱，基于此，该词典批评 92 年的革命者（除了像西哀士这样讲实际的人物）和 48 年的人们逻辑混乱：他们用一个接一个的方式来写这三个词，这"在方法上犯了大错"。然而，在理性上说不通的东西，在诗学上倒能被说通。拉鲁斯接着说，这句神奇箴言的暧昧性，也有它的好处——三个词语长期并列共存这一事实已经赋予了这三个紧密相连词语权威性。剩下的就是将这个古老的组合变成幸福的组合。

怎样才能做到呢？首先可以设法抹去自由和平等最初带有的利

① 皮埃尔·拉鲁斯，《大词典》(*Grand Dictionnaire universel*)，巴黎，1865—1890 年，共 17 卷。

② E. 德维纳(E. Devinat)，《阅读与道德读本》(*Livre de lecture et de morale*)，巴黎，拉鲁斯出版社，1882 年。

已主义污点，这个污点经常让它们黯然失色，应该擦去这些污点让它们重放光彩。拉鲁斯解释说，“真正”的自由不仅仅是“自由放任派宣称的权利，它还应该是在正义和法律保护之下充分发展才能的能力”。有一种“真正的”平等，能让个人的诉求变得纯粹和开阔。在共和派中，这种调适理论的得力推手是富耶。他们一再声称，不能把自由平等理解为“如密尔（Mill）和斯宾塞（Spencer）的那种纯粹消极意义”[①]上的纯粹个人权益。另外，权利只能在相互关系中加以考量，它包含着社群意识。如果说人真的只有在群体中才能称其为人，如果说一旦有了平等自由的个人，公民就会立刻出现，那么问题就不在于让人创造各种自由，而是“组织各种责任”。但是，正如富耶评论的，这一点恰恰“最为困难”。不过，这样一来，将自由平等的权利与博爱的义务结合到一起却不那么难了。因为前两者现在也包含着义务：首要义务就是保证自由与平等时刻存在。

那么第三个词语是否包含某种权利呢？再定义的努力主要集中在这个方面。首先是去除“博爱”一词的福音光环。《拉鲁斯大词典》就曾这样做过。根据它的说法，如果人们把博爱当作轻视平等和自由的基督教的产物的话[②]，那么这句共和箴言就失去了意义。要紧的不是消极地进行定义，而是要让“博爱”一词渐渐转向“团结”：这个词和“博爱”一样，能避免社会解体的危险，但情感色彩更少，而且比较不会使人联想到基督教。

---

① 阿尔弗雷德·富耶（Alfred Fouillée），《法国的政治和社会民主》（*La Démocratie politique et sociale en France*），巴黎，阿尔康出版社（Alcan），1910 年。

② 《拉鲁斯大词典》这里批评的是沙利耶（Challié）夫人的论点，后者以 1849 年的一本小书而闻名，这本书以当时流行的口吻致力于将共和国的箴言植根于基督教之中。对此该词典评论道：“基督教的信徒在接受博爱时惊恐地拒绝了平等，因为耶稣本人也认为，平等只意味着一个苦难的共同体；至于自由，教会不止一次地谴责过，甚至耶稣也没有想到过自由，他把牺牲个人意志和个性看作至高的圆满。”

这种语义上的偏离到处可见。如在社会主义者大会的旗杆标语上：1879 年马赛的大会竖起的旗帜是自由、平等、团结。如在许多宴会致辞的结尾中：如著名的拉费尔泰-苏-茹阿尔宴会——甘必大在 1872 年把这个宴会视为新的共和亲善模式——参议员韦朗（Velland）当着到会的 1800 名宾客举杯说，“向强大的守护神和联系者——团结致敬”[①]。如自由派聚会的信念宣誓：1905 年 8 月 19 日，阿勒马纳（Allemane）[②]在雷恩表示要以团结的宗教来对抗教士的宗教（金钱）。另外，在坟墓上，博爱的束棒经常被交叉的团结之手代替[③]。有的时候，人们只是把这个新词语看成旧词的简单的同义词：1886 年，一份有神博爱教的报纸《普世博爱报》（*La Fraternité universelle*）曾说，应该“成为共和派，也就是秉承博爱和团结的精神”。有时人们偷偷摸摸地将旧词和新词拉到一起：孔佩雷的手册[④]将博爱定义为“能让我们彼此互助的东西”；保罗·贝尔的手册[⑤]把博爱视作一宗社会义务而非个人美德；《拉鲁斯词典》则把博爱简化为国家的一种社会角色，因为它声称博爱已经体现在“我们关于福利机构、弃婴和精神病患者的立法中了”。有时这个新词似乎比旧词

---

① 见奥利维耶·伊尔，《社交和公民性：19 世纪末共和运动中的纪念宴会》（Convivialité et citoyenneté. Les banquets commémoratifs dans les campagnes républicaines de la fin du XIXe siècle），“节庆的政治运用”（*Les Usages politiques des fêtes*）研讨会，1990 年 11 月 22—23 日，即将由科雷亚菲斯书店（Créaphis）出版。

② 伊勒-维莱讷省（Ille-et-Vilaine）档案馆，1 M 143 C，雷恩警察局的报告。这里我应感谢雅克利娜·拉卢埃特的好意。

③ 见雅克利娜·拉卢埃特，《自由思想和革命的象征图像》（La libre pensée et la symbolique iconographique révolutionnaire），载《宗教社会科学档案》（*Archives de sciences sociales des religions*），第 66 卷，第 1 分卷，1988 年 7—9 月。

④ 加布里埃尔·孔佩雷（Gabriel Compayré），《小学的公民教育》（*L'Instruction civique à l'usage des écoles primaires*），巴黎，德拉普拉纳书店（Delaplane），1888 年。

⑤ 保罗·贝尔，《学校公民教育》（*L'instruciton civique à l'école*），巴黎，皮卡尔（Picard），贝尔海姆（Berheim），1882 年。

更贴切：莱昂·布儒瓦和阿尔贝·梅坦曾说，“所有公民”都应“通过博爱联合在一起，或者更准确地说，通过相互团结联合在一起”[①]。有时新词的含义似乎更丰富：在夏尔·迪皮伊发表的一份演讲词中[②]，博爱只是“一种本能的同情”，但团结却结合了“利益和情感、希望和努力”——更重要的是，这份演讲词被当成“范本”出版，供偶尔需要临时演讲的小学老师使用。最后，团结有时还被视为三词箴言最后绽放出的花朵，是第四个也是最后一个蓓蕾。这里有一份奥布省（Aube）教师友爱协会上的演讲，署名为阿道夫·皮纳尔（Adlophe Pinard），演讲开头是这样的：“如果说我们伟大的祖先已经把自由平等写在第一共和国的旗帜上，如果说1848年的博爱者已经在我们美丽的三色旗上补充了博爱一词，那么应该承认，我们第三共和国朝前迈出了一大步：宣告团结的必要性。”[③]布吕内蒂埃[④]提供了一个虽不怀好意却很能说明问题的证明，他认为只有借助基督教理念来阐释共和箴言时，箴言才能被接受，他注意到这一偏差，并轻蔑地宣称，他不会去探讨这个词语的含义，虽然他痛苦地看到人们越来越青睐于它，而不是“博爱”这一动人的词语。然而这个说法并非完全属实。为数不少的共和派人士，如比松，一直更倾向于箴言中的那个旧词。事实上，虽然有人在设法绕过它，但它仍然是箴言的结束词。

---

① 莱昂·布儒瓦（Léon Bourgeois）和阿尔贝·梅坦（Albert Métin），《公民权利和人权宣言读本和解释》（*Déclaration des droits de l'homme et du citoyen, expliquée et accompagnée de lectures*），巴黎，科尔内利书店（Cornély），1901年。

② 《演讲人》（*Le Conférencier*），成年人演讲会双月刊，1889年，第94和95期。

③ 《论与民主关系中的教育学》（*De la pédagogie dans ses rapports avec la démocratie*），阿道夫·皮纳尔博士1903年5月28日在特鲁瓦的报告，特鲁瓦，G.阿尔布安印刷所（Imprimerie G. Arbouin），1903年。

④ 费迪南·布吕内蒂埃（Ferdinand Brunetière），《战斗演讲》（*Discours de combat*），新序列，巴黎，佩兰出版社（Perrin），1907年：“我很清楚地知道，这三个词即使在官方环境中也不流行了。”

博爱的新定义又一次因为富耶而获得理论形态。甚至在莱昂·布儒瓦的团结还没在博爱中看到某种社会正义之前，富耶就已认为，应该根据每个人在整体生活中的功能、他同全社会的共存关系，把他所应得的交还给他，这是一项义务。博爱是一项“准契约”、一项协定，无法在社会联系发生之前产生，但应该在这之后达成。自由-平等已经蕴含着对社群的义务，博爱-团结包含着相互权利观念；从此之后，双方的关系甚至不只是相容，而是趋同乃至不可分割了。公民教育手册用简朴的形式所阐发的正是这种关系。石刻工匠刚刚把那三个词雕刻在新学校的大门上，保罗·贝尔希望向学生们解释它们的含义。他强调说，决不可将它们分割开，并简练地解释道：“如果你们拿走三个词中的任何一个，剩下的就没有意义了。没有自由，平等可能成为最可憎的奴隶的平等，因为暴君之下所有人都是平等的。而没有博爱，自由就会导致利己主义。”①

就这样，这句箴言经过理论化阐释，经传授和背诵而在第三共和国获得了它的经典含义。从此每个法国人都知道该如何理解它。当一个美好时代的小学教师②被问及他眼中的理想社会是什么时，他会言之凿凿地说：“成为共和派，就是说，坚定地发扬我们共和国箴言的精神，让自由成为所有善中最大的善，让平等成为仅以功绩为准则的平等，让博爱成为经得起任何考验的团结一致。”这个说法道出了一切：它表明了共和派为使这三个术语共存而付出的努力及其取得的成功，他们既尊重箴言的传统顺序，又将集体存在的现实与个人权利结合在一起，并使三者都能面向政治意向中的未来。

---

① P. 贝尔，同前。

② 关于美好时代的小学教师，参阅莫娜·奥祖夫的研究，特别文献。

所有任务都完成了吗？共和国是否一劳永逸地确定了对这句箴言的解释？在勒南说这句箴言已是老生常谈之后很久，还有些不太恭敬之人想再次调整箴言的布局，他们提出了自己的看法或新的选择。我们来听听莫拉斯是怎么说的：他在其《政治与批判词典》[①]中猛烈抨击自由和平等，说前者只是个迷梦，后者只是个狂想，但他希望挽救博爱，并将这个词单独镌刻在民族联合的三角楣上。还有佩吉，他回溯到拉梅内那里，强调应该坚持大革命“真正的”遗产：“民众的表达”（即自由），“民众的相互交融”（即博爱）。他把平等[②]视为一种可计算的冲动，是在被简化为同类品的个人之间做抽象分配的过程。平等关心的只是从数学上解决“贫困”问题，而博爱则是一种因“苦难”而触发的情感：所以它是唯一有建设力量的情感。佩吉还希望人们在博爱中同时坚持基督教的慈善和社会主义的团结，这样一来博爱便成为一种没有止境的、鲜活的、永不消逝的情感。然而，这些哲学上的改造并未得到制度上的反映：人们觉得，这些改造在箴言已经获得的力量面前不值一提，因为箴言已经深深植根于共和制度和公众的意识中。那种赋予箴言的虚构的古老性即由此而来：这种古老性使人错以为，箴言无疑与法国完全合一，而法国花费了数个世纪来酝酿它的到来。

然而，共和国粗野的敌人们并不认同这个理由，这些人关心的主要不是反思这句箴言，而是要从整体上质疑它。1889 年的反大革命一百周年庆典时，某些子爵[③]就认为，这句箴言是从天主教徒那里

① 夏尔·莫拉斯，《政治批判辞典》（*Dictionnaire politique et critique*），让·佩利西耶（Jean Pélissier）增补本，第二卷，巴黎，《夏尔·莫拉斯手册》杂志社（Cahiers Charles-Maurras），出版时间不详。

② 夏尔·佩吉，《让·科斯特》（*De Jean Coste*），载《全集》（*Œuvres complètes*），《新法兰西杂志》（N.R.F.）杂志社，1910 年，第二卷。

③ 德鲁热（Vicomte de Rougé）子爵先生在安茹（Anjou）、曼恩和图赖讷（Touraine）省议会中宣读的报告。曼恩-卢瓦尔省档案馆，1 M 745。

“盗取”的。很长时间里，布道台上的教区神父提议干脆用“公共谎言”①这一字眼来替代它。天主教反对派宣称大革命将神排除出社会，而没有神，社会也就不存在自由、平等、博爱，他们指责共和派让福音中的这三个神圣词语误入歧途；不过，当他们这么说的时候，却只能进一步加深记忆，巩固传统。最具挑衅性的质疑是要用更合适的箴言取代那三个不恰当的词语，如“先定、不平等、拣选”②，如“权威、等级、稳定”，不过，这些替代品也采取了三语式的结构，它们反而能唤起法国人关于那三个更熟悉的词语的正面记忆。体制上的最后一段波折也增强了这句箴言的稳定性。我们知道，维希政权从一开始③就采用了法国社会党（P.S.F.）的“劳动、家庭、祖国”的口号，这个口号转借自拉罗克④，但后者对此并不满意。但这一次又采取了三段式节奏。自由、平等、博爱还是没能完全从官方话语中消失。1940 年 9 月 15 日，贝当⑤在解释“未来的社会政策”时主张一种真正的自由、平等、博爱：真正的自由将在“权威的监护下”蓬勃发展，真正的平等应置于“理性的等级制”框架之中，真正的博爱应在“自然的群体之内”施行。这种限定无异于阉割。不过，作为一种意愿表达，这些限制仍然包含着对这三个共和国字词的强

① 如 1904 年莱尔姆(Lherm)的布道词，洛特省(Lot)档案馆，1 M 166。

② G. 瓦谢·德拉普热，给恩斯特·哈克尔(Ernst Haeckel)著作《一元论——科学与宗教之间的联系》(*Le Monisme. Lien entre la religion et la science*)的序言，德拉普热法文译本，巴黎，施莱歇书店(Schleicher)，1897 年。

③ 1940 年 7 月 10 日起，宪法草案授予国家首脑颁布一部“应保障劳动、家庭和祖国之权利”的宪法的全权。

④ 见菲利普·吕多(Philippe Rudaux)，《火十字和法国社会党》(*Les Croix de Feu et le P.S.F.*)，巴黎，法兰西-帝国出版社，1967 年。根据菲利普·吕多的看法，拉罗克曾向其心腹透露说，他很害怕看到“该政权糟蹋这个借自本党的座右铭。由于它是一些原动性的原则，所以更适用于一场运动而不适用于一个国家”。

⑤《两个世界杂志》，1940 年 8 月 15 日。

大记忆力量的崇敬。

如果考察一下极左翼，情况同样如此。在这个阵营中，人们忘记了对词语顺序的质疑，虽然这一质疑曾是社会主义对相关辩论的一大贡献。但是他们一直不厌其烦地重复说，该箴言编造了一个彻头彻尾的骗局。他们反复强调，当有人失业时就不可能谈自由，当工厂关闭时就不可能谈平等，当排斥外籍劳工时就不可能谈博爱，1880年盖德派在共和制确立时就是这样认为的。社会主义者要求回归被资产阶级歪曲了的纯洁原则，要求全面“兑现”大革命的诺言，即“真正的”自由、“真正的”平等、“真正的”博爱，这样一来，他们也算为这个古老箴言的确立做出了一点贡献，而且他们还经常用习惯性但意味深长的说法为这一箴言增添圣洁和不朽。

因此，这句箴言的反对者也暗中接受了它。乐于修改词语顺序的业余爱好者也很少了。但三个词语之间的相容性问题却从未消失过。历史事件总会周期性地提出这一问题（可以想想1968年的五月风暴，这场运动在过分的自由诉求和过分的博爱诉求之间左右为难）。由于人们不想放弃这三个术语中的任何一个，因而这个问题就更为尖锐了：有一种意识认为，任何民主社会都应该考虑克服自由平等之中的个人的分离，都应该以高超的手腕将自由的诉求和团结的诉求结合在一起，这种意识使得冲突更为明显，仲裁也更为棘手。人们不能不再次审视这句箴言，人们也无法忘记它造成的困境。

让这三个词语共存的做法存在几乎无法克服的困难，不过，这并不预示着谴责它们是骗局的论调会再度出现。一方面，“真正的”自由、“真正的”平等、“真正的”博爱的悲剧经历使得“兑现”的要求长期丧失信誉，人们也长期试图贬斥有关权利的抽象思辨，并赋予权利新的面貌。另一方面，虽说这句共和箴言是与自然状态对立的，但这个事实没有多少可笑之处，反而会让我们更赞赏这句箴言：

这一主旋律如今已经在世界舞台上[①]得到了某种支持，无论是阿兰[②]还是柏格森[③]都已接受了它。作为不可能的象征，而非作为现实的反映，“我们父辈的神圣箴言”依然能展现出其创造性力量，而且，只有通过对这三个疲乏术语的单调诵唱，这句箴言才有机会在我们的记忆中生存下来。

---

① 可参阅埃德加·莫兰、詹卢卡·博基(Gianluca Bocchi)、毛罗·切鲁蒂(Mauro Ceruti),《新开始》(*Un nouveau commencement*),巴黎,瑟伊出版社,1971年。

② 阿兰,《谈话Ⅰ》(*Propos Ⅰ*),巴黎,伽利玛出版社,“七星文库”,1956年:“人们经常说,自由、平等、博爱所总结的一切著名论点都是负面的。但实际上,人们又不能依据这些强烈的情感奠定另一种秩序。”

③ 亨利·柏格森,《道德和宗教的两个来源》(*Les Deux Sources de la morale et de la religion*),巴黎,阿尔康出版社,1933年。柏格森评论说:“民主以理想的人为质料,这样的人尊重别人像尊重自己一样,他把履行义务视为绝对必要的,他与这种绝对性的关系是如此协调,以至人们说不清究竟是义务赋予他权利,还是权利要求他尽义务……”

L'"*Histoire de France*" de Lavisse

Pietas erga patriam

拉维斯的《法国史》：对祖国的敬爱

皮埃尔·诺拉 *Pierre Nora*

胡 蝶 鹜 龙 施雪莹 译

曹丹红 校

一、历史与民族

新索邦大学的诞生

一个地点——索邦大学，一个名字——拉维斯，一部不朽之作——长达二十七卷的《法国史》。在世纪之交，这三者共同体现了历史学在全国的霸主地位。

在历史并不久远但发展迅速的高等教育建设过程中，短短二十五年，历史学科便拔得头筹。[①]历史课不仅在文学院开设（自 1888

① 关于高等教育的形成，主要参照安托万·普罗斯特的《法国的教育：1800—1967》（*L'Enseignement en France, 1800 - 1967*），巴黎，阿尔芒·柯兰出版社，1968 年；路易-亨利·帕里亚（接下页）

到1908年的二十年间，文学院学生人数从不足 2500 人增长到近 40000 人），也不仅限于高等师范学院、法兰西公学院以及文献学院（École des chartes），在一些建立不久但已获得广泛认可的教育机构同样也开设，包括 1868 年建立的高等研究实践学院（École pratique des hautes études），1872 年建立的巴黎自由政治学院（École libre des sciences politiques）以及 1881 年建立的卢浮宫学院（École du Louvre）。如此快速的发展使得年轻的比利时学者保罗·弗雷德里克感到十分震惊。19 世纪 80 年代初期，他在访问巴黎时曾说："文献学院是一所举世无双的学府。同高等研究实践学院一起，它们提供了巴黎最为巩固、最为全面、最为科学的历史教育。"①与历史学相比，其他任何一门学科都没有如此广泛的覆盖面。历史学科根植于初等教育的土壤之中，影响了整个初等教育的理念。②在国外，历史学在一系列研究学院中得到了充分发展，这些学院或多或少是以雅典学院（建于 1846 年）为模式建立的，如 1876 年成立的罗马学院、1890 年成立的开罗学院、1901 年在河内成立的法国远东学院（École française d'Extrême-Orient）、1908 年成立的佛罗伦萨学院、1909 年

（接上页）（Louis-Henri Parias）主编的《教育与教学通史》（*Histoire générale de l'enseignement et de l'éducation*）一书的第三卷，即弗朗索瓦丝·马耶尔（Françoise Mayeur）的《从大革命到共和国学校：1789—1930》（*De la Révolution à l'école républiqu*e，*1789 - 1930*），巴黎，法国新书店出版社（Nouvelle Librairie de France），1981 年。另参考威廉·R. 凯勒（William R. Keylor）的《学术与团体——法国历史学界的形成》（*Academy and Community*，*The Foundation of the French Historical Profession*），剑桥，哈佛大学出版社，1975 年；路易·利亚尔（Louis Liard）的《法国高等教育：1789—1893》（*L'Enseignement supérieur en France*，*1789 - 1893*），巴黎，阿尔芒·柯兰出版社，1894 年，第二卷。

① 保罗·弗雷德里克（Paul Fredericq），《历史学高等教育——旅行笔记与感想》（*L'Enseignement supérieur de l'histoire*：*notes et impressions de voyage*），巴黎，阿尔康出版社，1899 年。

② 主要参照《共和国》中《拉维斯：国民教师》（Lavisse，instituteur national）一文，该文章分析了"小拉维斯丛书"并对拉维斯做了全面的介绍。下同。

在马德里成立的西班牙高等研究学院（École des hautes études hispaniques）、1912 年成立的圣彼得堡学院（Institut de Saint-Pétersbourg）以及 1913 年成立的伦敦学院。而在国内，在历史学全面发展的时期，随着研究的不断细分，除了原先的学术团体，又出现了一批新的学术协会，其中有些致力于分期研究，如法国大革命历史协会（[Société de l'histoire de la Révolution française] 1888）和现代史协会（[Société d'Histoire moderne] 1901），另一些致力于问题研究，如法国艺术史协会（[Société d'histoire de l'art français] 成立于 1876 年，后于 1906 年改组）、法学史协会（[Société d'Histoire du droit] 1913）、法国教会史协会（[Société d'histoire ecclésiastique de la France] 1914）。此外，也有一些学术协会的研究对象更加具体，它们着重研究某一人物，例如罗伯斯庇尔研究协会（[Société des études robespierristes] 1907）。这样的例子不胜枚举，更何况还存在众多地方性学术协会，此类团体不断发展且具有截然不同的理念（见本书《阿尔西斯 · 德戈蒙与学会》[Arcisse de Caumont et les sociétés savantes]）。这些地方性学术协会往往被学院派史学家看轻，但其中有不少曾出版过高价值的丛书，拥有自己的期刊，如诺曼底历史协会（[Société de l'histoire de Normandie] 1869）、普瓦图历史档案协会（[Société des archives historiques du Poitou] 1871）、圣东日（Saintonge）和欧尼斯（Aunis）历史档案协会（1874）以及巴黎和法兰西岛（Île-de-France）历史档案协会（1874），这些地方性学术协会是民族历史的共鸣箱，同时体现了各地区的美好意愿，是一笔无尽的财富。①

① 参照 R. 德拉斯泰里(R. de Lasteyrie)与 E. 勒菲弗-蓬塔里(E. Lefèvre-Pontalis)及 A. 维迪耶(A. Vidier)合著的《法国学者团体出版的历史学与考古学著作总目录》(*Bibliographie générale des travaux historiques et archéologiques publiés par les sociétés savantes de la France*)的前言,该著作于 1886—1904 年出版了六卷,1901—1907 年后续出版三卷。

然而，历史学对于整个民族的渗透并不完全在于教育与研究机构的覆盖，更在于其全新的内在特点。尽管对于文本的把握本身并不具有爱国主义色彩，但语文学恰恰是与民族情感紧密相连的。这不仅是因为德国式的语文学为历史学提供了一门真正的科学的典范，更深层的原因在于语文学所隐含的道德节制和智力苛求。文艺复兴时期的伟大学者和圣莫尔（Saint-Maur）本笃会修士的幽灵被重新唤醒，在新式图书馆的回廊里游荡着，世俗修道者具备了神职人员的博学，这一切都是为了促进共和国的事业及其知识与道德改革。文献的伦理作用似乎和它的科学作用同等重要。“真正的历史学家是语文学家”，拉维斯在给索邦大学学生上的头一堂课上便这样高声宣称。[①]“历史学是依靠文献形成的”，这是朗格卢瓦（Langlois）和塞尼奥博斯（Seignobos）合著的必读著作《历史研究导论》（[*Introduction aux études historiques*] 1898）的开篇第一句。而朱利安·邦达（Julien Benda）后来提到自己为何声援德雷福斯时指出，这应当归因于他“对方法的崇拜，这正是数学和历史学一再教导我的”[②]。

方法——新型学校的关键词，它决定着新型学校的各个组成形式。它体现在根据研究方向划分机构、按照考试科目划分学生以及学生社团的成立。这些学生社团恰恰是由一些重量级的历史学大家扶持的。其中某个社团在比利耶（Bullier）舞场一次沦为戏谑消遣的不愉快聚会，在1893年足以令莫诺受辱辞职。[③]方法还体现在师资

---

① 《巴黎文学院中世纪历史课第一课》（*Leçon d'ouverture au cours d'histoire du Moyen Âge à la Faculté des lettres de Paris*），1881年12月。

② 朱利安·邦达，《一个知识分子的青年时代》（*La Jeunesse d'un clerc*），巴黎，贝尔纳·格拉塞出版社（Bernard Grasset），1951年，第196页。

③ 详见其辞职信，载安托万·普罗斯特，同前，第242页。“你们似乎一点儿也不怀疑自己的行为，但你们这样做其实是向学校和共和国的敌人提供了斗争武器……”

队伍的构成上，人们只能通过完成博士论文来进入教师行业，而论文逐渐变得越来越厚，分量也越来越重；师资队伍中存在任职时间和职务高低的等级划分，教师人数从 1880 年的 500 人增长到 1909 年的 1000 多人，整整翻了一番。方法，这个词涉及的远不止工作规则、文献索引、学术惯例。在当时，一种史学家文化业已形成，包括物质和精神工具、工作空间、思维与反应的既定范围、社交关系、价值尺度、术语以及职业道德，这种史学家文化充满了战斗精神甚至是牺牲精神。卡米耶·朱利安（Camille Jullian）在纪念梯叶里、泰纳、菲斯泰尔（Fustel）三位伟大前辈时曾说，他们“像战场上英勇负伤的军人一样”为祖国做出了贡献。他这样总结：

> 二十五年来，没有任何国家、任何历史时期不曾被研究过。专业细分取得了如此大的进步，以至我们历史的每个部分、罗马帝国和古希腊的每个地区都成为历史的一个行省，拥有自己的管理者、副总督和法律，也就是一个指挥者、他的追随者和他的法则。①

然而，也许正因为这个行业由历史学家组成，这一全国性的巨大努力也为法国招致了斗争与报复，从而谱写了一段属于自己的历史，这就好像探索民族起源的同时要庆祝这一探索本身的起始一样。而在这段属于其自身的历史中，没有任何一个重要人物缺席。一个关于重振历史学并赋予其科学尊严的传奇故事迅速上演。这点在

---

① 卡米耶·朱利安，《19 世纪法国史笔记》(Notes sur l'histoire de France au XIXe siècle)，《19 世纪法国历史学家文摘》(*Extraits des historiens français du XIXe siècle*)引言，阿歇特出版社“经典丛书”(les classiques Hachette)，1897 年，后于 1979 年单独出版(日内瓦，斯拉特金出版社[Slatkine Reprints])。

路易·阿尔方（Louis Halphen）于1927年为《历史学与历史学家的这五十年》所写的引言中依然有所体现，尽管其影响已经淡化却仍具代表性：

> 1870到1871年的战争造成了巨大的损失，但对于战败的法国来说也是一种激励。人们必须重整废墟，必须努力工作来弥补失去的时间，必须在各行各业都自强不息，坚持不懈。各种科学都迎来了一股新的动力，其中也包括历史学。法国在1870年9月4日推翻帝制后，消灭了一切王权复辟的企图，最终在1875年颁布宪法，确立了共和政体。
>
> 这样的时刻不就应该是《历史杂志》应运而生的时刻吗？它将记录和推进历史学的重生，给予撰稿人充分的评论自由，同时宣布独立于宗教教义而焕发自由之精神。有一个人就萌生了这样的想法，并且凭借自己坚韧不拔的意志圆满完成了这项伟大的事业。加布里埃尔·莫诺，1844年3月7日出生于勒阿弗尔，18岁时进入巴黎高师学习……①

请忽略这段文字平淡的圣徒传记口吻。这一爱国主义的学究气的调子多少是审慎严谨、饱含深情、逻辑清晰的，它反复出现，跨越了整个时代，促使那个时代涌现了大量文字作品，包括祝词、回忆录、传记和悼词。这些虽不是主流文体，却也是十分出色的历史体裁。在建设高等教育机构的二十五年间，这一连串追溯过往的文字谱写了一曲和谐的背景音。在高等教育成长过程中，有几个重要的

---

① 路易·阿尔方，《历史学与历史学家的这五十年暨〈历史杂志〉创刊五十周年》（*Histoire et historiens depuis cinquante ans, à l'occasion du cinquantenaire de la Revue historique*）；以及《法国历史的这一百年》（*L'Histoire en France depuis cent ans*），巴黎，阿尔芒·柯兰出版社，1913年。

日期，如高等研究实践学院的建校日和《历史杂志》的创刊日；有几段值得铭记的时期，如为了创建公立大学而奋斗的时期；有几个重要的奠基人，从迪吕伊到利亚尔，从阿尔贝・迪蒙（Albert Dumont）到奥克塔夫・格雷亚尔（Octave Gréard）；有一些老生常谈，例如法国大学和德国大学的比较，老索邦和新索邦的对比，这些都成为惯例；有一些固定仪式，从论文答辩到退休，以及一年一度的开学演讲；有一些辉煌时刻，例如1889年，索邦大学新大楼举行落成仪式，大楼的巨大纪念墙上装点着壁画、挂画以及肖像，其中有伟大的创始者——安布鲁瓦兹・帕雷（Amboise Paré）和罗贝尔・德索邦（Robert de Sorbon），也有大学新文化的代表人物——克洛德・贝尔纳（Claude Bernard）、埃米尔・布特鲁（Émile Boutroux）、勒内・戈布莱（René Goblet）和埃内斯特・拉维斯[①]。拉维斯对欢庆仪式予以支持，甚至在留学生欢送会上沉醉于“天鹅绒贝雷帽、银色条纹无边帽、红色绸缎教士帽、黑色流苏鸭舌帽、白色羽饰无边女帽、五颜六色的披肩、陈旧的旗帜和这一张张不同种族的年轻面孔”[②]。尽管拉维斯的演讲带有浓重的布朗热主义色彩且已年代久远，我们仍然可以毫不夸张地说从中读出了他最真诚的信念和内心深处的想法：

> 面对一切根本性问题，科学与哲学都令我们陷入深深的不确定感。在这种不确定中，人类的活动如果没有一个直截了当、显而易见、触手可及的对象，那么它将很有可能日渐消失。我深知：倘若从我身上抽离一些东西，包括某些情感、某些想法，对

① 参见帕斯卡尔・奥里，《索邦大学——共和国的科学圣殿》(La Sorbonne, cathédrale de la science républicaine)，载《历史》(*L'Histoire*)第12期，1979年5月，第50—58页。

② 埃内斯特・拉维斯，《1884年的庆典》(Les fêtes de 1884)，载《研究与大学生》(*Études et étudiants*)，巴黎，阿尔芒・柯兰出版社，1895年。

> 于故土的依恋，对于祖先的追思以及从他们的思想、行为、故事、传说中重获灵魂的喜悦；倘若我不再感到自己是某个群体的一部分，而这个群体的起源尚未清晰，未来尚不可知；倘若我在高唱国歌时不再心潮澎湃；倘若我对国旗不再抱有崇拜，像异教徒那样对自己的偶像焚香祭拜甚至有时要百牲大祭；倘若我忘却了国家之殇。那么，我将不知道自己是谁，来这世上做什么。我将丧失活下去的最重要理由。

拉维斯的整合

拉维斯是领军人物。如果将拉维斯与其新历史学的知己——加布里埃尔·莫诺①相比较，我们便能更准确地衡量拉维斯的地位及其重要性。1865 年，他们同时取得大学教师资格，莫诺第一名，拉维斯第二名。他们的人生是如此相似又如此不同，体现了第三共和国高等教育革命的两个极端。拉维斯并没有直接参与重振历史学的事业，他也从未任职于文献学院或高等研究实践学院。在《历史杂志》

---

① 关于加布里埃尔·莫诺，见夏尔·贝蒙(Charles Bémond)的悼词《加布里埃尔·莫诺》，载《年鉴：1912—1913》，高等研究实践学院(École pratique des hautes études)，第 5—27 页；夏尔·贝蒙和克里斯蒂安·普菲斯特(Christian Pfister)，《加布里埃尔·莫诺》，《历史杂志》(*Revue historique*)，第 110 期，1912 年 5—8 月；阿尔贝·德拉图尔(Albert Delatour)，《加布里埃尔·莫诺生平与作品概述》(*Notice sur la vie et les travaux de M. Gabriel Monod*)，法兰西学会下属法兰西人文院(Institut de France，Académie des sciences morales et politques)，1915 年。另见马丁·西格尔(Martin Siegel)，《科学和历史想象：法国历史思想模式(1866—1914)》(*Science and the Historical Imagination：Patterns of French Historical Thought，1866 - 1914*)，博士论文，哥伦比亚大学，1965 年；夏尔-奥利维耶·卡博内尔(Charles-Olivier Carbonell)，《历史学与历史学家：法国历史学家的思维转变(1865—1885)》(*Histoire et historiens，une mutation idéologique des historiens français，1865 - 1885*)，图卢兹，普利瓦出版社(Privat)，1976 年，第 409—453 页。笔者未能参考本杰明·哈里森(Benjamin Harrison)的《加布里埃尔·莫诺与法国历史的专业化：1844—1912》(*Gabriel Monod and the Professionalization of History in France，1844-1912*)，博士论文，威斯康星大学，1972 年。

上他只于1884年发表过一篇文章，主题是关于查理五世时期的皇权。他的狩猎场在大学、政治界、出版界和上等阶层的边缘。而莫诺曾是《历史杂志》的唯一主编（与另一创刊人法涅 [Faniez] 决裂后），是高等研究实践学院最早的导师（与阿尔弗雷德·朗博 [Alfred Rambaud] [①]一起）并在此任职长达三十五年，后任教于文献学院，最后又来到了法兰西公学院，1906年他退休时，学校甚至为了他专门开设了“通史及历史学研究方法”的课程，取代了原先的“历史学与伦理学”课[②]。而拉维斯的领地则在别处——索邦大学、高等师范学院、法兰西学院以及《巴黎杂志》(*Revue de Paris*)。这两位史学界泰斗各司其职。莫诺是天生的学者，他热爱研究，被称为枯燥乏味到令人抓狂的老师，但他是历史学学科革命的真正发起者。尽管如此，终其一生，他都与米什莱保持着真挚而密切的联系。莫诺十分熟悉米什莱，而且一直保存着他的文稿。[③]而拉维斯是一位能够征服学生的老师，任职于政府部门以及国民教育部的最高委员会，对年轻人十分宽容且平易近人。“他是一位影响全国上下的人物”，1913年，普恩加莱还亲自为他主持了进入巴黎高等师范学院五十周年的纪念典礼。

然而，即便二人都有看似风光的职业生涯，拉维斯却是穷困潦倒的那一个。拉维斯出身于一个后来致富的农民家庭，妻子玛丽·

---

① 关于阿尔弗雷德·朗博，参见维达尔·白兰士，《阿尔弗雷德·朗博生平及作品概述》(*Notice sur la vie et les œvres de M. Alfred Rambaud*)，法兰西学会下属法兰西人文院论文集，第二十七卷，1910年；加布里埃尔·莫诺所撰悼文，《历史杂志》，1906年1—2月刊。

② 参见加布里埃尔·莫诺，《法兰西公学院历史公开课》(La Chaire d'histoire au Collège de France leçon d'ouverture)，刊于《政治与文学杂志》(*Revue politique et littéraire*)及《科学杂志》(*Revue scientifique* [*Revue Bleue*])，1906年。

③ 参见《儒勒·米什莱生平及作品》(*La Vie et la pensée de Jules Michelet*)，加布里埃尔·莫诺在法兰西公学院所授课程，巴黎，尚皮翁出版社(Champion)，1923年。

隆盖（Marie Longuet）是其儿时在勒努维永-昂蒂耶拉什镇（Le Nouvion-en-Thiérache）的朋友。他全靠自己的奖学金以及学校的津贴维持生活。而莫诺的前途从一出生就一片光明，他出身于勒阿弗尔的一个大商贾家庭，祖上有多位牧师。因此，在进入高师学习之前，他就已通过寄宿家庭即巴黎的普雷桑赛（Pressenssé）家族结识了夏尔·纪德（Charles Gide）、保罗·梅耶尔（Paul Meyer）、费迪南·比松、欧仁·戴希塔尔（Eugène d'Eichtal）、阿纳托尔·勒鲁瓦-博利厄（Anatole Leroy-Beaulieu）。莫诺刚取得教师资格证不久，便在佛罗伦萨的一次旅行中爱上了俄国革命作家赫尔岑的女儿——奥尔加·赫尔岑（Olga Herzen），并最终取得她的养母玛尔维达·德迈森堡（Malwida de Meysenbourg）男爵夫人的同意娶她为妻。而早在莫诺去柏林和哥廷根之前，男爵夫人就带其融入了德国知识分子界和瓦格纳的社交圈。尼采还亲自为莫诺的婚礼创作了一支钢琴独奏曲。这个自由主义的新教徒终其一生都保有一颗国际主义和欧洲主义的心。他很早就介入了德雷福斯事件，并投入了大量精力。在此次事件后，这个榜样式的人物成为伟大的“左翼知识分子”。而拉维斯一直以农民的谨慎作风经营着自己的事业。他成功地使人们忘记了他年轻时对波拿巴王朝的拥护，转而成为共和国的歌颂者。而且尽管拉维斯对德雷福斯事件采取观望态度，但他与左翼知识分子的中心人物吕西安·埃尔十分亲近。①然而，拉维斯的魄力、声誉和道德威望既不来源于学术也不来源于政治，而是源于他在国民教育改革中展现出的百折不挠、坚韧不拔的品格。正是这种品格塑造了他更加平凡、本质上又更具代表性的权威形象。他作为一个近乎模范

---

① 夏尔·安德莱(Charles Andler),《吕西安·埃尔生平》(*Vie de Lucien Herr*),巴黎,1932 年。以及达尼埃尔·林登堡(Daniel Lindenberg),《遥不可及的马克思主义》(*Le Marxisme introuvable*),巴黎,卡尔芒-莱维出版社(Calmann-Lévy),1975 年。

的人物，见证了那个时代教育界所经历的一切。他对这个过程的了解比其他任何人都更持久，更完整，因为同时代的维达尔·白兰士（1845—1918）、加斯东·帕里斯（[Gaston Paris] 1839—1904）①、阿尔弗雷德·朗博（1862—1905）和加布里埃尔·莫诺（1844—1912）四位重要人物都先于他辞世。一战停战后，拉维斯度过了余下的四年生命，也正是在这四年间，他见证了九卷《法国当代史》（*Histoire de France contemporaine*）的陆续出版，以《世界大战》（*La Grande Guerre*）收尾，也结束了他从始至终都参与其中的民族系列丛书。拉维斯深深扎根于祖国，在背负了太多侵略记忆的庇卡底（picarde）大地上，他对历史的研究首先是满怀深情的，其次才是学术的。二十三岁那年，拉维斯通过高师同学阿尔贝的介绍，结识了阿尔贝的父亲——主张自由主义的维克托·迪吕伊部长并为其效力，进入第一次改革浪潮的中心。这是一次十分关键的经历，他因此接触到若弗鲁瓦（Geoffroy）、泽勒（Zeller）和蒂埃诺（Thienot）合著的《历史学研究汇报》（[*Rapport au ministre sur les études historiques*] 1867），该汇报第一句话便奠定了其在后人心中的地位："历史只属于过去，现在属于政治，而未来属于上帝。"他还有机会研读了1867年的《调查研究》（*Enquête*），其中不仅揭露了法国高等教育的衰落景象，而且如实反映了德国大学的具体情况。在他众多的文献资料②中还有一封信，来自一位海德堡归来的法国留学生，信中一些关键词被他加了下画线，而这些关键词构成了他日后

① 关于加斯东·帕里斯，参见莫里斯·克鲁瓦塞（Maurice Croiset），《加斯东·帕里斯生平及作品概述》（Notice sur la vie et les travaux de M. Gaston Paris），载《国立文献学院丛书》（*Bibliothèque de l'école des chartes*），第六十五卷（1904），第141—173页；加布里埃尔·莫诺，《加斯东·帕里斯》，1903年。

② 拉维斯文件，藏于国家图书馆，N.a.f. 25 165—25 172；米亚尔代（Millardet）给公民教育部司长迪梅尼尔（Du Mesnil）的信，N.a.f. 25 171 2，f° 325。

行动的主旋律，诸如“与老师的关系密切”“课堂是次要的，实验室才是真正磨炼学生的地方”“深刻的实践经历”“着眼细节的科学”“对于实际的考察”“在老师的监督之下”“方法、探索、实验”。莫诺比拉维斯更早访问德国，而拉维斯是受战败的打击后来到德国的。他并不像其他人一样，将这趟行程看作知识分子的朝圣之旅，[①]而是出于职业需要，为了完成他的博士论文来到这里，之后他又完成了几部关于普鲁士的著作，成为这方面的专家，并最终与夏尔·安德莱一起在法国建立了日耳曼语言研究。[②]

1875 年，拉维斯从德国归来。经历了“五一六危机”的第三共和国变得日益稳固，这使得拉维斯成为一名坚定的共和主义者，也令一系列规划得以在十五年间成为现实。而实现这些规划的每一步，拉维斯都参与其中。1877 年政府颁布了设立本科奖学金的决议，同时也评定了管理这项奖学金的高级讲师，而拉维斯在一年前就已经是高等师范学院的高级讲师。1878 年，一批主张改革者成立了“高等教育协会”并创办了自己的刊物——《国际教育杂志》(*Revue internationale de l'enseignement*)，这个协会很快成为一个十分活跃的压力集团。拉维斯也是其中成员，此外还有勒南、埃米尔·布特米 (Émile Boutmy)、巴斯德 (Pasteur)、保罗·贝尔、马塞兰·贝特洛 (Marcelin Berthelot)。1880 年，本科教育由不分专业发展为可选专业，这归功于拉维斯所提交的报告。那一年，他替补菲斯泰尔·德库朗热 (Fustel de Coulanges) 的位置踏入索邦大学任教，

---

① 参见克洛德·迪容(Claude Digeon)，《法国思想的德国危机：1870—1914》(*La Crise allemande de la pensée française, 1870-1914*)，巴黎，法国大学出版社，1959 年。尤其是第七章《新式大学与德国(1870—1890)》(La nouvelle université et l'Allemagne [1870-1890])。

② 参考罗贝尔·曼代(Robert Minder)在法兰西公学院有趣的“结课”上对拉维斯与冯·哈纳克(von Harnack)所做的比较，1973 年 5 月 19 日。

并在 1883 年成为历史系主任。1882 年，索邦大学课程布告上首次使用了“大学生”(étudiant) 这个词，并在某些课程后面注明了“内部授课”。“历史学需要大批工作者，我们必须为之寻找并提供栋梁之材。”①在不久后便成为传奇的热尔松 (Gerson) 楼木板房，拉维斯像吝啬鬼细数家珍般计算自己的学生人数：1882 年，152 名；1883 年，173 名！直到 1904 年就任高等师范学院院长，拉维斯才离开索邦，他参与了这里的每一场战役。他为学生而战②，为教师资格会考改革而战③：1885 年，新的教师资格会考制度得以实行，包括四小时或七小时作文、文章分析及复试。他为设立高等教育文凭而战：1886 年，拉维斯想以此作为一次“创新”尝试；1894 年，所有参加教师资格会考的报考者都必须拥有此文凭。拉维斯每到开学典礼时都会发表演讲并认真收集以供发表④，我们只须阅读这些讲稿就能欣赏到其扣人心弦的技巧。正是借助这种技巧，在“大学波拿巴”向大学生军队喊出的口号中出现了一些教育革新思想，后者最终席卷了全国：“先生们，根据最近颁布的一项政府决议，对于即将从事教育事业的你们来说，这一年将是革新的一年。”关于高等教育文凭，他曾说：“我要感激那些历史学家（我指的是那些最优秀的历史学家），他们不仅为教师资格会考这样出色的考试准备论文，还会就一些有

---

① 拉维斯文件，藏于国家图书馆，N.a.f. 25 171，ff^os 11—19。

② 1891—1895 年，文学院本科生人数平均每年为 296 人，而 1896—1900 年间已经增长到平均每年 412 人（数据由安托万·普罗斯特提供，出处同前）。

③ 参见：埃内斯特·拉维斯，《历史学教师资格会考》(Le concours pour l'agrégation d'histoire)，载《国际教育杂志》，1881 年 2 月 15 日，第 146 页；《为什么要改革历史教师资格会考》(Pourquoi il fallait réformer l'agrégation d'histoire)，载《关于我们的学校》(*À Propos de nos écoles*)，巴黎，阿尔芒·柯兰出版社，1895 年。

④ 拉维斯每五年都会将自己的重要演讲稿整理出版（阿尔芒·柯兰出版社）：1885 年，《国民教育的问题》(*Questions d'enseignement national*)；1890 年，《研究与大学生》；1895 年，《关于我们的学校》。

趣的问题自行选取主题或从我们这里接过一些题目来做短篇的学术论文，而且他们如此认真投入，以至我们可以断定——他们永远不会懈怠。”

在这场持续的斗争中，我们几乎无从知晓拉维斯是何时萌发撰写《法国史》的计划的。早在1881年12月中世纪历史课的第一堂课上，也就是拉维斯第一次在文学院演讲时，他似乎就已经做好了准备：“法国历史需要我们去建构，而且只有在开拓者们借助最好的手段开垦完这片土地的每个角落后才能得到建构。”在这篇冗长的规划演讲中[①]，我们只需要关注一点，因为这一点对日后实现目标至关重要：人们“对于祖国曾经的历史毫无兴趣”。拉维斯认为原因不仅仅在于缺乏开拓者和历史的论战作用，也在于法国大革命割断了法国的过去与现在，从而导致人们只能通过历史来了解过去：

> 大革命没有给我们留下任何一个属于过去的遗留物。我指的是在其他国家还长存的这些遗留物——君主制、神职、阶级或行会、享有特权的城市和国家，它们的特权并不出于理性原因，而是历史的延续。一座纪念石碑、一座教堂、一座中世纪小城堡或是一间乡村小屋，都足以让漫不经心的旅人停下脚步并产生疑问。

因此，今天的记忆是历史的产物：

> 的确，过去活在我们的灵魂深处，从而培养出我们的民族

① 《索邦大学历史教育及国民教育》(L'enseignement historique en Sorbonne et l'éducation nationale)，首次刊登于《两个世界杂志》，1882年2月15日，再版收入《国民教育的问题》。

> 气质。但是，它并未留下清晰可见的痕迹。只有学问才能重构古老的法国，就像研究希腊和罗马那样［……］与其他民族相比，法国人必须付出更多的努力，才能在不同风格的建筑中辨认出自己。附属建筑围绕着主楼错落展开，打乱了一道道原有的线条，因为在我们民族的漫长历史中，这些建筑并没有按照先决的工序来建造。

诗意的过去、渊博的学识和爱国的热情三者合而为一：

> 也许有人会说，对于并不谋利的学术工作而言，赋予其使命是很危险的。然而在一些尊崇科学的国家，国民教育都是有既定使命的。［……］那些政治家和学者团结一致，坚信如果要重振德意志，就必须挖掘德意志人民自己的历史，使人们了解祖国，热爱祖国。那么，他们究竟在自己成果的扉页上刻下了什么箴言？是“对祖国神圣的爱给予人勇气”（Sanctus amor patriae dat animum）。这句话被印在《德意志历史文献》（*Monumenta Germaniae*）的第一页上，四周环绕着橡树叶花环。［……］因此，我们有理由现在就鼓励那些未来的史学家对过去的所有见证人提出问题——不论这些见证人是知名的还是默默无闻的，鼓励他们对此进行讨论和深入理解，从而使法国的孩子们产生对祖国的敬爱（pietas erga patriam），激发他们了解祖国的渴望。

我们可以看出，《法国史》是何种重心调整后的成果，而拉维斯就是其伟大实践者。教育机构的重心开始转向公立大学，公立大学成为历史发展的主要动力，而不再是外围的教育机构，例如米什莱曾在那里讲课的法兰西公学院、继承了学术研究传统的文献学院，或是建立不久的实验基地——高等研究实践学院；政治重心开始转向共和国，德雷福斯事件后，第三共和国似乎终于战胜了反革命势力，而且还没有受到新型革命的威胁；功能重心开始转向教育，令教育成为一座生产公民、历史学家和爱国者的工厂；行业重心转向了专业的历史教师队伍建设；方法论重心转向了文凭和论文的杰作，将档案学与修辞学结合；学术重心转向了“科学”和“真理”，这两者保证研究者能在一个完全依赖国家的系统内部获得独立性；最后也是最重要的，是意识形态方面的“民族”转向，这里的民族概念指的是，“一个民族历史的合理延续”被普遍认同、“过去的事物有其存在的理由”以及法国人民热爱祖国与向共和国履行义务并行不悖这样的“正确观点”深入人心。《法国史》是一个“已经实现”(accomplie)[①]的民族的历史。

民族的实现

与19世纪前30年的民族观念的历史结晶相比（见本书《奥古斯丁·梯叶里的〈法国史信笺〉》[Les *Lettres sur l'histoire de France* d'Augustin Thierry]），我们看到的是一种转变，以及这种转变所隐含的理论、知识和文学上的贫乏化以及政治上的成就。历史学家不再孤军奋战。他是民族身份的开创者，又通过自己的叙述与分析将

① 与《拉波普利尼埃》(*La Popelinière*)的标题的情况类似，16世纪后半叶的“完整历史派”或“完美历史派”(*histoire parfaite*)就因《完整历史的图景》(*Le Dessein de l'histoire accomplie*)得名。参见乔治·于佩尔(Georges Huppert)，《完美历史的观点》(*L'Idée de l'histoire parfaite*)，1970年，法译本，巴黎，弗拉马里翁出版社，1973年；同时参见本卷的《艾蒂安·帕基耶的寻找法兰西》(Les Recherches de la France d' Étienne Pasquier)。

其勾勒清晰，始终以孤独的目光审视着整个演变过程。受到宗教与爱国灵感的启发，他歌颂这个神明显灵的国家，预言了新的福音书，像米什莱一样，将基督的原则、基督的化身及哺育众生的土地这三者统一了起来。他像其他学者一样，以自己的职业为斗争武器。从浪漫主义的一代到实证主义的一代，一切都随着这个“民族时刻”的到来而改变：这一事业的本质、启发着他的灵感、实现这项事业的历史学家以及他的书写风格。历史学家不再是民族的肉身，而成了化为肉身的民族本身。接下来要做的就是将其写作成文。在《历史研究导论》的感人片段中，朗格卢瓦（Lauglois）和塞尼奥博斯说明了如何创作这部书：需要多大的尺寸、什么纸张、多少册数，要采取哪些“简单的预防措施来尽量保证顺利完成”①，等等。系统化和批判性历史学突然开辟了一个新的时代，历史学家在文献面前隐身，同时回到了16世纪时期的“完美历史学派”已经提倡的“中庸风格”，而有别于史诗风格、雄辩风格或诗歌风格。卡米耶·朱利安曾说：“当历史学家的影子被淡化，当读者可以直接被真实的表述所打动时，这样的历史便是最吸引人的。”②我们了解米什莱的全部，甚至包括他在夜晚的幻想。而对于拉维斯和其他合著者，我们不知道他们是否留有私人日记，也不知道我们是否需要借助他们的日记来理解《法国史》。反过来，与这部《法国史》密不可分的是其创作背景及起决定性作用的参数，包括德国和共和国民主制的日益稳固。③

---

① 夏尔·V.朗格卢瓦(Charles V. Langlois)和夏尔·塞尼奥博斯,《历史研究导论》,巴黎,阿歇特出版社,1898年,第81页。

② 卡米耶·朱利安,同前,第CXXVIII页。

③ 主要参考《高等社会科学研究学校关于民主政治教育》(*École des hautes études sociales sur l'Éducation de la démocratie*)的系列讲座,拉维斯、阿尔弗雷德·克鲁瓦塞(Alfred Croiset)、塞尼奥博斯、马拉佩尔(Malapert)、朗松(Lanson)、阿德马尔(Hademard),巴黎,阿尔康出版社,1907年。

1870年战争彻底改变了德国在法国人心中的形象及其民族身份的定义。德国不再是给予伟大祖先以启迪的德国，不再是第二帝国时期的米什莱（“只有我的德国使我追根问底。”）、泰纳和勒南或是1858年《口耳曼杂志》(*Revue germanique*）歌颂的德国，在那一年，“科学和文献学运动”在利特雷的推动之下，通过该杂志渗入法国。可能德国将一直是智力竞赛的最主要因素。德国成了战争及吞并阿尔萨斯-洛林的德国，这两个事件不仅激发了法国人民的爱国情感，而且使得民族的概念从根本上被重新定义。尽管这个德国并不是全新的，但他仍然构成了一个有机理论的整体，令民族对其历史投去了新的目光。这一点明确体现在菲斯泰尔对蒙森（Mommsen）“阿尔萨斯属于德国还是法国”这一问题的回答（1870）以及勒南的著名讲座《什么是民族?》(1882）中：

> 一个民族就是一个灵魂，一种精神原则。构成这个灵魂、这种精神原则的有两个事物，而这两者其实是一体的。一者在过去，一者在当下。一个是我们共同拥有的丰富的记忆遗产；另一个是我们现在共同的意志，共同生活的渴望，还有把个体继承的遗产发扬光大的愿望。先生们，人不是瞬间成为人的。一个民族也像人一样，是一个充满奋斗、牺牲和虔诚的漫长过去的产物。对祖先的崇敬是最理所当然的事，正是祖祖辈辈成就了我们的今天。一段英勇的过去，一段伟人与荣耀的过去（我是指名副其实的荣耀），我们正是在这份社会财富上，确立了民族观念。①

---

① 埃内斯特·勒南，《什么是民族?》(Qu'est-ce qu'une nation?)，1882年3月11日在索邦大学的演讲，收录于《作品全集》，巴黎，卡尔芒-莱维出版社，1947年，第一卷，第887—907页。

这是一个从很多方面看都十分米什莱式的定义，但其提出的时间及其前巴雷斯式的口吻改变了定义的内涵与作用。如果说民族身份从此只在于“历史的纷乱复杂”(勒南语)，而不再是由语言、种族、利益、共同的宗教信仰和军事需要所产生的形式上的归属，那么整个历史都值得人民去了解与热爱，而不仅仅是大革命以后的这段历史。整个19世纪人们都在努力地诉说大革命的创伤，而德国带来了一个冲击性元素，它决定性地改变了民族身份的合理边界。最根本的创伤从原则上看不再产生于国内，而产生于国外。不再是遭谴责的旧制度与被接受的现代法国之间的内部矛盾，而是一个在自然起源基础上建立的民族与一个人为的、暴力统一的民族之间的外部矛盾。于是整个过去都重新获得了重视。坦白说，是德国促使地理界线变得神圣并解除了降临于历史界线上的诅咒。

拉维斯拟定的总目录便清晰地体现了这一改变(见附录1:《法国史》目录)，需要重申的是，第一套书(1901—1911)——最初只计划出这一套——内容为“从起源到大革命”。改变更清晰地体现于他所选择的两个重要时期，这两个时期分别是第一套《法国史》的开头和结尾，即《法兰西地理图景》及拉维斯亲自撰写的《路易十四》①，它们代表了民族认同最强烈的时刻。他是否参考了米什莱?答案是肯定的。但不能忽略的是，米什莱将《法兰西图景》(*Tableau de la France*)放在了第三卷，大约在公元1000年左右，也就是于格·卡佩登基之后。这再清楚不过地表明，对米什莱来说，在此之前法国不具有机统一性。拉维斯邀请了维达尔·白兰士(学术水平唯

---

① 《法兰西地理图景》和《路易十四》(*Louis XIV*)曾分别在塔朗迪耶出版社(Tallandier)独立出版，前者于1979年出版，由保罗·克拉瓦尔(Paul Claval)作序，后者于1978年出版，由罗兰·穆尼耶(Roland Mousnier)作序。

一能与拉维斯媲美的合著者）撰写《法兰西地理图景》（见附录2），他不仅将这部分内容放在引言，而且给予了其整卷的篇幅，由此说明法兰西存在于法兰西之前。这种确信得到了第二卷——高卢历史——的证明，因为对于这部分历史，米什莱只用了一个章节便草草结束，而拉维斯则用了整整一卷。这一举动大概是为了在奥古斯丁的弟弟阿梅代·梯叶里（Amédée Thierry）的著作（1828）之后，肯定高卢人在民族想象体系中的位置，同意将韦森热托利克斯列为共和国英勇奠基者的观点。①这大概也是在德国知识将高卢占为己有之时，为法国知识找回民族身份的根基。此外，对高卢的考古学研究也可能是科学地与菲斯泰尔的研究一脉相承，正如卡米耶·朱利安的著作即将展现的那样。②将《法兰西地理图景》与《高卢》并置不失为民族身份的一个牢固基础——法国从一开始就存在，在历史开始之前，就已存在于河流山川中、疆土中以及他的特质中。神意说似乎并不在《法国史》的最初撰写计划之中，之后才被纳入历史。

《路易十四》则代表了这段历史的另一头，而且有趣的是，它仿

---

① 参见保罗·维亚拉纳（Paul Viallaneix）和让·埃拉尔（Jean Ehrard）主编，《我们的祖先高卢人：克莱蒙-费朗国际研讨会论文集》（*Nos ancêtres les Gaulois, actes du Colloque international de Clermont-Ferrand*），1982年。以及两篇纪要：莫娜·奥祖夫，《克莱蒙-费朗的高卢人》（Les Gaulois à Clermont-Ferrand），载《辩论》，第6期，1980年11月；让-皮埃尔·里乌，《剖析我们的祖先高卢人》（Autopsie de Nos ancêtres les Gaulois），载《历史》，第27期，1980年10月。同时参见卡尔-费迪南·维尔纳（Karl-Ferdinand Werner），《起源》（Les Origines），载让·法维耶主编的《法国史》，巴黎，法亚尔出版社，1981年，第一卷第六章；克里斯蒂安·阿马尔维，《从韦森热托利克斯到阿斯特里克斯，从高卢到戴高乐——我们民族起源的思想与文化演变》（De Vercingétorix à Astérix, de la Gaule à De Gaulle, Ou les métamorphoses idéologiques et culturelles de nos origines nationales），载《古代历史对话录》（*Dialogues d'histoire ancienne*），国家科学研究中心（CNRS），1984年，第285—318页。

② 参见阿尔贝·格勒尼耶（Albert Grenier），《卡米耶·朱利安：半个世纪的法国历史研究与进步（1880—1930）》（*Camille Jullian, un demi-siècle de science historique et de progrès français*），巴黎，阿尔班·米歇尔出版社，1944年。

佛与《法兰西地理图景》形成了历史对称。历史的轨迹在这里停留。这一部分的开头十分具有故事性，几乎具有新闻写作色彩，直到故事的主人公于 1661 年执掌政权为止。之后便是近两卷书的宏幅巨篇，分为经济统治、政治统治、社会统治、宗教统治以及文化统治。平行不仅仅是形式上的。在这两卷中都包含同一种张力，在一卷中是地理特性与区域划分的张力，在另一卷中是对伟人、对时代的崇拜（这一时代显然令拉维斯感到自在，同时他也隐秘地将自己投射其中）与对君主的谴责之间的张力，而这位君主的最大成就是实现了别人对其的政治服从。拉维斯将封建君主制的最鼎盛时期交由自己来描写是意味深长的。至于路易十四统治末期（第八卷，第一册），他将战争与对外政策部分交给了 A. 德圣莱热，将经济史交给了 Ph. 萨尼亚克，将宗教和文化的内容交给了 A. 勒贝里奥（A. Rebelliau）。是的，令拉维斯感兴趣的是 1661 到 1685 年这一重要时期，是集荣耀丁 身的路易十四和奋力挣扎的路易十四之间的对比，是这个人身上强烈的光与影的游戏：1668 年他“相信自己已经回应了世界的期待”，而 1685 年他以一个衰败的法国为代价，“相信自己已经通过《雷根斯堡（Ratisbonne）停战协定》战胜了整个欧洲，通过废除《南特敕令》消灭了加尔文教”。在拉维斯看来，路易十四是法兰西民族的代表。他不停地完善着这位帝王的形象，到完成之时仍感到意犹未尽：

> 理智告诉我这段统治的“毁灭性本质”，然而想象力却被“光辉的外表”所吸引。想象力沉浸在关于这个人的记忆中，他并不是一个坏人，他拥有许多优点，甚至是美德、高尚、优雅和天赋。当法国繁荣时，他发扬其光辉的形象；而当法国衰落时，

他却不愿向世人袒露其“消沉”。从华丽的幕布升起的那一刻开始，直到最后一个动作的昏暗场景，他坚持扮演着自己的伟大角色。仙境般的布景、荒地上的宫殿、干涸之地上喷涌的泉水、从枫丹白露或贡比涅移来的树木、背井离乡的随从们，这一切都被汇集到这里，只为表演一场对我们来说年代已远的悲剧。对不再熟悉这些场景和这些风俗的我们来说，这场悲剧彰显了某种古典的魅力和伟大。

正是“大拉维斯”①成就了拉维斯的伟大。与《法兰西地理图景》一样，《路易十四》的两卷内容最大限度地体现了因辽阔的地域和悠久的历史而增强的民族意识，最大限度地呈现了一个属于全民族的时刻。

这是一个至关重要的时刻，正是在这个时刻，历史学在同一种重生过程中，被赋予了科学合理性、职业合理性和民族合理性。这是属于《法国史》的时刻，尽管已经过去很久，却依然独具代表性，它是批判历史学与共和国记忆共同作用的成果。从它的初衷及其理念中可以看出，《法国史》既包含了失败也包含了胜利。拉维斯的二十七卷《法国史》之所以能够区别于其他源源不断出现的法国史书，并成为记忆之场，是因为其将历史研究的实证性和对祖国的崇敬与热爱结合在了一起。这二十七卷《法国史》就像一个大熔炉，两个真理在其中短暂地交融在了一起。这两个真理在今天看来似乎毫无关联，然而在当时却是互相补充、不可分割的，那便是档案的普遍真理性以及民族的特殊真理性。

---

① 大拉维斯（grand Lavisse），即《法国史》。——译注

二、档案与民族

文献记忆

1876 年，当时的史学家们纷纷在《历史杂志》上庆祝历史学重生的开端，加布里埃尔·莫诺的社论则庆祝了历史学的正式诞生。① 这篇社论十分重要，其目的之一是将自身作为一种历史，即“历史学进步”和学问进步的历史。作为这段历史的继承者，莫诺精确地对回忆进行了挖掘，确定了其中一脉相承的重要人物：首先是 16 世纪的先驱，是他们开创了批判性方法，例如写作《历史学书目》(*Bibliothèque historiale*) 的克洛德·维涅 (Claude Vignier)，以及被誉为“首位客观评价高卢遗迹和法兰西遗迹的人”的克洛德·福谢 (Claude Fauchet)。接着是封建王朝统治下的学者们，包括“17 世纪的一流出版者”安德烈·迪歇纳 (André Duchesne)、“第一个为史学家正确认识中世纪提供必要辅助工具的人”迪康热 (Du Cange)，“路易十四曾有意任命迪康热为法国史学家团体的总负责人”。除了王室所提供的历史文献外，还有耶稣会教士、奥拉托利会会员 (oratoriens) 及圣莫尔本笃会修士提供的文献，对这些人“我们再怎么致谢也不为过”，“他们既虔诚又坚强独立的态度使他们的工作被赋予了严谨性和权威性”。最后一环是法兰西文学院 (Académie des inscriptions et belles-lettres)，其成员布雷基尼 (Bréquigny)“几乎独立完成了王室法令的汇编以及契约和文书总目录”。接着是基佐和法兰西历史学会未出版文献的总汇编，莫诺还特别指出了文件集与多折画屏出版者盖拉尔 (Guérard) 的高水准工作成果。在这篇社

① 加布里埃尔·莫诺的社论再次刊登于《历史杂志》的百年庆刊，第 518 期，1976 年 4—6 月。

论中，有三个紧密相连的要点：“真正意义上的历史学研究开始于文艺复兴时期”，这在标题中就有所体现；“法国历史学遭遇的最大不幸是文学与知识的区分，更准确地说是人们长期想要将二者对立的态度”；坚信国家的落后是“缺乏组织良好的高等教育所导致的严重后果，没有高等教育的平台，年轻人就无法在汲取文化常识的同时形成方法、批评和严格学术规范方面的习惯”。

在文献学家及历史学家的共同努力下，这段文献记忆从此形成并加速发展起来。直到今天，我们依然在享用前人留下的这段文献记忆。在这里我们只能简要指出其中最主要的成就。首先是文件资料合集，这些通常是需要不断补充的大工程，主要由法国历史和科学工作委员会（Comité des travaux historiques et scientifiques de la Société de France）以及法国历史学会主持出版。从吉里（Giry）的契约与文书汇编到救国委员会（Comité de salut public）和公共教育委员会的会议记录，这些都构成了资料基础。除此之外，还有一些有关目录和严格意义上的书目的工作，这是令未来一切探索得以展开的预备工作，是文献矿山中的支柱，致力于其中的并不是普通的工作者，而是档案学和历史编纂学领域的佼佼者。尽管任务艰巨，但成果颇丰。比如，1886 年，也就是《法国图书馆与档案馆年鉴》（*Annuaire des bibliothèques et des archives de France*）开始编纂的第一年，在利奥波德·德利勒（*Léopold Delisle*）的规划之下，《法国公共图书馆手稿总目录》（*Catalogue général des manuscrits des bibliothèques publiques de France*）问世了；1895 年，国家图书馆开始出版其印刷版书籍总目录以及手稿研究所的常用目录。1888 年，第一个范本出现了：莫诺本人出版了一部包含 4542 本文献的《法国史书目》（*Bibliographie de l'histoire de France*），旨在“为历史工作者尤其是大学生”提供一个参考书目，就像莱茵河另一边莫诺的导师魏茨（Waitz）在达尔曼（Dahlmann）《参考书目》（*Bibliographie*）

的基础上写成的书目一样。这一时期《法国历史资料》(*Sources de l'histoire de France*) 系列丛书也开始出版，这套丛书对历史学家来说必不可少并且为他们所熟知，之后该书又由多名作者继续完成，奥古斯特·莫利尼耶①负责撰写从起源到意大利战争这一时期（共五卷，1901—1906），亨利·奥塞尔（Henri Hauser）负责16世纪（共两卷，1906），埃米尔·布儒瓦（Émile Bourgeois）和路易·安德烈（Louis André）负责17世纪（共八卷，1913）。除了此类参考书目外，还有九卷本《学术团体作品总目录》(*Bibliographie générale des travaux des sociétés savantes*)，由罗贝尔·德拉斯泰里及其合作者共同于1880至1907年间完成并出版；还有乔治·布里埃（Georges Brière）和皮埃尔·卡龙（Pierre Caron）共同编写的《法国现当代历史书目汇编》（[*Répertoire méthodique de l'histoire moderne et contemporaine de la France*] 1899），而皮埃尔·卡龙曾在其1902年与菲利普·萨尼亚克合编的《关于法国现代史研究现状的报告》(*Rapport sur l'état actuel des études d'histoire moderne en France*) 中指出，“关于现代史的任何课题研究都是与档案和手稿的分类情况密不可分的”。除了由上述文献构成的领域内的这座灯塔之外，我们还应当加上历史学特有的目录学、目录的目录以及研究工具的科学，这些成果从深度上照亮了这一领域，为使用者们提供了便利。我们可以发现目录学在许多人的努力之下得到了充分发展：例如夏尔·V. 朗格卢瓦的《历史文献目录手册》(两卷，1896、1904)②，或者他与亨利·斯坦合著的《法国档案》（[*Archives de France*] 1891）；格扎维埃·沙尔姆（Xavier Charmes）的《历史与科学作品委员会》

① 参见加布里埃尔·莫诺和夏尔·贝蒙，《奥古斯特·莫利尼耶》(*Auguste Molinier*)，1904年。

② 夏尔·V. 朗格卢瓦和亨利·斯坦的《历史文献目录手册》(*Le Manuel de bibliographie historique*) 覆盖了几个主要国家。仅对法国来说，加布里埃尔·莫诺就完成了一个类似的作品，《法国的历史学研究》(*Les études historiques en France*)，载《国际教育杂志》，1889年，第二卷，第587—599页。

（[*Le Comité des travaux historiques et scientifiques*] 1886）；奥古斯特·莫利尼耶为《法国历史资料》撰写的长达两百页的前言，该前言系莫利尼耶去世前两个月所做，被放在整套书最后一卷的开头。

这是一项十分艰辛却默默无闻的工作，但在这里应当引起我们的重视。首先是因为仅仅提到这项工作，就足以揭示出整部《法国史》的开创性，在这部著作中，尤其是在他自己撰写的路易十四统治时期这一部分（在布儒瓦和安德烈做汇编之前已出版），拉维斯有足够理由强调："对于我们历史的现代部分，不存在任何科学教材，能够像古代史和中世纪史教材那样，成为制度与风俗研究的指南。"这项工作应该得到重视的更重要原因是，尽管批判历史学为其研究提供了十分专业的、近乎奥义传授式的内部工具，但从原则上说，它并不包含自身可能性条件的历史过程。正史排斥野史。像建立博物馆一样建立档案、丛书、图书馆是学识渊博的学者的专长，今日逐渐确立的关于记忆的历史学只能努力让这种专长进入历史编纂学的中心位置。档案学记忆对于历史科学的建立起到了十分重要的作用，以至我们不可避免地要考虑它们结合的特殊背景。

属于国家的档案记忆

事实上，档案使得史学家开始依赖自己的工作。这项工作比起运用档案更倾向于保存档案，而且不管是从本质上说还是从精神上说，它都不是出于史学家的好奇，而是国家权力使然。[①]因此，史学家与档案的碰撞其实是一段缓慢的、意外的、往往受蒙骗的、单向的

---

① 参见让·法维耶，《档案》（*Les Archives*），巴黎，法国大学出版社，"我知道什么？"（Que sais-je?）丛书，1959 年出版，1976 年修订再版。

结合。档案学的发展与历史学的发展的确是同步进行的，档案学也是在1830年之后不久发展起来的，并在二十年内影响了整个欧洲：1831年，布加勒斯特档案馆成立；1835年，加沙尔（Gachard）成立了比利时档案馆；1838年，英国公共档案馆（Public Record Act）成立；1854年，档案学家博法鲁利（Bofarull）的未发表档案（Documentos ineditos）在巴塞罗那开始出版，奥地利历史研究协会（Institut für Österreichische Geschichtsforschung）在维也纳成立，马德里和佛罗伦萨也同时成立了古文字学和档案学研究所。[①]法国的档案学则始于1821年文献学院[②]的建立，或者确切地说是始于1829年文献学院的重组以及基佐的工作（见下文《基佐与记忆的制度化》）[③]。然而，即便档案学与历史学是同时发展起来的，它们仍属于两种截然不同的传统。尽管封建法律研究专家、皇家史官和本笃会修士们付出了巨大的努力，尽管像穆拉托里（Muratori）这样的伟

---

① 参见罗贝尔-亨利·博迪耶（Robert-Henri Bautier），《档案》（Les Archives），载《历史学及其方法》（*L'Histoire et ses méthodes*），巴黎，伽利玛出版社，《七星百科全书》（*Encyclopédie de la Pléiade*），1961年，第1120—1166页；Ad. 布伦内克（Ad. Brenneke），《档案学》（Archivkunde），1953年；L. 山德里（L. Sandri），《档案史》（La Storia degli Archivi），载《档案》（*Archivum*），第18卷，1968年，第101—113页。

② 参见《文献学院：百年纪念之书》（*L'École des chartes，le livre du centenaire*），巴黎，1929年，两卷本；让·勒波蒂耶（Jean Le Pottier）的论文《历史学与博学：法国十五世纪历史文献中的历史学和中世纪知识的作用研究与档案》（*Histoire et érudition，recherches et documents sur l'histoire et le rôle de l'érudition médiévale dans l'historiographie française du XIXe siècle*），文献学院博士论文，1979年。同时参见路易·阿尔方，同前，第四章，《资料搜集》（La chasse aux documents）；格扎维埃·沙尔姆，《历史与科学作品委员会》，"法国史未刊资料"丛书（coll. des Documents inédits pour l'histoire de France），1886年，三卷本。

③ 参见《历史学形成的时代：1830—1848》（*Le Temps où l'histoire se fit science*，1830－1848），法国历史委员会150周年国际研讨会，巴黎，法兰西学会，1985年12月17—20日。这一研讨会的会议报告刊于《历史书写史》（*Storia della storiografia*）杂志，由于其召开时间较迟，因此我们无法获知所有会议成果。在此感谢罗贝尔-亨利·博迪耶先生为我提供其引言，《历史作为科学的重生》（La renaissance de l'histoire comme science）。

大档案学家有着如此深刻的历史忧思，档案却始终只是王室的私有财产，只用于十分功利主义的用途，其目的在于保存关乎王室权威和统治的文书，为王室储备涉及权力与权利的法律文件。“一个优秀的档案学家比一个优秀的炮兵部队指挥对国家更有用。”任何一位强权者都可能会说这句据说出自拿破仑的俏皮话。拿破仑曾投入一项惊人的事业，即要将所有附属国和占领国的档案全汇集到巴黎。档案的使用权受到严格控制，始终有专人小心保管。档案就是“秘密武器”，是真正的战争机器，人们有时会激烈争抢它的所有权。而档案工作者们无论想表现得多么独立，始终只是权力的忠实附庸，是被政治和外交收买的人。

我们不该被“公共档案”这一概念蒙骗，其发展过程明确指出了这一点。“公共档案”并不是指对资料的公共使用，而是指从腓力四世（Philippe le Bel）到拿破仑加冕的这段时期，君主制度的不断官僚主义化，我们在此只能回忆起其中一些重要日期和主要发展轨迹。16 世纪中期的西班牙提供了第一个典范，1545 年，查理五世开始将其文献宝库从卡斯蒂利亚（Castille）转移到著名的锡曼卡斯（Simancas）城堡。同样，法国于 1568 年停止在宪典宝库（Trésor des chartes）登记册上做记录，转而在总理公署和国家秘书处保存档案，这一惯例在黎塞留主持下得到普及。正是在这一时期，由于国家君主制政权的强大势力，公共档案的概念第一次得到了重要延伸。从 1670 年开始，君主开始在所有重要的国家公仆逝世时搜集他们的档案，其间当然也出现了多次间断以及惊人的意外。18 世纪中期又经历了新一轮的集中：1769 年，玛丽亚-特蕾西亚（Marie-Thérèse）在维也纳建立了哈布斯堡王朝的中央保管机构——皇家档案馆（Haus-Hof-und Staatsarchiv），它为启蒙时期的整个欧洲提供了典范。法国大革命和拿破仑帝国则促进了第三次集中保管的浪潮：根据制宪会议文件的核心内容，国家档案馆在苏比斯府邸（hôtel de Soubise）成立，后在加缪（Camus）的主持之下，不仅集中了“旧制度”时期议会与行政部门的所有档案，而且汇集了巴黎各修道院、教务会和教堂的档案，还包括个别流亡者和囚犯的档案。这些档案还需要进行分类：“历史性”档案归于国家图书馆；对国家行政与诉讼有用的档案被保存起来；而“无用的”文件将被出售，有关“暴政与迷信的档案”则要郑重销毁。加缪的坚决反对减少了资料的分散，而档案分类办公室在执行工作的六年间，经由一批出色的学者把关，也尽可能避免了资料的损毁。

因此，大革命对公共档案学做出的贡献是存在很大争议的。一方面，大革命至关重要，是它确立了档案的概念。“旧制度”时期的社会是无法理解档案的含义的，那时的文件不会失去时效性。档案的权威性并不是由其真实性决定的——因为其真实性受到档案持有机构权威性的保证——而是由其古老性产生的。可能当时的学者们会互相交流传阅由教会与国家保管的档案资料。但在古代法国，资料交流在最好的情况下被视作一种恩赐与奢求，要经历繁复的程序，而且常常无果而终。①就连马比荣（Mabillon）有时也无法从修道院获得他需要的资料。因此从理论上说，“旧制度”时期只有保存契约文件的档案库，最好的情况是类似雅各布-尼古拉·莫罗（Jacob-Nicolas Moreau）建立的档案库。②只有在当局不再需要一些文件时，它们才会变成档案。所以说，如果没有八月四日那个夜晚，就不

---

① 参见克日什托夫·波米安,《17 世纪法国史学家与档案》(Les historiens et les archives dans la France du XVIIe siècle),载《波兰历史学报》(*Acta Poloniae historica*),第 26 期,1972 年。

② 参见迪特尔·根比茨基(Dieter Gembicki),《旧制度末期的历史与政治:雅各布-尼古拉·莫罗(1717—1803)》(*Histoire et politique à la fin de l'Ancien Régime, Jacob-Nicolas Moreau [1717-1803]*),巴黎,尼泽出版社(Nizet),1979 年。

会有档案馆。事实上，如此大规模的档案整理计划首次延伸到了整个政治、封建和宗教制度，一下子超越了国家档案的概念而演变为“民族”的档案。如果没有这次大规模的资料整合，那么实证主义成果的广泛性以及系统性将会难以理解。这次整合结束了档案那无法想象的分散与混乱的局面，令其构成了真正的文献财富。另一方面，除了巴黎的国家档案馆，大革命还在各个行省、各个市镇都设立了档案馆。如果没有这项措施，在基佐的促进下紧接着出现的 1838 年和 1841 年的两项关于行省档案馆组织结构的法令（以及由此产生并从 1854 年开始出版的丛书清单）将不复存在。最后也是最重要的一点，大革命宣布了一项基本原则：档案属于整个国家，应当供每位公民使用。即便这一原则在执行和传达时遭遇了某些限制（直到 1840 年档案馆才设立查阅室），它还是潜在地令学科的职业化及科学历史学的建立成为可能。

但只是“潜在地”。因为正如罗贝尔-亨利·博迪耶指出的那样，大革命并不意味着与传统档案观的彻底决裂，相反，它甚至为传统加冕。①档案公开的原则存在于从君主制合法性向国家主权的过渡过程中，它并不意味着放弃国家政府的特权。共和历二年穑月七日（即 1794 年 6 月 25 日）法令的起草者们是面向全体公民的，他们完全没有考虑史学家。档案找到了属于自己的地位，但它仍像从前一样是延续、集中和正统的标志。一种理论性的权利，一个实际的资料储存库。如果需要为此提供证明，那么对文献结构的命名本身就是最好的证明，因为字母表中有 24 个字母贡献给了“旧制度”时期，

① 罗贝尔-亨利·博迪耶，《档案史的关键时期：档案馆的建立和档案学的诞生（16 世纪至 19 世纪初期）》（La phase cruciale de l'histoire des archives : La constitution des dépôts d'archives et la naissance de l'archivistique [XVIe-début du XIXe siècle]），《档案》（*Archivum*），第 18 卷，1968 年，第 139—149 页。

而只有一个字母——即那著名的 F 对应的是最近五十年的所有政府文献资源。记忆的保存者们并没有考虑到文献汇总的结构灵活性,对这些应当被郑重地尊为遗产的文献记忆,他们只想着保存而很少有前瞻性。直到 1840 年,在从别处而来的历史浪潮的推动下,所谓的实用主义历史学终于使这种保守观念渐渐地、部分地然而从未彻底地打开了一个缺口。借用罗贝尔-亨利 · 博迪耶的话来说,在二十年之内,"档案馆从国家兵工厂变成了历史学的实验室"。必须等到法国政治的稳定性与其行政遗产的稳定性相结合时,鲜活的民族记忆才开始从被动的文献记忆中汲取营养。二者从此开始相互影响,但并不是相互依存。

档案效应

不管怎样,历史学与档案学的结合十分紧密,以至这种模式贯穿了批判历史编纂学的整个发展过程。文献记忆重要性的第一个效应体现在它将民族编年史的重心一下子转移到了历史的上游,而且这一趋势始终呈现于此类历史编纂学的发展中。这就是马克 · 布洛克所说的"起源的困扰"。研究方法的确立、文本至上的观念、哲学思考和日耳曼文化的影响,这些因素均促使"中世纪"概念日益实体化。当代提出的最新问题根源于最古老的文献资料。因其诞生条件,批判历史学长期保持着一种文献情结,甚至直至今日都可能还未摆脱这种情结。夏尔 · 布雷班 (Charles Braibant) 曾说:"在那遥远的年代——约 1880 年左右,文献学院的档案学工作已经在十分有效地为历史学家提供帮助,然而中世纪史研究者面对现代史研究者的态度,犹如骑士之于步兵的态度。如果有人说研究 1453 年以后历史的史学家只能是一个十分不幸的人，那么我一定不以为然。”①现代民族史的大部分奠基人都是从研究中世纪史起步的：朗博从10世纪的拜占庭着手，拉维斯的研究工作始于《阿斯卡尼王朝统治下的勃兰登堡侯国》（*La Marche de Brandebourg sous la dynastie ascanienne*），19世纪外交史研究的先驱者埃米尔·布儒瓦一开始也是从十个世纪前的法国贵族政治史入手的，而负责撰写《当代法国史》中1848年之后历史的塞尼奥博斯也是以一篇关于勃艮第封建制度的论文起步的！直到1880年，文献学院才出现一篇敢于跨越至关重要的1500年的论文，巴黎高师才开始小心翼翼地尝试现代史教育（四十个讲座中占了两个②）。严格意义上说，《法国史》共有十七卷，而其中有六卷关于中世纪，也就是说占到了三分之一。

档案与中世纪的关系不只是实用性层面的。其中包含的不仅仅是一种认识论，以因果关系和开端的名义将最新颖与最古老的东西联系起来。也不仅仅是评注家探寻的自然起源之谜。马克·布洛克已经揭露了隐藏于这种对远古学问的纯粹迷恋背后的目的论哲学：

> 以起源为中心的历史服务于价值评估［……］不论是日耳曼人入侵还是英国占领诺曼底，人们如此热衷于运用过去来解读现在，其实只是为了更好地论证或判决过去。所以，在很多情况下，起源之魔只不过是真实历史中邪恶敌人的化身——这是对审判的狂热。③

---

① 夏尔·布雷班，《回忆乔治·布尔然》(Souvenir sur Georges Bourgin)，载《历史杂志》，CCXXI 1959。

② 阿贝尔·勒弗朗(Abel Lefranc)的《16世纪思想史》(L'histoire des idées au XVIe siècle)，R. 罗伊斯(R. Reuss)的《旧制度时期的阿尔萨斯》(L'Alsace sous l'Ancien Régime)。

③ 马克·布洛克，《历史学和史学家的赞歌》(*Apologie pour l'histoire et le métier d'historien*)，巴黎，阿尔芒·柯兰出版社，1959年，第7页。1980年重新修订出版，加入了乔治·迪比的引言。

对此我们还可以深入探讨。这样一种“狂热”被文本研究、对文献的服从和档案学科巧妙掩盖，而实证主义者往往将历史归结于档案。在这种“狂热”中，我们应当看清历史成为一门行会性学科的关键及其树立权威的动力。文献学家和中世纪研究者中的佼佼者曾是所有史学家中最先参与德雷福斯事件的，这是有其深层原因的。[①]包括保罗·梅耶尔、加斯东·帕里斯、加布里埃尔·莫诺在内的许多人不时以专家和道德权威的姿态介入新闻界和司法界。艾什泰哈齐（Esterhazy）被宣告无罪后不久，《世纪报》（*Le Siècle*）在整个头版写下了一句话：“史学家可以作证。”法兰西学院成员阿蒂尔·吉里（Arthur Giry）通过文本批评这一最可靠的方法揭露了亨利的骗局，而这一天刚好是亨利招认的日子。吉里与文献学院校长以及奥古斯特·莫利尼耶都在一审时支持左拉，莫利尼耶的绝笔之作便是《关于清单的批评性研究》（*Examen critique du bordereau*）。怎么可能将他们的介入态度与他们的专业能力分开来呢？怎么可能不将这种介入态度与全才拉维斯的观望主义对立起来呢？契约、文书、契据集很长时间以来都是史学家“象征资本”的核心。档案不仅强加了一种“起源的困扰”，而且还强加了一种对“资源”的借代性使用。

然而，档案的最大效应并不在此，而在于由它所引发的历史类著作的数量突然甚至可以说是爆炸性的增长。盲目地按照格雷瓜尔·德图尔（Grégoire de Tours）的方式来讲述克洛维和墨洛温王朝（例如福里埃尔［Fauriel］和珀蒂尼［Pétigny］的做法），同时在其中加入一些显然是其后才出现的材料——如伪弗雷德盖尔（Frédégaire）的作品和《法兰克人史书》（*Liber historiae*

① 参见玛德莱娜·勒贝里乌，《历史学、历史学家和德雷福斯派》（Histoire, historiens et dreyfusisme），载《历史杂志》百年庆刊，同前，第407—432页。

Francorum）——是一回事，尽管对直接证据或被认为是直接证据的东西的参考，与叙述者、编年史作者、回忆录作者等人的联系已在很大程度上使得叙述焕然一新并扩大了历史学的前景（见《国家的记忆》）。而指出我们是否可以信任格雷瓜尔·德图尔—— 一个独立的、狂热的史书作家，在克洛维逝世六十年后才开始撰写《法兰克人史》（*Historia Francorum*）——重新精确地确立的弗雷德盖尔的手稿①，指出它是之后受其启发的作品的源头（像莫诺在 1872 年所做的那样），这种做法在本质上彻底区别于前一种方法，而且标志着一个决定性的开端。在第一种情况下，尽管作者充分运用了“资源”，但也只是对传统的一种复制；而在第二种情况下，作者对资源抱着怀疑态度，有目的地进行了重新建构，也就进入了批判与研究的范畴。一切被称为“实证主义”的历史学都经历了从第一种向第二种的过渡，亦即叙述性资料和文献档案之间的区分。从实践来看，这两者之间的区分经历了一个漫长的过程，而且似乎仍然不够彻底。拉维斯及他之后的许多人在描写凡尔赛宫和路易十四时并不排斥参考回忆录。然而从理论上看——这也是更为重要的方面——叙述性资料和文献档案之间的划分是十分明确的。例如，在《法国档案》（1891）的前言中，朗格卢瓦和斯坦（Stein）这样写道：“本书中提到的‘法国历史档案’是指所有与法国历史相关的档案资料，包括政治或私人信函以及各种类型的官方文件，如契约、账目、调查等。总之，这一定义只排除一种古文献资料，即历史、学术和文学作品，这类资料只属于图书馆，不属于档案馆。”反过来，奥古斯特·莫利尼耶很好地定义了这种区分，他在法国史中世纪资料的引言中写道：“尽管对

① 加布里埃尔·莫诺，《墨洛温王朝历史资料研究》（*Études critiques sur les sources de l'histoire mérovingienne*），巴黎高等研究学院图书馆，fasc.Ⅷ。

中世纪的叙述性资料进行了系统全面的研究，但尚未因此产生综合性著作。”

叙述性资料向文献档案过渡这一事实本身就为历史学打开了一个多样化程度可以说无上限的局面。我们可以将这两种体系的差别比作动力系统的突然转换，像水磨向蒸汽磨的过渡，像钻头深入地下时石油喷涌而出的瞬间。有许多例子能够予以佐证，比如数据。在A. 穆里耶和F. 德尔图尔编撰的论文目录索引中，统计描述1800至1870年间答辩的论文仅用了450页的篇幅，之后15年（1880—1895）用了600页，而统计1895至1902年间论文需要同样的篇幅且独立成卷，也就是说7年间的论文竟与之前70年的数量相当。在此之后便需要每一年编为一卷了。①

然而，这种数量的变化只是历史学扩大化的一个表面现象，这一扩大化由档案引起又由档案提供支持，后者自始至终地贯穿了整个过程。档案的内容如此宽泛甚至无边无际，因此史学家们长期满足于汲取档案中已明确记录的内容也就不足为奇了。史学家们的历史研究类型也由此形成。实证主义史学家们的确首先研究的是政治

① 参见阿尔贝·梅尔（Albert Maire），《法国大学文学博士论文目录》（*Répertoire alphabétique des thèses de doctorat ès lettres des universités françaises*），1903年；A. 穆里耶（A. Mourier）和F. 德尔图尔（F. Deltour），《文学博士法语及拉丁语论文目录》（*Catalogue des thèses françaises et latines pour le doctorat ès lettres*），1903年。同时还可参考罗贝尔·德拉斯泰里（Robert de Lasteyrie）汇总学术团体的作品总目录，也有相同的增长趋势，出处同前。其中第一卷于1886年出版，第四卷于1904年出版，共收录83 792篇。1886年与1900年之间需要两卷的篇幅，共有51 586篇，也就是说在14年间超过了之前总数的一半。1901—1907年的7年间有大约30 000篇。此外还有一个数据也呈同样的增长趋势：《1866—1897年发表的关于1500—1789年法国史的作品目录》（*Bibliographie des travaux publiés de 1866 à 1897 sur l'histoire de France de 1500 à 1789*），E. 索尼耶（E. Saulnier）和A. 马丁（A. Martin）著，巴黎，法国大学出版社和里德出版社（Rieder），1932—1938年。关于1789年之后的法国史，皮埃尔·卡龙统计（1912）共30 796篇。布里埃和卡龙的《现当代史作品年鉴》（*Le Répertoire annuel de l'histoire moderne et contemporaine*）1898—1906年间的作品共收录30 028篇，8年间总数相当于之前30年的数量。

史、行政史、军事史、外交史和传记性历史，但认为他们并非仅出于意识形态原因才会去探索国家起源之谜，这样的想法也不会有什么不妥。在突然走上运用档案的道路时，他们在法国中央档案馆找到了比欧洲其他所有国家都丰富的档案资源。我们应当像克里斯蒂安·阿马尔维在一篇独特的文章[①]里所提到的，仔细翻阅儒勒·塔什罗（Jules Taschereau）和利奥波德·德利勒编纂的《法国史目录》(*Catalogue de l'histoire de France*)，便可看到某种类型的历史学竟以如此大的规模汇总于基础书目工具中，预先存在于外表中性的物质资源中，深嵌于各种无可指摘的研究类型中，直到历史学家们出于各种原因对其进行塑造。对过去的感知突然呈现出君主制色彩，因为档案还登记了那些没有执政的国王，但在术语汇总中却看不到关于“大革命”的字眼！一方面民族历史迅速凝结，另一方面悠久的历史遗产得以发掘，这两种现象的共同作用产生了《法国史》。1870年普法战争和法德对立、建立民主的现代高等教育制度、共和思想渐渐深入人心，这些事实加快了民族历史学的产生。但是，民族历史学得以建立并获得了全国上下如此多的拥护支持（尽管对后代来说这是一种贫瘠的历史研究），这其实归功于法国档案学传统的两个重要事实，即长期的君主集权以及革命派进行的广泛而彻底的改革。关于权力的档案体现了权力的历史，而国家档案则预示了国家的历史。

对于世纪末的历史编纂学来说，正是历史与档案的结合体现了其断裂及延续性原则。实证主义民族历史编纂学是最古老的民族国家的产物，同时又为其服务。这一代“实证主义者”以文献为基础建立了历史科学，将档案提升至真理之保障、科学性之标准的地位，最

① 参见克里斯蒂安·阿马尔维，《史书目录及有关历史学的设想》(Catalogues historiques et conceptions de l'histoire)，载《历史书写史》，1982年，第2期，第77—101页。

后又赋予其证据般的明确权威性，在这样做的同时，这些史学家其实只是为资产阶级自由民主国家的合理性提供了证据，同时又为自身利益考虑承担了奴性的但地位显赫的职务，与在他们之前的“旧制度”时期的封建法律专家和史官们的功能并无不同，只不过后者的服务对象是封建掌权者罢了。反过来，档案学一劳永逸地结束了论述和学识这二者各自发展的分离状态，令它们的结合成为可能，从而为历史学的建立提供了首要条件，为历史学的活力提供了必不可少的工具。如果历史学只参考史学家的文献而不依据其他资料，那么它的论述可能具有普遍性，但它的研究对象一定是受限的。而如果某种学问只靠好奇心来拓展，那么即便它的对象是无穷无尽的，也会受困于好奇心的武断之中。档案学从民族的角度出发将这二者结合了起来，去除了前者的肤浅和后者的琐碎。它令实证主义历史学成为一个独一无二的汇聚点，在这里，传统记忆的巨大财富可以“有条不紊地”通过学者记忆的筛子剔除糟粕，筛选精华。一切条件都齐备之后，书写一种法国迫切需要的历史学便成为可能。

三、 批判的记忆与共和制国家

《法国史》一书的沿革

从《法国史》可以看出，实际上存在一部内部的历史和一部外部的历史，这两者并不相契合。如果说前者呈现的是表面的和谐统一，那么后者恐怕恰恰相反，存在一些晦涩和难以参透之处。

这套丛书，从前几卷的出版（1901 年吕谢尔［Luchaire］和朗格卢瓦出版了第二卷第二册与第三卷）到 1911 年配有分析表格的配图总版本的问世，整个过程经历了十年。如果从 1892 年 3 月拉维斯与出版社签下出版合同[①]开始算起，前后则经历了二十年，这份合同乐观预计将于 1894 到 1898 年的四年间陆续出版十五卷书。如果将《当代法国史》也算在内，那么时间跨度就是三十年。在今天看来，这两套丛书内容紧密相连，可若没有《当代法国史》中关于法国大革命的部分，以及最后一卷中描绘一战的英雄画卷，我们对整段历史的总体印象将截然不同。由于《当代法国史》的出版当初并未在计划之内，所以对《法国史》可以有两种解读可能。《法国史》一出版就大获成功，于是阿歇特出版社在 1904 年 11 月决意扩充这套丛书的内容，如果拉维斯不同意牵头的话，他们准备向阿尔贝 · 索雷尔（Albert Sorel）寻求帮助。[②]但拉维斯在三个月的深思熟虑之后，同意了出版社的提议，于 1905 年 8 月 4 日[③]签署了出版合同。这份合同也同样乐观地预计于 1907 年到 1909 年间出版八卷书。但由于延误，又被战事耽搁，丛书一直到 1920 至 1922 年间才相继问世。但此时情况已有所不同，出版社不得不在匆忙之中准备有关大战历史的编纂，同时给塞尼奥博斯另外配备了两位专家。其中一位是奥古斯特 · 戈万（Auguste Gauvain），时任《辩论报》（*Journal des débats*）外国政治版块负责人，此前他曾在拉维斯负责的发行于 19 世纪 90 年代的年刊《海外政治生活》（*La Vie politique à l'étranger*）杂志任主编；另一位则是亨利 · 比杜（Henri Bidou），他也曾在《辩论报》任编辑，其高等教育文凭（D.E.S.）即由拉维斯颁发。除此以外，论及法国大革命的卷册也要重新编写。由于帕里塞（Pariset）一直没有上

① 拉维斯 1892 年签订的出版合同废除了之前于 1888 年签订的第一份合同，后者曾规定："新的法国历史将根据当时的文献资料，合理添加丰富的插图。"阿歇特藏品（Fonds Hachette）。

② 让 · 米斯特莱（Jean Mistler），《阿歇特出版史》（*Histoire de la Librairie Hachette*），巴黎，阿歇特出版社，1954 年，第 286 页。笔者从合伙人会谈记录中提取的信息。

③ 这份协议见于拉维斯文件，法国国家图书馆，N.a.f. 25 170，f° 243。协议规定 7.5% 版税归作者，2.5% 归拉维斯，并给每卷四百页的书垫款一万法郎。

交他负责的部分，1919 年 12 月，出版商建议不要再与这个“讨厌的人”[①]来往。萨尼亚克更能体会时间的紧迫性，但由于他于 1906 至 1909 年间已完成他负责部分的主要内容，而且他同时还忙于撰写《法国大革命与帝国统治下的法国莱茵河》（1917 年出版），因此他认为有必要对这本书进行大幅度改写。“如你们所知，我编纂的这卷书有一部分参考了一些从未出版过的文献，其中一些最近才得以出版发行……在拉维斯的要求之下，我打算对（法国）国家档案馆一两个系列的文献展开调查。”（1917 年 12 月 9 日）尤其因为此时拉维斯年事已高，这个工作主要落到了三个人肩上：首先是塞尼奥博斯，他一直有些异想天开和个人主义，但他一个人几乎完成了九卷书的一半之多；其次是负责日常事务的纪尧姆·布雷顿；最后特别是吕西安·埃尔，他自 1912 年开始参与其中，从 1917 年[②]开始几乎独挑大梁。他是丛书的推动者，也是拉维斯、其他作者与出版商之间的桥

---

① 有关这场争论的传言见于纪尧姆·布雷顿（Guillaume Bréton）与吕西安·埃尔的书信中，参见下一条注释。

② 1912 年 12 月 12 日，菲利普·萨尼亚克给吕西安·埃尔的信中写道：“我通过布雷顿得知，您与拉维斯和塞尼奥博斯一起负责编写《当代历史》（*Histoire contemporaine*）。”现今保存在巴黎政治大学的吕西安·埃尔的档案中仍有一些《当代历史》的资料：三十多封纪尧姆·布雷顿写给吕西安·埃尔的信件，几张拉维斯的便条，上面的笔迹已经被篡改，还有六封萨尼亚克的信，五封塞尼奥博斯的信，一封埃斯莫南（Esmonin）配有插图的信。这些史料生动有趣，再现了萨尼亚克富有责任心、全身心投入的形象，体现了拉维斯当时急于完成工作却仍要“重读塞尼奥博斯写的部分，尤其是一些很难处理的部分”的心情。此外，从这些史料中还能看出塞尼奥博斯的出人意料。1917 年夏天，他当时和他的女伴玛莉列尔（Marillier）夫人在普洛巴扎拉耐克（Ploubazlanec）度假，整个人忙于造帆船的活计，“我也不清楚我的工作有没有问题，在如此丰富的材料基础上再写一篇小结真是太困难了。如果你们想进行修改，不需要提前跟我打招呼，只要你们认为合适我都没有问题。如果让我开头不直接进入主题的话，我也不清楚这样可不可以，你们可以把你们看来无关紧要的内容都删掉。”（9 月 19 日）10 月 23 日他又写了一封信：“希望你们不要因为我偷懒而恼火。我们现在正在百花丛中，这里有吊钟海棠、玫瑰、石竹、天竺葵、大丽花、凤仙花、缬草、忍冬、天芥菜、甜豌豆、含羞草，还有一些覆盆子，青色的草莓还没成熟……我从来到这里就没有改过一份校样，这句话真是多余。”

梁；他亲自修改并校对，丛书作者都对他的才智钦佩有加。只有涉及丛书纲要的工作才会呈报给年事已高、病痛缠身的拉维斯①。出版社希望拉维斯能撰写一个“绝对乐观主义的”结语，对于年老的大师而言，这简直是个“噩梦”。出版社本希望结语能够独立成册，可拉维斯只写了“三十余页”。

对这项浩大工程——同时期出现了大量类似工程——的历史梳理因此不仅关注结果，还将聚光灯转向了开始，以便真正了解它的整个编纂过程。当时柯兰出版社与阿歇特出版社双雄并立，在大学和中学历史教材出版市场各占据半壁江山。②柯兰出版社出版有《国际教育杂志》(1881)，该杂志的一部分作者后来成为《法国史》的撰稿人，出版社在中小学历史教材之后（其中拉维斯编纂的于1876年面世)，开始开拓面向高校和大众的出版市场，颇具代表性的是1890年到1901年间出版的《通史：从4世纪到当代》(*Histoire générale du Ⅳ^e^ siècle à nos jour*)。这套书前后十二卷，长达数千页，汇聚了七十位撰稿人，其中坚力量是拉维斯派（巴耶、科维尔［Coville］、

---

① 1920年2月25日，纪尧姆·布雷顿写信给吕西安·埃尔：“我想跟你谈谈……塞尼奥博斯将法国1914年之前的历史(社会转型、风俗转变、文化的演变、科学和艺术的发展)放在战争的历史之后，我对此不是特别明白。这里我们只能写1920年之前的事情，他实在不够聪明，以致我们的工作不能就此结束。”“我的意思是，塞尼奥博斯编写的最后一卷奇长无比，我们应当在其后设法添上一个更短的小结，至多三十到四十页。关于战争的那一卷应当涵盖拉维斯所写的二十多页的内容，其中包括结语和逃离灾难后人们憧憬未来的种种理由，这就是这本书的全部内容。最后一卷不应该有正文，应该全部用作展示目录。您看，这的确值得我们探讨一番……”3月4日他再次写道：“您觉得我们是否应该尽早与拉维斯讨论，以确定最终的方案。”拉维斯的一张便条(没有具体日期，只有“星期三五点”)似乎回答了这个问题，我们可以借此作为参照：“我已经通知了比杜和戈万星期三见面，塞尼奥博斯也应参加。我需要见你们一面。我将通知布雷顿。你们尽可能星期天下午来，我们谈一会儿，我星期天下午不出门。”

② 参见《法国出版史》(*Histoire de l'édition française*)，第三卷，《出版社时代》(*Le Temps des éditeurs*)，亨利-让·马丁和罗杰·夏蒂埃主编，巴黎，普罗莫迪斯出版社(Promodis)，1985年，此外参见《大学教刊出版》(L'édition universitaire)，瓦莱里·苔丝涅尔(Valérie Tesnière)，第217到227页。

朗格卢瓦、吕谢尔、马里耶若尔 [Mariéjol] 、塞尼奥博斯），还有负责文学部分的埃米尔·法盖（Émile Faguet）和负责外交政策部分内容的阿尔贝·索雷尔，以及奥拉尔、勒瓦瑟尔（Levasseur）、阿尔贝·马莱（Albert Malet）、阿蒂尔·吉里等人。埃米尔·法盖、阿尔贝·索雷尔与拉维斯关系本不密切，德雷福斯事件让他们的关系更加疏远。在朗博和拉维斯两位主编中，只有朗博笔耕不辍①，就斯拉夫、亚洲国家及殖民地等内容贡献了十七篇长文。而拉维斯甚至将有关路易十四的内容交给了拉库尔-加耶（Lacour-Gayet）。唯一一篇拉维斯署名的文章也很古怪，更像是截稿前最后时刻丛书主编不得不披挂上阵的产物，哪怕文章的主题是有关“教皇权力的形成：拜占庭时期、伦巴第王朝时期和教皇统治下的意大利（395—756）”。这套书已经和《剑桥古代与近代史》(*Cambridge Ancient and Modern History*) 一样体现了团队精神，但版式依旧老套，书后所附的参考文献大多是一些二手材料。柯兰出版社一再要求这套丛书能够依照珀蒂·德朱勒维尔（Petit de Julleville）主编的《法国语言文学史》（[*Histoire de la langue et de la littérature française*] 1896）和安德烈·米歇尔（André Michel）编的《艺术史》（[*Histoire de l'art*] 1905）的形式编辑。这些丛书都是百科全书式的，由一位专家负责一个章节，并且给出个人总结，例如在此期间出版的加斯东·马斯佩罗（Gaston Maspero）所编的《古代东方民族史》（[*Histoire des peuples de l'Orient classique*] 1892—1900）。相比之下，在拉维斯即将当选法兰西学术院院士之际，阿歇特出版社委托其主编的《法国

① 在朗博为拉维斯写的讣告中提到，拉维斯认为这是编者们的共同观点，并且他也认为“这本书的成就都应归功于朗博，朗博才是这本书的真正领袖”。此外，拉维斯在 1891 年后曾一度想退出，从而能投入《法国史》的写作（《巴黎高等师范学院校友联盟公报》[*Bulletin de l'Association amicale des anciens élèves de l'E.N.S.*] 1906）。

史》则体现出了混杂的风格：各卷独立成册，在同一个主导思想的指引下连续编排。虽然拉维斯是精神领袖，但这套书的编排构思和推介手段归功于阿歇特出版社，特别是纪尧姆·布雷顿。布雷顿于1883年继承了父亲衣钵，他曾于1877年在巴黎高等师范学院师从拉维斯。纪尧姆·布雷顿给这套鸿篇巨制烙下了自己的印记：这套书主要面向当时没有高等教育教材的大学生，每卷下列八个分册，从1901年开始，每年分四次出版一个分卷下含的四个分册。每个分册的最初印量7500册（拉维斯编写的《路易十四》分册为1万1千册），到1923年再版配插图的精装本时，每册印刷量达到1万7千到2万5千册不等，读者人数明显增多。①这样的推介方式绝不仅仅是辅助手段，因为它要求对全书的内容进行合理的分配和统筹。最终的九卷书每卷分为两分卷，每个分卷包含3到5个分册不等，每册书包括3到5章，每一章下列同等数量的节，段落间由小标题清晰隔开。《当代法国史》也有九部分卷，是《法国史》的一半。这套书文字排版层次分明，字体考究清亮，因而十分整齐，融合了无可挑剔的古典主义之美，且不失现代特色。从石器时代到一战的历史，每册的外包压印整齐划一，再加上二十四幅简洁遒劲的配图，尽管编写人员有所抱怨，但这也确实为增强书籍应有的内在统一性做了不少贡献。亨利·卡雷（Henri Carré）给布雷顿的信中曾顺从地表示："我的书不会超过您给我设定的480页的上限。我也将依循您寄给我的样书将内容按照书、章、段进行编排。"②

全书的框架及丛书的新颖之处在于评论与正文相对照。评论分布在章节的页脚，其中原始资料与参考文献被严格区分开来。而正

① 朗多瓦奈特(Lanthoinette)先生透露的数字。《当代历史》最初印刷一万本，1949到1956年重印，印数约20万册到35万册。

② 无日期。阿歇特藏品。

文则旨在将所有材料纳入具体、线性的叙述。一方面，该书讲述着当下发生的事件，但最新的时事又不断地超出该书的范围，而且正如作者们所畏惧的那样，印刷的滞后也让内容迅速变得陈旧；另一方面是维拉斯所重视的正文，他紧密关注文本，逐行修改，使其更加简洁明了，生动明确。因此没有注释。注释即反悔、事后的聪明、微妙的差别、额外的细节，会招致双重解读的风险。拉维斯拒绝添加注释，他的历史明确并具权威性，排除了一切质疑和争论，回绝了任何对细枝末节的好奇和疑问，放弃了对于同一个历史问题的史料书写。由于这套书面向大众，所以全书在不停更新的知识与不留任何诠释余地的文本之间充满张力，这一张力在书中随处可见。

例如朗格卢瓦曾这样写道（1897 年 1 月 27 日）：

> 我十分希望能完成手头的工作。迄今为止我的工作停滞不前，是因为在一些关键问题上，如果按照我准备的材料，就要重写我负责的那段历史。如果不参考它们，我所做的工作将注定毫无价值。即使我已写完了书中的几个章节，也可能不得不花费几个月的时间将它们重写一遍。[①]

而吕谢尔则写道：

> 如您所说，我花了很大工夫想要摆脱过去我撰写历史的窠臼。我必须走出原先的自己，不是每次都能成功，不过我倒也不吃惊。说到应当向《法国史》面向的大众传达怎样的内容，您比我更有资格，因为您比我更了解它们；如果我也能像您那样循

① 阿歇特藏品。

循善诱，那么我也可以成为法兰西院士了。所以对于书的撰写，只要您认为有益于整部丛书获得成功，尽可以向我提出建议，而无须害怕对我有所冒犯。如您所见，我已经舍弃了博学历史学家的许多做派，也完全准备好做出更多的让步，希望无论对我本人抑或他人而言，我的作品都能发挥最大作用。因为我确信，在主旨方面我们已达成共识。而就形式问题而言，您不会提出我力不能逮的要求，亦不会使我在法国和外国严肃读者面前有失形象。①

以上这些话表达了作者美好的希望，而原则坚定的丛书主编也借此机会，将稿子再一次还给了他的同事。我们可以从吕谢尔给布雷顿的信中看到：

有关我第一卷书的手稿，您知道我已按照协议要求的期限交给了拉维斯先生。我已经按照主编的指示完完全全地修改了一遍，并交还给他了。因为丛书不可能凭我个人意愿就开始印刷，我不得不重新修订书稿，让这本书与法国甚至外国的科学著作接轨［……］不幸的是，这些著作对我们这本书所阐述的主题来说至关重要。这也是为什么直到现在二次修订还没有结束的原因。②

拉维斯在选择合著者时看中的是能否与他们保持一种不失威严的朋友关系，因此合作者间很快地缔结起了一张合作关系网（参见

---

① 拉维斯信件，国家图书馆，N.a.f. 25 168，f° 195。

② 阿歇特藏品。

附录 2：《法国史》一书的撰稿人）。在他的同辈人中，拉维斯只请了两位：很有威望的地理学家维达尔・白兰士；关于文艺复兴和意大利战争，他则找到了查理曼中学时代的同窗好友亨利・勒莫尼耶，后者在 1889 年接替他进入索邦，并在他的提议下被授予了艺术史教授一职。但这些作者中的绝大部分——二十人中的十二位都是由拉维斯一手指导出来的。一部分是他在巴黎高师任教（1876 到 1880 年）时的学生，比如塞尼奥博斯、勒贝里奥、普菲斯特；另一部分是参加法国大学教师资格考试的应试者，这部分人中有一些当时仍是公立大学的学生，例如帕里塞（后来在该考试中拔得头筹）；另一些人来自法国文献学院，其中有朗格卢瓦、珀蒂-迪塔伊（Petit-Dutaillis）、科维尔；要么是法国社会科学高等学院的研究员，如沙莱蒂。拉维斯比一些作者高了几乎一辈，如塞尼奥博斯（1874 级）、萨尼亚克（1891 级），从他书信的口吻中可以看出膝下无子的他对他们那份父亲般的一如既往的关怀。可以说拉维斯成就了这批人的事业，但拉维斯所关注的远远不止他们的事业。拉维斯曾密切关注每一个人的博士论文。除去在里尔商学院任教的 A. 德圣莱热，当时他们并不相识。[①]但这只是个例。这一批作者的博士论文往往预示了他们日后将为《法国史》做出的贡献：普菲斯特关于“虔诚者”罗贝尔二世（Robert le Pieux）的论文（1885）实际上是对卡佩王朝家族渊源的研究；朗格卢瓦关于“勇敢者”腓力三世（Philippe Ⅲ le Hardi）的

① 萨尼亚克当时在里尔担任教授，1900 年 7 月 30 日，拉维斯在请求他帮助的几个月后向他写信说道：“您能烦神帮助我找合著人，我对此十分感激。我十分愿意接受您介绍的人选中的两位。能否劳烦您就具体的事宜接洽德圣莱热先生，他负责从《赖斯韦克和约》（paix de Ryswick）到《乌特勒支和约》（paix d'Utrecht）这一段历史。……如果他手中已经有必备的书籍，希望他能就对这本书的期望跟我谈谈。”（克里斯多夫・夏尔 [Christophe Charle] 收藏）A. 德圣莱热毕业于里尔大学，1900 年进行博士论文答辩，论文题为《法国统治下的佛兰德和敦刻尔克地区（1659—1789）》（*La Flandre maritime et Dunkerque sous la domination française* [1659 - 1789]）。

论文（1887）则帮助他将研究方向定位于路易九世到“美男子”腓力四世这段历史期间；科维尔就卡博什分子（cabochiens）与1413年敕令的论文（1889）研究的是查理六世和三级会议；勒贝里奥关于新教历史学家博须埃（Bossuet）的论文（1892）则让他成了研究路易十四时代宗教问题的专家；珀蒂-迪塔伊围绕路易八世的论文实际上是对13世纪初卡佩王朝的研究；萨尼亚克的论文研究的则是关于法国大革命期间的民法。

对于知之甚少或根本不了解的历史时期，拉维斯则求助于在职的专家，他们均比拉维斯年轻五六岁。有关高卢部分的历史，他请教了马克·布洛克的父亲，有着“罗马”血统、身负“罗马”使命的古斯塔夫·布洛克，他时任巴黎高等师范学院的讲师，著有博士论文《古罗马元老院的起源》（[*Les Origines du Sénat romain*] 1884）。有关中世纪前期的历史，拉维斯则求助于布洛克在里昂求学时的老同学，夏尔·巴耶，他当时是里尔学区区长，不久后担任了初等教育司司长一职。拉维斯最初想让他一人负责撰写中世纪早期历史，但最后又将普菲斯特与克莱因克洛兹（Kleinclausz）①配给他做助手。而对于中世纪的内容，来自波尔多的阿希尔·吕谢尔则顶替了来自巴黎的菲斯泰尔·德库朗热。这批学者虽然身为专家，却仍在拉维斯的掌控之中，通常不过扮演一下书写员的角色。这就是为什么《法国史》和《当代法国史》两套书的修订先后间隔十年，而在如此日新月异的领域中却不见卡米耶·朱利安的踪影。他在1895年前后回绝了一切指导工作，以便全身心投入他自己的八卷本《高卢历史》

① 1902年3月三位联名签署的协议参照了1892年以巴耶个人名义签署的合同。拉维斯文件，国家图书馆，N.a.f. 25 170 f° 245。

(*Histoire de la Gaule*) ①的撰写。此外，奥拉尔也未参与其中，作为活动分子的他当时正完全陷于与马蒂耶 (Mathiez) 的论战之中。比起奥拉尔，拉维斯更倚重他一手培养的两位编者，忠心耿耿②的萨尼亚克当然无可置疑；还有帕里塞③，尽管法国大革命并不是他的主攻方向，但拉维斯却鼓励他完成了关于腓特烈·威廉一世 (Frédéric-Guillaum Ⅰ^er^) 统治下的普鲁士的博士论文。然而拉维斯时而也会为自己的选择付出巨大代价。即便拉维斯认为萨尼亚克关于法国大革命的分卷着实出彩，但在这卷书的每一页甚至每一行，我们都能发现拉维斯改动的痕迹，这些批改与注释全部都值得进行深入研究。其他人更是令他失望至极，甚至快要放弃工作。下面这封写给纪尧姆·布雷顿的信可以作证 (写于 1908 年左右，待考证)，以下是全文：

> 亲爱的纪尧姆，我向您抱怨，但不是为了责难任何人。一切都是我的错。您知道的，18 世纪的历史我只能找卡雷来写。我

① 这至少是奥利维耶·莫特(Olivier Motte)在巴黎政治大学求学期间所做的关于朱利安信件的研究中表达的看法，他的有关研究后来也被编成《卡米耶·朱利安思想形成研究》(*Camille Jullian, les années de formation*)，罗马法兰西学院出版社(Presses de l'École française de Rome)。

② 拉维斯在 1900 年 4 月(待考证)向萨尼亚克提出的建议不无益处。“您知道，我和一批同事一起在阿歇特出版社准备出版一本法国大革命之前的历史。我本人负责关于路易十四的两卷书，其中第一卷已经快写好了。目前我即将开始写第二卷，但是我非常需要别人的帮助。勒贝里奥负责编写宗教史、思想史和文学史有关的内容。您是否同意编写同一时期(从科尔贝[Colbert]去世到路易十四驾崩)的行政史，即政治史与经济史?我觉得这一部分的内容在您研究的范畴内，并且在撰写的时候您也会发现一些之前您感兴趣的问题。其实，对您来说，能参与编写一本将发挥效用的书并能留下您的名字，应该是一件值得高兴的事情。”那段时间，拉维斯非常排斥求助于查阅历史档案的做法，所以他又补充：“我们希望能够呈现目前对法国历史研究的状态，所以我们仅参照已发表的文献。您不必再去研究历史档案。”(克利斯多夫·夏尔收藏)

③ 关于乔治·帕里塞(Georges Pariset)，参见夏尔·贝蒙在《历史杂志》为他写的讣告，1927 年 11—12 月，第 442 页，此外参见克里斯蒂安·普菲斯特写的传记，印于帕里塞生前未发表文章合集《现代历史与大革命史学论文》(*Essais d'histoire moderne et révolutionnaire*)，1932 年。

没想到他完全不能胜任这项工作。我行将就木，却可能还要花两年多的时间去修改他的手稿。我曾有一段时间非常难挨。我不知休息为何物。我完全无心打理私事，常忘记该做的事。我简直什么都做不好。我希望能利用空闲时间做点什么事，却根本无法实现！考验就在眼前，我不停地读着稿子，一遍又一遍。我尽了努力，但我确信这两分册中还有一些原始错误，这让我非常不安。这一切都让人难受。当然，这一切都与您无关，您是一个好编辑，像您这样的人已经不多了。我唯一的请求就是，不要再让我继续编写当代史部分。我实在是力不从心。我们一起把另一本历史写完吧，之后我就去种田了。①

一段被证实的民族记忆

丛书终于编纂完毕。正是对传统记忆简单、批判式的深入探索赋予了丛书集体力量，以及它作为"历史-记忆"的诸多优点。

丛书的批判只涉及对资料真实性的验证，而非创造新的史料。编撰者们排除了传说故事，修正了史实。但是无论是编年体的框架，还是最普通的叙事方法，都没有发生本质的变化。《法国史》以君主以及朝代为全书的主要脉络，《当代法国史》也延续了这一做法，按照政体编排。这种架构当属最古老的划分方式，它超越浪漫主义和古典主义时期的历史文献，深深植根于最古老的中世纪史料中。丛书整体结构上并无一处与集体记忆中自发进行的分割衔接相违背，这一点与米什莱形成了鲜明的对比。拉维斯与米什莱的历史有不少表面的相似性。比如他们都重视王朝复辟以来能动员全民的全国性

① 阿歇特藏品。

运动，都将国家的主体性确立于国家意志之上，拉维斯尤其对国家情感的大爆发情有独钟。这些相似点本可以而且应该拉近两部历史的距离。但是，如果我们在阅读拉维斯的书时，认为这只不过是米什莱版历史的科学再现的话，那就大错特错了。因为尽管这两位历史学家均执着于作品的统一性，但他们两位所追求的统一性有天壤之别，米什莱所追求的是有机统一，拉维斯追求的则是宏观统一；前者对历史进行了大刀阔斧的选择，而后者则要求全面、透彻的视角。米什莱编书时花费心力，按照不同时期规划自己的作品：从中世纪到宗教改革，再到文艺复兴。他仿佛与这些史实之间情感相通，并会依照当时的心境或是个人政治主张的变动，用一组反差强烈的符号来表现史实。他从没落奔向复兴，从圣婴公墓（cimetière des Innocents）旁象征着行将就木中世纪的死神之舞写到救世主贞德。米什莱这样写道："我需要向我自己，也向我叙述中不断闪现的人性证明：人类不仅不会陨灭，而且还在重生。每次感到死亡逼近时，我都想这样做。"①他的叙述在路易十一后戛然而止，紧接着又开始叙述法国大革命。法国大革命是法国历史的终点，一言以蔽之，就是法国历史的穷尽。他叙述法国大革命，是想提到文艺复兴。拉维斯版的历史则受现代的影响较多，他重新安排了对之前历史的回顾介绍。米什莱与历史档案之间的关系是剪不断理还乱；我们知道关于一些时段，米什莱曾查阅过数量惊人的文献，但他并没有引用它们。对此奥拉尔曾颇有微词。相反地，当书至第四卷末尾，也就是路易九世的死亡，米什莱希望说明本卷书的"一大部分"都源自国家档案馆，即宪典宝库。他却称之为一场梦幻之旅，于"手稿堆积而成的地下墓穴，埋葬国家文物的公墓里"，亡灵探身走出墓穴，"伸出手臂，露出头颅，

---

① 儒勒·米什莱，《日记》，巴黎，伽利玛出版社，1959，第一卷，1841年，第359页。

如米开朗琪罗所绘的《最后的审判》中那样”，在他周围跳起“震撼灵魂的舞蹈”。[①]米什莱或猜测，或臆造，或压缩，或修改，当手头没有材料时，就凭空捏造出一些作为补充，正如他所说：“鲜活的法兰西之魂啊，除了在我自己身上，我将去何处寻找你呢？”[②]

拉维斯则与米什莱不同，他对传统的等级秩序未做任何改动。他同样也没有改变政治制度与国家大事的重要位置，即使他本人对经济、社会、文学和艺术领域都很感兴趣，也只能将它们留到每册的最后几页讨论。他也没有改变历史事件的相对重要性。他完整地刻画了相关历史人物，而牵涉到战役，无论是从阿赞库尔战役到滑铁卢战役，还是从瓦尔米战役到凡尔登战役，最终都被描述得千篇一律，仿佛总参谋部所做的陈述一般，并无太大差别。这份著名的“概括底稿”长达四百八十页，前后重订二十七次，在菲斯泰尔看来，它给拉维斯从事数年的分析历史工作画上了最圆满的句号。

采用近乎一致的叙述手法，官方文献的叙述方式与暗含的国家连续性思想的自然融合造就了这本书的统一性。实证主义历史编纂学曾是直接引用史料的黄金时期，所谓直接引用，就是除去材料本身明确指出的内容外，历史学家并不追求史料之外的内涵，这要求历史学家能够保证史料清楚地说明了有关历史。这批文献都是一些旨在承载记忆或用于记录的公共文本，例如宪章、证书、文件集、契约、遗嘱或国王的敕令。在全书“旨在分析与总结”的《历史研究导论》(1898) 中，朗格卢瓦和塞尼奥博斯援引大量今日看来略显过时的细节，描述了怎样通过文献来还原事件。但他们一次都没有提到引用“间接史料”的可能性。这些间接史料允许人们从材料含义本身

---

① 米什莱，《米什莱作品全集》，由保罗·维亚拉纳编辑，巴黎，弗拉马里翁出版社，第四卷，《法国史》第Ⅰ部，1974 年，第 611 页及后几页。参见雅克·勒高夫写的引言《今日米什莱与中世纪》(Michelet et le Moyen Âge, aujourd'hui)。

② 米什莱，《法国大革命史》1847 版前言，巴黎，伽利玛出版社，“七星文库”，1952 年，第 2 页。

引申出其他内涵，故而它们几乎是取之不竭的。但同时这样的做法可能会导致研究问题的变化。《法国史》既不像浪漫主义时期历史编纂学那样优先引用叙述性史料，也不像年鉴学派（见下）那样不断拓展史料的内涵以使其“放之四海而皆准”。它介于两者之间，找到了意义与史实两者间完美的平衡点，这在当时是必要的，也因为只须正确地确立其中一个，另一个便自然而然地体现出来了。

布汶战役（1214）便是典型的例证。布汶战役是铸就法兰西民族身份的重大事件之一，更是承载传奇与爱国主义精神而广泛流传的关键战役。关于这次战役，很长时间以来亨利·马丁著名的《法国史》和米什莱的书都是权威的参考。亨利·马丁主要参考了三份史料，均为叙述性文本。[①]一份是写于战争发生五十年后的兰斯编年史；另外两份则是纪尧姆·勒布勒东的作品，他曾随腓力二世一起经历了这场战役，其中一本是诗体的《腓力之歌》(*Philippide*)，另一本则是散文体的编年史。在这些资料间，亨利·马丁有所甄别，并倾向于运用最后一个。他补充道：“兰斯编年史可谓一座意义丰富的丰碑。相比常常被严重篡改的史实，书中对传统习俗与民众情感生动忠实的描写更有价值。”做出选择后，亨利·马丁在叙述战争场面时，常常引用或改写国王的神甫勒布勒东的话，同他一起颂扬了这场战争，兴高采烈得犹如“一位古代高卢的吟游诗人”。书末，亨利·马丁自己也承认道：“这个故事基本全部取自纪尧姆·勒布勒东的散文体编年史，并对照了他的《腓力之歌》的第十和第十一卷。”线索的另一端，在《布汶的星期天》中，乔治·迪比[②]作为研究这场战役和记忆的人类学家，按照史实留下的所有痕迹反推史实，从而

---

① 亨利·马丁，《法国史》，巴黎，菲尔讷出版社(Furne)，1844年，第四卷，第78—87页。

② 乔治·迪比，《布汶的星期天：1214年7月27日》(*Le Dimanche de Bouvines, 24 juillet 1214*)，巴黎，伽利玛出版社，“铸就法国的三十天”(Les trente journées qui ont fait la France)丛书，1973，第12页，再版收入“弗里奥”丛书，1985年。

完成三个殊途同归的目标：一是重构所有证据产生的文化环境；其次是勾勒出一部战争社会学的轮廓；最后是沿着所有关于该历史事件的各种追忆，揭示“一个不断变化的认知共同体中回忆的命运”。这项工作与之前的性质完全不同，所参考的资料也大相径庭，它不仅完全改变了对一个历史事件的理解，还令我们能够准确定位吕谢尔在《法国史》中对这场战役的处理方法，它的结果既具有决定性又是有限的。

说其具有决定性，是因为吕谢尔已遍览各类文献并进行了分类，其中主要的几部都刚刚在德国出版。在他的十二本参考文献中，超过一半是此书出版前十年间出版的。另外，决定性还体现在吕谢尔像“预审法官”那样尽责地发现了谬误，比照了证据并滤去了臆测。总之，他没有忽略任何细节，这一切，正如兰克的著名论断所言，都是为了还原1214年7月27日中午到下午5点，在布汶平原上“真正发生过的事情”，为了把那一天重新放回它的因果链之中。这样的工作诚然必不可少，不可逾越，然而除去一些几乎不可能的发现，实际上是难以实现的空想，甚至是徒劳。首先是因为相对吕谢尔生活的年代，这段历史的真相早就遥不可及了，它远远超出了我们为其限定的确定范围；其次，正如迪比所解释的那样，除非颠倒历史的前后的顺序，并且，“这样前后颠倒让人不自觉地用高乃依审视庞贝古城的方法去审视腓力二世，换句话说，即是在‘人性不变’的前提下让某种愿望与意志与其他想法相碰撞”，只有在这种重构法下，还原这段历史才能成为可能。

这番批判掷地有声，极具普遍性，明确指出了《法国史》记录回忆的方式。依然如迪比所说，“布汶一战被鲜明地镌刻在法国权力史的进程之中。好似有一条连续不断的链条，串联起决定、尝试、踟蹰、成功与失败，这一切都按照欧洲各国演变的脉络一字排开，而布汶战役这一天是这链条上最大的一个结”。

如果我们仅仅将丛书视为与时俱进的鸿篇巨制，则是有失偏颇的。事实上，作者们最引以为豪的部分，恰恰也是最无效的部分：有些人能力有限，或是过于依赖历史档案（如科维尔、珀蒂-迪塔伊）；有些是因为负责撰写的部分离我们太近，如沙莱蒂和塞尼奥博斯；另外一些人则没有在这套出版社委托编写的丛书中展现自己最好的一面，朗格卢瓦大概就是这个情况。可能此时的拉维斯已经跟不上知识更新换代的步伐：拉维斯主编的《法国史》陆续出版的时期，正是涂尔干（Durkheim）创办《社会学年鉴》（[*L'Année sociologique*] 1896）、亨利·贝尔（Henri Berr）创办《历史综合杂志》（[*Revue de synthèse historique*] 1900）的时期。但《法国史》中依然有三部著作幸免于难，至今仍独树一帜。第一本是维达尔·白兰士的《法兰西地理图景》。这本著作具有智力上的承上启下作用：正如米什莱在19世纪30年代所声言的那样，它象征着国民教育中历史与地理的结合正在逐步成型；另一方面，这本书也承载着人文地理学运动，极大地影响了年鉴学派的诞生。第二本是《路易十四》①，因为拉维斯书中描述的二十五年历史实际上是对那个“世纪”的深入剖析和对专制制度的描述。最后一本则是吕谢尔的《中世纪》，相比于前两本要略逊一筹。

事实上，从名称可以看出，《卡佩王朝初期（987—1137）》（*Les Premiers Capétiens* [*987 - 1137*]）和《路易七世、腓力二世和路易

① 应该将埃德蒙·埃斯莫南（Edmond Esmonin）与《路易十四》这本书联系起来，因为他负责了这本书一些文献搜集的重要工作，此处难以详谈。埃德蒙·埃斯莫南博士论文题为《科尔贝时期诺曼底地区的税收政策（1661—1683）》（*La Taille en Normandie au temps de Colbert* [*1661 - 1683*]）。后来担任格勒诺布尔大学教授，退休后搜集了之前零散发表的文章，并出版合集《关于17世纪和18世纪法国的研究》（*Études sur la France des XVIIᵉ et XVIIIᵉ siècles*），巴黎，法国大学出版社，1964年。

LIVRE II

L'INSTALLATION DU ROI

CHAPITRE PREMIER

LE ROI[1]

I. LA PERSONNE. — II. L'ÉDUCATION. — III. LE « MOI » DU ROI.

I. — LA PERSONNE DU ROI

LOUIS XIV avait vingt-deux ans et demi à la mort de Mazarin. Tout le monde le trouvait très beau. Un léger retrait du front, le nez long d'ossature ferme, la rondeur de la joue, la courbe du menton sous l'avancée de la lèvre, dessinaient un profil net, un peu lourd. La douceur se mêlait dans les yeux bruns à la gravité, comme la grâce à la majesté dans la démarche. Une belle prestance et l'air de grandeur haussaient la taille qui était ordinaire. Toute cette personne avait un charme qui attirait et un sérieux qui tenait à distance. Les contemporains pensaient qu'elle révélait le Roi :

En quelque obscurité que le sort l'eût fait naître,
Le monde, en le voyant, eût reconnu son maître,

1. SOURCES. Les *Œuvres de Louis XIV*, Paris, 1806, 6 vol.. *Mémoires de Louis XIV pour l'instruction du Dauphin*, édit. Ch. Dreyss, 2 vol., Paris, 1860. Colbert, *Journal fait par chacune semaine de ce qui s'est passé pour servir à l'histoire du Roi*, au tome VI des *Lettres*..., éditées par P. Clément. Lettres du P. Paulin, confesseur du Roi, au cardinal Mazarin, dans le P. Chérot, *La Première jeunesse de Louis XIV* (1649-1653), Lille, 1892. Les Mémoires du temps, notamment ceux de Madame de Motteville, de Mademoiselle de Montpensier. *Journal de la santé du Roi Louis XIV* (1647-1711) *écrit par Vallot, d'Aquin et Fagon*, édité par J.-A. Le Roi, Paris, 1862. *Médailles sur les principaux événements du règne de Louis le Grand*, ouvrage publié par l'Académie des Médailles et Inscriptions, Paris, 1702. Saint-Simon, *Parallèle des trois premiers rois Bourbons*, Les Relations des ambassadeurs vénitiens Giovanni Battista Nani (août 1660), Alvise Grimani (1660-64), Alvise Sagredo (1664-65), au t. III des *Relazioni*...

OUVRAGES A CONSULTER. Outre ceux du P. Chérot et de Lacour-Gayet : Sainte-Beuve, *Les œuvres de Louis XIV*, Causeries du lundi, t. V, p. 313; *Le Journal de la santé du Roi*, Nouveaux lundis, t. II, p. 360. A. Pératé, *Les portraits de Louis XIV au musée de Versailles*, Versailles, 1896.

‹ 119 ›

埃内斯特·拉维斯,《路易十四》,第 119 页。

富有表现力的版面安排。

八世（1137—1226）》（*Louis* Ⅶ, *Philippe Auguste*, *Louis* Ⅷ [1137 - 1226]）这两个分卷均为纯粹的编年史。但查阅两册的目录，我们会发现，有关“前四位卡佩家族成员”的内容被压缩在篇幅为三十多页的一章中（第一册，第五章），有关反抗金雀花王朝、“狮心”查理一世以及教宗英诺森三世的内容还不到一册书的一半。这两册书依托政治的外壳，描绘了10世纪到13世纪间封建制度形成的广阔图景。这些都是菲斯泰尔理论革新的成果，也是《法国史》唯一一个历史编纂学上的创新。从16世纪起就一直在法国史学界占据非常重要地位的内容，比如侵略、征讨和种族战争都被《法国古代政治制度史》（*Histoire des institutions politiques de l'ancienne France*）一书放在了第二位，民族与种族间的冲突摇身一变成为了封建主义的漫长起源。阿希尔·吕谢尔本人严格遵从菲斯泰尔主义，他的这部作品开篇就展开了一幅封建制度的广阔图景，从中明显可以看出菲斯泰尔的影响。在书的最初几页里，语气干净利落：

> 在法兰西王国内部，一场王朝革命刚刚落下帷幕（987）。严格来说，它并没有开启一个新的时代。王权早已覆灭，而天主教会和封建制度则如日中天［……］几个世纪以来，在社会深层发生的变化成功改变了国家的社会形态和经济状况。人民最终被划分成了几个相对固定的类别［……］从公共救济和私人保护制度演变而来的封建制度已吞噬一切，渗透一切，并且还威胁着要征服一切。

正是因此，米什莱书中企图展现其“全貌”的中世纪，奥古斯丁·梯叶里笔下充满浪漫色彩的中世纪，甚至是亨利·马丁描述的史诗般的中世纪，都被马克·布洛克笔下纯社会性的中世纪所取代，而这样的论断在许多研究中世纪史的学者眼中不可小觑。如此，《法国史》统一于共同的政治记忆，适时地让两种截然不同的历史并行不悖。

记忆的共和制化

如果说整体布局与实证主义历史编纂方法共同作用的结果，是《法国史》对一种关注政治、国家的自发记忆的尊重，那么它强硬的共和化倾向则染上了丛书主编的个人色彩。实际上，这套没有引言的丛书有三处，即使不是反复强调，至少也表露了编者的意图：路易十四王朝（第八卷，第一册）、路易十五和路易十六的统治（第九卷）以及《当代法国史》的结语。即使这些部分都有具体的语境，依然不妨碍其成为编者留下的历史学家遗嘱。

让人震惊的是，整套书对旧制度的系统重构，始终立足于共和制的来临与最能代表共和身份建构的主题：在一个被阿尔萨斯-洛林的归属问题所困扰的国家对国土边界问题的强调，在进行殖民扩张的盛期对法兰西王朝没有实现的海上使命的强调，在一个提倡节俭、推行“金法郎”货币制度的国家对王朝财政亏空问题的强调，在一个国家急需人民万众一心的时刻对旧制度内部缺乏统一状况的强调，在普选与党派的形成呼吁普及公民政治教育的时刻对旧制度下人民缺乏国家事务参与度这一状况的强调。正是基于这些特殊的标准，拉维斯对君主制进行了最终宣判。在这份判决书中，我们很难说清罪魁祸首究竟是政体本身的性质，是其衰败，是其固有弊端，还是国王的“平庸无能”。反过来，我们不难从中看到 20 世纪初做出一番功绩的自由主义小资产阶级的重要价值。国王权威扫地，“连选择大臣一事都不能做主”。在提名大臣时，我们看到许多人参与进来，有宗教人士、哲学家、金融家、宫廷里的小集团，还有以蓬巴杜夫人（la Pompadour）、迪巴利夫人和玛丽-安托瓦内特为代表的女性也心血来潮，参与其中。

> 为了让众人满意，路易十六——用今天的话说——采用了集权制内阁。但很多大臣连他们所担任职务的头衔都不知道。为什么阿姆洛·德沙尤（Amelot de Chaillou）和戴吉永公爵均担任外交大臣一职，却互相不承认对方？为什么警督贝尔坦（Bertin）成了财政大臣，而同为警督的贝里耶（Berryer）后来却成了海洋部长？马绍（Machault）同时兼任司法大臣和财政大臣，或同时兼任司法大臣和海洋部长，实在离奇。有时一些大臣会和另一些互换职务，而我们看不出这样的行为对国家有什么好处。

特别是国内糟糕的经济状况引起了民愤：

> "财政上的收支平衡，国王对此并不担心。"阿图瓦伯爵（comte d'Artois）某天曾这样对议会说，"他并不需要根据收入来控制自己的支出。相反，他根据自己的花费来规定税收。自从16世纪以来，宫廷的花费加上战争的支出，这两项一直在上升，负债越来越多，伟大的法兰西君主一直活得很'窘迫'。"

这样的"窘迫"本来也许是可以避免的：

> 国王本该通过改革提高自己的威望，减轻臣民的苦难。只要国王生活上避免骄奢淫逸，不要沉迷女色，不修建凡尔赛宫，不发动无用的战争，这些改革就能得以实现。

然后从经济问题过渡到对中央集权制度的放弃，这是“法兰西王国崩塌”的原因。

> 王室似乎应该继续完成黎塞留时代就已开启的事业，即在地方也设立行政机构，以确保王权能在各地得到有效的体现和实施［……］通过连续的管理引导，这些行政机构虽然不能消除差异——这既不实际也无益处——但至少可以清除一些妨碍法国统一的主要困难［……］
>
> 用卡洛纳（Calonne）的话说，国王没有将地方“收归国有”，没有令其获得法国国籍。正如米拉波所说，当时的王国只是一个“由分离的民族组成的、杂乱无章的聚居地”而已。是法国大革命让法国成了一个“不可分割的整体”，既是马赛人的故土，也是敦刻尔克人的故乡，既是波尔多人的祖国，也是斯特拉斯堡人的家园。

拉维斯的控诉书中最后一点尤其沉痛：“法兰西的国力正在逐步削弱。”

> 历史不会忘记追求“荒诞”和平的《第二亚琛和约》（la paix «bête»d'Aix la-Chapelle），以及委曲求全的《巴黎和约》；不会忘记法国在奥地利王位继承战和七年战争前后十五年的征战之后，却未得到一寸土地；不会忘记因某些官员的英雄主义而丧失的兴旺殖民地；不会忘记在几次行动中一些宫廷大臣的领导无方；更不会忘记面对不速而至的普鲁士人时，法国人让人羞愧的溃散。丰特努瓦战役之日的确是法国的荣耀，然而尽管那天国王衣冠楚楚，带领军队的却是德国人萨克森（Saxe）元帅。

威信全失的王权使法国饱受屈辱，向往荣耀的法兰西为此尝到了巨大的苦头。

欧洲18世纪所发生的变迁中，国王并未做出一项功绩。相反，“国王是朝中混乱不堪局面和君主制度建立大业半途而废的罪魁祸首”。可以肯定的是，拉维斯代表了民众对国王的情感，一面批评他妄自尊大，一面又批评他不够果敢决绝。他批评国王对改革家的建议充耳不闻，固守着自己至高无上的权力，这样的权力让他什么都不做，只是在横征暴敛后在凡尔赛修建的房屋中享受金钱带来的乐趣。修筑凡尔赛宫让人民怨恨不已，而凡尔赛这个假冒的首都也成了“国王蚕食国家”的地方。拉维斯总结道：“在诸多导致法国大革命爆发的因素中，应该算上巴黎人民的恐惧和路易十四的傲慢想法，他想将一座本是狩猎时暂住的行宫变成法兰西的首都。”

正是“美好时代”下小资产阶级价值观与达到顶峰的君主制价值观之间的激烈碰撞，为拉维斯与路易十四这场短兵相接般的私人会面增添了战略意义与激烈之处。在时代描写和最后总结两部分，拉维斯采取了完全不同的语调，这或许与他负责编写的历史年代有关。拉维斯的这两个分卷内容翔实，叙述丰富，本身就值得研究。书中生动形象地描写了“国王陛下”，以至读者无法不在其中体会到作者个人的喜悦，甚至几乎可以说是两人性格上的一致性。拉维斯大概花了二十年时间对路易十四进行了深入研究。菲利普·萨尼亚克曾指出：“拉维斯偏爱个人意志的悲剧，喜爱研究正在形成的国家。这些国家在他看来就像是一股力量，一旦被创造，就不受拘束地舒展开，直到与其他力量产生冲突，随后或投降或取胜。在腓特烈二世这个普鲁士国的真正缔造者之后，拉维斯怎能不喜爱这位用尽全身气力与全欧洲抗争的路易十四呢？”[①]但这位民主人士更加高傲冷峻地做出了最终的宣判：

> 不久后被称为“旧制度”的东西有诸多内涵：一些无用却带来不幸的陈腐之物，一些支离破碎的美丽假象，一些没有义务的、被滥用的权力。这一切就仿佛过往的废墟，而至高无上的王权正立于这废墟之上，它茕然独立，拒绝考虑未来。将这一些都归咎于路易十四有失公允，但正是路易十四将其缺点推向极致，并标志了“旧制度”的末路。

很多人赞同这一评价，它令这位君主长期的统治被视作整个法国历史的中轴和顶峰，自此之后，法国的情况急转直下。

> 路易十四的最成功之处在于在政治上得以服众，但他也为此费了不少力气。他在位的每一年都会爆发一些叛乱，其中一些非常严重。要想清楚了解法国大革命爆发的先兆，就应当准确记录下这些暴动，以及人们的诉求、人员伤亡情况和造成的威胁。

路易十四的确扩大了法国的疆土，攻下了弗朗什-孔泰、佛兰德（Flandre）和埃诺（Hainaut）的一部分土地，还有康布雷西（Cambrésis）和斯特拉斯堡。但即便征战让疆域变得如此广袤，1661 年法国的国力和欧洲的衰弱让拉维斯认为，其实法国本可以期待更多收益：

---

① 见于菲利普·萨尼亚克，《埃内斯特·拉维斯》，载《火炬报》（*Le Flambeau*），1922 年 3 月。

> 应当想到法国获得西属低地国家（Pays-Bas espagnols）统治权可能带来的好处：它会让巴黎城成为王国真正的中心，让国家在统一前提下调和南北的物产和性格上的差异，并使海岸线一直延伸到埃斯考河（Escaut）畔，在原有的敦刻尔克、波尔多和马赛的基础上，又加上了安特卫普城［……］
>
> 还应当重复一点：科尔贝和赛涅莱（Seignelay）的法国，这个坐拥敦刻尔克、布雷斯特、罗什弗尔（Rochefort）、波尔多和马赛的法兰西，加拿大、路易斯安那州和安的列斯群岛的殖民者，如科尔贝所说，完全可以成为“陆地上的强国”“海洋上的霸主”……

这些看上去可能实现的事情都因一个政策而化为泡影。这项政策旨在完成多个目标，各个目标之间相互抵触，却围绕一个中心思想展开，那就是通过羞辱别人而获得荣耀；这项政策严谨慎微，诡计多端又倨傲自大，它将一切付之一炬。它让所有人都受到了侵犯，感到被羞辱或是被蒙骗，以致反抗它的联盟不断扩大，直至最终覆盖了整个欧洲。这项政策就是长年征战。提出这项政策的人身上拥有“参谋官”的诸多优良品质，却没有将军的头脑，更没有士兵的勇气。

奇怪的是，与路易十四之间的这场艰难对话，拉维斯是通过中间人科尔贝实现的。拉维斯在书中经常提到这位“伟大的谏臣”，对他十分崇敬。拉维斯在他身上投入了所有的注意力，亦如关注《法国史》一书中与其一脉相承的叙利、黎塞留和杜尔哥等改革派大臣一样。拉维斯详细描述科尔贝的“革命性思想”，因他在北圻（Tonkin）远征与梅利纳法案中的表现，将他视为海关与殖民政策的先行者。这些内容均出自《科尔贝的馈赠》这一章，这一段文字被巧妙地安排在1661年路易十四实际掌权和独揽大权初期之间。“在这个独一无二、转瞬即逝的时刻，科尔贝提出了一个崭新的观点：国王

Personne ne désavoua alors les « septembriseurs ». Danton se serait plutôt vanté de les avoir commandés. Robespierre, l'homme de la légalité, alors tout-puissant à la Commune, ne s'interposa point; il dira plus tard que l'état de l'esprit public à Paris ne le permettait pas — et certes le mouvement du début avait été en partie spontané. Cinq ou six sections de Paris, le Comité de surveillance de la Commune surtout, Marat Sergent et Panis, au premier rang; au second plan, Robespierre et enfin Danton, tous étaient plus ou moins complices : les uns avaient ordonné et organisé, et les autres, laissé faire. En creusant un fossé de sang entre l'aristocratie des nobles et des prêtres et la Révolution, en montrant à l'Étranger de quelles fureurs Paris était capable, à l'approche de l'invasion, ils empêchaient les Girondins, âmes sensibles, de songer à maintenir la royauté, terrorisaient les électeurs, à Paris surtout, et précipitaient brutalement le pays vers la République. Le sort en était jeté. Et déjà un des journaux directeurs de l'opinion, les *Révolutions de Paris*, écrivait qu'il restait « encore une prison à vider. » Mais, pour celle-là, le peuple en « appelait à la Convention ».

409

拉维斯修改的萨尼亚克《大革命史》的校样：关于九月屠杀（massacres de septembre）一章的结尾部分。

和国家都应将获取白银作为第一要务。”拉维斯则详细地阐述了“科尔贝心中理想的法国”：

> 他设想了一个完全不同的法国：他闭关锁国，因为颠覆了所有内部屏障，制定了同一的法律与度量衡单位而获得统一。他“通过合理选择税种，平均分配收入”大大减轻了税收负担。整个国家按照需求和外销进行生产制造，按照生产和销售来组织社会。海上来来往往的尽是由强大的海军军舰护航的商船。他从殖民地获取自己缺少的原材料，不管它们产于赤道还是北方。这样的法国就是宇宙的缩影，自给自足，在外国人面前树立国威，因汇聚黄金而变得富有，在货币战争中抵抗其余国家而大获成功，最终骄傲地屹立于其他国家的废墟之上。

理想的法兰西就意味着有一位“完美的国王”，一位节俭的“商人之友”，既孔武有力又伸张正义，最重要的是，这是一位“来自巴黎的皇帝”。拉维斯赋予这一阶段的意义让人吃惊，他几乎将这个“独一无二、转瞬即逝的”时刻视作整个法国命运的转折点。“法兰西和法兰西国王如何接受科尔贝的馈赠，”拉维斯简洁地总结，“这是路易十四统治时期的关键问题。”

路易十四和科尔贝：我们现在处于两条斜线的顶点，位于国家活力的中心。其中一条斜线经过代表着国家统一的伟大人物，经过亨利四世和查理六世，还有路易十一和路易九世，一直上溯到最伟大的奠基人那里：不是查理曼大帝这个生活在莱茵河畔的法兰克人，因为他一直梦想建立帝国，“他并不与我们为伍”，而应该是于格·卡佩，“法兰西公爵、巴黎伯爵，他才是来自法国的人［……］于格·卡佩超越层层割据的土地之上，代表着法国整体，在他身上凝聚着法兰西的统一”。这样的王权带着神圣的英雄主义色彩，让拉维斯不停地表达自己的崇拜与仰慕。但在路易十四“耗尽君主政体”之后，在君主制到处残留的空壳里，在互相矛盾的法律造成的混乱局面中，在专制与琐事中，这种王权逐渐衰弱，因为“王权覆灭的主要原因就是缺少一位国王”。另一条线则是以科尔贝为代表，象征着大公们的恶意、国家利益和脆弱却沉重的人民愿望，它一直延伸至1790年的联盟节。“建立一个国家是法兰西的愿望。1790年7月14日，在统一的王朝崩塌之后紧接而来的是统一的国家，他的统一坚不可摧。”

将大革命粗暴地等同于国家，将国家等同于共和国，将共和国等同于“最终确立的政治制度”，这种等同需要克服可怕的困难。或许从未有过一部历史能花费相同的力气将过去的君主政治和如今的共和政体紧密连接起来，以便让法兰西的国家命运更为连贯，更具典范作用，也为了能从深处激发国家的活力，让它定格在当下。命运女神希望法国能够从一战的悲剧中走向顶峰，法兰西在这场战争中投入了空前的努力。尽管战争取得了胜利，整个国家却被战争拖垮，伤亡惨重，四分五裂，疲惫消沉。但正是此时，拉维斯应为他的丛书做出概括性总结。法兰西闻名于世的牢固之基被动摇，通货膨胀开始出现，议会出现危机，共产主义党派诞生，殖民地发生了变动。在欧洲四分五裂的大背景下，法国的地位也发生了突变，而此时的拉维斯也已是风烛残年。①他口中几条“对未来充满信心的理由”显得

① 这些潦草的话让人伤心欲绝。拉维斯的妻子当时做了手术，他本人担心不已，甚至“焦虑”。“我的头脑还很清醒，但我的腿越来越撑不住了。”“我工作得极少，因为工作一两个小时之后，我的脑子就不能继续工作了。我从不走动，因为我的双腿没有力气。”以下的信是他发出的求救的信号，一封是给吕西安・埃尔的：“24号，星期四。我一点力气都没有了，就连起床和睡下都要花许多力气。大家应该帮帮我。我应该暂停所有的工作。一想到编书，我就很反感。”他在1921年7月21日写给萨尼亚克的信中说道：“我想让你帮我一个大忙。目前我正在写现代历史的结语，这是这一部分的小结。你能不能再审阅一遍你的稿子？……非常抱歉，我想再次请求你能帮帮我。”（克利斯多夫・夏尔收藏）他于9月29日再次写信给吕西安・埃尔，信中提道：“我得了神经衰弱。什么都做不好，我感觉这样的状态要一直延续下去了。每每想到写结尾都惊恐万分。拥抱你们五位。”

格外空洞无力：他笃信民主制度的坚定性，这不切实际；他相信法国拥有向全世界传播和平的能力，这几乎是空想；他相信社会调和则显得格外悲壮。正是在期盼社会矛盾逐步调和中，拉维斯写下了最后一句话，犹如一声叹息："法国将来会资产阶级化吗？如果是这样的话，那么以后就没有严格意义上的资产阶级了，剩下的只有国家，一个完完整整的国家。"

将拉维斯镌刻在法国人记忆中的，是《法国史》这套书，而不是以上的信息。首先，这部伟大的教材比"小拉维斯"更上一个台阶，传播也更广泛。两本书相互充实着对方的内容。大的丛书与这本小书和谐一致，相得益彰，其中"小拉维斯"有力凸显了丛书中隐含的政治哲学，而"大拉维斯"则通过援引许多材料的有力的论断，替换了"小拉维斯"的表达逻辑，改变了后者急切下判断的做法。法国历史的连贯性也体现在两套教材在教学中的应用：无数孩子从"小拉维斯"开始接触历史，而《法国史》则最终造就一批历史学家。

但《法国史》尤其代表了共和国，法国历史长河中一个难得的平衡状态。这是研究与教学之间的平衡，这种平衡让这位史学巨擘成为民族意识的引路人，并让他成为民族梦想的诠释者与卫士。这是一个法国的平衡，它用百年时间让革命精神成为社会的风尚，但这种革命精神却因另一种革命的威胁而后继无人。最后，这是两个五十年之间的平衡。前者是为期半个世纪的有关共和政体的大讨论，始于1830年的拉法耶特侯爵，终结于19世纪80年代的甘必大。后者是为期半个世纪的对共和制的抵制，从莫拉斯开始，到布拉西亚克和班维尔（Bainville）结束。拉维斯没有改变法兰西传统面貌的一丝一毫，他所做的是汇集众多史实，并从中得出意义。他确立了法兰西鲜明的形象，并最终悬起一面明镜，在这面镜子中，法国不断地重新认识着自己。

附录1 《法国史》目录

《法国史：从起源到大革命》

Ⅰ. 1. P. 维达尔·白兰士：《法兰西地理图景》，1903 年。

2. G. 布洛克：《起源、独立的高卢及罗马高卢》(*Les Origines, la Gaule indépendante et la Gaule romaine*)，1903 年。

Ⅱ. 1. C. 巴耶，C. 普菲斯特，A. 克莱因克洛兹：《基督教、蛮族、墨洛温王朝及卡洛林王朝》(*Le Christianisme, les Barbares, les Mérovingiens et les Carolingiens*)，1903 年。

2. A. 吕谢尔：《卡佩王朝初期（987—1137）》，1901 年。

Ⅲ. 1. A. 吕谢尔：《路易七世、腓力二世及路易八世（1137—1226）》(*Louis Ⅶ, Philippe Auguste et Louis Ⅷ (1137-1226)*)，1901 年。

2. Ch.V. 朗格卢瓦：《路易九世、腓力四世及卡佩王朝末期（1226—1328）》(*Saint Louis, Philippe le Bel et les derniers Capétiens (1226-1328)*)，1901 年。

Ⅳ. 1. A. 科维尔：《瓦卢瓦王朝初期及百年战争（1328—1422）》(*Les Premiers Valois et la guerre de Cent Ans (1328-1422)*)，1902 年。

2. Ch. 珀蒂-迪塔伊：《查理七世、路易十一及查理八世（1422—1492）》(*Charles Ⅶ, Louis Ⅺ, Charles Ⅷ (1422-1492)*)，1902 年。

Ⅴ. 1. H. 勒莫尼耶：《查理八世、路易十二及弗朗索瓦一世——意大利战争（1492—1547）》(*Charles Ⅷ, Louis Ⅻ et François*

Ier. Les guerre d'Italie (1492 - 1547)），1903 年。

2. H. 勒莫尼耶：《与奥地利家族的斗争及弗朗索瓦一世和亨利二世统治下的法国（1519—1559）》（*La Lutte contre la Maison d'Autriche. La France sous François Ier et Henri Ⅱ (1519 - 1559)*），1904 年。

Ⅵ. 1. J. 马里耶若尔：《改革、神圣联盟及南特敕令（1559—1598）》（*La Réforme, la Ligue et l'édit de Nantes (1559 - 1598)*），1904 年。

2. J. 马里耶若尔：《亨利四世及路易十三（1598—1643）》（*Henri Ⅳ et Louis ⅩⅢ (1598 - 1643)*），1905 年。

Ⅶ. 1. E. 拉维斯：《路易十四：投石党运动、国王、科尔贝（1643—1685）》（*Louis ⅩⅣ, la Fronde, le Roi, Colbert (1643 - 1685)*），1905 年。

2. E. 拉维斯：《路易十四：宗教、文学艺术、战争（1643—1685）》（*Louis ⅩⅣ, la religion, les lettres et les arts, la guerre (1643 - 1685)*），1906 年。

Ⅷ. 1. A. 德・圣莱热，A. 勒贝里奥，Ph. 萨尼亚克，E. 拉维斯：《路易十四及其统治末期（1685—1715）》（*Louis ⅩⅣ et la fin du règne (1685 - 1715)*），1908 年。

2. H. 卡雷：《摄政时期及路易十五统治时期（1715—1774）》（*La Régence et le règne de Louis ⅩⅤ (1774 - 1789)*），1909 年。

Ⅸ. 1. H. 卡雷，Ph. 萨尼亚克，E. 拉维斯：《路易十六统治时期（1774—1789）》（*Le Règne de Louis ⅩⅥ (1774 - 1789)*），1911 年。

2. 《对照表》（*Tables analytiques*），1911 年。

《当代法国史:大革命到一战结束》

Ⅰ. Ph. 萨尼亚克:《大革命(1789—1792)》(*La Révolution (1789 - 1792)*),1920 年。

Ⅱ. G. 帕里塞:《大革命(1792—1799)》(*La Révolution (1792 - 1799)*),1920 年。

Ⅲ. G.帕里塞:《执政府和第一帝国(1799—1815)》(*Le Consulat et l'Empire (1799 - 1815)*),1921 年。

Ⅲ. S. 沙莱蒂:《波旁复辟(1815—1830)》(*La Restauration (1815 - 1830)*),1921 年。

Ⅴ. S. 沙莱蒂:《七月王朝(1830—1848)》(*La Monarchie de Juillet (1830 - 1848)*),1921 年。

Ⅵ. Ch. 塞尼奥博斯:《二月革命和第二帝国初期(1848—1859)》(*La Révolution de 1848 et le début du second Empire (1848 - 1859)*),1921 年。

Ⅶ. Ch. 塞尼奥博斯:《推翻帝国、建立第三共和国(1859—1875)》(*Le Déclin de l'Empire et l'établissement de la Troisième République (1859 - 1875)*),1921 年。

Ⅷ. Ch. 塞尼奥博斯:《第三共和国的发展(1875—1914)》(*L'Évolution de la Troisième République (1875 - 1914)*),1921 年。

Ⅸ. H.比杜、A. 戈万,Ch. 塞尼奥博斯:《第一次世界大战(1914—1918)》(*La Grande Guerre (1914 - 1918)*),1922 年。

附录2 《法国史》撰稿人

本表中不包含拉维斯本人以及三位并非教育界人士的临时撰稿人——亨利·比杜、奥古斯特·戈万和亚历山大·德圣莱热。有关这三人的主要信息已在正文中给出。关于索邦大学教授的详细信息见于克里斯多夫·夏尔的传记词典《巴黎文学院的教授》(*Les Professeurs de la Faculté des lettres de Paris*)，《新教育杂志》与法国国家科学研究中心联合出版（Éditions NRP - CNRS)，第Ⅰ卷，《1809—1908年》。此处仅列出他们的出身、教育和职业背景以及主要作品。

夏尔·巴耶，1849—1918，生于比利时列日省，卒于法国土伦。

1868年考入巴黎高等师范学院（以下简称“巴黎高师”)。1872年通过法国教师资格会考（第二名)。1879年获博士学位：《关于圣像破坏争端以前东方基督教绘画与雕塑历史的研究》(*Recherches pour servir à l'histoire de la peinture et de la sculpture chrétiennes en Orient avant la querelle des Iconoclastes*)。

1874—1876年任职于罗马学院和雅典学院。1876年在里昂担任中世纪史兼职教师，1881年成为中世纪史教授，1886年升任院长。1891年担任里尔学区区长。1896年负责管理初等教育，1902—1914年接替路易·利亚尔管理高等教育。

主要作品：《拜占庭艺术》(*L'Art byzantin*)，1883年；《卡洛林王朝末期（877—987)》(*Les Derniers Carolingiens, 877 - 987*)，1884年；《艺术史概论》(*Précis d'histoire de l'art*)，1886年；《乔托》(*Giotto*)，1907年。

古斯塔夫·布洛克，1848—1923，生于下莱茵省费热塞姆（Fegersheim），卒于塞纳-马恩省马尔洛特（Marlotte）。

父亲是斯特拉斯堡小学校长。

1868年考入巴黎高师。1872年通过教师资格会考（第一名）。1884年获博士学位：《罗马参议院的起源》（*Les Origines du Sénat romain*）。

1873年任职于罗马学院。1876年于里昂担任古希腊和拉丁文化兼职教师。1887年于巴黎高师任讲师。1904年于索邦大学担任罗马史教授。

主要作品：《罗马共和国》（*La République romaine*），1900年；《罗马帝国》（*L'Empire romain*），1911年；《罗马共和国：公元前146至前44年》（*La République romaine de 146 à 44 av.J.-C.*），由J.卡尔科皮诺（J. Carcopino）继续完成，收录在格洛茨（Glotz）的《通史》（*L'Historie générale*）中。

亨利·卡雷，1850—1939，生于安德尔-卢瓦尔省法维耶（Favier）。

父亲是法院书记官。

1870年考入巴黎高师。1881年通过教师资格会考。1888年获博士学位：《论神圣联盟之后的布列塔尼议会》（*Essai sur le parlement de Bretagne après la Ligue*）。

1877年任阿朗松（Alençon）中学教师，又先后任教于卡尔卡松（Carcassonne）中学和雷恩中学。1886年在雷恩任讲师。1889年任普瓦捷学院教授。

主要作品：《亨利四世时期的雷恩市政府》（*L'Administration municipale de Rennes au temps d'Henri IV*），1889年；《路易十五时

期的法国》(*La France sous Louis XV*)，1892年；《关于一封国王封印信和一个普瓦图冒险家的历史》(*Histoire d'une lettre de cachet et d'un aventurier poitevin*)，1895年；编辑出版《制宪议员蒂博的书信集》(*Correspondance du constituant Thibaud*)，1898年。

塞巴斯蒂安·沙莱蒂，1867—1945，生于尚贝里（Chambéry）。

父亲是海关职员。

1889年考入巴黎高等研究实践学院。1890年通过教师资格会考。1896年获博士学位：《圣西门主义的历史》(*Essai sur l'histoire du saint-simonisme*)。

1890年任教于里昂高中。1901年于里昂任里昂历史兼职教师，后升为教授。1908年被派遣到突尼斯政府。1919年任斯特拉斯堡学区区长，后任巴黎学区区长。

主要作品：《里昂历史评论文献目录》(*Bibliographie critique de l'histoire de Lyon*)，1902年；《1784年之后罗讷省中学教育历史》(*Histoire de l'enseignement secondaire dans le Rhône depuis 1784*)，1901年；《里昂历史》(*Histoire de Lyon*)，1903年；《里昂人》(*Le Lyonnais*)，1904年，收录于《历史综合杂志》(*Revue de synthèse historique*）的《法国大区》(*Les Régions de France*）系列，1904年；《关于罗讷省国有财产出售的资料》(*Documents relatifs à la vente des biens nationaux dans le département du Rhône*)，1906年；主编《法国历任国王的法令——弗朗索瓦一世统治时期》(*Ordonnances des Rois de France, règne de François Ier*）卷三，全书共七卷，由沙莱蒂主持，自1934年开始；以及多篇序言。

阿尔弗雷德·戈维尔（Alfred Goville），1860—1942，生于凡尔赛。

1882 年考入巴黎高等研究实践学院。1883 年通过教师资格会考。1885 年就读于文献学院。1889 年获博士学位：《卡博什分子与 1413 年敕令》(*Les Cabochiens et l'ordonnance de 1413*)。

1884 年于第戎（Dijon）任讲师，1885 年于卡昂任讲师。1889 年于里昂任兼职教师，1891 年任教授。1904 年任克莱蒙学区区长。公共教育总督学。中学教育主管，后任高等教育主管。

主要作品：《关于 5 世纪至 9 世纪里昂历史的研究》(*Recherches sur l'histoire de Lyon du Ve au IXe siècle*)，1928 年；《让 · 珀蒂：15 世纪初期刺杀暴君者的问题》(*Jean Petit, la question du tyrannicide au commencement du XVe siècle*)，1932 年；《贡捷 · 科尔和皮埃尔 · 科尔以及查理六世时期法国的人文主义》(*Gontier et Pierre Col et l'humanisme en France au temps de Charles VI*)，1934 年；《关于 14 和 15 世纪若干作家的研究》(*Recherches sur quelques écrivains du XIVe et XVe siècle*)，1935 年；《1380 至 1435 年安茹-普罗旺斯地区的思想生活》(*La Vie intellectuelle dans les domaines d'Anjou-Provence de 1380 à 1435*)，1941 年；《中世纪史：1270 至 1380 年的西欧》(*Histoire du Moyen Âge, l'Europe occidentale de 1270 à 1380*) 第二部分即 1328 至 1380 年，收录于格洛茨的《通史》中，1941 年。

阿蒂尔 · 克莱因克洛兹，1869—1947，生于科多尔省（Côte-d'Or）欧索讷（Auxonne）。

1891 年通过教师资格会考（第三名）。1902 年获博士学位：《卡洛林帝国：起源与演变》(*L'Empire carolingien, ses origines et ses transformations*)。

1897 年于第戎任兼职教师，1902 年于巴黎任兼职教师。1904 年于里昂任中世纪史教授。1924 年任院长助理，1931 年任院长。1928 年任里昂国家美术学校校长。

主要作品:《卡洛林王朝》(*Les Carolingiens*)，1903 年;《克劳斯 · 斯吕特与 15 世纪的勃艮第雕塑》(*Claus Sluter et la sculpture bourguignonne au XVe siècle*)，1905 年;《艺术名城：第戎和博讷》(*Les Villes d'art célèbres: Dijon et Beaune*)，1907 年;《勃艮第历史》(*Histoire de Bourgogne*)，1909 年;《里昂：从起源到今天》(*Lyon, des origines à nos jours*)，1925 年;《艺术之乡：勃艮第》(*Les Pays d'art : la Bourgogne*)，1929 年;《普罗旺斯》(*La Provence*)，1930 年。

夏尔 · V. 朗格卢瓦,1863—1929，生于鲁昂，卒于巴黎。

父亲是诉讼代理人。

1882 年考入巴黎高等研究实践学院第四分校。1884 年通过教师资格会考（第一名）。1885 年以第一名成绩考入文献学院。1887 年获博士学位:《腓力三世的统治》(*Le règne de Philippe Ⅲ le Hardi*)。

1885 年在杜埃（Douai）任讲师。1886 年在蒙彼利埃任兼职教师。1888 年在巴黎任兼职教师；1901 年任副教授，1906 年任历史辅助学教授；1909 年任中世纪史教授。1913 年任国家档案馆馆长。

主要作品:《法国历史档案》，与亨利 · 斯坦合著，1891 年;《历史文献目录手册》第一卷，1896 年，第二卷，1904 年;《历史研究导论》，与夏尔 · 塞尼奥博斯合著，1898 年;《中世纪史》(*Histoire du Moyen Âge*)，1901 年;《宗教裁判所》(*L'Inquisition*)，1902 年;《历史与教育问题》(*Questions d'histoire et d'enseignement*)，1902 年;《13 世纪的法国社会》(*La Société française au XⅢ^e siècle*)，

1903 年；《法国字体历史》(*Histoire de l'écriture en France*)，1905 年；《中世纪时期法国对自然的认识》(*La Connaissance de la nature en France au Moyen Âge*)，1911 年；《巴黎审计法院档案馆遗失的登记簿》(*Registre perdus des archives de la chambre des comptes de Paris*)，1917 年；《中世纪时期的法国生活》(*La Vie en France au Moyen Âge*)，第一卷，1908 年，第二卷，1924 年，第三卷，1925 年。

亨利·勒莫尼耶，1842—1936，生于塞纳-瓦兹省 (Seine-et-Oise) 圣普里 (Saint-Prix)。

其父曾任罗马学院秘书。

1865 年以第二名的成绩考入文献学院。1866 年获法学博士学位。1872 年通过教师资格会考（第一名）。1887 年获博士学位：《关于罗马帝国时期被解放奴隶的个人地位的研究》(*Étude sur la condition privée des affranchis sous l'Empire romain*)。

1864 年从事律师行业。1873 年任路易勒格朗中学 (lycée Louis-le-Grand) 兼职教师；1874 年任亨利四世中学助理教授；1875 年任圣路易中学代课教师，1881 年任路易勒格朗中学代课教师。1874 年任美术学院教授；1884 年任塞夫尔 (Sèvres) 高等师范学院讲师；1889 年在索邦大学任代课教师，接替拉维斯；1893 年任兼职教师，后成为艺术史教授。

主要作品：《黎塞留和马扎然时期的法国艺术》(*L'Art français au temps de Richelieu et de Mazarin*)，1893 年；《格罗：评传》(*Gros, biographie critique*)，1907 年；《路易十四时期的法国艺术》(*L'Art français au temps de Louis XIV*)，1911 年；《现代艺术 (1500—1800)》(*L'Art moderne, 1500 - 1800*)，1912 年；皇家建筑

学会纪要整理编辑，1911 至 1924 年，共八卷。

阿希尔·吕谢尔，1846—1902，生于巴黎，卒于巴黎。

父亲是内政部办公室主任。

1866 年考入巴黎高师。1869 年通过教师资格会考。1877 年获博士学位：《阿兰大帝、阿尔布雷爵爷、南部王室统治和封建制度》(*Alain Le Grand, sire d'Albret, l'administration royale et la féodalité du Midi*)。

1869 年任职于波城中学，1874 年任职于波尔多中学。1877 年在波尔多任法国南部历史和语言讲师，1879 年任地理教授。1885 年在巴黎任历史辅助学兼职教师；1888 年任中世纪史兼职教师。1889 年接替菲斯泰尔·德库朗热担任中世纪史教授。

主要作品：《卡佩王朝初期法国君主制历史》(*Histoire des institutions monarchiques de la France sous les premiers Capétiens*)，1883 年；《关于路易七世文书的研究》(*Étude sur les actes de Louis VII*)，1885 年，获得戈贝尔奖 (Prix Gobert)；《胖子路易六世生平及统治年鉴》(*Louis VI le Gros, annales de sa vie et de son règne*)，1889 年；《直系卡佩王朝统治时期的法国市镇》(*Les Communes françaises à l'époque des Capétiens directs*)，1892 年；《英诺森三世》(*Innocent III*)，1904—1907 年，四卷本。

让-伊波利特·马里耶若尔，1855—1934，生于昂蒂布 (Antibes)。

父亲是“在编海军”。

1882 年通过教师资格会考（第五名）。1887 年获博士学位：《西班牙宫廷内的意大利文人：皮埃尔·马蒂尔·丹盖拉》(*Un lettré italien à la Cour d'Espagne : Pierre Martyr d'Anghera*)。

1882 年任里昂中学教师；1885 年在第戎任讲师，1890 年起任兼职教师；1893 年先后在雷恩和里昂做兼职教师，讲授近代史，直至 1925 年；1911 至 1912 年在索邦大学任兼职教师。

主要作品：《斐迪南和伊莎贝拉统治下的西班牙》(*L'Espagne sous Ferdinand et Isabelle*)，1892 年；《凯瑟琳·德·美第奇》(*Catherine de Médicis*)，1920 年；《玛格丽特·德·瓦卢瓦的一生》(*La Vie de Marguerite de Valois*)，1928 年。

乔治·帕里塞，1865—1927，生于杜河省欧丹库尔（Audincourt），卒于斯特拉斯堡。

出身于阿尔萨斯家庭。

1874—1882 年就读于阿尔萨斯学校。1888 年通过教师资格会考（第一名）。1897 年获博士学位：《腓特烈·威廉一世统治下普鲁士的国家和教会（1713—1740）》(*L'État et les Églises en Prusse sous Frédéric-Guillaume Ier, 1713 - 1740*)。

1885 年任亨利四世高中助教；1888—1892 年任讷韦尔（Nevers）高中驻柏林代表；1892 年在南锡任近现代史兼职教师，1897 年成为副教授，1901 年成为教授；德雷福斯事件期间成为人民大学成员；1919 年在斯特拉斯堡任教授。

主要作品：与乔治·瓦莱（Georges Vallée）合编《巨龙部队行军记》(*Carnet d'étapes du dragon Marquant*)、《现当代史研究》(*Études d'histoire moderne et contemporaine*)，斯特拉斯堡，1929 年。

夏尔·珀蒂-迪塔伊，1868—1947，生于圣纳泽尔（Saint-Nazaire）。

父亲是海军主治医生。

1887年考入高等研究实践学院，1890年考入文献学院（第二名）并通过教师资格会考（第三名）。1895年获博士学位：《路易八世的生平及统治（1187—1226）》（*Études sur la vie et le règne de Louis VIII, 1187 - 1226*）。

1891年任特鲁瓦高中教师；1896年在里尔任中世纪史代课教师；1899年任里尔高等商校校长；1908年任格勒诺布尔学区区长；1925年任文献学院协会主席。

主要作品：《剥夺无地王约翰的继承权与谋杀阿蒂尔·德布列塔尼》（*Le Déshéritement de Jean sans Terre et le meurtre d'Arthur de Bretagne*），1925年；《10世纪到13世纪法国与英国的封建王朝》（*La Monarchie féodale en France et en Angleterre, Xᵉ-XIIIᵉ*），1933年；《中世纪史》（*Histoire du Moyen Âge*）第四卷第二章，《西方各国的发展》（*L'Essor des États d'Occident*），与P.吉纳尔（P. Guinard）合编，收录于格洛茨的《通史》，1937与1944年；《腓力二世文书集》（*Recueil des actes de Philippe Auguste*），克洛维·布吕内尔（Clovis Brunel）主编，与H.-Fr.德拉博德（H.-Fr. Delaborde）合著，1943年；《约翰王与莎士比亚》（*Le Roi Jean et Shakespeare*），1944年；《法国市镇》（*Les Communes françaises*），1947年。

克里斯蒂安·普菲斯特，1857—1933，生于并卒于上莱茵河省贝布伦海姆（Beblenheim）。

父亲是市政府的办事员。

1878年考入巴黎高师（第五名）。1881年通过教师资格会考（第二名）。1885年获博士学位：《关于罗贝尔二世统治的研究（996—1031）》（*Étude sur le règne de Robert le Pieux, 996 -*

1031）。

在南锡：1884 年成为讲师，1885 年成为兼职教师，1892 年成为教授；1899 年成为院长助理。在巴黎：1902—1904 年间任巴黎高师替补讲师，1904—1906 年间任索邦大学替补教师，1906—1909 年任中世纪史教师。在斯特拉斯堡：1919—1927 年任教授，1927—1931 年任斯特拉斯堡学区区长。1912 年起任《历史杂志》主编。

主要作品：《墨洛温王朝时期阿尔萨斯公国与圣奥迪尔传奇》（*Le Duché mérovingien d'Alsace et la légende de sainte Odile*），1892 年；《国家图书馆有关阿尔萨斯历史的德文手稿》（*Les Manuscrits allemands de la Bibliothèque nationale relatifs à l'histoire d'Alsace*），1843 年；《南锡历史》（*Histoire de Nancy*），1902—1909 年，共三卷；《关于斯特拉斯堡大学的报告》（*Rapport sur l'université de Strasbourg*），1917 年；《中世纪史》（*Histoire du Moyen Âge*）第一卷，与 F. 洛特（F. Lot）和 A. 甘肖夫（A. Ganshof）合著，收录于格洛茨的《通史》，1928 年，1934 年；《阿尔萨斯书简》（*Pages alsaciennes*），1927 年。

阿尔弗雷德·勒贝里奥，1858—1934，生于南特。

父亲是邮局主要办事员。

1877 年考入巴黎高师。1880 年通过教师资格会考（第一名）。1892 年获博士学位：《博须埃：清教历史学家》（*Bossuet, historien du protestantisme*）。

1880 年在巴黎高师任替补图书管理员；在雷恩任讲师；在索邦大学任宗教信仰与宗教文学史兼职教师。

主要作品：编辑博须埃、谢尼埃、拉布吕耶尔（La Bruyère）、伏尔泰的作品。

菲利普·萨尼亚克，1868—1954，生于佩里格（Périgueux），卒于安德尔-卢瓦尔省吕讷（Luynes）养老院。

父亲是商人。

1891年考入巴黎高师。1894年通过教师资格会考（第三名）。1898年获博士学位：《法国大革命的公民立法》（*La Législation civile de la Révolution française*）。

在里尔：1899年任兼职教师；1903年任副教授，教授现当代史。1923年在索邦大学教授法国大革命。1899—1914年任《现当代史杂志》主编；与阿尔方共同主编《民族与文明》（*Peuples et civilisations*），共22卷。

主要作品：《王权的衰败：1792年8月10日革命》（*La Chute de la royauté, la révolution du 10 août 1792*），1909年；《大革命与帝国时期的法国莱茵河地区》（*Le Rhin français pendant la Révolution et l'Empire*），1917年；《路易十四：卓越的法兰西王朝》（*Louis XIV, la prépondérance française*），1935年（1944年改编再版）；《法国大革命》（*La Révolution française*），与G. 勒菲弗尔（G. Lefebvre）和R. 居约（R. Guyot）合著，1930年；《旧制度的终结与美国革命》（*La Fin de l'Ancien Régime et la révolution américaine*），1941年，获戈贝尔奖；与A. 德圣莱热共同编纂《1784年旧佛兰德省省志》（*Cahiers de la Flandre maritime en 1784*），1906年，共两卷。

夏尔·塞尼奥博斯，1854—1952，生于阿尔代什省（Ardèche）拉马斯特（Lamastre），卒于北部海岸省普卢巴兹拉奈克（Ploubazlanec）。

父亲是律师。

1874年考入巴黎高师（第三名）。1877年通过教师资格会考

（第一名）。1882 年获博士学位：《勃艮第封建制度》（*Le Régime féodal en Bourgogne*）。

1879 年在第戎任讲师；自 1883 年起休假；在索邦大学教授一门关于欧洲体制的开放课；1890 年任索邦大学教育学讲师；1898 年任现代史兼职教师，随后于 1904 年教授通史；1904 年成为副教授；1921 年成为现当代政治史教授。

主要作品：《文明史概要》（*Abrégé de l'histoire de la civilisation*），1887 年；《西方古民族叙述史与描述性历史》（*Histoire narrative et descriptive des anciens peuples de l'Occident*），1890 年；《当代欧洲政治史》（*Histoire politique de l'Europe contemporaine*），1897 年；《历史研究导论》，与 Ch. V. 郎格卢瓦合著，1898 年；《应用于社会科学的历史学方法》（*La Méthode historique appliquée aux sciences sociales*），1901 年；《俄罗斯历史》（*Histoire de Russie*），与 P. 米留科夫（P. Milioukov）和 K. 艾森曼（K. Eisenmann）合著，1932 年，三卷本；《法兰西民族信史》，1933 年；《欧洲民族比较史》（*Histoire comparée des peuples de l'Europe*），1938 年；以及初中教学教材的编纂。

维达尔·德·白兰士，1845—1918，生于埃罗省（Hérault）佩泽纳（Pézenas），卒于瓦尔省（Var）塔马利（Tamaris）。

父亲是哲学老师及学区督学。

1863 年考入巴黎高师（第一名），1866 年通过历史类教师资格会考（第一名）。1870 年获博士学位：《赫罗狄斯·阿提库斯》（*Hérode Atticus*）。

1866—1867 年任职于雅典学院。1871 年任昂热高中历史教师。1872 在南锡任兼课老师。代表访问考察哥达（Gotha）、柏林、瑞士、意大利、西班牙、英国和阿尔及利亚。1877 年任巴黎高师讲师，1881 年任校长助理。1898 年在索邦大学担任地理学教授。1885 年创办《地理年鉴》(*Annales de géographie*)。

主要作品：《地球、物理地理学与经济地理学》(*La Terre, géographie physique et économique*)，1883 年；《法国周边欧洲国家与民族》(*États et nations de l'Europe autour de la France*)，1884 年；《通用地图册》(*Atlas général*)，1894 年；《法国东部》(*La France de l'Est*)，1917 年；《人文地理学基本概念》(*Principes de géographie humaine*)，迈杜士出版社（É. de Maitouse）出版，1922 年；与 L. 加卢瓦（L. Gallois）合编《通用地理学》(Géographie universelle)，共二十三卷。

* La “Recherche du temps perdu” de Marcel Proust

马塞尔·普鲁斯特对逝去时光的追寻

*

安托万·孔帕尼翁 *Antoine Compagnon*

许　方译

高　方校

有位普鲁斯特先生在超市购物，身前推着满满一车食品。结账时，他把支票递给年轻的女售货员。“可惜啊，”她说，“普鲁斯特先生，只差一个字母，不然您就有个响亮的姓啦。”一位已经去世七十年的作家，他的名望与今天获得几次世界冠军的赛车手好似无法相提并论。然而，五十年、一百年之后，谁还会记得阿兰·普罗斯特（Alain Prost）呢？即便不是所有人都尝过普鲁斯特笔下的“玛德莱娜”小蛋糕，即便从头至尾看过《追忆似水年华》的人少之又少，正是在结尾处这蛋糕才显现了真正的含义，而它俨然已成了整个法国文学中众所周知的意象，它就是为延续而生的，《小拉鲁斯插图辞典》（*Petit Larousse illustré*）中这样写道：“浸在茶水中的‘小玛德莱娜’那曾经被遗忘的味道唤起了（主人公的）整个童年记忆。”如果作品没有发表，它不过是作家手稿上不起眼的小面点，而如今咬一口科梅尔西城（Commercy）产的“小玛德莱娜”谁能不想起普鲁斯特呢？这标示着这位作家在法国人的集体记忆中近乎神奇的名望和他难以逾越的地位。

伊利耶（Illiers）是《在斯万家那边》中贡布雷（Combray）的原型地，在那里，“莱奥妮姨妈的房子”（maison de tante Léonie）每年要接待四千名游客，每个星期糕点店都会卖出五百份玛德莱娜蛋糕。在巴尔贝克（Balbec）的原型地卡堡（Cabourg），卡堡大饭店的414号房被重建为普鲁斯特之房，正如《在少女们身旁》（*À l'ombre des jeunes filles en fleurs*）中描写的那样，房间里的玻璃书橱折射出天空的变化。大饭店的经理建议那些“被马塞尔·普鲁斯特所俘获的怀旧者们”如要入住要提前预约。马塞尔·普鲁斯特的知名度堪比注册商标，印着普鲁斯特头像的T恤，还有表盘一圈刻着《追忆似水年华》中众人皆知的第一句话的石英表都是明证。一位美国著名普鲁斯特研究专家把这些寄生于普鲁斯特的小玩意有意思地称为“泛普鲁斯特学”（para-proustologie），而一些广告人将其视为“存在性产品”（produit-être）或是“个人品牌”（marque-personne）的成功。1990年曾有一场法语拼写法改革，为了说明这场改革是审慎的，法语高等委员会仔细计算过“七星文库”版《追忆似水年华》因改革而改动的地方每页不超过一词。普鲁斯特拼写的“祖母”（grand'mère）、“无论如何”（en tous cas）、“和善”（bonhommie）都成了现代法语的标准拼写，就像塞夫尔市（Sèvres）布雷多依宫（pavillon de Breteuil）里那把铂铱合金的米尺。跟标准米尺原器一样，人们只要知道它存在就够了，并不需要去那儿看；同样，之后大多数法国人学普鲁斯特的拼法写“和善”一词，然而他们却不能，或者说从未读懂过这位作家惯写的句子，比如其中他描写阿让特伊（Argenteuil）芦笋的长句。不过，哪位普鲁斯特的读者在晚餐吃过这“把房间的便桶变为香水瓶”（第一卷，第 119 页）①的芦笋之后，不会在第二天想起作家？引发出这些感受也是大作家的功效了。

普鲁斯特是 20 世纪法国大文豪，《小拉鲁斯》中评价道：“在 20 世纪法国小说的历史中他占据了主导地位。”有人甚至认为他主宰了整个现代文学，如普鲁斯特研究专家让-伊夫·塔迪耶在他那部发行量很大的专著中开篇第一句就毫不犹豫地写道：“马塞尔·普鲁斯特是 20 世纪最伟大的作家。”②这部专著的德语译者认为对这句话稍加改动加一个副词“也许”更好，适用于外国读者的法国文学教科书不再如以往习惯的那样，强调说如果其他欧洲文学有他们各自为世界公认的天才，出现了但丁、莎士比亚、塞万提斯和歌德，那么法国文学的历史是以其文学流派、文学运动和文学群体为特点的。例如古典主义的伟大并不只因为一位成就远高于他人的代表人物，它的伟大是因为有高乃依、莫里哀、拉辛的存在，也别忘了还有拉封丹、拉布吕耶尔、拉罗什富科（La Rochefoucauld）……他们中任何单独的一位都体现不了法国文学的精髓，然而他们却共同构成了一个无与伦比的文学。没有但丁，也没有莎士比亚，于是法国文学史学家就这样安慰自己。之后他们试图给雨果冠以一种普世性，这是无论拉伯雷还是卢梭都没有达到的。然而这种观点却没有得到太多的共识，如果现如今教科书应该摒弃要整体看待法国文学的此类陈词滥调，如同看待法国大革命一样，那么，该关注的就是普鲁斯特，一段时间以来，不知不觉中他已跻身到但丁、莎士比亚、塞万提斯和歌德之列，作为法国文学的巨人，他以某种方式吸引了所有人的目光。

《追忆似水年华》在 1987 年成为公共财产之后，其版本就层出不

---

① 本文引用《追忆似水年华》版本为“七星文库”版本，让-伊夫·塔迪耶（Jean-Yves Tadié）主持校勘，巴黎，伽利玛出版社，1987—1989 年，共四卷。

② 让-伊夫·塔迪耶著，《普鲁斯特》，巴黎，贝尔丰出版社（Belfond），1983 年，第 9 页。

穷，似乎供应刺激了需求，市场看起来永远不会饱和。这种现象并不止出现在法国，因为目前意大利有三个译本，有一个英语新译本正在翻译，有一个德语译本修订本，俄语译本出了完整版，还有中文版，罗大冈为其作序，他在第一卷前写道："这部小说超越了时空概念。"作为中文版的责任编辑，韩沪麟写道："中国人应该为对马塞尔·普鲁斯特的茫然无知感到羞愧。"①

然而，在法国伟大的作家中，普鲁斯特并非一开始就享有这种卓越的地位。雨果在世时就达到了一个非凡的高度：他所住的街道已经被称为维克多·雨果街；1885 年他的国葬成了法兰西第三共和国的重大仪式之一。②相反，1922 年，51 岁即去世的普鲁斯特并没有在当下获得一致赞誉，尽管荣耀来得并不晚。这更让我们产生了疑问：原先因为犹太血统、性取向、健康问题，以及他的附庸风雅，长期只为少数人崇拜、处于边缘位置的普鲁斯特，如今竟让我们觉得仅他一人就概括和代表了整个法国文学，甚至整个西方文明，他是如何，又是为什么能赢得这样的中心地位？由此，普鲁斯特作品接受的社会学研究有待开展。而我们应该去探究引起这种令人困惑的变化的内、外部原因，外部的即我们所说的"泛普鲁斯特学"，而内部原因在于，如果说普鲁斯特的作品在今天是法国文学记忆的典型之作，那它就不可能完全让人陌生，毕竟记忆是其中心主题，作品本身就构成了记忆之场。

对于自己的作品，普鲁斯特已然有一个宏大的构想，不需他人赘述，这种构想在《重现的时光》(*Le Temps retrouvé*) 中已经充分

---

① 许钧，《普鲁斯特在中国》(Proust en Chinois)，载《世界报》，1989 年 10 月 6 日，第 48 页。

② 见本书第一部《共和国》中阿夫纳·本-阿莫斯(Avner Ben-Amos)所著《维克多·雨果的葬礼》(Les funérailles de Victor Hugo)。

地体现了出来。然而，在进入《重现的时光》这一部分时，叙述者仍在思虑他的书是不是不会“像岛屿至高处的德落伊教（druidique）纪念碑那样——永远都人迹罕至”（第四卷，第618页）。他还将他的书与大教堂做比照，甚至称其为关乎记忆的建筑。[①]在书中他想呈现的就是这样一种构想。他写道：“在这些巨著中，有的部分因为时间关系只能概述，毫无疑问，由于建筑师规划的宏大，它们是永远不会穷尽的。有多少大教堂还未完工啊！”（第四卷，第610页） 最令人惊讶的是，我们竟认可了这样一种不可思议的野心：从《追忆似水年华》中，我们看到了一座恢宏的大教堂；建立在无意识的回忆之上的艺术和文学在隐喻中连接了过去与现在，普鲁斯特从中触到了永恒，而我们也感受到了这种永恒。

贝戈特（Bergotte）是《追忆似水年华》中一位虚构的作家，在《女囚》（*La Prisonnière*）中，作者借他的死亡阐发了罕有的关于永生的思考：

> 他死了。永远死去了吗？谁能断定？［……说］贝戈特并没永远死去好像是真的。他被安葬了，他写的书三本三本地叠在被照亮的玻璃橱里，葬礼后的整个夜晚，它们都像展翅的天使一样守着他，好似象征着已不在人世的人会复活一般。（第三卷，第693页）

这一页写在普鲁斯特去世几个月前，我们知道其中有些自传的成分，当时他参观了网球场美术馆（musée du jeu de paume），在弗美尔（Vermeer）的画作《代尔夫特风景》（*Vue de Delft*）前，作家突觉身体不适，这令他感到对死亡临近的畏惧。有些信徒——尤其是

① 见本卷中安德烈·沃谢（André Vauchez）所著《教堂》（La cathédrale）。

克洛岱尔、贝尔纳诺斯和莫里亚克——他们批判普鲁斯特的作品里没有上帝的存在，批评他缺乏超越性以及内省后的开放性。然而可以预见得到，在他去世后，他的作品因其对艺术的信仰而深受爱戴。和贝戈特一样，艺术也给了书中虚构的音乐家凡德伊（Vinteuil）以超越死亡的生命，他因女儿与女性朋友的同性恋情抑郁而死，而后他的音乐作品得到公演，完整了他的生命，使之为人铭记："凡德伊已去世很多年了，而他曾经热爱的这些乐器使他可以活在无限的时间里，至少延续了他生命的一部分。"（第三卷，第 759 页）普鲁斯特的作品中始终存在这种想法，如他所望，我们纪念着他："有时人们会说，如果艺术家把自己投射到他的作品中，那死后他的生命仍在延续。"（第四卷，第 105 页）普鲁斯特存活了下来，今天他的作品被认为集法国文学之大成。而他一点儿也不像是由第三共和国所创造的法国大作家的典范。

伟大作家与休闲社会

一位伟大的作家未必是我们惯常阅读的作家。普鲁斯特的"面子"与他作品的发行量是不相称的。《在斯万家那边》最初于 1913 年由格拉塞出版社印刷了一千七百五十册，在 1913 至 1987 年间共出售一百五十万册——其中"白色丛书系列"（collection blanche）版本大约二十万册，"七星文库"版本二十五万册，袖珍本超过一百万册（先有"口袋书" [Livre de poche] 丛书版，后有"弗里奥"丛书版），以及多多少少的插图版本和俱乐部版本。[①]其余几部的阅读量明显更少：《在少女们身旁》发行量不到一百万册，其中袖珍本五十

① 感谢让-皮埃尔·肖维埃（Jean-Pierre Chauvière）和让-皮埃尔·多芬（Jean-Pierre Dauphin）两位先生为我们提供数据。

万册；后面几部的发行量基本都在六十万册，其中袖珍本二十五万册。与那些不到一年就能达到如此发行量的畅销书来说，这根本不算什么；对于文学出版物的长期常规销量来说，它也明显少于加缪作品六百万册的印刷量，少于纪德作品三百万册的发行量，甚至比塞利纳（Céline）的小说《长夜行》（*Voyage au bout de la nuit*）的印刷量还少，这部小说由德诺埃尔出版社出版，在 1932 到 1944 年间发行了十一万两千册，而伽利玛出版社出版的《在斯万家那边》于 1919 到 1940 年间不过发行了八万七千册。当然，对于这样一本阅读起来相当困难，甚至在很长一段时期内被认为无法阅读的书来说，在 1954 年被列入“七星文库”后，达到将近十万册的发行量，已经算一个相当大的文学发行量了。1965 年袖珍本的发行又使它的销量得到稳步的增长。

如果说能体现普鲁斯特高度的不是印刷量，或者不光光是印刷量的话，那么关于他的比任何法国作家都丰富的海量研究书目是否能说明问题呢？在科拉普（Klapp）法国文学年度参考书目中，普鲁斯特以近几年间约两百份研究专著的成绩刷新了所有记录，数量几乎是其竞争对手，如蒙田、司汤达、巴尔扎克、雨果、福楼拜、波德莱尔、兰波、纪德或萨特这些作家的两倍。1980 年至 1989 年间，国家图书馆收列了关于普鲁斯特的研究书目一百九十一本，比关于拿破仑（一百三十九本）和戴高乐（一百三十本）的还多，当然，现在关于他的书籍已超过了两千本。普鲁斯特及贡布雷之友协会（Société des amis de Marcel Proust et de Combray）预备构建一个收录超过一万七千种资料，包含所有与普鲁斯特作品相关的出版物的数据库。然而一切不是总这么顺利，普鲁斯特作品最为不济的境遇出现在 20 世纪 30 年代，1934 至 1938 年间，《在斯万家那边》的发行量降到了不足两千本，1936 年则不足一千四百本，在最糟糕的年头，法国国内出版的关于普鲁斯特的研究著作每年不过一两本。

1894 年，古斯塔夫 · 朗松在一篇关于“文学不朽性”的文章中写道：

> 作家与作品的遭遇是一个丰富的研究领域：作家为什么写作，是为了追求不朽吗？在这些寻求不朽的人中，有多少成功了？成功者为什么能成功？为什么成功的是他们而不是别人？为什么是这一个而不是那一个？我们提出三个主要问题，当完成一天工作，不想再争论政治问题时，学者们可以在晚饭后，围绕它们进行各种角度的思考，权当消遣。①

朗松称这些问题为“意识形态”的争论，认为其“没有实际效用”。在普鲁斯特之前，法国文学创作从来就如它一直所延续的那样没有多大变化，这是由当时的时代所决定的。朗松正是将文学塑造成民族遗产，为共和国树立伟大作家的主要负责人之一，不过我们打赌他不会想到，普鲁斯特竟成了教皇般的人物。1870 年，阿歇特书店推出了一套著名的丛书“法兰西伟大作家”(Les grands écrivains français)。这一系列专著相当于第三帝国时期的 “永恒的作家”(Écrivains de toujours) 丛书。第一本为《维克多 · 库赞》(*Victor Cousin*)，此后自 17、18 世纪以来的所有大作家都出现在这套丛书里。几年之后，阿歇特书店又出版了一系列优秀的评注版作品——“法国伟大作家”(Les grands écrivains de la France) 丛书，这一套书相当于“七星文库”及最早一批评注版书籍。第一本是 1862 年出版

① 古斯塔夫 · 朗松(Gustave Lanson)，《人类与书籍：道德与文学研究》(*Hommes et livres: études morales et littéraires*)，巴黎，1895 年，第 296—297 页。

的一部马莱伯（Malherbe）的作品，这一批作家都归属于17世纪，到了1915年，朗松开始着手出版从18世纪到19世纪的第二批书目，其中收录有拉马丁的《沉思集》（*Méditations*）。“法国伟大作家”丛书中有些是有纪念价值的不朽著作，其中的信息也许过时了，然而它们却凝聚了作者渊博的学识，汇集了大量重要的资料，比如马蒂-拉沃（Marty-Laveaux）编辑出版的高乃依，梅纳尔（Mesnard）编辑出版的拉辛，布瓦利勒（Boislisle）编辑出版的圣西蒙，雷尼耶（Régnier）编辑出版的塞维涅，这些都是普鲁斯特所熟悉的著作。

“法国伟大作家”这个概念的境遇与19世纪下半叶文学历史的发展息息相关，当时它正与德国文学相互竞争。前有布瓦洛所说的“杰出”作家，拉马丁夸赞的“卓越”作家，另外还有菲尔蒂埃（Furetière）形容的“著名”或“优秀”作家。而“大”这个形容词有时也用来形容作家，比如下面利特雷举的例子：“拉辛是一位大作家。”但“法国伟大作家”以“伟人们”为模式用了复数，以说明这是一个集体，是学者的聚会，是名人的殿堂，是俗世圣人的汇聚，这种表达在浪漫主义及民族文学形成之前是不存在的。《拉鲁斯》引用约瑟夫·德迈斯特（Joseph de Maistre）或博纳尔德（Bonald）作品中的语句：“伟大作家们的作品总是创新的。”茹贝尔也写过：“阅读伟大作家们时，有一种精髓无形隐藏于其中。”这些句子看起来平凡无奇，似乎还不是我们所要寻找的答案。而拉马丁在作品中写道：“那些伟大作家让人喜欢的并不是其作品，而是他们本身。”儒勒·雅南（Jules Janin）的作品中有这样的句子：“莫里哀已去世一百六十年了，但他仍是法兰西最年轻、最活跃、最真实的伟大作家。”又如欧仁·佩尔唐（Eugène Pelletan）写过：“正是作家代表着一个民族的天资。”伟大的作家们是与国家紧密联系在一起的。他们是神圣的，与那些小作家分隔开来，二流作家是不会被选入阿歇特的书单的。收录进“法国伟大作家”丛书的作家们是我们的英雄——卡莱尔（Carlyle）说过，作家代替了战士成为新时代的英雄——他们是法兰西第三共和国之父，是我们的文学脊线，沿着它我们将不断进步。①

在法兰西第三共和国建立的初期阶段之后，一位伟大作家代表着什么？20 世纪本身历史进程的加速——不论是真实的或是臆想出来的——都为伟大作家戴上了光环，并更加快速地消费着他们。在雨果之后，越来越多的作家在在世时就铸就了自身的伟大，如阿纳托尔·法朗士、纪德、瓦莱里、马尔罗、萨特或加缪。他们在世时，作品就成了小学生听写的材料；中学毕业会考时会要求阐释他们的文章；人们也不再遵守不把在世作家列为论文主题的老惯例了。他们以大作家的姿态生活着：罗兰·巴特就曾叙述自己在 1939 年带着敬仰之情看纪德吃梨。萨特也在《词语》（*Les Mots*）一书中，讲述了他童年时，甚至成年后直到二战，是如何幻想着成为一位大作家的。

然而奇怪的是，普鲁斯特，这位最伟大的作家，却完全不符合这种模式。他的文章不会出现在听写中，其作品风格对于听写来说过于困难了。除了对所多玛（Sodome）和蛾摩拉（Gomorrhe）的问题有所涉及外，他从来不论及社会重大问题。他丝毫不像法兰西第三共和国的开国元勋；我们也不能说他不拥护共和政体，尽管他获得龚古尔文学奖得归功于和夏尔·莫拉斯一起创立了“法兰西行动”的莱昂·都德的鼎力相助，然而太多的边缘色彩将他孤立起来。朗松清楚地看到了这些，在他晚年时，于一份 1925 年的笔记中指出，普鲁斯特对于阅读的观点相当主观及自由，他强调读者的个人阅读

① 见本书第二部《民族》中达尼埃尔·米洛所著《在学校里学习经典》(Les classiques scolaires)和奥利维耶·诺拉(Olivier Nora)所著《拜访文豪》(La visite au grand écrivain)。

感受，拒绝平均式地阐释文本和解读文学史，也就是拒绝寻求文学的普遍意义，严格地追寻作者意图。①事实上，朗松十分明白，普鲁斯特与法兰西第三共和国时期典型的大作家是迥异的。尽管他吸收了大部分法国文学作品，但整个 18 世纪对于他是一种重大的、标志性的缺失，普鲁斯特神奇地回避了这一时期：无论伏尔泰、卢梭或狄德罗都宣扬着共和国所灌输的公民道德，他们的作品并非他所爱，而普鲁斯特的小说却知道如何教育公民。

对于学校教育来说，普鲁斯特不是，也从来不是伟大作家，他从未被列入教学大纲：因为他以文风繁冗复杂而出名。一开始，自 20 世纪 20 年代起，有一群被称为“普鲁斯特迷”的狂热分子，他们疯狂期待《追忆似水年华》的后续，然后是与之不同的更广大的一个群体，他们能认出雅克-埃米尔·布朗什（Jacque-Émile Blanche）为普鲁斯特所画的肖像，并视之为普鲁斯特的标志，甚至是文学的像标。在这两类人之间，还有一个模糊的群体：有的人能引述《贡布雷》的第一句话，有的知道书中阿尔贝蒂娜（Albertine）的原型是个叫阿尔弗雷德的男孩，有的了解奥斯曼大道上那间软木内衬的卧室里发生的传奇，或是普鲁斯特在妓院用别帽针刺死老鼠的故事。事实上，普鲁斯特仅仅在法兰西第五共和国大学校时期之后才被视为我们最伟大的作家。真是很难想象今天的年轻人会比长辈更能融入作品的主题——书中并没有描写他们要简单得多的爱情，没有描述他们的社会、他们学习并服兵役的世界，也没有展现他们并非如此神经质的心理——所以作品的成功显得尤为反常。但至少有趣的是，当乔治·杜阿梅尔（Georges Duhamel）、罗曼·罗兰、罗杰·马丁·杜加尔

① 古斯塔夫·朗松著，《文学史入门》(*Méthodes de l'histoire littéraire*)，巴黎，美文出版社(Les Belles Lettres)，1925 年，第 41—42 页。

(Roger Martin du Gard)、儒勒·罗曼(Jules Romains)的传奇故事或多或少地被人遗忘时，从普鲁斯特的作品中，我们可以多多少少发现自己对世纪的转折点的了解，在这一时期，有至今还在被提起的德雷福斯事件，它被写进《让·桑特伊》(*Jean Santeuil*)中，第一次世界大战只通过这支小望远镜就能被窥见：战争在维尔迪兰(Verdurin)家的沙龙以及奥黛特·斯万(Odette Swan)的沙龙里的回响，妓院中关于大战的传闻，以及炮火下巴黎天空的美。

随着休闲社会的到来以及对第三共和国精神土壤的淡忘，普鲁斯特被神化了。他谈论绘画与音乐，而这两者在当时共和国的学校里都没有立足之地，或者说不值一提。普鲁斯特从19世纪末资产阶级的文化中汲取营养，这是被学校教育破坏之前的最后一批有学识的资产阶级，是被先锋派排挤之前的最后一种古典文化。然而正是这种现在看似有些庸俗的文化自20世纪60年代起成为大众文化。没有比普鲁斯特更好的旅游向导了：如同1900年普鲁斯特带着拉斯金(Ruskin)的作品去旅行一样，一本《女逃亡者》(*Albertine disparue*)在手就可以游览威尼斯；带着《斯万之恋》(*Un amour de Swan*)去听一场音乐会，在弗兰克(Franck)、圣桑和福莱(Fauré)的音乐作品中找寻凡德伊谱写的乐句；带着对埃尔斯蒂尔(Elstir)画作的印象去参观网球场美术馆，或如今的奥赛博物馆。1985年，法雅客书店(Fnac)在外省开设分店时选择了一张普鲁斯特的照片和下面这段话作为广告："你好，马塞尔。欢迎光临法雅客和它的新书店。"

"写了三百页就为了让我们明白杜杜尔(Tutur)干了塔塔夫(Tatave)，真是过头了。"

塞利纳不把普鲁斯特放在眼里，曾毫不犹豫地在小说《长夜行》中狠狠地批评他：

> 在上流社会、空虚人士、欲望幽灵，以及总等待着画家华托的寻欢作乐之人和毫无生气的西苔岛系列画作研究者们周围，总是环绕着无尽又无意义的仪式与活动，而普鲁斯特，如同半个幽灵，顽固不化地迷失其中。①

这种不满相当典型，很好地概括了长久以来人们对于普鲁斯特的指责：他描写的是富有而无所事事的阶级、没落贵族、已死或垂死的时代，一切都晦涩得不知所云。

这让人想起 1919 年因普鲁斯特荣获龚古尔奖而引发的一场论战，当时他的作品《在少女们身旁》以六票对四票，击败罗兰·多热莱斯（Roland Dorgelès）的战争小说《木十字架》（*Les Croix de bois*）。左翼、老兵阵营、青年代表由此大肆抨击普鲁斯特，而他在一年后模仿着他们的攻击言论写道：

> 这个评决与去年不同，去年都说卑鄙下流的普鲁斯特面对描写战争的健康有才青年用阴谋诡计夺了奖，我们要选出的是杰作，而不是一部看了就想睡的书，等等。②

---

① 塞利纳，《小说集》(*Romans*)，巴黎，伽利玛出版社，"七星文库"，1981 年，第 74 页。玛丽-克里斯蒂娜·贝洛斯塔(Marie-Christine Bellosta)，《塞利纳或矛盾艺术：读〈长夜行〉》(*Céline ou l'art de la contradiction: lecture de «Voyage au bout de la nuit»*)，巴黎，法国大学出版社，1990 年，第 96—101 页。

② 1920 年 12 月 4 日给雅克·布朗热(Jacques Boulenger)的信，《通信集》(*Correspondance générale*)，巴黎，普隆出版社，1932 年，第三卷，第 229—230 页。

随龚古尔奖评选而发表的文章都预示了《追忆似水年华》的负面接受情况，这部作品长期处于尴尬境地：人们都说作者只以上流社会的观点关注爱情，文字造作，风格特异。然而，普鲁斯特是龚古尔评审团授奖作家中最著名的一位。1919 年时，龚古尔奖并不如之后这么有影响力，如果不是授奖给普鲁斯特，或是在 1932 年颁奖给塞利纳，也许它就不会像今天这样享有盛名。回顾以往，可以说是普鲁斯特给龚古尔奖带来其应有的地位，而不是龚古尔奖使普鲁斯特出了名。

在《略施杀伐》中，塞利纳长篇大论地反对保罗·布尔热（Paul Bourget）和普鲁斯特式的小说，这些言论很快使之成为反犹太主义者："我们最终跌进了狗屎堆，堕落到了下等普鲁斯特式的低级之中"，与那些"犹太佬、共产猪和布道者同流，落入犹太方舟、犹太牢笼，我们时刻准备在屠犹的大潮中漂流"。[①]1943 年，塞利纳仍因布拉西亚克支持普鲁斯特而感到生气，他认为普鲁斯特的风格是"犹太教法典式"的："犹太教法典的构思框架与普鲁斯特的小说一样，拐弯抹角，曲曲折折，胡乱拼凑。"[②]我们不禁要问，如果面对反犹太主义，非常宽容甚至过于宽容的普鲁斯特会像他在 1921 年给伽利玛出版社提建议时那般反应吗？当时《法兰西运动报》（*L'Action française*）不同意刊登费尔南·旺代雷姆的一篇关于《所多玛和蛾摩拉》的付费专栏文章，除非删去记者姓名和书名，因为记者是犹太人，书名又不合时宜。对此普鲁斯特表态：

> 我极不想让莱昂·都德不高兴，所以我接受他们对于专栏

---

① 塞利纳，《略施杀伐》（*Bagatelles pour un massacre*），巴黎，德诺埃尔出版社，1937 年，第 187 页。

② 给吕西安·孔贝勒（Lucien Combelle）的信，《民族革命》（*Révolution nationale*），1943 年 2 月 20 日；《塞利纳研究期刊》（*Cahiers Céline*），第 7 期，巴黎，伽利玛出版社，1986 年，第 180 页。

> 文章的建议（我认为这件事与反犹太主义无关，而肮脏的犹太人是一种“荷马式的修饰词”），如果文章足够好，能够弥补言辞的失准。①

暂不谈商业策略，普鲁斯特显然为了作品的成功做好了献出一切的准备。说到他，塞利纳只看到他的犹太人特性、同性恋身份、附庸风雅与他的风格，如同其在《略施杀伐》中描述普鲁斯特文风时说的一样：“普鲁斯特式的对于鸡奸的细致入微的描写，如同用半个箭头射向四分之一只苍蝇。”②

然而塞利纳在公共场合停止诋毁普鲁斯特的时间点也极具深意，即使他从不放弃自己对于普鲁斯特局限的古典主义的个人观点，认为其语句冗长，缺乏情感，令人极度反感。他在1947年时还评论说：“一直解释真可怕……我觉得普鲁斯特解释得太多了，写了三百页就为了让我们明白杜杜尔干了塔塔夫，真是过头了。”③而自50年代中期起，试图在文学圣殿占据一席之地的塞利纳开始重塑形象，推销自己的《从一个城堡，另一个城堡》（*D'un château l'autre*），甚至不惜在言谈中与普鲁斯特亲近。也许在1957年去批评一个享有威望的作家已经不合时宜了。当时塞利纳的确也已在伽利玛出版社出书，而他却不能老管住自己：“普鲁斯特当然处于上流社会，也讲述上流社会的所见所闻，还有那些鸡奸的小故事。”④除去极端的反犹太主义，20世纪30年代到60年代间，通俗文学、民众

① 马塞尔·普鲁斯特与加斯东·伽利玛，《通信》，帕斯卡尔·富歇（Pascal Fouché）编辑，巴黎，伽利玛出版社，1989年，第371页。

② 塞利纳，《略施杀伐》，同前，第169页。

③ 1947年6月11日给米尔顿·安杜思（Milton Hindus）的信，米尔顿·安杜思，《我所见之塞利纳》（*L.-F. Céline tel que je l'ai vu*），巴黎，埃尔纳出版社（Éd. de l'Herne），1969年，第142页。

④ 《塞利纳对你说》（[L.-F. Céline vous parle]1957），载《小说集》，同前，1974年，第二卷，第932页。

文学、无产阶级文学、共产主义文学、介入文学——尽管名称常常变——其拥护者的观点也如此。

1913年《在斯万家那边》出版后，纪德和伽利玛邀请普鲁斯特加入新法兰西评论出版社，虽然该出版社在1912年刚拒绝过他的手稿。从获龚古尔奖直到去世的那几年，普鲁斯特一下子作为一个伟大作家而受到欢迎，也已然成为一个经典。“您真是‘我们的大师’。”伽利玛在1920年11月与他通信时这样写道。[①]1923年1月，在加斯东·伽利玛和雅克·里维埃（Jacques Rivière）的策划下，《新法兰西评论》特刊汇集了出版社多位作家，也是普鲁斯特的朋友们的文章，有瓦莱里、纪德、蒂博岱（Thibaudet）、拉罗歇尔（La Rochelle），该特刊作为《马塞尔·普鲁斯特手册》（*Cahiers Marcel Proust*）的首卷于1927年重版。当时很快就出现了一批“普鲁斯特迷”。自1928年起，伽利玛出版社出版了《追忆似水年华》的《人物汇编》（*Répertoire des personnages*）以及一部后来多次重印的《精选集》（*Morceaux choisis*），1935年又出版了关于小说主题的汇编。然而，普鲁斯特不久就落入了炼狱般的境况。《重现的时光》出版的1927年，《在斯万家那边》的印刷量据说是8000本，人民阵线上台的1936年则降至不足一千四百本。在“七星文库”版问世之前的20世纪50年代初期，每年的印刷量也只回升到两千本出头。20世纪20年代，普鲁斯特的作品被选入几本学校教材，而后，从教材

① 马塞尔·普鲁斯特与加斯东·伽利玛，《通信》，同前，第302页。

中长时间地消失了。[①]莱昂·皮埃尔-坎(Léon Pierre-Quint)在他著名的《马塞尔·普鲁斯特:生平与作品》(1925)于1928年再版时,顺应当时的潮流指出,普鲁斯特从不提及上帝,漠视所有伦理道德,他总结道:"这种无视削弱了其小说的人性。"[②]该书于1936年再版时,皮埃尔-坎发现"一部分年轻人对这种对于社会问题漠不关心的作家不感兴趣"[③],一部作品里竟没有一个手工劳动者、农民或工人,只有极少数人物有职业,如医生、军官和大使,描述的也是他们的休闲时光。他试图将作品从作家众所周知的缺陷,即附庸风雅和性向失常中拯救出来。1962年起,文学杂志《页边》(*Les Marges*)的一项大规模调查结果竟认为普鲁斯特要为文学中同性恋情节的涌现负责。幸亏在1919年人们还不了解《重现的时光》中描写战争的章节和普鲁斯特对于爱国情结的嘲弄讽刺!

在1932年,即普鲁斯特去世十年、《重现的时光》出版五年之际,塞利纳仍认为有必要抨击他,因为普鲁斯特的名声虽降到最低点,但还未完全消失,最重要的是塞利纳要借助他来定位自己。同

---

① 如果说1926年《贝戈特之死》(La mort de Bergotte)出现在马塞尔·不伦瑞克(Marcel Braunschvig)主编的文选《法国当代文学选读:1850—1925》([*La Littérature française contemporaine étudiée dans les texts, 1850 - 1925*]巴黎,阿尔芒·柯兰出版社)中时,其意图并不明确,且已超出教学大纲,那么1928年一本针对小学六年级到初中二年级学生,由G.迪隆(G. Dulong)和H.伊冯(H. Yvon)主编的《法国作家精选》([*Morceaux choisis des auteurs français*]巴黎,德拉兰出版社[Delalain])中收录了《贡布雷》(Combray)的选段《花园中的外婆》(La grand-mère au jardin)则更让人意外,因为直到20世纪60年代,普鲁斯特的作品没再出现在这个阶段的教材中,除了一个知名的例外,也就是后来"七星文库"版《追忆似水年华》的编辑皮埃尔·克拉拉克(Pierre Clarac)在1941年把普鲁斯特作品的两个段落《地名的魔力》(La magie des noms de pays)和《一位老外交家的闲谈》(Les bavardages d'un vieux diplomate)选入初二教材《法语课堂》([*La Classe de français*]巴黎,贝兰出版社[Belin])中。

② 莱昂·皮埃尔-坎,《马塞尔·普鲁斯特:生平与作品》(*Marcel Proust, sa vie, son œuvre*),巴黎,弓手出版社(Le Sagittaire),1976年,第254及265页。

③ 同上,第273页。

样，1939 年，萨特因为胡塞尔（Husserl）的现象学最终让法国小说特有的分析精神过了时而倍感高兴："［胡塞尔］为关于激情的新理论清出一块领地，这源于简单至极却被我们的雅士们严重忽略的真理；如果我们爱一个女人，那是因为她有可爱之处。我们终于可以摆脱普鲁斯特了。"[①]1947 年，在《〈现代〉杂志介绍》（Présentation des *Temps Modernes*）中，普鲁斯特仍是唯一一位被论及的作家，萨特攻击他是资产阶级不负责任的代表：

> 身为男同性恋者，普鲁斯特认为可以凭借他的同性恋经验来描写斯万对奥黛特的爱情。作为资产阶级的一员，他所表现的是富有又闲适的资产者对于一位被包养的女人的情感，并将之作为爱情的典范。也就是说，他相信有普世激情的存在［……］普鲁斯特自我定位为一个有产者，是资产阶级宣传的同谋，因为他的作品致力于传播人性的神话。[②]

对于萨特来说，普鲁斯特是头号敌人，是为特权阶级服务的内在性文学的典型代表。萨特一贯持有这个观点。《恶心》（*La Nausée*）的结局是主人公罗康坦（Roquentin）听着一段爵士乐，隐约感受到在文学创作中救赎的可能性，这一段似乎认同了《重现的时光》中对于艺术的信仰。不过，自战后起，萨特不断地揭露这种美学异化，尤其是在《词语》中。

《追忆似水年华》的最后两卷《女逃亡者》和《重现的时光》分别出版于 1925 年和 1927 年，这时对于普鲁斯特的反对之声开始普遍

① 让-保罗·萨特，《境遇 Ⅰ》（*Situations*，*Ⅰ*），巴黎，伽利玛出版社，1947 年，第 32 页。

② 让-保罗·萨特，《境遇 Ⅱ》（*Situations*，*Ⅱ*），巴黎，伽利玛出版社，1948 年，第 20 页。

起来。这些书，正如作家的初稿一般，不受欢迎，见证着作家的衰落。1947年，克洛岱尔在入选法兰西学院的致辞中，表达了仍然普遍存在的关于《追忆似水年华》中对世纪转折的描写的感受："这段光荣岁月中，除了维尔迪兰夫人的闲谈和夏吕斯（Charlus）的爱情外，还有很多其他东西可写。"[①]不过，如果说直到20世纪40年代末普鲁斯特只受到小集团的偏爱，正如人们在维尔迪兰夫人家所说的那个"小集团"，那主要是因为《新法兰西评论》的文学主流，另外特别是格拉塞出版社的四个"M"——莫里亚克（Mauriac）、蒙泰朗（Montherlant）、莫洛亚（Maurois）和莫朗（Morand）——从超现实主义出现起，就对作家长期怀有敌意。一些人最多也就是含糊其事，比如纪德和莫里亚克。1923年，阿拉贡没有参与《新法兰西评论》特刊，而是同一时间在《文学》（*Littérature*）上发表了一篇标题惹眼的文章：《我对一位死者的穷追猛打》（*Je m'acharne sur un mort*）。被普鲁斯特称为"复审（《盖尔芒特家那边》第一卷）校样的魅力达达主义者"[②]的布勒东为了反对心理分析小说，在《超现实主义宣言》（*Manifeste*）中将其与巴雷斯相提并论。20世纪30年代位居文坛前列的作家都远离普鲁斯特，比如塞利纳，还有马尔罗。1922年，当自己的名字出现在《新法兰西评论》上时，普鲁斯特评论说："我不认识这些《新法兰西评论》的新同事……但我发现他们的文字毫无思想，用语粗俗又晦涩难懂。"[③]

20世纪30年代，普鲁斯特书信集与众多回忆录纷纷出版，如碧贝斯克公主（princesse Bibesco）的《与马塞尔·普鲁斯特共舞》（*Au*

---

① 保罗·克洛岱尔，《散文集》（*Œvres en prose*），巴黎，伽利玛出版社，"七星文库"，1965年，第650页。

② 马塞尔·普鲁斯特与加斯东·伽利玛，《通信》，同前，第267页。

③ 同上，第578页。

bal avec Marcel Proust)，将人们吸引去盖尔芒特（Guermantes）或维尔迪兰家那边。普鲁斯特与孟德斯鸠伯爵及安娜·德诺阿耶（Anna de Noailles）的通信公之于众，作为《通信集》（*Correspondance génerale*）的前两卷分别于 1930 年和 1931 年出版，皮埃尔-坎在 1936 年评论道这“有损普鲁斯特的名声”①，强化了他沙龙常客、谄媚伪善的形象。连同他的“传奇小费”也受到指责，被认为只能用“性情病态及习惯于‘买通’下等人”②来解释。讽刺的是，在法国，常常批评圣伯夫（Sainte-Beuve），反对将作家与作品混为一谈的普鲁斯特，他自己的作品似乎完全被生平所掩盖了，尤其是被“秘密”所遮盖，亨利·马西斯（Henri Massis）将其视为关键，并写进《普鲁斯特的悲剧》（ [*Le Drame de Marcel Proust*] 1937）。

法国普鲁斯特研究的平庸由此可得以解释。在雅克·里维埃的遗作《人类内心研究的进展》(*Quelques progrès dans l'étude du cœur humain*) 于 1927 年发表之后，几乎就看不到有价值的相关批评了。令人震惊的则是国外优秀的相关研究作品相继涌现：E.R. 库尔提乌斯在 1925 年出版了一部优秀专著，于 1928 年被翻译成法文。同年，莱奥·施皮策（Leo Spitzer）在其《风格研究》(*Étude de style*) 中收录了一篇长达 130 页的普鲁斯特研究文章，至今仍具有权威性，在此普鲁斯特的风格得到认可，不再是拖沓、冗长、无聊、费解。塞缪尔·贝克特（Samuel Beckett）的专著《普鲁斯特》(*Proust*) 于 1931 年在伦敦出版，同前两位研究者一样，是罕见的关注作品本身，而未被作者名望障目的著作。而在法国却没有同等分量的研究出现，研究只局限在“普鲁斯特迷”的小团体中，着力于解读小说的关键，却

---

① 莱昂·皮埃尔-坎,《马塞尔·普鲁斯特:生平与作品》,同前,第 280 页。

② 同上,第 274 页。

不尽如人意。人们长篇大论地讨论着普鲁斯特的心理分析和神秘主义，而他在当时的大学中却无一席之地。阿尔贝·弗伊拉（Albert Feuillerat）的学术论著《马塞尔·普鲁斯特如何创作小说》（*Comment Marcel Proust a composé son roman*）于1934年在美国出版，该书根据1914年格拉塞出版社出版第二卷时的校样写成。在美国，一些大学者投入这项研究工作，如道格拉斯·奥尔登（Douglas Alden）于1940年发表《普鲁斯特与其法国批评》（*Proust and His French Critics*），菲利普·科尔布（Philip Kolb）从30年代开始编辑出版普鲁斯特的书信。在法国，只有女性研究者才会论及普鲁斯特，还不是在国家博士论文中，而只是些没有价值的大学博士论文。正是她们开拓了当时处于边缘地位的美学问题研究，如普鲁斯特与拉斯金、普鲁斯特与音乐、普鲁斯特与绘画。甚至直到战后，如果有男士敢在大学里谈论普鲁斯特，也只是把他视为哲学家——普鲁斯特与柏格森：永恒的比照。或作为形而上学者，如亨利·博内（Henri Bonnet）分两卷于1946年及1949年出版的《普鲁斯特作品中的精神提升》（*Le Progrès spirituel dans l'œuvre de Marcel Proust*）。或作为伦理学家，如雅克·纳坦（Jacques Nathan）1953年出版的《普鲁斯特的道德》（*La Morale de Proust*）。

普鲁斯特帝国

“贡布雷，从十里开外远远望去（我们在复活节前的最后一个星期乘火车来到这里，从铁路那头望去），所见只有教堂一座，这教堂概括了市镇的风貌。”（第一卷，第47页）在《在斯万家那边》中，普鲁斯特描写了法兰西腹地的一个小镇的日常生活。也许正是得益于此，战后他的声誉才得以恢复。与堕落颓废、造作考究的名声相反，人们开始强调他思乡念旧的乡土气息，对博斯这片土地的根植，对弗朗索瓦丝的爱——她可是善良女仆的典范，是法兰西灵魂的化身——最后还有他对教堂和礼拜仪式爱国式的眷恋，如贡布雷的圣伊莱尔教堂（Saint-Hilaire），以及圣安德烈教堂（Saint-André-des-Champs），“法式哥特建筑”（opus francigenum）的典范，他借用的这个词是埃米尔·马勒（Émile Mâle）为了表明法国哥特风格优于德国哥特风格而使用的表达。教堂是法兰西腹地神话的缘起，从《贡布雷》开始，贯穿了整部小说。

> 我们还经常慌慌张张地跑到圣安德烈教堂的门廊下同圣徒和长老们的石雕像在一起避雨。那座教堂的法国风味多浓烈呀！门上的圣徒、国王、骑士，各人手执一枝百合花，或参加婚典，或出席葬礼，都惟妙惟肖地表现出在弗朗索瓦丝心目中他们所应有的那种神情。(第一卷，第 149 页）

圣安德烈教堂从那时起就成了法式纯洁的象征，可以见之于如小说人物圣卢（Saint-Loup）那样的贵族阶级，也可见之于莫雷尔那样的平民阶级，那是“法兰西不朽的荣耀”（第二卷，第 702 页）。在《重现的时光》中，大战期间，普鲁斯特把法兰西的伟大等同于教堂的宏大，才有了“圣安德烈教堂的法国人”这种表达，用于指代战斗中的法国。

普鲁斯特及贡布雷之友协会由菲利贝尔-路易·拉尔谢（Philibert-Louis Larcher）成立于 1947 年，他任职秘书长直到 1972 年去世。协会打出自己的名称这张牌，把离沙特尔不远的小镇伊利耶变成了朝圣普鲁斯特的圣地。[1]拉尔谢忠实地修缮了普鲁斯特姑父儒勒·阿米奥（Jules Amiot）的房子，这是一座致富商人的普通宅邸，却是《在斯万家那边》中莱奥妮姨妈豪宅的原型，他细心地按《追忆似水年华》中的描述布置了房间。1971 年，在普鲁斯特百年诞辰之际，他从迟疑不决的市议会那里争取到决议，将伊利耶改名为伊利耶-贡布雷，并把挨着姑父房子的杂货店改造成普鲁斯特博物馆，用以陈列纪念品。称得上业余植物学家的拉尔谢还复原了姑父阿米奥位于卢瓦尔河畔、充满异国情调的普雷-卡特朗花园（Pré-Catelan），这也是小说中斯万家花园的原型。1934 年起，普鲁斯特的弟弟罗贝尔·普鲁斯特（Robert Proust）就常沿着普雷-卡特朗花园斜坡上的山楂花小路散步，多亏了拉尔谢，这条路成了普鲁斯特迷的必走之地。把普鲁斯特看作歌颂乡村与家庭和古老法兰西的作家是有些大胆，但并不是毫无依据的，我们应该还没忘记政教分离时他为被弃用的教堂所做的辩护，况且这巧妙地将他从因《所多玛和蛾摩拉》而来的同性恋非议中解救出来。不过这也阻止不了伊利耶对这位大名人的不待见。之前好像一有外地客来，就能听到当地人的抱怨："这些普鲁斯特迷，又来了！都是些同性恋，来了还只喝白开水。"

然而在今天，普鲁斯特与伊利耶的关联不仅体现在对本地作家的崇拜上，更重要的一点是，这能使现实与虚构得到理想且便利的相仿，从而便于作品的阅读。于是，当普鲁斯特的作品再一次被大量选入中学一年级的阅读课本[2]时，四页纸的内容包括：《弗朗索瓦丝

① 在此感谢现任秘书长的安娜·博雷尔（Anne Borrel）女士提供协会相关资料。

② 《阅读的快乐》（*Plaisir de lire*），"让·盖埃诺丛书"（Collection Jean Guéhenno），M. 多梅尔克（M. Domerc）、G. 伊韦尔诺（G. Hyvernaud）、J. 西里内利（J. Sirinelli）主编，巴黎，阿尔芒·科兰出版社，1961 年。1970 年的新版本中，普鲁斯特的部分有所删减。

的年终赏钱》（Les étrennes de Françoise）、《魔灯》（La Lanterne magique）、《贡布雷的周六》(Les samedis de Combray) 和《贡布雷之谜》(Les mystères de Combray)，四段节选中就有两段与弗朗索瓦丝有关，显然这些选段都出自《贡布雷》，并配上了大量伊利耶与莱奥妮姨妈房子的照片。尽管跟乔治·桑在诺昂（Nohant）的故居和拉伯雷在拉德维尼埃（La Devinière）的故居相比，前来参观的游客数量上前两者要多出三四倍，尽管在相关同类作家协会中人数最多，普鲁斯特及贡布雷之友协会也只有 550 个会员，还是来自 34 个国家。但就像其作品印刷量一样，数字反映不出普鲁斯特的崇高地位。

战后他的声誉得到恢复的主要原因还不在于他对博斯地区的依恋。当时对他的回忆文字甚少，又值两部有价值的书信集的出版——1953 年出版与母亲的通信集，1955 年出版与里维埃的通信集——人们惊奇地发现他在撰写《追忆似水年华》之前默默地做了大量的准备工作。以往，尽管普鲁斯特也曾做过辩解，但他的作品总被认为是随性又无节制的喋喋不休，其实并非如此，而且这个发现只是冰山一角。那是一片被浸没的大陆，他传奇的一生，改变了他在人们心目中的形象，赋予他名望与历史厚重感。此前，人们满足于从皮埃尔-坎开始流传的言论，把普鲁斯特的人生分为完全隔离的两个部分，一是他在上流社会的生活，二是他病快快地躲在奥斯曼大道上的那间软木内衬的房间认真写作的时光。事实上，普鲁斯特一直在写作，除了他年轻时的作品《欢乐与时日》（[*Les Plaisirs et les jours*] 1896 年出版）和对拉斯金作品的翻译（1903 年和 1905 年出版）之外还有很多，他也几乎从未间断过外出社交。安德烈·莫洛亚 1949 年出版的《寻找普鲁斯特》(*À la recherche de Marcel Proust*) 成为第一部将他从“普鲁斯特迷”这个小群体中解放出来的作品，也让那些认为他附庸风雅、考究造作、游手好闲的“善意读者”哑口无言，因为这部英国式的优秀传记也是一部以家庭档案和未发表手稿为支撑的让文本讲话的作品。普鲁斯特的侄女苏济·芒特-普鲁斯特（Suzy Mante-Proust）将这些资料公开给西蒙娜·阿尔芒·德卡亚韦（Simone Arman de Caillavet）的丈夫，她正是普鲁斯特年轻时的朋友加斯东·德卡亚韦（Gaston de Caillavet）和让娜·普凯（Jeanne Pouquet）的女儿，这对夫妇亦是小说人物圣卢和吉尔贝特（Gilberte）的原型。

大量资料的公开铸就了作家的传奇。撰写于1895至1900年间的未完成自传体小说《让·桑特伊》被安德烈·莫洛亚发现，由贝尔纳·德法洛瓦（Bernard de Fallois）于1952年编辑出版。随后，由其在1908至1909年间的笔记节选汇编而成的《驳圣伯夫》（*Contre Sainte-Beuve*）于1954年出版，书中集合了普鲁斯特在《追忆似水年华》摸索阶段的叙述和评论文字。这两部作品将哲学与小说、回忆与评论并置而不加以结合，其失败却突然使《追忆似水年华》如全能小说一般获得辉煌且不容置疑的成功。这部作品并不是高超健谈的作家轻易写就的，它是作家经受了时时刻刻的痛苦和无限艰辛的产物。普鲁斯特在人们眼中从富有才华的作家变成了天才作家。克洛岱尔在1947年时对普鲁斯特还颇有微词，却为《驳圣伯夫》所感动，他向苏济·芒特-普鲁斯特致谢时说道：“它大大地消除了我的偏见。”[①]由皮埃尔·克拉拉克和安德烈·费雷（André Ferré）编辑的《追忆似水年华》“七星文库”版（1954）一经发行，作家所有未发表作品也旋即产生巨大影响。此后，连普鲁斯特的手稿也值得全文出版了。这明确了作品的基础，令作品成为真正不朽的丰碑，也

① 1954年12月23日信，保罗·克洛岱尔，《散文集》，同前，第650页，第四卷。

通过此后先锋知识分子的阐释使作品的再发掘成为可能。

乔治·巴塔耶（Georges Bataille）很快就在刊物《批评》上发表了对于《让·桑特伊》的书评。[①]人们知道普鲁斯特介入过德雷福斯事件，在《追忆似水年华》的反讽中看不出来的天真好斗与毋庸置疑的政治热衷，在《让·桑特伊》中都体现了出来。通过书中以饶勒斯为原型的人物库宗（Couzon），巴塔耶发现普鲁斯特在年轻时曾被社会主义所吸引，这就为其“左倾”提供了合理解释。巴塔耶以另一种重要方式重新评价了出现在《追忆似水年华》中的种种罪恶——嫉妒、欺骗、伪善、无耻、残暴——这些当时只被认为是伤风败俗或无视道德，神经或病态，被冠以“暴力”或“色情”之名的罪行，实际上是对传统道德的进攻，以此来建立一种作者的道德观。曾经的普鲁斯特，被萨特视为资产阶级作家的典型代表，以无产阶级的健康正常的标准来看，作家及书中人物反常倒错；现如今的普鲁斯特，地位天翻地覆，成了违抗资本主义道德观的典型，跻身萨德、波德莱尔、尼采、热内（Genet）之列，成了后超现实主义和后马克思主义的英雄。莫里斯·布朗肖（Maurice Blanchot）曾在1943年就拉蒙·费尔南德斯（Ramon Fernandez）关于普鲁斯特的论著写了一篇文章[②]，文章仍然围绕着普鲁斯特的神秘主义，自《重现的时光》出版后这个主题就很流行；1954年他在《新法兰西评论》上发表两篇关于《让·桑特伊》的文章[③]。从神秘主义到形而上学，从艺术信仰到存在哲学，这些文章坚定地将普鲁斯特置于现代系谱中，视其为追

---

① 《批评》(*Critique*)，1952年7月；后收录于乔治·巴塔耶，《文学与恶》(*La Littérature et le mal*)，巴黎，伽利玛出版社，1957年。

② 以《普鲁斯特的经历》(L'expérience de Proust)为题收录于莫里斯·布朗肖，《失足》(*Faux Pas*)，巴黎，伽利玛出版社，1943年。

③ 同样以《普鲁斯特的经历》为题收录于莫里斯·布朗肖，《未来之书》(*Le Livre à venir*)，巴黎，伽利玛出版社，1959年。

寻文学本质过程中的一环，及向着叙述中立化和艺术本体论迈进的一个阶段。《让·桑特伊》与《追忆似水年华》间的割裂，一部作品的失败与另一部作品的成功都证实了普鲁斯特作为社会本我和作家内心本我间的主要差异，这也预示着后来那些关于作者之死的言论。普鲁斯特就这样置身文学消亡的道路之上，恰好介于马拉美和布朗肖之间。

所有关于普鲁斯特神话的老调重弹又开始出现。一些短评，包括1955年发表的让·鲁塞（Jean Rousset）的《〈追忆〉之结构评注》（Notes sur la structure de la *Recherche*）和米歇尔·比托尔（Michel Butor）的《普鲁斯特时刻》（Les moments de Proust）[①]都很重要，因为它们在超现实主义之后，存在哲学的衰落之前，在法国第一次令普鲁斯特在从不看好他的先锋知识分子阵营里获得了尊贵的评价。“右翼的”普鲁斯特并没有因此消失：对于关键线索无休止的争论一直延续着，人们惊叹他对圣日耳曼区的如实描写，不停地去论证普鲁斯特笔下盖尔芒特公爵夫人的原型是否是格雷菲勒伯爵夫人（comtesse Greffulhe），书中的那不勒斯女王是否就是现实中的那位那不勒斯女王，等等。然而此后又有了一个“左翼的”普鲁斯特，与萨德、波德莱尔、马拉美、布朗肖、鲁塞尔、巴塔耶、热内齐名，如果放眼国外，尽管不常做这样的比较，普鲁斯特则可与乔伊斯、穆齐尔（Musil）、卡夫卡媲美。这是作为先锋派和人文主义者的普鲁斯特。

然而，从以往到现代，关于普鲁斯特较有影响力的研究总是来自国外，因为目前有关作家生平与著作、解读作家关键和小说原型

---

① 《人文科学杂志》（*Revue des sciences humaines*），1955年7—9月刊；《新世界》（*Monde nouveau*），1955年12月刊。

的重要著作当数乔治·佩因特（George Painter）所写的传记，该书在1959年及1966年以英文出版，1966年被译成法文。佩因特传记对于普鲁斯特的“普鲁斯特化”——作家的朋友正是用该词来指称其风格——也就是通过作品观照作家生活，起到了极大影响。而普鲁斯特的生活不冒险，不悲剧，也不异乎寻常，却是资产阶级式的、深居简出式的，实在是平凡无奇，这种生活，有他的书信为证，莫洛亚也如实描绘过。佩因特通过书中主人公的故事来解读作者的生活，成功地使之生动起来：“我们并不是在作品中看到了普鲁斯特的生活，而是在普鲁斯特的生活中找到了作品。”而巴特将其颠倒，立马使普鲁斯特的人生成了《追忆似水年华》的某种外延或神话般的阐释：“不是生活孕育了作品，而是作品照亮、展示了人生。”①另外，在美国，热尔梅娜·布雷（Germaine Brée）教授1950年出版的《从逝去的时光到重现的时光》（*Du temps perdu au temps retrouvé*）是第一部深入研究小说结构的著作。汉斯·罗伯特·姚斯（Hans Robert Jauss）1955年发表的论文《普鲁斯特作品中的时间与记忆》（*Zeit und Erinnerung in Marcel Proust*）首次对小说的时间系统进行了形式分析。还有马塞尔·米勒（Marcel Mulle）1965年出版的《追忆中的叙事之声》（*Les Voix narratives dans la Recherche*），布莱恩·罗杰斯（Brian Rogers）1965年出版的《普鲁斯特的叙事技巧》（*Proust's Narrative Techniques*），这些都预示着此后“叙事学”在法国的风行。所有的这些研究工作都是结构主义的，它们提出了关于小说的形式范式。

对于新小说盛行之于普鲁斯特作品接受的影响我们很难进行把

---

① 罗兰·巴特，《平行生活》(Les vies parellèles)，载《文学半月刊》(*Quinzaine littéraire*)，1966年3月15日。

握。新小说作家们，如阿兰·罗伯-格里耶（Alain Robbe-Grillet）、娜塔丽·萨罗特（Nathalie Sarraute）、米歇尔·比托尔，他们都是普鲁斯特的忠实读者。罗伯-格里耶认为，如果说他们的作品在20世纪50年代没有被很好地接受，那是因为当时的批评家们尚未领会普鲁斯特和乔伊斯的作品。新小说使小说技巧再度得到关注，这在法国传统中是十分罕见的，而热拉尔·热奈特（Gérald Genette）在1972年出版的《辞格之三》（*Figure Ⅲ*）中就把普鲁斯特当作通用小说技巧全录。这说明了中间存在某些相似性。正如T. S. 艾略特（T. S. Eliot）认为，新作品被引进经典之中势必要打乱所有秩序，在新小说出现后，普鲁斯特重登上了顶峰。而萨罗特在1956年出版的《怀疑的时代》中认为普鲁斯特于我们来说将不再重要。

> 对于我们中的大多数人来说，乔伊斯和普鲁斯特的作品已远去，它们不过是一个逝去时代的见证而已。在不久的将来，人们只会夹在一队队小学生之中，在导游的带领下，在心存敬意的安静和稍显沉闷的仰慕之中，参观这些历史遗著。①

然而她错了，至少她所用的“历史遗著”这个词并没有预言到近来媒体宣传对于“普鲁斯特”品牌的疯狂推动。无论如何，新小说没有使普鲁斯特消失，也没有让他过时和显得乏味。相反，如果说新小说有其影响，那就在于它使普鲁斯特的作品再次得到阅读，因为其中已有新小说的影子，就如普鲁斯特乐于在过去的书籍中寻找的那些“预想的模糊记忆”。

---

① 娜塔丽·萨罗特,《怀疑的时代》(*L'Ère du soupçon*),巴黎,伽利玛出版社,“弗里奥散论”(Folio Essais)丛书,1987年,第84页。

无论如何，普鲁斯特浪潮不断高涨。忠实的普鲁斯特迷并不看好让-弗朗索瓦·雷韦尔（Jean-François Revel）于1960年出版的小册子《论普鲁斯特》（*Sur Proust*），然而他着力关注小说的戏剧性、社会和政治问题，在当时成功地使小说摆脱了四十年来关于时间、爱情和艺术等方面的积淀的权威评论。雷韦尔将普鲁斯特变成巴尔扎克和左拉式的激进现实主义者。的确，这有些过分了。不过，普鲁斯特则大步向先锋派靠拢：1962年7月，普鲁斯特研讨会在瑟里西拉萨勒（Cerisy-la-Salle）召开。1963年出版有乔治·普莱（Georges Poulet）的《普鲁斯特空间》（*L'Espace proustien*）和加埃唐·皮康（Gaëtan Picon）的一本著作，而后者于1949年在他的《新法国文学概论》中就有评论：

> 如果我不提及普鲁斯特，不是因为无视或否定他，而是因为他的作品不论在时间还是本质上都与我们相去已远——它是象征主义和心理分析个人主义的加冕之作，且于我们暂时无用。①

然而，现实表明普鲁斯特似乎重新对我们起了作用。

由罗歇·斯特凡纳（Roger Stéphane）制作的电视节目《肖像-记忆》(Portrait-souvenir) 于1962年1月11日播放，成了“普鲁斯特化”的决定性一步，而后佩因特的研究完善了这一进程。普鲁斯特在孔多塞中学时的同窗达尼埃尔·阿莱维（Daniel Halévy）在这年年末离世，他在节目中娓娓说着与普鲁斯特在校园中结识的情形，仿佛他仍感觉得到普鲁斯特搭在他肩上的手。埃马纽埃尔·贝尔

① 转引自让-伊夫·塔迪耶，《普鲁斯特》，同前，第162页。

(Emmanuel Berl)、保罗·莫朗、让·科克多(Jean Cocteau)也在节目中讲述着他的生活轶事。特别是普鲁斯特的女管家塞莱斯特·阿尔巴雷(Céleste Albaret),在最后几年一直陪伴着他,为作家誊写小说的补充段落直到他生命的最后一夜,据其回忆写出的《普鲁斯特先生》(*Monsieur Proust*)于1973年出版,为普鲁斯特神话添上了最后一笔。在屏幕上,她扮演着弗朗索瓦丝的角色,她是弗朗索瓦丝的化身,她就是弗朗索瓦丝,如同有着老贵族惯有奇特发音的格拉蒙公爵(duc de Gramont)和操着难以模仿的口音的洛里斯侯爵(marquis de Lauris),他们就是小说中的人物盖尔芒特公爵或布雷欧泰侯爵(marquis de Bréauté),这种相仿让人有置身《重现的时光》中"假面舞会"之感。

至于"左翼的"普鲁斯特,吉尔·德勒兹于1964年出版的著名小册子《马塞尔·普鲁斯特与符号》(*Marcel Proust et les signes*)提供了一种简单且系统的新范式,足以说服结构主义者。《追忆似水年华》是关于符号的见习之作,这些符号结成环状:社交、爱情、感受,最后共融进艺术之中。艺术的符号是非物质的,它们揭示出最大限度的绝对差异的本质。德勒兹的普鲁斯特是莱布尼兹式的,这最终将他从理想主义中解救出来。他完全取代了福楼拜,就像萨特主义曾经推崇的福楼拜,成为伟大的作家、文字狂人及文学疯子。

1965年,随着"口袋书"版本的出现,大众对于普鲁斯特的阅读达到了顶峰。在1965年至1968年间出版的"口袋书"版本封面由皮埃尔·福舍(Pierre Faucheux)设计,展现了照片、手稿、纪念品的拼贴。正是从那时开始,随着作品一册册地出版,我本人发现了《追忆似水年华》这部巨著。随后,同这一整代人一样,我马上阅读了德勒兹的小册子,于我来说,这本书相当于小说中贝戈特关于拉辛的研究。接着，我又啃完了佩因特写的传记。1965 年可谓上演着普鲁斯特的影像盛宴，有“七星文库”版的《普鲁斯特画册》(*Album Proust*)，国家图书馆举办的收有丰富目录的展览，还有阿歇特出版的“天才与现实”系列影集。由此我们进入了神话时代，数字就是证明，自 20 世纪 50 年代中期起，“七星文库”版首卷的销量就稳步增长，从每年三千本到 1965 年的一万二千多本，“口袋书”版出现后，销量稳固在七千五百本左右，1971 年值作家百岁诞辰之际，销量又达到上万本的高峰。

在国外学界研究多年之后，第一批关于普鲁斯特的法国国家论文出现了。如埃米利安·卡拉叙（Émilien Carassus）1966 年发表的论文《法国文学中的附庸风雅：从保罗·布尔热到马塞尔·普鲁斯特（1884—1914）》(*Le Snobisme dans les lettres françaises de Paul Bourget à Marcel Proust (1884-1914)*）及米歇尔·雷蒙（Michel Raimond）1967 年发表的《小说危机：从自然主义之后到 20 世纪 20 年代》(*La Crise du roman des lendemains du naturalisme aux années vingt*)，这两篇优秀的论文沿袭了索邦大学的传统，从当时大热且现在仍是人们兴趣所在的两大观点，即社会与小说出发，将普鲁斯特置于文学历史之中。至此，普鲁斯特可以作为专题性论文的主题来进行研究了，比如让·米利（Jean Milly）1970 年发表的论述作品风格的《普鲁斯特的仿作》(*Les Pastiches de Proust*）及让-伊夫·塔迪耶 1971 年讨论小说技巧的《普鲁斯特与小说》(*Proust et le Roman*)。为什么这样的研究让我们等了那么久？是如人所说，有某位教授长期把持着现代法国文学的方向吗？还是直到 1968 年左右，法国大学都普遍地谨小慎微？关于这些，我们就不得而知了。

1971 年和 1972 年分别是作家百年诞辰和逝世五十周年，可谓被真正的普鲁斯特烟火所装点，各种庆祝纪念活动不断，两年间就有超过有六百本相关出版物。许多杂志刊物，如《欧洲》(*Europe*)、《创作精神》(*L'Esprit créateur*)、《新文学》(*Les Nouvelles litteraires*)、《比照》(*Paragone*)、《拱门》(*L'Arc*)、《新法兰西评论》、《法国文学史杂志》(*La Revue d'histoire littéraire de la France*)等都为此推出特刊。"左翼的"相关研究，如1972年热拉尔·热奈特的《辞格之三》，1974年让-皮埃尔·里夏尔（Jean Pierre Richard）的《普鲁斯特与敏感世界》(*Proust et le monde sensible*)，1974年塞尔日·杜布洛夫斯基（Serge Doubrovsky）的《玛德莱娜蛋糕的地位》(*La Place de la madeleine*)及其他研究都证明了所谓的新批评牢牢抓住普鲁斯特不放。一些专著开始研究自1962年起大量收藏于国家图书馆的手稿，之前有一所美国大学曾有意向普鲁斯特的侄女苏济·芒特-普鲁斯特购买这些手稿。其中有几部研究著作很重要，如1971年亨利·博内的《1907至1914年的普鲁斯特》(*Marcel Proust de 1907 à 1914*)，这本传记主要论述的是小说撰写的初期阶段。特别值得一提的是莫里斯·巴代什（Maurice Bardèche）的《小说家马塞尔·普鲁斯特》(*Marcel Proust le romancier*)，根据小说笔记对《追忆似水年华》的结构进行了整体研究。同年，《普鲁斯特研究》(*Études proustiennes*)发表的主要是一些未公开的笔记，被收录进《马塞尔·普鲁斯特手册》(*Cahiers Marcel Proust*)的新系列。自此，普鲁斯特成了涉域甚广的溯源批评的宠儿：法国国家科学研究院有专职研究人员进行研究。普鲁斯特档案是一座无与伦比的宝藏：四本记事本，六十二本手稿；国家图书馆于1983年及1984年得到收藏家雅克·盖兰（Jacques Guérin）的捐赠后，手稿增加至七十五本；另外的手稿中包括有编号Ⅰ到ⅩⅩ的二十本本子，含有战时撰写的《追忆似水年华》的最后一部分，从《所多玛和蛾摩拉》到《重现的时光》，还有打印稿、大量样稿和著名的"纸卷"，这些添改纸张被贴在书页的下缘折叠起来，有些长达一米多。

所有的现象都证明着普鲁斯特稳稳地站在了最高点上：1981 年佩尔西·阿德隆（Percy Adlon）执导电影《塞莱斯特》(*Céleste*)，1984 年沃尔克·施隆多夫（Volker Schlöndorff）执导电影《斯万之恋》(*Un amour de Swann*)；1987 年因普鲁斯特作品成为公共财产而起骚动，“七星文库”、“加尼耶-弗拉马里翁”、“旧书”(Bouquins)、“弗里奥”，还有之后的“口袋书”都推出新版本，在“旧书”版《追忆似水年华》中，不知为何前页还附了一份《普鲁斯特问卷》，这也向新的一代推广了佩因特式研究效应；科尔布编辑的书信集已出版十九卷，预计将有二十一卷，而普鲁斯特与加斯东·伽利玛的通信于 1989 年出版；一批普鲁斯特传记正在印刷中；1989 年在卡那瓦雷博物馆（musée Carnavalet）复原了普鲁斯特最后居住的房间；任何一张有普鲁斯特字迹的纸片都能拍卖出天价。在超现实主义、介入文学、新小说及先锋派文学的各种变体面临枯竭，在关于文学史和新批评的论战趋于平静之后，向着普鲁斯特的转向不断扩大普及起来。

两个世纪的小说

这个附庸风雅的犹太裔同性恋怎么就成了法国大作家的典范呢？他因上流社会出身和性取向原因被说成对“社会问题”漠不关心，长期备受指责。而这两个问题又被认为限制了他的经验，给人一种令人厌恶的虚伪感。正是当人们对于“社会问题”的关注不再那么突出，不再要求文学代表阶级，而越来越关注边缘化的表达方式时，普鲁斯特的神话才得以飞跃发展。对普鲁斯特的广泛接受和消费社会的出现是个值得关注的巧合。在火车上阅读普鲁斯特的小说成了一件很有情调的事。那么，人们为什么会着迷于这样一部与过去的时代和社会紧密相关的小说呢？

事实上，《追忆似水年华》伊始，即《在斯万家那边》开篇《贡布雷》部分，就与人文科学、精神分析风潮中表现出来的新个人主义有极大的相似性。"一个人睡着时，周围萦绕着时间的游丝，岁岁年年，日月星辰，有序地排列在他的身边。"（第一卷，第5页）对于不经意打开这本书的人，回忆首先不由自主地涌来，像是童年的失落天堂复活了一般，这种感受重新变得合理。《追忆似水年华》本身就是一部关于童年与梦想、内省与自我分析的小说，这些主题被长期禁锢之后，终于在20世纪60年代受到了重视。如同柏格森和爱因斯坦一样，将普鲁斯特与弗洛伊德并置的想法并不新奇，在作家去世之前就已存在，甚至是里维埃一直的想法之一。1925年，库尔提乌斯谈到了普鲁斯特式的对于个人的再征服。人们一度将超现实主义与弗洛伊德主义相混淆，这是一种误解，因为超现实主义感兴趣的是无意识作品，并使之偶像化，而精神分析，如同普鲁斯特式的长句子，在于阐释曲折复杂的欲望。普鲁斯特与弗洛伊德同时为大众所读，《性学三论》（*Trois Essais sur la sexualité*）和《在斯万家那边》可以对照阅读，因为两本书讲的都是与母亲的关系、恋母情结、儿童性欲和青少年手淫等问题。"跟小的去"（第一卷，第36页）中，主人公的父亲让他的妻子陪儿子过夜的情节使读者感到惊愕。普鲁斯特很幸运地属于最后一批作家，精神分析于他们并不扮演超我的角色，也不扮演自我批判的角色，从精神分析角度对他作品的阅读便可以无忧地进行下去。

还有许多其他更严肃、更本质的解读，尤其是普鲁斯特作品的极度暧昧与双重性使得两种矛盾的阅读体验同时成为可能。对于《追忆似水年华》的理解与延伸总是存在两种方向：它既是关于上流社会的小说，也是一本关于小说的小说；既是一本 19 世纪的小说，也是一本 20 世纪的小说；是一本百科全书式的书、一本元小说、全能之书。普鲁斯特是我们的书中之书，因为读他的作品既像在读巴尔扎克，又像在读布朗肖，他让读者觉得既愚蠢又聪明，能做到如此的只有他了。就这样他赢了全局，吸引了古典派、现代派、现实主义者和实验派，吸引了每一个读者。

百科全书式的小说《追忆似水年华》作为文学之集大成者让人着迷。所有的法国文学好似都包含在这一部厚厚的书里。在因龚古尔奖而生的是非中，正是里维埃于 1920 年发表文章将普鲁斯特与“伟大的经典传统”联系起来。[①]普鲁斯特作品与法国伦理学家的研究之间的关联成了传统批评的老生常谈，他们热衷于从《追忆似水年华》中摘录名句格言。近来出现的“互文”概念使普鲁斯特与文学的关系变得新式，从传统派到现代派，所有人都为此感到满意。对这部巨著大量的阅读和整体的参考，以及在文学范畴之外，关于所有艺术、戏剧、绘画、音乐、建筑、历史、大量当代知识、医学、系谱学、外交、地名学、战略以及举止风度的影射，使《追忆似水年华》自成一个世界，这是一座真正的宝藏，或者是法国文化，起码是某种法国文化的堆积场。这足以证明记忆不仅仅是历史的专利。在普鲁斯特字典和主题索引出现之后，最新版的《追忆似水年华》评注本更是将小说百科全书式的超大容量展现出来，似乎我们所有的文化记忆都包含其中了。

这种观点既对又错，也许这也解释了为什么它能如神话般得以

---

① 雅克・里维埃,《马塞尔・普鲁斯特与古典传统》(Marcel Proust et la tradition classique)，载《新法兰西评论》，1920 年 2 月 1 日；后收录于《新研究》(*Nouvelles Études*)，巴黎，伽利玛出版社，1947 年。

传播。说它对，因为普鲁斯特的文化素养广博；说它错，因为这份文化素养混乱，零碎，稍显浅薄。关于文学，中世纪、文艺复兴及 18 世纪是完全缺席的，普鲁斯特只熟悉 17 世纪与 19 世纪的作品。对于塞维涅 (Sévigné) 、圣西蒙，甚至整个 17 世纪的作品，他都可谓行家。然而书中对于《书简集》(*Lettres*) 和《回忆录》(*Mémoires*) 只在相邻的几页中有所提及，显示不出他的博学。对拉辛与拉封丹也同样如此。说到波德莱尔，人们认为他与普鲁斯特具有相似性，而普鲁斯特对于波德莱尔的了解看起来更多地是通过福莱的音乐，而非直接阅读《恶之花》，他也好似不会分辨为叙利 · 普吕多姆的诗句谱的曲与更优美的旋律之间的区别。几乎所有他信手拈来的引语都有错误，大部分的引文都不够确切，他的文化观念不成体系，但正是因此，他书写的是回忆而不是历史，是一种文化而不是知识。那是 19 世纪后期巴黎的自由大资产阶级的文化：它通过《两个世界杂志》、法兰西戏剧院、上流社会音乐会形成，而不是由学校和阅读作品的直接经验得来，在普鲁斯特生命的最后年华里，它使其写出了研究福楼拜和波德莱尔的优秀文章。普鲁斯特的确身体欠佳，但作为一个音乐与绘画爱好者，他算是很少去音乐厅和博物馆的。那些不知如何得来、彰显其才学的引文竟与摘自《全景巴黎》(*Tout-Paris*) 与《哥达》(*Gotha*) 的引言放在同一页上，人们还发现普鲁斯特常引用当时一些平庸的作品。安娜 · 亨利 (Anne Henry) 在 1981 年出版的著作《马塞尔 · 普鲁斯特：美学理论》(*Marcel Proust：théorie pour une esthétique*) 中指出，《追忆似水年华》对于拉舍利耶 (Lachelier) 的哲学理念、阿诺托的外交学、塔尔德 (Tarde) 的社会学都有借用，以此来贬斥作者，将他形容成一个剽窃者。其实相反，我们应该赞扬他处处留心，将这些全都转化成了小说素材。

这部传说中的文化记忆之书的所有素材都在那里，不需要渊博的学识我们就能阅读普鲁斯特。只要知道那些世纪末的名人名作就足够了，比如波提切利（Botticelli）、弗美尔、瓦格纳，以及马勒笔下的中世纪，当然还有17、19世纪的作品。普鲁斯特将文化展现出来，他比任何小说家都更知道如何将其戏剧化，他也是最后一位这样做的小说家。今天的读者对这样一部历史文化大剧更为敏感，却忽视了赋予普鲁斯特活力的综合所有艺术的象征主义之梦，以致我们读不懂他对于《人间喜剧》与其他19世纪巨著的批评，他认为它们在构思和写作上都显得不足。我们将《追忆似水年华》当作法国文学、英国和俄国小说的集大成之作来读——在《女囚》中，艾略特和哈代，陀思妥耶夫斯基和托尔斯泰都是阿尔贝蒂娜谈论的焦点——这是对我们整个文化不同寻常的可怕效仿。而一种悖论与反常的效应使我们总是透过普鲁斯特来理解他的枕边书。我们阅读的是普鲁斯特眼中的塞维涅、普鲁斯特眼中的圣西蒙，并再也摆脱不了普鲁斯特对于他们的评论，就如侯爵夫人面对女儿时的矛盾感情，当女儿不在身边，只能写信的时候，她就越发爱她。继普鲁斯特之后，所有关于塞维涅的书籍都非常坚持这一点，他们将侯爵夫人对女儿的爱看作普鲁斯特式的爱，“普鲁斯特化”影响的不只是普鲁斯特一人。

这是一部百科全书式的著作，更是一部元小说，镜子般的嵌套之书，即一部关于小说的小说，融入作者的批评与哲学思考。自20世纪50年代中期起，先锋派将《追忆似水年华》划归进来，把《重现的时光》比同于《我的有些书是如何写出来的》（*Comment j'ai écrit certains de mes livres*），或把普鲁斯特与雷蒙·鲁塞尔（Raymod Roussel）混为一谈。在这一点上，巴特思想的演变是象征性的，1953年他在《零度写作》（*Le Degré zéro de l'ecriture*）中有几处影射普鲁斯特，由此表现出他对普鲁斯特并不了解。然而他不久就发现了“元语言”的概念，并将其运用于20世纪关于文学之文学对于简单文学的取代。巴特在1959年写道："普鲁斯特代表着避免文学同义反复的希望，也就是不断地将文学推向明天，长期表明对于写作的决心，并以此作为文学本身。"①正是基于这样一种观察，他运用形式主义分析普鲁斯特的作品，解析第一人称，区分主人公、叙述者与作者，简化语言与时间体系。

巴特不断地回到这个并不新颖的观点之上：早在《重现的时光》出版之前的1925年，一本名叫《天职小说》(*Roman d'une vocation*)的小书问世，作者奥古斯特·拉热（Auguste Laget）就预见到，艺术不光是《追忆似水年华》的主题，也是它的形式。他们之间的差异在于，拉热仍相信人们有可能成为作家，而巴特则不再相信了：自马拉美以来，"做出评论的不光是作家自身，他们的作品往往也交代了作品诞生的情况（普鲁斯特），或宣告了作品的消亡（布朗肖）"②。普鲁斯特的作品总是含糊不清，然而相较于马拉美和布朗肖则具有易读且有趣的优势。巴特提到"关于写作欲望的叙述"，于是叙述总是存在，在强调了普鲁斯特的现代性之后，巴特似乎越来越乐于阅读《追忆似水年华》，关于小说的系列问题是现代的，而小说本身又可以像一本精彩的旧小说一样来阅读，"《追忆似水年华》是19世纪生产的主要宇宙演化巨著之一（巴尔扎克、瓦格纳、狄更斯、左拉），具有规律性和历史性的特点，确切地说，它们是可无限开发的星系空间"③。人们总是反复地去读普鲁斯特的小说，且从不跳过相同的章节，这是一个一旦走进就出不去的世界，最终这部小说成了枕边书，如同书中外婆和母亲阅读塞维涅夫人的《书简集》(*Lettres*)一

① 罗兰·巴特，《批评文集》(*Essais critiques*)，巴黎，瑟伊出版社，1964年，第106页。

② 罗兰·巴特，《批评与真实》(*Critique et vérité*)，巴黎，瑟伊出版社，1966年，第45页。

③ 罗兰·巴特，《探索思想》([Une idée de recherche] 1971)，载《语言的轻声细语》(*Le Bruissement de la langue*)，巴黎，瑟伊出版社，1984年，第308页。

样。“我知道，至少对于我来说，普鲁斯特的作品是一本参考之作、科学通论和整个文学宇宙的曼陀罗。”①

大概我们也都会这么说。《追忆似水年华》是我们的《圣经》，它既是书中之书，也是元小说，是记忆之书，也是镜像之书。文学和哲学相撞，实现了所有的文学类型——启蒙文学、社会文学、分析文学、冒险文学、诗学叙事——这部万能之书，首尾环扣，在文学中独一无二。从这里就引发出正统与异端不可思议的阅读多样性。所有的方法都可以用来谈论它，或是通过它来探讨自身，因为一切都被包容在《追忆似水年华》之中。所有批评的观点都可以当作借口，所有的欲望都被赋予其中：在这样一个星系里，各种奇异特质都可以共存。巴特最后以一种明确的方式来阅读《追忆似水年华》，②好像一旦普鲁斯特被现代性牢牢地拴在马拉美和布朗肖之间，我们就能安心地把它作为一部世俗小说来重读。普鲁斯特曾经归属于先锋派，这让我们可以无所顾忌地享受媚俗阅读的快感，从马拉美之后跳到孟德斯鸠阵营，在叙事学的区别与微妙系谱之间游戏，再来享受两者带来的乐趣。

如果当代的普鲁斯特迷们仍分成“左”“右”两大阵营，或者分成俗世小说与小说之小说的爱好者，而有些人，在投身小说之小说后，又在世俗小说中找到了乐趣。然而，其实对于所有人来说，我们所着迷的对象是相同的，是一种在普鲁斯特漫长而痛苦的无力感和作品忽然成功之间形成的难以置信的对比。作者的无力在小说中表现为主人公无尽的“拖延性格”，在《斯万之恋》中，他早已表露了

---

① 罗兰·巴特,《文之悦》(*Le Plaisir du texte*),巴黎,瑟伊出版社,1973 年,第 59 页。

② 罗兰·巴特,《我睡过了大好时光》([Longtemps je me suis couché de bonne heure] 1978),载《语言的轻声细语》,同前。

自己的使命，而在《重现的时光》中却迟迟不透露他的工具，即隐喻，这使得对比更为强烈。这就是那个传奇：普鲁斯特在1896年出版了《欢乐与时日》，标志着他进入了沙龙文学；然而此后，一部《让・桑特伊》让他步入歧途，他又沉浸在对拉斯金作品的翻译之乐中；1908至1909年间，他通过一本1908年出的小说仿作和《驳圣伯夫》神秘地复出在人们的视野中，最终他构思了一部伟大的小说，并于1909年开始撰写。评论者们免不了一个疯狂的梦想，就是找到那个神奇过渡的关键线索。以传记的观点看，就要找到作者生平中相应的转折点；以形式主义的观点看，要从作品结构中找，从《斯万之恋》中的玛德莱娜小蛋糕中，或根据《重现的时光》里盖尔芒特公馆的早晨一连串的模糊记忆来寻找。纵有诸多假设，每个人心里也会有自己的想法，想要把握作品决定性的开头，握住金矿石，抓住时间与逻辑上的受孕时刻。自那时起，普鲁斯特写作的进度突飞猛进，直到去世那天的早上才停下了笔。

在更深的层面上，《追忆似水年华》对于各式批评家，包括最有经验的那些，还有那些“善意读者”来说有着同样的魅力。简单地说，不论对谁，《追忆似水年华》不都是以它的主题征服了他们吗？因为它揭示出所有法国人的隐秘欲望，那就是写作，成为一个作家。我们说过20世纪末的年轻人很难认同小说中局限又过时的主题。然而就有一个例外，且不是无关紧要的，随着法国社会的民主化进程，越来越多的人能够认可它，那就是写作的欲望这个主题本身。这便是普鲁斯特的天资所在。我们从作者传记中窥视欲望，或由博学之人从作家手稿中看出作品缓慢的孕育过程，这种对于欲望的再发现证实了神话的普遍存在。对于《追忆似水年华》的阅读难道不能被认为是“对写作欲望的叙述”吗？因为每个法国人，上到共和国总统，都梦想着成为作家，在《追忆似水年华》中人人读到的都是自己的故事，只要有人想要写作，小说就有幸成为指引我们的北极星，或是使我们迷失的捕鸟镜。

一片广阔的墓地

“人们会阅读我的作品，是的，全世界都会阅读我的作品，看着吧，塞莱斯特，你好好地记住……司汤达花了一百年才闻名于世。马塞尔·普鲁斯特用不了五十年就可以做到。”他对后世的召唤不太像他的风格，这是他对自己的女管家吐露的心声，而人们的反应比他预想的还要快。普鲁斯特没有艺术历史观念，而单纯的艺术历史观是依靠进步来使先锋作品得到接受，这也解释不了他的作品在今天何以成为我们代表性的文学，他认为：“作品需要创造自身的后世影响。”（第一卷，第 522 页）新晋的作家，创新的画家一开始都得不到公认，因为他们提出了新的世界观而使人张皇失措。新晋作家出现在我们已习惯于贝戈特风格的时期。而什么是独创的艺术家？他怎样成为经典？时间又扮演了怎样的角色？普鲁斯特曾经试问过这个问题：

> 今天，那些风雅之士告诉我们，雷诺阿是 19 世纪的大画家。可他们说这话时忘记了时间，即使在 19 世纪中叶，雷诺阿也是用了很长时间才被尊为伟大的艺术家。一个独辟蹊径的画家，一个独树一帜的艺术家，要像这样受到公认，必须采用眼科医生的治疗方法。用他们的画作或文字进行治疗不总是令人愉快的。治疗结束后，医生对我们说：现在请看吧。我们看见的世界（不是被创造一次，而是经常被创造，就像一个独出心裁的艺术家经常突然降世一样）同旧世界大相径庭，但一清二楚。妇女

> 们在街上行走，和昔日的妇女截然不同，因为她们是雷诺阿的妇女，从前，我们是拒绝承认他画上的妇女的。车子也是雷诺阿的车子，还有大海和天空 [……] 一个全新而并不持久的世界就这样创造出来了。它将存在下去，直到另一个新的别出心裁的画家或作家掀起一场新的翻天覆地的改变。(第二卷，第 623 页)

普鲁斯特长期推行他的世界观，这需要些时间，但尚不到五十年，也不算太长；要等到文学不再以呈现阶级层面为使命，附庸风雅与性欲问题也不再让人感到唐突之时，普鲁斯特所创造的文学天地也就为我们所接受了。自此之后并非没有独创的作家出现，而我们仍以《追忆似水年华》带给我们的眼光，和普鲁斯特一起看世界，我们以他的标尺来评断所有文学。

然而在《重现的时光》中，普鲁斯特想要把作家的角色限定为光学家，只是为读者提供一种反观自身的工具："读者在阅读的时候全都只是自我的读者。作品只是作家为读者提供的一种光学仪器，使读者得以识别没有这部作品便可能无法认清的自己身上的那些东西。"(第四卷，第 489—490 页) 普鲁斯特认为阅读是最主观的行为之一，作者不得强制干涉，而应该"给读者留有最大的回旋余地，对他说：'您自个儿瞧吧，用这块镜片是不是能看得清楚些，或者这一块，要不那一块。'"(第四卷，第 490 页) 然而事实并非如此，自相矛盾的是，普鲁斯特的成功使我们丢掉了所有其他的镜片，再也越不过他。正是用着这块普鲁斯特镜片，我们看得更清楚，正是阅读着普鲁斯特，我们更好地读懂了自己，因为我们是学着以普鲁斯特的眼光在解读、审视这个世界，我们赶赴的所有晚会都是一次"假面舞会"，我们经历的所有爱情都是一场"斯万之恋"。我们脱离不了普鲁斯特，他为我们提供的光学仪器成了我们的思维器官。

普鲁斯特和吕西安·都德（Lucien Daudet）都爱给名流人士冠上画作人物的名字，《追忆似水年华》中的斯万也沿袭了这个癖好，他将德帕朗西（de Palancy）先生比作吉尔兰达约（Ghirlandaio）的画作人物，将迪布尔邦（du Boulbon）医生比作丁托列托（Tintoret）的肖像画，特别是把奥黛特比作波提切利画中的女子。世纪末的这种风尚主张把艺术与生活结合起来，拉斯金和奥斯卡·王尔德也有这毛病，普鲁斯特将其称为“偶像崇拜”。而我们都是“普鲁斯特崇拜者”，都会在日常接触的男男女女中看到维尔迪兰夫人、戈达尔（Cottard）、布里肖（Brichot）这些小说人物的影子。如果找不到更好的词汇，普鲁斯特就会把如圣西蒙所说的“趣向不在女人身上”（第三卷，第720页）的男人称为“一个夏吕斯”。我们也会以这种代换法用普鲁斯特小说中的名字来称呼不同类型的人。这不就是普鲁斯特帝国的最佳证明吗？

如同一种命定的结果，普鲁斯特的作品成功地创造出他所期待的境域，而人们一旦接受了它就停止不了去模仿：童年回忆、分析叙事、性与美的启蒙小说，这些普鲁斯特式的范例从为人接受之际起就摧毁了法国文学。因为《追忆似水年华》包含了所有小说及类型，这部小说典范使我们只能去模仿它。即便普鲁斯特已不在，《新法兰西评论》也摆脱不了他，编辑收到成千上万普鲁斯特式的手稿。《追忆似水年华》集文学之大成，也在一定程度上终结了文学，这也显示出这部小说至高无上的地位。

我们认为这部小说是一个神奇的记忆之场，不光因为它表现为我们的文学指南和文化概略，也不光因为它自成一体，首尾关联，如单子一般循环运动，这也是记忆场所的特征之一，更因为它是建立在记忆场所中最具启发性的构思之上。普鲁斯特并没有将其设计成一种古典建筑，或如同我们出于对于古代或文艺复兴时期修辞记忆而想象成的帕拉弟奥式（palladien）剧场，也没有依据18、19世纪的模式设计成条理清晰的百科全书或实证主义的藏书楼，或者可以说它是这一切的总和，却没有线索和分类可供人按年代，线性有序地进行查阅。想起他曾用来比喻这部小说的大教堂，已经完结却从未完成，即便是偶然，每一次的还愿祭品都能在那里找到它们的位置。普鲁斯特对记忆建筑的思索如同一部关于时间的作品，一栋混合式的房子："如果我们的记忆属于自己，那如同在我们的领地里有一些往往连自己都不知道的隐秘小门，而邻居为我们打开了，于是从这个从未走过的地方，我们回到了自己家。"（第四卷，第76页）普鲁斯特式的记忆包含并假设了遗忘；它来自遗忘，从遗忘中得以寻回；它并不储存，而是再现。如同《重现的时光》中所写，他的作品给人这样一番意境："一部作品便是一片广阔的墓地，大多数墓碑上的名字已被磨去，无法再辨认。"（第四卷，第482页）这就是普鲁斯特的记忆之场，一片墓地，一座对逝者的纪念碑：

> 这是一座金字塔，一座巨大的墓穴，
> 承载着比乱葬坑还要多的亡灵。

然而，随着人们对于《追忆似水年华》的接受，一种新的悖论出现了。为了塑造小说人物形象，普鲁斯特参考了如夏尔·阿斯（Charles Haas）、斯特劳斯夫人（Mme Straus）、孟德斯鸠等名人的特点，相较于被人遗忘的命运，他们仍活跃在我们的记忆中则是因为人们对于斯万、盖尔芒特公爵夫人、夏吕斯的人物原型有着好奇心。不用申辩，如果不是因为普鲁斯特，谁会真的对孟德斯鸠感兴趣？多亏了普鲁斯特，"故地记忆"协会才能在伊利耶的普雷-卡特朗花园挂上牌匾，至少一座19世纪末风格的休闲花园可以在法国保存下来，儒勒·阿米奥也不枉此生了。在《追忆似水年华》中最古怪的篇章，也就是关于斯万之死的段落，普鲁斯特已经不清楚他写的到底是谁了，是斯万这个虚拟人物，还是阿斯这个人物原型。对着墓中的斯万，他说："那个也许被您看作小傻瓜的人已经把您作为他的一部小说的主人公，因此人们已经又开始谈论您，也许您会因此还活下去。"（第三卷，第705页） 斯万在叙述者正在写的这本书中存活了下来，我们正在小说之中。而下面一段话毫无预示地出现在故事中，它针对的已不是斯万和叙述者，而是阿斯和普鲁斯特本人了。我们捧着的这本书的作者正对着阿斯说："在蒂索（Tissot）描绘王室路俱乐部阳台这幅画中，您在加利费（Galliffet）、埃德蒙·德波利尼亚克（Edmond de Polignac）和圣莫里斯（Saint-Maurice）中间，人们在谈这幅画时之所以经常谈到您，那是因为人们看到，在斯万这个人物身上有您的某些特征。"阿斯的确为这幅表现十二位俱乐部成员的真实画作当过模特，他因为斯万幸存了下来，这也是普鲁斯特化的新例证，最近还有人为普鲁斯特撰写了一部传奇式传记①。

普鲁斯特不喜欢资料式的、复制现实的记忆，就如威尼斯的摄影展抓住的只是一个个瞬间，那些相仿的影像表浅可笑，毫无深度。而当小说主人公在盖尔芒特公馆庭院里被石头绊倒时忽然想起的那个城市才是真正的威尼斯。在书中，因为艺术，模糊记忆之中被寻回、被补偿的不是逝去的时间、往昔的时光，而是那份真实，"处于纯净状态的片刻"（第四卷，第451页）。只有瞬息能够拯救瞬息：总是时间在发生作用。每一个孤独的瞬间，每一个细节，每一个"间

---

① 亨利·哈克西姆(Henri Raczymow),《普鲁斯特的天鹅》(*Le Cygne de Proust*)，巴黎，伽利玛出版社，"一个和另一个"(L'un et l'autre)丛书，1989年。

歇”将一切都隐藏起来，成为永恒。这部断断续续的小说，因为它编织的细节远比整体结构要重要，从而为我们呈现了故事中失去的真实，“所有这些曾为我揭示真谛的已经不在世间的人，我仿佛觉得他们只是为了给我带来利益而生存过，并且仿佛是为我而死的”（第四卷，第 481 页）。

今天我们在《追忆似水年华》中寻找我们的记忆，因为在历史书籍中它并非以这种形式来表现。在思考战争对于社会带来的深层改变时，普鲁斯特曾有疑问，是否这些改变对于我们来说比看似毫无价值却有无限影响的事情更为重要：

> 蒙布瓦西耶（Montboissier）公园中的鸟鸣，或是带有木犀草气味的微风，显然没有法国大革命和法兰西第一帝国时期的重大事件影响大，但它们却启示了夏多布里昂，使他在《墓外回忆录》中写下价值要大无数倍的篇章。（第四卷，第 306 页）

时光的泡沫并非一定会消逝。普鲁斯特认为“预言一切都将保存的哲学可能比认为一切将被遗忘的专栏作家的哲学更为真实”（第一卷，第 469 页）。那些我们常自问“十年以后有谁还记得?”的趣闻、轶事与闲谈有时等待着被人记起。普鲁斯特曾经说起在他加斯东·马斯佩罗的书中发现的惊喜：“人们居然掌握公元前 10 世纪亚述巴尼拔（Assourbanipal）国王邀请参加狩猎的猎手的准确名单!”（第一卷，第 469 页）然而又有多少划时代的大事件不再为我们所知呢。

普鲁斯特的叙事不是编年体也不是大事记。他反对小说像“电影流水账”（第四卷，第 461 页）一般，一些关键性的事件，如斯万与贝戈特之死，他都不加描写，只是事后或预先一笔带过，他讲述一桩桩独立的事件，却不交代事件之间的联系。《追忆似水年华》充斥着空白与遗忘，它就像一张关于记忆场所的交织网——夏多布里昂笔下的一曲歌、一股霉味、一种滋味、一抹颜色——试图“让人意识到那些不被感知的现象，发生在那被完全遗忘的遥远的过去”[①]。同样那也可以是一段历史，如在《女囚》中关于巴黎叫卖声的段落，从这些叫卖声中，普鲁斯特发现从12世纪到20世纪初语言恒久不变的一面。

普鲁斯特总是对词源与系谱多有留意，它们是名称与身体的记忆。他注意倾听那些在每个家庭中神秘地流传下来的私人词汇，如他所说，这些词“往往用在令人不快的事情上”，“这些表达通常是一个家庭以往状况的当代留存”（第三卷，第829页）。一个字词可以意外地带我们回到遥远的过去，一个希伯来词语或方言揭出犹太或外省的出身。普鲁斯特从对人的观察中探寻他们的祖先，比如夏吕斯的笑，咯咯的笑声显露出他的本质，通过历史一直传承到他身上：

> 这一笑是他的祖传秘方——也许是他的一个巴伐利亚或是洛林的祖母遗传下来的，而祖母又是从祖母那里原封不动地继承了下来，以至一代传一代，一成不变地传了几个世纪，照样在欧洲的古老宫廷内响亮如故，人们欣赏其美妙的音质，犹如欣赏某些罕世古乐器的音质一样。（第三卷，第332—333页）

这种对于祖传下来的语言和身体特征的特别关注与遗传和种族问题相关，19世纪末人们着迷于此类问题，普鲁斯特的相关言论比任何论文都要精妙，他以一种记忆场所的方式在感知世界。

---

① 给卡米耶·维塔尔（Camille Vettard）的信（日期不详），载《通信集》，第三卷，第194页。

从《贡布雷》开始，在进入玛德莱娜蛋糕的片段前，普鲁斯特提出了他关于记忆之场的理论，他受当代学说的影响，但理解又是非常个人化的。他认为我们的过去也许并不会永远沉寂，它可能存活于那些细微的事物中：

> 我觉得凯尔特人的信仰很合情理。他们相信，我们的亲人死去之后，灵魂会被拘禁在一些下等物种的躯壳内：例如一头野兽，一株草木，或者一件无生物，将成为他们灵魂的归宿，我们确实以为他们已死，直到有一天——不少人碰不到这一天——我们赶巧经过某一棵树，而树里偏偏拘禁着他们的灵魂。于是灵魂颤动起来，呼唤我们，我们倘若听出他们的召唤，禁术也就随之破解。他们的灵魂得以解脱，他们战胜了死亡，又回来同我们一起生活。(第一卷，第 43—44 页)

我们不是很清楚普鲁斯特暗示的信仰的来源，不知道是来自米什莱、勒南，还是阿纳托尔·法朗士，因为传闻这些看法在当时确实存在。只是没有人提及死者的灵魂被拘禁在下等物种或无生物中。这是第三共和国时期所信仰，菲斯泰尔·德库朗热所颂扬的亡者崇拜的普鲁斯特版本。就如《墓畔回忆录》一样，它把世界当作巨大的历史回音室。1815 年，玛丽-安托瓦内特王后和路易十六的遗骸被挖出时，夏多布里昂在枯骨堆中认出了王后的头颅，因为这颗头颅曾在他 1787 年于凡尔赛晋见王室之时给过他一个微笑，仅这唯一的一次。复生取决于偶然，源于相遇，任何决定论都不能寻回过往。这种想法在《重现的时光》中再次出现：

> 某些喜爱神秘的人愿意相信在各种物品上保留着观望过它

> 们的目光中的什么东西，呈现在我们面前的纪念碑和图画无不蒙着情感的帷幕，这是几个世纪中无数崇拜者用爱和瞻仰的目光织成的。(第四卷，第463页)

历史存活于记忆场所中。在盖尔芒特亲王的书架上发现了一本《弃儿弗朗沙》(*François le Champi*)，不论这本书有多一般，它让叙述者回到了那个被遗忘的夜晚，母亲在贡布雷正为他念着这本书。《斯万之恋》对于我们扮演的角色就如乔治·桑的小说对《追忆似水年华》的叙述者扮演的角色一样。在一堆堆历史资料旁，记忆场所沉睡着。我们把某些书，如《墓外回忆录》《追忆似水年华》当作特殊的、最重要的记忆之场来阅读，正是这些文学作品帮助我们以不同于历史的模式来思考记忆。

附录一　外国人名译名对照表

（按姓氏汉语拼音顺序排列）

A

纪尧姆·阿波利奈尔
Guillaume Apollinaire

佩尔西·阿德隆　Percy Adlon

阿德马尔　Hademard

塞莱斯特·阿尔巴雷　Céleste Albaret

阿尔贝蒂娜　Albertine

路易·阿尔方　Louis Halphen

亚历山大·阿尔努　Alexandre Arnoud

阿加顿　Agathon

阿加尔　Agar

莫里斯·阿居隆　Maurice Agulhon

若阿金·阿戈什蒂纽
Joaquim Agostinho

阿拉贡　Aragon

玛格丽特-玛丽·阿拉科克
Marguerite-Marie Alacoque

让·阿拉瓦纳　Jean Alavoine

达尼埃尔·阿莱维　Daniel Halévy

卢多维克·阿莱维　Ludovic Halévy

阿兰　Alain

阿勒马纳　Allemane

穆罕默德·阿里　Méhémet Ali

阿方斯·阿利米　Alphonse Halimi

若塞特·阿利亚　Josette Alia

阿鲁埃　Arouet

阿马杜　Amadou

克里斯蒂安·阿马尔维
Christian Amalvi

儒勒·阿米奥 Jules Amiot
阿米耶尔 Amiel
阿穆鲁 Amouroux
阿努伊 Anouilh
加布里埃尔·阿诺托 Gabriel Hanotaux
尼古拉·阿佩尔 Nicolas Appert
鲍里斯·阿萨菲耶夫 Boris Assafiev
夏尔·阿斯 Charles Haas
阿斯曼 Aleida Assmann
阿提拉 Attila
阿图瓦伯爵 comte Artois
吕西安·埃尔 Lucien Herr
埃尔斯蒂尔 Elstir
让·埃尔韦 Jean Hervé
古斯塔夫·埃菲尔 Gustave Eiffel
让·埃拉尔 Jean Ehrard
爱德华·埃里奥 Édouard Herriot
埃纳尔 Hénard
保罗·埃纳尔 Paul Énard
埃德蒙·埃斯莫南 Edmond Esmonin
艾略特 Eliot
阿兰·艾伦伯格 Alain Ehrenberg
艾罗勒 Ayroles
艾尼昂 Aignan
艾森曼 Eisenmann
艾什泰哈齐 Eisterhazy
让·爱泼斯坦 Jean Epstein
夏尔·安德莱 Charles Andler
乌拉迪米尔·安德勒夫 WL. Andreff
路易·安德烈 Louis André
雅克·安德烈 Jacques André
安格尔 Ingres
雅克·安克蒂尔 Jacques Anquetil
埃米尔·安托万 Émile Antoine
热拉尔·安托万 Gérald Antoine
弗朗索瓦-约瑟夫·昂里 François-Joseph Henrys
奥贝尔 Auber
道格拉斯·奥尔登 Douglas Alden
皮埃尔·马克·奥尔朗 Pierre Mac Orlan
路易·奥卡纳 Luis Ocaña
伊波利特·奥库蒂里耶 Hippolyte Aucouturier
阿方斯·奥拉尔 Alphonse Aulard
埃内斯特·奥雷利 Ernest O'Reilly
帕斯卡尔·奥里 Pascal Ory
樊尚·奥里奥尔 Vincent Auriol
阿蒂尔·奥涅格 Arthur Honegger
亨利·奥塞尔 Henri Hauser
奥什 Hoche
奥斯曼 Haussmann
莫娜·奥祖夫 Mona Ozouf

B

巴贝夫 Babeuf

莫里斯·巴代什 Maurice Bardèche
让-皮埃尔·巴迪 Jean-Pierre Bady
儒勒·巴尔比耶 Jules Barbier
巴尔塔 Baltard
吉诺·巴尔塔利 Gino Bartali
巴尔扎克 Balzac
巴拉斯 Barras
达尼埃尔·巴拉瓦纳 Daniel Balavoine
巴朗什 Ballanche
巴朗特 Barante
巴雷尔 Barère
莫里斯·巴雷斯 Maurice Barrès
巴里 Barye
巴吕埃尔 Barruel
巴罗岱 Barodet
维克托·巴施 Victor Basch
巴斯德 Pasteur
克洛德·巴斯德 Claude Pasteur
乔治·巴塔耶 Georges Bataille
罗兰·巴特 Roland Barthes
阿尔贝·巴耶 Albert Bayet
夏尔·巴耶 Charles Bayet
巴伊 Bailly
维达尔·白兰士 Vidal de la Blache
阿里斯蒂德·白里安 Aristide Briand
班维尔 Bainville
朱利安·邦达 Julien Benda
英格丽·褒曼 Ingrid Bergman
伊丽莎白·保利 Élisabeth Pauly
欧仁·鲍迪埃 Eugène Pottier
弗兰克·保罗·鲍曼
Frank Paul Bowman
菲利普·贝当 Philippe Pétain
埃马纽埃尔·贝尔 Emmanuel Berl
亨利·贝尔 Henri Berr
保罗·贝尔 Paul Bert
拉乌尔·贝尔戈 Raoul Bergot
克洛德·贝尔纳 Claude Bernard
特里斯坦·贝尔纳 Tristan Bernard
贝尔纳杜 Bernardou
乔治·贝尔纳诺斯 Georges Bernanos
保罗·贝尔内 Paul Berne
贝尔坦 Bertin
贝戈特 Bergotte
尼克劳斯·贝克尔 Nikolaus Becker
塞缪尔·贝克特 Samuel Beckett
罗伯特·贝拉 Robert Bellah
莱昂·贝拉尔 Léon Bérard
贝朗热 Bellange
贝朗热 Béranger
玛丽-克里斯蒂娜·贝洛斯塔
Marie-Christine Bellosta
夏尔·贝蒙 Charles Bémond
贝舍雷勒 Bescherelle
贝特洛 Berthelot
马塞兰·贝特洛 Marcelin Berthelot

阿夫纳·本-阿莫斯 Avner Ben-Amos
本笃十五世 Benoît XV
亨利·比杜 Henri Bidou
马塞尔·比多 Marcel Bidot
安德烈·比尔吉埃 André Burguière
亨利·比盖 Henry Buguet
贝里耶 Berryer
比尼翁 Bignon
比若 Bugeaud
吕西安·比斯 Lucien Buysse
费迪南·比松 Ferdinand Buisson
米歇尔·比托尔 Michel Butor
菲利普·比谢 Philippe Buchez
克洛德·比亚尔 Claude Billard
彼拉多 Pilate
俾斯麦 Bismarck
毕沙罗 Pissarro
庇护九世 Pie IX
碧贝斯克公主 princesse Bibesco
勒内·波蒂耶 René Pottier
波利布 Polybe
克日什托夫·波米安
Krzysztof Pomian
波提切利 Botticelli
莎拉·伯恩哈德 Sarah Bernhardt
亨利·柏格森 Henri Bergson
柏辽兹 Berlioz
路易松·博贝 Louison Bobet
让·博贝 Jean Bobet
路易·博丹 Louis Bodin
罗贝尔-亨利·博迪耶
Robert-Henri Bautier
博多 Baudot
古斯塔夫·博尔 Gustave Bord
博尔达斯 Bordas
埃米尔·博尔代 Émile Bordet
博法鲁利 Bofarull
詹卢卡·博基 Gianluca Bocchi
安娜·博雷尔 Anne Borrel
博纳 Bonnat
科莱特·博纳 Colette Beaune
加斯东·博纳尔 Gaston Bonheur
博纳尔德 Bonald
拉乌尔·博纳里 Raoul Bonnery
尼古拉·博纳维尔 Nicolas Bonneville
亨利·博内 Henri Bonnet
让-克洛德·博内 Jean-Claude Bonnet
奥班·博内梅尔 Aubin Bonnemère
欧仁·博内梅尔 Eugène Bonnemère
博塞利 Boselli
克里斯蒂安·博塞诺
Christian Bosseno
泰奥多尔·博特雷尔 Théodore Botrel
奥塔维奥·博特西亚
Ottavio Bottechia
博须埃 Bossuet

不伦瑞克　Brunswick
马塞尔·不伦瑞克　Marcel Braunschvig
儒勒·布尔代　Jules Bourdais
保罗·布尔热　Paul Bourget
布格罗　Bouguereau
布拉坦　Blatin
罗贝尔·布拉西亚克　Robert Brasillach
布莱希特　Brecht
布兰　Blein
路易·布朗　Louis Blanc
路易·布朗基　Louis Blanqui
布朗热　Boulanger
雅克·布朗热　Jacques Boulenger
雅克-埃米尔·布朗什　Jacques- Émile Blanche
莫里斯·布朗肖　Maurice Blanchot
皮埃尔·布勒东　Pierre Breton
乔治·布雷　Georges Bouret
热尔梅娜·布雷　Germaine Brée
夏尔·布雷班　Charles Briaibant
纪尧姆·布雷顿　Guillaume Bréton
布雷基尼　Bréquigny
阿尔诺·布雷克　Arno Breker
布雷欧泰侯爵　marquis de Bréauté
罗贝尔·布雷西　Robert Brécy
乔治·布里埃　Georges Brière
乔治·布里凯　Georges Briquet
布里肖　Brichot
皮埃尔·布里宗　Pierre Brizon
罗贝尔·布列松　Robert Bresson
安托万·布隆丹　Antoine Blondin
莱昂·布卢瓦　Léon Bloy
莱昂·布鲁姆　Léon Brum
让·布吕阿　Jean Bruhat
莱昂·布吕姆　Léon Blum
布吕内　Brune
费迪南·布吕内蒂埃　Ferdinand Brunetière
克洛维·布吕内尔　Clovis Brunel
布吕诺　Bruno
弗朗索瓦·布吕什　François Bluche
布伦内克　Brenneke
阿兰·布罗　Alain Boureau
费尔南·布罗代尔　Fernand Braudel
古斯塔夫·布洛克　Gustave Bloch
马克·布洛克　Marc Bloch
埃米尔·布儒瓦　Émile Bourgeois
莱昂·布儒瓦　Léon Bourgeois
吉尔·布斯凯　Gilles Bousquet
埃米尔·布特鲁　Émile Boutroux
埃米尔·布特米　Émile Boutmy
布瓦　Boy
布瓦利勒　Boislisle
布瓦洛　Boileau

安托万·布维耶　Antoine Bouvier

弗朗西斯·布韦　Francis Bouvet

雅克·布歇　Jacques Boucher

布耶　Bouillé

路易·布耶　Louis Bouilhet

迪诺·布扎蒂　Dino Buzzati

C

柴可夫斯基　Tchaïkovski

D

皮埃尔·拉内里·达尔克
Pierre Lanéry d'Arc

达尔曼　Dahlmann

玛丽·达古　Marie d'Agoult

达莱拉克　Dalayrac

达利　Dally

达卢　Dalou

达努尔　d'Anouilh

大卫　David

马塞尔·大卫　Marcel David

亚历山德拉·大卫-内尔
Alexandra David-Neel

大仲马　Alexandre Dumas

戴尔蒙　Deyrmon

戴高乐　De Gaulle

戴吉永　D'Aiguillon

塞西尔·B. 戴米尔　Cecil B. de Mille

欧仁·戴希塔尔　Eugène d'Eichtal

丹巴赫　Dannbach

丹东　Danton

布瓦西·当格拉　Boissy d'Anglas

大卫·当热　David d'Aangers

莫里斯·道特维尔　Maurice d'Auteville

夏尔·德·弗雷西内
Charles de Freycinet

阿尔弗雷·德·缪塞
Alfred de Musset

泰奥多尔·德邦维尔
Théodore de Banville

埃德蒙·德波利尼亚克
Edmond de Polignac

阿尔贝·德拉图尔　Albert Delatour

德比杜尔　Debidour

德比古　Debucourt

让·德布里　Jean Debry

德布罗伊　De Broglie

亚历山大·布里埃·德布瓦蒙
Alexandre Brierre de Boismont

瓦莱里·德尔弗利　Valérie Delfolie

马克西姆·雷亚尔·德尔萨尔特
Maxime Real del Sarte

约瑟夫·德尔泰伊　Joseph Delteil

德尔图尔　Deltour

贝尔纳·德法洛瓦　Bernard de Fallois

马瑟兰·德福诺

Marcellin Desfourneaux
亨利·德格朗热　Henri Desgrange
埃米尔·德吉拉尔丹
Emile de Girardin
德加　Degas
马克·德加斯丁　Marc de Gastyne
让·德卡尔　Jean des Cars
佩瑟瓦尔·德卡尼　Perceval de Cagny
加斯东·德卡亚韦　Gaston de Caillavet
西蒙娜·阿尔芒·德卡亚韦
Simone Arman de Caillavet
亨利·德库安　Henri Decoin
菲斯泰尔·德库朗热
Fustel de Coulanges
德拉博德　Delaborde
德拉克洛瓦　Delacroix
德拉罗什　Delaroche
阿里斯蒂德·德拉努瓦
Aristide Delannoy
让·德拉努瓦　Jean Delannoy
瓦谢·德拉普热　Vacher de Lapouge
罗贝尔·德拉斯泰里
Robert de Lasteyrie
德拉特尔·德塔西尼
De Lattre de Tassigny
卡西米尔·德拉维涅
Casimir Delavigne
克莱芒·德拉韦尔迪
Clément de l'Averdy
德莱扬　Delayen
卡尔·德莱叶　Carl Dreyer
吉尔·德勒兹　Gilles Deleuze
德吕蒙　Drumont
莫里斯·德吕翁　Maurice Druon
约瑟夫·鲁热·德利尔
Joseph Rouget de Lisle
勒孔特·德利勒　Leconte de Lisle
利奥波德·德利勒　Léopold Delisle
德鲁莱德　Déroulède
保罗·德鲁莱德　Paul Déroulède
德鲁热子爵　Vicomte de Rougé
罗贝尔·德洛奈　Robert Delaunay
索尼娅·德洛奈　Sonia Delaunay
玛尔维达·德迈森堡
Malwida de Mey-senbourg
约瑟夫·德迈斯特　Joseph de Maistre
保罗·德曼　Paul de Man
让-皮埃尔·德蒙德纳尔
Jean-Pierre de Mondenard
昂盖朗·德蒙斯特勒莱
Enguerrand de Monstrelet
卡米耶·德穆兰　Camille Desmoulins
弗朗索瓦·德纳沙托
François de Neufchateau
安娜·德诺阿耶　Anna de Noailles
德帕朗西　de Palancy

达基耶尔·德佩尔普瓦 Darquier de Pellepoix
莱昂·德蓬森 Léon de Poncins
克里斯蒂娜·德皮桑 Christine de Pisan
路易·德若昂托 Louis de Joantho
德萨罗 de Sarreau
德塞 Desaix
米歇尔·德塞托 Michel de Certeau
阿姆洛·德沙尤 Amelot de Chaillou
亚历山大·德圣莱热 Alexandre de Saint-Léger
贝尔特朗·德圣日耳曼 Bertrand de Saint-Germain
鲁阿尔·德斯克莱布·迪斯特 Roual d'Esclaibes d'Hust
德斯塔埃尔夫人 Mme de Staël
瓦莱里·吉斯卡尔·德斯坦 Valéry Giscard d'Estaing
罗贝尔·德索邦 Robert de Sorbon
莱昂·博德里·德索尼耶 Léon Baudry de Saunier
格雷瓜尔·德图尔 Grégoire de Tours
德维克 Devic
瓦莱·德维里维尔 Vallet de Viriville
瓦莱·德维里耶 Vallet de Virille
菲利普·德维利耶 Phlippe de Villiers
德维纳 Devinat
欧仁-梅尔基奥尔·德沃居埃 Eugène-Melchior de Vogüé
阿里·维亚尔·德叙布利尼 Ali Vial de Subligny
珀蒂·德朱勒维尔 Petit de Julleville
伊莎多拉·邓肯 Isadora Duncan
狄德罗 Diderot
皮埃尔·狄盖特 Pierre Degeyter
吉拉尔·迪阿扬 Girard du Haillan
迪巴利夫人 Madame du Barry
纪尧姆·迪贝莱 Guillaume Du Bellay
乔治·迪比 Georges Duby
迪布尔邦 du Boulbon
迪布瓦 Du Bois
迪布瓦 Dubois
贝特朗·迪盖克兰 Bertrand Du Guesclin
迪加宗 Dugazon
迪康热 Du Cange
迪克莱尔 Duclerc
雅克·迪克洛 Jacques Duclos
迪朗 Durand
迪梅尼尔 Du Mesnil
阿尔贝·迪蒙 Albert Dumont
勒内·迪蒙 René Dumont
路易·迪米耶 Louis Dimier
乔治·迪穆兰 Georges Dumoulin
迪穆里埃 Dumouriez

让·迪里　Jean Durry
迪利斯　du Lys
迪隆　Dulong
维克托·迪吕伊　Victor Duruy
迪马　Dumas
迪庞卢　Dupanloup
迪蓬　Dupont
夏尔·迪皮伊　Charles Dupuy
克洛德·迪容　Claude Digeon
迪沙特莱　Du Châtelet
迪特里希　Dietrich
安德烈·迪歇纳　André Duchesne
蒂埃诺　Thienot
古斯塔夫·蒂邦　Gustave Thibon
蒂博　Thibaut
蒂博岱　Thibaudet
蒂里纳兹　Turinaz
蒂索　Tissot
朱利安·蒂耶索　Julien Tiersot
丁托列托　Tintoret
东克尔　Doncœur
莱昂·都德　Léon Daudet
吕西安·都德　Lucien Daudet
乔治·杜阿梅尔　Georges Duhamel
杜奥蒙　Douaumont
塞尔日·杜布洛夫斯基
　Serge Doubrovsky
杜杜尔　Tutur
杜尔哥　Turgot
罗杰·马丁·杜加尔
　Roger Martin du Gard
保罗·杜梅　Paul Doumer
加斯东·杜梅格　Gaston Doumergue
多尔塞　Dorsay
让-皮埃尔·多芬　Jean-Pierre Dauphin
莫里斯·多列士　Maurice Thorez
马克斯·多洛纳　Max d'Ollonne
莫里斯·多芒热　Maurice Dommanget
多梅尔克　Domerc
加布里埃尔·多梅纳克
　Gabriel Dome-nach
多努　Daunou
罗兰·多热莱斯　Roland Dorgelès

E

蛾摩拉　Gomorrhe
厄韦尔特　Euverte

F

弗朗索瓦·法贝尔　François Faber
皮埃尔·法布尔　Pierre Fabre
约瑟夫·法布尔　Joseph Fabre
玛丽亚·法尔科内蒂　Maria Falconetti
埃米尔·法盖　Émile Faguet
阿纳托尔·法朗士　Anatole France
法利埃　Fallières

G

盖尔芒特 Guermantes
盖拉尔 Guérard
儒勒·盖兰 Jules Guérin
雅克·盖兰 Jacques Guérin
莱昂·甘必大 Léon Gambetta
塞尔日·甘斯堡 Serge Gainsbourg
甘肖夫 Ganshof
高更 Gauguin
高乃依 Corneille
歌德 Goethe
勒内·戈布莱 René Goblet
戈达尔 Cottard
雅克·戈代 Jacques Goddet
夏尔-阿尔贝·戈蒂埃 Charles-Albert Gautier
贝尔纳·戈捷 Bernard Gauthier
戈塞克 Gossec
奥古斯特·戈万 Auguste Gauvain
阿尔弗雷德·戈维尔 Alfred Goville
马塞尔·戈谢 Marcel Gauchet
乔治·戈约 Georges Goyau
格拉蒙公爵 duc de Gramont
格拉塞 Grasset
莱昂·格莱兹 Léon Glaize
乔治-居伊·格朗 Georges-Guy Grand
阿尔贝·格勒尼耶 Albert Grenier
格雷菲勒伯爵夫人 comtesse Greffulhe
格雷瓜尔 Grégoire
格雷斯莱 Gresley
格雷特里 Grétry
儒勒·格雷维 Jules Grévy
奥克塔夫·格雷亚尔 Octave Gréard
格里松 Grisons
朱利安·格林 Julien Green
格鲁希 Grouchy
格洛茨 Glotz
葛饰北斋 Hokusai
迪特尔·根比茨基 Dieter Gembicki
贡特-苏拉尔 Gonthe-Soulard
皮埃尔·古贝尔 Pierre Goubert
让-保罗·古德 Jean-Paul Goude
古德绍 Goudchaux
雅克·古根海姆 Jacques Guggenheim
古诺 Gounod
让·古戎 Jean Goujon
古维翁 Gouvion

H

莫里斯·哈布瓦赫 Maurice Halbwachs
恩斯特·哈克尔 Ernst Haeckel
亨利·哈克西姆 Henri Raczymow
本杰明·哈里森 Benjamin Harrison
哈曼 Hamman
菲利普·E. 哈蒙德 Phillip E. Hammond

冯·哈纳克 von Harnack
玛塔·汉娜 Martha Hanna
汉希 Hansi
奥尔加·赫尔岑 Olga Herzen
安娜·亨利 Anne Henry
胡塞尔 Husserl
华托 Watteau

J

埃德加·基内 Edgar Quinet
儒勒·基舍拉 Jules Quicherat
皮埃尔·基亚尔 Pierre Quillard
弗朗索瓦·基佐 François Guizot
路易·基佐 Louis Guizot
乔治·吉巴尔 Georges Guibal
埃尔韦·吉贝尔 Hervé Guibert
皮埃尔·吉贝尔 Pierre Guibbert
西格弗里德·吉迪恩 Siegfried Giedon
让·吉东 Jean Guitton
吉尔贝特 Gilberte
吉尔兰达约 Ghirlandaio
保罗·吉法尔 Paul Giffard
圣马克·吉拉尔丹 Saint-Marc Girardin
吉里 Giry
阿蒂尔·吉里 Arthur Giry
吉纳尔 Guinard
吉努 Ginoux
纪德 Gide
夏尔·纪德 Charles Gide
让·季洛杜 Jean Giraudou
菲利普·加博里欧 Philippe Gaboriau
加德尔 Gardel
加尔文 Calvin
加弗罗什 Gavroche
恺撒·加兰 César Garin
莫里斯·加兰 Maurice Garin
加利费 Galliffet
加卢瓦 Gallois
马克斯·加洛 Max Gallo
让·艾尔·加马尔 Jean El Gammal
加缪 Camus
蒂埃里·加尼耶 Thierry Gasnier
夏尔·加尼耶 Charles Ganier
加沙尔 Gachard
加沃 Gaveau
加沃当 Gavaudan
帕特里克·加西亚 Patrick Garcia
加香 Cachin
皮埃尔·加雅克 Pierre Gageac
加斯东·伽利玛 Gaston Gallimard
居约 Guyot

K

艾蒂安·卡贝 Étienne Cabet
夏尔-奥利维耶·卡博内尔

Charles-Olivier Carbonell
卡法雷利 Caffarelli
卡尔科皮诺 Carcopino
卡尔梅耶 Calmeil
马塞尔・卡尔内 Marcel Carné
保罗・卡尔图 Paul Cartoux
让・卡尔韦 Jean Calvet
让-保罗・卡拉卡拉
Jean-Paul Caracalla
埃米利安・卡拉叙 Émilien Carassus
卡莱尔 Carlyle
亨利・卡雷 Henri Carré
卡利克斯特三世 Calixte Ⅲ
皮埃尔・卡龙 Pierre Caron
卡洛纳 Calonne
卡诺 Carnot
萨迪・卡诺 Sadi Carnot
于格・卡佩 Hugues Capet
勒内・卡森 René Cassin
卡特尔 Catel
皮埃尔・卡泽 Pierre Caze
埃米尔・凯勒 Émile Keller
威廉・R. 凯勒 William R. Keylor
康斯坦 Constans
勒内・科蒂 René Coty
科尔贝 Colbert
菲利普・科尔布 Philip Kolb
夏尔・科尔达 Charles Corda
让・科克多 Jean Cocteau
科米纳 Commynes
科吕什 Coluche
科罗 Corot
弗朗索瓦・科佩 François Coppée
福斯托・科皮 Fausto Coppi
科尚 Cochin
维克多・科松 Victor Cosson
科苏特 Kossuth
科维尔 Coville
科西迪埃 Caussidière
皮埃尔・科雄 Pierre Cauchon
皮埃尔・克拉拉克 Pierre Clarac
儒勒・克拉勒蒂 Jules Claretie
保罗・克拉瓦尔 Paul Claval
莫里斯・克拉韦尔 Maurice Clavel
克莱贝尔 Kléber
勒内・克莱尔 René Clair
克莱蒙-托内尔 Clermont-Tonnerre
克莱蒙松 Clemençon
阿蒂尔・克莱因克洛兹
Arthur Kleinclausz
玛丽-韦罗妮克・克兰
Marie-Véronique Clin
鲁道夫・克勒策 Rodolphe Kreutzer
乔治・克雷孟梭 Georges Clemenceau
克雷米厄 Crémieux
欧仁・克里斯托夫 Eugène Christophe

热尔梅娜·克鲁尔　Germaine Krull
格尔德·克鲁迈希　Gerd Krumeich
阿尔弗雷德·克鲁瓦塞　Alfred Croiset
莫里斯·克鲁瓦塞　Maurice Croiset
阿纳卡西斯·克洛茨
Anacharsis Cloots
克洛岱尔　Claudel
克什兰　Koechlin
默里·肯德尔　Murray Kendall
吕西安·孔贝勒　Lucien Combelle
奥古斯特·孔德　Auguste Comte
孔多塞　Condorcet
安托万·孔帕尼翁
Antoine Compagnon
加布里埃尔·孔佩雷
Gabriel Compayré
诺埃尔·库埃代尔　Noël Couédel
斯特凡·库贝　Stéphen Coubé
恩斯特-罗贝尔·库尔提乌斯
Ernst-Robert Curtius
贝尔纳·库什内　Bernard Kouchner
加斯东·库泰　Gaston Couté
库赞　Cousin
库宗　Couzon

L

拉波普里尼埃　La Popelinière
伊丽莎白·拉布鲁斯
Élisabeth Labrousse
拉布吕耶尔　La Bruyère
拉德维尼埃　La Devinière
菲利贝尔-路易·拉尔谢
Philibert-Louis Larcher
拉法埃利　Raffaëlli
拉法耶特　La Fayette
拉菲特　Laffitte
拉封丹　La Fontaine
亨利·拉夫当　Henri Lavedan
让·拉库蒂尔　Jean Lacouture
拉库尔-加耶　Lacour-Gayet
拉雷韦利埃-勒波
La Révellière-Lépeaux
雅克利娜·拉卢埃特
Jacqueline Lalouette
皮埃尔·拉鲁斯　Pierre Larousse
拉罗克　La Rocque
拉罗什富科　La Rochefoucauld
拉罗歇尔　La Rochelle
拉马丁　Lamartine
拉梅内　Lamennais
拉穆雷特　Lamourette
奥克塔夫·拉皮兹　Octave Lapize
奥古斯特·拉热　Auguste Laget
弗朗索瓦·拉萨涅　François Lassagne
拉舍利耶　Lachelier
拉斯金　Ruskin

拉斯帕伊　Raspail

泰奥菲勒·拉瓦莱　Théophile Lavallé

拉瓦亚克　Ravaillac

埃内斯特·拉维斯　Ernest Lavisse

拉谢尔　Rachel

拉辛　Racine

拉伊斯　Laïs

贝尔纳·拉扎尔　Bernard Lazare

保罗·莱昂　Paul Léon

莱尔姆　Lherm

弗兰蒂泽克·莱赫特　Frantisek Laichter

莱雷　Leyret

莱内　Lainez

莱桑　Laisant

莱维　Lewy

赖夏特　Reichardt

保罗·兰多夫斯基　Paul Landowsky

兰克　Leopold Von Ranke

塞尔日·朗　Serge Lang

雅克·朗　Jacques Lang

阿尔弗雷德·朗博　Alfred Rambaud

菲尔曼·朗博　Firmin Lambot

朗多瓦奈特　Lanthoinette

尼古拉·朗格莱-迪弗雷努瓦　Nicolas Lenglet-Dufresnoy

夏尔·维克多·朗格卢瓦　Charles Victor Langlois

朗居奈　Languinais

朗克　Ranc

古斯塔夫·朗松　Gustave Lanson

勒·柯布西耶　le Corbusier

阿尔弗雷德·勒贝里奥　Alfred Rebelliau

玛德莱娜·勒贝里乌　Madeleine Réberioux

让·勒波蒂耶　Jean Le Pottier

阿尔贝·勒布兰　Albert Lebrun

勒布兰·德沙尔梅特　Le Brun des Charmettes

纪尧姆·勒布勒东　Guillaume le Breton

勒德雷尔　Roederer

勒德吕-罗兰　Ledru-Rollin

安德烈·勒迪克　André Leducq

勒菲弗-蓬塔里　Lefèvre-Pontalis

勒菲弗尔　Lefebvre

阿贝尔·勒弗朗　Abel Lefranc

雅克·勒高夫　Jacques Le Goff

让-菲利普·勒卡　Jean-Philippe Lecat

伊夫·勒坎　Yves Lequin

让·勒利奥　Jean Leulliot

皮埃尔·勒鲁　Pierre Leroux

阿纳托尔·勒鲁瓦-博利厄　Anatole Leroy-Beaulieu

埃马纽埃尔·勒鲁瓦·拉迪里

Emmanuel Le Roy Ladurie
勒洛兰 Le Lorrain
勒迈特 Lemaître
格雷格·勒蒙德 Greg Lemond
亨利·勒莫尼耶 Henry Lemonnier
贝尔纳·勒穆瓦纳 Bernard Lemoine
埃内斯特·勒南 Ernest Renan
勒内弗 Lenepveu
让-巴蒂斯特·勒尼奥
Jean-Baptiste Regnault
让-米歇尔·勒尼奥
Jean-Michel Leniaud
亨利·勒帕热 Henri Lepage
让-玛丽·勒庞 Jean-Marie Le Pen
勒普罗沃·德洛奈
Le Provost de Launay
勒塞纳 Le Senne
勒瓦瑟尔 Levasseur
勒西涅 Lesigne
勒内·雷蒙 René Rémond
米歇尔·雷蒙 Michel Raimond
雷尼耶 Régnier
雷诺 Renaud
菲利普·雷诺 Phllippe Raynaud
让·雷诺阿 Jean Renoir
托尼·雷维永 Tony Révillon
让-弗朗索瓦·雷韦尔
Jean-François Revel
雅克·雷韦尔 Jacques Revel
黎塞留 Richelieu
弗兰茨·李斯特 Franz Liszt
里安塞 Riancey
克洛德·里贝拉-佩尔维莱
Claude Ribéra-Pervillé
阿洛伊斯·里格尔 Alois Riegl
里卡尔 Ricard
亨利·里维埃 Henri Rivière
罗歇·里维埃 Roger Rivière
雅克·里维埃 Jacques Rivière
让-皮埃尔·里乌 Jean-Pierre Rioux
里夏尔 Richard
让-皮埃尔·里夏尔
Jean-Pierre Richard
埃德蒙·里歇尔 Edmond Richer
利奥十三世 Léon XIII
保罗·利科 Paul Ricœur
詹姆斯·利思 James Leith
埃米尔·利特雷 Émile Littré
路易·利亚尔 Louis Liard
达尼埃尔·林登堡 Daniel Lindenberg
阿尔贝·隆德尔 Albert Londres
玛丽·隆盖 Marie Longuet
卢尔德 Lourdes
亨利·卢梭 Henri Rousseau
亨利·卢瓦雷特 Henri Loyrette
卡特琳娜·卢沃 Catherine Louveau

格扎维埃·卢伊 Xavier Louy
普罗斯帕·鲁 Prosper Roux
依达·鲁宾斯坦 Ida Rubinstein
欧仁·鲁洛 Eugène Roulleaux
让·鲁塞 Jean Rousset
雷蒙·鲁塞尔 Raymond Roussel
亨利·鲁索 Henry Rousso
路德 Luther
保罗·罗班 Paul Robin
弗雷德里克·罗贝尔 Frédéric Robert
让·罗比克 Jean Robic
罗比内 Robinet
阿兰·罗伯-格里耶 Alain Robbe-Grillet
罗伯茨 Roberts
罗伯斯庇尔 Robespierre
米格尔·罗德里格斯 Miguel Rodriguez
菲利普·罗杰 Philippe Roger
布莱恩·罗杰斯 Brian Rogers
罗康坦 Roquentin
安娜·罗克贝尔 Anne Roquebert
罗曼·罗兰 Romain Rolland
儒勒·罗曼 Jules Romains
若埃尔·罗曼 Joël Roman
罗密 Romi
罗伯托·罗塞里尼 Roberto Rossellini
达尼埃尔·罗什 Daniel Roche
亨利·罗什弗尔 Henri Rochefort
罗斯柴尔德 Rothschild
埃德蒙·罗斯唐 Edmond Rostand
罗特希尔德 Rothschild
罗维尔 Rovère
罗伊斯 R. Reuss
乔治·罗泽 Georges Rozet
内洛·洛尔迪 Nello Lauredi
让·洛尔桑 Jean Lorcin
爱德华·洛克鲁瓦 Édouard Lockroy
洛里斯侯爵 marquis de Lauris
皮埃尔·洛姆 Pierre Lhomme
洛特 Lot
洛赞 Lauzin
吕德 Rude
菲利普·吕多 Philippe Rudaux
吕克纳 Lückner
吕斯 Luce
阿希尔·吕谢尔 Achille Luchaire

M

马比荣 Mabillon
马蒂 Marty
马蒂-拉沃 Marty-Laveaux
马蒂厄 Mathieu
安德烈·马丁 André Martin
亨利·马丁 Henri Martin

路易·马丁　Louis Martin
让-克莱芒·马丁
　Jean-Clément Martin
安德烈·马尔罗　André Malraux
保罗·马尔默坦　Paul Marmottan
让-马里·马尔齐厄
　Jean-Marie Malzieu
雅克·马尔尚　Jacques Marchand
克里斯·马克　Chris Marker
罗杰·马克斯　Roger Marx
马拉　Marat
雅克·马拉康　Jacques Malcamp
斯特凡·马拉美　Stéphane Mallarmé
马拉佩尔　Malapert
马莱　Malet
阿尔贝·马莱　Albert Malet
马莱伯　Malherbe
埃米尔·马勒　Émile Mâle
马里　Marie
雅克·马里内利　Jacques Marinelli
加利·马里耶　Gallie Marié
让-伊波利特·马里耶若尔
　Jean-Hippolyte Mariéjol
皮埃尔·马罗　Pierre Marot
帕斯卡尔·马尼耶　Pascale Maniez
安托南·马涅　Antonin Magne
艾田·马赛　Étienne Marcel
让·马森　Jean Massin
马斯卡尔　Mascart
加斯东·马斯佩罗　Gaston Maspero
马绍　Machault
亨利·马西斯　Henri Massis
弗朗索瓦丝·马耶尔
　Françoise Mayeur
马扎然　Mazarin
玛丽-安托瓦内特　Marie-Antoinette
玛丽亚-特蕾西亚　Marie-Thérèse
让·迈特龙　Jean Maitron
麦克马洪　Mac-Mahon
罗贝尔·曼代　Robert Minder
亨利·曼德罗夫　Henri Minderof
亨利·芒德拉　Henri Mendras
埃尔韦·芒贡　Hervé Mangon
苏济·芒特-普罗斯特
　Suzy Mante-Proust
米歇尔·梅杜迪　Michèle Métoudi
阿尔贝·梅尔　Albert Maire
梅雷斯修士　Abbé Em. Méresse
加斯东·梅里　Gaston Mery
梅里爱　Méliès
梅里美　Mérimée
梅纳尔　Mesnard
梅利纳　Méline
阿尔弗雷德·梅齐埃　Alfred Mézières
梅索尼耶　Meissonier
阿尔贝·梅坦　Albert Métin

路易-塞巴斯蒂安·梅西耶
Louis-Sébastien Mercier
樊尚·梅耶　Vincent Maillet
梅耶贝尔　Meyerbeer
保罗·梅耶尔　Paul Meyer
梅于尔　Méhul
梅泽雷　Mézeray
蒙日　Monge
蒙萨布雷　Monsabré
蒙森　Mommsen
蒙泰朗　Montherlant
蒙特于　Montehus
蒙田　Montaigne
孟德斯鸠　Montesquiou
皮埃尔·米克尔　Pierre Miquel
米库兰　Micoulin
米拉波　Mirabeau
米勒　Mireur
安德烈·米勒　André Muller
马塞尔·米勒　Marcel Muller
让·米利　Jean Milly
米留科夫　Milioukov
达尼埃尔·米洛　Daniel Milo
格雷瓜尔·米洛 Grégoire Milot
米诺　Minot
米什莱　Michelet
米肖　Michaud
弗朗索瓦丝·米肖-弗雷雅维尔
Françoise Michaud-Fréjaville
安德烈·米歇尔　André Michel
米亚尔代　Millardet
密尔　Mill
达妮埃勒·密特朗
Danielle Mitterrand
弗朗索瓦·密特朗
François Mitterrand
米歇尔·摩根　Michèle Morgan
莫泊桑　Maupassant
艾迪·莫克斯　Eddy Merckx
夏尔·莫拉斯　Charles Maurras
莫莱　Molé
莫朗　Morand
莫雷尔　Morel
莫里斯　Morice
弗朗索瓦·莫里亚克
François Mauriac
奥古斯特·莫利尼耶
Auguste Molinier
玛丽·莫龙　Marie Mauron
埃米尔·莫罗　Émile Moreau
雅各布-尼古拉·莫罗
Jacob-Nicolas Moreau
安德烈·莫洛亚　André Maurois
莫莫罗　Momoro
莫奈　Monet
让·莫内　Jean Monnet

蒂埃里 · 莫尼耶　Thierry Maulnier
加布里埃尔 · 莫诺　Gabriel Monod
奥利维耶 · 莫特　Olivier Motte
穆拉托里　Muratori
让 · 穆兰　Jean Moulin
穆里耶　Mourier
罗兰 · 穆尼耶　Roland Mousnier
穆齐尔　Musil
穆谢　Mouchez

N

纳达尔　Nadar
维克多 · 纳弗莱　Victor Navlet
纳凯　Naquet
亨利 · 纳雷　Henri Nallet
热拉尔 · 纳梅尔　Gérard Namer
雅克 · 纳坦　Jacques Nathan
内克尔　Necker
让-弗朗索瓦 · 尼斯　J.-Fr. Nys
夏尔 · 诺迪埃　Charles Nodier
奥利维耶 · 诺拉　Olivier Nora
皮埃尔 · 诺拉　Pierre Nora
努吉耶　Nouguier
努里　Nourrit

P

艾蒂安 · 帕基耶　Étienne Pasquier
安布鲁瓦兹 · 帕雷　Amboise Paré
菲利普 · 帕雷斯　Philippe Parès
乔治 · 帕里塞　Georges Pariset
加斯东 · 帕里斯　Gaston Paris
路易-亨利 · 帕里亚　Louis-Henri Parias
帕默斯顿　Palmerston
帕涅尔　Pagnerre
乔万尼 · 帕奇尼　Giovanni Pacini
加尼耶-帕热斯　Garnier-Pagès
让-路易 · 帕斯卡尔　Jean-Louis Pascal
让-贝尔纳 · 帕斯里厄　Jean-Bernard Passerieu
格里布 · 潘菲洛夫　Gleb Panfilov
佩蒂翁　Pétion
雷吉娜 · 佩尔努　Régine Pernoud
卡米耶 · 佩尔唐　Camille Pelletan
欧仁 · 佩尔唐　Eugène Pelletan
夏尔 · 佩吉　Charles Péguy
佩雷兄弟　les frères Perret
佩里耶　Perrier
亨利 · 佩利西耶　Henri Pélissier
让 · 佩利西耶　Jean Pélissier
米歇尔 · 佩罗　Michelle Perrot
佩尼奥　Peignot
佩索诺　Pessonneaux
乔治 · 佩因特　George Painter
蓬巴杜　Pompadour
乔治 · 蓬皮杜　Georges Pompidou

弗朗索瓦·蓬塞顿　François Poncetton
贡斯当·皮埃尔　Constant Pierre
莱昂·皮埃尔-坎　Léon Pierre-Quint
保罗·皮埃内　Paul Pierné
皮尔斯　Pils
斯特凡诺·皮伐托　Stéfano Pivato
皮加勒　Pigalle
阿尔弗雷德·皮卡尔　Alfred Picard
加埃唐·皮康　Gaëtan Picon
皮拉内西　Le Piranèse
日耳曼·皮隆　Germain Pilon
阿道夫·皮纳尔　Adlophe Pinard
皮热　Puget
莫里斯·皮若　Maurice Pujo
皮图　Pitous
费利克斯·皮亚　Félix Pyat
夏尔·珀蒂-迪塔伊
Charles Petit-Dutaillis
珀蒂尼　Pétigny
欧仁·普贝勒　Eugène Poubelle
雷蒙·普恩加莱　Raymond Poincaré
克里斯蒂安·普菲斯特
Christian Pfister
让娜·普凯　Jeanne Pouquet
乔治·普莱　Georges Poulet
伊尼亚斯·普莱耶尔　Ignace Pleyel
普雷桑赛　Pressensé
雅克·普雷维尔　Jacques Prévert
普里厄　Prieur
雷蒙·普利多尔　Raymond Poulidor
皮埃尔-约瑟夫·普鲁东
Pierre-Joseph Proudhon
安托南·普鲁斯特　Antonin Proust
罗贝尔·普鲁斯特　Robert Proust
马塞尔·普鲁斯特　Marcel Proust
阿兰·普罗斯特　Alain Prost
安托万·普罗斯特　Antoine Prost
多米尼克·普洛　Dominique Poulot
叙利·普吕多姆　Sully Prudhomme
普茹拉　Poujoulat

Q

乔伊斯　Joyce
毛罗·切鲁蒂　Mauro Ceruti
费尔迪·屈布勒　Ferdi Kübler

R

让-诺埃尔·让纳内
Jean-Noël Jeanneney
埃吉德·让内　Égide Jeanné
让索内　Gensonné
饶勒斯　Jaurès
亨利-皮埃尔·热迪
Henri-Pierre Jeudy
乔瓦尼·热尔比　Giovanni Gerbi
保罗·热尔博　Paul Gerbod

热尔勒修士 Dom Gerle

热拉尔丹 Gérardin

尼古拉 · 热拉尔丹 Nicolas Gérardin

热罗姆 Gérôme

莫里斯 · 热纳瓦 Maurice Genevoix

热拉尔 · 热奈特 Gérard Genette

热内 Genet

克里斯蒂安 · 茹奥 Christian Jouhaud

茹贝尔 Joubert

茹费里 Jules Ferry

雅克 · 茹里亚尔 Jacques Julliard

菲利普 · 茹塔尔 Philippe Joutard

莱昂 · 儒奥 Léon Jouhaux

若弗鲁瓦 Geoffroy

S

奥利维耶 · 萨尔瓦托里 Olivier Salvatori

萨克森 Saxe

娜塔丽 · 萨罗特 Nathalie Sarraute

菲利普 · 萨尼亚克 Philippe Sagnac

让-保罗 · 萨特 Jean-Paul Sartre

塞 Sée

保罗 · 塞迪耶 Paul Sédille

威廉 · 塞尔曼 William Serman

塞尔内松 Cernesson

塞尔旺 Servan

罗歇 · 塞克雷坦 Roger Secrétain

塞利纳 Céline

夏尔 · 塞尼奥博斯 Charles Seignobos

塞涅莱 Seignelay

塞尚 Cézanne

塞维涅 Sévigné

乔治 · 桑 George Sand

布莱兹 · 桑德拉尔 Blaise Cendrars

罗斯蒙德 · 桑松 Rosemonde Sanson

皮埃尔 · 桑索 Pierre Sansot

格扎维埃 · 沙尔姆 Xavier Charmes

雅克 · 沙尔庞特罗 Jacques Charpentreau

沙莱 Charlet

塞巴斯蒂安 · 沙莱蒂 Sébastien Charléty

沙利耶 Challié

皮埃尔 · 沙尼 Pierre Chany

沙佩利耶 Chapellier

沙普兰 Chapelain

乔治 · 沙特兰 Georges Chastelain

雅克 · 沙耶 Jacques Chailley

山德里 Sandri

尚布伦 Chambrun

尚福 Chamfort

皮埃尔 · 尚皮翁 Pierre Champion

舍尔歇 Schœlcher

玛尔特 · 舍纳尔 Marthe Chenal

拉博 · 圣艾蒂安 Rabaut Saint-Étienne

圣伯夫　Sainte-Beuve

圣米迦勒　Saint Michel

圣莫里斯　Saint-Maurice

圣卢　Saint-Loup

圣热内维埃芙　Sainte Geneviève

圣桑　Saint Saëns

圣西门　Saint-Simon

圣于当　Saint Udant

圣朱斯特　Saint-Just

沃尔克·施隆多夫　Volker Schlöndorff

厄洛热·施耐德　Euloge Schneider

施内肯布格尔　Schneckenburger

阿尔伯特·施佩尔　Albert Speer

莱奥·施皮策　Leo Spitzer

莫里斯·施沃布　Maurice Schwob

斯宾塞　Spencer

斯加纳雷尔　Sganarelle

斯普勒　Spuller

斯坦　Stein

达尼埃尔·斯特恩　Daniel Stern

罗歇·斯特凡纳　Roger Stéphane

斯特劳斯夫人　Mme Straus

奥黛特·斯万　Odette Swan

欧仁·苏　Eugène Sue

儒勒·苏里　Jues Soury

苏里吉埃　Souriguières

扬-约瑟夫·苏斯　Jan-Joseph Soons

阿尔贝·索布尔　Albert Soboul

索莱拉　Solera

阿尔贝·索雷尔　Albert Sorel

乔治·索雷尔　Georges Sorel

索尼耶　Saulnier

索韦斯特尔　Sauvestre

所多玛　Sodome

T

让-伊夫·塔迪耶　Jean-Yves Tadié

塔尔德　Tarde

塔尔马　Talma

塔拉德伯爵　comte de Tarade

塔拉马斯　Thalamas

塔利安　Tallien

莱奥·塔克西尔　Léo Taxil

儒勒·塔什罗　Jules Taschereau

塔塔夫　Tatave

瓦莱里·苔斯涅尔　Valérie Tesnìe

伊波利特·泰纳　Hippolyte Taine

洛朗·泰斯　Laurent Theis

皮埃尔·泰坦热　Pierre Taittinger

大卫·特拉维斯　David Travis

夏尔·特雷内　Charles Trenet

特里维西克　Trevithick

亨利·特鲁瓦亚　Henri Troyat

阿梅代·梯叶里　Amedée Thierry

奥古斯丁·梯叶里　Augustin Thierry

梯也尔　Thiers

Jean-François Sirinelli

儒勒 · 西蒙　Jules Simon

保罗 · 西涅克　Paul Signac

西斯蒙第　Sismondi

希纳尔　Chinard

伊萨克 · 希瓦　Isac Chiva

席勒　Schiller

席里柯　Géricault

霞飞　Joffre

阿兰 · 夏蒂埃　Alain Chartier

罗杰 · 夏蒂埃　Roger Chartier

让 · 夏蒂埃　Jean Chartier

夏多布里昂　Chateaubriand

克里斯多夫 · 夏尔　Christophe Charle

夏吕斯　Charlus

迈耶 · 夏皮罗　Meyer Schapiro

肖邦　Chopin

让-皮埃尔 · 肖维埃

Jean-Pierre Chauvière

萧伯纳　Bernard Shaw

谢雷　Scherrer

谢龙　Chéron

玛丽-约瑟夫 · 谢尼埃

Marie-Joseph Chénier

安德烈 · 谢韦尔　André Chervel

汤姆 · 辛普森　Tom Simpson

修拉　Seurat

叙利　Sully

儒勒 · 叙佩维埃尔　Jules Supervielle

Y

儒勒 · 雅南　Jules Janin

汉斯 · 罗伯特 · 姚斯

Hans Robert Jauss

叶兹　Yates

伊博斯泰基　Ipoustéguy

奥利维耶 · 伊尔　Olivier Ihl

保罗 · 伊尔兰热　Paul Irlinger

伊冯　Yvon

贝尔纳 · 伊诺　Bernard Hinault

雷蒙 · 伊塞　Raymond Isay

伊韦尔诺　Hyvernaud

克洛维斯 · 于格　Clovis Hugues

乔治 · 于佩尔　Georges Huppert

若里-卡尔 · 于斯曼

Joris-Karl Huysmans Huysmans

维克多 · 雨果　Victor Hugo

威廉 · M. 约翰斯顿

William M. Johnston

保罗 · 约内　Paul Yonnet

Z

泽勒　Zeller

让 · 扎伊　Jean Zay

卡米耶 · 朱利安　Camille Jullian

左拉　Zora

附录二 《记忆之场》三部总目录

教育(Pédagogie)

《拉鲁斯大词典》(帕斯卡尔 · 奥里) Le "Grand Dictionnaire" de Pierre Larousse *Pascal Ory*

拉维斯：国民教师（皮埃尔 · 诺拉）Lavisse, instituteur national *Pierre Nora*

《两个孩子的环法之旅》(雅克 · 奥祖夫、莫娜 · 奥祖夫) "Le Tour de France par deux enfants" *Jacques et Mona Ozouf*

第三区教育之友图书馆（帕斯卡尔 · 马里）La bibliotheque des Amis de l'instruction du Ⅲ[e] arrondissement *Pascale Marie*

费迪南 · 比松的《教育学词典》(皮埃尔 · 诺拉) Le "Dictionnaire de pédagogie" de Ferdinand Buisson *Pierre Nora*

纪念活动(Commémorations)

伏尔泰和卢梭逝世百年纪念（让-玛丽 · 古勒莫、埃里克 · 沃尔特）Les centenaires dé Voltaire et dé Rousseau *Jean-Marie Goulemot et Éric Walter*

七月十四日（克里斯蒂安 · 阿马尔维）Le 14-juillet *Christian Amalvi*

维克多 · 雨果的葬礼（阿夫纳 · 本-阿莫斯）Les funérailles de Victor Hugo *Avner Ben-Amos*

法国大革命百年纪念（帕斯卡尔 · 奥里）Le Centenaire de la Révolution française *Pascal Ory*

1931 年殖民博览会(夏尔-罗贝尔 • 阿热龙) L'Exposition coloniale de 1931 *Charles-Robert Ageron*

反记忆(Contre-mémoire)

旺代省：地方-记忆（让-克莱芒 · 马丁）La Vendée, région-mémoire *Jean-Clément Martin*

巴黎公社墙（玛德莱娜·勒贝里乌）Le mur des Fédérés *Madeleine Rebérioux*

从共和国到民族国家（皮埃尔·诺拉）De la République à la nation *Pierre Nora*

第二部:民族(La nation)

引语（皮埃尔·诺拉）Présentation *Pierre Nora*

第一卷:非物质之物(L'immatériel)

遗产(Héritage)

公署与修道院（贝尔纳·盖内）Chancelleries et monastères *Bernard Guenée*

家族谱系：十至十三世纪（乔治·迪比）Le lignage, Ⅹ^{e}-ⅩⅢ^{e} siècle *Georges Duby*

王室圣殿（科莱特·博纳）Les sanctuaires royaux *Colette Beaune*

兰斯：加冕之城（雅克·勒高夫）Reims, ville du sacre *Jacques Le Goff*

史学编撰(Historiographie)

《法兰西大事记》（贝尔纳·盖内）Les "Grandes Chroniques de France" *Bernard Guenée*

艾蒂安·帕基耶的《寻找法兰西》（戈拉多·维万蒂）Les "Recherches de la France" d'Étienne Pasquier *Corrado Vivanti*

奥古斯丁·梯叶里的《法国史信笺》（马塞尔·戈谢）Les "Lettres sur l'histoire de France" d'Augustin Thierry *Marcel Gauchet*

拉维斯的《法国史》(皮埃尔·诺拉)L'"Histoire de France" de Lavisse *Pierre Nora*

《年鉴》时刻(克日什托夫·波米安)L'heure des "Annales" *Krzysztof Pomian*

风景(Paysages)

画家眼中的风景(弗朗索瓦丝·加香)Le paysage du peintre *Françoise Cachin*

学者眼中的风景(马塞尔·龙卡约洛)Le paysage du savant *Marcel Roncayolo*

若阿纳旅游指南系列(达尼埃尔·诺德曼)Les Guides-Joanne *Daniel Nordman*

维达尔·白兰士的《法兰西地理图景》(让-伊夫·吉奥马尔)Le "Tableau de la géographie de la France" de Vidal de la Blache *Jean-Yves Guiomar*

第二卷:物质之物(Le matériel)

领土(Le territoire)

从封建边界到政治疆界(贝尔纳·盖内)Des limites féodales aux frontières politiques *Bernard Guenée*

从国家边界到民族疆界(达尼埃尔·诺德曼)Des limites d'État aux frontières nationales *Daniel Nordman*

疆界记忆:阿尔萨斯(让-玛丽·马耶尔)Une mémoire-frontière: l'Alsace *Jean-Marie Mayeur*

六边形法国本土(厄让·韦伯)L'Hexagone *Eugen Weber*

南北（埃马纽埃尔·勒鲁瓦·拉迪里）Nord-Sud *Emmanuel Le Roy Ladurie*

国家（L'État）

国家象征（安娜-玛丽·勒科克）La symbolique de l'État *Anne-Marie Lecoq*

凡尔赛宫：君主的形象（爱德华·波米耶）Versailles, l'image du souverain *Édouard Pommier*

凡尔赛宫：功能与传说（埃莱娜·伊梅尔法）Versailles, fonctions et légendes *Hélène Himelfarb*

《民法典》（让·卡尔博尼耶）Le Code civil *Jean Carbonnier*

法国统计总览（埃尔韦·勒布拉）La Statistique générale de la France *Hervé Le Bras*

国家的记忆（皮埃尔·诺拉）Les mémoires d'État *Pierre Nora*

遗产（Le patrimoine）

遗产的概念（安德烈·沙泰尔）La notion du patrimoine *André Chastel*

外省博物馆的诞生（爱德华·波米耶）Naissance des musées de province *Édouard Pommier*

亚历山大·勒努瓦和法国纪念性建筑物博物馆（多米尼克·普洛）Alexandre Lenoir et les musées des Monuments français *Dominique Poulot*

阿尔西斯·德戈蒙与学会（弗朗索瓦丝·贝尔塞）Arcisse de Caumont et les sociétés savantes *Françoise Bercé*

基佐与记忆的制度化（洛朗·泰斯）Guizot et les institutions de mémoire *Laurent Theis*

梅里美与历史建筑物监察局（安德烈·费米吉耶）Mérimée et

l'Inspection des monuments historiques *André Fermigier*

维奥莱-勒杜克与建筑物修复（布吕诺·富卡尔）Viollet-le-Duc et la restauration *Bruno Foucart*

第三卷：理念之物（L'idéel）

荣耀（La gloire）

为祖国捐躯（菲利普·孔塔米纳）Mourir pour la patrie *Philippe Contamine*

士兵沙文（热拉尔·德皮梅热）Le soldat Chauvin *Gérard de Puymège*

拿破仑一世遗骸的回归（让·蒂拉尔）Le retour des Cendres *Jean Tulard*

凡尔登（安托万·普罗斯特）Verdun *Antoine Prost*

凡尔赛历史博物馆（托马斯·W. 格特根思）Le musée historique de Versailles *Thomas W. Gaehtgens*

卢浮宫（让-皮埃尔·巴伯隆）Le Louvre *Jean-Pierre Babelon*

先贤（让-克洛德·博内）Les morts illustres *Jean-Claude Bonnet*

巴黎的雕像（琼·哈格罗夫）Les statues de Paris *June Hargrove*

路名（达尼埃尔·米洛）Les noms des rues *Daniel Milo*

词语（Les mots）

法兰西学会（马克·富马罗利）La Coupole *Marc Fumaroli*

法兰西公学院（克里斯托夫·夏尔）Le Collège de France *Christophe Charle*

教席、讲坛与律师席（让·斯塔罗宾斯基）La chaire, la tribune, le barreau *Jean Starobinski*

波旁宫（让-皮埃尔·里乌）Le Palais-Bourbon *Jean-Pierre Rioux*

在学校里学习经典（达尼埃尔·米洛）Les classiques scolaires *Daniel Milo*

拜访文豪（奥利维耶·诺拉）La visite au grand écrivain *Olivier Nora*

高等师范学院文科预备班（让-弗朗索瓦·西里内利）La khâgne *Jean-François Sirinelli*

语言宝藏（阿兰·雷伊）Les Trésors de la langue *Alain Rey*

民族-记忆（皮埃尔·诺拉）La nation-mémoire *Pierre Nora*

第三部:复数的法兰西(Les France)

如何书写法兰西历史（皮埃尔·诺拉）Comment écrire l'histoire de France? *Pierre Nora*

第一卷:冲突与分割(Conflits et partages)

引语（皮埃尔·诺拉）Présentation *Pierre Nora*

政治区隔(Divisions politiques)

法兰克人与高卢人（克日什托夫·波米安）Francs et Gaulois *Krzysztof Pomian*

旧制度与大革命（弗朗索瓦·孚雷）L'Ancien Régime et la Révolution *François Furet*

天主教徒与世俗派（克洛德 · 朗格卢瓦）Catholiques et laïcs *Claude Langlois*

人民（雅克 · 茹里亚尔）Le peuple *Jacques Julliard*

红与白（让-路易 · 奥尔米埃）Les rouges et les blancs *Jean-Louis Ormières*

法国人与外国人（热拉尔 · 努瓦里埃尔）Français et étrangers *Gérard Noiriel*

维希（菲利普 · 比兰）Vichy *Philippe Burrin*

戴高乐主义者与共产主义者（皮埃尔 · 诺拉）Gaullistes et communistes *Pierre Nora*

右翼与左翼（马塞尔 · 戈谢）La droite et la gauche *Marcel Gauchet*

宗教少数派(Minorités religieuses)

皇家港（卡特琳娜 · 梅尔）Port-Royal *Catherine Maire*

新教博物馆（菲利普 · 茹塔尔）Le musée du Désert *Philippe Joutard*

格雷瓜尔、德雷福斯、德朗西和哥白尼（皮埃尔 · 比恩鲍姆）Grégoire, Dreyfus, Drancy et Copernic *Pierre Birnbaum*

时空分割(Partages de l'espace-temps)

海岸线（米歇尔 · 莫拉 · 迪茹尔丹）Le front de mer *Michel Mollat du Jourdin*

森林（安德烈 · 科沃尔）La forêt *Andrée Corvol*

圣马洛—日内瓦线（罗杰 · 夏蒂埃）La ligne Saint-Malo-Genève *Roger Chartier*

巴黎—外省（阿兰 · 科尔班）Paris-province *Alain Corbin*

中心与边缘（莫里斯 · 阿居隆）Le centre et la périphérie *Maurice Agulhon*

南部奥克语作家协会（菲利普 · 马特尔）Le Félibrige *Philippe Martel*

谚语、故事与歌谣（达尼埃尔 · 法布尔）Proverbes, contes et chansons *Daniel Fabre*

阿诺尔德 · 范热内普的《民俗手册》（达尼埃尔 · 法布尔）Le “Manuel de folklore français” d’Arnold Van Gennep *Daniel Fabre*

独特(Singularités)

交谈（马克 · 富马罗利）La conversation *Marc Fumaroli*

殷勤（诺埃米 · 埃普）La galanterie *Noémi Hepp*

葡萄园与葡萄酒（乔治 · 迪朗）La vigne et le vin *Georges Durand*

美食（帕斯卡尔 · 奥里）La gastronomie *Pascal Ory*

咖啡（伯努瓦 · 勒科克）Le café *Benoît Lecoq*

环法自行车赛（乔治 · 维伽雷罗）Le tour de France *Georges Vigarello*

马塞尔 · 普鲁斯特对逝去时光的追寻（安托万 · 孔帕尼翁）La “Recherche du temps perdu” de Marcel Proust *Antoine Compagnon*

第三卷:从档案到标志(De l’archive à l’emblème)

引语(皮埃尔 · 诺拉)　Présentation *Pierre Nora*

记录(Enregistrement)

系谱学（安德烈 · 比尔吉埃）La généalogie *André Burguière*

公证处（让-保罗 · 普瓦松）L’étude de notaire *Jean-Paul Poisson*

工人生活（米歇尔·佩罗）Les vies ouvrières *Michelle Perrot*

工业化时代（路易·贝热龙）L'âge industriel *Louis Bergeron*

档案（克日什托夫·波米安）Les archives *Krzysztof Pomian*

名胜(Hauts lieux)

拉斯科洞穴（让-保罗·德穆勒）Lascaux *Jean-Paul Demoule*

阿雷西亚（奥利维耶·比克森许茨）Alésia *Olivier Buchsenschutz et Alain Schnapp*

韦兹莱（居伊·洛布里肖恩）Vézelay *Guy Lobrichon*

巴黎圣母院（阿兰·埃朗德-勃兰登堡）Notre-Dame de Paris *Alain Erlande-Brandenburg*

卢瓦河谷城堡（让-皮埃尔·巴伯隆）Les châteaux de la Loire *Jean-Pierre Babelon*

蒙马特圣心教堂（弗朗索瓦·卢瓦耶）Le Sacre-Cœur de Montmartre *François Loyer*

埃菲尔铁塔（亨利·卢瓦雷特）La tour Eiffel *Henri Loyrette*

认同(Identifications)

高卢雄鸡（米歇尔·帕斯图罗）Le coq gaulois *Michel Pastoureau*

教会长女（勒内·雷蒙）La fille aînée de l'Église *René Rémond*

自由·平等·博爱（莫娜·奥祖夫）Liberté，Égalité，Fraternité *Mona Ozouf*

查理曼大帝（罗伯特·莫里西）Charlemagne *Robert Morrissey*

贞德（米歇尔·维诺克）Jeanne d'Arc *Michel Winock*

笛卡尔（弗朗索瓦·阿祖维）Descartes *François Azouvi*

国王（阿兰·布罗）Le roi *Alain Boureau*

国家（阿兰 · 盖里）L'État *Alain Guéry*

巴黎（马克 · 富马罗利）Paris *Maurice Fumaroli*

法兰西语言之妙（马克 · 富马罗利）Le génie de la langue française *Marc Fumaroli*

纪念的时代（皮埃尔 · 诺拉）L'Ère de la commémoration *Pierre Nora*

图书在版编目(CIP)数据

记忆之场：法国国民意识的文化社会史 /（法）皮埃尔·诺拉著；黄艳红等译.—3 版.—南京：南京大学出版社，2020.1
（学衡历史与记忆译丛 / 孙江主编）
ISBN 978-7-305-22231-3

Ⅰ.①记… Ⅱ.①皮… ②黄… Ⅲ.①社会史-研究-法国 Ⅳ.①K565

中国版本图书馆 CIP 数据核字(2019)第 096928 号

出版发行　南京大学出版社
社　　址　南京市汉口路 22 号　　　邮　编 210093
出 版 人　金鑫荣

丛 书 名　学衡历史与记忆译丛
丛书主编　孙　江
书　　名　记忆之场：法国国民意识的文化社会史（第三版）
主　　编　[法]皮埃尔·诺拉
译　　者　黄艳红 等
责任编辑　陈蕴敏
责任校对　张倩倩
照　　排　南京紫藤制版印务中心
印　　刷　南京爱德印刷有限公司
开　　本　635×965　1/16　印张 39.25　字数 473 千
版　　次　2020 年 1 月第 3 版　2020 年 1 月第 1 次印刷
ISBN 978-7-305-22231-3
定　　价　128.00 元

网　　址：http://www.njupco.com
官方微博：http://weibo.com/njupco
官方微信：njupress
销售咨询：(025)83594756